Bernd Falk (Hrsg.)
Momme Torsten Falk (Hrsg.)

Handbuch Gewerbe- und Spezialimmobilien

Handbuch
Gewerbe- und Spezialimmobilien

mit 133 Abbildungen
und 18 Farbfotos

Prof. Dr. Bernd Falk (Hrsg.)
Inhaber des Institut für Gewerbezentren (IfG), Starnberg

Momme Torsten Falk, Ph.D. (Hrsg.)
Projektleiter im Institut für Gewerbezentren (IfG), Starnberg

Bibliografische Information der Deutschen Bibliothek
Die Deutsche Bibliothek verzeichnet diese Publikation in der
Deutschen Nationalbibliografie; detaillierte bibliografische Daten
sind im Internet über http://dnb.ddb.de abrufbar.

ISBN 3-89984-135-2

© Immobilien Informationsverlag
  Rudolf Müller GmbH & Co. KG, Köln 2006

Alle Rechte vorbehalten

Umschlaggestaltung: pizzicato Design-Agentur, Köln
Satz: text grafik konzeption, Sylvia Wienpahl, Köln
Druck: Media-Print Informationstechnologie GmbH, Paderborn
Printed in Germany.

Das vorliegende Buch wurde auf umweltfreundlichem Papier
aus chlorfrei gebleichtem Zellstoff gedruckt.

Vorwort

Der Erfolg künftig zu realisierender Gewerbeimmobilien wird im Wesentlichen auch davon abhängen, ob und in welchem Umfange die Entscheidungsträger positive wie negative Erfahrungen der Vergangenheit nutzen.

44 Autoren beschreiben in 36 Beiträgen die neuesten Erkenntnisse über das breite Spektrum der Gewerbeimmobilienmärkte und ihre Erscheinungsformen. So werden die Aufgaben der Projektentwicklung, der Finanzierung, der Beurteilung und Bewertung von Gewerbeimmobilien, das Management und Marketing etc. ebenso erläutert wie die Besonderheiten der verschiedenen ökonomisch genutzten Immobilientypen. Hier werden insbesondere Büroimmobilien und Businessparks, Großimmobilien des Handels, Shopping-Center, Stadtgalerien, Fashion-Center, Hotels, Ferienzentren und Boardinghouses, Freizeitimmobilien, Health-Care-Immobilien, Medizinische Versorgungszentren, Gewerbeparks, Innovations-, Technologie- und Gründerzentren, Logistikimmobilien, Selfstorage-Lagerhäuser, Autohöfe und Parkierungsanlagen u. a. m. behandelt.

16 bekannte Immobilien-Experten, die über eine mindestens 25-jährige berufliche Erfahrung in verantwortlicher Position verfügen, berichten im Teil C dieses Buches über ihre Tätigkeiten und geben Empfehlungen für künftige Entscheidungen. Sie äußern sich insbesondere zur künftigen Marktentwicklung, zum veränderten Anforderungsprofil der Projektentwicklung von Gewerbeimmobilien, zum Strukturwandel in der städtebaulichen Entwicklung und hinsichtlich des spezifischen Risikoprofils von Gewerbeimmobilien.

Dieses Handbuch ist für die gesamte Immobilienwirtschaft konzipiert, wendet sich also sowohl an Praktiker, die sich sehr schnell über die Besonderheiten und neuesten Entwicklungen informieren wollen, als auch an Interessierte, die sich durch Eigenstudium mit den gewerblichen Immobilienmärkten und ihren Erscheinungsformen näher auseinandersetzen wollen.

Als Herausgeber gilt unser besonderer Dank den Co-Autoren für ihre Mitarbeit an diesem Handbuch, denn nur mit ihrer Bereitschaft konnte dieses Werk entstehen. Unser Dank gilt außerdem der ausgezeichneten Zusammenarbeit mit Frau Dipl.-Kff. Elke Rudolph und Frau Anja Mühlig, die beim Immobilien Informationsverlag Rudolf Müller für Produktions- und Lektoratsaufgaben verantwortlich sind.

Unser Dank gilt schließlich den Mitarbeitern im Institut für Gewerbezentren, und hier insbesondere Herrn Dipl.-Ing. Christian Breitschaft, für die intensive redaktionelle Betreuung sowie die Wahrnehmung organisatorischer Aufgaben zwischen Co-Autoren, Verlag und Herausgebern.

Starnberg, im Oktober 2005

Prof. Dr. Bernd Falk
Momme Torsten Falk Ph.D.

Autoren

Dr. rer. pol. Lutz W. Aengevelt trat nach seiner Promotion 1966 in das 1910 gegründete Unternehmen Aengevelt Immobilien, Düsseldorf, ein. Seit 1969 ist er als Geschäftsführender Gesellschafter u. a. für die Fachbereiche „Gewerbliche Vermietung", „Vermittlung unbebauten Grundbesitzes", „Projektentwicklung/ -aufbereitung und -management", „Flächenrecycling", „Immobilien-Research" und „Internationale Immobilien" verantwortlich. Zudem ist er Mitbegründer und Initiator des deutschen Maklerverbundes „DIP – Deutsche Immobilien Partner" sowie des internationalen Netzwerkes „IPP – International Property Partners". Mitarbeit in Forschungsprojekten, z. B. der Deutschen Forschungsgemeinschaft, des Deutschen Instituts für Urbanisitik (DIFU), diverser Ministerien des Bundes, des Landes NRW und Berlins zu Themen wie „Baurecht", „Industrieansiedlung", „Altlastenmanagement" und „Immobilienmarketing" sowie zahlreiche ehrenamtliche Tätigkeiten.

Aengevelt

Dr. Thomas Beyerle, geboren 1967, ist seit 1999 Direktor und Leiter der Research-Abteilung der DEGI Deutsche Gesellschaft für Immobilienfonds mbH, Frankfurt am Main, der Immobilien-Kapitalanlagegesellschaft der Allianz Group. Nach dem Studium der Wirtschaftsgeographie an der Universität Mannheim war er neben einer Assistententätigkeit an der Universität Stuttgart, mit der Erstellung und der inhaltlichen Konzeption der Plötz-Immobilienführer betraut. Von 1995 bis 1998 war er bei der Dr. Lübke GmbH, Stuttgart, zuständig für den Bereich Markt- und Standortanalysen sowie Beratung. 1997 wurde er zum Prokuristen bestellt. Seine Promotion zum Dr. rer. nat. erfolgte 1998 an der Universität Stuttgart. Daneben ist er als Lehrbeauftragter (u. a. BA Stuttgart und Leipzig, ADI Stuttgart, ebs) und Referent bei immobilienwirtschaftlichen Veranstaltungen tätig sowie als Mitglied mehrerer fachspezifischer Arbeitskreise. Zahlreiche Publikationen ergänzen sein Leistungsspektrum.

Beyerle

Dipl.-Volkswirt Peter A. Bletschacher, vereidigter Sachverständiger für das Hotelgewerbe, studierte nach einer Lehre als Kaufmann Volkswirtschaft in Frankfurt am Main. Von praktischer Tätigkeit in Hotelbetrieben und als Hoteldirektor und Geschäftsführer einer Betriebsgesellschaft wechselte er 1967 zur Unternehmungsberatung und Projektentwicklung bei der Steigenberger Consulting. Seit 1970 in Frankfurt selbstständig, beriet seine HOTOUR GmbH ca. 2.500 mittelständische und Großbetriebe der Hotellerie und Fremdenverkehrswirtschaft im In- und Ausland, darunter zahlreiche große und renommierte Einzelhotels, die wichtigsten Hotelgesellschaften, Kongresszentren und andere touristische Betriebe, bei Bau- und Umbauplanung, Betriebsführung, Controlling, Marketing und Finanzierung. Er gründete eine Gesellschaft zur Entwicklung eigener Projekte und eine Hotelbetriebsgesellschaft vor allem zur Sanierung von Hotelbetrieben. Umfangreiche Vortragstätigkeiten bei Investorenkongressen der Hotelbranche.

Bletschacher

Börner-Kleindienst Dr. Michael Börner-Kleindienst studierte Wirtschaftswissenschaften an der Universität Hamburg und promovierte hiernach als Werkstudent bei der Deutschen Aerospace Airbus über das Thema Erfolgsfaktoren im Flugzeugbau. Von Anfang 1996 an war er bei der ECE im Bereich Einkaufscenter-Objektentwicklung tätig und hat Vorhaben in Schwerin, Wolfsburg und Hamburg als verantwortlicher Teamleiter umgesetzt. Ab 1999 war er als Geschäftsführer der ECE Ungarn für die Entwicklung von Einkaufscentern in Budapest, Pécs und Györ verantwortlich. Zunächst als Beauftragter der Geschäftsführung und seit Anfang 2004 ist er als Geschäftsführer für die Bereiche Office, Industries, Traffic und Health-Care der ECE zuständig.

Bretthauer Christian Bretthauer, Sprecher der Unternehmensgruppe Dr. Vielberth, Regensburg, studierte an der Universität Regensburg. Nach dem Abschluss als Diplom-Mathematiker trat er 1990 als Assistent in die Dr. Vielberth Verwaltung ein, wo er bis 1992 zentrale Abteilungen durchlief. Es folgte bis 1994 die Autohof-Entwicklung bei der Euro Rastpark GmbH, Regensburg. Danach steuerte er als Geschäftsführer der Brücken-Center Ansbach GmbH den Aufbau, die Vermietung und das Management dieses Einkaufszentrums, das klassische Malls und Fachmärkte an einem Innenstadt-Standort vereint. Seit 2001 koordiniert Bretthauer, Vater von vier Kindern, die Entwicklung des neuen Büro- und Dienstleistungsparks Garching (bei München). Mit der Berufung zum Geschäftsführer der Zentralverwaltung wurde ihm 2003 die Gesamtverantwortung für die Einkaufszentren und Gewerbeparks übertragen. Daneben engagierte sich der 45-jährige in Fachverbänden sowie von 2000 bis 2003 als Dozent an der FH Ansbach (Gewerbeimmobilien).

Brune Walter Brune wurde 1926 in Bremen geboren. Architekturstudium an der Hochschule für Technik in Bremen. Es entstanden eine Vielzahl von Großprojekten, wie die Karstadt-Hauptverwaltung in Essen sowie eines der größten Einkaufszentren Europas, das Rhein-Ruhr-Zentrum in Essen/Mülheim. An Projekten sind insbesondere zu nennen das multifunktionale Stadtsanierungsprojekt Münsterpark in Düsseldorf, Fasaneriezentrum Darmstadt, Klemensviertel in Düsseldorf-Kaiserswerth, Verwaltungs- und Hotelzentrum Essen-Bredeney, Bürocenter-Nord in Düsseldorf sowie besonders hervorzuheben die 1986 fertiggestellte Kö-Galerie in Düsseldorf. 1987 erhielt er vom International Council of Shopping Centers, New York, die Auszeichnung „Shopping Center of the Year". Die Schadow Arkaden in Düsseldorf, die Heuvel-Galerie in Eindhoven/Niederlande, eine Galerie in Wien und eine Galerie in Kassel sind weitere Beispiele seiner Arbeit.

Brunkhorst Dipl.-Kaufmann Martin Brunkhorst, Vorstandssprecher des Verbands Deutscher Selfstorageunternehmen, studierte Betriebswirtschaftslehre in Hamburg und Köln. Er verfügt über sehr langjährige Berufserfahrung im Bau- und Immobiliengeschäft im In- und Ausland. Aus seiner Tätigkeit als Leiter An- und Verkauf bei der Viterra Gewerbeimmobilien verfügt er, neben dem üblichen Fachwissen, über besondere Kenntnisse über Logistikunternehmen. Als Geschäftsführer Deutschland des europäischen Marktführers in der Selfstorageindustrie SHURGARD Deutschland GmbH von 2003 bis 2005, verfügt er über tiefgreifende Kenntnis dieses Immobiliengeschäftszweigs und veröffentlichte hierzu u. a. in „Mini-Storage Messenger", USA, einen Beitrag über das Selfstoragegeschäft in Deutschland.

Bultmann — Stephan J. Bultmann, Rechtsanwalt, 1984 bis 1990 Studium der Rechtswissenschaften (Berlin und Hamburg), wissenschaftlicher Mitarbeiter an der Universität Hannover (Institut für Wirtschafts- und Energierecht), 1995 bis 1998 Tätigkeiten in der Rechtsabteilung einer Landesentwicklungsgesellschaft (Immobiliendezernat) und in einer Genossenschaftsbank als Syndicusanwalt, 1997 Zulassung als Rechtsanwalt, seit 1999 Rechtsanwalt bei SNP Schlawien Naab Partnerschaft, Büro Berlin, mit den Tätigkeitsschwerpunkten im Immobilien- und Baurecht, Bankrecht sowie im Genossenschaftsrecht. Ein Arbeitsschwerpunkt liegt in der Gestaltung von Verträgen für Seniorenimmobilien, insbesondere Pachtverträge, betreuungsspezifisch modifizierte Mietverträge sowie Kooperationsverträge zwischen Wohnungs-/Immobilienunternehmen und Dienstleistern.

Falk — Prof. Dr. Bernd Falk (Diplom-Kaufmann) promovierte zum Dr. rer. pol. Er gründete 1972 das Institut für Gewerbezentren (IfG) in Starnberg, das in den vergangenen Jahren über 15 Mio. m² Gebäudenutzfläche neu entwickelt oder erweitert hat. Das IfG ist ständig an diversen Standorten in Deutschland mit der Durchführung von Markt-, Standort- und Wirtschaftlichkeitsanalysen sowie der Entwicklung von Immobilienprojekten und -konzepten intensiv befasst. Seit 1972 wurden über 20 Fachpublikationen veröffentlicht. 1978 erfolgte die Berufung zum Professor für Marketing und Handelsbetriebslehre, 1984 ergänzend hierzu die Professur für Immobilienökonomie. Die Royal Institution of Chartered Surveyors, London, ernannte ihn 1987 zum Honorary. Der International Council of Shopping Centers (ICSC), New York, zeichnete ihn 1995 aus. Er ist Lehrbeauftragter für Immobilien-Management an der Universität München.

Falk — Momme T. Falk Ph. D., Dipl.-Betriebswirt (FH), studierte nach einer Lehre als Kaufmann der Grundstücks- und Wohnungswirtschaft Betriebswirtschaft an der Fachhochschule Nürtingen. Seit 1987 ist er im Institut für Gewerbezentren tätig. Als Projektleiter umfasst sein Aufgabengebiet die Erstellung von Markt-, Standort- und Wirtschaftlichkeitsanalysen insbesondere im Bereich des großflächigen Einzelhandels. Daneben gehört die Koordination umfangreicher Studien im Shopping-Center-Bereich (Shopping-Center-Report, European Factory Outlet Center Report) und die Mitwirkung an verschiedenen immobilienspezifischen Publikationen zu seinem Tätigkeitsspektrum. 2003 promovierte er im Bereich der Freizeitforschung zum Ph. D.

Feddersen — Eckhard Feddersen, Architekt, 1966 bis 1971 Architekturstudium (TU Karlsruhe, USA, TU Berlin), 1971 bis 1975 Assistent an der TU Berlin, 1973 Gründung Architekturbüro mit Wolfgang von Herder, 1980 bis 1982 Lehrbeauftragter für Entwerfen und Baukonstruktion an der TU Berlin, seit 1996 Mitglied im Stadtforum, seit 1996 Mitglied der Nord-Ost-Kommission, 1997 Beirat für die Bauausstellung Berlin 1999, 1999 Planungsdirektor für die Bauausstellung Berlin 1999, seit 2002 Architekturbüro feddersenarchitekten, seit 2003 Runder Tisch „Gesundheit, Pflege, Behinderung".

Frechen — Dr. Joseph Frechen, Prokurist und Senior-Consultant bei Wenzel Consulting Aktiengesellschaft, Hamburg, studierte Wirtschaftswissenschaften an der Universität des Saarlandes. Bis 1996 Unternehmensberater bei der Concepta Gesellschaft für Markt- und Strategieberatung mbH, Saarbrücken, sowie wissenschaftlicher Mitarbeiter am Handelsinstitut der Universität des Saarlandes (Prof. Dr. Bruno Tietz). Nach der Promotion zum Dr. rer. oec. 1997 Anstellung als Senior-Consultant bei Wenzel Consulting, Hamburg. Seit 1999 Prokurist im Unternehmen. Zu seinen Beratungsschwerpunkten zählen Urban-Entertainment-Center, Freizeitgroßeinrichtungen, Erlebnishandel, Sportanlagen und Arenen. Er ist zudem Dozent an mehreren Akademien, u. a. ebs Immobilien Business School, ebs Immobilienakademie und FWI Führungsakademie der Wohnungs- und Immobilienwirtschaft im EBZ – Europäisches Bildungszentrum der Wohnungs- und Immobilienwirtschaft, Bochum.

Friedemann Jens Friedemann, Jahrgang 1944. 1964 bis 1967 beruflicher Aufenthalt in Kuwait. Gleichzeitige Tätigkeit als Berichterstatter für deutsche Medien. Nach Ausbruch des Sechstagekrieges Rückkehr zu den nach Amerika emigrierten Eltern und Studium der Wirtschaftswissenschaften in New York und San Francisco. 1970 holte ihn die Wochenzeitung „Die Zeit" in ihre Wirtschaftsredaktion nach Hamburg. Seit 1980 Mitglied der Wirtschaftsredaktion der Frankfurter Allgemeinen Zeitung. Hier ist er seit 1990 verantwortlicher Redakteur für den jeweils freitags erscheinenden Immobilienteil der Zeitung und für den Immobilienteil in der F.A.Z.-Sonntagszeitung. Friedemann ist der erste Träger des „Deutschen Preises für Immobilienjournalismus", Lehrbeauftragter an mehreren Hochschulen und Herausgeber und Mitverfasser des Buches „Städte für Menschen – Grundlagen und Visionen europäischer Stadtentwicklung", 2005.

Fürst Franz Fürst ist mit seinen Untenehmen seit 25 Jahren in der Projektentwicklung und Realisierung von Stadtteil- und Immobilienprojekten tätig. Großteils auch als Investor. Sein Unternehmen Fürst Developments ist mit Bürostandorten in München, Salzburg und Zürich länderübergreifend tätig. Seit 2004 ist das Unternehmen auch als Consulter zur Neubelebung von kleineren und mittleren Städten tätig. Auf Basis eines Fürst-Gutachtens wird derzeit auch konkret die Realisierung eines Entwicklungskonzeptes von Fürst Developments begleitet.

Glaser Andrea Glaser, geboren 1961 in Stendal, ist diplomierte Betriebswirtin. Bis 1993 war sie in Bereichen der Industrie und privaten Wirtschaft tätig. Von 1993 bis 2002 arbeitete sie als kaufmännische Leiterin und Prokuristin im EU-Business- and Innovation Centre BIC Altmark in Stendal, dessen Aufbau und Etablierung sie auch maßgeblich begleitete. Seit 2003 ist sie Geschäftsführerin des ADT-Bundesverbandes Deutscher Innovations-, Technologie- und Gründerzentren e. V. mit Sitz in Berlin. Sie ist u. a. Mitautorin der Publikation „Innovationszentren in Deutschland 2005/2006".

Härle Christoph Härle, BSc (Hons), ist nach einer Ausbildung zum Hotelkaufmann bei InterContinental Hotels und einem Studium an der University of Surrey, UK, seit 1994 bei Jones Lang LaSalle Hotels in London, Frankfurt, New York und aktuell München tätig. Seit 2001 leitet er als Geschäftsführer das Team in den Bereichen Beratung, Bewertung und Investment im deutschsprachigen und zentraleuropäischen Raum. Er war neben einer Vielzahl von Beratungsmandaten Verhandlungsführer bei zahlreichen großen Transaktionen, wie beispielsweise dem Sheraton Frankfurt Airport Hotel & Towers oder dem Hotel Vier Jahreszeiten Hamburg. Darüber hinaus hat er zahlreiche Investoren beim

Ankauf von Hotels beraten, wie z. B. dem City Hilton München und dem Marriott Hotel in Hamburg. Im Laufe der Jahre sammelte er fundierte Kenntnisse bei der Verhandlung von Pacht- und Managementverträgen, wie beispielsweise dem Le Méridien Wien, dem InterContinental Düsseldorf sowie dem Four Seasons und dem Rocco Forte Hotel in Berlin.

Halder-Hass

Nicola Halder-Hass ist Kunsthistorikerin, Denkmalpflegerin und Immobilienökonomin (ebs). Neben ihrer Beratungstätigkeit ist sie Dozentin für Denkmalschutz an der ebs Immobilienakademie, Leiterin des Arbeitskreises Denkmalschutz der gif Gesellschaft für immobilienwirtschaftliche Forschung e. V., ständiger Gast des Arbeitskreises „Kommunale Denkmalpflege" des Deutschen Städtetages und Mitglied des Deutschen Nationalkomitees für Denkmalschutz. Das Kerngeschäft des 1999 gegründeten Büros Halder-Hass Denkmalprojekte liegt in der Moderation zwischen Investoren und Denkmalpflegern bei der Projektentwicklung von Baudenkmalen. Das Leistungsspektrum reicht von denkmalschutzrechtlichen Investorenberatungen über die denkmalpflegerische Begleitung von Bauprojekten bis zur Entwicklung von Nutzungskonzepten. Nicola Halder-Hass begleitet die Entwicklung der Meilenwerke Spezial-Center seit der ersten Stunde mit.

Haller

Tina Haller, Dipl.-Betriebswirtin (FH) ist seit Januar 2005 Mitglied des Advisory & Valuation Teams von Jones Lang LaSalle Hotels in München. Zuvor hatte sie das Team bereits in 2004 im Rahmen eines studienbegleitenden Praktikums über sechs Monate unterstützt. Frau Haller konzentriert sich auf die Bewertung von Hotels und Hotelportfolios in Deutschland und dem europäischen Ausland, Projektstudien mit Konzeptberatung und Cashflow-Berechnungen für Hotels und Hotelprojekte sowie diverse Hotelmarktanalysen. Tina Haller studierte an der Fachhochschule Heilbronn mit Fachrichtung Tourismus und Schwerpunkt Hotelbetriebswirtschaft. Ihren beruflichen Werdegang begann sie mit einer Ausbildung zur Hotelkauffrau bei InterContinental Hotels und sammelte anschließend Erfahrungen in der internationalen Hotellerie für InterContinental Hotels in der Volksrepublik China.

Heinritz

Univ.-Professor Dr. Günter Heinritz, Lehrstuhl für Geographie am Department für Geo- und Umweltwissenschaften der Ludwig-Maximilians-Universität München, war von 1968 bis 1974 als wissenschaftlicher Assistent am Geographischen Institut der Friedrich-Alexander-Universität in Erlangen tätig. 1975 wurde er auf den Lehrstuhl für Geographie an der Technischen Universität München berufen und gehört seit 2002 der Ludwig-Maximilians-Universität an. Er war Präsident der Deutschen Gesellschaft für Geographie, Fachgutachter der Deutschen Forschungsgemeinschaft, Vorsitzender des wissenschaftlichen Beirats der Akademie für Raumforschung und Landesplanung, Sprecher des Arbeitskreises für Geographische Handelsforschung in der DGFG. Der Schwerpunkt seiner wissenschaftlichen Arbeit liegt in der sozialgeographischen Stadtforschung und in gutachterlicher Tätigkeit für Kommunen und Unternehmen zu Fragen der Innenstadt- und Einzelhandelsentwicklung.

Hieronymus

Jost Hieronymus, geboren 1949, wurde nach zunächst volks- und betriebswirtschaftlichem, dann juristischem Studium 1976 als Rechtsanwalt zugelassen. Als Mitgesellschafter und Geschäftsführer baute er eine Immobilien-Leasinggesellschaft sowie eine Gesellschaft für Immobilienfonds auf, übernahm als Vorstandsvorsitzender den Aufbau der ALLWO AG in Hannover, leitete als Vorsitzender der AMI-Geschäftsführung das operative Immobiliengeschäft der Aachener und Münchener Versicherungsgruppe und war zuletzt Vorstandsvorsitzender der Allgemeinen Immobilien Holding AG. Seine Erfahrungen gibt er seit 1995 als Dozent an der Immobilienakademie der European Business School weiter. Jost Hieronymus ist seit 1999 Partner der Comes Real GmbH.

Joye Charles Joye, lic. rer. pol., Universität Freiburg, Schweiz, arbeitete von 1965 bis 1973 für Larry Smith Consulting, eine amerikanische Einzelhandels- und Shopping-Center-Beratungsfirma, in Lausanne und Paris. Zwischen 1973 und 1981 war er Direktor für Immobilien und Expansion bei der Firma Maus Frères SA, der größten schweizerischen Warenhauskette, die auch ihre eigenen Shopping-Center entwickelt und betreibt. 1981 gründete er RDS Retail & Development Services SA. Seine Firma ist spezialisiert auf Einzelhandelsimmobilien. RDS SA ist heute hauptsächlich im Consulting, der Vermietung und im Management von Shopping-Centern tätig. 1974 war Charles Joye einer der Mitgründer des europäischen Vorstandes des International Council of Shopping Centers Europe. Von 1992 bis 1996 wirkte er als Teilzeit-Generalsekretär und von 1998 bis 2001 als Präsident des ICSC Europe (Verband Europäischer Shopping Center).

Koineke Dipl.-Ingenieurin Sonja Koineke, seit 2000 Consultant bei der auf Freizeitimmobilien spezialisierten Unternehmensberatung Wenzel Consulting Aktiengesellschaft, Hamburg, studierte Architektur und Raumplanung an der Universität Dortmund. Sie berät Kommunen, Projektentwickler und Betreiber bei der Planung und Optimierung von Kultur-, Edutainment- und Entertainment-Immobilien. Publikationen und die fachliche Begleitung von Studienreisen runden ihr Tätigkeitsspektrum ab.

Krings-Heckemeier Dr. Marie-Therese Krings-Heckemeier, Dr. rer. phil., Vorstandsvorsitzende der empirica ag, Forschung und Beratung, Berlin, sowie Mitinhaberin und Geschäftsführerin von empirica, Qualitative Marktforschung, Struktur- und Stadtforschung GmbH, Bonn. Studium der Mathematik und Physik sowie der Informatik und Kommunikationswissenschaften. Seit 1976 Forschungs- und Gutachtertätigkeit, u. a. für Bundes- und Landesministerien, Kommunen, Wohnungsunternehmen, Investoren, Banken und Bausparkassen. Sie ist u. a. Mitglied des Rates der Immobilienweisen, des DIN-Ausschuss Deutsches Institut für Normung e. V. „Betreutes Wohnen", stellvertretende Vorsitzende der 2. Altenberichtskommission und Dozentin an der European Business School.

Kyrein Prof. Dipl. oec. publ. Rolf Kyrein ist Honorarprofessor für das Fachgebiet Standort- und Projektentwicklung an der TU Berlin. Der Schwerpunkt seiner Forschung und Lehre liegt in der Steuerung interdisziplinärer, systemübergreifender und nutzerorientierter Projektentwicklungs- und Realisierungsvorhaben im Rahmen stadtentwicklungspolitischer Zielsetzungen. Nach jahrelanger Tätigkeit als geschäftsführender Gesellschafter der Kyrein GmbH + Co. Baubetreuungs KG in München – mit Schwerpunkt Projektentwicklung und -steuerung für institutionelle Anleger, Banken und Großgrundbesitzer – wurde Rolf Kyrein 1996 Vorstand der Allgemeinen Immobilien Holding AG. Professor Kyrein ist Mitinitiator und Gründungsmitglied der Initiative agenda4, die sich die interdisziplinäre, systemische und prozessorientierte Ausbildung von Technikern, Ökonomen, Juristen, Soziologen, Ökologen an öffentlichen, deutschen Hochschulen zum Ziel gesetzt hat.

Lechner Dipl.-Ingenieur Rolf Lechner, Vorstand der immobilien-experten-ag, Berlin, Projektentwicklung von Immobilieninvestitionen, wie z. B. die Spreespeicher im Berliner Osthafen. Rolf Lechner wurde 1942 in Königsberg/Ostpreußen geboren, studierte von 1962 bis 1968 an der TU Berlin Wirtschaftsingenieurwesen und schloss mit dem akademischen Grad eines Diplom-Ingenieurs ab. Bis 1970 war er leitender Angestellter eines großen Bau- und Immobilienunternehmens. 1971 gründete er die BOTAG Bodentreuhand-Verwaltungs-Aktiengesellschaft, als deren Vorstandsvorsitzender er bis Ende 1999 fungierte. Nach komplettem Verkauf seiner BOTAG-Aktien gründete er Anfang 2000 die immobilien-experten-ag (www.immexa.de) als neue Holding-Gesellschaft und Plattform für Projektentwicklungstätigkeiten. Er entwickelte u. a. die Spreespeicher im Berliner Osthafen als thematisierte Immobilieninvestition.

Lüdtke Insa Lüdtke, Dipl.-Ingenieurin, 1992 bis 2000 Architekturstudium (TU Darmstadt). Seit 2000 Architekturvermittlerin und freie Journalistin im Bereich Architektur und Health-Care; seit 2002 Mitinitiatorin und Mitglied im Netzwerk Architektur und Öffentlichkeit. Seit 2002 Öffentlichkeitsarbeit feddersenarchitekten: Imageaufbau, Marketing und Kommunikation des Büroprofils zum Thema Sozialimmobilien und Universal Design; strategische und inhaltliche Beratung und Business Development; Networking; Konzeption und Durchführung von Vorträgen; Fachartikel, Pressearbeit und Redaktion Homepage; Trendresearch und Vermittlung in den Entwurf; Assistenz der Geschäftsführung.

Lutterbeck Dipl. Bauingenieur Bernhard Lutterbeck studierte an der RWTH Aachen mit dem Schwerpunkt Verkehrswesen und Raumplanung. Er ist seit 1988 bei der Ingenieurgruppe IVV beschäftigt und seit 2000 als Projektleiter tätig. Neben Verkehrsprognosen, Verkehrsmodellberechnungen, Simulationen und Wirtschaftlichkeitsuntersuchungen für Investitionen im öffentlichen Personennahverkehr beschäftigt er sich seit 1993 intensiv mit der Planung von öffentlichen und privaten Parkierungsanlagen. Die Tätigkeit umfasst Machbarkeitsstudien im Rahmen der Projektentwicklung, Stellplatzbedarfsanalysen sowie die Ausarbeitung von Erschließungskonzepten/-nachweisen innerhalb und im Umfeld geplanter Parkierungsanlagen. Ein weiterer Schwerpunkt seiner Tätigkeit ist die intensive fachtechnische Beratung der Investoren im Rahmen der Entwurfs-/ Genehmigungs- und Ausführungsplanung sowie die Objektbetreuung vor Ort in der Realisierungsphase.

Marg Prof. Volkwin Marg ist Professor für Stadtbereichsplanung und Werklehre an der RWTH Aachen und Teilhaber der international renommierten Architektensozietät gmp, von Gerkan, Marg und Partner mit Niederlassungen in Hamburg, Berlin, Aachen, Frankfurt, Venedig, Dubai, Hanoi, Shanghai und Peking. Zu den bekanntesten Bauten in Europa gehören die Flughäfen in Berlin, Hamburg und Stuttgart, die neuen WM Stadien in Berlin, Frankfurt und Köln, die Messen in Leipzig, Friedrichshafen und Rimini sowie zahlreiche Bauten für Kultur, Freizeit, Verwaltung und Einzelhandel.

May Dipl.-Physiker Dr. rer. nat. Bernd M. May war 1973 bis 1979 für EMI Medical Ltd., London, tätig. Er hat dort im Team von Dr. Hounsfield (Nobelpreisträger für Medizin 1979) im zentralen Forschungslabor von EMI den ersten Computertomographen entwickelt. Von 1979 bis 1984 war er Geschäftsführer der Deutschen Anlagen Leasing GmbH, Mainz, und zeichnete verantwortlich für das Mobilien-Leasing mit Schwerpunkt Medizintechnik. Dabei wurden unter seiner Leitung die ersten Betriebsmodelle für die Markteinführung von MRT-Geräten entwickelt und realisiert. 1984 gründete er die MBM Medical-Unternehmensberatung GmbH, Mainz. Schwerpunkte seiner Tätigkeit bilden die Realisierung von rentablen Betriebsmodellen für kapitalintensive Medizintechnik (Radiologie, Kardiologie, Nuklearmedizin, Strahlentherapie), Analyse von klinischen Abteilungen und Beratung der Klinikleitungen bei der Neuausrichtung sowie Workflow-Optimierungen (www.mbm-medconsult.de).

May Alexandra May studierte Rechtswissenschaften an der Johannes-Gutenberg-Universität, Mainz. Von 1995 an war sie über sieben Jahre unter anderem in leitender Funktion (CvD) als Fachjournalistin für die Immobilien Zeitung, Wiesbaden, tätig. Seit September 2002 berät sie Unternehmen der Immobilienwirtschaft bei der Entwicklung und Umsetzung von Kommunikationsstrategien. 2004 konzipierte sie im Rahmen ihres Studiums der Immobilienökonomie an der European Business School (ebs), Oestrich-Winkel, in interdisziplinärer Zusammenarbeit die Projektentwicklung eines MVZ.

Morgan Dr. John F. W. Morgan, FRICS, ist seit 1961 als Chartered Surveyor tätig. 1975 übernahm er die Leitung von Jones Lang Wootton in Deutschland. 1979 gründete er mit Cor van Zadelhoff zusammen Zadelhoff Deutschland (heute DTZ Zadelhoff), die er bis zu seinem Ausscheiden 1993 auch leitete. Zwischen 1994 und 1997 forschte an der University of Reading in Großbritannien und promovierte 1998. Ab 1999 war er Partner bei Cushman & Wakefield Healey & Baker und Chairman der deutschen Tochtergesellschaft. 1993 war er Gründungsvorsitzender des Deutschen Verband Chartered Surveyors (jetzt RICS Deutschland), zwischen 1997 und 1999 Präsident der European Society of Chartered Surveyors, Brüssel und zwischen 1995 und 1999 Mitglied des Vorstandes der Royal Institution of Chartered Surveyors, London.

Pfeifer Dipl.-Ingenieur Matthias Pfeifer, Architekt BDA, studierte Architektur an der RWTH Aachen und der TH Delft, Niederlande. Seit 1986 arbeitet er bei RKW + Partner, Düsseldorf. Im Vordergrund seiner Arbeit stehen innerstädtische Entwurfsaufgaben und Architektenwettbewerbe. 1992 wurde Matthias Pfeifer Partner der Architekten RKW + Partner. Zusätzlich zu seiner Arbeit im Bereich Einzelhandel kamen nun Multiplex-Kinos. Von den Bürogebäuden erhielten zwei die Auszeichnung für „Vorbildliches Bauen in Nordrhein-Westfalen". Im Jahre 1998, nach der Umfirmierung der RKW + Partner zu RKW Architektur + Städtebau GmbH & Co. KG, wurde Matthias Pfeifer Mitglied der Geschäftsführung und im Jahre 2000 Gesellschafter. Mehrere erste Preise in nationalen und internationalen Wettbewerben sind Ausdruck dieser Erfahrung.

Probst Dr. Manfred Probst, Rechtsanwalt und Fachanwalt für Verwaltungsrecht, studierte Rechtswissenschaften an der Ludwig-Maximilians-Universität in München. 1969 trat Dr. Probst in die damalige Kanzlei Glock Liphart in München ein. Seit 1970 ist er Partner dieser Kanzlei. Er berät Grundstückseigentümer,

Investoren, Bauträger und Projektentwickler bei der Entwicklung komplexer Bauprojekte. Dr. Probst ist seit Jahren, im Gegensatz zu den anderen öffentlich-rechtlich tätigen Partnern der Kanzlei, in München tätig. Von 1972 bis zum Jahr 2002 gehörte Dr. Probst dem Stadtrat der Großen Kreisstadt Dachau an, davon 14 Jahre lang als Vorsitzender der CSU-Fraktion. Der Schwerpunkt seiner anwaltlichen Tätigkeit liegt in der Beratung zahlreicher Mandanten aus allen Bereichen der Wirtschaft auf dem Gebiet des öffentlich-rechtlichen Planungs- und Baurechts.

Riesmeier

Dr. Riesmeier (Jahrgang 1954) absolvierte ein Doppelstudium der Ingenieurwissenschaften und der Volkswirtschaftslehre. Nach seinen Studien war er zunächst als Unternehmensberater und anschließend in mehreren Immobiliengesellschaften tätig. 1995 wechselte er als Leiter Grundbesitz in die Finanzabteilung der Münchener Rückversicherungs-Gesellschaft. Er ist seit 1999 Mitglied der Geschäftsführung der Meag Munich Ergo Asset Management GmbH, verantwortlich für Immobilien und seit 2003 auch Geschäftsführer in der Meag Munich Ergo Kapitalgesellschaft mbH.

Schneider

Rüdiger Schneider ist seit 1998 geschäftsführender Gesellschafter der Top Office Management GmbH, Stuttgart (www.top-office.de). Als eine Ausgründung des Fraunhofer-Insitutes für Arbeitswirtschaft und Organisation, Stuttgart, ist Top Office auf die Entwicklung von innovativen und flächenwirtschaftlichen Büros spezialisiert, die die Performance im Büro erhöhen. Nach dem Studium der Architektur und des Internationalen Marketings startete er seine Berufslaufbahn 1989 bei Leonhardt, Andrä und Partner, Stuttgart. Dort erstellte er wissenschaftliche Gutachten im Bereich der Ressourcenminimierung im Hochbau. Von 1993 bis 1997 entwickelte er als wissenschaftlicher Mitarbeiter bei Fraunhofer IAO Nutzungskonzepte für die Verbesserung des Büros, die er 1998 bei der Future Office Management GmbH, Heidelberg, auf der Investorenseite im Projekt Partnerport Walldorf umsetzte.

Schwedt

Annamaria Schwedt, Dipl.-Geographin, seit 1998 als wissenschaftliche Mitarbeiterin und Projektleiterin bei empirica. Ihre Erfahrungsschwerpunkte liegen u. a. in den Bereichen Wohnformen im Alter, quantitative und qualitative Nachfrage- und Bedarfsanalysen, Repräsentativerhebungen, Standortanalysen, Wohnungsmarkt, Wohnungsmarktbeobachtungen und -analysen, soziale Stadtentwicklung, Nutzungskonzepte.

Spitzkopf

Dipl. Volkswirt Horst-Alexander Spitzkopf studierte Sozialwissenschaften und Volkswirtschaft in Göttingen. Die beruflichen Aufgaben sind seitdem ausschließlich kredit- und immobilienwirtschaftlich bestimmt, ab 1986 als Vorstand der Nassauischen Sparkasse, Wiesbaden, und ab 1993 als Vorstandsvorsitzender der AHBR, Frankfurt am Main. Seit 2003 ist Horst-Alexander Spitzkopf geschäftsführender Gesellschafter der AS Projektentwicklung GmbH, Wiesbaden, mit den Geschäftsfeldern gewerbliche Immobilien, insbesondere Handel.

Tiemann

Dipl.-Ingenieur Dr. rer. pol. H. Jürgen Tiemann ist seit über 20 Jahren Mitgesellschafter und Geschäftsführer der KapHag Immobilien GmbH in Berlin. KapHag bietet unter anderem Projektentwicklung und -realisierung, Management und Revitalisierung von Immobilien, letzteres insbesondere von Einkaufszentren, sowie Konzeption, Emission und Management von geschlossenen Immobilienfonds an. Das bisher realisierte Gesamtinvestitionsvolumen beträgt über 1,85 Mrd. Euro und konzentriert sich auf gewerblich genutzte Immobilien. Hier liegt der Fokus seit einigen Jahren insbesondere auf Spezialimmobilien, wie zum Beispiel Hotels und Sozialnutzungen (Pflegeeinrichtungen). Vor seiner Selbstständigkeit war Jürgen Tiemann in führenden Positionen der jeweiligen Immobiliengesellschaft verschiedener Banken tätig; zuletzt als Sprecher der Geschäftsführung der Norddeutschen Immobilien Anlagen GmbH, einer Tochter der NordLB.

Veith Thomas Veith, Geschäftsführer bei APCOA Autoparking GmbH, studierte Geographie, Betriebswirtschaft und Verkehrsplanung an der TU in München. Nach einem Jahr Projektarbeit in der Verkehrstechnik- und Forschungsabteilung der BMW AG startete er 1996 seine Laufbahn bei APCOA im Development. 1999 übernahm er die Leitung der Abteilung und 2003 die Gesamtverantwortung für Deutschland und die Schweiz. Der Marktführer APCOA betreibt heute an 2.700 Standorten mit ca. 3.500 Mitarbeitern über 711.000 Stellplätze in zehn europäischen Ländern.

Vielberth Dr. Dr. Johann Vielberth, Gründer der gleichnamigen Immobiliengruppe, leistete mit der Konzeption des Donau-Einkaufszentrums und des Gewerbeparks Regensburg Pionierarbeit und etablierte weitere erfolgreiche Standorte (z. B. Süd-West-Park Nürnberg, Euro Rastparks, Brücken-Center Ansbach). Der Volkswirt, der in Tulane (USA), Regensburg, München und Innsbruck studierte, intensivierte als Mitglied des Urban Land Instituts (Washington), ICSC-Vorstand und Gründer der Arbeitsgemeinschaft Einkaufs- und Gewerbezentren (RESA) den Erfahrungsaustausch in der Branche. 1999 veröffentlichte er das „Handbuch Gewerbeparks". Über sein unternehmerisches Wirken hinaus löste Dr. Vielberth als Gründer der Regensburger Universitätsstiftung und Initiator des Instituts für Immobilienwirtschaft weit reichende Impulse aus. Für sein gesellschaftliches Engagement und seinen analytischen Arbeitsansatz wurde er u. a. mit dem Ehrendoktortitel der Wirtschaftswissenschaftlichen Fakultät der Universität Regensburg ausgezeichnet.

Wawrowsky Dipl.-Ingenieur Architekt Hans-Günter Wawrowsky studierte in Friedberg/Hessen. Von 1956 bis 1959 war er Mitarbeiter im Architekturbüro Professor Dieter Oesterlen in Hannover und von 1959 bis 1962 im Architekturbüro Professor Helmut Hentrich Hubert Petschnigg in Düsseldorf. 1963 begann seine Tätigkeit im Büro Helmut Rhode, Düsseldorf, 1971 wurde die Bürogemeinschaft mit Helmut Rhode und Friedel Kellermann gegründet. 1997 erfolgte seine Berufung in die Deutsche Akademie für Städtebau und Landesplanung. Seit Umfirmierung des Büros im Jahre 1998 ist Hans-Günter Wawrowsky geschäftsführender Gesellschafter des Büros RKW Rhode Kellermann Wawrowsky GmbH + Co, KG.

Wentz Prof. Dr. Martin Wentz, Jahrgang 1945, 1970 Abschluss als Diplom-Physiker, 1974 Promotion zum Dr. phil. nat., 1989 Wahl zum hauptamtlichen Stadtrat und Dezernenten für Planung der Stadt Frankfurt am Main. 2000 Wechsel in das Baudezernat. Nach Ablauf der Wahlzeit im Juni 2001 Gründung der Firma Wentz Concept Projektstrategie GmbH. Zahlreiche Publikationen zu Themen der Stadtentwicklung und des Städtebaus. Herausgabe der Buchreihe Zukunft des Städtischen (Campus Verlag). Lehrtätigkeit an der Universität Kaiserslautern (bis 2001), 2001 bis 2004 Gastprofessor an der Universität Karlsruhe, November 2003 Berufung zum Honorarprofessor an der European Business School (ebs) in Oestrich-Winkel. Mitglied in DASL, Werkbund, Deutscher Verband für Wohnungswesen, Städtebau und Raumordnung, Stiftungsrat Lebendige Stadt u. a. Organisationen.

Carl-Otto Wenzel, Vorstandsvorsitzender der Wenzel Consulting Aktiengesellschaft, Hamburg, studierte Betriebswirtschaftslehre an der Universität Hamburg. Seit 1974 in der Freizeitwirtschaft tätig, übernahm er 1987 die Geschäftsführung der Freizeit Unternehmensberatung Wenzel & Partner BDU, Hamburg. 1999 erfolgte die Umfirmierung des Beratungsunternehmens für Freizeit, Tourismus und Spezialimmobilien zur Wenzel Consulting Aktiengesellschaft. Durch seine langjährige Tätigkeit und Präsenz im Freizeitanlagenmarkt besitzt Carl-Otto Wenzel gute Kontakte zu Betreibern und Investoren. Er ist Mitglied in zahlreichen Gremien der deutschen und internationalen Freizeitwirtschaft und öffentlich bestellter und vereidigter Sachverständiger für Freizeitanlagen sowie Verfasser diverser Fachveröffentlichungen. **Wenzel**

Dipl.-Ingenieur Rino Woyczyk studierte Bauingenieurwesen an der Universität Stuttgart. Nach Abschluss seines Studiums startete er 1989 als Projektmanager bei der Drees & Sommer-Gruppe. Seit 1998 ist er Geschäftsführer der Drees & Sommer GmbH in Stuttgart und seit 2005 Vorstand bei der BuildingAgency AG. Von 2001 bis 2004 lehrte er an der Fachhochschule für Technik in Stuttgart beim Masterstudiengang das Fach Projektorganisation. 2004 erhielt er einen Lehrauftrag für den Studiengang Immobilientechnik und Immobilienwirtschaft an der Universität Stuttgart. Ein Schwerpunkt seiner Tätigkeit liegt in der Realisierung komplexer Bank- und Verwaltungsgebäude. **Woyczyk**

Inhaltsübersicht

Teil A   Gewerbeimmobilien – Die Funktionen

1   Gewerbeimmobilien 23
– Planung, Realisierung und Management –
Prof. Dr. Bernd Falk, Momme Torsten Falk

Teil B   Gewerbe- und Spezialimmobilien

1   Gewerbe-Großimmobilien des Handels 65
– Anlagekriterien, Betriebstypen und Agglomerationen –
Prof. Dr. Bernd Falk, Momme Torsten Falk

2   Shopping-Center 93
– Marktentwicklung, Center-Typen und Management –
Prof. Dr. Bernd Falk, Momme Torsten Falk

3   Themen-Center – Die Stadtgalerie 121
– Lebendige Stadt oder inszenierte Urbanität? –
Walter Brune

4   Spezial-Center – Das Meilenwerk 129
– Ein nutzerorientiertes Konzept für Menschen mit Benzin im Blut –
Nicola Halder-Hass

Gewerbe- und Spezialimmobilien – Ausgewählte Beispiele 145

5   Private Autohöfe 161
– Mehr Service für die mobile Gesellschaft –
Dr. Johann Vielberth, Christian Bretthauer

6   Modeorder-Großhandels-Center 173
– Typen, Projektentwicklung und Konzeptionen –
Franz Fürst

7   Der deutsche Büroimmobilienmarkt 183
– Zwischen regionalen Strukturen und internationaler Herausforderung –
Dr. Thomas Beyerle

8   Büroimmobilien 201
– Büroorganisation und Abwicklungsmodelle –
Rino Woycyk, Rüdiger Schneider

9	**Hotels, Ferienzentren und Boardinghouses** 227	

9 **Hotels, Ferienzentren und Boardinghouses** 227
– Planung, Projektentwicklung und Bewirtschaftung –
Peter A. Bletschacher

10 **Hotelimmobilien** 249
– Betriebsformen, Standortfaktoren und Leistungskriterien –
Christoph Härle, Tina Haller

11 **Freizeitimmobilien** 281
– Entwicklungstrends, Anlagenmarkt und Erscheinungsformen –
Carl Otto Wenzel, Dr. Joseph Frechen, Sonja Koineke

12 **Health-Care-Immobilien** 327
– Träger, Leistungen, Typologien und Investoren –
Dr. Michael Börner-Kleindienst

13 **Medizinische Versorgungszentren** 359
– Chancen und Potenziale für die Immobilienwirtschaft –
Dr. Bernd May, Alexandra May

14 **Planung von Parkierungsanlagen** 375
– Planungsgrundlagen, Entwurf und Gestaltung –
Bernhard Lutterbeck

15 **Parkierungsanlagen und Parkraumbewirtschaftung** 399
– Bau, Investition und Betrieb –
Thomas Veith

16 **Gewerbeparks** 415
– Knotenpunkte einer intelligent vernetzten Wirtschaft –
Dr. Johann Vielberth, Christian Bretthauer

17 **Innovations-, Technologie- und Gründerzentren** 431
– Konzepte und Entwicklungstendenzen –
Andrea Glaser

18 **Logistikimmobilien** 447
– Kategorien, Determinanten und Marktteilnehmer –
Dr. Michael Börner-Kleindienst

19 **Selfstorage - SB-Lagerhäuser** 473
– Ein Geschäftszweig im Aufbruch? –
Martin Brunkhorst

20 **Senioreneinrichtungen als Gewerbeimmobilien** 483
– Entwicklungen, Konzepte, Vertragsgestaltungen –
Dr. Marie-Therese Krings-Heckemeier, Annamaria Schwedt
Eckhard Feddersen, Insa Lüdtke
Stephan J. Bultmann

Inhaltsübersicht

Teil C Experten nehmen Stellung
Gewerbeimmobilien: Erfahrungen und Empfehlungen

Einführung zu Teil C 521
Prof. Dr. Bernd Falk

I Zur Marktentwicklung

1. Professionalisierung der Immobilienwirtschaft 523
   Jens Friedemann

2. Der deutsche Immobilienmarkt besteht die Reifeprüfung 529
   Dr. John F. W. Morgan

3. Die Bedeutung von Zyklen für Entscheidungen im
   Immobilienmanagement 535
   Dr. Knut Riesmeier

4. Der Immobilienmakler im Wandel 539
   Dr. Lutz Aengevelt

5. Strukturwandel auf den Shopping-Center-Märkten 545
   Charles Joye

II Zur Projektentwicklung von Gewerbeimmobilien

1. Anforderungsprofil an Projektentwickler von Gewerbeimmobilien 549
   Prof. Rolf Kyrein

2. Projektentwicklung als Teamaufgabe 555
   Dr. Manfred Probst

3. Thematisiertes Nutzerkonzept – wichtiger Erfolgsfaktor für
   Immobilieninvestitionen 561
   Rolf Lechner

III Zur städtebaulichen Entwicklung

1. Gewerbeimmobilien aus der Sicht der Stadtentwicklung 567
   Prof. Dr. Martin Wentz

2. Stadtentwicklung in der Einzelhandelskrise? 571
   Hans-Günter Wawrowsky
   Matthias Pfeifer

3. Einzelhandelsgroßprojekte 577
   Univ.-Prof. Dr. Günter Heinritz

IV **Zur Risikobereitschaft bei Gewerbeimmobilien**

    1   Zum Risiko – im Allgemeinen und Besonderen 583
Jost Hieronymus

    2   Rahmenbedingungen für Gewerbeimmobilien 587
Horst-Alexander Spitzkopf

    3   Der geschlossene Immobilienfonds zur Finanzierung von Einkaufszentren ... 591
Dr. H. Jürgen Tiemann

    4   Architekturqualität zu festen Preisen und Terminen 597
Prof. Volkwin Marg

Anhang

    Weiterführende Literatur 603

A   Gewerbeimmobilien – Die Funktionen

1   Gewerbeimmobilien
– Planung, Realisierung und Management –

Prof. Dr. Bernd Falk HonRICS,
Inhaber des Institut für Gewerbezentren (IfG), Starnberg

Momme Torsten Falk, Ph. D., Dipl.-Betriebswirt (FH),
Kaufmann der Grundstücks- und Wohnungswirtschaft,
Projektleiter im Institut für Gewerbezentren, Starnberg

Inhaltsverzeichnis

1.	**Grundlagen**	25
1.1	Der Markt für Gewerbeimmobilien	25
1.2	Gewerbeimmobilienarten	26
1.3	Marktteilnehmer	27
1.4	Funktionen	28
2.	**Market Research**	28
2.1	Regionalanalysen und überregionales Immobilien-Research	29
2.2	Markt- und Standortanalysen	29
2.3	Objekt- und Projektanalysen	30
2.4	Analyse der Nutzer	31
2.5	Analyse der Wettbewerber	31
2.6	Unternehmensanalyse	32
3.	**Projektentwicklung**	32
3.1	Projektidee	33
3.2	Projektstudie	33
3.3	Vorbereitung der Projektrealisierung	34
4.	**Projektmanagement**	36
5.	**Immobilienmanagement**	37
5.1	Facility Management	37
5.2	Vermietmanagement	38
5.3	Flächenmanagement	40
5.4	Kostenmanagement	40
5.5	Sicherheitsmanagement	41
5.6	Parkflächenmanagement	42
5.7	Corporate Real Estate Management	42
5.8	Portfoliomanagement	44
5.9	Umweltmanagement	46
6.	**Finanzierung**	47
6.1	Eigenkapitalfinanzierung	47
6.2	Konventionelle Finanzierung	47
6.3	Bauzwischenfinanzierung	48
6.4	Konsortialfinanzierung	48
6.5	Mezzanin-Finanzierung	48
6.6	Projektfinanzierung	49
6.7	Joint-Venture-Finanzierung	49
6.8	Immobilienleasing	49
7.	**Bewertung**	49
7.1	Ertragswertverfahren	50
7.2	Vergleichswertverfahren	51
7.3	Sachwertverfahren	52
7.4	Residualverfahren	53
7.5	Barwertmethode	53
7.6	Open-Market-Methode	54

8.	**Marketing**	55
8.1	Marketingziele	55
8.2	Marketingstrategie	56
8.3	Marketingprogramme	56
8.4	Produktpolitik	57
8.5	Beschaffungspolitik	58
8.6	Entgeltpolitik	59
8.7	Distributionspolitik	61
8.8	Kommunikationspolitik	63

1. Grundlagen

1.1 Der Markt für Gewerbeimmobilien

Einflussfaktoren

Der Markt für gewerblich-genutzte Immobilien wird von zahlreichen Faktoren beeinflusst. Neben ökonomischen Einflussgrößen besitzen u. a. soziale und gesellschaftliche Veränderungen, politische und rechtliche Aspekte sowie kulturelle und ökologische Veränderungen einen Einfluss auf das Marktgeschehen.

Deutlich wird die Bedeutung dieser Einflussgrößen am Beispiel der Wiedervereinigung in Deutschland im Jahr 1989. Mit dem zusätzlichen Flächenpotenzial der fünf neuen Bundesländer ergab sich eine Situation in Deutschland, die ein Novum in der Geschichte des gewerblichen Immobilienmarktes darstellte. In dieser „Goldgräberzeit" entstand in den neuen Bundesländern eine Planungseuphorie insbesondere im Bereich der SB-Warenhäuser, Fachmarktzentren und Shopping-Center. Nicht selten wurden die Grundanforderungen an den Standort, die Flächendimensionierung, die tatsächliche Nachfragesituation und die Beachtung des Wettbewerbs vernachlässigt. Leerstände und notleidende Immobilien als Konsequenz waren das Ergebnis dieser Entwicklung.

Flächenknappheit

In den alten Bundesländern zeigt sich schon seit einigen Jahren ein eingeschränktes Angebot für gute innerstädtische Standorte. Langwierige und komplizierte Genehmigungsverfahren, Verzögerungen durch Nachbareinsprüche und auch eine Zurückhaltung der Gemeinden bei der Neuausweisung von Bauland kennzeichnen die Situation. Aufgrund der Flächenknappheit wurden zunehmend Entwicklungen (Büroflächen, Gewerbeparks, Hotels, Shopping-Center) an stadtperipheren Standortlagen durchgeführt. Auf der anderen Seite führte und führt diese Flächenknappheit zu Umstrukturierungen bzw. Revitalisierungen innerstädtischer Altflächen. Gestützt wird diese Entwicklung auch durch die Verlagerung immissionserzeugender Betriebe aus innerstädtischen Bereichen an die Stadtperipherie bzw. die Veräußerung nicht mehr benötigter Flächen der Deutschen Bahn AG.

Eine zunehmende Globalisierung der Märkte, eine erhebliche Verschiebung des demographischen Aufbaus, veränderte Konsummuster und die Entwicklung vom Massen- zum Mikromarkt sind Beispiele für die Dynamik und Komplexität

Ökologische Dimension

unserer Zeit. Der Markt für Gewerbeimmobilien befindet sich in Deutschland derzeit in einer Phase des Wandels und der Neuorientierung. Insbesondere die schwache konjunkturelle Entwicklung bei den gewerblichen Immobiliennutzern führt zu Liquiditätsengpässen und dem Erfordernis von Kosteneinsparungen. Zahlungsausfälle, ein deutlicher Personalabbau und Insolvenzen kennzeichnen die Situation der Immobiliennachfrager. Diese Situation hat direkte Auswirkungen auf die Immobilienmärkte. Mietausfälle, Mietrückstände, Trennung von nicht mehr benötigten Flächen, sinkende Mietpreise aufgrund einer noch anhaltenden Bautätigkeit und eine hohe Zurückhaltung für neue Vorhaben sind Beispiele der derzeitigen Lage auf den Märkten. Eine hohe Arbeitslosigkeit und ein eher verhaltenes Wachstum werden auch in der nächsten Zeit zu keinen nennenswerten Impulsen für den Großteil der Gewerbeimmobilienmärkte führen.

Internationalisierung

Darüber hinaus zeigen sich insgesamt eine Verkürzung der Lebenszyklen, allgemeine Marktsättigungserscheinungen und eine zunehmende Verknappung der Ressourcen. Durch den Verbrauch wertvoller Umweltressourcen besitzt die Immobilienwirtschaft eine nicht zu unterschätzende ökologische Dimension. Neben den sich hieraus abzeichnenden Risiken können sich durch geeignete Maßnahmen wie beispielsweise der Entwicklung nachhaltiger Immobilien auch Chancen ergeben.

Eine einheitliche Entwicklung der Gewerbeimmobilie gibt es nicht. Die Entwicklung differiert demgegenüber bezüglich der einzelnen Teilmärkte. Nicht selten festzustellen sind hierbei unterschiedliche Marktschwankungen auf den verschiedenen Teilmärkten.

Begriff

Die Immobilienmärkte sind durch eine zunehmende Internationalisierung gekennzeichnet. Anleger und Nutzer denken heute eher global. Neben den volkswirtschaftlichen Rahmendaten erfolgt hierbei auch eine Auswahl nach immobilienspezifischen Marktdaten wie beispielsweise Flächenbestände, Vermietungsleistungen, Leerstände, Miethöhen und rechtlichen sowie steuerlichen Rahmenbedingungen.

1.2 Gewerbeimmobilienarten

Unter Gewerbeimmobilien versteht man einen physischen Rahmen zur Integration verschiedener funktioneller Flächen, Nutzungen und Typen, der die Teilnahme am allgemeinen wirtschaftlichen Verkehr ermöglichen und der Gewinnerzielung dienen soll.

Differenziert wird der gewerbliche Immobilienmarkt u. a. nach den Arten (Gewerbeparks, Büroimmobilien, Shopping-Center, Hotels, Freizeitimmobilien etc.) sowie nach räumlichen Gesichtspunkten.

Gewerbeimmobilienarten				
Büroimmobilien z.B.	**Handelsimmobilien** z.B.	**Industrie- und Gewerbeparks** z.B.	**Freizeitimmobilien** z.B.	**Sonstige Gewerbeimmobilien** z.B.
Einzelbüros Büroetagen Bürohäuser Bürohochhäuser Business-Center Intelligente Büros Kombibüros Business Clubs Just-in-time-Büros Virtuelle Büros Unternehmensübergreifende Büros Call-Center	Fachgeschäfte Spezialgeschäfte Supermärkte LM-Discounter Verbrauchermärkte SB-Warenhäuser Fachmärkte Kaufhäuser Warenhäuser Shopping-Center Einkaufspassagen/ Einkaufsgalerien Fachmarktzentren Offprice-Center Factory-Outlet-Center Großhandelszentren	Industrieparks Gewerbeparks Gewerbehöfe Technologieparks Technologiezentren Gründerzentren Forschungszentren Entwicklungszentren Wissenschaftszentren	Spaß- und Erlebnisbäder Bowling-Anlagen Fitness-Center Freizeitparks Squash-/Tennishallen Kartbahnen Kinos/Multiplex-Kinos Sportanlagen Themengastronomie Arenen Family-Entertainment-Center Urban-Entertainment-Center Schönheitsanlagen Tanzanlagen Kulturelle Freizeitanlagen	Hotels Boardinghouses SB-Lagerhäuser Parkhäuser Senioreneinrichtungen Gastronomiebetriebe Verwaltungszentren Anstaltsgebäude Lagerhallen Logistikzentren Fabrikationsgebäude Werkstätten
Mehrfunktional genutzte Gewerbeimmobilien				
Quelle: Institut für Gewerbezentren, Starnberg 2005				

Abb. 1: Bedeutende Gewerbeimmobilienarten

1.3 Marktteilnehmer

Neben einer Vielzahl unterschiedlicher Teilmärkte sind im gewerblichen Immobilienbereich auch eine Reihe sehr heterogener Marktteilnehmer vertreten. Die nachfolgende Auflistung gibt eine nicht abschließende Übersicht über die vertretenen Marktteilnehmer:

Heterogenes Bild

- offene Immobilienfonds,
- geschlossene Immobilienfonds,
- Projektentwickler/Developer,
- Bauträger,
- Architekten,
- Immobilienmanager,
- Immobilienverwalter,
- Kreditinstitute,
- Immobilien-Leasinggesellschaften,
- Versicherungen,
- Pensionskassen,

- Immobilienaktiengesellschaften,
- Immobilienmakler/Immobilienberater,
- Marktforschungsunternehmen,
- Immobiliensachverständige,
- Insolvenz- und Zwangsverwalter,
- Immobilienanlageberatungen etc.

1.4 Funktionen

Die Funktionen und Aufgabenfelder, die im Bereich der gewerblichen Immobilienwirtschaft zur Anwendung kommen, sind sehr vielschichtig. Im Rahmen dieses Beitrags sollen ausgewählte wichtige funktionale Aufgabenfelder umrissen werden. Eine detailliertere und auf die jeweiligen Immobilienarten abgestimmte Darstellung der Funktionen erfolgt in den anschließenden Expertenbeiträgen.

2. Market Research

Motivation Die Immobilienmärkte stehen im Spannungsfeld wirtschaftlicher, politischer, gesellschaftlicher und technologischer Veränderungen und Umbrüche. Eine zunehmende Globalisierung der Wirtschaft, der Trend vom Massen- zum Mikromarkt und veränderte Konsumentenmuster sind nur einige Beispiele der hohen Dynamik. Konjunkturelle Schwierigkeiten sowie strukturelle Anpassungsprozesse sind Kennzeichen der aktuellen Situation in Deutschland.

Eine konsequente Marktausrichtung ist angesichts hoher Leerstandsquoten, stagnierender bzw. rückläufiger Mieten, einer Verschärfung des nationalen und internationalen Wettbewerbs und Marktsättigungserscheinungen von fundamentaler Bedeutung. Informationen über Märkte, Wettbewerber und die Nutzer der Immobilien stehen am Ausgangspunkt eines professionellen Marketings und Managements.

Begriff Als Immobilienmarktforschung (Market Research) bezeichnet man dabei eine mit Hilfe wissenschaftlicher Erhebungsmethoden erarbeitete, systematische und zielbewusste Erfassung sowie Analyse des Immobilienmarktes, also des Marktes bzw. der Teilmärkte für Grundstücke und Gebäude.

Aufgabe Aufgabe der Immobilienmarktforschung ist die Untersuchung bestehender Strukturen und Potentiale sowie die Abgabe von Prognosen über Entwicklungen und Trends. Zu den wesentlichen Anwendungsbereichen der Immobilienmarktforschung zählen u. a. die Analyse von Regionen, Markt-, Standort- und Objektanalysen, Wettbewerbsanalysen, Analysen des eigenen Unternehmens (z. B. Imageanalysen), Analyse der Nutzer, Identifikation und Segmentierung von Zielgruppen und die Marketingergebnisforschung.

2.1 Regionalanalysen und überregionales Immobilien-Research

In Anbetracht einer zunehmenden Internationalisierung und Globalisierung gewinnt die großräumige Betrachtungsweise zunehmend an Bedeutung. Im Sinne einer strategischen Ausrichtung der Investitionsentscheidungen steigt die Relevanz einer europäischen bzw. globalen Vermögensstreuung. Neben einer Risikostreuung können im Rahmen einer internationalen Anlagenstreuung auch nationale bzw. regionale Einzelmarktschwankungen frühzeitig erkannt und berücksichtigt werden.

Risikostreuung

Bedingt durch die heute weitgehend liberalisierten globalen Märkte wirken sich auch konjunkturelle Schwankungen auf ausländischen Märkten immer stärker auch auf den einheimischen Markt und damit auf die dort befindlichen Immobilienteilmärkte aus. Die Entwicklung des Immobilienmarktes bzw. eines Immobilienteilmarktes läuft dabei nicht zwangsläufig parallel zu dem der Gesamtwirtschaft. Immobilienmärkte unterliegen teilweise starken Schwankungen. Dies gilt auch für einzelne Teilmärkte, die partiell auch eine gegenläufige Entwicklung vollziehen können.

Wechselwirkungen

Zu den Untersuchungsbereichen des regionalen und überregionalen Immobilien-Research gehören insbesondere die ökonomischen Rahmenbedingungen. Die Immobilienmärkte werden in besonderem Maße von der wirtschaftlichen Entwicklung beeinflusst. Zu analysieren sind auch die sogenannten Potenzialfelder, die als Voraussetzung der wirtschaftlichen Entwicklung eines Landes zu sehen sind. Hierzu zählen beispielsweise das Potenzial der Forschungs- und Ausbildungseinrichtungen, die geographische Lage, die natürlichen Ressourcen und die Qualität der Verkehrsverbindungen. Neben den ökonomischen Entwicklungen sind u. a. auch die politischen und rechtlichen Standortfaktoren, die demographischen Entwicklungen sowie die Trends auf den Immobilienmärkten zu analysieren.

Analysefaktoren

2.2 Markt- und Standortanalysen

Vor der Projektentwicklung aber auch zur Überprüfung bestehender, insbesondere komplexer Immobilien wie beispielsweise Shopping-Center, Freizeit-Center und Hotels werden in der Regel Markt- und Standortanalysen durchgeführt. Zum Einsatz kommen diese Analysen auch bei der Immobilienbewertung und als Basis umfangreicher Tragfähigkeitsanalysen. Eine intensive Begutachtung des Standortes ist erforderlich um ein Gefühl für die Machbarkeit des Vorhabens zu erhalten. Aus der Vielzahl von Informationen sind diejenigen zu extrahieren, die eine Relevanz für die Entscheidungsfindung besitzen. Gefragt ist hierbei nicht die Textmenge sondern vielmehr eine hohe Aussagequalität der Analysen.

Der klassische Aufgabenbereich einer Markt- und Standortanalyse besteht in der Untersuchung des Makro- bzw. Mikrostandortes. Im Rahmen der Makroanalyse wird die Immobilie einem geographischen Raum zugeordnet, der dann auf seine wesentlichen Eigenschaften und Potenziale untersucht wird.

Makro-/Mikrostandort

Bei einigen Immobilienarten wie Handels- und Freizeitimmobilien erfolgt im Rahmen einer Markt- und Standortanalyse auch die Definition und Analyse des Einzugsgebietes. Das Einzugsgebiet umfasst das Gebiet der aktuellen und potenziellen Kunden. Die Struktur und Reichweite eines Einzugsgebietes wird von einer Reihe exogener und endogener Faktoren determiniert. Einzugsgebiete werden in verschiedene Sektoren untergliedert. Diese Untergliederung spiegelt dabei die unterschiedliche Orientierungsintensität zum untersuchten Zentrum wider und ermöglicht so eine differenzierte Bewertung und Vorgehensweise. Zur Einzugsgebietsbestimmung können sowohl theoretisch-deduktive wie auch empirisch-induktive Abgrenzungsverfahren herangezogen werden.

Zu den Untersuchungsfeldern einer Makroanalyse zählen u. a. ökonomische, sozio-demographische, politische und rechtliche Aspekte des Untersuchungsraumes.

Mikroanalyse Bei der Mikroanalyse wird der konkrete Standort untersucht. Zu den wesentlichen Untersuchungsbereichen zählen hier beispielsweise die Verkehrsanbindung, die unmittelbare Zugänglichkeit des Grundstücks, die Topographie, das Standort-Image, die Konkurrenz im unmittelbaren Einzugsbereich und der optische Eindruck der Gebäude in der Umgebung. Bei der Verkehrsanbindung differenziert man die Zugänglichkeit für den Fußgängerverkehr, den Individualverkehr und den öffentlichen Verkehr. Je nach Immobilientyp und Nutzungskonzept variieren hierbei die Anforderungen an den Mikrostandort.

Scoring-Modelle Checklist-Methoden erleichtern einen Vergleich alternativer Standorte. Eine Verfeinerung dieses Verfahrens ermöglichen so genannte Scoring-Modelle. Hierbei werden die einzelnen Standortfaktoren in Abhängigkeit der Bedeutung für das Projekt gewichtet. Ebenfalls zum Einsatz kommen das Rangreihenverfahren und die Nutzwertanalyse.

Da es sich bei Immobilieninvestitionen um langfristige Anlagen handelt, ist nicht nur die gegenwärtige Situation sondern auch die zukünftige Entwicklung zu prognostizieren. Die Informationen einer Markt- und Standortanalyse sind vor dem Hintergrund regionaler bzw. überregionaler Veränderungen sowie unter der Berücksichtigung allgemeiner Entwicklungstendenzen zu werten.

2.3   Objekt- und Projektanalysen

Im Sinne einer umfassenden Immobilienanalyse bzw. Immobilienbewertung sind neben den Marktinformationen auch ergänzende Daten über das unmittelbare Projekt bzw. Objekt zu erheben. Eine umfassende Analyse der Stärken und Schwächen bildet hierbei die Informationsbasis für eine professionelle Objektoptimierung bzw. Objektrevitalisierung. Projektanalysen ermöglichen die Identifikation möglicher Planungsfehler im Vorfeld der Entwicklung.

Informationsquellen Neben Begehungen und Besichtigungen zählen Expertengespräche mit z. B. den Mietern, dem Immobilienmanagement, Architekten, Technikern und Nachbarn, zu den Informationsquellen einer Objektanalyse. Im Bereich der Freizeit- und Handelsimmobilien sind mitunter Besucher- und Kundenbefragungen sowie Frequenzanalysen empfehlenswert.

Das Spektrum beinhaltet u. a. die Analyse der Grundstücksbeschaffenheit, der Architektur, des Nutzungskonzeptes, der rechtlichen Situation, des baulichen

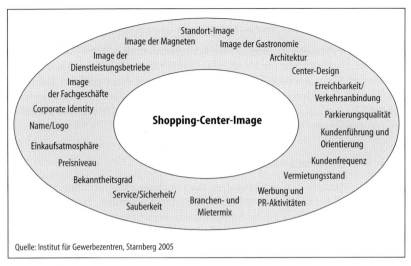

Abb. 2: Shopping-Center-Image

Zustandes (Instandhaltungsstau) sowie die Begutachtung wirtschaftlicher Kennzahlen. Informationen über die wirtschaftliche Entwicklung im Einzelhandels-, Gastronomie- und Freizeitbereich liefert beispielsweise eine Analyse der spezifischen Umsatzergebnisse der Mieter. Informationen über den Kundenlauf erhält man u. a. durch Kundenfrequenz- und Kundenlaufanalysen. Eine Image-Analyse kann detailliert über das bestehende und das gewünschte Image informieren.

2.4 Analyse der Nutzer

Der Immobilienmarkt besteht aus einer Vielzahl heterogener Marktteilnehmer mit zum Teil sehr unterschiedlichen Anforderungen, Interessen und Wünschen. Aufgabe der Immobilienmarktforschung ist in diesem Zusammenhang die Identifikation, die Einteilung und die Analyse der jeweiligen Zielgruppen. In Anbetracht individueller und differenzierter Nutzeransprüche zeigt sich hierbei eine zunehmende Segmentierung der Märkte.

Zunehmende Marktsegmentierung

2.5 Analyse der Wettbewerber

Eine Analyse der Wettbewerbssituation gehört zu den wesentlichen Aufgaben der Marktforschung. Insbesondere in stagnierenden Märkten reicht die Kundenorientierung zur Sicherung des langfristigen Unternehmenserfolges nicht aus. So sind Absatzsteigerungen zum großen Teil nur auf Kosten des Marktanteils der übrigen Wettbewerber zu erreichen.

Zunächst sind die relevanten Wettbewerber zu identifizieren. Beeinflusst wird der Kreis der Wettbewerber u. a. durch den spezifischen Standort/Region, die Absatzreichweite, die Art der Immobilienprodukte und das Preisniveau. Im Rahmen der Wettbewerbsanalyse sind die Ziele und die Strategien sowie die Annahmen der Wettbewerber zu erforschen. Darüber hinaus gehört u. a. auch

Analysefaktoren

Potenziale erkennen eine Analyse der sachlichen und personellen Ressourcen (Stärken und Schwächen) der Konkurrenten zu einer derartigen Untersuchung.

Durch eine Gegenüberstellung des Nachfragepotenzials mit den identifizierten Wettbewerbsstrukturen im Marktgebiet lassen sich die bestehenden Marktanteile bzw. die noch nicht genutzten Potenziale auf den einzelnen Teilmärkten bzw. Marktfeldern erkennen. Abzuschätzen ist hierbei auch, inwieweit es gelingen kann, von den im Markt bereits vorhandenen Anbietern Umsatzanteile zu gewinnen (Verdrängungspotenzial).

2.6 Unternehmensanalyse

Neben der Analyse der Wettbewerber zählt auch eine Untersuchung des eigenen Unternehmens zu den Aufgaben der Marktforschung. Im Rahmen der Unternehmensanalyse sind die Spielräume zu ermitteln, die ein Unternehmen aufgrund seiner Stärken und Schwächen sowie seiner Kompetenzen und der Berücksichtigung der Wettbewerber besitzt.

Image-Analyse Ein bedeutender Aspekt ist das Image eines Unternehmens. Unter einem Image versteht man die Ganzheit aller objektiven und subjektiven, also unter Umständen auch falschen Vorstellungen, die sich Menschen – Einzelpersonen oder Personengruppen – über einen Meinungsgegenstand machen. Anhand von Image-Analysen ist die Erfassung und Diagnose des Ist-Zustandes wie auch die Ermittlung des Soll- bzw. Ideal-Images möglich.

Portfolioanalyse Anhand von Portfolioanalysen erfolgt eine Visualisierung und Strukturierung der Aktivitäten und der äußerst komplexen strategischen Probleme eines Unternehmens. Im Rahmen des Portfoliomanagements dient sie hierbei in erster Linie der Suche nach Strategien einer integrativen Steuerung der strategischen Geschäftseinheiten eines Unternehmens. Portfolioanalysen und Portfoliomanagement ist in der Immobilienwirtschaft in erster Linie für Unternehmen erforderlich, die große und differenzierte Anlagevermögen managen.

3. Projektentwicklung

Die Projektentwicklung zählt zu den klassischen Managementaufgaben. Man versteht hierunter die Summe aller Untersuchungen, unternehmerischen Entscheidungen, Planungen und anderen bauvorbereitenden Maßnahmen, die erforderlich oder zweckmäßig sind, um ein Projekt zu entwickeln.

Interdisziplinarität Im Rahmen der Projektentwicklung ist die Mitwirkung aller für die Realisierung und den späteren Betrieb zuständigen Akteure zu empfehlen. Die Arbeit des Projektentwicklers ist disziplinübergreifend. Durch die Bildung eines interdisziplinären Teams mit Experten aus den Bereichen Planung, Bau, Vermietung, Immobilienmanagement, Finanzierung, Recht etc. ist eine fachgerechte Steuerung des Projektes gegeben. Eine Einbindung von Fachleuten aus unterschiedlichen Disziplinen ist auch angesichts des immer komplexer werdenden Planungsumfeldes zu empfehlen.

3.1 Projektidee

Bei der Projektentwicklung können mehrere Phasen unterschieden werden. Am Anfang steht die Projektidee, für deren Umsetzung aktiv ein geeigneter Standort gesucht wird. Die Projektidee kann sich aber auch aus der Analyse der optimalen Verwertungsmöglichkeit für einen vorhandenen Standort ergeben.

Ideengeber

Aufgrund der hohen Marktdynamik gehört die Identifikation neuer innovativer Konzepte zu den Aufgaben eines Projektentwicklers. Ideen für die Entwicklung neuer Projekte kommen aus den unterschiedlichsten Richtungen. Oft resultiert die Initialzündung für ein neues Projekt vom Grundstückseigentümer, der eine Steigerung des Grundstücksertrages erwartet. Die Idee für ein neues Vorhaben kann sich aber auch durch die Nutzer ergeben, die mit konkreten Vorstellungen über den Standort an den Markt gehen. Nicht selten kommt die Initialzündung für ein neues Projekt auch von Seiten der Städte und Kommunen bzw. politischer Gruppierungen. Ausgangspunkt der Überlegungen sind hierbei städtebauliche oder kommunalwirtschaftliche Überlegungen. Kreditinstitute verfügen nicht selten über Immobilien, z. B. aufgrund notleidender Kredite, die sie einer sinnvollen Nutzung zuführen wollen.

3.2 Projektstudie

Die Erarbeitung einer Projektstudie dient der Überprüfung der Realisierungschancen einer Projektidee. Im Rahmen der Standortprüfung erfolgt eine Beurteilung üblicherweise anhand einer ersten Markt- und Standortanalyse. Zu den zu berücksichtigenden Aspekten zählen hierbei u. a. die Erreichbarkeit, die Verkehrssituation, die Wettbewerbssituation und die Qualität des Einzugsgebietes (Bevölkerungs-, Kaufkraftpotenzial etc.). Zu prüfen sind auch die rechtlichen Rahmenbedingungen. Neben den existierenden Verträgen ist das bestehende Baurecht und das eventuell erreichbare Baurecht zu untersuchen. Neben der rechtlichen Prüfung der Zulässigkeit des Projektes ist auch eine Untersuchung der politischen Unbedenklichkeit empfehlenswert. Ergebnis dieser Analyse ist jeweils eine Entscheidung darüber, ob ein Projekt weiter zu verfolgen oder aufzugeben ist.

Einflussfaktoren

Auf der Basis der Standortbeurteilung und der sich daraus abzuleitenden Marktchancen ist die Ableitung des Entwicklungszieles und die Erarbeitung des Nutzungskonzeptes möglich. Das Nutzungskonzept soll darüber Aufschluss geben, welche Nutzungen bei funktionell richtiger Zuordnung vorstellbar sind. Bei den Nutzungskonzepten handelt es sich grundsätzlich um Vorschläge, Ideen und Anregungen, die insbesondere die Funktionsart und den Umfang zu erfassen versuchen. Im Nutzungskonzept sind Zielvorstellungen u. a. über die einzelnen Nutzungsarten, die Aufteilung von Neben- und Lagerflächen, die Zugangs- und Anlieferungsbereiche, die Parkierungsflächen, die Anbindung an das bestehende Straßensystem und die Zueinanderordnung aller Funktionen enthalten.

Nutzungskonzept

Erste Wirtschaftlichkeitsberechnungen sind bereits in dieser Phase der Projektentwicklung von besonderer Bedeutung. Über Schätzungen, Annahmen und Übernahme von Erfahrungswerten ist eine Berechnung des Investitionsbedarfs, wenn auch mit einer Schwankungsbreite, möglich. Hilfreich ist eine

Wirtschaftlichkeit

Checkliste über alle eventuell anfallenden Kostenpositionen. Ziel muss es sein, die Kosten mit einem möglichst hohen Genauigkeitsgrad vorherzusagen. Zu empfehlen ist die Einbindung verschiedener Experten. Architekten, Bauingenieure, Projektsteuerer, Vertreter von Banken etc. können die Ermittlung der Bau- und Baunebenkosten optimieren. In Anbetracht langer Entwicklungszeiträume sind die Finanzierungs- und Zwischenfinanzierungskosten besonders zu berücksichtigen.

Vermietung Den Kosten sind die voraussichtlichen Erträge aus dem Projekt gegenüberzustellen. Auf der Basis möglicher Nutzungen und Mieter (Branchen-/Mietermix) sind, auch aus Erfahrungswerten, die voraussichtlichen Mieteinnahmen des Vorhabens abzuleiten. Einen starken Einfluss auf die Entwicklung der Mieten haben hierbei u. a. konjunkturelle Schwankungen. Inwieweit die ermittelten Mieten später auch am Markt durchsetzbar sind, hängt davon ab, wie die Aufnahmebereitschaft des Marktes zum Zeitpunkt der Vermietung ist. Aus diesem Grund hat der Entwickler die Projekte auf ihre langfristige Tragfähigkeit am Markt hin auszurichten.

Ergebnisse Die Ergebnisse der Projektstudie stellt eine Grundlage dar, erste wirtschaftliche Hochrechnungen auf Basis mehrerer Finanzierungsalternativen zu erstellen. Bis zur Entscheidung über die Realisierung eines Projektes können mitunter mehrere Jahre vergehen, sodass sich die Einzelergebnisse hierbei noch verändern können. Eine Aktualisierung der Ergebnisse ist daher dringend zu empfehlen.

Ergebnis der Projektstudie ist eine Zusammenfassung und Identifikation der Chancen und Risiken. Auf dieser Basis ist zu entscheiden, ob ein Projekt für weiterhin verfolgenswert, für bedingt verfolgenswert oder für nicht verfolgenswert einzustufen ist.

3.3 Vorbereitung der Projektrealisierung

Budget-/Zeitplan Bei einem positiven Ergebnis der Projektstudie und der Finanzierungs- und Rentabilitätsberechnung sind die Weichen für eine Realisierung zu stellen. Zu empfehlen ist hierbei die Erarbeitung eines Budget- und Zeitplanes. Mit externen Fachleuten sind Honorarvereinbarungen zu treffen. Diese sollten einen Abruf der Leistungen nach Projektphasen ermöglichen und auch Regelungen für den Falle des Abbruchs der Entwicklung enthalten.

Grundstücks-sicherung Zunächst gilt es, das Grundstück bzw. die Grundstücke auf dem das Projekt realisiert werden soll zu sichern. Im Idealfall nimmt man von dem Verkäufer des Grundstücks ein notarielles Verkaufsangebot entgegen, deren Annahme durch den Investor innerhalb einer bestimmten Frist nach Erteilung der Baugenehmigung erfolgen kann. Steht der Bauherr bereits fest, so können bereits Kaufverträge (allerdings mit höheren Notarkosten gegenüber der Angebotsform) abgeschlossen werden. Hierbei sind jedoch Rücktrittsmöglichkeiten für den Fall vorzusehen, dass keine Baugenehmigung erteilt wird und/oder die Rentabilität des Projektes nicht erreicht wird. Neben der Grundstückssicherung sind bei Bedarf mit den Nachbarn Vereinbarungen, beispielsweise über Grenzabstände und Wegerechte, mit Bindungswirkung an den Vollzug des Grundstücksvertrages zu treffen.

Aufbauend auf den bereits eruierten Marktinformationen ist in diesem Stadium der Projektentwicklung eine ergänzende Markt- und Standortanalyse unter der Nutzung ergänzender Primärdaten in Form von beispielsweise Kunden- und Nutzerbefragungen vorzunehmen.

Nach der Sicherung des Grundstücks sollte unverzüglich der Bauantrag eingereicht werden, um durch die zuständigen Behörden zügig eine Baugenehmigung zu erhalten. Im Laufe der Vermietung können sich aufgrund von Mieterwünschen noch wesentliche Änderungen ergeben. Ziel sollte es daher sein, eine Genehmigung mit ausreichendem Spielraum für etwaige Änderungen zu erreichen. Eine allgemeingültige Empfehlung für die Vorgehensweise zur Erlangung des Baurechts gibt es nicht. Von Bedeutung ist in diesem Zusammenhang beispielsweise auch der Prozess der politischen Willensbildung und der öffentlichen Meinung zu einem Vorhaben. **Bauantrag**

Parallel zur Bauantragsstellung und der weiteren Planung des Projektes werden sämtliche Aufwendungen für die Bauleistungen ermittelt und durch Einzelangebote abgesichert. Ein erfahrener Projektentwickler verfügt hierbei über Ausschreibungsstandards die jeweils projektbezogen ergänzt werden. Im Rahmen der Ausschreibung sind mögliche Veränderungen, die sich durch Mieterwünsche ergeben, zu berücksichtigen. Die nunmehr durchzuführende Ermittlung des Investitionsbedarfs ist Grundlage für die Entscheidung über die tatsächliche Realisierung des Vorhabens. Der Investitionsbedarf ist hierbei durch Ausschreibungsergebnisse, Festschreibung der Grundstückskosten, Erschließungskosten etc. abzusichern. **Ausschreibung**

Zur Abstützung der Mietertragsermittlung und zur Ermittlung der Marktakzeptanz ist es wichtig, in dieser Projektentwicklungsphase Mietverträge mit den Hauptmietern und den wichtigen weiteren Mietern abzuschließen. Zur Absicherung der voraussichtlich erzielbaren Mieterträge dienen auch die Auswertung vergleichbarer Vorhaben bzw. die Nutzung seriöser Quellen. **Mietverträge**

Insgesamt sind somit sämtliche Investitionen wie auch alle Mieterträge zu ermitteln. Hierbei sind Preissteigerungsraten zu berücksichtigen. Die Entwicklungen auf dem Kapitalmarkt sind schwer kalkulierbar. Durch einen plötzlichen Zinsanstieg kann ein Projekt scheitern. Vor dem endgültigen Start des Projektes muss daher die Finanzierung des Vorhabens vertraglich zugesagt sein.

Mit dem Startschuss endet die eigentliche Projektentwicklung. Die Übergänge von der Projektentwicklung zur Projektrealisierung sind jedoch fließend. Auch in der Phase der Realisierung des Vorhabens ist es sinnvoll, das Projektentwicklungsteam einzubinden. Restliche Aufgaben der Projektentwicklung sind abzuschließen und in einem Ergebnis zu dokumentieren. Diese Dokumentation dient hierbei auch als Basis einer späteren Umstrukturierung bzw. Erweiterung der Immobilie. Die Einbeziehung des Projektentwicklers dient aber auch der Erfahrungsgewinnung für neue Projekte. **Baubeginn**

Weitere Vermietungsaktivitäten und eine professionelle PR-Arbeit in Form von beispielsweise dem Richtfest, Baustellenbesichtigungen, Bauzaunbemalungen, Aktion zur Namensfindung des Vorhabens etc. schließen sich üblicherweise an.

4. Projektmanagement

Steigende Qualitätsanforderungen an Bauprojekte, eine zunehmende Komplexität und die Koordination verschiedenster Experten erfordert insbesondere bei Großprojekten die Berücksichtigung eines Projektmanagements. Ohne eine Koordination und Vernetzung im Sinne eines professionellen Projektmanagements entstehen unkoordinierte Nahtstellen zwischen den beteiligten Akteuren. Investoren erwarten heute in stärkerem Maße Komplettlösungen von der Erschließung des Grundstücks über die Bauplanung bis hin zur schlüsselfertigen Errichtung und Betreuung der Immobilie.

Zeitliche Begrenzung

Das Projektmanagement konzentriert sich auf die Realisierungsphase von Immobilien, es wirkt sich damit aber auch auf den gesamten Lebenszyklus aus. So legt der Projektmanager die Grundlage für das sich hieran anschließende Immobilienmanagement bzw. Objektmanagement. Im Gegensatz zum allgemeinen Immobilienmanagement ist das Projektmanagement zeitlich enger begrenzt. Vorteilhaft wirkt sich die vorzeitige Einbindung des Immobilienmanagements auf die Planungsphase aus, da hierdurch die spezifischen Betreibererfahrungen bereits in der Planungs- und Realisierungsphase Berücksichtigung finden können.

Projektleitung und -steuerung

Man kann das Projektmanagement in die Projektleitung und die Projektsteuerung differenzieren. Die Projektleitung wird in der Regel vom Bauherrn selbst ausgeübt. Die Projektsteuerung wird demgegenüber oft von externen Projektsteuerern wahrgenommen. Insbesondere Großbauprojekte erfordern eine Prozess- und Ablaufsteuerung. Die Projektsteuerung ist eine Arbeitsmethode und Organisationsform zur Lösung komplexer und zeitlich befristeter Aufgaben, wobei die Zusammenarbeit mehrerer Mitarbeiter oder Abteilungen erforderlich ist. Mit Hilfe von Leistungsvorgaben soll das Projekt in bestimmten Bahnen gehalten werden. Bei Abweichungen vom festgelegten Kosten-, Termin- und Qualitätsrahmen wird korrigierend in das laufende Geschehen eingegriffen.

Aufgaben

Zu den Aufgabenbereichen des Projektmanagements zählen u. a.:

- die Erarbeitung und Koordination des Projektes,
- die Aufstellung und Überwachung von Organisationsplänen,
- die Zeitplanung, Terminkontrolle und Terminfortschreibung (Meilensteinplan),
- die Kostenkontrolle und Kostenfortschreibung,
- die Koordination und Kontrolle der Projektbeteiligten,
- die Qualitätssicherung des Vorhabens.

Im Mittelpunkt aller Bemühungen steht die Rentabilität und die nachhaltige Ertragssicherung einer Immobilie.

Team-Organisation

Von besonderer Bedeutung ist die Zusammensetzung des Projektteams bezüglich der Qualifikation und Spezialisierung. Im Rahmen einer Organisationsstruktur wird festgelegt, in welchem Maße die jeweilgen Teammitglieder während des gesamten Projektablaufs integriert sind. Je nach Aufgabenstellung ist das Team durch externe Spezialisten und Berater zu ergänzen.

5. Immobilienmanagement

Das Immobilienmanagement wurde in der Praxis eingesetzt, nachdem festgestellt wurde, dass im Bereich der gewerblichen Immobilien bei vielen Objekten eine reine Immobilienverwaltung nicht mehr ausreicht. Unterschiedliche Nutzer- bzw. Mieterinteressen, die Vermietung im Rahmen eines festgelegten Mietermixes und ein Trend zu erhöhter Anlageintelligenz sind nur einige Gründe die für ein professionelles Immobilienmanagement sprechen. Erforderlich ist ein diesbezügliches Management insbesondere für sogenannte sensible Immobilien wie beispielsweise Shopping-Center, Freizeit-Center, Hotels und Gewerbeparks.

Anforderungen

Die Anforderungen an das Management gewerblicher Immobilien sind in der Vergangenheit erheblich gewachsen und zeichnen sich durch eine hohe Dynamik und Komplexität aus. Komplexe Probleme, verbunden mit einem Informationsdefizit, erfordern in zunehmendem Maße ein strategisches, auf den Aufbau und die Pflege von Erfolgspotenzialen ausgerichtetes Management. Umgesetzt wird das strategische Management durch das operative Management. Die Managementaufgaben setzen bereits in der Entwicklungsphase einer Immobilie ein.

In Abhängigkeit des spezifischen Immobilientyps, dem jeweiligen Nutzungskonzept und dem spezifischen Standort variiert der Aufgabenbereich des Immobilienmanagements.

5.1 Facility Management

Begriff

Der Deutsche Verband für Facility Management e. V. definiert diesen Begriff als eine „Managementdisziplin, die durch ergebnisorientierte Handhabung von Facilities und Services im Rahmen geplanter, gesteuerter und beherrschter Facility-Prozesse eine Befriedigung der Grundbedürfnisse von Menschen am Arbeitsplatz, Unterstützung der Unternehmenskernprozesse und Erhöhung der Kapitalrentabilität bewirkt. Hierzu dient die permanente Analyse und Optimierung der kostenrelevanten Vorgänge rund um bauliche und technische Anlagen, Einrichtungen und im Unternehmen erbrachte (Dienst-)Leistungen, die nicht zum Kerngeschäft gehören".

Differenzierung

Die Besonderheit des Facility Managements liegt in der ganzheitlichen Betrachtung und umfassenden Immobilienbewirtschaftung. Mit der kaufmännischen Bewirtschaftung, der technischen Bewirtschaftung und der Flächenbewirtschaftung differenziert man die wesentlichen Leistungsbereiche des Facility Management.

- In den Bereich der kaufmännischen Bewirtschaftung entfallen Aufgaben wie z. B. das Rechnungswesen, die Kostenrechnung, das Vertragswesen, der Versicherungsbereich und die Objektsteuerung.

- In Abhängigkeit der spezifischen Gebäude- und Nutzerstruktur wird durch das Facility Management eine individuelle und objektbezogene Infrastruktur geboten. Die technische Bewirtschaftung beinhaltet den Bereich der Instandhaltung, Wartung, Inspektion und Instandsetzung, den Stördienst sowie die technische Betriebsführung (Haustechnik, Leittechnik, Energiemanagement etc.).

- Die Leistungen und Aufgaben der Flächenbewirtschaftung werden auf der Fläche für den Eigentümer und/oder für den Flächennutzer erbracht. Die Flächenbewirtschaftung kann untergliedert werden in die Bereiche Flächenplanung, Bestandserfassung/Bestandspflege sowie in Aufgaben der zentralen Dienste (Gebäudesicherheitsdienst, Reinigung, Gartenpflege, Fuhrparkverwaltung, Umzugsdienst, Zentralsekretariat etc.).

Informationsmanagement

Ein wesentlicher Aspekt des Facility Managements ist die Koordination eines durchgängigen und alle Bereiche umfassenden Informationsmanagements von der Planung und der Errichtung über die Nutzung bis hin zum Abriss der Immobilie. Eine effiziente Immobilienbewirtschaftung erfordert eine Fülle von Informationen architektonischer, statischer, haustechnischer, kaufmännischer, organisatorischer, verwaltungstechnischer Art. Insbesondere in der Phase der Projektentwicklung und Realisierung der Immobilie entstehen eine Vielzahl von Informationen, die allerdings nur selten gegen Ende der Bauphase entsprechend aktualisiert werden. Ohne ein durchgängiges Informationsmanagement fällt der für die spätere Bewirtschaftung notwendige Informationsbedarf stark ab und kann, wenn überhaupt, nur mittels erheblicher Anstrengungen und Kosten zurückgewonnen werden.

Die zunehmende Anlagenintelligenz verursacht eine Fülle von komplexen Informationen. Computer-Aided-Facility-Management-Systeme (CAFM-Systeme) bieten die Möglichkeit eines schnellen, koordinierten und übersichtlichen Informationsmanagements.

5.2 Vermietmanagement

Erst- und Nachvermietung

Die Vermietung erfordert in Anbetracht des Wandels vom Vermieter- zum Mietermarkt ein professionelles Vorgehen mit direkter Ansprache der möglichen Mieter/Nutzer. Unter Vermietmanagement werden alle Tätigkeiten subsumiert, die der nachhaltigen Vermietung von Mietflächen dienen. Die Vermietung im Sinne eines Vermietmanagements ist dabei als Prozess zu verstehen. Grundsätzlich wird zwischen der Erstvermietung und der Nachvermietung unterschieden.

Branchen-/Mietermix

Bei einigen Immobilientypen erfolgt die Vermietung anhand eines individuell ausgearbeiteten Branchen- und Mietermixes. Dieser Mix soll beispielsweise im Bereich der Einkaufs- und Freizeitzentren sowie bei Gewerbeparks die Anziehungskraft und Attraktivität unter der Berücksichtigung des Wettbewerbsumfeldes und der Ausprägung des Einzugsgebietes gewährleisten. Synergieeffekte sind zu fördern, problematische Konstellationen sind zu vermeiden.

Zum umfangreichen Aufgabenspektrum des Vermietmanagements zählen u. a.:

- die langfristige Optimierung des Immobilienertrages,
- die ständige Beobachtung des Marktes (örtliches Mietniveau, Wettbewerbssituation, ökonomische und rechtliche Einflüsse, infrastrukturelle Veränderungen etc.),
- die Anpassung des Branchen- und Mietermixes an die sich verändernden Rahmenbedingungen,

- die Gestaltung und Anpassung des Mietvertragswerkes,
- die Durchführung von Mietvertragsverhandlungen,
- die Gestaltung des marketingpolitischen Instrumentariums sowie
- die Beratung und Betreuung der Mieter.

Das Vermietmanagement wird in unterschiedliche Phasen differenziert:

- **Vorvermietungsphase:** Zu empfehlen ist die Einbeziehung des Vermietmanagements bereits in der Projektentwicklung. Aufgrund der Marktnähe des Vermietmanagements können sich hierdurch wertvolle Profilierungschancen ergeben. Zu den Aufgaben der Vorvermietungsphase gehören u. a. die Bestimmung erforderlicher Ausstattungsstandards, die Auflistung bereits bestehender Mietinteressenten, die Identifikation potenzieller Mieter anhand einer Prioritätenliste, die Erarbeitung alternativer Flächenkonzepte, die Aufstellung vorläufiger Mietertragsberechnungen sowie die Budgetierung des erforderlichen marketingpolitischen Instrumentariums.

- **Hauptvermietungsphase:** In der Phase der Hauptvermietung werden die geplanten marketingpolitischen Instrumente nach der Überprüfung der aktuellen Entwicklungen und etwaiger Anpassungen zum Einsatz gebracht. Ebenso gehören Mietvertragsverhandlungen und die Abschlüsse der Mietverträge zum Spektrum der Hauptvermietungsphase.

- **Nachvermietungsphase:** Sofern die Erstvermietung abgeschlossen ist, muss sich die Nachvermietung unmittelbar anschließen. Oft wird der Fehler begangen, dass nach einer erfolgreichen Erstvermietung ein aktives Vermietmanagement nicht für notwendig erachtet wird. Wertvolle Informationen, wie z. B. Expansionswünsche vorhandener Mieter, bleiben so ungenutzt. Zu den Aufgaben in der Nachvermietungsphase gehören beispielsweise die Klärung von Problemen der Mieter, die Überprüfung der Flächenaufteilung und die laufende Beobachtung des Vermietungsstandes sowie die frühzeitige Ableitung notwendiger Maßnahmen.

Drei Phasen

Bewährt hat sich die Einrichtung eines Vermietungsbüros. In diesem können sich potenzielle Mieter über das Projekt anhand von Plänen, Grundrissen, Modellen, Architektursimulationen und Videos informieren. Eine weitere Möglichkeit der räumlichen Darstellung besteht anhand von Musterbüros bzw. Musterladenlokalen. Bereits in der Realisierungsphase haben die Interessenten hierbei die Möglichkeit, sich über die Ausstattungsqualität zu informieren.

Vermietungsbüro

In Abhängigkeit der bestehenden Marktsituation muss der Vermietmanager eventuell auch bereit sein, Zugeständnisse insbesondere bei der Gewinnung besonders wichtiger Mieter einzugehen. So kann beispielsweise die Übernahme von Ausbaukosten durch den Vermieter in Zeiten eines Mietermarktes zu einem auslösenden Faktor für einen Vertragsabschluss werden. Bei besonders wichtigen Mietern, so z. B. bei den sogenannten Magnetmietern (Anchor Tenants) im Bereich der Shopping-Center, sind auch mietfreie Zeiten zu diskutieren.

5.3 Flächenmanagement

Optimale Flächennutzung

Beim Flächenmanagement ist das Management permanent bestrebt, alle Flächen einer Immobilie unter quantitativen und qualitativen Gesichtspunkten optimal zu nutzen. Hierzu ist neben einer Bestandsaufnahme der bestehenden Flächen auch eine Ermittlung des optimalen Flächenbestandes erforderlich. Anhand organisatorischer Maßnahmen (Zusammenlegung von Flächen, Veränderung der Flächenzuordnung etc.) können nicht selten Flächenpotenziale identifiziert werden. Nicht selten bieten auch leere Wandflächen, Nischen, Räume unter Rolltreppen etc. wertvolle zusätzlich nutzbare Flächenreserven.

5.4 Kostenmanagement

Unter Kostenmanagement versteht man die Planung, Erfassung, Gliederung, Verteilung, Überwachung und Reduzierung der Kosten einer Immobilie. Durch das Kostenmanagement sollen Möglichkeiten der Kostensenkung identifiziert werden. Darüber hinaus soll die Kostentransparenz erhöht werden.

Entwicklung und Nutzungsphase

Das Kostenmanagement ist nach dem Lebenszyklus einer Immobilie zu differenzieren. Man unterscheidet hierbei in die Phase der Immobilienentwicklung und in die Nutzungsphase. In der Phase der Projektentwicklung entstehen Kosten für die Erstellung der Immobilie. Es existiert umfangreiches statistisches Material, in dem die Entwicklungskosten von Immobilien, gegliedert nach Leistungsbereichen für unterschiedliche Immobilientypen, dokumentiert sind. Für die systematische Erfassung der Kosten in der Entwicklungsphase wurde die DIN 276 entwickelt.

Alterungsprozesse

Erfahrungen zeigen, dass die Kosten, die in der Nutzungsdauer von Gewerbeimmobilien entstehen, die Höhe der ursprünglichen Herstellungskosten der Entwicklungsphase deutlich übersteigen. Wie jedes Produkt unterliegt auch eine Immobilie einem Alterungsprozess. Zur Verlängerung der Nutzungsdauer sind Instandhaltungsmaßnahmen unumgänglich. Einige Gewerbeimmobilienarten unterliegen einer vergleichsweise schnellen Erosionserscheinung. Nicht selten sind bereits nach 10 bis 15 Jahren umfangreiche Revitalisierungsmaßnahmen erforderlich. Gründe liegen hierfür i. d. R. nicht nur in einer baulichen bzw. technisch hervorgerufenen Erosion, sondern auch in wirtschaftlich bedingten Umständen (Marktveränderungen, Veränderung des Verbraucherverhaltens etc.).

Kostensparmaßnahmen

Bereits in der Entwicklungsphase können Maßnahmen zur Reduktion der anschließenden Bewirtschaftungskosten eingeplant werden. Hierzu zählen beispielsweise:

- die Verwendung von Wärmeschutzglas und einer umfangreichen Dämmung zur Reduktion der Heizkosten,
- die Berücksichtigung ökologisch unbedenklicher Baustoffe zur Reduktion von Entsorgungskosten in Umbauphasen,
- die Beachtung der späteren Reinigungs- und Instandhaltungskosten bei der Auswahl der Baumaterialien
- und die Berücksichtigung einer hohen Flexibilität und Drittverwendungsfähigkeit.

Bei gewerblichen Immobilienmietverträgen besteht generelle Vertragsfreiheit mit der Folge einer weitgehenden Möglichkeit der Kostenabwälzung, die lediglich durch das BGB oder durch einzelne höchstrichterliche Urteile eingeschränkt werden.

5.5 Sicherheitsmanagement

Der Aspekt der Sicherheit hat in den letzten Jahren an Bedeutung gewonnen. Die Anforderungen können in Abhängigkeit vom Immobilientyp, den spezifischen Nutzergruppen und den damit verbundenen unterschiedlichen Interessenlagen sehr komplex und differenziert sein. Für die Attraktivität einer Immobilie ist nicht zuletzt ein hoher Sicherheitsstandard von Relevanz.

Zu den zu beachtenden Risikoarten gehört beispielsweise Einbruch/Diebstahl, Feuer/Brandstiftung, Spionage und der unberechtigte Zutritt von Personen sowie Anschläge/Attentate. Das Sicherheitsmanagement erstreckt sich somit nicht nur auf Personen, Kunden, Mitarbeiter, Lieferanten und Servicepersonal, sondern auch auf die Gebäude und die dazugehörige Gebäudetechnik. Aber auch auf Waren, Lagerbestände und Einrichtungen.

Basis des Sicherheitsmanagements besteht in einer Sicherheitsanalyse. Hierbei werden Schwach- bzw. Gefahrenstellen aufgedeckt. Neben der Objektausstattung und der Nutzung der Immobilie ist hierbei auch das Objektumfeld zu untersuchen. Komplexe Objekte erfordern die integrative Einbeziehung aller sicherheitsrelevanten technischen, personellen und organisatorischen Sicherheitsmaßnahmen. Sicherheit hat selbstverständlich ihren Preis. Eine permanente Prüfung der Wirtschaftlichkeit ist daher unumgänglich. **Sicherheitsanalyse**

Zu den technischen Sicherheitsmaßnahmen zählt beispielsweise der Einsatz von Kameras, Alarmanlagen, Leitzentralen und Brandschutzeinrichtungen wie Feuermelder, Feuerschutztüren und Feuerlöschern. Die technischen Möglichkeiten zur Verbesserung der Sicherheitsmaßstäbe einer Immobilie sind zahlreich und greifen u. a. auch in die Bereiche der Haustechnik ein, was die Einrichtung von Schnittstellen erforderlich macht. **Technische Maßnahmen**

Neben den technischen Sicherheitseinrichtungen können auch Sicherheitsmitarbeiter als personelle Maßnahmen wirkungsvoll sein. Die Aufgabenbereiche sind festzulegen bzw. in einer Stellenbeschreibung zu fixieren. Die vielseitigen Aufgabenbereiche beispielsweise in der Leitzentrale, im Außendienst oder im Bereich der Zugangskontrollen erfordern eine entsprechende Qualifikation der Sicherheitskräfte. **Personal**

Organisatorische Sicherheitsmaßnahmen definieren einen genauen Ablaufplan für Situationen, in denen die Sicherheit einer Immobilie bzw. ihrer Nutzer bzw. Besucher tangiert werden. Für technische Schadensfälle wie Feueralarm, Wasserrohrbruch, Gasausbruch, Stromausfall etc. ist ein genauer Ablaufplan vorzuschreiben und dem jeweiligen Objekt anzupassen. Aber auch Notfälle, wie Unfälle, die Behandlung von Randalierern, Bombendrohungen etc. sind in den organisatorischen Sicherheitsmaßnahmen zu verankern. Regelmäßige Übungen und die Einweisung der Mitarbeiter sind dringend zu empfehlen. **Notfallpläne**

5.6 Parkflächenmanagement

Für eine Reihe von Gewerbeimmobilientypen wie z. B. Shopping-Center, Freizeit-Center und Gewerbeparks ist eine ausreichende Anzahl und Qualität von Kfz-Stellplätzen ein wesentliches Akquisitionsinstrument. Unter Parkflächenmanagement versteht man das Planen, die Organisation, die Realisierung und die Überwachung von Parkflächen. Inwieweit ein Parkflächenmanagement eingesetzt werden muss entscheidet sich in Abhängigkeit der Dimensionierung und den spezifischen Nutzergruppen. Besonders managementintensiv sind Parkflächen, die über einen hohen Belegungswechsel verfügen oder die zu Stoßzeiten hoch frequentiert sind.

Aufgaben Zum Aufgabenspektrum des Parkflächenmanagements gehören u. a. Reinigungsaufgaben, die Behebung von Störfällen, Überwachungsaufgaben, Kassentätigkeiten, Wartungsarbeiten, die Erstellung von Wirtschaftlichkeitsberechnungen sowie Frequenzmessungen. Von Bedeutung ist hierbei auch das Flächenmanagement. So kann unter Umständen durch den Einsatz von Duplex-Systemen oder elektrisch verschiebbaren Parkpaletten die Kapazität und damit die Wirtschaftlichkeit erhöht werden.

Intern/Extern Man unterscheidet zwischen eigenem und fremdem Parkflächenmanagement. Die Entscheidung, ob Parkflächen einer Immobilie in Eigenregie gemanagt werden, ist u. a. von der Dimensionierung und der Frequentierung der Parkierungsflächen sowie dem eigenen Know-how abhängig. Die Einbindung eines professionellen Parkhaus- bzw. Parkflächenmanagers kann über Miet- und Pachtverträge oder über einen Betriebsführungsvertrag (Management Contract) erfolgen.

5.7 Corporate Real Estate Management

Unter Corporate Real Estate Management (CREM) versteht man das umfassende, strategische und operative Management der gesamten Liegenschaft eines Unternehmens mit dem Ziel, es optimal und im Rahmen der Geschäftspolitik und der Ziele des Unternehmens zu nutzen. Seit einigen Jahren ist bei vielen Unternehmen die Erkenntnis darüber gewachsen, der Unternehmensressource Grund und Boden eine höhere Beachtung zu schenken.

Bestandsaufnahme Man unterscheidet beim Ablauf eines Corporate Real Estate Verfahrens in mehrere Phasen. In der ersten Phase erfolgt eine Bestandsaufnahme der individuellen Unternehmensgegebenheiten. Neben der Definition des eigentlichen Kerngeschäfts und der Ziele des Unternehmens sind hierbei u. a. die Arbeitsplatzstrukturen und die spezifischen Betriebs- und Arbeitsabläufe zu untersuchen. Zu erfassen und zu analysieren sind zudem alle Grundstücke und Gebäude, differenziert nach Nutzungsinhalt, geographischer Verteilung, gegenwärtiger Effizienz etc. Eine Analyse möglicher Nutzungsalternativen für nicht betriebsnotwendige Flächen und ihre Kategorisierung nach Portfoliogesichtspunkten, die Beurteilung der Wirtschaftlichkeit sowie erste Abstimmungsgespräche mit relevanten Akteuren schließen die erste Phase ab.

Konzeptentwicklung Abgestimmt auf die Ziele, die Wettbewerbsstrategien und die Philosophie des Unternehmens erfolgt die Entwicklung eines umfassenden Gesamtkonzeptes.

Bestandsaufnahme

- Arbeitsplatzstruktur
- Betriebs-/Arbeitsabläufe
- künftige Arbeitsformen

- Grundstücke/Gebäude
- Nutzungen der Immobilien
- geographische Verteilung

- Prüfung rechtlicher/planerischer Vorgaben für Liegenschaften und deren Änderungsmöglichkeiten
- Bewertung der Liegenschaften zu Marktpreisen (= Deckungssoll)
- Optimierungsmöglichkeiten: Standort/betriebliche Nutzungsnotwendigkeiten
- Nutzungsalternativen produktionsentbehrlicher betrieblicher Liegenschaften

Konzeptentwicklung

Stufenplan zur Optimierung (Nutzung/Beschaffung/Betreuung/Verwertung) der betrieblichen Liegenschaften als Produktionsressource unter Berücksichtigung erkennbarer Änderungen von Rahmenbedingungen (z. B. Umweltauflagen)

Konzeptumsetzung

- Effizienzanpassung der Immobilienstruktur an Betriebs-/Arbeitsabläufe
- Flächenoptimierung bei Anwendung veränderter/neuer Arbeitsformen/-abläufe
- Verlagerung/Zusammenfassung/Beschaffung/Aufgabe betrieblicher Standorte
- Umwandlung verzichtbaren Immobilienkapitals in Leasingvermögen/Produktionskapital

Quelle: Fachlexikon Immobilienwirtschaft, 3. Auflage, Köln 2004.

Abb. 3: Corporate-Real-Estate-Verfahren

Die Entwicklung eines Stufenplanes soll die betrieblichen Liegenschaften bezüglich der Nutzung, Beschaffung, Betreuung und Verwertung optimieren.

Konzeptumsetzung

Im Rahmen der Konzeptumsetzung ist das Gesamtkonzept anhand von Einzelmaßnahmen zu verwirklichen. Die Ausrichtung der Immobilienstruktur auf die spezifischen und effektiven Betriebs- und Arbeitsabläufe, die Verlagerung, Zusammenfassung oder Aufgabe betrieblicher Standorte und eine optimale Verwertung der nicht betriebsnotwendigen Liegenschaften sind ausgewählte Bausteine, die in dieser Phase Anwendung finden.

Zu analysieren ist die Frage, inwieweit es sinnvoll ist, die vorhandenen betrieblichen Liegenschaften in dem vorhandenen Maße im Eigentum zu halten. So kann es unter Umständen ratsamer sein, Teilbereiche davon zu mieten oder zu leasen, um hierdurch Liquidität für das eigentliche Kerngeschäft freizusetzen. Eine Belastung der im Eigentum befindlichen Flächen mit der marktüblichen Miete erleichtert in diesem Zusammenhang dank einer besseren Vergleichbarkeit den diesbezüglichen Entscheidungsprozess.

Entscheidende Voraussetzung einer erfolgreichen Umsetzung ist die Akzeptanz, das notwendige Bewusstsein und die erforderliche Abstimmung im eigenen Unternehmen. Der Einsatz eines eigenen Geschäftsbereiches, die Gründung einer selbstständigen Immobiliengesellschaft bzw. eines eigenen

Profitcenters sind Möglichkeiten, die anstehenden Umgestaltungen effektiv anzugehen.

5.8 Portfoliomanagement

Unter Portfoliomanagement versteht man die systematische Planung, Steuerung und Kontrolle eines Bestandes an Immobilien und Grundstücken, mit der Zielsetzung, Transparenz zu schaffen und Erfolgspotenziale aufzubauen.

Portfolioanalyse Basierend auf der Portfolioanalyse hat sich das Portfoliomanagement zu einer Führungskonzeption entwickelt und zählt zu den Analyse- und Planungsinstrumenten des strategischen Managements. Aufgabe der Portfolioanalyse ist hierbei die Visualisierung und Strukturierung der Aktivitäten und komplexen strategischen Probleme eines Immobilienunternehmens. Sie dient der Suche nach Strategien einer integrativen Steuerung der strategischen Geschäftseinheiten eines Unternehmens. Neben der Strategiefindung unterstützt die Portfolioanalyse die Diagnose und Visualisierung der Unternehmensaktivitäten in strukturierter Form. Durch die umfassende Betrachtungsweise geht es dabei insbesondere auch um die Analyse historisch gewachsener Immobilienbestände.

In der Immobilienwirtschaft ist der Einsatz des Portfoliomanagements insbesondere für Unternehmen erforderlich, die große und differenzierte Anlagevermögen im Management haben. Hierzu zählen exemplarisch die Immobilienfonds, Versicherungsgesellschaften und Pensionskassen.

Portfoliomatrix Der Einsatz des Portfoliokonzeptes setzt die Definition und eindeutige Abgrenzung geeigneter strategischer Geschäftseinheiten voraus. Hierunter versteht man einen möglichst isolierten und unabhängigen Ausschnitt aus dem Betätigungsfeld des Unternehmens mit eigenen Ertragsaussichten, Kompetenzen, Chancen und Risiken. Visualisiert werden die Struktur und die strategische Lage der Geschäftseinheiten anhand einer zweidimensionalen Matrix. Diese Portfoliomatrix besteht dabei aus einer internen (Stärken und Schwächen eines Unternehmens) und einer externen Komponente (Zustand der relevanten Struktur im Umfeld des Unternehmens). Auf der Basis dieser Grundstruktur wurden unterschiedliche Portfoliokonzepte entwickelt.

Konzepte Zu den bekannten Konzepten zählt das Marktwachstums-Marktanteils-Portfolio. Es basiert auf einer Vier-Felder-Matrix, deren Hauptachsen das Marktwachstum und den Marktanteil beschreiben. Der relative Marktanteil ergibt sich hierbei im Allgemeinen aus dem Verhältnis des eigenen Marktanteils zu dem Marktanteil des stärksten Wettbewerbers. Aufgrund der entsprechenden Positionierung in der Vier-Felder-Matrix werden den strategischen Geschäftseinheiten bzw. Produkten sogenannte Normstrategien bzw. strategische Stoßrichtungen empfohlen. Kennzeichen des Vier-Felder-Portfolios ist neben der Übersichtlichkeit eine leichte Kommunizierbarkeit. Durch die Berücksichtigung von lediglich zwei Globalgrößen und die Vernachlässigung einer Vielzahl weiterer Erfolgsfaktoren zeigt sich allerdings eine starke Abstraktion zur Realität.

In Erweiterung des Marktwachstums-Marktanteils-Portfolio wurde das Marktattraktivitäts-Wettbewerbsvorteils-Portfolio (Neun-Felder-Portfolio) entwickelt. Die zwei Dimensionen dieser Portfoliovariante beinhalten dabei ein Konglomerat unterschiedlicher Einflussgrößenbündel. Berücksichtigt werden können hierbei sowohl quantitative wie auch qualitative Faktoren bzw. Variablen. Die Auswahl und die Gewichtung der relevanten Einflussgrößen stellen sich als Grundproblem dieses Portfolioansatzes. Im Rahmen der Bewertung der einzelnen Beurteilungskriterien kommt regelmäßig das Skalierungsverfahren zur Anwendung.

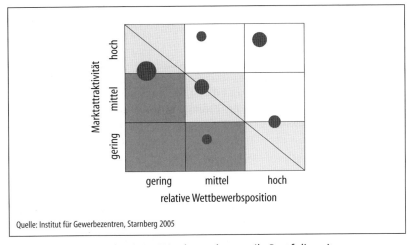

Abb. 4: Marktattraktivitäts-Wettbewerbsvorteils-Portfolio mit strategischen Einheiten

Strategieentwicklung

Neben der Analyse der verschiedenen Immobilien und der strategischen Geschäftseinheiten dient das Portfoliokonzept der Entwicklung geeigneter Strategien, um die gesetzten Unternehmensziele zu erreichen. Man unterscheidet hierbei in Unternehmensstrategien und Potenzialstrategien. Die integrative Steuerung des gesamten Unternehmens erfolgt anhand der Unternehmensstrategien. Hierbei werden u. a. die zukünftigen Märkte und Marktsegmente des Unternehmens definiert und geklärt, welche strategischen Geschäftseinheiten expandieren, welche gehalten und welche schrumpfen sollen. Die Potenzialstrategien beziehen sich demgegenüber auf der Ebene der strategischen Geschäftseinheiten auf mehr oder weniger große Subsysteme der Unternehmung. Eine ausgewogene Struktur der Produkte kann beispielsweise erreicht werden, indem den cash-verzehrenden Immobilien (Projektentwicklung, Revitalisierung) in ausreichendem Maße cash-erzeugende Immobilien (z. B. am Markt eingeführte, langfristig vermietete Immobilienprodukte) gegenüberstehen.

Zielportfolio

Zur Bestimmung der spezifischen Stoßrichtung für die einzelnen strategischen Einheiten bietet sich darüber hinaus die Aufstellung eines Zielportfolios an, wobei sich die jeweiligen Strategien aus der Überwindung der Ist-Soll-Distanz ableiten lassen.

Im Rahmen der Strategiewahl unterscheidet man beim Marktattraktivitäts-Wettbewerbsvorteils-Portfolio in Abhängigkeit der Position der strategischen

Geschäftseinheiten bzw. Immobilien drei grundsätzliche Bereiche, die mit jeweils unterschiedlichen strategischen Normstrategien bzw. Stoßrichtungen verknüpft sind. Für Positionen mit jeweils mittlerer bis hoher Marktattraktivität und relativen Wettbewerbsvorteilen stehen hierbei Investitions- und Wachstumsstrategien. Positionen die mit mittelmäßiger Attraktivität gekennzeichnet sind erfordern ein selektives Vorgehen, wobei sich mit den Offensiv-, Defensiv- und den Übergangsstrategien die drei möglichen Stoßrichtungen unterscheiden lassen. Für die weniger attraktiven Positionen mit jeweils einer geringen bis mittleren Marktattraktivität und relativem Wettbewerbsvorteil empfehlen sich demgegenüber die Entwicklung von Abschöpfungs- oder Desinvestitionsstrategien.

Strategiekontrolle notwendig

Die Normstrategien sollen als Handlungsempfehlungen bzw. Denkanstöße verstanden werden und nicht als strategische Notwendigkeiten. Im Sinne einer langfristigen Betrachtung sind die Strategien regelmäßig zu überprüfen und den sich verändernden Rahmenbedingungen anzupassen. Durch das Portfoliomanagement gewinnt das Immobilienmanagement erheblich an Flexibilität.

5.9 Umweltmanagement

Durch den Bau und die Nutzung von Immobilien ergeben sich Umweltbelastungen beispielsweise durch den erheblichen Verbrauch an Flächen und Ressourcen, durch die Produktion, Verwendung und Entsorgung von zum Teil schwer abbaubaren Materialien und Schadstoffen wie auch durch den beträchtlichen Energieverbrauch.

Zur Minderung dieser und weiterer negativer Umwelteinwirkungen sollte u. a. ein möglichst flächensparendes Bauen, eine geringe Versiegelung, eine Optimierung des Energiehaushaltes von Gebäuden und die Recycling-Fähigkeit der Baustoffe berücksichtigt werden. Ein effizientes Umweltmanagement sollte zum Standard in der Immobilienwirtschaft zählen. Der Einsatz eines professionellen Energie- und Abfallmanagements vermeidet negative Auswirkungen auf die Umwelt und mindert zugleich die Nutzungskosten der Immobilie.

EMAS

Das durch die globale Umweltpolitik seit Ende der 80er Jahre propagierte Ziel einer nachhaltigen Entwicklung sollte als Richtschnur für eine dauerhafte Immobilienbewirtschaftung stehen. Eine Möglichkeit, den betrieblichen Umweltschutz eigenverantwortlich und kontinuierlich zu verbessern, besteht mit dem Eco-Management and Audit Scheme (EMAS). Die EU-Verordnung aus dem Jahr 1993 wurde im April 2001 durch die neue EG-Verordnung 761/2001 (EMAS II) abgelöst. An dem einheitlichen System für das Umweltmanagement und die Umweltbetriebsprüfung können alle Betriebe, Unternehmen und Organisationen in allen Mitgliedstaaten der Europäischen Union teilnehmen. Das moderne umweltpolitische Instrument setzt auf die freiwillige Teilnahme der Unternehmen und geht über die gesetzlichen Regelungen hinaus.

Die Veröffentlichung einer Umwelterklärung bietet den Unternehmen ein Instrument zur aktiven Kommunikation seiner Umweltleistungen. Mit der EMAS-Registrierung sind die Teilnehmer berechtigt, das werbewirksame EMAS-Logo zu verwenden und ihr Engagement für den Umweltschutz damit auch öffentlich zu demonstrieren.

6. Finanzierung

Immobilieninvestitionen zeichnen sich durch einen hohen Kapitalbedarf aus. Aus der Vielfalt an Finanzierungsmöglichkeiten sind für das jeweilige Projekt die geeigneten Finanzierungsvarianten zu eruieren. Unter Finanzierung versteht man die Beschaffung von Kapital und zwar sowohl von Eigenkapital wie auch von Fremdkapital. Die Zeit einer gewerblichen Immobilienentwicklung vom Grundstückserwerb über die Planung bis zur endgültigen Fertigstellung beträgt häufig drei Jahre und mehr. Zwischenfinanzierungen können diese Zeit überbrücken.

Erhöhtes Risiko

Das Risiko von Fehlinvestitionen ist im gewerblichen Immobilienbereich vergleichsweise hoch zu bewerten. Beispielhaft steht hier der Schweinezyklus bei Bürobauten oder die wirtschaftlich bedingte Erosion im Freizeit- und Shopping-Bereich durch z. B. veränderte Markttrends oder neue Wettbewerber. Nicht selten ist auch eine ungenügende bzw. fehlende Marktforschung für Fehlinvestitionen verantwortlich zu machen.

Basel II

Die gewerbliche Immobilienfinanzierung muss auch vor dem Hintergrund der Konsolidierung der Bankenlandschaft und Basel II betrachtet werden. Ziel der neuen Baseler Eigenkapitalvereinbarung (Basel II) ist die Orientierung der aufsichtsrechtlichen Eigenkapitalausstattung der Banken an den tatsächlichen Risiken des Bankengeschäftes. Durch diese Neugestaltung soll die Stabilität des internationalen Finanzsystems erhöht werden. Im Kern bedeutet dies, dass die Kreditinstitute umso mehr Eigenkapital vorhalten sollen, je höher das Risiko des jeweiligen Kreditnehmers ist. Die bisher pauschale Bewertung von Kreditrisiken soll damit von einer risikoadäquaten Bewertung gemäß der Bonität der Kreditnehmer abgelöst werden.

6.1 Eigenkapitalfinanzierung

Zu den Investoren, die eine Gewerbeimmobilie bis zu 100 % mit Eigenkapital finanzieren können, gehören insbesondere Versicherungsgesellschaften, Pensionsfonds, offene Immobilienfonds und Spezialfonds. Im Rahmen ihrer Anlagestrategie bzw. ihres Anlagezwecks legen diese Investoren einen mehr oder weniger großen Anteil ihrer vereinnahmten Beträge in Immobilien an.

6.2 Konventionelle Finanzierung

Erst-/nachrangiges Darlehen

Von einer konventionellen Finanzierung spricht man, wenn der Investor neben erst- und nachrangigen Darlehen auch Eigenkapital einbringt. Ziel ist hierbei die Sicherstellung einer optimalen Kapitalstruktur. Das erstrangige Darlehen ist als Realkredit ein Immobilienkredit, der durch Grundschulden oder Hypotheken auf Grundstücke und Gebäude gesichert ist. Das nachrangige Darlehen kann meist noch auf der Immobilie besichert werden. Einen Rest deckt der Investor durch die Einbringung von Eigenkapital.

Nach der Art der Tilgung unterscheidet man in das Annuitäten-, das Raten- und das endfällige Darlehen. Beim Annuitätendarlehen leistet der Kreditnehmer gleich hohe Monats- oder Jahresraten wobei der Anteil der Tilgung im Laufe der Zeit auf Kosten des Zinsanteils steigt. Beim Ratendarlehen bleiben die Raten für die Tilgung gleich. Der Zinsanteil fällt, da er jeweils von der verbleibenden Restschuld berechnet wird. Beim endfälligen Darlehen wird die gesamte Tilgung erst am Ende der Laufzeit des Darlehens erbracht. Während der Laufzeit werden vom Kreditnehmer nur Zinsen gezahlt.

6.3 Bauzwischenfinanzierung

Überbrückungsfinanzierung

Insbesondere bei Bauträgermaßnahmen treten Grundstücks- und Bauzwischenfinanzierungen häufig auf. Der Bauträger bzw. Projektentwickler nimmt diese kurz- bis mittelfristigen Mittel auf, um damit die Zeitspanne zwischen dem Grundstückserwerb über die Planungs- und Bauphase bis zur endgültigen Fertigstellung zu überbrücken. Danach erfolgt die Ablösung durch Eigenkapital oder durch eine Endfinanzierung aus langfristigen Darlehen. Werden die fertiggestellten Immobilien an Kapitalanleger oder Fondsgesellschaften verkauft, erübrigt sich eine langfristige Anschlussfinanzierung durch den Entwickler. Zwischenfinanzierungen werden häufig auch eingesetzt, um günstige Zinsphasen für die Endfinanzierung eines Objekts abzuwarten. Um eine größtmögliche Flexibilität zu gewährleisten werden die Zinsen der Zwischenfinanzierung meist auf Fibor-Basis oder B.a.w (Bis-auf-weiteres)-Basis abgerechnet.

6.4 Konsortialfinanzierung

Begrenzung des Klumpenrisikos

Zur Gewährung von Großkrediten können Kreditinstitute die Konsortialfinanzierung durchführen. Mehrere Kreditinstitute bilden hierbei zur Gewährung von Großkrediten ein Bankenkonsortium. Dabei übernimmt jede Konsortialbank eine bestimmte Konsortialquote. Zu den Gründen für die Einrichtung eines Konsortiums zählen u. a. bankinterne Risikoüberlegungen zur Begrenzung des Klumpenrisikos. Hierunter versteht man Gefahren, die sich aus der Konzentration mehrerer Kredite auf einen Darlehensnehmer ergeben können. In den Bereich des Klumpenrisikos gehört hierbei auch die Häufung von Krediten für bestimmte Immobilienarten oder ein starkes Engagement in bestimmten Regionen.

6.5 Mezzanin-Finanzierung

Schließung der EK-Lücke

Das schwieriger werdende Marktumfeld hat auch das Kreditvergabeverhalten der Banken verändert. Viele Investoren können heute in Anbetracht der hohen Investitionssummen den geforderten Eigenkapitalanteil nicht mehr bereitstellen. Das Ziel der Mezzanin-Finanzierung ist es, die zunehmende Eigenkapitallücke zu schließen. Bei einer Mezzanin-Finanzierung gewährt die finanzierende Bank neben der erstrangigen Finanzierung eine zusätzliche nachrangige Finanzierung, die ebenfalls aus dem Immobilienprojekt besichert wird. Da die Bank mit diesem eigenkapitalähnlichen Kredit ebenfalls im Risiko steht, lässt sie sich diesen durch eine Gewinnbeteiligung (Equity-Kicker) oder eine höhere Marge abgelten. Der Projektentwickler hat bei einer Mezzanin-Finanzierung mit hohen Dienstleistungsgebühren zu rechnen. Erwartet wird zudem eine hohe Kostentransparenz.

6.6 Projektfinanzierung

Projektfinanzierung bezeichnet die Finanzierung eines sich selbst tragenden Immobilienprojektes. Die Bank richtet ihre Kreditvergabeentscheidungen hierbei in erster Linie am prognostizierten Cashflow des Objektes als Sicherheit für den Schuldendienst aus. Dingliche Sicherheiten oder die Bonität des Kreditnehmers stehen im Hintergrund der Überlegungen. Durch die Gründung einer eigenständigen Projektgesellschaft wird das geplante Projekt aus dem Haftungs- und Finanzierungsbereich des Projektträgers ausgegliedert. Das erforderliche Fremdkapital wird von der eigenständigen Projektgesellschaft aufgenommen.

Gründung einer Projektgesellschaft

6.7 Joint-Venture-Finanzierung

Im Rahmen einer Joint-Venture-Finanzierung beteiligt sich eine Bank unter Einbringung von Eigenkapital an einer eigens gegründeten Projektgesellschaft. Neben der Bank halten auch der Entwickler und gegebenenfalls die ausführenden Bauunternehmen Anteile. Die Bank reduziert ihr Finanzierungsrisiko durch eine erhöhte Einflussmöglichkeit auf die Realisierung des Projektes. Darüber hinaus kann die Bank am Projektertrag und am Wertzuwachs partizipieren. Durch die Beteiligung trägt die Bank jedoch auch ein unternehmerisches Risiko. Nachteilig ist für die Bank auch die Bindung von Eigenkapital und die erforderliche Begleitung des Projektes.

Beteiligung der Bank

6.8 Immobilienleasing

Zu den Sonderformen der Finanzierung gehört beispielsweise das Immobilienleasing. Hierunter versteht man die langfristige Nutzungsüberlassung von Betriebs- und sonstigen gewerblichen Gebäuden im Rahmen eines Mietvertrages durch einen Leasinggeber an den Leasingnehmer. Der Leasingnehmer hat aufgrund vereinbarter Optionen (Ankaufs- und Vorkaufsrechte) i. d. R. die Möglichkeit, zu einem späteren Zeitpunkt das Eigentum an der Immobilie zu erwerben. Alternativ kann auch ein Anschlussmietverhältnis in Frage kommen.

Nutzungsüberlassung

7. Bewertung

Der Anlass einer Bewertung von Gewerbeimmobilien ist sehr vielschichtig. Kauf- oder Verkaufsabsichten, Immobilienfinanzierungen, Rechtsstreitigkeiten, Immobilienbesteuerungen, Bilanzerstellung, Grundstücksumlegungen, Enteignungen, Sanierungs- und Entwicklungsmaßnahmen können der Anlass für eine Bewertung sein. Die gesetzlichen Grundlagen der Immobilienbewertung resultieren aus dem Baugesetzbuch (BauGB), der Wertermittlungsverordnung (WertV) sowie den Wertermittlungsrichtlinien (WertR).

Der Verkehrswert wird im § 194 BauGB wie folgt definiert:

„Der Verkehrswert wird durch den Preis bestimmt, der zu dem Zeitpunkt, auf den sich die Ermittlung bezieht, im gewöhnlichen Geschäftsverkehr nach den rechtlichen Gegebenheiten und tatsächlichen Eigenschaften, der sonstigen Beschaffenheit und der Lage des Grundstückes und des sonstigen Gegenstandes der

Wertermittlung ohne Rücksicht auf ungewöhnliche oder persönliche Verhältnisse zu erzielen wäre."

Der Beleihungswert, der von Kreditinstituten im Rahmen der Immobilienfinanzierung ermittelt wird, liegt unter dem Verkehrs- bzw. Marktwert da bei Kreditinstituten Sicherheitsaspekte überwiegen. Der Beleihungswert stellt demnach einen risikogeminderten Dauerwert dar.

Umfangreiches Know-how erforderlich

Die Bewertung der unterschiedlichen Arten von Gewerbeimmobilen erfordert unterschiedliche Bewertungsverfahren und setzt beim Immobiliensachverständigen umfassende Kenntnisse über die Marktsituation und die Besonderheiten der jeweiligen Immobilienart voraus. Eine Analyse des Marktes ist für eine marktgerechte Bewertung von entscheidender Bedeutung. Je nach Immobilientyp sind hierbei unterschiedliche Kennzahlen zu erheben und jeweils spezifisch in ihrer Bedeutung zu gewichten. So benötigt der Sachverständige bei der Beurteilung einer Handelsimmobilie beispielsweise Informationen über die einzelhandelsrelevante Kaufkraft, die Einzelhandelszentralität und über das Einzugsgebiet. Hingegen sind bei der Bewertung eines Hotels andere objektspezifische Daten wie die Bettenkapazitäten, die durchschnittlichen Aufenthaltsdauern und die Belegungsquoten etc. zu analysieren.

Bewertungsverfahren

Die Aufgabe einer Immobilienbewertung liegt in der Ermittlung eines plausiblen und nachvollziehbaren Verkehrswertes, der normalerweise beim freihändigen Verkauf von Immobilien ohne die Berücksichtigung persönlicher Umstände zum Wertermittlungsstichtag erzielt werden kann. Mit dem Sachwertverfahren, dem Ertragswertverfahren und dem Vergleichswertverfahren unterscheidet man drei wesentliche Bewertungsverfahren.

Da es sich bei Gewerbeimmobilien regelmäßig um Renditeimmobilien handelt, steht die Ermittlung des Ertragswertes im Vordergrund während das Sachwert- oder Vergleichswertverfahren im Verhältnis zum Ertragswert als Kontrollwerte herangezogen werden können. Immobilien, die einen nachhaltigen Ertrag abwerfen oder die dazu bestimmt sind, einen nachhaltigen Ertrag zu erzielen, werden nach dem Ertragswertverfahren bewertet.

7.1 Ertragswertverfahren

Rohertrag

Ausgangspunkt einer Bewertung nach dem Ertragswertverfahren ist die Ermittlung der jährlich erzielbaren Erträge, die als Rohertrag bezeichnet werden können. Dieser ergibt sich durch die Addition aller nachhaltig erzielbaren Einnahmen aus der Immobilie. Umlagen, die von den Mietern zur Deckung der laufenden Betriebskosten gezahlt werden, werden beim Rohertrag nicht berücksichtigt. Ausgangspunkt zur Ermittlung der Roherträge sind die Mietverträge. Zu prüfen ist hierbei, ob diese Einnahmen auch in Zukunft zu erwarten, also nachhaltig erzielbar sind. Hierzu dienen u. a. Mietspiegel, Marktberichte, Informationen von Einzelhandelsverbänden und Gutachten.

Jahresreinertrag

Zieht man vom Rohertrag die Kosten ab die zur Bewirtschaftung des Gebäudes erforderlich sind (Verwaltungskosten, Betriebskosten, Instandhaltungskosten, Mietausfallwagnis), so erhält man den Jahresreinertrag. Dieser Jahresreinertrag ist um den Betrag der Bodenwertverzinsung zu mindern. Der Betrag der Bodenwertverzinsung ergibt sich durch die Multiplikation des üblicherweise im Vergleichswertverfahren ermittelten Bodenwertes mit dem Liegenschaftszinssatz. Der Liegenschaftszinssatz ist der Zinssatz, mit dem der Verkehrswert im Durchschnitt marktüblich verzinst wird. Für eine marktgerechte Ansetzung des Liegenschaftszinssatzes sind ausreichende Informationen über vergleichbare Transaktionen erforderlich.

Der um den Verzinsungsbetrag des Bodenwertes verminderte Reinertrag wird mit dem Vervielfältiger, der sich nach dem Liegenschaftszinssatz und der Restnutzungsdauer der baulichen Anlagen ergibt, kapitalisiert. Als Restnutzungsdauer wird hierbei die Anzahl der Jahre betrachtet, in denen die Immobilie bei einer ordnungsgemäßen Unterhaltung und Bewirtschaftung voraussichtlich noch wirtschaftlich genutzt werden kann, also wie lange die angesetzten Erträge noch erzielt werden können. Durch die sich ständig verkürzenden Innovationszyklen im Bereich der Gewerbeimmobilien ist eine Einschätzung der Restnutzungsdauer allerdings nicht immer einfach.

Restnutzungsdauer

Beim Vorliegen wertbeeinflussender Umstände sind Zu- oder Abschläge erforderlich. Der sich hieraus errechnete Gebäudeertragswert ergibt zusammen mit dem Bodenwert den Ertragswert der Immobilie.

7.2 Vergleichswertverfahren

Der Grundgedanke des Vergleichswertverfahrens liegt in der marktorientierten Ermittlung des Verkehrswertes. Der Wert, der einem Grundstück beigemessen werden kann, richtet sich nach den Preisen für vergleichbare Objekte.

Angewendet wird dieses Verfahren insbesondere bei unbebauten Grundstücken. Deutlich schwieriger ist die Anwendung des Vergleichswertverfahrens demgegenüber bei bebauten Grundstücken, da sich hierbei vielfältige Einflüsse aus der unterschiedlichen Bebauung ergeben.

Zu Beginn des Vergleichswertverfahrens steht die Festlegung eines Wertermittlungsstichtages. Diese Fixierung ist wichtig, um zeitliche Abweichungen der Vergleichstransaktionen bewerten zu können. Basis der Identifikation vergleichbarer Grundstücke ist die Begutachtung des Grundstückszustandes. Die herangezogenen Vergleichspreise sind im Hinblick auf mögliche Beeinflussungen durch ungewöhnliche oder persönliche Verhältnisse zu untersuchen. Eine Beeinflussung kann beispielsweise bei verwandtschaftlichen Verhältnissen der Vertragsparteien oder bei einem außergewöhnlichen Kauf- bzw. Verkaufsinteresse vorliegen.

Wertermittlungsstichtag

Ein geeigneter Vergleichspreis liegt nur dann vor, wenn eine hinreichende Übereinstimmung der Lage, Art und Maß der baulichen Nutzung, Bodenbeschaffenheit, Grundstücksgröße und -gestalt, Erschließungszustand sowie nach Alter, Bauzustand und Ertrag besteht (§§ 4 und 5 WertV). Auch ein zeitlicher Unterschied zwischen dem Bewertungsstichtag und den Vergleichstransaktionen kann bei zwischenzeitlichen Marktveränderungen zu Abweichungen der Vergleichspreise führen.

Durch Zu- bzw. Abschläge können Differenzen in den Zustandsmerkmalen oder in der Marktlage korrigiert werden. Grundstücke, bei denen eine hinreichende Übereinstimmung nicht vorhanden ist, sollten bei der Bewertung keine Berücksichtigung finden. Oft ist es in der Praxis für den Sachverständigen nicht einfach, vergleichbare Grundstücke zu identifizieren. Dies gilt insbesondere bei der Beurteilung von Grundstücken in Innenstadtlagen. Hier sind Vergleichsobjekte, wenn überhaupt, zumeist nur in einem sehr begrenzten Umfang vorhanden.

Durchschnitt der Vergleichspreise

Zu ermitteln ist der Preis, der im gewöhnlichen Geschäftsverkehr zu erzielen wäre. Der höchste und der niedrigste Preis der Vergleichobjekte werden daher nicht berücksichtigt. Der Vergleichswert wird aus dem Durchschnitt der Vergleichspreise errechnet. Er entspricht im Allgemeinen dem Verkehrswert. Eine Ausnahme besteht in der Regel nur bei der parallelen Anwendung anderweitiger Verfahren, beispielsweise dem Ertragswertverfahren. Hier kann die Wertermittlung des Verkehrswertes durch einen Abgleich der beiden ermittelten Werte vorgenommen werden.

Stehen beim Vergleichswertverfahren genügend Vergleichspreise zur Verfügung, so liegt der große Vorteil des Verfahrens darin, dass die Wertermittlung unter Marktbedingungen vorgenommen werden kann.

7.3 Sachwertverfahren

Der Sachwert setzt sich aus dem Bodenwert, dem Wert der baulichen Anlagen und dem Wert der sonstigen Anlagen zusammen. Das Sachwertverfahren eignet sich besonders für bebaute Grundstücke, die nach den örtlichen Marktgegebenheiten keine Ertragsobjekte sind, also beispielsweise Anlage- und Industriebauten oder auch Ein- und Zweifamilienhäuser.

Sachwert = Boden- + Bauwert

Der erste Schritt im Sachwertverfahren ist die Festlegung des Bodenwertes. Dieser wird meist mit dem Vergleichswertverfahren ermittelt. In einem zweiten Schritt ist der Bauwert des Objektes zu ermitteln. Üblich ist hierbei die Ermittlung der Gebäude nach Normalherstellungskosten. Nachdem der Herstellungswert des Gebäudes ermittelt wurde, sind Wertminderungen vorzunehmen, die sich infolge eines altersbedingten Verschleißes eingestellt haben. Die Wertminderung bestimmt sich nach dem Alter und der angenommenen Lebensdauer der Gebäude. Man unterscheidet hierbei nach bautechnischer und wirtschaftlicher Lebensdauer. Die bautechnische Lebensdauer ist in der Regel länger als die wirtschaftliche Nutzungsdauer. Zu den wirtschaftlich bedingten Erosionen zählen beispielsweise veränderte Konsumgewohnheiten, neue Wohn- und Arbeitsverhältnisse sowie neue technische Standards. Zu berücksichtigen sind ferner u. a. Instandhaltungsmaßnahmen und Modernisierungen, behebbare bzw. unbehebbare Baumängel bzw. Bauschäden, ein eventueller Instandhaltungsstau sowie weitere wertbeeinflussende Faktoren. Die Summe aus Boden- und Bauwert ist der Sachwert.

Der Sachwert als ein rein technischer Wert des zu beurteilenden Objektes entspricht im Allgemeinen nicht dem Verkehrswert. Er muss vielmehr der Lage auf dem Grundstücksmarkt angepasst werden. Die Anpassungen erfolgen durch Zu- oder Abschläge. Der Sachwert tritt heute immer mehr in den Hintergrund und dient eher als Kontrollfunktion des Vergleichs- bzw. Ertragswertes.

7.4 Residualverfahren

Ziel
Bei der Bewertung von unbebauten oder über den vorhandenen Bestand hinaus entwickelbaren Grundstücken wird der Wert des Grundstücks in erster Linie durch den Wert der darauf realisierbaren optimalen und städtebaulich genehmigungsfähigen Bebauung definiert. Ziel des Residualverfahrens ist es, den Bodenwert zu ermitteln, der bei einer Bebauung unter Abzug der Bau- und sonstigen Entwicklungskosten als Residuum dem Investor verbleibt. Das Residuum ist der Grenzwert, bis zu dem der Preis beim Ankauf eines Grundstücks hingenommen werden kann, ohne die Durchführbarkeit einer Investition zu gefährden. Es ist also der noch tragbare Grundstückswert abzuleiten.

Ausgangspunkt
Ausgangspunkt der Ermittlung des Residuums ist der Verkehrswert der sich unter Berücksichtigung der vorgesehenen Nutzung des Grundstücks nach vollendeter Bebauung ergibt. Der Verkehrswert ist mittels des Vergleichswertverfahrens zu ermitteln. Ist dies nicht möglich, so findet das Ertragswertverfahren Anwendung.

Vom Verkehrswert werden alle geschätzten Bau- und Entwicklungskosten (Baukosten, Finanzierungskosten, Vermarktungskosten, Gebühren und Abgaben, Marketingkosten, Sonstige Kosten, Unternehmergewinn) abgezogen. Von diesem Residuum ist der Barwert unter Veranschlagung einer Bodenwertverzinsung während der Entwicklungszeit abzuziehen. Übrig bleibt der für die Grundstücksbeschaffung maßgebliche kalkulatorische Bodenwert.

Das Residualverfahren, das auch als Bauträgerverfahren bekannt ist, ist für den Praktiker gut zu handhaben. Der kalkulatorische Bodenwert dient u. a. bei der Verhandlung mit Kommunen bzw. Verhandlungen mit den Verkäufern im Sinne einer Plausibilitätsprüfung. Vorteil dieses Verfahrens ist es, dass alle individuellen Gegebenheiten eines Objektes, wie z. B. die Stellpatzfrage, Abstandszahlungen und beschränkt persönliche Dienstbarkeiten, berücksichtigt werden können. Das erforderliche Datenmaterial ist dabei eng an den Plan der Immobilienentwicklung angelehnt.

Schwächen
Zu den Schwächen dieses Bewertungsverfahrens gehört das Erfordernis der Abschätzung einer Reihe unsicher zu kalkulierender Faktoren. Das Verfahren steht und fällt mit der richtigen Annahme der Einzelpositionen. Besondere Sorgfalt ist beispielsweise bei der Ermittlung der Bau-, Entwicklungs- und Vermarktungskosten geboten. So schlagen Überschreitungen der Kosten überproportional auf den tragfähigen Grundstückspreis durch. Auch die bloße Extrapolation von Mietwertsteigerungen über die Bauzeit hinaus, wie sie in Boom-Phasen von Entwicklern häufig vorgenommen wird, kann bei einer Veränderung der Marktlage fatale Folgen haben.

Neben dem Vergleichs-, Sach- und Ertragswertverfahren werden insbesondere im internationalen Bereich weitere Bewertungsverfahren eingesetzt.

7.5 Barwertmethode

Die Barwertmethode bzw. Discounted-Cashflow-Methode wird bei Gewerbeimmobilien insbesondere zur Ermittlung von Anlagechancen verwendet. Das Grundprinzip der Barwertmethode besteht in der Abzinsung von sämtlichen Einnahmen und Ausgaben eines Betrachtungszeitraums bzw. der Lebensdauer einer Immobilie auf einen fixierten Zeitpunkt. Der Barwert ist somit der heutige Wert einer zukünftigen Zahlung. Der Verkaufserlös am Ende des Investitionszeitraums wird ebenfalls als Einnahme abgezinst.

Zwei Ergebnisse Je nach der Zielsetzung des Gutachters liefert die Barwertmethode zwei grundsätzliche Ergebnisse. Wenn der Kaufpreis des Objektes zu Beginn des gewählten Investitionszeitraumes bekannt ist, kann der interne Zinsfuß (Internal Rate of Return) des Zahlungsstroms ermittelt werden. Der interne Zinsfuß kann als der Diskontsatz bzw. Abzinsungsfaktor bezeichnet werden, bei dem die gesamte Abzinsung des Zahlungsstroms einen Barwert von Null ergibt. Der interne Zinsfuß ist die Effektivverzinsung des Investitionsobjektes. Ermittelt wird die Verzinsung des in dem Objekt jeweils noch gebundenen Kapitals.

Bei der Ermittlung des Barwerts wird der Wert einer Immobilie ermittelt, den ein potenzieller Käufer unter Zugrundelegung eines bestimmten Diskontsatzes gerade noch zu zahlen bereit ist, um eine für ihn erfolgreiche Investition zu tätigen.

Vor-/Nachteil Der Vorteil der Barwertmethode besteht u. a. auch in der Möglichkeit, verschiedene Investitionsmöglichkeiten miteinander vergleichen zu können. Der Nachteil dieser Methode besteht in dem Erfordernis einer korrekten Einschätzung der zukünftig zu erwartenden Zahlungsströme. Anhand von Marktinformationen sind beispielsweise die zukünftigen Mieterträge aber auch der zu erwartende Verkaufserlös am Ende des Betrachtungszeitraumes zu prognostizieren. In dieser Prognoseproblematik liegt auch der Schwachpunkt dieser Methode. Da jedoch der Wert der abgezinsten Zahlungen immer geringer wird je weiter die Zahlungen in der Zukunft liegen, ist der Kritikpunkt dieser Methode zu relativieren.

7.6 Open-Market-Methode

Britischer Bewertungsmaßstab Der Open Market Value (OMV) ist der übliche Bewertungsmaßstab für Gewerbeimmobilien in Großbritannien. Nach dem Practise Statement der RICS ist der Open Market Value der beste Preis, zu dem eine Grundstückstransaktion am Bewertungsstichtag gegen Geldzahlung stattfinden würde unter der Annahme:

- dass ein verkaufswilliger Verkäufer existiert,

- dass vor dem Bewertungsstichtag ein der Art der Immobilie und den Marktverhältnissen angemessener Zeitraum zur ordentlichen Vermarktung, zur Einigung über den Preis und die Konditionen und Eigentumsübertragung vorausgegangen ist,

- dass die Marktverhältnisse, die Marktwerte und andere Umstände vom Bewertungsstichtag bis zum Tag der notariellen Beurkundung unverändert bleiben, d. h. die Marktkonditionen des Bewertungsstichtages gelten,

- dass etwaige Gebote von potenziellen Käufern mit einem besonderen Interesse nicht berücksichtigt werden und

- beide Parteien beim Verkauf/Kauf mit Marktkenntnis, Umsicht, unabhängig und ohne Zwang handeln.

Die Bewertung der Immobilien erfolgt dabei unabhängig von der bestehenden Nutzung. Da es sich um den besten erzielbaren Preis handelt, beinhaltet der Open Market Value somit auch Hoffnungselemente, beispielsweise bezüglich anderer Nutzungen, die am offenen Markt allerdings auch realisierbar sein müssen.

8. Marketing

Die Zeiten der reinen Produktion und Verteilung von Immobilien gehören der Vergangenheit an. Der Wandel vom Vermieter- zum Mietermarkt bzw. vom Verkäufer- zum Käufermarkt, eine stärkere Globalisierung und eine zunehmende Wettbewerbsverschärfung wird den Ausleseprozess der Marktteilnehmer der Immobilienwirtschaft verschärfen und die Bedeutung des Immobilienmarketings noch stärker in den Unternehmen verankern. **Bedeutung wächst**

Um trotz der Komplexität des Immobilienmarktes als Unternehmen erfolgreich zu sein, müssen zielgruppenorientierte Informationen, z. B. aus der Marktforschung, der Kostenrechung und der Qualitätskontrolle, den Ausgangspunkt eines professionellen Marketings bilden.

Immobilienmarketing ist hierbei als ein ganzheitlicher Prozess zu verstehen, der von der Projektidee über die Entwicklung und Nutzung bis hin zum Verkauf oder Abriss der Immobilie reicht. Immobilienmarketing ist in diesem Sinne eine Unternehmensphilosophie und sollte nicht auf den Aspekt des Verkaufs oder der Werbung reduziert werden. **Ganzheitlicher Prozess**

Im Mittelpunkt aller Unternehmensaktivitäten steht der Kunde (Nutzer, Mieter, Käufer) und seine Bedürfnisse, Wünsche und Nachfragegewohnheiten, die wirtschaftlicher und wirksamer als durch die Wettbewerber zufriedengestellt werden sollen. Durch eine dauerhafte Befriedigung der Kundenbedürfnisse sollen die Unternehmensziele kurz-, mittel- und langfristig realisiert werden.

Unter einer Marketingkonzeption versteht man einen umfassenden, gedanklichen Entwurf, der sich an einer Leitidee (Zielen) orientiert und grundlegende Handlungsrahmen (Strategien) sowie die notwendigen operativen Handlungen (Instrumenteneinsatz) in einem schlüssigen Plan zusammenfasst. **Konzeption**

8.1 Marketingziele

Vor dem Einsatz des marketingpolitischen Instrumentariums sind zunächst die Marketingziele von den übergeordneten Unternehmenszielen abzuleiten. Die Unternehmensziele stellen dabei die Orientierungs- und Richtgrößen für das Unternehmen dar. Vorrangiges Unternehmensziel ist es, im Interesse der langfristigen Existenzsicherung und Wahrung der Selbstständigkeit einen nachhaltigen Erfolg zu erzielen.

Zu den Marketingzielen zählen neben quantitativen Zielen wie beispielsweise die Erhöhung des Marktanteils in einem Teilmarkt oder die Erhöhung der Rentabilität auch qualitative Ziele wie z. B. die Erhöhung des Bekanntheitsgrades oder die Verbesserung des Images bei den Zielgruppen bzw. im Zielmarkt. Eine Analyse der Marktchancen erlaubt hierbei die Auswahl der Zielmärkte. Die Gesamtgröße, das Wachstum bzw. die Wachstumsaussichten, die Marktchancen und die Profitabilität bestimmen die Attraktivität eines Marktes. Eine Segmentierung des Marktes ermöglicht eine Erhöhung der Transparenz und erleichtert in der Regel die Entscheidungsfindung. Man unterscheidet beispielsweise in die geographische Segmentierung, die Segmentierung nach unterschiedlichen Nutzern und die Segmentierung nach Niveaus.

8.2 Marketingstrategie

Zukunftgestaltendes Instrumentarium

Innerhalb der Marketingkonzeption bildet die Marketingstrategie das Bindeglied zwischen den Zielen und den operativen Marketingmaßnahmen. Um sich schnell wandelnden Marktanforderungen anpassen zu können bzw. die Marktposition auch bei einem schrumpfenden Markt halten bzw. eventuell steigern zu können, ist ein strategisches Marketing aufzubauen. Strategisches Marketing stellt dabei ein zukunftgestaltendes Instrumentarium zur Entscheidungsfindung im Unternehmen dar.

Bei der Entwicklung von Marketingstrategien geht es im Wesentlichen um die Positionierung eines Unternehmens im ausgewählten Zielmarkt. Im Rahmen der Marktpositionierung ist es erforderlich, dass der Anbieter sich seiner Differenzierungsmöglichkeiten zu seinen Mitbewerbern bewusst wird. Möglichkeiten der Abhebung zu den Wettbewerbern bestehen beispielsweise in einem preisgünstigeren Angebot oder einem qualitativ höherwertigen Angebot. Denkbar ist aber auch, sich über die Serviceleistungen oder ein besonders gut geschultes Personal am Markt zu profilieren.

Charakteristika

Zu den wesentlichen Charakteristika des strategischen Immobilienmarketings gehören:

- die Orientierung an den Vorstellungen und Wünschen der Kunden,
- die Orientierung an langfristigen, flexiblen Entwicklungen,
- eine Grundsatzentscheidung über die Art der Unternehmenstätigkeit im Immobilienbereich,
- eine Verknüpfung des Immobilienmarketings mit anderen Funktionsbereichen des Unternehmens im Sinne einer integrierten Unternehmensführung,
- die Ausrichtung der zielgruppenorientierten Marketingtätigkeit auf die Gewinnung von Wettbewerbsvorteilen,
- die Konzentration von Ressourcen auf attraktive, innovative Geschäftsfelder, wie z. B. ökologisches Bauen.

8.3 Marketingprogramme

Bei der Ermittlung der Marketingprogramme sind die zur Verfügung stehenden Marketinginstrumente wie Produktpolitik, Beschaffungspolitik, Entgeltpolitik, Distributionspolitik, Kommunikationspolitik und Servicepolitik im

Rahmen eines geeigneten Marketingmix festzulegen und deren Zielsetzungen zu bestimmen.

8.4 Produktpolitik

Die Immobilienprodukte sind die Grundlage aller marketing-orientierten Aktivitäten. Die Auswahl der Produkte wirkt sich direkt auf die anderen Instrumente des Marketingmix aus. Die Produktpolitik ist ein entscheidender Aspekt für den dauerhaften Absatzerfolg, das Wachstum und die Sicherung des Unternehmens. Grundsätzlich festzulegen ist zunächst die Angebotsbreite. Spezialisiert man sich beispielsweise auf die Entwicklung eines bestimmten Immobilientyps wie Büroimmobilien, Einkaufszentren, Gewerbeparks etc. oder soll das gesamte Spektrum der Gewerbeimmobilen abgedeckt werden? **Angebotsbreite**

Das Produkt Immobilie zeichnet sich dabei durch einige Besonderheiten aus. So handelt es sich bei der Immobilie nicht um ein Massenprodukt, sondern vielmehr um ein Individualprodukt. Der Wert einer Gewerbeimmobilie ergibt sich hauptsächlich aus ihrer Nutzung, d. h. aus ihrer Fähigkeit, die Bedürfnisse der Nutzer optimal zu befriedigen. Die Standortbindung, und damit auch die Abhängigkeit von den Veränderungen im Standortumfeld, ist ein herausragender Unterschied zu anderen mobilen Produkten. Diese Standortbindung führt gleichzeitig zu einer starken regionalen Teilmarktbildung. Der hohe Kapitaleinsatz zur Erstellung einer Immobilie ist ein weiteres Kennzeichen dieses Produktes. Gleiches gilt für die lange Produktionsdauer. So vergehen von der ersten Projektidee bis zur Fertigstellung einer gewerblichen Immobilie nicht selten über fünf und mehr Jahre. **Produktbesonderheiten**

Entscheidend für den Erfolg einer Immobilienentwicklung ist die Nutzersicht. Eine zentrale Frage der Produktpolitik bezieht sich auf die Ausgestaltung der Immobilie. Zu den Produkteigenschaften zählen neben den physikalischen Eigenschaften der Immobilie auch alle Aspekte, die vom Abnehmer oder dem Nutzer mit der Immobilie verbunden werden. Die Produkteigenschaften sind die Instrumente der Produktpolitik. Zu den vielfältigen Produkteigenschaften einer Immobilie zählt u. a. der konkrete Standort bzw. die Standortwahl, die Architektur und das Design des Gebäudes, die Umgebungsgestaltung, die Funktionalität des Raumprogramms, der Ausstattungsstandard, das Image der Immobilie sowie die Flexibilität und Drittverwendungsfähigkeit. **Produkteigenschaften**

Eine strategische Überlegung im Rahmen der Produktpolitik besteht in der Begrenzung der Größenordnung der angebotenen Objekte oder Projekte im Rahmen der Risikobegrenzung. Aufgrund der mit den hohen Herstellungskosten verbundenen Risiken sind die Volumina der Produkte den Möglichkeiten des Unternehmens anzupassen. Eine strategische Variante besteht im Eingehen von Produktpartnerschaften. **Produktvolumina**

Man untergliedert den Nutzen der von Produkten ausgeht in den Grundnutzen und den Zusatznutzen. Verdeutlicht man dies am Beispiel einer Büroimmobilie, so besteht der Grundnutzen für den Nutzer in einer funktionalen Fläche und der erforderlichen technischen Ausrüstung. Der Zusatznutzen kann darin liegen, dass der Nutzer sich durch eine repräsentative Architektur oder ein gehobenes Design von anderen Nutzern abheben will. Durch Ausstattungsstandards kann eine Profilierung gegenüber den Wettbewerbern ermöglicht werden. Beispiele zeigen sich in einer behindertengerechten Bauweise, der Berücksichtigung einer besonders betriebskostenreduzierenden Bauweise oder dem Einbau besonders energiesparender Heizungs- und/oder Lüftungssysteme.

Entscheidungsalternativen

Im Rahmen der Produktpolitik stehen mehrere Entscheidungsalternativen zur Verfügung. Ein Einfluss auf die Produktpolitik ergibt sich hierbei u. a. aus der spezifischen Marktsituation und dem Produktlebenszyklus der Immobilie.

- **Produktinnovation:** Hierunter versteht man die Entwicklung neuartiger Produkte. In Zeiten gesättigter Märkte und einem stärker werdenden Wettbewerb sind innovative Produkte von besonderer Relevanz. Beispiele innovativer Produktinnovationen zeigten sich in den letzten Jahren u. a. mit der Entwicklung von Logistikzentren, Themen-Centern und Factory Outlet Malls.

- **Produktvariation:** Unter der Produktvariation versteht man die Veränderung des bestehenden Bündels an Nutzungskomponenten einer Immobilie. Die Gründe für eine Produktvariation sind vielfältig. Neben neuen Nutzeranforderungen können sich aus dem Wettbewerbsumfeld notwendige Anpassungen ergeben. Im Rahmen einer Revitalisierung kann die Immobilie an die sich geänderte Situation angepasst werden. Der nachträgliche Einbau von Doppelfassaden in eine Büroimmobilie oder die Schaffung von Tageslichteinfall in einer Shopping Mall sind Beispiele einer derartigen Anpassung.

- **Produktdiversifikation:** Hierunter versteht man die Ausdehnung der Geschäftstätigkeit eines Unternehmens auf neue Gebiete, die jedoch zum bisherigen Produktprogramm gehören bzw. in irgendeiner Weise mit dem bisherigen Betätigungsfeld verknüpft sind.

- **Produktelimination:** Produkte, die nicht mehr dem Unternehmensziel entsprechen, sind aus dem Angebotsprogramm zu entfernen. Marktveränderungen, veränderte Konsumwünsche, neue Nutzeransprüche etc. können den Ausschlag für eine Produktelimination geben.

Drittverwendungsfähigkeit

Eine besondere Wertschätzung sollte der möglichen (späteren) Drittverwendungsfähigkeit des Objektes zuteil werden. Für eine langfristige Werterhaltung der Gewerbeimmobilie wie auch für die Beleihung bei Kreditinstituten ist eine möglichst flexible Nutzbarkeit der Immobilie unbedingt zu empfehlen. Die Vorgabe alternativer Nutzungsmöglichkeiten sollte bereits im Planungs- und Entwicklungsstadium erfolgen. So liegt der Wert einer unflexiblen Immobilie im ungünstigsten Fall bei dem um die Abbruchkosten verminderten Grundstückspreis.

8.5 Beschaffungspolitik

Unter Beschaffung versteht man sämtliche Aktivitäten, die darauf ausgerichtet sind, dem Immobilienunternehmen die für seine Vorhaben erforderlichen Grundstücke (bebaute und unbebaute) und Rechte an Grundstücken (z. B. Erbbaurecht) zur Verfügung zu stellen. Die Gesamtheit aller geplanten und zielgerichteten Maßnahmen zur Bereitstellung der erforderlichen Objekte bezeichnet man als Beschaffungspolitik.

Die Aktivitäten der Beschaffungspolitik müssen sich an den Absatzmöglichkeiten orientieren. Allerdings lässt sich nur durch einen erfolgreichen Einkauf auch der Absatz optimal gestalten. Die Leitlinie „Im Einkauf liegt der Gewinn" unterstreicht die Bedeutung einer professionellen Beschaffungspolitik.

„Im Einkauf liegt der Gewinn"

Eine wesentliche Voraussetzung für eine erfolgreiche Beschaffung besteht in einer profunden Marktkenntnis. Das Vorhandensein zahlreicher Teilmärkte und einer geringen Markttransparenz erschweren hierbei die Arbeit und machen eine intensive Marktforschung zumeist unumgänglich. Für ein spezifisches Objekt sind eine Reihe von Informationen zu beschaffen und zu bewerten. Die nachfolgende Auflistung vermittelt eine Auswahl relevanter Kriterien:

- Qualität des Standortes/der Lage,
- Verkehrsanbindung,
- Art und Maß der baulichen Nutzung,
- Kaufpreis/Mietpreis,
- Größe und Zuschnitt des Objektes,
- Absatzmöglichkeiten,
- Beschaffenheit des Grundstücks.

Gebäude und Grundstücke an gesuchten Standorten sind oft nur relativ schwer zu beschaffen. Eine aktive Beschaffungspolitik ist daher unumgänglich. Durch eine Vielzahl beschaffungspolitischer Maßnahmen entsteht ein so genannter Beschaffungsmix. Gegenüber der starken Nachfragekonkurrenz können sich insbesondere Unternehmen mit einem guten Image, einem hohen Bekanntheitsgrad und guter Substanz behaupten. Neben einer aktiven Beobachtung und Auswertung von Informationsquellen des Beschaffungsmarktes ist die Herstellung und Pflege persönlicher Kontakte zu Entscheidungsträgern, die Kenntnis über mögliche Immobilienverkäufe verfügen könnten, von Bedeutung. Zu den relevanten Personen zählen hierbei beispielsweise Vertreter von Behörden, Banken, Architekten, Immobilienmaklern und Projektentwicklern.

Aktive Politik notwendig

8.6 Entgeltpolitik

Unter Entgeltpolitik oder auch Kontrahierungspolitik versteht man die Gesamtheit aller Entscheidungen und Maßnahmen im Marketingmix, die der zielorientierten Gestaltung des Preis-Leistungs-Verhältnisses dienen. Man unterscheidet hierbei die Preispolitik von der Konditionenpolitik.

Die Entgeltpolitik ist kurzfristig variierbar und daher ein äußerst flexibles Marketinginstrument. Nicht selten fällt diesem Instrument daher auch die Rolle eines Korrekturfaktors zu. Zu den wichtigsten Bestimmungsfaktoren für den Einsatz der Entgeltpolitik zählen u. a.:

Bestimmungsfaktoren

- die Philosophie des Unternehmens,
- die Marketingziele,
- die optimale Kombination des marketingpolitischen Instrumentariums,

- das Verhalten der Nachfrager,
- das Verhalten der Anbieter/Wettbewerber,
- das Verhalten der Absatzmittler,
- staatliche Einflussnahmen,
- die preispolitischen Ziele,
- der preispolitische Entscheidungsrahmen und
- der Kostenrahmen und die Kostenstruktur.

Preissenkung kann Skepsis nähren

Im Immobilienbereich hat sich oft bestätigt, dass die Nachfrage nicht grundsätzlich durch eine entsprechende Preissenkung angeregt werden kann. Bei einem sinkenden Preis zeigt sich vielmehr oft eine Skepsis gegenüber dem Investment. Genährt wird diese Skepsis beispielsweise durch die Annahme, dass die Immobilie mit Mängeln behaftet ist. Ein sinkender Preis kann auch die Befürchtung eines Nichteintretens einer Wertsteigerung bzw. eines zukünftigen Wertverlustes schüren.

Staatliche Aktivitäten beeinflussen die Nachfrage und wirken sich damit auch auf die Entgeltpolitik des Unternehmens aus. Ein Beispiel zeigt sich mit der steuerlichen Sonderabschreibung in den neuen Bundesländern. Als Kaufmotiv stand hier die Steuerersparnis im Fordergrund und führte zu einem preisunempfindlicheren Nachfrageverhalten mit der Konsequenz, dass dem Preis eine geringere Bedeutung zugemessen wurde.

Konditionenpolitik

Die Entgeltpolitik beinhaltet neben der Preispolitik auch die Konditionenpolitik. Hierunter versteht man die Bedingungen, die vor allem den Zahlungszeitpunkt, die Art der Zahlung sowie den Eigentumsübergang der Immobilie betreffen. Mit Hilfe der Konditionenpolitik lässt sich eine Feinsteuerung der Preise vornehmen, ohne die Preisglaubwürdigkeit des Unternehmens zu gefährden. Die folgende Auflistung vermittelt eine Übersicht über ausgewählte Möglichkeiten der Konditionenpolitik:

- anbieten einer „mietfreien Zeit",
- Abgabe von Mietgarantien,
- „Inzahlungnahme" von Bestandsobjekten,
- anbieten von Finanzierungshilfen/Kaufpreis-Subventionen,
- Vermittlung günstiger Finanzierungen,
- „Zugaben" bei schwer vermittelbaren Objekten,
- Übernahme der Einrichtungskosten,
- Kaufpreisstundung bei Liquiditätslücken,
- zeitliche Preisdifferenzierung (z. B. Verkauf vom Plan mit Nachlass),
- Rückgaberecht für geschlossene Fondsanteile,
- Preispolitik durch Mietpreis-Modus-Vereinbarungen,
- Übernahme eines Nebenkostenanteils.

8.7 Distributionspolitik

Im Rahmen der Distributionspolitik werden die Wahl der Absatzwege, die Gestaltung des Vertriebssystems und die geeigneten Verkaufstechniken festgelegt. Ziel der Distributionspolitik ist die erfolgreiche Platzierung und Verteilung von Immobilienprodukten am Absatzmarkt. Die Definition distributionspolitischer Zielsetzungen basiert dabei auf den Unternehmens- und den Marketingzielen. Im Bereich der Gewerbeimmobilien hängt der Vermarktungserfolg von einer ganzheitlich durchdachten Marketingkonzeption ab.

Die Wahl des Vertriebsweges gehört zur fundamentalen Aufgabe der Distributionspolitik. Beim direkten Absatzweg erfolgt der Vertrieb von Immobilien ohne die Inanspruchnahme fremder Vertriebspartner durch beispielsweise eine eigene Vertriebsabteilung. Der Entscheidung für den Aufbau einer eigenen Abteilung für den Verkauf bzw. die Vermietung sollte in Abhängigkeit von der Unternehmensgröße, dem Immobilienbestand, dem Umfang der erforderlichen Vertriebskapazitäten und den Marktgegebenheiten erfolgen. Bei großen, überregional bzw. international tätigen Unternehmen kann der Vertrieb über Niederlassungen erfolgen. Durch die Konzentration der Niederlassungen auf die regionalen Teilmärkte besteht eine hohe Marktkenntnis.

Wahl des Vertriebsweges

Ein Vorteil eines direkten Vertriebs über eigene Mitarbeiter in Vertriebsabteilungen, Niederlassungen oder auch eigenständigen Immobilienunternehmen besteht in der höheren Identifikation mit den Produkten des Unternehmens. Darüber hinaus kann beim direkten Absatzkanal unmittelbar auf die Preisgestaltung sowie die Art und Weise der Ansprache potenzieller Interessenten Einfluss genommen werden. Der unmittelbare Kundenkontakt liefert zudem wertvolle Informationen für neue Projekte und das Immobilienmarketing.

Vor-/Nachteile des Direktvertriebs

In Anbetracht hoher Fixkosten einer eigenen Vertriebsabteilung bzw. Niederlassung erfordert ein direkter Vertriebsweg eine permanente Auslastung durch das Development. Der Aufbau eines direkten Absatzweges ist zudem mit nicht unerheblichen Kosten für beispielsweise Personalbeschaffung, Aus- und Weiterbildung und Räumlichkeiten verbunden.

Beim indirekten Absatzweg werden die Absatzaufgaben auf rechtlich und wirtschaftlich selbstständige Unternehmen wie z. B. Immobilienmakler, Immobilienabteilungen von Banken und Sparkassen, Anlageberater und Auktionshäuser übertragen. Die Distribution über Maklerunternehmen ist in Deutschland der am öftesten genutzte Absatzweg. Die Aufgabe der Immobilienmakler besteht darin, Verträge über Immobilien zu vermitteln bzw. die Gelegenheit zum Abschluss von Verträgen nachzuweisen. Immobilienmakler kommen dabei sowohl im Rahmen der Distribution wie auch der Immobilienbeschaffung zum Einsatz. Veränderungen der Marktgegebenheiten haben sich auch auf die Anforderungen und das Aufgabenspektrum der Immobilienmakler ausgewirkt. Neben die reine Vermittlungsfunktion sind Service- und Dienstleistungsaspekte getreten. So gehören heute u. a. Marktanalysen, Bewertungen, Managementaufgaben sowie Finanzierungs- und Steuerberatungen zum Aufgabenbereich eines professionellen Maklerunternehmens.

Indirekter Vertrieb

Der wesentliche Vorteil eines indirekten Absatzweges besteht in der hohen Flexibilität. Die Einschaltung eines indirekten Absatzweges ermöglicht die

Nutzung zusätzlicher Beratungsleistungen über die die Immobilienunternehmen nicht immer verfügen. Als nachteilig muss beim indirekten Absatzweg der Informationsverlust bzw. ein Verlust an Marktnähe genannt werden. Eventuell leidet beim Vertrieb über unternehmensfremde Organe auch die Exklusivität und Individualität der Vermarktung.

Phasen und Aufgaben Im Rahmen der Distributionspolitik lassen sich verschiedene Phasen und Aufgabenfelder differenzieren:

- **Objektaufnahme und Bewertung:** Vor dem Einsatz distributionspolitischer Aufgaben müssen sämtliche relevanten Informationen zu einer Immobilie bzw. einem Grundstück ermittelt werden. Checklisten erleichtern hierbei die Arbeit und gewährleisten, dass die vielfältigen Bereiche in ihrer Gesamtheit berücksichtigt werden. Anhand einer Immobilienbewertung kann der tatsächliche Wert einer Immobilie bzw. das nachhaltig erzielbare Mietniveau eruiert werden.

- **Objektaufbereitung:** Durch geeignete Maßnahmen und Investitionen soll die Marktfähigkeit der Immobilie verbessert bzw. erst ermöglicht werden. Eine Kosten-Nutzen-Analyse gibt Aufschluss darüber, inwieweit z. B. durch Renovierungen, Sanierungen oder auch Umbauten eine Verbesserung der Vermarktungschancen erzielt werden kann bzw. ob der voraussichtliche zusätzliche Ertrag über den aufzuwendenden Kosten liegt.

- **Angebotsphase:** Hierunter fällt die Definition geeigneter Zielgruppen, der Aufbau einer entsprechenden Interessentendatenbank bzw. Sucherdatei, die Auswahl der adäquaten Kundenansprache, die Erstellung einer Objektbeschreibung und schließlich die Ansprache der Kunden.

- **Korrekturphase:** Bei geringer Resonanz sollte eine Analyse der Angebotskriterien einsetzen. Sind die Gründe für eine erfolglose Angebotsphase identifiziert, sind die Angebotskriterien entsprechend zu überarbeiten.

- **Verhandlungsphase:** Neben der Erarbeitung einer Verhandlungsstrategie folgt in dieser Phase die Besichtigung der Immobilie.

- **Vertragsabschluss:** Vor Vertragsabschluss sind die Vertragsinhalte abschließend zu verhandeln und schriftlich aufzusetzen. Die Einschaltung eines Rechtsanwaltes ist zu empfehlen. Ein juristisch einwandfreier Vertrag kann spätere Rechtsstreitigkeiten und damit finanzielle Belastungen vermeiden helfen.

- **Vertragsabschluss und Post Sales Services:** Zu den Serviceleistungen nach dem Verkauf gehört beispielsweise ein Informationsaustausch über die Zufriedenheit des Kunden oder auch die Übermittlung von Informationen über die generelle Marktsituation oder über aktuelle Kauf- oder Verkaufschancen. Insbesondere für permanent am Markt tätige Distributionsorgane bietet sich mit der Kundenbetreuung eine Möglichkeit für die Übernahme ähnlich gelagerter Funktionen.

8.8 Kommunikationspolitik

Immobilien, die sich quasi von selbst verkaufen, sind in der heutigen Zeit eher die Ausnahme. Käufer- bzw. Mietermärkte erfordern den Einsatz einer professionellen Kommunikationspolitik. Neben der Werbung ist hierbei u. a. der Einsatz der Öffentlichkeitsarbeit und der Verkaufsförderung unumgänglich.

Werbekonzeption

Werbung kann für Produkte bzw. Produktgruppen, für angebotene Dienstleistungen oder für das Unternehmen durchgeführt werden. Wichtig ist die detaillierte Planung im Rahmen einer Werbekonzeption. Diese Konzeption basiert auf der Definition der Werbeziele die als Unterziele von den Marketingzielen des Unternehmens abzuleiten sind. Im Rahmen der Werbeplanung ist der Zielmarkt, also das spezifische Produkt bzw. Geschäftsfeld, von besonderer Relevanz. Eine weitere Voraussetzung für eine erfolgreiche Werbung besteht mit der Identifikation und Analyse der anzusprechenden Zielgruppe. Bei der Zielgruppenbestimmung sind allerdings nur diejenigen Segmentierungskriterien auszuwählen, die eng mit dem interessierenden Nachfrageverhalten korrespondieren. Zu untersuchen sind die Motive, Bedürfnisse, Verhaltensweisen, Standortpräferenzen und Anforderungskriterien der Käufer bzw. Immobiliennutzer.

Unique Selling Proposition

Neben dem Werbeziel und der Zielgruppe sind der Inhalt und die Form bzw. Gestaltung der Werbebotschaft festzulegen. Durch die Kreierung eines Namens und Logos können Projekte am Markt als Markenartikel positioniert werden. Der Name sollte dabei einen Bezug zum Projekt und zum Projektumfeld haben (Hanseviertel, Donau-Einkaufszentrum, Kö-Galerie). Ein ergänzender Slogan kann um die Sympathie der Zielgruppe werben und die spezifischen Vorzüge der Immobilie auf den Punkt bringen. Im Sinne einer Unique Selling Proposition sollte die Werbebotschaft den einzigartigen und unverwechselbaren Produktvorteil bzw. die Besonderheiten der Immobilie herausstellen. Eine zunehmende Bedeutung kommt Bildern in der Werbung zu. Diese können vom Betrachter sehr schnell aufgenommen werden. Die damit verbundenen Assoziationen können die Einstellungen und Wünsche der Umworbenen beeinflussen.

Geeignete Werbeträger

Von besonderer Bedeutung ist auch die Wahl der Werbeträger. Die Werbeträger können als Organ der Informationsübermittlung bezeichnet werden. Man unterscheidet die Printmedien (Zeitungen, Magazine, Anzeigenblätter etc.), Elektronische Medien (Fernsehen, Radio, Kino, Internet etc.), die Außenwerbung (Bauschilder, Plakatwerbung, Verkehrsmittelwerbung etc.) und die Direktwerbung (Telefonmarketing, Direkt-Mail etc.). Bei der Auswahl der geeigneten Werbeträger ist die Art der Produkte und Dienstleistungen und die Zielgruppe und deren Medienverhalten zu beachten. Die zielgruppengerechte Auswahl setzt einen Intermediavergleich voraus. Nachdem entschieden wurde, welche Werbeträger eingesetzt werden sollen, muss der zielgruppengenaue und kosteneffektive Werbeträger innerhalb der jeweiligen Mediagruppe im Rahmen eines Intramediavergleiches ermittelt werden. Die Wahl wird hierbei von der räumlichen Reichweite, der zeitlichen Verfügbarkeit des Werbeträgers, der quantitativen Reichweite, der qualitativen Reichweite und den spezifischen Kosten beeinflusst.

Nach dem Timing des Mediaeinsatzes differenziert man in die Einführungswerbung, die Marktfestigungs- bzw. Erinnerungswerbung und die Wiedereinführungswerbung. Im Rahmen der Einführungswerbung soll der erforderliche Bekanntheitsgrad aufgebaut und das Interesse bei der potenziellen Zielgruppe geweckt werden.

Erfolgskontrolle Durch die Messung des tatsächlichen Werbeerfolges können mögliche Fehlinvestitionen erkannt und für die Zukunft ausgeschaltet werden. Unter Werbeerfolgskontrolle versteht man hierbei alle Maßnahmen die eine Einschätzung der Relation zwischen dem Werbeeinsatz und dem Werbeerfolg ermöglichen. Nach dem Zeitpunkt der Werbeerfolgskontrolle unterscheidet man Pre-Tests (vor dem Werbeeinsatz) und Post-Tests (nach der Durchführung der Werbung).

Der Einsatz der Öffentlichkeitsarbeit prägt das Image eines Unternehmens und soll eine Vertrauensbasis aufbauen. Das Unternehmensimage kann generell als Vorstellungsbild einer sozialen Gruppe gegenüber einer Unternehmung definiert werden. Als Spiegelbild der Corporate Identity liegt die Bedeutung des Unternehmensimage hierbei in seiner Wirkung auf die relevanten Interaktionspartner bzw. Zielgruppen des Unternehmens.

PR-Grundsätze Public-Relations-Arbeit konzentriert sich auf ausgewählte Teilöffentlichkeiten und dient der systematischen Verbesserung des Kommunikations- und Informationsaustausches. Dabei gelten die Grundsätze das jede PR-Aussage

- den Tatsachen entsprechen muss (Wahrheit),
- einfach, verständlich sein muss (Klarheit),
- eine Einheit von Wort und Tat bilden muss.

Public Relations kann außerhalb des Unternehmens nur erfolgreich sein, wenn zuerst die eigenen Mitarbeiter zeitnahe und richtige Informationen erhalten. Denn die eigenen Mitarbeiter prägen zu einem nicht unerheblichen Teil die Außenwirkung des Unternehmens.

Eine professionelle Öffentlichkeitsarbeit erfordert ein strategisches Konzept, wobei man mit der Situationsanalyse, der Erarbeitung der Kommunikationsstrategie, der Bestimmung der PR-Träger (Kontakt) und der Durchführung und der Erfolgskontrolle (Organisation) vier Phasen unterscheiden kann.

PR-Instrument Zu den Instrumenten der Öffentlichkeitsarbeit zählen u. a. Veranstaltungen (Spendenaktionen, kulturelle Events, Tag der offenen Tür, Workshops, Symposien etc.), Veröffentlichungen (Geschäftsberichte, Schriftbeiträge, Newsletter, Magazine, Marktreports, Internetberichte, Prospekte etc.) sowie die klassische Pressearbeit (Kontaktpflege zur Presse, Presseerklärungen, Pressekonferenzen, Journalistenreisen etc.).

B   Gewerbe- und Spezialimmobilien

1   Gewerbe-Großimmobilien des Handels
– Anlagekriterien, Betriebstypen und Agglomerationen –

Prof. Dr. Bernd Falk HonRICS,
Inhaber des Institut für Gewerbezentren (IfG), Starnberg

Momme Torsten Falk, Ph. D., Dipl.-Betriebswirt (FH),
Kaufmann der Grundstücks- und Wohnungswirtschaft,
Projektleiter im Institut für Gewerbezentren, Starnberg

Inhaltsverzeichnis

1.	Einleitung	66
2.	**Marktsituation im Handel**	67
2.1	Marktentwicklung	67
2.2	Trends und Zukunftsmärkte	70
2.3	Handelsstandorte	72
2.4	Internationalisierung	75
3.	**Anlagekriterien**	76
3.1	Rentabilität	76
3.2	Managementimmobilie	78
3.3	Standortqualität	79
3.4	Erfolgskriterien	80
4.	**Darstellung ausgewählter Betriebstypen**	83
4.1	Fach- und Spezialgeschäfte	85
4.2	Fachmärkte	85
4.3	Warenhäuser und Kaufhäuser	86
4.4	Discountmärkte	87
4.5	SB-Warenhäuser	88
4.6	Verbrauchermärkte und Kleinverbrauchermärkte	89
4.7	Supermärkte	89
4.8	Cash & Carry-Betriebe	90
5.	**Standortagglomerationen**	90
5.1	Shopping-Center	90
5.2	Markthallen	91

1. Einleitung

Begriff Handelsimmobilien sind Gebäude bzw. Gebäudeteile, in denen ausschließlich oder überwiegend Handelsbetriebe Warenhandel im funktionellen Sinne, d. h. meist ohne wesentliche Be- und Verarbeitung, betreiben.

Betriebstypen Die Nutzer von Handelsimmobilien bilden eine außerordentlich vielgestaltige Gruppe. Zahlreiche Betriebstypen bzw. Handelsimmobilienarten lassen sich differenzieren. Sinnvoll ist hierbei zunächst eine Abgrenzung zwischen Groß- handel und Einzelhandel. Als charakteristisches Abgrenzungskriterium dient hierbei die Kundenstruktur. Während der Großhandel Wiederverkäufer, Weiterverarbeiter, gewerbliche Verwender oder sonstige Institutionen mit Han- delswaren versorgt, verkauft der Einzelhandel regelmäßig an Konsumen- ten/private Haushalte.

2. Marktsituation im Handel

2.1 Marktentwicklung

Der Markt für Handelsimmobilien wird wesentlich durch die Einzelhandelskonjunktur beeinflusst. Der Einzelhandel leidet in Deutschland seit Jahren unter einer schwachen Nachfrageverfassung. Bedingt durch die hohe Arbeitslosigkeit und angesichts nur schwach steigender Einkommen sowie einer steigenden Abgabenbelastung ist die Konsumentenstimmung in Deutschland seit einigen Jahren sehr verhalten. Hinzugekommen sind die Auswirkungen der Reformmaßnahmen im Sozialversicherungsbereich und die gestiegenen Ölpreise.

Konjunktureinfluss

Nach Informationen des Hauptverbandes des Deutschen Einzelhandels (HDE) erzielte der deutsche Einzelhandel (im engeren Sinne) im Jahr 2004 einen nominalen Einzelhandelsumsatz in Höhe von 365 Mrd. Euro. Im Vergleich zum Vorjahr ein Rückgang um 1,6 %. Ein Rückgang der nominalen Einzelhandelsumsätze zeigte sich bereits 2003 (–0,7 %) und 2002 (–1,8 %). Diese Zahlen gelten für den gesamten Einzelhandel. Je nach Sortiment und Betriebstyp zeigt sich eine differenziertere Situation.

Prognosen gehen davon aus, dass sich die Umsatzzuwächse im Einzelhandel auf absehbare Zeit nur in einem sehr engen Wachstumskorridor bewegen werden. Die Verunsicherung in der Bevölkerung war selten so hoch, die Konsumzurückhaltung selten so spürbar.

Vergleicht man die ökonomische Entwicklung Deutschlands mit den europäischen Nachbarn, so zeigt sich ein Angleichen der Verhältnisse. In der Kaufkraft je Einwohner wurde Deutschland sogar von Österreich, Frankreich, Großbritannien und Italien überholt.

Für die derzeitige Situation im Einzelhandel ist neben der schwachen Konjunktur auch ein Struktureffekt im Verhalten der Verbraucher verantwortlich. So nimmt der Anteil der Ausgaben für Konsumgüter am privaten Verbrauch mit wachsendem Einkommen und Wohlstandsniveau ab. Demgegenüber gewinnen Ausgaben für Dienstleistungen (Reisen, Wohnungsmieten, Haushaltsführung, Bildung, Freizeit und Unterhaltung, Gesundheitspflege, Vorsorge und Vermögensbildung, Kommunikation) an Bedeutung. Hatte der Konsumgütereinzelhandel am privaten Verbrauch im Jahr 1990 noch einen Anteil von rund 45 %, so lag dieser 2003 nur noch bei 30 % (vgl. Abbildung 1).

Verbraucherverhalten

Ungeachtet der konjunkturellen Dämpfung der Warennachfrage und der strukturellen Umschichtungen im privaten Verbrauch scheint die Flächenexpansion im Einzelhandel nahezu ungebrochen. Bereits 1997 wurde vom Ladeneinzelhandel in Deutschland die 100-Mio.-m²-Verkaufsflächenschwelle überschritten. Allein im Jahr 2004 wurden in Deutschland laut der Bundesarbeitsgemeinschaft der Mittel- und Großbetriebe des Einzelhandels e.V. (BAG) 1,8 Mio. m² Verkaufsfläche zusätzlich geschaffen. Im Jahr 2005 wird der Flächenbestand voraussichtlich auf insgesamt etwa 118 Mio. m² zunehmen. Bis 2010 gehen Prognosen von einem weiteren Anstieg auf 125 Mio. m² aus. Schon jetzt liegt die Flächenausstattung je Einwohner in Deutschland bei rund 1,4 m² und damit deutlich über der Flächenausstattung Frankreichs und Großbritanniens (vgl. Abbildung 2).

Flächenexpansion

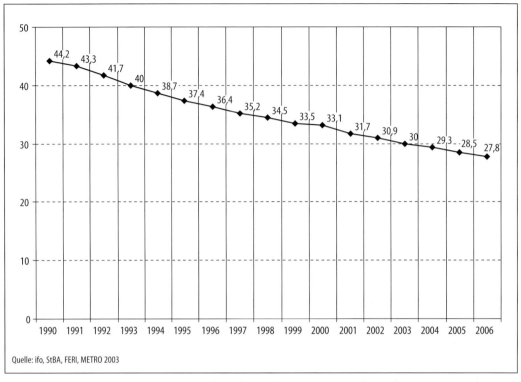

Abb. 1: Einzelhandelsumsatz in Deutschland, Anteil am privaten Verbrauch

Neben der Entwicklung neuer Projekte wird die Flächenexpansion auch durch die Notwendigkeit aller Handelssysteme angetrieben, die bestehenden Verkaufsflächen auf einen aktuellen Stand zu bringen. Oft wird an bestehenden Verkaufsflächen festgehalten, auch aus Angst, ein Mitbewerber könnte die entstehende Lücke zu seinem Vorteil nutzen.

Tragfähigkeitsgrenzen Diese Flächenexpansion wird zu betriebswirtschaftlichen Tragfähigkeitsgrenzen führen. Der zunehmende Wettbewerbsdruck wird sich in weiter sinkenden Flächenproduktivitäten niederschlagen. Nach Informationen der GfK AG lagen die Flächenproduktivitäten in Deutschland im Jahr 2004 bei durchschnittlich rund 3.300 Euro je m² Verkaufsfläche. Damit ist dieser Wert in den letzten drei Jahren um rund 200 Euro Umsatz pro Quadratmeter zurückgegangen. Diese Entwicklung führt zwangsläufig zu weiter sinkenden Mieten und in der Konsequenz auch zu einem Ausleseprozess (Shake-out).

Trotz der Krise im Einzelhandel zeigt sich bei der Betrachtung einzelner Unternehmen ein differenziertes Bild. Insbesondere viele Filialisten können sich trotz der schwierigen Situation u. a. durch Vertikalisierung, Profilierung, Neuausrichtung und Internationalisierung behaupten (vgl. Abbildung 3).

Ein Einfluss auf die Entwicklung des Einzelhandelsmarktes geht auch von der Entwicklung der Einwohner aus. Selbst bei den angenommenen Zuwanderungssalden aus dem Ausland wird die Einwohnerzahl in Deutschland lang-

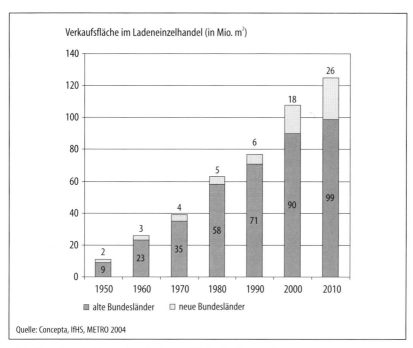

Abb. 2:   Entwicklung der Verkaufsfläche in Deutschland

fristig abnehmen. Nach den Informationen der 10. koordinierten Bevölkerungsvorausberechung des Statistischen Bundesamtes (mittlere Variante) wird die Einwohnerzahl nach einem geringen Anstieg auf 83 Mio. ab dem Jahr 2013 zurückgehen und bis zum Jahr 2050 auf rund 75 Mio. Einwohner sinken.

Demographische Entwicklung

Die demographische Entwicklung ist in Deutschland dabei durch eine erhebliche Strukturverschiebung im Altersaufbau zugunsten der höheren Altersgruppen gekennzeichnet. Bis zum Jahr 2050 werden nach den Prognosen des Statistischen Bundesamtes etwa die Hälfte der Bevölkerung älter als 48 Jahre und ein Drittel 60 Jahre oder älter sein. Einer schrumpfenden Anzahl junger und erwerbsfähiger Personen steht damit eine wachsende Anzahl älterer Menschen gegenüber.

Wohlstandsniveau

Ein Einfluss auf die Einzelhandelsentwicklung ergibt sich auch durch das Wohlstandsniveau der Bevölkerung. Dabei lässt sich seit einigen Jahren feststellen, dass die Schere zwischen Arm und Reich immer größer wird. Der Anteil der unter der Armutsgrenze lebenden Menschen wuchs von 12,1 % im Jahr 1998 auf 13,5 % im Jahr 2003. In absoluten Zahlen bedeutet dies, dass mehr als 11 Mio. Menschen in Deutschland als arm eingestuft werden. Auf der anderen Seite wuchsen die Vermögen privater Haushalte weiter und erreichten 2004 eine Summe von 5 Bio. Euro. Das Privatvermögen ist allerdings ungleich verteilt. Während die unteren 50 % der Haushalte weniger als 4 % des gesamten Nettovermögens besitzen, vereinigen die reichsten 10 % der Haushalte knapp 47 %.

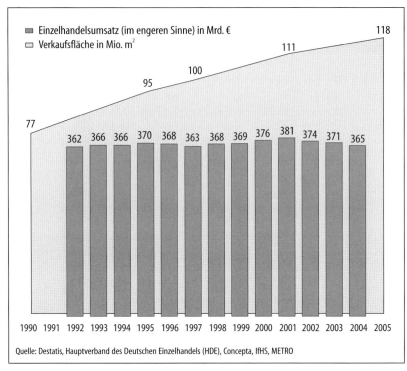

Abb. 3: Umsatz- und Flächenentwicklung im deutschen Einzelhandel

2.2 Trends und Zukunftsmärkte

Der Einzelhandel wird durch zahlreiche Größen beeinflusst. Neben soziodemographischen, ökonomischen und technologischen Veränderungen werden auch durch Veränderungen des Konsumentenverhaltens neue Trends im Handel generiert bzw. neue Marktbedingungen geschaffen.

Angebote für Senioren
- Durch die Veränderungen des soziodemographischen Gefüges werden Angebote für Senioren zukünftig an Bedeutung gewinnen. Die Alterung der Bevölkerung wird bereits in den nächsten Jahren zu Umschichtungen auch im Einzelhandelsbereich führen. Die Jungen Alten zeigen sich aktiver, mobiler und freizeitorientierter und in ihrer Lebensgestaltung selbstbestimmter als frühere Generationen. Neue Produkte, Konzepte und Dienstleistungen (Gesundheitspflege) werden die Bedürfnisse dieses Marktes erfüllen.

Convenience Shopping
- Ein Trend zeigt sich mit dem Convenience Shopping. Hierzu zählen beispielsweise Tankstellenshops, Kioske, Nachbarschaftsmärkte, kleine Supermärkte, Bahnhofsshops und Bäckereien/Metzgereien mit Convenience Shops. Angeboten wird ein eng begrenztes Sortiment an Waren des täglichen Bedarfs. Die Kernkompetenz liegt in den verzehrnahen Impulsprodukten. Mitunter wird das Warenangebot durch Dienstleistungen und gastronomische Angebote ergänzt. Die Möglichkeit eines schnellen Einkaufs (Eilkauf), eine gute Erreichbarkeit, lange Ladenöffnungszeiten

und der Service und die Qualität des Angebotes sind beim Convenience Shopping von besonderer Bedeutung. Der Preis ist in der Regel hoch und besitzt im Vergleich zu anderen Einkaufsstättenmerkmalen eine geringere Bedeutung. Begünstigt wird das Convenience Shopping auch durch die wachsende Bedeutung der Single-Haushalte.

- Eine seit einiger Zeit festzustellende Entwicklung zeigt sich mit der Preissensibilität und Discount-Orientierung der Konsumenten. Bedingt durch die wirtschaftliche Situation, aber auch durch Veränderungen im Verbraucherverhalten der Konsumenten besitzt der Preis bei vielen Verbrauchern einen sehr hohen Stellenwert. Deutlich wird diese Entwicklung durch den Erfolg der preisaggressiven Betriebsformen wie Discounter und Fachmärkte. Gestützt wird diese Entwicklung auch durch eine höhere Markttransparenz der Verbraucher. Insbesondere das Internet ermöglicht einen umfangreichen Preisvergleich. **Preissensibilität**

- Ein weiterer Trend kann mit der Erlebnisorientierung der Verbraucher ermittelt werden. Neben die reine Bedarfsdeckung treten hierbei Aspekte des Wohlfühlens, des Erlebens und des Erfahrens. In den USA wird dieser Trend schon seit einigen Jahren sehr konsequent im Bereich der Shopping Malls berücksichtigt. Thematisierte Angebote, Food Courts, Themengastronomie, Freizeit- und Erlebnisangebote runden das Gesamtangebot für den Kunden ab und bieten Synergiepotenziale. Auch in deutschen Shopping-Centern erfolgte in den letzten Jahren eine stärkere Ausrichtung auf ergänzende Erlebniskomponenten. Neben zusätzlichen Entertainment-Angeboten wie Multiplex-Kinos und Bowling-Anlagen wird der Erlebniswert auch durch Events und Veranstaltungen gesteigert. **Erlebnisorientierung**

- Im Trend ist auch eine stärkere Berücksichtigung von Zielgruppen. Concept Stores und Lifestyle Stores sind Ausdruck dieser Entwicklung. Vielfältige Sortimente zu einem bestimmten Thema bzw. für einen bestimmten Lifestyle berücksichtigen beim Lifestyle Shopping die Bedürfnisse und Wünsche spezieller Zielgruppen. Ein Beispiel zeigt sich mit den Concept Stores von PUMA mit ihrer Mischung aus Sport und Lifestyle. **Zielgruppenorientierung**

- Smart-Shopping, also die ausgeprägte Preis-Qualitäts-Orientierung der Verbraucher beim Einkauf, gewinnt immer stärker an Bedeutung. Neben der Discount-Orientierung schlägt hier die Erlebnisorientierung der Konsumenten beachtlich durch. Deutlich wird dieser Trend beispielsweise in dem Erfolg der Factory-Outlet-Center in Europa. **Smart-Shopping**

- Die Bedeutung des E-Commerce wächst, wenn auch langsamer als von vielen zunächst prognostiziert wurde. Für Deutschland rechnet der Hauptverband des Deutschen Einzelhandels (HDE) für das Jahr 2004 mit einem E-Commerce-Umsatz im B2C-Bereich von rund 13 Mrd. Euro. Für 2005 wird ein Anstieg auf 14,5 Mrd. Euro prognostiziert. In diesen Zahlen sind alle von den Konsumenten getätigten internetbasierten Transaktionen über materielle Güter, Dienstleistungen (z. B. Lieferservices), Nutzungsrechte (z. B. Reisen, Eintrittskarten) und Informationen (z. B. kostenpflichtige Downloads) enthalten. Höhere Online-Umsätze prognostiziert Forrester für Deutschland. Für das Jahr 2005 gehen die Marktforscher von einem Online-Umsatz im Bereich der **E-Commerce**

Waren und Dienstleistungen in Höhe von 37 Mrd. Euro aus. Rund ein Drittel der Online-Käufer ist in der Altersgruppe der 30- bis 39-Jährigen. Die große Auswahl und die Möglichkeit der Preisvergleiche sind die größten Vorteile des Online-Shoppings. Als Nachteil wird von den Konsumenten hervorgehoben, dass man die Waren nicht ausprobieren kann. Die Bedeutung und damit auch die Auswirkungen des E-Commerce sind je nach Branche und Sortiment differenziert zu betrachten. So werden Produkte wie Bücher, CDs, Kleidung, elektronische Geräte, Computerzubehör und Eintrittskarten nach Angaben des HDE am häufigsten über das Internet bestellt. Eine sehr geringe Bedeutung zeigt sich demgegenüber beispielsweise im Bereich des Lebensmitteleinzelhandels. Ein Wachstumsimpuls ergibt sich durch den Anstieg des E-Commerce auf den Logistikbereich.

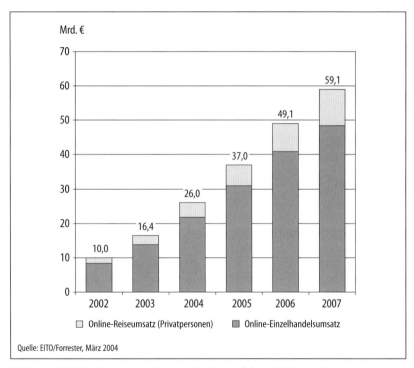

Abb. 4 : B2C-E-Commerce-Umsatz in Deutschland 2002–2007

2.3 Handelsstandorte

Umschichtung und Polarisierung

Die Standorte von Handelsimmobilien befinden sich in Deutschland überwiegend in den Innenstädten bzw. den Stadtteilzentren. Der Flächenzugewinn der letzten Jahre ist allerdings besonders im sekundären Netz (Gewerbe-, Industrie- und Sondergebieten) festzustellen. Der Umschichtungsprozess und die Polarisierung zwischen dem primären und dem sekundären Netz werden auch in den nächsten Jahren zunehmen. Diese Entwicklung ist nicht zuletzt auf eine Veränderung in den Standortanforderungen der Handelsbetriebe zurückzuführen. So bevorzugen die immer stärker an Bedeutung gewinnenden transaktionssparenden Betriebstypen wie SB-Warenhäuser, Discounter und Fachmärkte Standorte in verkehrsgünstigen, peripheren Lagen mit vergleichsweise geringen Grundstückskosten. Der Flächenanteil des sekundären Netzes wird im Zuge dieser Entwicklung in den alten Bundesländern bis 2010 auf etwa ein Drittel ansteigen. Insgesamt sieht die Lage in den Top-City-Standorten und den Shopping-Centern generell günstiger aus als in Nebenlagen, Streulagen, Stadtteil- und Nebenzentren.

Innenstädte

Innenstädte als gewachsene Agglomerationen gehören zu den bedeutendsten Standortlagen des Einzelhandels. Attraktiv ist insbesondere das oft große Spektrum unterschiedlicher Betriebstypen. Der Großteil der Verbraucher (rund 80 %) ist mit dem Angebot und der Leistung des innerstädtischen Einzelhandels zufrieden. Dies geht aus der Untersuchung Kundenverkehr 2004 des Handelsverbandes BAG hervor. Infolge der längeren Ladenöffnungszeiten hat der Samstag als Einkaufstag weiter an Bedeutung gewonnen. Die meisten Kunden der Innenstädte sind zwischen 26 und 50 Jahre alt. Während der Anteil der älteren Kunden über 50 Jahre ansteigt, sinkt der Anteil der jüngeren Kunden (bis 25 Jahre).

Herausforderungen

Das Umfeld und die Bedingungen für die Innenstädte sind einem ständigen Wandel unterlegen. Die Innenstädte stehen heute vor erheblichen Herausforderungen:

- So zeigt sich ein zunehmender Ansiedlungsdruck großflächiger Einzelhandelsprojekte.
- Shopping-Center sowie gewachsene Einzelhandelsagglomerationen außerhalb integrierter Standorte verschärfen den Wettbewerb der Standortlagen.
- Durch großflächige Einzelhandelsentwicklungen auf Industriebrachen, aufgelassenen Flächen von Bahn und Post sowie militärischen Konversionsflächen erhöht sich der Wettbewerbsdruck auf die integrierten Lagen.
- Flächen der öffentlichen Hand werden eher unter dem Aspekt der Verkehrswertmaximierung an den Markt gebracht als unter dem Gesichtspunkt einer nachhaltigen Stadtentwicklung.
- Rückläufige Kundenfrequenzen in vielen deutschen Innenstädten führen zu einer Schwächung des Einzelhandels.
- Zunehmende Leerstände und sinkende Mietpreise in den schlechteren Lagen (Nebenlagen) führen zu einem Attraktivitätsverlust der Innenstädte.
- In den Haupteinkaufslagen wird der Einzelhandel immer stärker durch Filialisten, große Ketten und Discounter dominiert. Dadurch verlieren die Innenstädte an Individualität und Profilierung.

Neue Konzepte und Aktionen sind erforderlich, um diesen Herausforderungen zu begegnen. Gefragt ist hierbei u. a. eine Verbesserung der interkommunalen Abstimmung, eine Integration von Stadt- und Regionalplanung, die Abstimmung der Stadt- und Handelsentwicklung, die Erhöhung der Planungs-

und Investitionssicherheit für den Handel und die Immobilienwirtschaft, die Entwicklung ganzheitlicher Leitbilder und Konzepte, die Einführung eines professionellen Stadtmarketings und Stadtmanagements und die Durchsetzung einheitlicher Ladenöffnungszeiten.

ESSHAH-Regel Nach der ESSHAH-Regel sollte sich der Standort Innenstadt durch seine Erreichbarkeit, Sauberkeit, Sicherheit, Helligkeit, Attraktivität und Herzlichkeit auszeichnen. Stadtfeste, Aktionen und Veranstaltungen müssen das Leben in die Stadt holen. Die Einkaufsatmosphäre muss den Kundenwünschen entsprechen. Ideen, Innovationen und Emotionen sind hierbei kundengerecht zu inszenieren.

Business Improvement Districts Ein neuer Ansatz in Deutschland zeigt sich mit den Business Improvement Districts (BIDs). Die Entstehung der BIDs geht auf eine Initiative von Gewerbetreibenden in der kanadischen Stadt Toronto im Jahr 1970 zurück. Eine Gruppe von Laden- und Grundbesitzern haben sich dort mit dem Ziel zusammengeschlossen, ihren Einzelhandelsstandort aufzuwerten und sich damit sogar gegen die Ansiedlung eines Shopping-Centers zu behaupten. Seither hat sich das Instrument der Business Improvement Districts in Nordamerika zu einer der erfolgreichsten Methoden der Revitalisierung innerstädtischer Bereiche entwickelt. Die Methode basiert auf den Elementen Eigeninitiative, Selbstverpflichtung, Selbstbesteuerung und Public Private Partnership. BIDs werden in Nordamerika zeitlich meist auf drei bis fünf Jahre befristet. Hierdurch soll sichergestellt werden, dass durch die Gründung keine Institution geschaffen wird, die sich von den ursprünglichen Zielen und Aufgaben distanziert. Die Mehrheit der Betroffenen muss sich für ein BID aussprechen. Die Standortgemeinschaft in Form einer GmbH oder eines Vereins finanziert sich über Mitgliedsbeiträge, die zusammen mit der Grundsteuer erhoben werden. Es handelt sich um eine zweckgebundene Zwangsabgabe. Beitragspflichtig sind dabei auch Grundeigentümer oder Gewerbetreibende, die sich gegen die Gründung des BID ausgesprochen haben. In Nordamerika wird den Bürgern das Recht zur Gründung eines Business Improvement Districts durch spezielle Landesgesetze eingeräumt.

Zielsetzung dieses Instrumentes ist die Verwirklichung eines sicheren, einladenden und prosperierenden Standortes, sowohl für die Gewerbetreibenden, die Bewohner als auch für die Kunden eines definierten Innenstadtareals. Zu den umfangreichen Revitalisierungsmaßnahmen zählen beispielsweise Stadtgestaltung, Design und Möblierung, Werterhaltung und Wertsteigerung von Immobilien, die Durchführung von Veranstaltungen und Events, Werbung und Marketing, eine Verbesserung der Erreichbarkeit und das Management von Leerständen.

In Deutschland werden derzeit verschiedene BID-Pilotprojekte gestartet. Für die Initiierung ist auch in Deutschland ein Engagement und die finanzielle Beteiligung durch die Grundeigentümer und Gewerbetreibenden vor Ort erforderlich.

Citymarketing Durch ein professionelles Stadt- und Citymarketing besteht grundsätzlich die Möglichkeit die Attraktivität, Nutzungsvielfalt und Urbanität der Innenstädte zu erhöhen. Mit dem Ziel, die Stadtmarketingprozesse zu intensivieren und die öffentlichen und privaten Aktivitäten besser zu koordinieren, wurde im Frühjahr 1999 die Aktion „Ab in die Mitte! Die City-Offensive NRW" initiiert. Im Rahmen einer Public Private Partnership wurde hierbei vereinbart, dass in ausgewählten Städten Nordrhein-Westfalens beispielhafte Aktionen durchgeführt werden. In den darauf folgenden Jahren wurde „Ab in die Mitte!" als Wettbewerb ausgeschrieben. Im Mittelpunkt steht die Verbindung von Freizeitgestaltung, Entertainment, Kommunikation, Erlebniseinkauf und Kultur. Nach dem Vorbild Nordrhein-Westfalens wurde diese Aktion mittlerweile auch in Niedersachsen und in Hessen ins Leben gerufen.

Gegenwärtig werden die Vor- und Nachteile der Einführung einer City-Maut diskutiert. Durch die Erhebung von Gebühren für die Nutzung innerstädtischer Straßen und die hierdurch erwartete Verringerung des Individualverkehrs soll die Umwelt entlastet werden. Neben einer Verringerung der CO_2-Emissionen geht es dabei auch um eine Feinstaub- und Russpartikelreduktion. Daneben können durch die City-Maut auch zusätzliche Einnahmen generiert und für den Ausbau des öffentlichen Personennahverkehrs verwendet werden. Zudem ermöglicht eine diesbezügliche Einführung auch die Möglichkeit der zeitlichen und räumlichen Steuerung des Verkehrsstroms. Auch ein Rückgang der Unfallzahlen wird von den Befürwortern ins Feld geführt. Kritiker erwarten eine Abwanderung der Käufer an die Stadtränder bzw. zu den Einkaufsmöglichkeiten auf der Grünen Wiese und dadurch eine Schwächung des Innenstadthandels.

City-Maut

In London wurde die City-Maut bereits im Februar 2003 im inneren Stadtverkehr für alle Fahrzeuge eingeführt. Vor kurzem wurde die Gebühr sogar von bisher 5 Pfund auf 8 Pfund pro Tag erhöht. Der Autoverkehr ist in dem von der City-Maut einbezogenen Bereich um 30 % zurückgegangen.

2.4 Internationalisierung

Der Einzelhandel kann in Europa eher als Local Business bezeichnet werden. In den letzten Jahren wurde der europäische Einzelhandelsmarkt allerdings durch eine zunehmende Internationalisierung bzw. Globalisierung geprägt. Zu den Vorreitern dieser Entwicklung zählen insbesondere britische, französische und niederländische Händler aus dem Food-Bereich. In Deutschland steht bei der Analyse der ins Ausland expandierenden Unternehmen die METRO-Gruppe mit den Linien Metro Cash & Carry, Real, Praktiker sowie Media Markt/Saturn an erster Stelle. Besonders deutlich zeigte sich die Internationalisierung des Einzelhandels in den mittel- und osteuropäischen Reformstaaten wie Polen, Ungarn und Tschechien.

Vom Local zum Global Business

Neben Wachstumsgrenzen in den Heimatmärkten zählen u. a. eine zunehmende Rechtssicherheit und die Annäherung der Verbrauchergewohnheiten zu den Gründen einer zunehmenden Internationalisierung. Die Transnationalisierung großer Einzelhandelskonzerne wird sich in den nächsten Jahren voraussichtlich noch beschleunigen. Die Top-Player des Einzelhandels versuchen hierbei mit ihren jeweiligen Kernkompetenzen auch in andere Märkte einzudringen und dort Marktpositionen zu besetzen.

Internationales Wachstum

Gründe für eine zunehmende Internationalisierung sind auch Wachstumsaussichten in anderen Ländern. Mit Ausnahme von Deutschland, Italien und den Niederlanden zeigte sich im Jahr 2004 in allen EU-Mitgliedstaaten ein Anstieg des nominalen Einzelhandelsumsatzes. Ein deutliches nominales Umsatzwachstum zeigte sich dabei insbesondere im Baltikum, Polen und Ungarn. Zu beachten sind hierbei allerdings unterschiedliche Ausgangsniveaus sowie die jeweilige Inflation in einigen Ländern.

Anlaufschwierigkeiten beim Eintritt in neue Märkte sind die Regel. Am einfachsten ist eine Internationalisierung sicherlich für Handelsunternehmen, die über international einsetzbare Handelskonzepte verfügen. Ein Beispiel zeigt sich hier mit der C&C-Schiene von Metro. Aber nicht immer sind die Handelskonzepte durch eine einfache Multiplikation auch in anderen Ländern einsetzbar. Zu berücksichtigen sind die jeweiligen regionalen Gegebenheiten, wie z. B. Einkommen, Bevölkerungsstruktur und Konsumgewohnheiten.

Durch die Internationalisierung der großen Handelssysteme wird sich der Konzentrationsprozess erhöhen. In Ländern, die bereits über eine hohe Flächenausstattung verfügen, wird sich durch eine passive Internationalisierung neuer Marktteilnehmer eine zunehmende Herausforderung einstellen.

3. Anlagekriterien

3.1 Rentabilität

In Anbetracht der schwierigen Umsatzsituation im deutschen Einzelhandel und der nach wie vor steigenden Verkaufsfläche mussten im Jahr 2004 spürbare Rückgänge bei den Einzelhandelsmieten festgestellt werden. Besonders betroffen waren hiervon die Nebenlagen und Stadtteilzentren. Die Mieten in den bevorzugten innerstädtischen Lagen zeigten sich demgegenüber wieder stabiler. In den 1a-Innenstadtlagen bedeutender Großstädte zeigten sich sogar steigende Ladenmieten (vgl. Abbildung 5).

Hohe Rendite – großes Wertsteigerungspotenzial

Trotz der angespannten Marktlage zählen Einzelhandelsimmobilien zu den vergleichsweise attraktiven Anlageobjekten. So verfügen Handelsimmobilien über eine relativ hohe Rendite. Dies resultiert insbesondere aus dem überdurchschnittlichen Mietniveau, das sich nicht zuletzt aus einer kombinierten Fix-Umsatz-Miete ergeben kann. Handelsimmobilien verfügen des Weiteren über ein erhebliches Wertsteigerungspotenzial im Rahmen von Mietpreissteigerungen, die beispielsweise durch eine Kopplung an die Einzelhandelsumsätze erzielbar sind. Aber auch der Abschluss von Staffelmietverträgen sichert einen kontinuierlichen Anstieg der Mieteinnahmen und damit eine Wertsteigerung der Immobilie. Gemessen am Deutschen Immobilien Index erzielten die Einzelhandelsimmobilien im Jahr 2004 eine durchschnittliche Rendite von 6,1 %.

Eine besondere Nachfrage genießen Einzelhandelsimmobilien in 1a-Lagen der Innenstädte mit bonitätsstarken Mietern. In Anbetracht eines geringen Angebotes halten sich die Spitzenrenditen für diese Top-Objekte auf einem relativ stabilen Niveau.

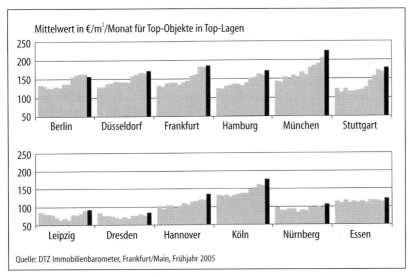

Abb. 5: Miete für Ladenflächen in Deutschland (1993–2005)

Angesichts hoher Leerstandszahlen bei Büroimmobilien zeigt sich mit Einzelhandelsimmobilien eine attraktive Anlagemöglichkeit. Insbesondere Shopping-Center sind hierbei für institutionelle Investoren als eine attraktive Alternative auszumachen. Qualitativ hochwertige Einzelhandelsimmobilien in guten Lagen gelten im Vergleich zu Büroimmobilien als weniger konjunkturanfällig und vergleichsweise renditestark. **Leerstand**

Zu beachten ist allerdings das höhere Risiko durch Erosionserscheinungen. Nicht selten ist bei Einzelhandelsimmobilien bereits nach 10 bis 15 Jahren mit der Notwendigkeit einer Revitalisierung zu rechnen. Die Gründe hierfür liegen neben einer baulich bzw. technisch hervorgerufenen Erosion insbesondere in einer wirtschaftlich bedingten Erosion. Marktveränderungen, Entstehung attraktiver Konkurrenzobjekte, Veränderungen in der Verbraucherstruktur und dem Verbraucherverhalten und ein Wandel der Ladenkonzeption und Ladengestaltung begünstigen diese wirtschaftlich bedingten Erosionen. Zudem zeigt sich eine Verkürzung der Lebenszyklen im Handel. Erforderlich ist die Berücksichtigung einer entsprechenden Instandhaltungsrücklage, um bei Bedarf die veralteten Handelsimmobilien an die veränderten Marktverhältnisse im Rahmen einer Revitalisierung anpassen zu können. Die Berücksichtigung einer hohen Flexibilität bzw. Drittverwendungsfähigkeit der Flächen ist angesichts des erheblichen Wandels im Handel zu empfehlen. Nicht selten werden Handelsimmobilien allerdings speziell auf die Nutzer abgestimmt konzipiert. Eine Umnutzung ist im Regelfall mit erheblichen Nachinvestitionen verbunden. **Erosion**

Bei Mietverträgen mit Umsatzmieten ist der geschäftliche Erfolg des Händlers auch ausschlaggebend für den geschäftlichen Erfolg des Eigentümers der Immobilie. Umsatzrückgänge können so die Rendite des Investors beeinträchtigen. Die Bonität und Managementfähigkeit der Mieter/Nutzer ist daher von be-

Investitionen aus dem Ausland

sonderer Relevanz. Umsatzmeldungen des Mieters in kurzen Zeitabständen und ein enger persönlicher Kontakt zum Mieter können das Risiko mindern.

Auf den deutschen Immobilienmärkten ist derzeit ein zunehmendes Interesse ausländischer Investoren feststellbar. Unter Nutzung der vergleichsweise niedrigen deutschen Immobilienpreise und durch ein zeitgemäßes Risiko- und Finanzmanagement erwarten diese Investoren eine Aufwertung der Immobilien. In Anbetracht der derzeitigen Verfassung des deutschen Immobilienmarktes ist auch in nächster Zeit mit fallenden Preisen und steigenden Nettoanfangsrenditen zu rechnen.

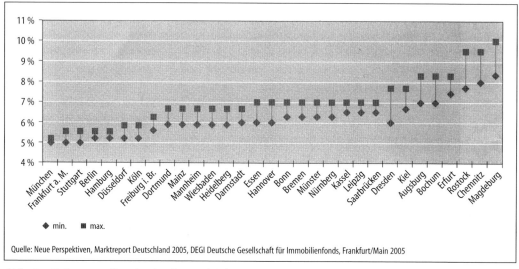

Abb. 6: Spitzenrenditen im Städtevergleich

3.2 Managementimmobilie

Handelsimmobilien zählen zu den sensiblen Managementimmobilien. Dies trifft insbesondere für Shopping-Center zu, in denen verschiedene Einzelhandelsbetriebe auch in Kombination mit Freizeit-, Dienstleistungs- und Gastronomiebetrieben im Verbund auftreten. Zahlreiche unterschiedliche Mieter/Nutzer, die Vermietung im Rahmen eines festgelegten Mietermixes und die ständige Ausrichtung auf Marktveränderungen sind Beispiele der vielfältigen Managementaufgaben.

Differenzierung

Handelsimmobilien können grundsätzlich in die wohnsitzorientierten (Nachbarschaftsladen, Supermarkt etc.), die passantenorientierten (Fach- und Spezialgeschäfte, Kaufhäuser etc.) und die verkehrsorientierten Einzelhandelsbetriebe (Fachmärkte, SB-Warenhäuser, Verbrauchermärkte) differenziert werden. Diese Einteilung ist allerdings nur als grober Richtwert zu verstehen. Oft ist eine exakte Trennung nicht möglich. So gibt es beispielsweise durchaus auch Betriebe, die sowohl in passantenorientierten wie auch in verkehrsorientierten Lagen erfolgreich sein können.

3.3 Standortqualität

Unter dem Standort ist die geographische Basis der Leistungserstellung zu verstehen. Die Standortentscheidung ist für einen Handelsbetrieb eine strategische Entscheidung. Vor der Entwicklung, Revitalisierung oder dem Kauf einer Handelsimmobilie sollte eine Markt- und Standortanalyse durchgeführt werden. Auch heute noch werden mitunter Millionenbeträge investiert, ohne dass die Investition durch ein professionelles Markt- und Standortgutachten überprüft wurde.

Einzugsgebiet

Im Rahmen dieser Analyse werden die jeweils relevanten Erfolgsfaktoren einer Handelsimmobilie untersucht. Zu ermitteln ist in diesem Zusammenhang u. a. das Einzugsgebiet. Es umfasst das Gebiet der potenziellen bzw. aktuellen Kunden eines Einzelhandelsbetriebes. Beeinflusst wird die Ausprägung eines Einzugsgebietes von einer Reihe exogener (Wettbewerbsumfeld, Konsumentenverhalten, Pendlerbeziehungen, infrastrukturelles Netz etc.) wie auch endogener Faktoren (Verkaufsflächengröße, Verkehrsanbindung, Einkaufsatmosphäre, Angebotstiefe und -breite, Profilierung etc.). Nach der Ermittlung des Einzugsgebietes sind die relevanten Makro- und Mikrostandortfaktoren zu untersuchen und zu bewerten.

Wettbewerbssituation

Eine Schlüsselgröße zur Ermittlung des Einzugsgebietes und zur Beurteilung des nachhaltigen Erfolgs einer Handelsimmobilie bilden Informationen über die bestehende und künftig zu erwartende Wettbewerbssituation im Marktgebiet. Der Standortfaktor Konkurrenz wirkt dabei standortpolitisch in zwei Richtungen. Positive Effekte ergeben sich, wenn eine Absatzagglomeration vorliegt, die zu einer Erhöhung sowohl des betriebsindividuellen wie auch des Gruppenumsatzpotenzials führt. Durch eine räumliche Konzentration ergänzender und teilweise miteinander im Wettbewerb stehender Betriebe auf engstem Raum wird hierbei eine besonders kundenanziehende Wirkung erzielt (positiver Agglomerationseffekt). Ist demgegenüber das Gruppenumsatzpotenzial als konstant einzustufen, so nehmen mit einer steigenden Konkurrenzsituation die betriebsindividuellen Umsatzpotenziale ab. In diesem Zusammenhang wird die Absatzagglomeration zu einem negativen Standortfaktor (negativer Agglomerationseffekt). Klassisches Beispiel bilden Anbieter von Waren des täglichen Bedarfs. Sie vermeiden die Nähe von strukturell gleichartigen Wettbewerbern, d. h. sie neigen zur Konkurrenzevitation.

Kriterien für Gutachten

Liegt ein Markt- und Standortgutachten vor, so sind u. a. kritisch folgende Aspekte zu prüfen:

- Welches Institut/welcher Analytiker hat die Analyse vorgenommen?
- Über welche spezifischen Erfahrungen verfügt dieses Institut?
- Wie lautete die konkrete Aufgabenstellung für die Durchführung dieser Untersuchung?
- Welche markt- und standortspezifischen Faktoren wurden untersucht?
- Sind die Informationen vollständig, plausibel und für die anstehende Fragestellung als geeignet zu werten?
- Besteht die Gefahr, dass es sich bei der Analyse nicht um ein Gut-, sondern um ein Schlechtachten handelt?

Je größer das Investitionsvolumen und je komplexer das Vorhaben zu bewerten ist, desto mehr empfiehlt es sich, ergänzend zu einem derartigen Gutachten ein zweites, möglicherweise auch ein drittes Gutachten in Auftrag zu geben.

3.4 Erfolgskriterien

Zu den Erfolgskriterien einer Handelsimmobilien zählen u. a.:

- Stimmigkeit zu den übergeordneten Trends im Einzelhandel,
- Durchführung von Marktforschung (Markt- und Standortanalysen, Objekt-/Projektanalysen),
- Bevölkerungspotenzial im Einzugsgebiet (Bevölkerungsdichte, Bevölkerungsprognose etc.),
- Haushaltspotenzial im Einzugsgebiet,
- Kaufkraftniveau und Kaufkraftpotenzial im Einzugsgebiet,
- ökonomische Rahmenbedingungen,
- Wettbewerbssituation (bestehende und geplante Wettbewerber im Marktgebiet),
- Erreichbarkeit des Standortes (Individualverkehr/ÖPNV-Anbindung),
- Frequenzen (Fußgängerfrequenzen/Pkw-Frequenzen),
- Lagequalität (Objektumfeld/Einzelhandelsstruktur),
- Einsehbarkeit,
- Architektur/äußeres Erscheinungsbild,
- Einkaufsatmosphäre/Design,
- Kundenlauf,
- Ladengestaltung (Zuschnitt/Helligkeit/Stützenstellung etc.),
- Ver- und Entsorgung,
- Qualität der Haustechnik,
- Parkierungsflächen/Parksituation (Dimensionierung/ vertikale Erschließung/Qualität),
- Mieter-/Branchenmix (Stimmigkeit mit dem Standort/Konzept),
- Qualität Management/Marketing,
- Qualität der Mietverträge,
- Flexibilität/Drittverwendungsfähigkeit etc.

Vor dem Kauf, der Entwicklung oder der Beleihung einer Handelsimmobilie steht die Prüfung der folgenden relevanten Faktoren und Erfolgskriterien.

Projektidee und Profilierung

Wir befinden uns in einem Mietermarkt. Das Handelsumfeld ist durch weitgehende Sättigungserscheinungen und einen erheblichen Wettbewerbsdruck geprägt. Die Qualität der Projektidee und die Profilierung des Vorhabens sind daher von besonderer Bedeutung.

Ein wichtiges Prüfkriterium besteht in der Frage nach der Qualität des Initiators. Hierbei geht es um Fragen nach der Professionalität, Seriosität und Bonität des Initiators. Eine Analyse der vom Initiator bereits realisierten Objekte gibt hier eine Informationsbasis. **Projektinitiator**

Im Rahmen einer Markt- und Standortanalyse sind die relevanten Parameter des Makro- und Mikrostandortes zu analysieren und in Bezug auf das Vorhaben zu werten. **Standort**

Die Analyse des bestehenden bzw. geplanten Nutzungskonzeptes ist von besonderer Bedeutung. Das Nutzungskonzept muss hierbei vor dem Hintergrund des jeweiligen Standortes betrachtet werden. Bezüglich des Nutzungskonzeptes sind u. a. folgende Kriterien einer Prüfung zu unterziehen: **Nutzungskonzept**

- Ist das Vorhaben adäquat zu erreichen (Anbindung Individualverkehr, Anbindung öffentlicher Verkehr, fußläufige Erreichbarkeit, Anbindung an ruhenden Verkehr)?
- Wie ist die Dimensionierung des Vorhabens zu beurteilen (Wird eine kritische Masse erreicht? Ist das Vorhaben als tragfähig einzustufen?)
- Wie ist der Mietermix zu bewerten? (Sind in dem Mix auch kundenanziehende Magnetbetriebe enthalten? Wird mit dem Mix die gewünschte Gesamtattraktivität erreicht? Passt der Mix zum Standort und zu den Erwartungen der Verbraucher im Einzugsgebiet? Wurde die Wettbewerbssituation im Marktgebiet beachtet?)
- Ist das gewählte Angebotsniveau stimmig? (Passt es zu den Verhältnissen im Einzugsgebiet?)
- Entspricht die Funktion der Gesamtanlage, insbesondere die Ausrichtung auf einen so genannten vorprogrammierten Kundenstrom, den neuesten Erkenntnissen?
- Entsprechen die äußere und innere architektonische Gestaltung und das Design dem Anspruchsniveau der Nachfrager?
- Ist die technische Konstruktion als flexibel zu bezeichnen? (Ist es möglich, Flächen ohne großen Aufwand umzufunktionieren bzw. umzuwidmen?)
- Sind die Flächenberechnungen plausibel?
- Stehen die einzelnen Nutzungsarten wie Verkaufsflächen, Geschäftsflächen, Verkehrsflächen, Parkierungsflächen etc. in einem gesunden Verhältnis zueinander?
- Sind die rechtlichen Auflagen erfüllt worden (z. B. die Kfz-Stellplatzverordnung)?

Vor Abschluss der Mietverträge ist die Qualität der Mieter zu analysieren. Neben der Professionalität und Erfahrung ist hierbei auch die Seriosität und Bonität zu prüfen. Handelt es sich bei dem Vorhaben um ein Shopping-Center ist auch die Kooperationsbereitschaft zu checken. **Mieter/Nutzer**

Prüfung der Verträge

Zu prüfen sind auch die relevanten Verträge. Die Erträge aus den Mietverhältnissen stellen die zentrale Einnahmequelle einer Immobilieninvestition dar. Die Überprüfung der Mietverträge ist daher von besonderer Bedeutung. Folgende Prüfkriterien sollten u. a. erfasst werden:

- Handelt es sich bei den bereits abgeschlossenen Mietverträgen um echte/seriöse Abschlüsse oder um sogenannte Scheinverträge?
- Sind die vereinbarten Mietpreise bzw. die kalkulierten Mietpreise bei noch nicht abgeschlossenen Mietverträgen als marktüblich und auch nachhaltig anzusehen?
- Sind Mietgarantien abgegeben worden und wenn ja, für welchen Zeitraum und mit welcher Absicherung?
- Mit welcher Reduzierung des Mietpreises ist nach Ablauf einer Mietgarantiezeit zu rechnen?
- Welche Wertsicherungsklauseln sind in den Mietverträgen vereinbart worden?
- Besteht eine Umsatzmietvereinbarung? Ist die Vereinbarung angemessen?
- Gibt es eine Vereinbarung über Optionen? Wie sind diese Optionsmöglichkeiten zu werten?
- Wie hoch ist der Vermietungsstand zum Zeitpunkt der Prüfung des Vorhabens? Sind schon Verträge mit Magnetbetrieben abgeschlossen worden?
- Welche Mietflächen sind in der vermieteten Quote enthalten, die problemlosen oder die problembehafteten?
- Wurden in den abgeschlossenen Mietverträgen objektspezifische Besonderheiten wie beispielsweise Betreibungspflicht, Offenhaltungspflicht, Sortimentsbestimmung, Konkurrenzschutz, Beitrittspflicht zur Werbegemeinschaft, Festlegung des Werbekostenbeitrages und Öffnungszeitenregelung berücksichtigt?

Management

Handelt es sich bei der Investition um ein Shopping-Center, ist regelmäßig das Vorhandensein eines Managements erforderlich. Zu prüfen ist in diesem Zusammenhang die Professionalität und die Erfahrung des Center-Managements. Zu klären sind auch die Kosten für das Center-Management und der Träger dieser Kosten.

Grundstückssicherung

Ist der Initiator noch nicht Eigentümer eines Grundstücks, so ist zu überprüfen, ob der Ankauf des Grundstückes als gesichert anzusehen ist. Zu berücksichtigen ist hierbei auch, welche Rücktrittsmöglichkeiten der Eigentümer besitzt, wenn beispielsweise keine Baugenehmigung erteilt wird oder die beabsichtigte Rentabilität des Projektes nicht erreicht wird. Noch günstiger ist es, sich einen Rücktritt einräumen zu lassen, ohne hierbei Gründe angeben zu müssen.

Aufwendungen für Bauleistungen

Zu prüfen sind die Angebote und Verträge bezüglich der Erstellung der Bauleistungen. Neben der Angabe der Festpreise ist auch die Plausibilität der Kosten zu prüfen. Zu prüfen sind in diesem Zusammenhang auch die angegebenen Festtermine. Zu beachten ist in diesem Zusammenhang ferner auch die Professionalität und Seriosität des Bauunternehmens bzw. Generalunternehmens.

Analyse der Wirtschaftlichkeit

Auf der Basis eines detaillierten Nutzungskonzeptes lässt sich die Gesamtinvestition eines Vorhabens ermitteln. Zu prüfen ist hierbei u. a., ob alle Investitionskosten berücksichtigt wurden. Auch ist die Angemessenheit und Plausibilität der Kostenansätze zu untersuchen. Zu beachten ist auch eine Kostenposition für Unvorhergesehenes. Neben den Kosten sind die voraussichtlichen und nachhaltig erzielbaren Erträge zu ermitteln. Auf dieser Basis sind Aussagen über die Wirtschaftlichkeit und Rentabilität des Vorhabens möglich.

Wiederverkauf/ Drittverwendung

Die Frage nach der Wiederverkäuflichkeit und einer eventuellen Drittverwendungsfähigkeit ist nicht nur für den Eigentümer einer Immobilie, sondern unter Umständen auch für das beleihende Kreditinstitut von Relevanz. In diesem Zusammenhang ist die Substanz der Immobilie, die Bedeutung des Standortes (national bzw. international), das gesamte Investitionsvolumen, die Flexibilität der Bausubstanz etc. zu prüfen.

4. Darstellung ausgewählter Betriebstypen

Anforderungskriterien

Die Verschiedenartigkeit der Betriebsformen und Betriebstypen im Handelsbereich wirkt sich auf zahlreiche Faktoren der Handelsimmobilien aus. Je nach Art differieren die Anforderungskriterien beispielsweise bezüglich:

- der Wahl des Standortes,
- der erforderlichen Verkaufsflächendimensionierung,
- des Flächenzuschnitts,
- der Erfordernisse für Lager-, Service- und Sozialflächen,
- der Passantenfrequenz,
- der notwendigen Anzahl von Parkierungsflächen,
- der Anbindung an das Straßennetz,
- der Anbindung an das Netz des öffentlichen Personennahverkehrs,
- der noch zu erwirtschaftenden Mieten/Nebenkosten,
- der erforderlichen Außendarstellung (Schaufenster).

Dabei können sich diese Anforderungskriterien im Zeitablauf durch beispielsweise neue Verbrauchertrends ändern. Eine ständige Erforschung des Marktes kann hier frühzeitig auf sich veränderte Trends aufmerksam machen.

Betriebsformendifferenzierung

In der deutschen Handelsgeschichte zeigt sich eine deutliche Betriebsformendifferenzierung. Wurde das Handelsprofil 1950 weitgehend durch klassische Fachgeschäfte, Waren- und Kaufhäuser sowie den Versandhandel geprägt, so zeigt sich heute ein sehr differenziertes Betriebsformenportfolio. Hinzugekommen sind beispielsweise SB-Warenhäuser, Verbrauchermärkte, Discounter, Convenience Stores, Fachmärkte, Outlet Stores sowie Offprice Stores, um nur einige zu nennen. Ergänzt wurde das Spektrum zudem durch neue Formen wie Home-/Teleshopping und die verschiedenen Ausprägungen des E-Commerce.

Anteils- In den letzten Jahren haben sich bei den Betriebstypen deutliche Anteilsver-
verschiebungen schiebungen ergeben. Während 1980 der Anteil der traditionellen Fach- und
Spezialgeschäfte noch bei über 50 % lag, bewegt sich dieser Anteil gegenwärtig zwischen 20 und 30 %.

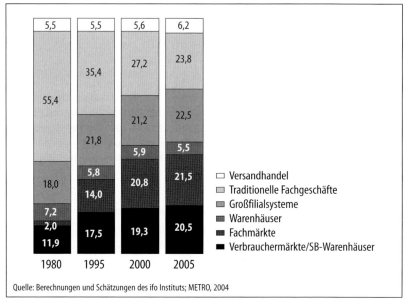

Abb. 7: Angebotstypen im Einzelhandel, Marktanteile in Deutschland

Zu den Gewinnern zählen die preisorientierten Betriebstypen. So erhöhte sich der Anteil der diskontorientierten Vermarktungstypen (Lebensmittel-Discounter, preisaggressive SB-Warenhäuser, Verbrauchermärkte, Drogeriemärkte, Fachmärkte und Non-Food-Fachdiskontgeschäfte) von 43 % im Jahr 1995 auf 50 % im Jahr 2004. Die Preisorientierung der Konsumenten wird auch in Zukunft die Bedeutung der transaktionssparenden, nach dem Prinzip der Kosten- und Preisführerschaft agierenden und expansiven Betriebsformen, stärken.

Klare Profilierung Eine klare Profilierung ist für den nachhaltigen Erfolg der Betriebstypen von erheblicher Relevanz. Akzeptanzverluste und Ergebnisprobleme zeigen sich insbesondere bei Betriebstypen, die ihre klare Positionierung nicht mehr beibehalten oder umsetzen konnten. Vor allem Warenhäuser aber auch SB-Warenhäuser sowie zahlreiche Fachhandelsbetriebe sind in die kritische Mitte des Marktprofils geraten, d. h. sie konnten den Konsumenten weder die Dominanz des Leistungsprofils noch die Dominanz des Kostenprofils verdeutlichen. Betriebe und Standortlagen in der kritischen Mitte haben eine strategische Lücke in ihrer Leistung, sind nicht profiliert genug und verlieren damit zunehmend an Marktbedeutung. Nachfolgend werden die wichtigsten Betriebsformen des Handels in kurzer Form dargestellt.

4.1 Fach- und Spezialgeschäfte

Die kleinste, aber zahlenmäßig am häufigsten vertretene Betriebsform des Einzelhandels sind die Fach- und Spezialgeschäfte. Gewachsene Stadtteil- und Stadtteilzentren sowie Shopping-Center zählen zu den Standorten dieser Betriebsform.

Sortiment

Fachgeschäfte werden im Katalog E des Instituts für Handelsforschung an der Universität zu Köln als Einzelhandelsbetriebe definiert, die ein branchenspezifisches oder bedarfsgruppenorientiertes Sortiment in großer Auswahl sowie in unterschiedlichen Qualitäten und Preislagen anbieten. Ergänzt wird das Angebot durch Dienstleistungen wie beispielsweise Kundendienst oder Montageservice. Die Kundenberatung erfolgt regelmäßig durch geschultes fachkundiges Personal. Spezialgeschäfte bieten demgegenüber lediglich einen Ausschnitt des Sortiments eines Fachgeschäftes, allerdings mit einer tieferen Gliederung. Charakteristisch sind Sortimente, die besonders hohen Auswahlansprüchen genügen. Neben einem Service und einer fachgerechten Beratung werden ergänzende Dienstleistungen angeboten.

Marktanteil

Die Bedeutung und der Marktanteil der traditionellen Fach- und Spezialgeschäfte sind deutlich rückläufig. Ausschlaggebend für diesen doch erheblichen Aderlass sind Standortprobleme, Betriebsgrößenprobleme, Leistungsprofilprobleme, eine mangelnde Bereitschaft sich in Kooperationssysteme angemessen einzubinden sowie auch Führungs-, Nachwuchs- und Nachfolgeprobleme in den Betrieben.

4.2 Fachmärkte

Begriff

Unter einem Fachmarkt versteht man einen großflächigen meist ebenerdigen Einzelhandelsbetrieb, der ein breites und oft auch tiefes Sortiment aus einem Warenbereich, einem Bedarfsbereich oder einem Zielgruppenbereich anbietet. Fachmärkte sind in nahezu allen Einzelhandelsbranchen vertreten. Hierunter können Baumärkte, Garten-Center, Drogeriemärkte, Fachmärkte für Autoteile, Bekleidungsfachmärkte, Zweiradfachmärkte, Sportfachmärkte, Schuhfachmärkte angeführt werden.

Standort

Seit den 80er Jahren gehören insbesondere die preisaggressiven Betriebstypen wie Fachmärkte zu den Gewinnern im Kampf um die Konsumentengunst. Die Standorte sind verkehrsgünstig gelegen und werden so gewählt, dass ausreichende Parkmöglichkeiten vorhanden sind. Neben Standorten an der Peripherie der Städte bzw. an Ein-/Ausfallstraßen sind sie auch in Fachmarktzentren situiert. Aber auch in der Innenstadt und in klassischen Shopping-Centern sind Fachmärkte vertreten. In Shopping-Centern fungieren stark frequentierte Fachmärkte auch als Magnetbetriebe.

Angebot

Die Waren werden in Fachmärkten gut gegliedert und übersichtlich, jedoch nicht zu aufwändig präsentiert, wobei für den Kunden die Möglichkeit zur Vorwahl und Selbstbedienung besteht. Die Preispolitik ist sehr differenziert, jedoch überwiegend discount-orientiert ausgerichtet. Sonderangebote und Aktionen werden permanent und mit einem hohen werblichen Aufwand durchgeführt. Die Flächengrößen der Fachmärkte variieren je nach Art und Betreiber.

Während die Bandbreite der Betriebsgröße eines Drogeriemarktes zwischen 250 und 350 m² Verkaufsfläche liegt, können für Baumärkte Verkaufsflächen von bis zu 20.000 m² erreicht werden.

Flächen-produktivität

Die Flächenproduktivität, also der Umsatz je Quadratmeter Verkaufsfläche und Jahr, liegt in Deutschland im Elektro- und Computerbereich bei 3.100–4.500 Euro, im Spielwarenbereich zwischen 3.050 und 3.600 Euro und im Baumarktbereich zwischen 1.600–2.400 Euro. Die Flächenumsätze liegen teilweise deutlich unter denen der Einzelhandelsfachgeschäfte. Diesen geringeren Umsätzen steht jedoch ein deutlich niedrigerer Personal- und Mietaufwand gegenüber.

Aus der Sicht der Investoren werfen Fachmärkte regelmäßig eine sehr gute Rendite ab. Verantwortlich sind hierfür die vergleichsweise geringen Grundstücks-/Investitionskosten. Die Vereinbarung einer Umsatzmiete in Verbindung mit einer Grundmiete bietet darüber die Chance einer weiteren Wertentwicklung.

4.3 Warenhäuser und Kaufhäuser

Angebotspalette

Warenhäuser zählen zu den großflächigen Einzelhandelsbetrieben. Sie bieten, meist auf mehreren Etagen, ein breites und überwiegend tiefes Warensortiment aus zahlreichen Branchen in einem so genannten Vollsortiment an. Das Sortiment umfasst insbesondere die Warengruppen Bekleidung, Schuhe, Sportartikel, Kosmetik, Drogeriewaren, Schmuck, Unterhaltungselektronik, Spielwaren, Hausrat/Glas/Porzellan, Möbel und Einrichtung. Lebensmittelabteilungen, Dienstleistungsbetriebe (Reisebüros/Friseur etc.) sowie gastronomische Angebote runden die Angebotspalette ab. Die Verkaufsmethode reicht von der Bedienung über das Vorwahlsystem bis hin zur Selbstbedienung (beispielsweise in den Lebensmittelabteilungen). Nach der amtlichen Statistik ist eine Verkaufsfläche von mindestens 3.000 m² erforderlich. Zu den bevorzugten Standorten der Warenhäuser zählen die Fußgängerzonen der Innenstädte. Aber auch in größer dimensionierten Shopping-Centern fungieren Warenhäuser oft als Magnetbetriebe (Anchor Tenants).

Marktanteil

In den zurückliegenden Jahren haben die Warenhauskonzerne zu spät auf veränderte Marktverhältnisse reagiert. In den 80er Jahren ging der Marktanteil, gemessen am gesamten deutschen Einzelhandelsumsatz, deutlich zurück. Durch Umgestaltungen und Revitalisierungen vieler Warenhäuser pendelte sich der Marktanteil in den 90er Jahren zwischen 5,5 und 6 % ein. Trotz diverser Umgestaltungen besteht für die Warenhäuser, wie auch für eine Reihe weiterer Betriebstypen des Einzelhandels, das Risiko, weiter Akzeptanz und Profil beim Verbraucher zu verlieren. Wird die Leistungsidentität nicht klar genug definiert bzw. profiliert, so besteht die Gefahr, in die strategische Lücke zu geraten.

Zu sehen ist diese Entwicklung deutlich beim angeschlagenen KarstadtQuelle-Konzern. In Anbetracht eines negativen Umsatzverlaufs der kleineren Warenhäuser hat sich Karstadt von 77 Betrieben getrennt. Die 89 größeren Warenhäuser sollen revitalisiert und in den Kernbereichen Mode, Parfümerie, Freizeit und Medien gestärkt werden.

Kaufhäuser

Auch die Kaufhäuser zählen zu den Großbetrieben des stationären Einzelhandels. Angeboten werden überwiegend Waren einer oder mehrerer Branchen, wobei wenigstens aus einer Branche eine tiefe Gliederung vorliegen muss. Am stärksten vertreten sind Kaufhäuser aus den Bereichen Textilien, Bekleidung sowie verwandten Bedarfseinrichtungen.

Der wesentliche Unterschied zwischen Kauf- und Warenhäusern besteht in der Struktur ihres Sortiments. Während Kaufhäuser grundsätzlich durch ein enges und verhältnismäßig tiefes Sortiment gekennzeichnet sind, zeigen Warenhäuser ein sehr breites und zugleich tiefes Sortiment.

Die Standortpolitik der Kaufhäuser ist vergleichbar mit den Standortpräferenzen der Warenhäuser. Neben hochzentralen städtischen Lagen sind Kaufhäuser auch in Shopping-Centern situiert. Kaufhäuser können ihre Waren über mehrere Geschosse anbieten.

4.4 Discountmärkte

Eine sehr preisaggressive Betriebsform zeigt sich mit den Discountmärkten. Sie bieten ein enges und auf einen raschen Umschlag ausgerichtetes Warensortiment zu niedrig kalkulierten Preisen an. Die Discount-Orientierung erfordert niedrige Betriebskosten und große artikelspezifische Einkaufsvolumina. Angesichts einer geringen Handelsspanne sind hohe Kundenfrequenzen erforderlich. Zur Generierung der erforderlichen Frequenzen wird eine aggressive Preispolitik, d. h. eine permanente Sonderangebotsstrategie, angewendet. Die schnelldrehenden Lebensmittelsortimente bieten eine Plattform für den Vertrieb ständig wechselnder Non-Food-Artikel. Durch diesen praktisch wöchentlichen Austausch des Non-Food-Sortiments sollen immer wieder Impulse für den Konsumenten für den Besuch der Läden gesetzt werden.

Hard- und Soft-Discounter

Mit den Hard-Discountern und den Soft-Discountern unterscheidet man zwei Ausprägungsformen. Bei den Hard-Discountern liegt der Angebotsschwerpunkt auf Eigenmarken (z. B. Aldi). Das Kernsortiment umfasst ca. 500 bis 1.000 Artikel. In Ergänzung des Lebensmittelangebotes werden zunehmend Waren aus dem Bekleidungs-, Hausrats-, Elektro- und Unterhaltungselektronikbereich angeboten. Die Soft-Discounter bieten mit 2.000 bis 2.500 Artikeln ein erweitertes Sortiment an. Der Sortimentsschwerpunkt liegt auf Markenartikeln (z. B. Plus).

Ausstattung und Standort

Die Ladenausstattung und Warenpräsentation eines Discountmarktes ist sehr einfach gehalten. Lagerflächen sind nur in einem sehr begrenzten Umfang vorhanden. Die Waren werden vielmehr zu einem Großteil direkt im Verkaufsraum gelagert. Bevorzugt werden eingeschossige Bauten und rechteckige Grundrisse. Die Gebäude sind dabei standardisiert und erleichtern damit die Multiplikation. Bevorzugt werden verkehrsgünstige und kostengünstige Standorte mit ausreichenden ebenerdigen Pkw-Stellplätzen. Die Discounter sind dabei Standortgeneralisten. Sie befinden sich sowohl in Wohngebieten, in Stadtteilzentren, an Aus-/Einfallstraßen, in Innenstädten sowie in Shopping-Centern und Fachmarktzentren. Auch ein Standortverbund mit Supermärkten oder Verbrauchermärkten kann infolge unterschiedlicher Sortimentsschwerpunkte und einer preislichen Differenzierung Synergieeffekte schaffen. Die räumlichen Absatzreichweiten sind gering. Die akzeptierten Pkw-Fahrzeiten reichen zumeist nur bis acht Minuten.

Flächen-produktivität Die Flächendimensionen von Discountmärkten sind unterschiedlich, bewegen sich aber zumeist in einer Bandbreite zwischen 400 und 1.200 m² Verkaufsfläche. Die Flächenproduktivität, also der Umsatz je Quadratmeter Verkaufsfläche und Jahr, liegt zwischen 3.100 und 11.000 Euro. Die Mieten sind zwischen 6,50 und 12,00 Euro je m² und Monat angesiedelt. Für besonders attraktive Standorte oder auch strategische Standorte werden mitunter auch deutlich höhere Mieten akzeptiert.

Discounter zählen zu den erfolgreichsten Betriebstypen im deutschen Einzelhandel. Auch für die Zukunft wird ein wenn auch sich langsam abschwächendes Wachstum prognostiziert. Durch die konsequente Ausrichtung auf eine Niedrigpreispolitik besitzen die Discounter eine absolute Kostenführerschaft. Besondere Bedeutung und ein klares Profil und Positionierung besitzen die Hard-Discounter Aldi und Lidl. Mitunter spricht man bereits von einer Aldisierung. Der Erfolg der Discounter basiert zum einen auf der erheblichen Preissensibilität der Konsumenten. Der neue Geiz der Verbraucher wird auch durch massiven Werbeaufwand angeheizt. Aber auch das positive Image und die Angebotsqualität vieler Discounter ist für die positive Entwicklung dieses Betriebstyps verantwortlich. Darüber hinaus ist ein geändertes Konsumentenverhalten für den Erfolg der Discounter ausschlaggebend. Der hybride Konsument kauft dabei einmal teuer, z. B. beim Fachgeschäft, und ein andermal billig beim Discounter ein. Der Spruch „mit dem Porsche zu Aldi" veranschaulicht dieses gewandelte Konsumentenverhalten.

4.5 SB-Warenhäuser

Das Selbstbedienungswarenhaus (SB-Warenhaus) gehört zu den großflächigen Einzelhandelsbetrieben. Nach internationalen Vereinbarungen liegt die Verkaufsfläche bei mindestens 5.000 m². Zum Großteil handelt es sich um ebenerdige Flachbauten in einfacher Industriebauweise mit meist einer Verkaufsebene.

Sortiment SB-Warenhäuser bieten ein umfassendes Sortiment des kurz-, mittel- und langfristigen Bedarfs. Der Sortimentsschwerpunkt liegt bei Lebensmitteln. Angeboten werden etwa 33.000 bis 63.000 verschiedene Artikel. Mit steigender Verkaufsfläche erhöht sich regelmäßig der Non-Food-Anteil. Konzessionäre (Bäcker, Metzger, Blumen, Uhren/Schmuck, Tabak/Zeitschriften etc.), Restaurants, Dienstleistungsbetriebe (Reisebüro, Reinigung, Autoservice etc.) sowie Tankstellen runden oft das Angebot der SB-Warenhäuser ab.

Die Waren werden überwiegend in Selbstbedienung ohne einen kostenintensiven Kundendienst mit einer hohen Werbeaktivität angeboten. SB-Warenhäuser zählen zu den preisaggressiven Betriebstypen, wobei die Waren in Dauerniedrigpreispolitik oder Sonderangebotspolitik angeboten werden.

Standort Der Standort eines SB-Warenhauses ist grundsätzlich verkehrsgünstig gelegen. Der Kunde besucht diesen Betriebstyp überwiegend mit dem Auto (Kofferraumeinkauf), so dass ein autokundenorientierter Standort und ein ausreichendes Parkplatzangebot bei der Standortwahl von besonderer Bedeutung sind. SB-Warenhäuser sind entweder isoliert oder in gewachsenen oder geplanten Zentren (Shopping-Center, Fachmarktzentren) situiert. In den geplanten Zentren fungieren sie als Magnetbetriebe bzw. bedeutende Frequenzbringer.

Seit Mitte der 60er Jahre haben sich die SB-Warenhäuser im Einzelhandel immer stärker durchsetzen können. Derzeit gibt es in Deutschland bereits rund 700 SB-Warenhäuser mit einer Verkaufsfläche von insgesamt rund 5,35 Mio. m². Die Verkaufsflächen reichen von 5.000 m² bis hin zu 30.000 m². Zu den bedeutenden SB-Warenhausbetreibern zählen real, Kaufland, Marktkauf, Wal-Mart, toom und Globus.

4.6 Verbrauchermärkte und Kleinverbrauchermärkte

Eng verwandt mit den SB-Warenhäusern sind die Verbrauchermärkte. Sie zählen zu den großflächigen Einzelhandelsbetrieben, wobei die Verkaufsfläche nach internationalen Vereinbarungen bei mindestens 800 bis 4.999 m² liegt. Von Kleinverbrauchermärkten spricht man bei einer Verkaufsflächengröße zwischen 800 und 1.499 m². Zwischen 1.500 und 4.999 m² handelt es sich um Verbrauchermärkte.

Sortiment

Verbrauchermärkte bieten ein breites und tiefes Sortiment an Nahrungs- und Genussmitteln. Ergänzt wird das Angebot durch Ge- und Verbrauchsgüter des kurz- und mittelfristigen Bedarfs. Mit steigender Verkaufsfläche nimmt der Non-Food-Anteil regelmäßig zu. Die Waren werden überwiegend in Selbstbedienung in Dauerniedrigpreis- oder Sonderangebotspolitik angeboten. Die Standorte sind verkehrsgünstig gelegen, entweder in Alleinlage oder im Verbund (Shopping-Center, gewachsene Zentren) und verfügen über umfangreiche Kundenparkplätze. In Deutschland gibt es derzeit etwa 5.000 Kleinverbrauchermärkte und rund 2.500 Verbrauchermärkte.

4.7 Supermärkte

Ein Supermarkt bietet auf einer Verkaufsfläche von mindestens 400 m² überwiegend Nahrungs- und Genussmittel einschließlich Frischwaren wie Obst, Gemüse, Südfrüchte, Fleisch sowie ergänzend hierzu Waren des täglichen und des kurzfristigen Bedarfs, vorwiegend in Selbstbedienung an. Neben der frischen Ware besteht der Vorteil auch in einem bequemen und schnellen Einkauf.

Absatzreichweite

Die räumlichen Absatzreichweiten der Supermärkte sind gering. Die Standorte befinden sich aufgrund der Nahversorgungsfunktion dieses Betriebstyps regelmäßig in der Nähe zu Gebieten mit einer hohen Wohnbebauung. Supermärkte sind üblicherweise im Erdgeschoss angesiedelt, denen meistens ebenerdige Parkierungsflächen direkt zugeordnet sind.

Bio-Supermärkte

Eine innovative Entwicklung zeigt sich mit den Bio-Supermärkten. Die Ausstattung dieser spezialisierten Supermärkte ist im Vergleich zu den traditionellen Supermärkten höherwertiger. Die Standorte befinden sich überwiegend in 1b-Lagen. Im Mittelpunkt stehen hochwertige Lebensmittel und Naturkosmetik. Das Sortiment hat dabei einen deutlichen Schwerpunkt im Bereich der Frischeprodukte wie Obst und Gemüse.

4.8 Cash & Carry-Betriebe

Begriff Der Cash & Carry-Betrieb, der auch als Selbstbedienungsgroßhandel bezeichnet wird, ist eine Betriebsform des Großhandels. Angeboten wird ein breites Sortiment an Nahrungs- und Genussmitteln sowie Ge- und Verbrauchsgütern (Non-Food). Das Leistungsangebot steht – zumindest rechtlich – ausschließlich gewerblichen Kunden (Gastronomie, kleine Handwerksbetriebe, Dienstleistungsbetriebe etc.) und institutionellen Großverbrauchern (z. B. Krankenhäusern) zur Verfügung.

Marktführer Weltmarktführer in diesem Segment ist die Vertriebslinie Metro Cash & Carry. 1964 eröffnete in Deutschland der erste Metro Cash & Carry-Markt. Im Jahr 2004 gab es bereits 504 Märkte in 27 Ländern. Je nach Größe der Märkte reicht die Anzahl der Artikel von 14.000 bis 50.000. Der Food-Anteil liegt zwischen 70 und 90 %.

Cash & Carry-Betriebe praktizieren die Niedrigpreispolitik. Ermöglicht wird dies durch eine vergleichsweise niedrige Gesamtkostenbelastung. Gesucht werden kostengünstige und verkehrsorientierte Standorte. Der Einsatz relativ einfacher Einrichtungsgestaltung und die konsequente Anwendung des Selbstbedienungsprinzips spart Kosten.

5. Standortagglomerationen

Bei der Agglomeration von Einzelhandelseinrichtungen unterscheidet man die gewachsenen und die geplanten Agglomerationen. Die gewachsenen Einzelhandelsagglomerationen ergeben sich durch die Einzelentscheidung von Betrieben, sich in einer bestimmten Straße oder einem bestimmten Gebiet in Nachbarschaft zu anderen Betrieben anzusiedeln. Innenstädte, Stadtteilzentren oder auch gewachsene Gewerbe-/Einzelhandelsgebiete sind Beispiele dieser Agglomerationsform. Auf der anderen Seite steht die Agglomeration durch eine bewusste, geplante Konzentration von Betrieben in einem engen räumlichen Verbund. Shopping-Center sind Beispiel einer derartigen Agglomerationsform.

5.1 Shopping-Center

Begriff Im Gegensatz zu den verschiedenen Ausprägungsformen gewachsener Einzelhandelsagglomerationen in den Städten und Stadtteilen handelt es sich bei den Shopping-Centern um eine bewusst geplante und errichtete künstliche Agglomeration von Betrieben aus den Bereichen Einzelhandel, Gastronomie, Dienstleistung und Freizeit, die einheitlich gemanagt werden. Es handelt sich somit um ein Verbund- bzw. Kooperationssystem des Einzelhandels.

Differenzierung Üblicherweise differenziert man Shopping-Center in die so genannten Nachbarschaftszentren, die Gemeinde- oder Stadtteilzentren und in die regionalen Shopping-Center. Neben klassischen Shopping-Centern wurden in den vergangenen Jahren auch verstärkt Fachmarktzentren und Einkaufspassagen realisiert. Zusehends wird die Palette durch weitere Typen wie Factory-Outlet-Center und Themen-Center erweitert.

Shopping-Center zählen zu den Gewinnern der aktuellen Flächenentwicklung im Einzelhandel. Ende 2005 wird sich die Zahl der Regionalen Shopping-Center (Center ab einer Geschäftsfläche von 15.000 m²) in Deutschland auf voraussichtlich 325 erhöhen. Im Jahr 1990 gab es demgegenüber lediglich 90 Center dieser Größenordnung.

Auch im europäischen Ausland haben die Shopping-Center in den letzten Jahren an Bedeutung gewonnen. Im Ranking nach der vermieteten Fläche (GLA) stehen hierbei Großbritannien und Frankreich vor Deutschland, gefolgt von den übrigen europäischen Ländern. Nach Untersuchungen von Chushman & Wakefield Healey & Baker werden allein im Jahr 2005 weitere 4,2 Mio. m² Center-Fläche in Europa neu entstehen.

Detaillierte Informationen zu Shopping-Centern folgen im Beitrag B2.

5.2　Markthallen

Markthallen sind keine Erfindung des zwanzigsten Jahrhunderts. Die Tradition der Wochen- und Jahrmärkte hat sich bis in die heutige Zeit fortgesetzt. Zwei der bekanntesten permanenten Märkte sind heute der Naschmarkt in Wien und der Viktualienmarkt in München. Die Mehrzahl dieser Märkte findet noch auf Marktplätzen, also im Freien statt. In einigen Städten existieren aber auch bereits seit über hundert Jahren Markthallen.

Eine Markthalle kann als eine Agglomeration einer Vielzahl kleiner und mittelgroßer Händler definiert werden, die ein relativ breites und tiefes Sortiment im Nahrungs- und Genussmittelbereich unter einem Dach anbieten. Ein Sortimentsschwerpunkt liegt im Frischebereich. Gastronomische Betriebe, Dienstleistungsanbieter und einige Non-Food-Betriebe wie Blumenstände und Kunsthandwerk ergänzen das Angebot. Im Gegensatz zum traditionellen Wochenmarkt, der ein- oder zweimal wöchentlich stattfindet, handelt es sich bei einer Markthalle um ein permanentes Angebot. Der Schwerpunkt des Sortiments liegt im Bereich Essen und Trinken. Hierbei verschwimmen die Tätigkeiten Einkaufen und Essen zunehmend. Feinkost und Fastfood werden mit höchstmöglicher Frische kombiniert. **Angebotspalette**

Bei einer Markthalle handelt es sich um eine sensible Managementimmobilie. Eine Reihe von Faktoren sind für den langfristigen Erfolg einer Markthalle zu beachten. Hierzu gehört beispielsweise: **Erfolgsfaktoren**

- die Auswahl eines zentralen Standortes,
- eine gute Zugänglichkeit mit allen Verkehrsarten,
- eine gute Einsehbarkeit,
- eine adäquate Bemessung der Verkehrsfläche (Abwicklung der Kundengeschäfte auf der Mall),
- eine ausreichende Anzahl von Pkw-Stellplätzen in unmittelbarer Nähe,
- ein ausreichender Bedarf im Einzugsgebiet (Einwohnerpotenzial, Kaufkraftniveau),

- die Beachtung der Wettbewerbssituation im Marktgebiet (Supermärkte, permanente Märkte, Wochenmärkte, Frischeabteilungen der Warenhäuser, Fach- und Spezialgeschäfte der vorgesehenen Branchen etc.),
- eine marktgerechte Positionierung im Marktgebiet (Image der Markthalle),
- die Schaffung einer ansprechenden Einkaufsatmosphäre/ Marktatmosphäre (Bäume/Laternen/Stände etc.),
- eine absolute Frische des Angebotes,
- die Berücksichtigung eines ausreichenden Angebotes (kritische Masse),
- die Beachtung einer entsprechenden Angebotsvielfalt (Branchenmix),
- die Berücksichtigung einer adäquaten Warenpräsentation und einer adäquaten Klimatisierung, Be- und Entlüftung (abgestimmt auf die jeweiligen Frischwarensortimente),
- die Berücksichtigung entsprechend dimensionierter Anlieferungszonen und Entsorgungsmöglichkeiten,
- der Einsatz eines freundlichen und fachkundigen Personals,
- der Einsatz des marketingpolitischen Instrumentariums (Werbung/ Aktionen/Events etc.).

Schrannenhalle Ein aktuelles Beispiel besteht mit der Wiedererrichtung der Schrannenhalle in der Innenstadt von München in direkter Nachbarschaft zum Viktualienmarkt. Elemente einer Eisenhalle aus dem Jahr 1853 werden hier mit der Technik des 21. Jahrhunderts kombiniert. Die 110 m lange und 25 m breite Halle wird neben einem Markt auch Gastronomie, Kultur und Veranstaltungen miteinander kombinieren. Darstellungen alter Handwerkskunst werden das Angebot der Schrannenhalle abrunden.

Quelle: Projects unlimited, Oberhaching

Abb. 8: Die Schrannenhalle „vom Petersthurme aus", um 1858

2 Shopping-Center
– Marktentwicklung, Center-Typen und Management –

Prof. Dr. Bernd Falk HonRICS,
Inhaber des Institut für Gewerbezentren (IfG), Starnberg

Momme Torsten Falk, Ph. D., Dipl.-Betriebswirt (FH),
Kaufmann der Grundstücks- und Wohnungswirtschaft,
Projektleiter im Institut für Gewerbezentren, Starnberg

Inhaltsverzeichnis

1.	Einleitung – Begriffsinhalt und Definition	94
2.	Center-Typen und Erscheinungsformen	95
3.	**Marktentwicklung**	96
3.1	Shopping-Center in Nordamerika	96
3.2	Shopping-Center in Europa	98
3.3	Shopping-Center in Deutschland	99
4.	**Darstellung ausgewählter Center-Typen**	104
4.1	Fachmarktzentren	104
4.2	Einkaufspassagen/Galerien	104
4.3	Factory-Outlet-Center	106
4.4	Spezial- und Themen-Center	110
4.5	Shopping-Center in Bahnhöfen	111
4.6	Airport Retailing	111
5.	**Shopping-Center-Management**	112
5.1	Erfolgskriterien	113
5.2	Research	114
5.3	Projektentwicklung	114
5.4	Vermietmanagement	116
5.5	Marketing	117
6.	**Revitalisierung von Shopping-Centern**	118

1. Einleitung – Begriffsinhalt und Definition

Die einschlägige Fachliteratur enthält eine ganze Reihe unterschiedlicher Definitionen zum Begriffsinhalt des Shopping-Centers. Durchgesetzt hat sich im Wesentlichen die Definition des Urban Land Institute, Washington, die auch vom International Council of Shopping Centers, New York, seit Jahren verwendet wird. Danach versteht man unter einem Shopping-Center:

„*A group of retail or other commercial establishments that is planned, developed, owned and managed as a single property. On-site parking is provided. The center's size and orientation are generally determined by the market characteristics of the trade area served by the center. The two main configurations of shopping centers are malls and open-air strip centers.*"

Vor dem Hintergrund des § 11 Abs. 3 Satz 1 Nr. 1 Baunutzungsverordnung (BauNVO) 1977 hat sich bei den deutschen Gerichten ein Sinneswandel in der Definition und Erscheinungsform von Shopping-Centern/Einkaufszentren ergeben. Stellten die Richter in der Rechtsprechung in der Vergangenheit ausschließlich auf die Mietsache ab, ohne dabei das unmittelbare Umfeld und die Besonderheiten eines Shopping-Centers zu berücksichtigen, wurde im Urteil vom 27. April 1990 (BVerwG 4 C 16.87) demgegenüber stark auf die Erkennbarkeit der Zusammengehörigkeit der Betriebe für den Kunden abgestellt. In diesem Urteil wurde u. a. folgender Leitsatz formuliert:

„Ein Einkaufszentrum im Sinne des § 11 Abs. 3, Satz 1, Nr. 1 BauNVO 1977, setzt im Regelfall einen von vornherein einheitlich geplanten, finanzierten, gebauten und verwalteten Gebäudekomplex mit mehreren Einzelhandelsbetrieben verschiedener Art und Größe – zumeist verbunden mit verschiedenartigen Dienstleistungsbetrieben – voraus. Sollen mehrere Betriebe ohne eine solche Planung ein Einkaufszentrum im Rechtssinne darstellen, so ist hierfür außer ihrer engen räumlichen Konzentration ein Mindestmaß an äußerlich in Erscheinung tretender gemeinsamer Organisation und Kooperation erforderlich, welche die Ansammlung mehrerer Betriebe zu einem planvollen gewachsenen und aufeinander bezogenen Ganzen werden lässt."

Es handelt sich bei den Shopping-Centern also, im Gegensatz zu den gewachsenen Einkaufs- und Geschäftszentren in den Innenstädten und Stadtteilen, um eine bewusst geplante und errichtete künstliche Agglomeration von Einzelhandels- und sonstigen Dienstleistungsbetrieben, die auch einheitlich verwaltet bzw. gemanagt und betrieben wird. Es handelt sich somit um ein Verbundsystem des Einzelhandels. Neben Einzelhandels- und Dienstleistungsbetrieben wird der Mix auch durch gastronomische Angebote und immer stärker auch durch Freizeitbausteine ergänzt.

Verbundsystem des Einzelhandels

2. Center-Typen und Erscheinungsformen

Üblicherweise differenziert man Shopping-Center in die so genannten Nachbarschaftszentren (Neighbourhood Centers), die Gemeinde- oder Stadtteilzentren (Community Centers) und in die regionalen Shopping-Center (Regional bzw. Super-regional Centers).

- **Nachbarschaftszentren:** Dieser Center-Typ versorgt ein relativ eng begrenztes Einzugsgebiet mit Gütern des täglichen Bedarfs. Ergänzt wird das Angebot durch Dienstleistungsbetriebe und teilweise durch gastronomische Angebote. Als Magnetbetrieb fungiert üblicherweise ein Supermarkt/Verbrauchermarkt. Die Größe der Nachbarschaftszentren bewegt sich in einer Bandbreite von ca. 3.000–8.000 m². Ein nicht unerheblicher Kundenanteil frequentiert diese Center zu Fuß/mit dem Fahrrad. Das Verhältnis von Parkplatz zu Verkaufsfläche ist daher geringer als bei größeren Einkaufszentren.

- **Gemeinde- bzw. Stadtteilzentren:** Der vom Gemeinde- bzw. Stadtteilzentrum zu versorgende Einzugsbereich geht über den des Nachbarschaftszentrums hinaus. Das breiter und zugleich tiefer gestaltete Waren- und Dienstleistungsangebot erfordert eine größere Zahl von Gewerbebetrieben sowie zusätzliche Magnet- bzw. Leitbetriebe. In Deutschland können Center zwischen 8.000 und 15.000 m² als Gemeinde- bzw. Stadtteilzentren eingeordnet werden.

- **Regionale Shopping-Center:** Ein regionales Shopping-Center bietet ein umfassendes Angebotsspektrum. Für Deutschland werden Center mit mindestens 15.000 m² als regionale Shopping-Center eingestuft. Neben einer Vielzahl von Einzelhandelsfachgeschäften gehören Dienstleistungs-

und Gastronomiebetriebe und mitunter auch Freizeiteinrichtungen zum Mietermix. Neben Warenhäusern und Kaufhäusern sind auch SB-Warenhäuser und Fachmärkte als Magnetbetriebe vertreten. Ein regionales Shopping-Center ist regelmäßig durch ein großes Einzugsgebiet gekennzeichnet.

In Ergänzung dieser traditionellen bzw. klassischen Shopping-Center-Arten haben sich in letzter Zeit neue Typen und Erscheinungsformen wie Fachmarktzentren, Themen-Center, Center in Bahnhöfen etc. etabliert.

3. Marktentwicklung

3.1 Shopping-Center in Nordamerika

Ursprung Die Shopping-Center-Entwicklung begann im Jahr 1922 mit dem Country Club Plaza Center in Kansas City (Missouri). Zum ersten Shopping-Center-Konzept gehörten bereits damals kostenlose freie Parkierung, ein breiter Mietermix und ein einheitliches Management.

Die Ursprünge des klassischen Mall-Konzeptes gehen auf den Architekten Victor Gruen zurück. Er entwickelte in den 50er Jahren eine Shopping-Center-Form, in der zwei Warenhäuser durch eine Mall verbunden wurden, an der kleinere Shops angesiedelt wurden. Dieses Grundprinzip (Knochenprinzip), liegt auch heute noch vielen Shopping-Center-Konzepten zugrunde.

Entwicklung Um 1950 gab es in den USA etwa 100 Shopping-Center. Ab dieser Zeit setzte ein regelrechter Boom ein. 1960 existierten bereits rund 3.000 Center in den USA. Bis 1990 zeigte sich ein weiterer Anstieg auf rund 36.500 Shopping-Center. Bis 2004 zeigte sich ein weiterer Anstieg auf über 47.700 Center. Im Vergleich zu den 80er und insbesondere den 70er Jahren zeigten sich seit den 90er Jahren geringere Wachstumsraten. Die Geschäftsfläche beläuft sich auf derzeit 553 Mio. m² (vgl. Abbildung 1)

Differenziert man die Shopping-Center der USA nach der Größe ihrer Geschäftsfläche, dominieren anteilsmäßig die kleinen Center mit einer Fläche bis 9.290 m². Rund 29.700 Center fallen in diese Größenkategorie. Auf der anderen Seite bestehen derzeit 671 Super-Regional-Center (ab einer Geschäftsfläche über 74.320 m²).

Erweiterung des Angebots Zu Beginn der 80er Jahre erfolgte die Integration von Freizeit- und Unterhaltungsangeboten. Berücksichtigt wurden diese zusätzlichen Angebote insbesondere in den Regional und Super-Regional-Centern. Ein bekanntes Beispiel besteht mit der Mall of America in Minneapolis, Minnesota. Eine konsequente Weiterentwicklung der Verbindung von Entertainment und Shopping zeigt sich in den Urban-Entertainment-Centern. Unterhaltung, Erlebnis, Shopping und Kommunikation stehen hier im Mittelpunkt. Zu den Angeboten zählen beispielsweise Multiplex-Kinos, Family-Entertainment-Center, Veranstaltungszentren, Bowling-Center und erlebnisorientierter Handel.

Ein weiterer Center-Typ besteht mit den Power-Centern. In den 90er Jahren zählte dieser Typ zu den erfolgreichsten innovativen Entwicklungsformen in den USA. In diesen Centern dominiert eine Zahl von lediglich drei bis fünf

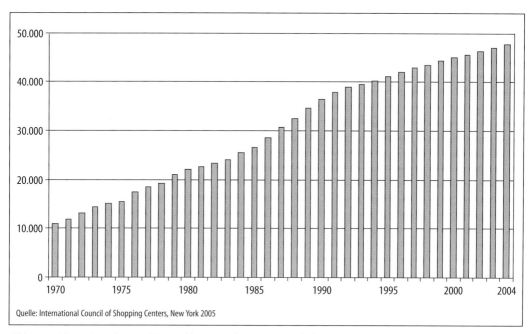

Abb. 1:   Shopping-Center-Entwicklung in den USA (nach der Anzahl der Center)

Großanbietern. Diese Magnetmieter halten einen Flächenanteil von 75–90 % der Gesamtfläche. Power-Center besitzen üblicherweise eine Größe zwischen 20.000 und 50.000 m². Im deutschsprachigen Raum ist dieser Center-Typ am ehesten mit einem Fachmarktzentrum zu vergleichen.

Ein innovativer Center-Typ zeigt sich mit den Factory-Outlet-Centern. Mieter der Outlet-Center sind Markenartikelhersteller die dort ihre eigenen Produkte preisreduziert an die Konsumenten veräußern. Ergänzt wird die Anbieterstruktur oft durch Off-Price-Retailer sowie gastronomische Betriebe. Ende 1996 gab es nach Informationen des International Council of Shopping Centers (ICSC) 329 Outlet-Center in den USA. Seither zeigt sich ein Rückgang der Outlet-Center auf 225 Center (2004). Wurden im Jahr 1989 noch 43 neue Outlet-Center eröffnet, zeigen sich seit 2001 nur noch drei Neueröffnungen pro Jahr. Angesichts steigender durchschnittlicher Centergrößen ist die gesamte Geschäftsfläche demgegenüber nahezu konstant. So stieg die durchschnittliche Größe der Outlet-Center im Betrachtungszeitraum (1996–2004) von rund 15.380 m² auf rund 22.650 m². **Factory-Outlet-Center**

Ein sehr erfolgreiches Center-Konzept wurde von der Mills Corporation entwickelt. Die Mills-Center sind eine Kombination eines überregionalen Shopping-Centers, eines Factory-Outlet-Centers, eines Power-Centers sowie eines Freizeit- und Entertainment-Centers. Zu den Mietern/Anbietern gehören u. a. Off-Price-Retailer, Factory-Outlets, Warenhaus-Outlets, Category Dominant Stores, Themenrestaurants und Multiplex-Kinos. **Mills-Center**

3.2 Shopping-Center in Europa

Anfänge Auch in Europa haben Shopping-Center mittlerweile eine lange Tradition. Bereits Mitte der 60er Jahre entstanden die ersten Center u. a. in Deutschland, den Niederlanden und Belgien. Nach und nach haben sich die Shopping-Center in Europa fest etabliert. Nach Untersuchungen von Cushman & Wakefield Healey & Baker verfügen die Shopping-Center in Europa derzeit über rund 86 Mio. m² Geschäftsfläche.

Geschäftsfläche Gemessen an der gesamten Geschäftsfläche der Center dominiert Großbritannien mit 13,66 Mio. m². An zweiter Stelle steht Frankreich mit einer Geschäftsfläche von 12,86 Mio. m², gefolgt von Deutschland, Spanien und Italien. Setzt man die Geschäftsfläche der Shopping-Center in das Verhältnis der Einwohner, so dominiert Norwegen mit 783,9 m², gefolgt von Schweden mit 332,1 m² je 1.000 Einwohner. Der europäische Durchschnitt liegt derzeit bei rund 142 m² je 1.000 Einwohner.

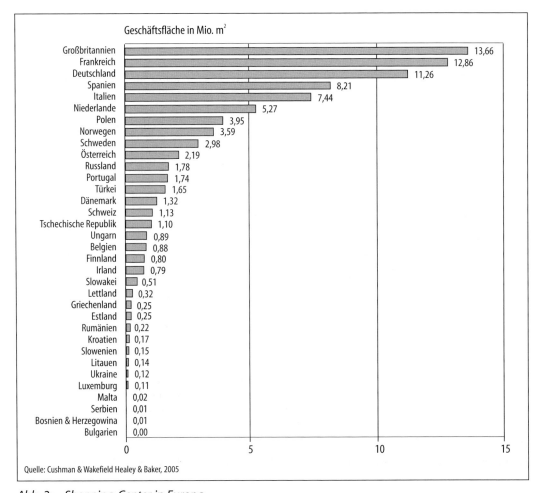

Abb. 2:   Shopping-Center in Europa

Ost-Erweiterung

Seit dem Fall des Eisernen Vorhangs zeigt sich auch in den Reformstaaten Mittel- und Osteuropas eine dynamische Entwicklung. Insbesondere in Polen, Ungarn, Tschechien und der Slowakei wurden bereits seit einigen Jahren Shopping-Center entwickelt. Aktiv sind hierbei auch eine Reihe ausländischer und international tätiger Shopping-Center-Entwickler. Neben klassischen Einkaufszentren wurden Fachmarktzentren sowie große Hypermarkets etabliert. Auch deutsche Shopping-Center-Betreiber sind in den Reformstaaten aktiv. So betreibt die ECE Projektmanagement, Hamburg bereits zwei Center in Polen, zwei in Ungarn und ein Center in Tschechien. Weitere Center sind in der Planung bzw. im Bau. In Polen ist die METRO Group Asset Management bereits mit neun M1-Fachmarktzentren vertreten.

Zu den besonderen Wachstumsmärkten der Zukunft zählen neben Polen und Russland u. a. auch Spanien, Deutschland, Großbritannien, Italien und die Türkei (vgl. Abbildung 2).

3.3   Shopping-Center in Deutschland

In der deutschen Shopping-Center-Entwicklung sind mehrere Entwicklungsphasen bzw. Generationen festzustellen.

Erste Center-Generation

Mit dem Main-Taunus-Zentrum in Sulzbach bei Frankfurt am Main wurde im Mai 1964 das erste deutsche Shopping-Center nach US-amerikanischem Vorbild eröffnet. Bei den Centern der ersten Generation bzw. Entwicklungsphase, die etwa im Zeitraum von 1964 bis 1973 realisiert wurden, dominiert der Standort auf der grünen Wiese oder an der Stadtperipherie. Es handelte sich um relativ groß-dimensionierte Center in offener Bauweise mit einer ebenerdigen Verkaufsebene. Als Magnetbetriebe fungierten ausschließlich Kauf- und Warenhäuser. Die Nutzung war monofunktional im Sinne von Verkaufsmaschinen. Große ebenerdige Parkierungsflächen und eine einfache Architektur (Industriebauweise) sind weitere Merkmale dieser Entwicklungsphase.

Zweite Center-Generation

Die zweite Generation umfasst den Zeitraum zwischen 1973 und 1982. Die Center wurden in dieser Zeit überwiegend in der Innenstadt gelegentlich auch in Trabantenstädten realisiert. Eine geschlossene Bauweise (Klimatisierung) mit einer meist zweigeschossigen Ladenstraße und einer mehrfunktionalen Nutzung (Läden, Büros, Wohnungen, Praxen, öffentliche Einrichtungen, Hotels, Freizeitanlagen, Schulen, Bibliotheken) kennzeichnen die Center dieser Entwicklungsphase. Vereinzelt wurden gegen Ende der 70er Jahre auch SB-Warenhäuser als Magnetbetriebe realisiert.

Mit Beginn der 80er Jahre trat nahezu eine Stagnation der regionalen Shopping-Center-Entwicklung (ab 15.000 m² Geschäftsfläche) ein. Neben einer insgesamt eher gedämpften Einzelhandelsentwicklung wurden attraktive Standorte für Großprojekte, insbesondere in den Ballungszentren und Großstadtregionen, knapp und die Errichtung darüber hinaus durch die planungsrechtlichen und gesetzlichen Bestimmungen erstmals spürbar behindert.

Dritte Center-Generation

Zwischen 1982 und 1992 wurden nahezu ausschließlich innerstädtische Shopping-Center realisiert. Die Architektur wurde zunehmend anspruchsvoller. Glasüberdachungen eine helle und freundliche Präsentation waren Kennzeichen dieser Center-Generation. In dieser Phase erfolgten zunehmende Versuche der Verbindung von Einkaufen und Freizeitaktivitäten. Darüber hinaus kennzeichnete ein Trend zur Passage/Einkaufsgalerie diese Entwicklungsphase.

Vierte Center-Generation

Der Zeitraum zwischen 1992 und 1999 ist durch parallel verlaufende Entwicklungslinien und Trends gekennzeichnet. Neben einer weiteren Realisierung von Einkaufspassagen und Galerien wurden in den neuen Bundesländern nach der Öffnung der Mauer zahlreiche großflächige Shopping-Center realisiert. Zur schnellen Versorgung der Bevölkerung wurden die Center zunächst vor allem auf der grünen Wiese realisiert. Angesichts ungeklärter Eigentumsverhältnisse und einem Mangel im Bereich der Bauleitplanung zeigte sich eine erhebliche Verzögerung innerstädtischer Entwicklungen. Realisiert wurden insbesondere Fachmarktzentren sowie regionale Shopping-Center mit einem SB-Warenhaus als Magnetmieter.

Ein weiterer Trend zeigte sich in der höheren Bedeutung der Revitalisierung von älteren Shopping-Centern. Neben einer Flächenexpansion mit einer gleichzeitigen Anpassung der Alt-Substanz an bauliche Erfordernisse und ein geändertes Konsumentenverhalten, wurden Center durch Teilabriss, Wiederaufbau, Erweiterung und Anpassung oder sogar durch einen kompletten Abriss und Wiederaufbau revitalisiert.

Auch die Umgestaltung von Bahnhöfen in Einkaufs- und Kommunikationszentren gehört zu den Entwicklungen dieser Zeit. Darüber hinaus wurden einige Shopping-Center durch zusätzliche Freizeit- und Erlebnisangebote wie beispielsweise Multiplex-Kinos, Themengastronomie und Food-Courts ergänzt. Das CentrO in Oberhausen steht als bekanntes Beispiel für die Verbindung von Handel und Entertainment.

Fünfte Center-Generation

Auch die fünfte Entwicklungsphase (etwa seit dem Jahr 2000) ist durch mehrere parallel verlaufende Entwicklungen gekennzeichnet. Sowohl in den alten wie auch in den neuen Bundesländern zeigt sich ein Trend zurück in die Innenstadt. Zunehmend werden Shopping-Center auch in kleineren Groß- und Mittelstädten realisiert. Selbst in kleineren Städten entstehen Einkaufszentren oder Einkaufspassagen.

Am Anfang der Entwicklung stehen neue Shopping-Center-Typen. So wurden mittlerweile die ersten Factory-Outlet-Center in Deutschland realisiert. Ebenfalls entwickelt wurden die ersten Spezial- und Themen-Center. In diesen Einkaufszentren werden Einzelhandels- und Dienstleistungsbetriebe einer speziellen Warengattung oder Waren und Dienstleistungen eines spezifischen Themas räumlich zusammengefasst. Durch die Akkumulation diverser Anbieter entsteht hierbei eine Magnetwirkung. Mit der stilwerk-Konzeption z. B. zeigt sich eine Thematisierung im Bereich der Designermöbel.

Aktueller Stand

Nach Erhebungen des Instituts für Gewerbezentren, Starnberg, gab es in Deutschland zum Stand April 2004 insgesamt 481 Shopping-Center ab einer Geschäftsfläche von 8.000 m². Diese Shopping-Center vereinigen eine Geschäftsfläche von rund 12 Mio. m². Seit 2000 ist die Shopping-Center-Fläche damit um nahezu 25 % gestiegen. Diese Entwicklung unterstreicht die Akzeptanz der Center auf der Seite der Verbraucher. Deutlich wird hierbei auch der allgemeine Flächenzuwachs im deutschen Einzelhandel. Die Durchschnittsgröße der Center lag bei rund 24.900 m². Im Vergleich zu 2000 ein Rückgang um rund 550 m².

Differenziert nach Bundesländern hält Nordrhein-Westfalen mit 80 Centern und einer Gesamtfläche von rund 1,96 Mio. m² den Spitzenplatz. Bezogen auf die Shopping-Center-Fläche steht Bayern mit rund 1,36 Mio. m² an zweiter Stelle, dicht gefolgt von Sachsen mit 1,35 Mio. m².

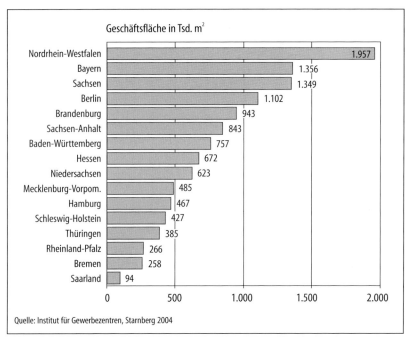

Abb. 3: Shopping-Center in Deutschland

Setzt man die Shopping-Center-Fläche in das Verhältnis zu den Einwohnern in Deutschland, so zeigt sich je 1.000 Einwohner ein Bestand von 145,4 m². Ein hoher Flächenbesatz zeigt sich insbesondere in Ost-Deutschland und hier insbesondere im Bundesland Brandenburg. Der höchste Flächenbesatz besteht derzeit mit 391,3 m² im Bundesland Bremen – im Vergleich zum Vorjahr mit 255,2 m² ein deutlicher Anstieg. Der geringste Flächenbesatz – bezogen auf die Einwohnerzahl – besteht derzeit in Niedersachsen (78,4 m²), Baden-Württemberg (71,4 m²) und Rheinland-Pfalz mit 65,7 m² Geschäftsfläche je 1.000 Einwohner (vgl. Abbildung 4).

Flächenbesatz

308 der 481 deutschen Shopping-Center zählen zu den so genannten regionalen Shopping-Centern (ab einer Geschäftsfläche von 15.000 m²). Bis zum Ende des Jahres 2005 wird sich die Zahl dieses Typs voraussichtlich auf rund 325 Center erhöhen. Nach einem wahren Center-Boom in den neuen Bundesländern in den ersten Jahren nach der Wiedervereinigung, zeigt sich dort seit Mitte und insbesondere seit Ende der 90er Jahre eine Beruhigung der Center-Entwicklung. In den alten Bundesländern kann demgegenüber seit Ende der 90er Jahre eine deutliche Marktbelebung festgestellt werden.

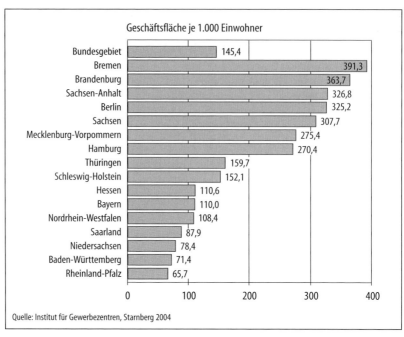

Abb. 4: Shopping-Center-Arealität in Deutschland

Klassisches Einkaufszentrum dominiert

Differenziert man die deutschen Shopping-Center nach dem Center-Typ, so zeigt sich ein deutliches Schwergewicht im Bereich der klassischen Einkaufszentren. 59 % gehören zu diesem Center-Typ. Mit 64 % noch etwas darüber liegt der Anteil dieses Typs bei den regionalen Centern. Fachmarktzentren stehen mit rund 21 % an zweiter Stelle. An dritter Stelle folgen die Einkaufsgalerien/Einkaufspassagen mit 14,6 %.

Trotz der Dominanz der klassischen Einkaufszentren hat sich die Vielfalt der Center-Typen in Deutschland in den letzten Jahren merklich erhöht. Eine Analyse der aktuellen Planungen lässt einen weiteren Bedeutungsgewinn dieser thematisierten und spezialisierten Center erkennen.

Nach einigen Anlaufschwierigkeiten konnten mittlerweile auch die ersten Factory-Outlet-Center in Deutschland Fuß fassen. Nach dem B5-Designer-Outlet-Center in der Nähe von Berlin (Eröffnung 2000) wurde im Jahr 2001 in Zweibrücken das Designer Outlet Zweibrücken und im Jahr 2003 in Wertheim das Wertheim Village eröffnet. Weitere Outlet-Center werden derzeit u. a. in Ingolstadt, Wolfsburg und Soltau projektiert bzw. gebaut.

Spezial-/Themen-Center

Am Anfang der Entwicklung stehen in Deutschland die Spezial- und Themen-Center. In diesen Centern werden Einzelhandels- und Dienstleistungsbetriebe einer speziellen Warengattung oder Waren und Dienstleistungen eines spezifischen Themas räumlich zusammengefasst. Durch die Akkumulation diverser Anbieter entsteht eine entsprechende Magnetwirkung. Mit der stilwerk-Konzeption zeigt sich eine Thematisierung im Bereich der Designermöbel. Weitere thematisierte Center, beispielsweise im ökologischen Bereich, sind in der Planung bzw. in der Eröffnungsphase. Ein weiteres Beispiel eines thematisierten Centers wird derzeit in Lübeck von Villeroy & Boch entwickelt. Das House of Living konzentriert auf rund 30.000 m² ein Angebot aus den Bereichen Interior Design, Lifestyle und Freizeit. Ergänzt wird das Konzept u. a. durch ein Museum, eine Designwerkstatt und Showrooms.

Reine Freizeit-/Entertainment-Center oder auch Urban-Entertainment-Center sind bislang in Deutschland nur marginal vertreten. Teilweise sind die ersten Center derzeit bereits in der Phase der Umstrukturierung bzw. Revitalisierung. Der weitere Erfolg dieses Center-Typs ist eng mit der Entwicklung der Freizeitanbieter wie beispielsweise Multiplex-Kinos, Family-Entertainment-Center etc. verbunden und nur schwer zu prognostizieren. Die Bedeutung dieses reinen Entertainment-Center-Typs wird jedoch auch in absehbarer Zukunft eher gering sein.

Freizeit-Center

In den nächsten Jahren ist von einer weiteren Zunahme der Handelsflächen in Bahnhöfen auszugehen. In einigen werden Center-Konzepte integriert werden.

- Auch in den nächsten Jahren ist von einem deutlichen Wachstum der Shopping-Center-Fläche in Deutschland auszugehen. Ende 2005 werden voraussichtlich rund 9 % der deutschen Verkaufsfläche in Shopping-Centern vertreten sein.

Zukunfts-aussichten

- Zunehmend expandieren auch größere Shopping-Center in kleineren Groß- und Mittelstädten. Selbst in kleineren Kreis- und Kleinstädten entstehen Einkaufszentren oder Einkaufspassagen.

- In Zukunft ist mit einem zunehmenden Wettbewerb der Städte und Regionen aber auch der potenziellen Standorte innerhalb der Stadtgrenzen zu rechnen.

- In Anbetracht eines Bedeutungsverlustes der traditionellen Warenhäuser setzen immer mehr Städte auf das Shopping-Center als anziehende Magneten in der Hoffnung, dadurch die Attraktivität der Innenstädte zu erhöhen bzw. diese einer Revitalisierung zuzuführen. Eine Analyse der bestehenden Planungen bestätigt einen deutlichen Trend zurück in die Innenstadt. Nur sehr wenige Center werden derzeit auf der Grünen Wiese bzw. zwischen den Städten projektiert.

- Auch in absehbarer Zukunft zeigen sich mit den Fachmärkten, den SB-Warenhäusern und Verbrauchermärkten die bedeutenden Magnetbetriebe.

- Auszugehen ist ferner von einer weiteren Kombination von Shopping mit Freizeiteinrichtungen. Aktuelle Beispiele dieser Entwicklung zeigen sich u. a. mit dem Projekt von Sonae am Alexanderplatz in Berlin sowie der Umgestaltung des Saale Park zum Nova Eventis durch die ECE Projektmanagement, Hamburg, in Leipzig. Eine Reihe von Shopping-Centern hat bereits ihr Konzept durch zusätzliche Erlebnisangebote wie beispielsweise Multiplex-Kinos, Themengastronomie und Food-Courts komplettiert.

- Eine nach wie vor zu verzeichnende hohe Flächenexpansion im Einzelhandel und eine nur verhaltene Einzelhandelsnachfrage werden den Wettbewerbsdruck im Einzelhandel deutlich erhöhen. Gefragt sind innovative Konzepte und eine professionelle Umsetzung (Marketing/Management). Im Zuge dieser Entwicklung werden Revitalisierungsmaßnahmen „in die Jahre gekommener" Center an Bedeutung gewinnen. Im Vordergrund steht hierbei die Anpassung an das geänderte Konsumentenverhalten, wobei auf eine hohe Flexibilität zu achten ist.

- Im Rahmen neuer Konzepte sind die aktuellen Präferenzverschiebungen der Verbraucher zu berücksichtigen. Gesundheit, Wellness, natürliche Lebensformen sind deutliche Hinweise auf eine Veränderung der Verbraucherwünsche. Eine Zunahme der Single-Haushalte erhöht den Bedarf nach gesellschaftlichen Orten. Und ein Anstieg der aktiven Alten wird neue Formen der Dienstleistung und Erholung zur Folge haben.

4. Darstellung ausgewählter Center-Typen

4.1 Fachmarktzentren

Ein Fachmarktzentrum ist ein spezieller Shopping-Center-Typ. Der Unterschied zu den klassischen Shopping-Centern besteht insbesondere in der Mieterstruktur und der Flächendominanz der Magnetmieter. Zu den Magnetbetrieben zählen üblicherweise discount-orientierte Fachmärkte unterschiedlicher Branchen. Mit dem Ziel, die Besucherfrequenz zu erhöhen, werden oft SB-Warenhäuser integriert. Abgerundet wird das Angebot der Fachmarktzentren durch Shop-Zeilen, gastronomische Angebote und Dienstleistungsbetriebe.

Standort Fachmarktzentren befinden sind regelmäßig an stadtperipheren Standorten mit einer sehr guten Verkehrsanbindung. Die innere und äußere Architektur ist eher funktional. Im Vergleich zu den traditionellen Shopping-Centern bestehen relativ niedrige Baukosten. Fachmarktzentren werden überwiegend in eingeschossiger Bauweise errichtet. In der Regel besteht eine offene ebenerdige Parkierung.

Power-Center Vergleicht man das Fachmarktzentrum mit den Center-Typen in den USA, ist das Power-Center am ehesten mit diesem vergleichbar. Power-Center bestehen aus mindestens drei Magnetbetrieben. Diese Magnetbetriebe belegen etwa 75 % (60–90 %) der gesamten Geschäftsfläche. Zu den Magnetmietern zählen discount-orientierte Fachmärkte (Category Killers) und Off-Price-Stores.

Die Bedeutung der Fachmarktzentren ist in den letzten Jahren in Deutschland erheblich gestiegen. Zu erklären ist diese Entwicklung auch durch die starke Expansion insbesondere der discount-orientierten Fachmärkte. Derzeit zählen rund 21 % der deutschen Shopping-Center (ab 8.000 m²) zu den Fachmarktzentren. Noch höher liegt der Anteil bei den regionalen Shopping-Centern (Center ab 15.000 m²) mit über 26 %.

4.2 Einkaufspassagen/Galerien

Ursprung Die erste Passage in Deutschland entstand bereits 1845 mit dem Sillem's Bazar in Hamburg. Eine Renaissance der Passagen erfolgte in Deutschland vor rund

25 Jahren mit dem Hanse-Viertel in Hamburg und der Calwer Passage in Stuttgart. Seit dieser Zeit wurden zahlreiche Center dieses Typs als Erweiterung innerstädtischer Geschäftszentren und als Ergänzung bestehender Fußgängerzonen realisiert.

In den Einkaufsgalerien und Einkaufspassagen sind vorwiegend mittlere und kleinere Handels-, Gastronomie- und Dienstleistungsbetriebe angesiedelt. Das Sortiment und die Einrichtung werden i. d. R. gehobenen Ansprüchen gerecht. Bei einer Einkaufspassage handelt es sich um eine für Fußgänger geschaffene Verbindung von zwei Verkehrszonen. Bei einer Galerie liegen dagegen die Betriebe gewöhnlich auf zwei oder mehr Verkaufsebenen. In der Praxis werden beide Begriffe meist synonym verwendet. Oft verfügt dieser Center-Typ über eine anspruchsvolle Architektur und Ambiente.

Im Jahr 2003 konnten in Deutschland 66 Einkaufsgalerien/Einkaufspassagen (ab einer Geschäftsfläche von 8.000 m²) ermittelt werden. Die durchschnittliche Größe liegt bei 14.200 m². Darüber hinaus gibt es noch zahlreiche kleiner dimensionierte Einkaufspassagen und Einkaufshöfe.

Angebot

Bei einer Einkaufspassage/Galerie handelt es sich um eine sensible Managementimmobilie. Eine dem Standort angemessene Konzeption und ein aktives Center-Management sind deshalb wichtige Voraussetzungen für einen langfristigen Erfolg dieses Center-Typs. In der Praxis zeigt sich allerdings, dass insbesondere die kleineren Einkaufspassagen nicht entsprechend gemanagt werden. Bei einer Vielzahl dieser Einrichtungen ist daher der gewünschte Erfolg nicht eingetreten.

Zu den Erfolgskriterien, die im Rahmen der Realisierung einer Einkaufspassage/Einkaufsgalerie gehören, zählen u. a.:

Erfolgskriterien

- **Standort:** Die Auswahl des richtigen Standortes zählt zu den wichtigsten Erfolgskriterien. Da Einkaufspassagen und Galerien in der Regel nicht standortbildend sind, ist eine exakte Platzierung des Objektes im Netz vorhandener Straßen, Plätze und Fußgängerzonen ein besonders zu beachtender Aspekt. So muss eine Einkaufspassage regelmäßig eine Verbindungs-, Abkürzungs- bzw. Verkehrsfunktion erfüllen (Zwangslauf). Eine gute Frequenz lediglich am Eingang des Objektes reicht für einen nachhaltigen Erfolg nicht aus. Die Analyse der vorhandenen Passantenströme im Objektumfeld sowie eine Befragung der Innenstadtbesucher sollte Basis der Standortwahl und der Erstellung der Nutzungskonzeption sein.

- **Branchen- und Mietermix:** Die Anziehungswirkung wird durch die Etablierung eines attraktiven Branchen- und Mietermix erreicht. Je nach Standort, Wettbewerbsumfeld und Größe des Centers kann auch eine Thematisierung bzw. Konzentration auf bestimmte Branchen und Sortimente erfolgversprechend sein (Synergieeffekte). Die Integration attraktiver Gastronomieanbieter ist für den Erfolg einer Einkaufspassage/Galerie als Treffpunkt von besonderer Relevanz. Darüber hinaus sollte das Angebot durch Dienstleistungsanbieter ergänzt werden. Auf Magnetbetriebe sollte wenn möglich nicht verzichtet werden. Eventuell lassen sich derartige Betriebe im Unter- oder Obergeschoss realisieren.

- **Angebotsniveau:** Das Angebotsniveau sollte in Abhängigkeit des Standortes und des Einzugsgebietes definiert werden. Entscheidend ist hierbei eine Profilierung im Wettbewerb.

- **Erreichbarkeit:** Zu achten ist auf eine hervorragende Erreichbarkeit der Passage/Galerie sowohl mit dem öffentlichen Personennahverkehr wie auch mit dem Individualverkehr. Hierzu gehört auch das Angebot einer ausreichenden Anzahl von Parkplätzen.

- **Marketing:** Ein aktives Marketing erhöht nicht nur den Bekanntheitsgrad des Centers, sondern generiert auch die erforderlichen Besucherfrequenzen. Neben der Werbung in Form von z. B. Plakaten, Radiowerbung und Zeitungsanzeigen ermöglichen attraktive Veranstaltungen und Aktionen einen adäquaten Marktauftritt.

Wirtschaftlichkeit Hinsichtlich der Wirtschaftlichkeit von Passagen und Galerien lässt sich feststellen, dass den höheren Aufwendungen für den Standort, die Architektur und die Ausstattung i. d. R. auch höhere Mieterträge gegenüberstehen. Der Reiz dieses Center-Typs liegt auch darin, dass der Einzelhandel und die Gastronomie durch Büros/Praxen und/oder Wohnungen in den oberen Etagen ergänzt werden. Bei richtiger Konzeption erlaubt eine Passage zudem die wirtschaftliche Nutzung von abseits gelegenen Flächen bzw. die Aufwertung unattraktiver Bereiche.

Bei der Konzeptionsentwicklung einer Passage/Galerie ist es besonders wichtig über den Tellerrand zu schauen. Die optimale Einbettung in das bestehende Fußgängernetz und die Beachtung der Frequenzen sind hier ebenso zu beachten wie eine eventuelle Einbeziehung weiterer Grundstücke und Immobilien in der Nachbarschaft des Vorhabens.

4.3 Factory-Outlet-Center

Definition Ein Factory-Outlet-Center fasst insbesondere Markenartikelhersteller in einer standortmäßig kumulierten größeren Anzahl in einer Einheit zusammen, wobei diese Anbieter eine separate Ladeneinheit, d. h. einen „Outlet Store" anmieten, um eigene Produkte preisreduziert direkt an die Konsumenten zu veräußern. Üblicherweise wird die Anbieterstruktur ergänzt durch beispielsweise Off-Price-Stores, gastronomische Betriebe und Freizeitangebote. Daneben gelten die besonderen Charakteristika eines Shopping-Centers. Es handelt sich bei diesem Gebilde also um eine Konzentration von Anbietern „unter einem Dach" bzw. an einem geographischen Ort. Das Factory-Outlet-Center wird von einer Institution einheitlich geplant, realisiert, verwaltet und gemanagt. In den USA geht man bei der Beschreibung eines Factory-Outlet-Centers von einer Mindestgröße von 50.000 sq. ft. (4.650 m²) aus. Für Europa gehen wir von einer etwas geringeren Mindestgröße von 43.050 sq. ft. (4.000 m²) aus.

Im Gegensatz zum traditionellen Shopping-Center, als Agglomeration von klassischen Einzelhandels- und sonstigen Dienstleistungsbetrieben mit einem Angebot im kurz-, mittel- und langfristigen Bedarfsbereich, vereinigt ein Factory-Outlet-Center in erster Linie Markenartikelhersteller aus den Sortimentsbereichen Bekleidung, Schuhe, Lederwaren sowie Hausrat/Glas/Porzellan.

In einer Analyse der bestehenden europäischen Outlet-Malls zeigt sich eine große Angebotsvielfalt. Unterschiede zeigen sich u. a. in der Größe, der Angebotsqualität, der Architektur und der Wertigkeit der Malls. Mit dem Ziel einer unique selling proposition setzen einige Outlet-Betreiber auf eine hohe Angebotsqualität und vermieten in erster Linie an Top-Designer-Labels. Diese in der Regel neu gebauten Center befinden sich in sehr guter verkehrsgünstiger Lage und besitzen eine attraktive Einkaufsatmosphäre. Die Gestaltung der einzelnen Outlets spiegelt hierbei die Qualität und die Corporate Identity des Unternehmens wieder.

Marktentwicklung

Factory-Outlet-Center setzen sich zunehmend in Europa durch. Nach einer aktuellen Studie des Instituts für Gewerbezentren, Starnberg, gibt es bereits 111 Factory-Outlet-Center (ab 4.000 m²) mit einer Geschäftsfläche von über 1,85 Mio. m². Im Vergleich zum Stand Ende 2000 ist damit die gesamte Outlet-Center-Fläche in Europa um rund 111 Prozent angestiegen. Für Ende 2005 gehen wir in Europa von einer weiteren Zunahme auf 122 Outlet-Center aus. Die Geschäftsfläche wird bis dahin wohl die 2-Mio.-m²-Grenze überschreiten. Und auch für das Jahr 2006 kann mit einer weiteren expansiven Entwicklung gerechnet werden.

Differenziert nach Ländern zeigt sich mit 36 Centern in Großbritannien mit Abstand der am weitesten entwickelte Outlet-Center-Markt. Mittlerweile kann zumindest in Teilen des Landes von einer Sättigung gesprochen werden. Mitunter zeigen sich erhebliche Überschneidungen der jeweiligen Einzugsgebiete mit Auswirkungen auf die Wettbewerbssituation. Innovative und neue Konzepte sind hierbei oftmals die Gewinner am Markt. Teilweise befinden sich die Center in einer Phase der Neuausrichtung bzw. Umstrukturierung.

An zweiter Stelle steht bezüglich der vermieteten Fläche das Land Italien mit 11 Outlet-Malls und einer Geschäftsfläche von rund 244.400 m². An dritter Stelle steht Frankreich mit 15 Centern und 233.900 m² (vgl. Abbildung 5).

Flächenausstattung

Einen Überblick über die Flächenausstattung der Outlet-Center in den einzelnen Ländern Europas erhält man auch anhand der Flächen-Arealitäts-Kennziffer. Hierbei bezieht man die Geschäftsfläche der Outlet-Center eines Landes auf die jeweiligen Einwohner der Länder. In Portugal besteht mit 146,1 m² je 10.000 Einwohner die größte Flächenausstattung. An zweiter Stelle steht Großbritannien mit 93,8 m², gefolgt von der Schweiz mit 62,4 m². Eine geringe Flächen-Arealität zeigt sich bislang in Deutschland, Griechenland und Polen.

Objektbesonderheiten

Ein Factory-Outlet-Center besitzt als spezialisiertes Shopping-Center eine Reihe von Objektbesonderheiten bzw. Erfolgskriterien:

- **Philosophie:** Zwei wesentliche Grundvoraussetzungen bestimmen die Philosophie von Factory-Outlet-Centern. Erforderlich ist einerseits die Vermarktung von qualitativ hochwertigen Markenartikeln, die den Konsumenten bekannt sind und denen ein bestimmter Wert beigemessen wird. Zum anderen muss eine deutliche Preisreduzierung dieser Markenartikel gegeben sein.

- **Standort und Einzugsgebiet:** Das Einzugsgebiet einer Factory-Outlet-Mall wird neben der verkehrlichen Erreichbarkeit in erster Linie durch die Größe und Attraktivität des Centers sowie die Wettbewerbssituation

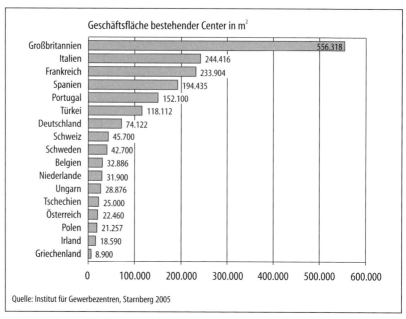

Abb. 5: Factory-Outlet-Center in Europa

determiniert. Von besonderer Bedeutung ist hierbei auch der Bekanntheitsgrad und das Image der angebotenen Herstellermarken. Outlet-Center werden überwiegend mit dem Individualverkehr aufgesucht. Eine gute verkehrliche Anbindung ist daher als wichtiger Standortfaktor zu werten. Ein großes Einzugsgebiet mit einem hohen Bevölkerungspotenzial ist von besonderer Bedeutung. Zu achten ist auch auf ein hohes Markenbewusstsein und eine hohe Mobilität der Konsumenten. Von Vorteil ist zudem ein hohes Tourismuspotenzial im Umfeld des Centers.

- **Sortimentspolitik:** In Factory-Outlet-Centern wird, räumlich konzentriert, ein umfassendes Sortiment hochwertiger Markenartikel angeboten. Das Warenangebot besteht in erster Linie aus Produktionsüberhängen, Alt- und Retourwaren, Waren zweiter Wahl, Auslaufmodellen/Letzt-Saison-Waren sowie Sonderkollektionsteilen und Musterkollektionen.

- **Branchen- und Mietermix:** Der Branchenmix wird durch den so genannten persönlichen Bedarf geprägt. In einer Analyse von 97 europäischen Outlet-Centern zeigt sich (nach der Anzahl der Mieter) im Bereich der Bekleidung mit 54 % die dominierende Warengruppe. Factory-Outlet-Center besitzen keine klassischen Magnetbetriebe. Die Anziehungskraft des Centers wird demgegenüber von Markenartikelherstellern mit einem hohen Bekanntheitsgrad und durch den attraktiven Mix aller Outlets erreicht. Factory-Outlet-Center werden zunehmend mit gastronomischen Einrichtungen (Food-Courts, Restaurants, Cafes) und Freizeitangeboten ergänzt. Zur Steigerung der Aufenthaltsqualität und Aufenthaltsdauer, aber auch zur Erweiterung der Zielgruppen, werden hierbei u. a.

Spielplätze, Multiplex-Kinos, Informationsbüros, Museen und Grünanlagen realisiert. Die Mieterstruktur ist kleinteiliger Art. Die Größe der einzelnen Outlets wird u. a. von der angebotenen Produktpalette beeinflusst. Die einzelnen Outlets haben in der Regel eine Größe zwischen 75 und 500 m². Der Mieter- und Branchenmix sollte auf der Grundlage einer detaillierten Markt- und Standortanalyse erarbeitet werden. In dieser Analyse ist auch die Zielgruppe des Centers zu definieren.

- **Preispolitik:** Die Konzeption eines Factory-Outlet-Centers ist auf Dauer nur erfolgreich, wenn das Preisniveau merklich unter dem Preisniveau des regulären Einzelhandels liegt. Die Markenartikel werden daher mit einem Preisnachlass von durchschnittlich 30 %, teilweise auch bis zu 70 %, angeboten. Der Kunde muss in einem Factory-Outlet-Center das Gefühl haben, dass er eine Markenware zu einem günstigeren Preis im Vergleich zum Einzelhandel erhält und einen „Bargain" bzw. Schnäppcheneinkauf tätigt.

- **Management:** Ein Factory-Outlet-Center ist eine überaus sensible Managementimmobilie und bedarf daher eines zentralen und professionellen Center-Managements. Die Aufgaben beinhalten Bereiche wie Vermietmanagement, kaufmännisch-wirtschaftliche Verwaltung, Hausverwaltung, Haustechnik, Sicherheitsmanagement, Center-Werbung, Center-Aktionen sowie die Steuerung der wirtschaftlichen Entwicklung durch Beratung, Motivation und Kontrolle der Betriebsergebnisse einzelner Mieter. Der Center-Manager einer Outlet-Mall hat darauf zu achten, dass die angebotene Ware der Hersteller sowohl zum richtigen Preis, d. h. der Gewährung eines angemessenen Discounts, als auch mit der entsprechenden Qualität, angeboten wird. Neben den allgemeinen Managementaufgaben gehört auch die Koordination des Center-Marketings in den Aufgabenbereich eines Center-Managers.

- **Marketing:** Die Standorte von Outlet-Malls erfordern die Einrichtung einer Werbegemeinschaft aller Outlet-Betreiber. Die Werbegemeinschaft entspricht einer Funktionsgemeinschaft zur Wahrnehmung unternehmerischer Aufgaben, wie z. B. Werbung, Public Relations und die Durchführung von Aktionen und Events. Die Werbepolitik soll in erster Linie das positive Dachimage des Centers, das vor allem aus der räumlichen Konzentration namhafter Markenartikelhersteller resultiert, nach außen transportieren. Neben der Bevölkerung im Einzugsgebiet sollen Touristen z. B. durch Informationsbroschüren und einen Internetauftritt angesprochen werden.

- **Servicepolitik:** Die Servicepolitik der Outlet-Center hat sich in den vergangenen Jahren deutlich erhöht. So gehören heute Informationsschalter, Touristeninformationsbüros, Sauberkeit, Sicherheit, die Annahme von Kreditkarten, eine freundliche Bedienung, Einzelumkleidekabinen, Gepäckaufbewahrung, das Recht zum Umtausch der Waren, kundenfreundliche Öffnungszeiten, Kinderbetreuung und ein angenehmes Ambiente zum Standard eines professionellen Centers.

- **Bauliche Besonderheiten:** Factory-Outlet-Center werden in den unterschiedlichsten architektonischen Erscheinungsformen realisiert. Die ursprünglichste Form ist der Zusammenschluss der Outlets in stillgelegten Fabrikationsgebäuden. Eine weitere Erscheinungsform zeigt sich im geschlossenen Einkaufszentrum „Center-Mall-Typ". In dieser Konzeption sind die Fabrikverkaufsgeschäfte auf einer oder mehreren Ebenen verteilt an einer Mall angeordnet. Im sogenannten Village-Stil sind die Outlets in historischen oder neu gebauten Einzelhäusern untergebracht. Die Häuser sind dabei in Form eines Dorfes bzw. einer Straße angeordnet. Analysiert man die Outlet-Malls in Europa, dominiert mit 48 % eindeutig der Village-Stil. An zweiter Stelle steht der geschlossene Center-Mall-Typ mit 31 %. Die Etablierung einer Outlet-Mall in einer umgebauten Fabrik wurde bislang 13-mal verwirklicht. Die Architektur sollte den örtlichen Baustil wie auch den Geschmack der Konsumenten berücksichtigen und zur Philosophie des Centers passen. Factory-Outlet-Center sollten kostengünstig erstellt werden, aber dennoch attraktiv und kundenfreundlich sein. Outlet-Malls werden sehr oft in Stufen bzw. Phasen gebaut. Hierdurch sollen mögliche Leerstände der Einheiten vermieden und das Risiko begrenzt werden. Eine Factory-Outlet-Mall, zumeist auf der grünen Wiese oder am Stadtrand situiert, lebt von der Zielkundschaft. Angesichts des hohen Pkw-Anteils ist die Berücksichtigung eines ausreichenden Parkplatzangebotes ein entscheidender Erfolgsparameter.

Auch in Zukunft ist mit einem weiteren Anstieg der Outlet-Center in Europa zu rechnen. Eine Analyse der geplanten Outlet-Center zeigt für die nächsten Jahre eine zunehmende bzw. noch steigende Bedeutung, insbesondere für die Länder Spanien, Italien, Österreich, Polen und Deutschland.

4.4 Spezial- und Themen-Center

Begriff Ein Spezial- bzw. Themen-Center fasst Einzelhandels- und Dienstleistungsbetriebe in einer räumlichen Einheit zusammen, die eine spezielle Warengattung oder Waren und Dienstleistungen eines spezifischen Themas anbieten. Durch die Akkumulation dieser Anbieter entstehen Synergieeffekte und eine Magnetwirkung, sodass auf die Etablierung eines Magnetbetriebes unter Umständen verzichtet werden kann.

stilwerk-Center Ein Beispiel dieses Center-Typs besteht mit den stilwerk-Themen-Centern. In diesen Centern befinden sich Anbieter des gehobenen Einrichtungsbedarfs unter einem Dach. Zu den Warenangeboten zählen u. a. Möbel, Wohnaccessoires, Büro- und Objekteinrichtungen, Geschenkartikel, Stoffe, Bodenbeläge, Badeinrichtungen, Küchen, Unterhaltungselektronik und Leuchten. Das erste Center dieser Art wurde 1996 am Hamburger Hafen errichtet. Seither wurde ein weiteres stilwerk-Center in Berlin und in Düsseldorf realisiert. Geplant wird ein weiteres Center derzeit in Stuttgart. Ergänzt wird das Angebot im Bereich der Designermöbel durch ein gastronomisches Angebot sowie Events und kulturelle Angebote.

Weitere Spezial- und Themen-Center befinden sich derzeit in der Planung bzw. wurden bereits mit mehr oder weniger großem Erfolg realisiert. Zum Spektrum zählen hierbei Öko-Themen-Center, Center zum Thema Auto und Mobilität und Fashion-Center.

4.5 Shopping-Center in Bahnhöfen

Eine Shopping-Center-Spezialform zeigt sich mit den Centern in Bahnhöfen. Im Zuge der Revitalisierung und Umstrukturierung von Bahnhöfen entstehen Shopping-Center in teilweise hochzentralen Innenstadtlagen.

Neue Shopping-Konzepte bieten hierbei sowohl Angebote für die speziellen Bedürfnisse der Reisenden wie auch für die Konsumenten im Einzugsgebiet. Im Vergleich zu den traditionellen Shopping-Centern besitzen die Center in Bahnhöfen einen hohen Flächenanteil im Gastronomiebereich (rund 12 %) und im Bereich der Dienstleistungsangebote (rund 16 %). Besondere Bedeutung besitzt das Convenience-Shopping. Die Kernkompetenz liegt dabei in verzehrnahen Impulsprodukten. Die Definition des Branchen- und Mietermix sollte auf die Bedürfnisse der Besucher zugeschnitten sein. Eine detaillierte Besucheranalyse ist zu empfehlen. **Neue Konzepte**

Die Vorteile dieses Center-Typs bestehen u. a. in vergleichsweise hohen Passantenfrequenzen und langen Öffnungszeiten. Demgegenüber ist ein höheres Sicherheitsrisiko zu beachten. Ein geeignetes Sicherheitsmanagement in Kooperation mit der Polizei ist von besonderer Bedeutung, um die Sicherheit der Besucher zu gewährleisten und Imageschäden zu vermeiden. **Vorteile**

Die Philosophie der Entwickler ist hierbei nicht ein Bahnhof mit verbessertem Handelsangebot, sondern eine Einkaufs- und Erlebniswelt mit u. a. auch einem Gleisanschluss. Ein attraktives Beispiel dieses Center-Typs besteht mit den Promenaden im Hauptbahnhof Leipzig. Das im Jahre 1997 eröffnete Center ist ICSC Award Winner des Jahres 1998.

4.6 Airport Retailing

Non-Aviation-Nutzungen gewinnen im Bereich der Flughäfen zunehmend an Bedeutung. Hotel-, Kongress-, Einzelhandels-, Gastronomie- und Freizeitnutzungen ergänzen die Produktpalette des Flughafens und leisten einen wichtigen Beitrag zur Profilierung im Wettbewerb. Um die Umsätze zu halten, sind Flughäfen in immer stärkerem Maße auf eine Erhöhung der Einnahmen aus dem Non-Aviation-Bereich angewiesen.

Neben den Fluggästen zählen die Angestellten des Flughafens, die Besucher, aber auch die Berufstätigen im Umfeld des Flughafens und die Nachfrager im Einzugsgebiet zu den Zielgruppen eines Shopping-Angebotes im Flughafen. Im Rahmen des Konzeptes sind hierbei die differenzierten Kundenbedürfnisse zu beachten. Hohe Bedeutung besitzt der Impulskauf. **Nutzer**

Insbesondere die Großflughäfen haben die Bedeutung des Airport Retailing erkannt und nutzen die hohen Besucherfrequenzen und liberalen Ladenöffnungszeiten. So haben die Läden täglich von früh morgens bis spät abends an sieben Tagen in der Woche geöffnet.

Den teilweise hohen Flächenproduktivitäten und Ladenmieten stehen höhere Nebenkosten gegenüber. Für die Händler zeigt sich mit den Personalkosten ein erheblicher Kostenblock. Auch die Kosten für den Ladenbau sind u. a. in Anbetracht strenger Auflagen für den Brandschutz höher als in normalen Shops. **Hohe Nebenkosten**

Grundsätzlich differenziert man zwei Shopping-Bereiche. Während die Shops auf der Luftseite nur für Personen zugänglich sind, die ein Ticket besitzen und die Sicherheitskontrollen passiert haben, sind die Shops der Landseite auch für Nichtreisende erreichbar. Diese unterschiedlichen Shopping-Bereiche sind im Rahmen des Nutzungskonzeptes und auch des spezifischen Mietermixes zu berücksichtigen.

Need for Speed

Zu beachten ist das begrenzte Zeitfenster der Passagiere (Need for Speed). Selbstbedienung und eine offene Warenpräsentation sind daher wichtige Aspekte. Die bestehenden „flughafenspezifischen" Kundenläufe müssen aufgenommen bzw. gesteuert werden. Durch eine Neuordnung der Terminals oder der Flugpläne kann es zu deutlichen Veränderungen der Frequenzen kommen.

Angebotspalette

Neben einem nationalen und internationalen Einzelhandelsangebot wird Wert auf ein spezielles, unverwechselbares Angebot aus der Region gelegt (Lokalkolorit). Zum Branchenmix gehören Parfüm/Kosmetik, Optik/Brillen, Schmuck/Uhren, Bücher/Zeitschriften, Geschenkartikel, Tabakwaren/Süßwaren, Elektronik/Foto, Delikatessen/Supermarkt, Taschen/Lederwaren, Schuhe sowie Mode/Accessoires. Einen Angebotschwerpunkt bilden der Reisebedarf und der Modebereich. Stark vertreten sind internationale Marken. Ergänzt wird das Einzelhandelsangebot durch gastronomische Angebote, wobei sowohl nationale und internationale Restaurants, Schnellrestaurants, Bistros und Snack-Bars vertreten sind. Servicebetriebe wie Autovermietungen, Banken, Geldwechsel, Post, Apotheken, Friseure etc. runden das Angebot ab.

Üblicherweise werden Umsatzmieten, in der eine Mindestmiete enthalten ist, vereinbart. Die Höhe der Umsatzmiete bemisst sich neben der jeweiligen Branche auch nach der Größe und Bedeutung des Flughafens und der Qualität der Lage der jeweiligen Mieteinheit. Für die Lageeinschätzung im Bereich der Luftseite ist die Zahl und die Art der Passagiere von entscheidender Bedeutung.

Das Airport Retailing gewinnt auch in den deutschen Großflughäfen an Relevanz. Auf dem Frankfurter Flughafen besteht derzeit eine Einzelhandelsfläche von rund 20.000 m². Bis 2010 sollen weitere 10.000 m² hinzukommen. Mit der Eröffnung des Terminals 2 hat sich die Verkaufsfläche des Münchener Flughafens auf rund 30.000 m² erhöht. Hiervon befinden sich etwa 13.000 m² auf der Luftseite und rund 17.000 m² auf der Landseite. Ausbaupläne für den Retail-Bereich gibt es auch für den Düsseldorfer, den Hamburger und den Köln/Bonner Flughafen.

5. Shopping-Center-Management

Ziel des Managements

Bei den Shopping-Centern handelt es sich um eine sensible Gewerbeimmobilie. Viele Akteure und Nutzer und die entsprechenden Interessenkonflikte, aber auch mögliche Synergieeffekte sind zu beachten. Zum Hauptzielziel eines Center-Managements zählt die Erhaltung bzw. Steigerung des wirtschaftlichen Erfolges. Hierzu sind der Aufbau und die Pflege von Erfolgspotenzialen entscheidend.

Erforderliche Qualifikation

Der erfolgreiche Center-Manager muss ein Fingerspitzengefühl für den Markt besitzen und über einen hohen Wissensstand in Bezug auf technische, wirtschaftliche und rechtliche Inhalte verfügen. Als Moderator muss er zudem über die erforderliche Kommunikationsfähigkeit und Flexibilität verfügen. Zum vielschichtigen Aufgabenspektrum eines Center-Managements gehört u. a. die Durchführung von Marktanalysen, die Koordination des Center-Marketings (Werbung/Aktionen etc.) sowie ein aktives Vermietmanagement und Kostenmanagement.

5.1 Erfolgskriterien

Für die erfolgreiche Entwicklung und Betreibung eines Shopping-Centers ist eine Reihe von relevanten Erfolgskriterien anzuführen. Hierzu zählen insbesondere:

- ein geeigneter Standort (Nähe zum Kunden- bzw. Kaufkraftpotenzial),
- gute Erreichbarkeit (Individualverkehr, öffentlicher Personennahverkehr),
- Einsehbarkeit/Auffindbarkeit,
- die Durchführung von Markt-, Standort- und Wirtschaftlichkeitsanalysen,
- die Berücksichtigung einer standortgerechten Dimensionierung (Attraktivität),
- die Erstellung eines markt- und standortgerechten Nutzungskonzeptes,
- die marktgerechte Positionierung des Centers im Wettbewerbsgefüge,
- eine adäquate und zum Konzept passende Außen- und Innenarchitektur,
- die Definition eines markt- und standortgerechten Branchen- und Mietermix,
- ein aktives Vermietmanagement,
- die Berücksichtigung starker Magnetmieter,
- ein durchdachter und programmierter Kundenlauf,
- eine adäquate vertikale Erschließung,
- ein professionelles Center-Management,
- ein professionelles Center-Marketing (Öffentlichkeitsarbeit, Werbung, Aktionen etc.),
- eine ausreichende Anzahl von Parkplätzen mit entsprechender Qualität,
- die Schaffung einer angenehmen Einkaufsatmosphäre,
- die Berücksichtigung des Erlebniseinkaufs (Gastronomie, Freizeit, Entertainment),
- Service und Beratung,
- Sicherheit, Sauberkeit und Freundlichkeit,
- die Schaffung eines Treffpunktes,
- einheitliche Öffnungszeiten,
- die Berücksichtigung einzelhandels- und shopping-center-spezifischer Mietvertragsbesonderheiten.

5.2 Research

Sowohl vor der Realisierung eines Center als auch im laufenden Betrieb sollte die Marktforschung als Informationsbasis genutzt werden. Immer kürzer werdende Lebenszyklen und eine starke Veränderung im Marktumfeld erfordern heute mehr denn je eine ständige Beobachtung und Analyse der relevanten Einflussgrößen und Erfolgsparameter.

Marktanalyse

Für ein Shopping-Center gehört die Definition und Analyse des Markt- und Einzugsgebietes zum Kern der Marktforschung. Das Einzugsgebiet eines Centers umfasst dabei das Gebiet der potenziellen bzw. aktuellen Kunden. Neben endogenen wird die Ausprägung des Einzugsgebietes auch von exogenen Faktoren, wie beispielsweise der Wettbewerbssituation im Marktgebiet, beeinflusst.

Auf der Basis der Abgrenzung des Einzugsgebietes können die relevanten Informationen mit Hilfe einer Markt- und Standortanalyse gewonnen werden. Die Auswertung relevanter Informationen soll dem Center-Management als Entscheidungsgrundlage dienen. Prognosen über die voraussichtlichen Veränderungen im Marktgebiet ermöglichen eine strategische Vorgehensweise.

Endogenes Erfolgspotenzial

Neben den exogenen Marktverhältnissen sind auch die endogenen Erfolgspotenziale des Centers zu analysieren. Zu den Informationsquellen einer diesbezüglichen Objektanalyse gehören neben der Besichtigung des Centers u. a. auch Besucherzählungen und Besucher- bzw. Kundenbefragungen. Nicht selten bleiben diese sehr wichtigen Informationsmöglichkeiten ungenutzt. Ein Aspekt, der angesichts des immer stärker werdenden Wettbewerbs nicht nachvollziehbar ist.

Eine weitere wichtige Informationsquelle besteht im engen Kontakt zu den Mietern des Centers. Schon früh lassen sich so Informationen über Aspekte des Centers wie auch über Veränderungen im Marktumfeld gewinnen. Anhand einer Analyse der Umsatzentwicklung der Center-Mieter können frühzeitig eventuelle Probleme identifiziert und mit den Betroffenen besprochen werden.

5.3 Projektentwicklung

Die Entwicklung von Shopping-Centern vollzieht sich heute im Spannungsfeld unterschiedlichster Interessen. Durch eine zunehmende Sensibilität der verschiedenen Beteiligten und Interessengruppen, wie Verbände, Politiker, Stadtplaner aber auch der Gesellschaft insgesamt, wird es immer schwieriger eine Akzeptanz für neue Shopping-Center zu erreichen. Dies gilt insbesondere für Center, die auf der grünen Wiese bzw. am Stadtrand projektiert werden. Aber auch in den integrierten Lagen wird eine Entwicklung durch die Beeinflussung diverser Interessensgruppen immer schwieriger.

Differenziertes Know-how erforderlich

Eine Shopping-Center Entwicklung bedarf daher eines sensiblen Vorgehens. Es handelt sich dabei um ein äußerst komplexes Unterfangen und bedarf der Kenntnis aus den unterschiedlichsten Bereichen und Disziplinen. Sind die erforderlichen Kenntnisse nicht im eigenen Unternehmen vorhanden, so sind externe Spezialisten hinzuziehen bzw. ein interdisziplinäres Team aus Fachleuten zusammenzustellen. Durch die Arbeit im Team wird erreicht, dass die relevanten Aspekte aus allen Bereichen wie Marktforschung, Architektur, Vermietung, Finanzierung, Versicherung, Management, Marketing und Baudurchführung entsprechend eingebracht werden. Erforderlich ist zudem eine juristische Beratung und eine Moderation des Teams.

Wie bei einem Markenartikel sollten die Marktforschung und das Produktmarketing am Anfang einer Center-Entwicklung stehen. Im Rahmen des Produktmarketings sind alle qualitativen Merkmale und Eigenschaften des Centers festzulegen und deren Umsetzung sicherzustellen. Ausgangspunkt aller Überlegungen sind die Bedürfnisse der Konsumenten im Einzugsgebiet, wie auch die Bedürfnisse und Erfordernisse der potenziellen Mieter/Nutzer des Centers.

Wurde der Startschuss für ein Projekt gegeben, besteht grundsätzlich die Gefahr einer Verselbstständigung des Vorhabens. Es ist daher von besonderer Bedeutung, stets die Kontrolle über das Projekt zu behalten und die jeweiligen Risiken adäquat zu berücksichtigen. In gewissen Abständen bzw. nach entsprechenden Entwicklungsphasen ist eine Analyse der Realisierungschancen empfehlenswert, wobei auch ein Abbruch des Vorhabens zu diskutieren ist. **Controlling notwendig**

Die Projektentwicklung eines Shopping-Centers kann in unterschiedliche Phasen differenziert werden:

Entwicklung des Projektes **Phase 1**

- Projektidee,
- Prüfung der Grundstückssituation,
- erste Standortbeurteilung,
- Definition des Entwicklungsziels,
- Erarbeitung erster Nutzungskonzeptionen,
- Definition eines vorläufigen Branchenkonzeptes,
- Erstellung einer ersten Wirtschaftlichkeitsberechnung,
- Zusammenfassung der Ergebnisse.

Vorbereitung der Projektrealisierung **Phase 2**

- Aufstellung eines Budget- und Zeitplans,
- Sicherung des Grundstücks,
- Durchführung einer Markt- und Standortanalyse,
- Definition des Branchen- und Mietermix,
- Schaffung des Baurechts,
- Erstellung der Bauantragsplanung,
- Ausschreibung der Bauleistungen,
- Vermietmanagement,
- Ermittlung der Wirtschaftlichkeit des Vorhabens,
- Finanzierung des Projekts,
- Zusammenfassung der Ergebnisse,
- Zielkontrolle.

Phase 3 Realisierung des Projekts
- Erteilung der Baugenehmigung,
- Vergabe der Bauleistungen,
- Einkauf der Finanzierung,
- Vermietmanagement,
- begleitendes Center-Marketing.

5.4 Vermietmanagement

Die Definition eines markt- und standortgerechten Mietermixes zählt zu den entscheidenden Erfolgskriterien eines Shopping-Centers. Basis des Vermietmanagements ist eine umfangreiche Informationsbeschaffung über den Makro- und Mikrostandort sowie über das spezifische Center. Darüber hinaus sind aktuelle Trends auf den Einzelhandelsmärkten und Veränderungen im Konsumentenverhalten zu beachten. Der Mietermix sollte nicht statisch ausgelegt sein, sondern Raum für die Anpassung an geänderte Marktverhältnisse bieten.

Man unterscheidet beim Vermietmanagement drei Phasen:

- **Vorvermietungsphase:** Bereits innerhalb der Projektentwicklung ist die Einbeziehung des Vermietmanagements von Bedeutung. Durch die Kenntnis des Mietermarktes und der spezifischen Bedürfnisse der potenziellen Nutzer können bereits in diesem frühen Stadium wichtige Weichen für eine erfolgreiche spätere Vermietung gestellt werden. Zu den Aufgaben dieser Phase zählt u. a. die Definition möglicher Zielgruppen, die Erstellung des Mietermixes, die Bestimmung erforderlicher Ausstattungsstandards, die Erarbeitung alternativer Flächenkonzepte und die Aufstellung erster Mietertragsberechnungen.

- **Hauptvermietungsphase:** Im Rahmen dieser Phase kommen die geplanten marketingpolitischen Instrumente zum Einsatz. Parallel hierzu werden Mietvertragsverhandlungen geführt und Mietverträge abgeschlossen. Besondere Bedeutung besitzt hierbei die Vermietung an die Magnetbetriebe des Centers. Magnetbetriebe besitzen eine überdurchschnittliche Anziehungskraft auf die Kunden und spielen bei der Positionierung des Centers am Markt eine entscheidende Rolle. Eine Eröffnung des Centers mit einer Vermietung deutlich unter dem angestrebten Niveau ist zu vermeiden, da auch bei Shopping-Centern der erste Eindruck der Besucher zählt und das Image hierdurch negativ beeinflusst werden kann. Sind bis zur Vermietung noch nicht alle Einheiten vermietet, bietet sich auch eine auf das Center abgestimmte Übergangslösung an. Zu denken ist hier an eine kurzfristige Vermietung oder auch an eine unentgeltliche Überlassung der Flächen.

- **Nachvermietungsphase:** In der Nachvermietungsphase ist ein Soll-Ist-Vergleich des Umsatzes, der Erträge (Mieten) und der Kosten durchzuführen. Noch nicht vermietete Flächen sind durch entsprechende Maßnahmen zu vermieten bzw. zu belegen.

5.5 Marketing

Ziele

Marketing bezeichnet eine unternehmerische Grundeinstellung, deren Anspruch es ist, den Markt aktiv zu gestalten, zu formen und attraktiv zu halten. Ausgangspunkt bilden die Wünsche, Bedürfnisse und Probleme aktueller und potenzieller Kunden. Durch eine dauerhafte Befriedigung der Kundenbedürfnisse sollen die Unternehmensziele realisiert werden.

Der Einzelhandelsmarkt ist heute von einem starken Angebot gekennzeichnet. Die Verkaufsflächen steigen bei eher stagnierenden Einzelhandelsumsätzen. Die Flächenproduktivitäten sind unter Druck, die Umschichtung der Einzelhandelslandschaft wird sich fortsetzen. Ein immer stärker werdender Wettbewerb auf der einen und eine starke Zurückhaltung der Konsumenten auf der anderen Seite zwingen die Unternehmen zu einer stärkeren Besinnung auf das marketingpolitische Instrumentarium. Professionelles Marketing umfasst dabei alle Aspekte und beginnt bereits bei der Entwicklung eines Centers.

Stärken-/ Schwächen-Analyse

Durch eine Stärken- und Schwächenanalyse des Standortes und des Centers ist zunächst die Ausgangsbasis zu klären. Eine detaillierte Informationsbeschaffung schafft die Grundlage zur adäquaten Einschätzung und Entscheidungsfindung. Auf dieser Plattform ist eine zielgerichtete Modellierung der diversen Instrumente möglich. Das Center-Marketing agiert dabei im Spannungsfeld diverser Interessensgruppen wie Center-Mieter, Kunden/Besucher, Center-Eigentümer, Öffentlichkeit, Medien, politische Parteien etc.

Zu den marketingpolitischen Instrumenten zählen u. a.:

- **Marktforschung:** Kunden- und Besucherbefragungen als Basis der Marketingarbeit. Besucherzählungen zur Ermittlung des Besucherstromes im Center.
- **Werbung:** Definition der Werbeziele, Festlegung des Werbebudgets und der Werbebotschaft, Wahl der Werbeträger (Tageszeitung, Kino, Radio, Fernsehen), Timing des Mediaeinsatzes, Messung des Werbeerfolgs. Mitwirkung bei der Arbeit der Werbegemeinschaft.
- **Public Relations:** Situationsanalyse, Erarbeitung einer Kommunikationsstrategie, Bestimmung der PR-Träger, Durchführung und Erfolgskontrolle.
- **Service:** Gewährleistung von Sauberkeit, Sicherheit und Freundlichkeit. Zum Service gehört auch die Besucherinformation in Form von Informationsschaltern, Center-Broschüren, einer attraktiven Internetseite und einer professionellen Besucherführung.
- **Aktionen:** Planung und Durchführung von Center-Aktionen und Veranstaltungen.
- **Objektmarketing:** Aktives Flächenmanagement, wechselnde Dekorationen, Lichtdesign und ein attraktives Design der Mall.
- **Vermietmanagement:** Vermietung entsprechend eines definierten Mietermixes. Anpassung des Mietermixes durch Berücksichtigung neuer Entwicklungen im Marktgebiet und neuer Einzelhandelstrends. Ansprechpartner und Berater der Mieter, z. B. in Fragen der Schaufensterdekoration, Ladenbau, Kundenansprache, Werbung etc.

6. Revitalisierung von Shopping-Centern

Begriff Unter einer Revitalisierung versteht man die Anpassung der Ausstattung und Qualität eines Shopping-Centers an die geänderten Marktverhältnisse. Wie jedes Produkt unterliegt auch ein Shopping-Center einem Alterungsprozess. Neben technisch bzw. baulich bedingten Erosionen geben im Bereich der Shopping-Center in erster Linie wirtschaftlich bedingte Umstände den Anstoß zu einer Revitalisierung. Anzuführen sind hier beispielsweise Marktveränderungen, die Entstehung attraktiver Konkurrenzobjekte im Marktgebiet, Veränderungen in der Verbraucherstruktur und dem Verbraucherverhalten sowie Veränderungen der Bedürfnisse und Anforderungen der Center-Mieter.

Zur Erhaltung bzw. Steigerung der Attraktivität sind hierbei Maßnahmen mit unterschiedlicher Intensität realisiert worden. Neben einer stetigen Flächenexpansion mit einer gleichzeitigen Anpassung der Alt-Substanz an bauliche Erfordernisse und ein geändertes Konsumentenverhalten wurden Shopping-Center durch Teilabriss, Wiederaufbau, Erweiterung und Anpassung oder sogar einen kompletten Abriss und Wiederaufbau revitalisiert.

Markt-/Standortanalyse Zu Beginn einer Revitalisierung stehen eingehende Analysen des Marktes, des Standortes sowie des Centers. Durch diese Untersuchungen erhält man eine Einschätzung über die Qualität des Standortes und der zukünftigen Entwicklung im Marktgebiet sowie eine Übersicht über die vorhandenen funktionalen und konzeptionellen Stärken und Schwächen des Shopping-Centers.

Im Rahmen einer darauf aufbauenden Nutzungskonzeption gilt es die bestehenden und eventuell neuen Flächen in optimaler Weise zu verknüpfen und neu anzuordnen. Wichtig ist in diesem Zusammenhang auch die Berücksichtigung geeigneter Magnetmieter und innovativer Konzepte. Ziel ist eine attraktive Profilierung und Positionierung des Centers im Wettbewerbsumfeld.

Anpassungsmaßnahmen Ist eine tragfähige Konzeption gefunden, sind die einzelnen Revitalisierungsmaßnahmen durch entsprechende Detailplanungen, spezifische Kostenermittlungen und Wirtschaftlichkeitsberechnungen vorzubereiten. Zu den Anpassungsmaßnahmen zählen u. a.:

- Anpassung der Innen- und Außenarchitektur an den Zeitgeschmack (neue Fassaden, neue Fußböden, Design, Lichttechnik etc.),
- Erweiterung bzw. Änderung im bestehenden Branchen- und Mietermix, Berücksichtigung zeitgemäßer Betriebsformen wie z. B. SB-Warenhäuser und Fachmärkte,
- Umwandlung von bisher nicht genutzten Flächen in Verkaufsflächen,
- vertikale Vergrößerung der Center,
- Flächenexpansion, z. B. durch den Anbau einer neuen Mall,
- Überbauung ebenerdiger Parkflächen mit Parkpaletten, Parkhäusern oder Verkaufsflächen,
- Schaffung von Tageslichteinfall durch Glasüberdachungen und Lichthöfe,
- Verbesserung des Kundenlaufes (Vermeidung toter Ecken, Sackgassen etc.),

- Verbesserung der Einkaufsatmosphäre,

- Schaffung zusätzlicher Einkaufs- und Freizeiterlebnisse (Food-Courts, Großgastronomie, Multiplex-Kinos etc.).

Zur Schaffung der erforderlichen Akzeptanz bei den Mietern und Kunden des Centers sind begleitende Werbe- und PR-Maßnahmen erforderlich. Nur eine umfassende und rechtzeitige Informationspolitik über das neue Konzept und auch über die möglichen negativen Begleitumstände schafft das erforderliche Wir-Gefühl.

Probleme können sich einstellen, wenn man bei der Revitalisierung die vorhandenen Strukturen des Centers nicht konsequent genug in Frage stellt und sich lediglich auf kostengünstigere Objektkosmetika beschränkt. Angesichts drastischer Veränderungen des Wettbewerbsumfeldes und des Verbraucherverhaltens werden die Zyklen notwendiger Revitalisierungen immer kürzer. Eine permanente Anpassung an geänderte Marktverhältnisse und ein Höchstmaß an Flexibilität sind daher für einen wirtschaftlichen Erfolg von besonderer Bedeutung.

Probleme

3   Themen-Center – Die Stadtgalerie
– Lebendige Stadt oder inszenierte Urbanität? –

Walter Brune, Dipl.-Ing. Architekt BDA, Düsseldorf

Inhaltsverzeichnis

1. Lebendige Stadt oder inszenierte Urbanität? 122
2. Demographische Veränderungen 123
3. Investorenverhalten 123
4. Integrierte Stadtgalerie 125

1. Lebendige Stadt oder inszenierte Urbanität?

Stadtentwicklung

Als Architekt, aber auch als Städteplaner, habe ich mich in den letzten 50 Jahren in erster Linie mit Stadtstrukturen beschäftigt, die in Beziehung zum Einzelhandel stehen. Wie sind Städte entstanden? Teilweise als Ansiedlungen um Burgen oder Schlösser, aber die meisten Städte sind an Wegekreuzungen entstanden, an denen Bauern Kühe, Pferde oder andere Produkte verkauften. Hier entstanden Häuser und im weiteren Verlauf Märkte, Verkaufsplätze und schließlich Geschäftsstraßen etc. Die Städte entwickelten sich nicht um Kirchen oder Rathäuser, sondern diese kamen immer erst später, wenn die Stadt nämlich schon da war. Die Urzellen der meisten Städte in Europa sind eben immer Handelsplätze, auf denen Verkauf stattfand. Und noch heute ist es so, dass der zentrale Einzelhandel der wichtigste Belebungsfaktor einer Stadt ist.

Handel als Voraussetzung für Kulturleben

Wenn man in eine Wohnstraße geht, begegnet man oft nur einer Person. Wenn man am Samstag oder Sonntag in einer Bürostraße flanieren möchte, sieht man nur die Hausmeister. Aber in der Hauptgeschäftsstraße befinden sich immer viele Menschen. Sie zeigen gerade am Abend und an den Wochenenden lebendiges und pulsierendes innerstädtisches Leben. Dieses Leben rufen nicht Kirchen, Museen, Rathäuser, Behörden oder Opernhäuser hervor. Sie gehören zwar zum innerstädtischen Leben, werden aber nur von höchstens 5 % der Bevölkerung in Anspruch genommen. 95 % der Bevölkerung befinden sich wegen des Einzelhandels in der Stadt. Die Kultur in der Innstadt ist nur deshalb dort, weil die Menschen dort sind. Und die Menschen sind nur wegen des Einzelhandels dort. Insofern kann festgestellt werden, dass unsere Städte, gestützt durch den Einzelhandel, in der Regel hoch kulturell genutzte Lebensräume sind.

Im Umkehrschluss kann man feststellen: Nimmt man sämtlichen Einzelhandel aus der Innenstadt heraus, so zerstört man auch die kulturellen Einrichtungen, denn mit nur 5 % flanierender Besucher sind dies keine attraktiven Zonen mehr. Nimmt man allerdings die Kultur heraus, so würde die Stadt trotzdem funktionieren. Die Kultur braucht die Stadt, Kultur braucht den Einzelhandel, aber der Einzelhandel nicht die Kultur!

Wie funktionieren die Shopping-Center auf dieser Welt? Sie können sich mit sich selbst beschäftigen und benötigen keine Kultur. Sie erzielen ein „gutes Geschäft" und versammeln alle Menschen einer Stadt unter ihren Dächern. Zurück bleibt die Leere der Stadt. In dieser Entwicklung liegt aber auch die Gefahr für die Städte. Argumente, wie z. B. mit der modernen Zeit zu gehen, sind eine Täuschung. Die Identität einer Stadt aufzubauen und lebendig zu erhalten schafft kein noch so schönes „Center". In diesen Zentren sind die Menschen anonym. Urbanität findet nicht statt.

Wenn wir damit den Einzelhandel aus unseren Städten verbannen, sie zur Langweiligkeit verdammen, zerstören wir gleichzeitig die wichtigsten Kulturstätten unserer Gesellschaft. Darüber muss man sich im Klaren sein: 20.000 bis 100.000 m² Shopping-Center-Verkaufsfläche entziehen einer Stadt je nach Größe die Kernkompetenz des Einzelhandels. Eine zurückbleibende unattraktive und langweilige Stadt wird niemals attraktive Kunst bieten und kultureller Mittelpunkt sein.

Unsere Städte sind nicht nur unsere Kulturzentren, sondern gleichzeitig unsere Heimat, in der wir uns wohl fühlen und auf die wir stolz sind. Heimat als Stadtraum ist nicht nur ein Bereich, in dem man versorgt wird, sondern es ist ein großes Zusammenspiel zwischen verschiedenen gesellschaftlichen Ereignissen, von Kultur und Kunst, von Geselligkeit und Einzelhandelsszenerie. Doch die Triebkraft der Lebendigkeit der Stadt ist und bleibt der Handel. Gesund und attraktiv ist eine Stadt nur dann, wenn Einzelhandel, Kultur, Gesellschaft und Wirtschaft im engen Bezug zueinander die Zentralität der Stadt begründen. Der Einkauf in einem bestens sortierten Shopping-Center mit kostenlosen Parkmöglichkeiten ist bequemer als der Einkauf mit Parkplatzsuche in der Innenstadt; diesen Preis muss der Konsument eben für seine Stadt und Heimat zu tragen bereit sein.

Handel als Garant für Lebensqualität

Was kann es auf der Welt Wichtigeres und Schöneres geben, als in einer hochwertigen, wirtschaftlich, kulturell und gesellschaftlich lebendigen Stadt eben gleichzeitig mit einem gut funktionierenden Einzelhandel zu leben?

Eine Stadt voller Leben!

2. Demographische Veränderungen

Das wohl größte Problem, welches aus der gesamtgesellschaftlichen Struktur auf uns zukommt, ist die demographische Veränderung. Der zunehmende Verlust an Bevölkerungsnachwuchs entwickelt sich dramatisch. Vielen Menschen ist dieses Thema noch gar nicht bewusst geworden. Wie wird unser Land in 10 oder 50 Jahren aussehen, wenn es uns nicht gelingt, dieser Entwicklung entgegen zu treten? Die Folge dieser Entwicklung wird sein, dass wir in nicht allzu weit entfernt liegender Zukunft (im Osten hat dies schon begonnen) großflächige Wohngebiete abreißen werden. Die danach folgenden einzureißenden Gebäude werden Kaufhäuser, Schulen und Krankenhäuser sein.

3. Investorenverhalten

Aus dieser Perspektive scheint es äußerst wichtig, unsere guten Geschäftsstraßen zu stärken und lebensfähig zu erhalten. Die Kraft einer Stadt resultiert einerseits aus der Anzahl der Bevölkerung. Andererseits ergibt sich die wirtschaftliche Kraft aus den ökonomischen Ergebnissen vielfältiger Tätigkeiten. In diesem Bereich ist der Einzelhandelsumsatz eine ganz besondere und wich-

Stärkung der Innenstädte

tige Kraft, denn die Bevölkerung bringt das in der Wirtschaft verdiente Geld größtenteils in den Konsum, um sich zu versorgen oder sich Wünsche zu erfüllen. Die Summe dieser Ausgaben ist der Fundus und somit das wichtigste Potenzial einer Stadt.

Daran partizipieren Kultur, die Wirtschaft allgemein und das Sozialwesen. Aber die Kraft des Handels und der Fundus des Einzelhandelsumsatzes wird gerne manipuliert. Viele wollen diese Kaufkraft absolut nur für sich nutzen. Hierbei handelt es sich auch um das interessanteste Spielkapital für die Politik.

Hier können Politiker etwas bewegen, ohne dass dies die Stadtkasse vordergründig etwas kostet. Diese Chancen nutzen Investoren aus, die große Einzelhandelszentren bauen, die an der Innenstadt wohl nicht mehr interessiert sind. So möchte man am Fundus des Einzelhandelsumsatzes der Stadt partizipieren. Die Stadt wird an dieser Stelle zur Ader gelassen und zurück bleibt immer eine geschwächte Innenstadt.

Manipulative Investorenangebote

Die gewaltige Macht der Investoren solcher Zentren lockt und verleitet zudem die Politiker mit besonderen Angeboten. Nicht nur, dass eine Industriebrache wieder aufgebaut wird, nein, wenn die Zustimmung für ein Zentrum mit beispielsweise 30.000 m² oder 40.000 m² Verkaufsfläche gegeben wird, so wird direkt der Bau eines Fußballplatzes angeboten oder es werden Stiftungen für Museen, Spenden für alle Parteien usw. eingesetzt, um möglichst viele Befürworter in der Politik zu gewinnen.

In den Stadträten sitzen ja nicht nur Lehrer, sondern auch viele Menschen, die in irgendeiner Form am Aufbau eines solchen großen Zentrums beteiligt sein könnten, seien es beispielsweise Klempner, Anstreicher, Dachdecker, Maurer, Glaser, Vertreter von Baufirmen, Statiker, Architekten etc. Sie stimmen natürlich für ihre Karriere und für ihre Gewinne. Viele private Interessen stützen eine solche Bewegung. Keiner denkt dabei an den Niedergang der Stadt.

Die Situation scheint paradox. Fast überall im Land schrumpfen die Städte und ein Rückbau von Wohnraum und Infrastruktureinrichtungen ist die Folge. Nichtsdestotrotz, im Einzelhandel werden immense Initiativen ergriffen, obwohl auch auf diesem Sektor die gleichen Vorzeichen gelten: Bevölkerungsrückgang, großer Flächenbestand, stagnierende Kaufkraft.

„Bauboom" trotz Marktsättigung

So befinden sich zurzeit in Deutschland 90 großflächige Einkaufszentren mit einer gesamten Verkaufsfläche von 1,7 Mio. m² konkret in der Planung. In den nächsten fünf bis zehn Jahren wird in Deutschland mit 300–400 neuen Discount-Zentren zu rechnen sein. Dieser Flächenzuwachs hat nichts mehr mit Primär-, Nachhol- oder Zusatzbedarf zu tun. Deutschland hat in Bezug auf Europa gesehen die höchste Ausstattung mit Einzelhandelsflächen. Marktsättigungstendenzen sind daher überall auszumachen. Gleichzeitig rechnen Einzelhandelsverbände damit, dass zukünftig pro Jahr 30.000 kleine Läden in Deutschland schließen werden und zwar gleichzeitig mit ansteigenden Verkaufsflächenzuwächsen und dies – völlig unverständlich – in einem schrumpfenden Markt.

Diese Entwicklung wird, wenn sie ungestört so weitergeht, unser Leben in und um die Städte herum erheblich verändern. Dem einzelnen Konsumenten ist es völlig egal, ob im Stadtrandgebiet ein Zentrum gebaut wird oder nicht. Denn bevor er aus seinem Wohngebiet mit dem Auto in die Innenstadt fährt, dort einen Parkplatz suchen muss, so bleibt er doch lieber in seinem Wohnbereich, anstatt beispielsweise sogar im Regen ein ganz bestimmtes Ladenlokal suchen zu müssen. Der Konsument würde doch viel lieber die komplette Einkaufswelt, die er sich für einen bequemen Einkauf vorstellen kann, nutzen. Es fehlt nichts, was in der Innenstadt nicht auch geboten würde. Vielleicht sogar mehr. Der Konsument erkennt aber leider nicht die Folgen, die aus dieser Entwicklung entstehen. Städte verarmen, veröden und sind eines Tages auch für ihn als Konsument nicht mehr attraktiv. Doch dies bemerkt leider erst die nächste Generation.

Abschreckende Beispiele kann man in den Vereinigten Staaten sehen, z. B. in Pittsburgh, in Richmond oder vielen anderen Städten mit sehr interessanten Einkaufsstraßen, die in den 60er Jahren noch sehr lebendig waren, 1975 aber keinen einzigen Laden mehr hatten. Aus dem Pflaster der Bürgersteige wuchs hohes Unkraut, einige Kinder spielten zwar noch Fußball, aber alle Schaufenster waren mit Brettern vernagelt. Man muss dies einmal gesehen haben, denn sonst möchte man es nicht glauben. Zurück bleibt immer die entleerte Stadt. Der Prozess des Verfalls der Innenstadt-Einzelhandelsszene ist auch bei uns schon in vielen Städten in vollem Gange.

Negativbeispiel USA

Wenn hoch bezahlte Gutachter des Investors erklären, den Nachbarstraßen des Zentrums würden lediglich ca. 8–14,8 % Umsatz verloren gehen und der Innenstadt selbst 6 %, so muss man wissen, dass diese geschönten Zahlen bezüglich des Umsatzschwundes für jeden einzelnen Geschäftsinhaber tödlich sind. Der Ertrag nach Steuern bei der Firma C & A liegt zurzeit bei ca. 1–2 %, bei Peek & Cloppenburg noch bei ca. 4,5 %, bei Hennes & Mauritz bei ca. 5 %, bei Karstadt bei ca. –1 %.

4. Integrierte Stadtgalerie

Die Zukunft muss heißen, die zentrale Innenstadt attraktiv zu machen. Wo liegen nun die Unterschiede? Die von uns, aber auch die von anderen entwickelten verträglichen Innenstadtobjekte zeichnen sich dadurch aus, dass sie unmittelbare Verknüpfungen mit vorhandenen Einzelhandelsstrukturen, wie der Königsallee oder der Schadowstraße in Düsseldorf oder der Schildergasse und dem Neumarkt in Köln, aufnehmen und Wegebeziehungen zwischen wichtigen Einzelhandelspunkten bilden. Darüber hinaus ist die Größe dieser Objekte angemessen, d. h. mit Einzelhandelsflächen zwischen 12.000 m² und max. 18.000 m² auszustatten, wodurch keine marktbeherrschende und verdrängende Situation zustande kommt.

Zukunfts- orientierte Planung

Diese im Sinne der Stadtverträglichkeit positiven Aspekte sind für das Projekt durchaus auch mit Risiken verbunden. Die Projekte sind jedes für sich nicht groß genug, um mit einer kritischen Masse einen Wettbewerb mit der Innenstadt aufnehmen zu können. Die Projekte brauchen die Innenstädte dringender, als die Innenstadt die Galerien braucht. Es handelt sich hier also um eine tatsächliche Symbiose mit Synergien für beide Seiten, die auch deshalb ein langfristiges kooperatives Miteinander sicherstellt. Auch hierin liegt ein Grund, warum die marktführenden Projektentwickler derartige Lösungen gar nicht

Kooperation statt Konkurrenz

anbieten und immer darauf achten, mit ausreichender kritischer Masse autark zu sein, um nicht auf Impulse des Umfeldes angewiesen zu sein.

Entstehung von Monokulturen

Die meisten Einkaufsstraßen in der Welt, auch die Düsseldorfer Königsallee und Schadowstraße, neigen im Laufe der Jahre zu Monostrukturen. Jeder Hauseigentümer an diesen Straßen möchte natürlich eine ebenso hohe Miete wie der Nachbar einnehmen. Hat ein Eigentümer beispielsweise an eine Gastronomie, ein Knopf-, Stoff- oder Hutgeschäft vermietet, so wird er nach Ende des jeweiligen Mietvertrages anstreben, die Miete des Nachbarn zu erreichen, auch wenn das dortige Ladenlokal Mode, Juwelen oder Lederwaren anbietet. Dies kann bei der Gastronomie das zehnfache des vorherigen Quadratmeterpreises sein. Infolgedessen findet der Kunde aber leider nur noch diese drei Sortimente vor, mit der Gefahr, dass die Straßen veröden und langweilig werden.

Ergänzung des bestehenden Angebots

Hier könnte eine integrierte Stadtgalerie mit Vollsortiment der Einkaufsstraße zu neuem Leben verhelfen. Diese Galerie sollte nicht die bereits vorhandenen Sortimente aufnehmen, sondern nach einem ergänzenden Sortiment streben, somit also Lebensmittel und weitere viele Nebensortimente anbieten, damit den Kunden bei einem Stadtbesuch zusätzlich zu dem einen oder anderen Kauf auf der Haupteinkaufsstraße auch alle anderen Wünsche – auch ohne den Standort zu wechseln – ergänzend erfüllt werden können. Die Galerie ergänzt in idealer Weise das, was der Kunde beim Citykauf wünscht und gibt der vorhandenen Einkaufsstraße dadurch neue Lebendigkeit.

Wenn diese Stadtgalerie dann noch an zentraler Stelle angesiedelt ist, wie z. B. die Kö-Galerie, 1.000 Pkw-Einstellplätze und viele andere Belebungsfaktoren, wie z. B. Büroflächen, Wohnungen, Fitness-Center und sogar – wie in den Schadow-Arkaden – ein innerstädtisches Boulevardtheater oder wie in Eindhoven eine komplett integrierte Konzertsymphonie anbietet, werden die positiven Effekte für die Einkaufsstraße und für die Stadt von noch größerer Wichtigkeit sein.

Angemessene Größe

Aber auch die Größe der Stadtgalerie spielt eine Rolle. Ist die Verkaufsfläche ein Mehrfaches der vorhandenen Straße, wird natürlich von dieser ein zu großer Teil der Kaufkraft abgezogen. Eine Größenordnung von ca. 15.500 m² (Kö-Galerie) oder 16.000 m² (Schadow-Arkaden) ist ideal, um ein ergänzendes und gut gestaltetes Sortiment anzubieten. In großen Städten sind drei bis vier Einkaufsgalerien in dieser Größenordnung mit entsprechendem Abstand voneinander besser, als eine mit 50.000 m² Verkaufsfläche. Dazu werden keine Großfilialisten benötigt, gefragt sind in erster Linie Einzelhändler und kleinere, örtliche Anbieter, die besser auf den Kunden zugehen können und eine interessante Szene formieren. Auch eine vielseitige Gastronomie ist in einer Galerie von großer Bedeutung.

Die architektonische Gestaltung einer solchen Galerie, die zentral angesiedelt ist, sollte eine wesentlich höhere Qualität als ein Shopping-Center am Stadtrand bieten. Der Kunde sollte eine qualitativ hochwertige und gelungene Gestaltung vorfinden. Sie sollte bürgernah, warm und mit erstklassigen Materialen gestaltet sein und örtlichen Künstlern und Kulturträgern Möglichkeiten zur Verwirklichung geben. Die Galerie sollte von Anfang an einen Identitätspunkt der Stadt liefern. Dabei sind große Chancen für die Städte gegeben, die der Gestalter einer Galerie wahrnehmen kann.

Es ist oft nicht hilfreich, große Wettbewerbe mit internationalen Architekten auszuschreiben. Diese sind meist ortsfremd und möchten sich ein eigenes Denkmal bauen. Nein, es muss ein ortskundiger und bodenständiger und für Qualität bekannter Architekt mit Gefühl für die Region sein. Dieser ist eher in der Lage auf die Bürger zuzugehen, die als Kunden in der Galerie einkaufen werden.

Wenn sich die Chancen bieten, sollte eine solche Galerie in der Stadt sichtbar gemacht werden, möglicherweise mit Türmen oder großzügigen Portalen. Der Bürger sollte erkennen, dass es sich nicht um ein Kaufhaus oder einen Ladeneingang, sondern um einen neuen Teil der Stadt handelt. Die Architektur muss so großartig sein, als würde ein neuer Dom in der Stadt errichtet. So denke man beispielsweise an die wunderbaren Galerien in Mailand oder in Neapel. Hierbei handelt es sich um Zeichen der Stadt, die von Anfang an einen hohen Anspruch an die Architektur und die Qualität gestellt haben. Hier wurde gewollt und gekonnt verwirklicht. Eine künstlerische Gestaltung ist immer sehr wichtig, aber sie sollte sich mit dem Bürger verbunden fühlen statt zu avantgardistisch zu sein. Sonst gestaltet man am Kunden vorbei. Eingangsportale, Mosaike an den Decken und viele andere Kunstformen können die Identität und Qualität einer solchen Galerie erheblich stützen, und zwar an einer wichtigen Stelle der Stadt, nämlich dem Zentrum. Eine solche Stadtgalerie steht in einem extrem Kontrast zu den „Shopping-Center-Kisten" am Stadtrand, die nur nach innen leben und sich um Kultur und die Lebendigkeit der Stadt in gar keiner Weise kümmern. Im Gegenteil, diese Zentren wenden sich bewusst ab.

Integration ins Stadtbild

Da diese Investoren erkannt haben, wie schädlich ihre Shopping-Center in „out-of-town"- bzw. Stadtrandlagen für die Innenstädte sind, hat man häufig eine Methode angewandt, die tatsächliche Größe des Centers, also die tatsächliche Verkaufsfläche, herunter zu manipulieren. Man beruft sich hierbei auf den Ministerial-Einzelhandelserlass und glaubt, Schaufensterflächen, Kassenzonen, Regale, Einrichtungen und kleine Handlager, die üblicherweise zu jedem Ladenlokal gehören, als nicht zur Verkaufsfläche gehörig abziehen zu können, in der Regel sind das 30 %.

Es ist wichtig, dieses Problem aufzuzeigen, damit es mehr Menschen gibt, die mit mehr Verantwortung unsere Kulturstädte hinsichtlich zukünftiger Chancen und Gefahren richtig einschätzen und helfen, Fehlentwicklungen zu vermeiden. Die Alternative heißt, mit hochwertigen, integrierten und nicht zu großen (!) Stadtgalerien die Städte neu zu beleben oder, wenn dies nicht möglich ist, die Stadträume besser so zu belassen wie sie sind und die Substanz durch vielfältige Maßnahmen zu erhalten.

4 Spezial-Center – Das Meilenwerk
– Ein nutzerorientiertes Konzept für Menschen mit Benzin im Blut –

Nicola Halder-Hass, Denkmalberaterin,
Halder-Hass Denkmalprojekte, Berlin

Inhaltsverzeichnis

1.	Einleitung	130
2.	Entwicklungsgeschichte des Meilenwerk-Konzeptes	131
3.	Das Meilenwerk-Konzept	133
4.	Das Meilenwerk-Angebotsspektrum	133
5.	Die Meilenwerk-Nutzungen	134
5.1	Autowerkstätten	134
5.2	Service	134
5.3	Showrooms, Klassikerhandel und Shops	134
5.4	Einstellboxen	135
5.5	Clubs	136
5.6	Restaurant und Biergarten	136
5.7	Eventflächen	136
6.	Meilenwerk-Beispiel: Berlin	137
6.1	Von der Idee zur Realität	137
6.2	Die Mieter	137
6.3	Clubs	137
6.4	Gastronomie	137
6.5	Besucherzahlen und Veranstaltungen	138
7.	Konzeptionelle Vorzüge des Meilenwerk-Produkts	138
7.1	Mehr Kunden – weniger Kosten	138
7.2	Nutzer- und Standortbestimmung	139
7.3	Hochwertige Gebäudearchitektur	140
7.4	Höchste Funktionalität durch maßgeschneiderte Flächen	141
7.5	Mietermix	141
7.6	Öffentlichkeitswirkung	142
7.7	„Sexy" Investment	143
8.	Das Meilenwerk-Team	144
9	Das Meilenwerk-Produkt in der Weiterentwicklung	144

1. Einleitung

Meilenwerk Berlin: vier Jahre Planung, ein Jahr Bauzeit, 80 % Vermietung zur Eröffnung 2003, Vollvermietung seit Ende 2003, Wartelisten für einzelne Nutzungseinheiten, 400.000 Besucher 2004, 180 Events 2004 mit Tendenz steigend im Jahr 2005 ...

Mit dem ersten Meilenwerk in Berlin wurde eine Idee umgesetzt, die in den Köpfen vieler Auto-Enthusiasten war: Ein großes Zentrum mit Restaurierungswerkstätten, Service-Betrieben, Shops, Unterhaltungsmöglichkeiten, Restaurants und Clubräumen als Treffpunkt der automobilen Szene zu schaffen. Für all diejenigen, für die Autos mehr sind als nur praktische Fortbewegungsmittel, bildet das Meilenwerk ein gemeinsames Dach für Sammler, Technikbegeisterte, Ästheten und Nostalgiker.

Den Unterbau bildet ein nutzerorientiertes Immobilienkonzept, das ein hohes immobilienökonomisches und nutzerspezifisches Fachwissen für eine erfolgreiche Projektentwicklung, Bau- und Betriebsphase voraussetzt.

Nutzerorientiertes Konzept

Hintergrund der Projektentwicklung waren die gesättigten Immobilienmärkte, die Meilenwerk-Initiator Martin Halder fragen ließen, ob es nicht an der Zeit sei, Immobilien nicht an einer oft abstrakten und vor allem vergangenheitsbezogenen Marktbeobachtung zu entwickeln, sondern an den Bedürfnissen einer klar definierten Zielgruppe. Flächenbedarfe also weniger anhand von anonymen Nutzern zu kalkulieren, als vielmehr anhand von Zielgruppen präzise abzuleiten.

2. Entwicklungsgeschichte des Meilenwerk-Konzeptes

Die Immobilienwirtschaft befindet sich aufgrund des Angebotsüberhangs auf dem Weg vom quantitativen zum qualitativen Wettbewerb. Marketingorientierteres Handeln ist eine Antwort darauf. Eine andere ist die Entwicklung nutzerorientierter Immobilien. Entwicklerische Ansätze finden sich weniger in der Immobilienwirtschaft als vielmehr in der Soziologie. Sie gibt hierzu Aufschluss über gesellschaftliche Entwicklungen und ihre immer weiter fortschreitenden Differenzierungen in Cluster. Im Zuge der Individualisierung der Gesellschaft erhält der „Third Place", der Raum zwischen Arbeiten und Wohnen, eine immer größere Bedeutung. Der holländische Architekt Rem Koolhaas formulierte es so: „Wir müssen den Marktplatz vor der Kirche neu definieren." Während er die Antwort offen ließ, versuchen die Soziologen, sie zu beantworten. Neben dem Sportverein, der Gastronomie und dem klassischen Freizeitangebot gewinnt für einen Teil der Gesellschaft die Möglichkeit, persönliche Interessen und Hobbys auszuleben eine immer größere Bedeutung. Entscheidend ist, dass Orte/Immobilien geschaffen werden, die für den Nutzer als eine „Kulisse des Glücks" wahrgenommen werden, wie es der Bamberger Soziologe Prof. Dr. Bernhard Schulze formuliert. „Große Paten" hierfür sind Disneyland, Kristallwelten der Firma Swarowski, realisiert von André Heller oder die Autostadt in Wolfsburg. „Kleinere Paten" können auch die neuen internationalen Shopping-Center mit hohem Erlebnisfaktor sein.

Soziologische Entwicklungsansätze

„Kulissen des Glücks" können nur dann als solche wahrgenommen werden, wenn sie für den Nutzer maßgeschneidert sind. Dafür ist eine genaue Kenntnis der Nutzergruppe und ihrer Anforderungen an die Immobilie, z. B. in Hinblick auf das Nutzungskonzept, Mietermix und technische Anforderungen der Nutzungen notwendig. Auf die Projektentwicklung bezogen bedeutet dies, dass eine Abkehr von der flexiblen hin zur passgenauen Immobilie stattfinden muss. Der Entwicklungsfokus liegt dann nicht mehr auf der Nutzungs-, sondern auf der Nutzerorientierung, um statt des Gemischtwarenladens das Feinkostgeschäft zu bekommen. Im Falle des Meilenwerk-Konzepts ist Feinkost nicht mit Exklusivität gleichzusetzen, denn im Meilenwerk wird kein Eintritt verlangt. Der Interessierte und Schrauber ist genauso willkommen wie der Sammler. Und bei der Mieterauswahl wurde darauf geachtet, dass nicht nur den teuren Marken Raum gegeben wurde.

„Kulissen des Glücks"

Hochkomplexe Projektentwicklungen

Nutzerorientierte Konzepte sind hochkomplexe Projektentwicklungen, da nicht nur die Feasibility Analysis sehr viel detaillierter ausgeführt werden muss. Auch die Baudurchführung erfordert ein hohes Fachwissen, denn sie kann bautechnisch und baurechtlich sehr komplex sein. Das Meilenwerk belegt eindrucksvoll, dass es für eine solche Nutzungsform eigentlich gar keine Baugenehmigung geben kann. Das Meilenwerk ist sowohl Einzelhandel als auch Büro, Werkstatt, Dienstleistung, Gastronomie und Veranstaltungsort und muss somit vielfältigste baurechtliche Anforderungen erfüllen.

Im Betrieb funktioniert ein Konzept wie das Meilenwerk ähnlich wie ein Shopping-Center mit Center- und Eventmanager. Um den Erfolg auch zukünftig sichern zu können, ist es wichtig, dass die Betreiber den Nutzermarkt sehr genau kennen und von ihm anerkannt werden. Denn nicht nur die Erst-, sondern auch die Zweit- und Drittvermietung sollte mit sehr viel Augenmaß durchgeführt werden, um einen wirtschaftlich potenten und von seinen Kunden fachlich anerkannten Nachmieter zu bekommen. Hinzu kommt, dass zielgruppenorientierte Konzepte nur dann langfristig erfolgreich sein können, wenn sie auch nach der Zweit- oder Drittvermietung noch ganzheitliche Konzepte sind. Große Gefahren bergen hohe Nachfragen einzelner mietstarker Nutzungssegmente. Werden ihnen mehr Mietflächen gegeben als für das Nutzungssegment im Gesamtkonzept ausgewiesen, kann es zu einem „Übergewicht" kommen, das zunächst zwar höhere Mieteinnahmen generiert, langfristig jedoch das Konzept „verwässert" und letztendlich auch scheitern lassen kann. Im Meilenwerk Berlin gab es eine besonders große Nachfrage nach Büroflächen, die weit über die im Konzept geplanten Flächen reichten. Wären sie für diesen Bereich vermietet worden, wäre es zu Lasten anderer Nutzungssegmente gegangen. Das ausgewogene Konzept wäre so ins Wanken geraten.

Nutzungspalette muss umgesetzt werden

Ein weiterer wichtiger Aspekt in diesem Zusammenhang ist die „kritische Größe" von zielgruppenorientierten Konzepten. Ihr ganzheitlicher Anspruch kann nur dann aufrechterhalten werden, wenn alle für das Konzept vorgesehenen Nutzungseinheiten in einem sinnvollen, ausgewogenen und abgestimmten Gesamtzusammenhang stehen. Bundesweit werden Gebäude für Meilenwerke angeboten, die ab 2.000 m² beginnen. Um das Meilenwerk-Konzept in seiner gesamten Nutzungspalette umsetzen zu können, werden mindestens 12.000 m² als Richtgröße benötigt. Andernfalls müsste auf Nutzungssegmente verzichtet werden oder sie wären in so kleinen Einheiten vertreten, dass sie das Konzept eher „aufweichen" als stärken würden.

Planungssicherheit vs. begrenzte Drittverwendung

Die genaue Kenntnis der Zielgruppe hat weitere Vorteile: Sie sichert das Investitionsrisiko ab und führt zur Kostenreduktion, da der zukünftige Nutzer und seine baulichen Anforderungen an das Gebäude bekannt sind. Anders als bei Büroimmobilien oder manchen Gewerbeimmobilien müssen keine Flächen und Nutzungseinrichtungen vorgehalten werden, die in diesem Umfang vielleicht gar nicht benötigt werden. Einerseits erhöht es die Planungssicherheit und führt zur Kostenreduktion, aber andererseits ist der große Nachteil dieser Konzepte eine eingeschränkte Drittverwendung.

3. Das Meilenwerk-Konzept

Das Konzept eines Meilenwerks basiert auf der klaren thematischen Ausrichtung als Forum für Liebhaberfahrzeuge: Gegliedert in die Bereiche Handel mit automobilen Raritäten, Autowerkstatt, Einstellboxen, Service, Shops, Event- und Freifläche, Gastronomie und Club-Areal ist ein Meilenwerk eine kleine Klassiker-Stadt. Dort können Raritäten bei professionellen Anbietern restauriert, gewartet, ge- und verkauft, begutachtet und gelagert werden. Dienstleister und Einzelhändler ergänzen das Angebot und bieten nahezu alles an, was sich Automobil-Enthusiasten zur Ausübung ihres Hobbys wünschen – gute Unterhaltung und Benzingespräche inklusive. Hieraus entsteht eine starke Magnetwirkung auf die gemeinsame Zielgruppe: die Freunde mobiler Faszination. Unter dem Dach eines Meilenwerks befinden sich alle Angebote zum Thema Oldtimer und Liebhaberfahrzeuge. So wird auch Newcomern der Zugang zu diesem Hobby leicht gemacht.

Klare thematische Ausrichtung

Die Konzeption stützt sich auf fünf Grundsätze:

Fünf Grundsätze

- **Themenspezialisierung:** Klare Ausrichtung auf Liebhaber klassischer und außergewöhnlicher Fahrzeuge.

- **Zielgruppenorientiertes Vollangebot:** Umfassendes themenbezogenes Produkt- und Dienstleistungsangebot mit hohem Qualitätsanspruch.

- **Themenadäquates Ambiente:** Schaffung eines attraktiven, historischen Ambientes, das diesem ästhetischen Hobby angemessen ist.

- **Hoher Erlebniswert:** Vielseitiges Angebotsprofil plus spannende Inszenierungen von Events rund um Oldtimer, Liebhaberfahrzeuge und klassische Motorräder.

- **Hoher Wiedererkennungswert:** Der Kunde verbindet ein Meilenwerk und seine Mieter mit allen Facetten rund um Liebhaberfahrzeuge.

Der Kern des Meilenwerk-Konzepts ist die Verknüpfung dieser Grundsätze zu einem harmonischen Ganzen, das alle Sinne anspricht und anregt.

4. Das Meilenwerk-Angebotsspektrum

Als Entwicklungsbasis wird der Weg des idealtypischen Kunden durch das Meilenwerk vorgestellt, um das Angebotsspektrum aufzuzeigen:

Erster Berührungspunkt mit dem Meilenwerk ist für den idealtypischen Kunden eine Veranstaltung auf der Eventfläche. Nach dem Empfang im Atrium führt ihn der Weg auf die Eventfläche zum gesetzten Essen. Danach lustwandelt er durch das Meilenwerk und gelangt zu den Handelsflächen. Die dort angebotenen Oldtimer verleiten ihn zum Träumen. Um die Angebote überprüfen zu können, bietet das Gutachterbüro im Meilenwerk an, unabhängig die Richtigkeit der aufgerufenen Summe zu prüfen und Auskunft über den technischen Zustand des Autos zu geben. Entschließt sich der Kunde zu kaufen, findet er im Meilenwerk einen Versicherer, über den er das Auto anmelden kann, denn nicht jede Versicherung nimmt Oldtimer. Für den Betrieb werden ihm, wenn er es wünscht, alle Dienstleitungen abgenommen. Einstellboxen sichern den klimatisch richtigen und von Sicherheitspersonal überwachten Verbleib,

Der idealtypische Kunde

Werkstätten und Dienstleister, wie z. B. Lederaufbereitung, sorgen für die Fahrtüchtigkeit und der Autokosmetiker für den Glanz. Markenbezogene und markenübergreifende Informationen kann der Kunde über die Technikbuchhandlung oder die Markenclubs erhalten. Der Automodellshop bietet zudem die Möglichkeit, den Klassiker in der Miniaturvariante käuflich zu erwerben. Das gastronomische Angebot aus Bistro, Biergarten und Gourmetrestaurant steht zur Verfügung, wenn der Kunde nach einer Ausfahrt hungrig ins Meilenwerk kommt oder Benzingespräche unter Gleichgesinnten führen möchte.

5. Die Meilenwerk-Nutzungen

5.1 Autowerkstätten

Exquisites Umfeld für Spezialisten

Während die großen Automobilhersteller ihre Vertragswerkstätten mehr und mehr zu Erlebnis-Centern rund um das Automobil ausbauen, ist in der Oldtimer- und Exoten-Szene hiervon nichts zu spüren. Viele Oldtimer-Kfz-Betriebe arbeiten in einem Umfeld, das weder den Fahrzeugen noch der hochwertigen Arbeitsleistung angemessen ist. Das überrascht vor allem deshalb, weil der Umgang mit diesen seltenen Automobilen weit emotionaleren Motiven gehorcht als die Beschäftigung mit Alltagsfahrzeugen. Aus dem Anspruch, den besonderen Fahrzeugen und deren Spezialisten eine angemessene Bühne zu geben, verbietet sich die Aufnahme von Werkstätten für Alltagsfahrzeuge. Zielgruppe im Konzept des Meilenwerks sind qualifizierte Oldtimer-Werkstätten sowie die Anbieter aktueller Raritäten.

5.2 Service

Angebotspalette

Das Meilenwerk und seine Mieter leben von dem Bekanntheitsgrad und der Akzeptanz bei Autofans. Diese Akzeptanz und die Besuchshäufigkeit werden maßgeblich von Qualität, Umfang und Attraktivität des Dienstleistungs- und Veranstaltungsangebotes bestimmt. Gemäß der Konzeption, dem Kunden ein attraktives Vollangebot zu bieten, findet sich im Meilenwerk ein breitgefächertes Dienstleistungsspektrum:

- Gutachter
- Versicherungen
- Kfz-Reinigungs- und Pflegeservice
- Kfz-Elektrik
- Oldtimervermietung
- Lederbearbeitung
- Automobilfotograf

5.3 Showrooms, Klassikerhandel und Shops

Showrooms und Klassikerhandel: Im Meilenwerk stehen großzügige Flächen und Showrooms für den Klassikerhandel und die Präsentation von Liebhaberfahrzeugen zur Verfügung. Alle ausgestellten Automobile sind in der Obhut des Wachdienstes, aber für Interessenten jederzeit zu betrachten. Und die

Büroeinheiten bieten dem Händler einen schönen Überblick über die Fläche, um das Kundeninteresse aufzunehmen. Mit seiner Verknüpfung aus Klassikerhandel, Showrooms und den Einstellboxen bietet das Meilenwerk die Bühne für den Handel und erfüllt durch die Ausstellung mobiler Raritäten gleichzeitig museale Ansprüche.

Shops: Besonders für den spezialisierten Einzelhändler ist weniger die klassische Lauffrequenz entscheidend, sondern die Resonanz bei seiner Zielgruppe. Hier liegt der entscheidende Vorteil des Meilenwerks: Mit dem gemeinsamen Auftritt im Meilenwerk findet auch der kleinere Anbieter über die Magnetwirkung der gesamten Anlage erhöhten Kundenzuspruch. Ob Werkstattkunde, Eventbesucher oder Clubmitglied – jeder ist Teil der avisierten Kundengruppe. Durch die hochwertige architektonische Gestaltung und das inspirierende Umfeld wird ein attraktives Kaufklima erzeugt, das für den Einzelhändler als isolierten Anbieter in einem normalen Straßenzug nur schwer zu erzielen sein dürfte. Die Attraktivität des Shopbereichs verstärken die hervorragende Erreichbarkeit, der kostenlose Parkraum und die günstigen Ladenzuschnitte mit einer großzügig verglasten Schaufensterfront. Die Shops bieten den passenden Rahmen für ein vielfältiges Produktangebot. Dazu gehören u. a. auch Ersatzteile, technische Antiquitäten und Rennsportartikel samt Zubehör.

Erhöhter Kundenzuspruch

5.4 Einstellboxen

Das Meilenwerk bietet Einstellboxen zur Unterbringung von rund 100 Fahrzeugen und lindert damit eine spürbare Not: den chronischen Mangel an gesicherten Einstellplätzen für Liebhaberfahrzeuge.

Dem finanziellen und ideellen Wert der Fahrzeuge entsprechend, stehen diese in rundum geschlossenen, frostfrei temperierten, aber durchlüfteten Boxen. Mit ihrem Übermaß bieten sie auch groß geratenen Oldtimern reichlich Platz. Ein ausgeklügeltes Parksystem, bei dem jeder Klassiker seinen fest zugewiesenen Platz hat, der nur für den Besitzer zugänglich ist, sorgt für einen schnellen Zugriff. Der Wachschutz und die Videoüberwachung der Anlage garantieren ein höchstmögliches Maß an Sicherheit.

Ein ebenso wichtiger Anmietungsgrund ist der Erlebniswert der Einstellboxen. Selbst manche Sammler, die ausreichend Unterbringungsmöglichkeiten besitzen, mieten eine Einstellbox, um im Meilenwerk präsent zu sein und um ihre Sammlungen „ausstellen" zu können. Sie tauschen ihre Autos in regelmäßigen Abständen aus. Nicht selten werden anschließend Freunde oder Geschäftspartner ins Meilenwerk geladen, um die eigenen Stücke in einem adäquaten Umfeld vorzuführen.

Doppelter Nutzen

Symptomatisch für das Meilenwerk-Konzept ist die Nutzung von Synergien – auch bei den Einstellboxen: Die Verglasung der Boxen bietet nicht nur Vorteile für den Oldtimer-Besitzer, der sein Fahrzeug rundum gesichert weiß, sondern ermöglicht auch Meilenwerk-Besuchern interessante Einblicke in die eingestellten Schmuckstücke. Die Boxen werden zum „lebendigen Museum", und zusammen mit den Oldtimern auf der Handelsfläche präsentiert das Meilenwerk seinen Besuchern eine größere Auswahl gepflegter Klassiker als viele Museen.

„Lebendiges Museum"

Besonders die Einstellboxen haben einen so großen Öffentlichkeitswert, dass sich neben den Privatleuten und Sammlern auch immer mehr Museen und Autokonzerne um Einstellboxen bewerben, um damit ihre Marktpräsenz über das Meilenwerk kommunizieren zu können.

5.5 Clubs

Bewahrer der Leidenschaft

Die Clubs leisten gemeinsam einen unentbehrlichen Beitrag für eine lebendige Klassiker-Szene und erfüllen als Träger und Bewahrer der Leidenschaft für Autos und Motorräder eine wertvolle, unerlässliche Multiplikatorfunktion. Das Meilenwerk würdigt die meist ehrenamtlich erbrachten Leistungen der Vereine und Interessengemeinschaften entsprechend: Den ansässigen Oldtimer-Vereinigungen, Veteranen- und Markenclubs wird im Meilenwerk die Möglichkeit gegeben, Präsenz zu zeigen. In speziell dafür vorgesehenen Räumlichkeiten können sie Arbeitsbesprechungen durchführen, sich präsentieren und die Räume als Archiv nutzen – mietfrei. So erhalten die Clubs eine eigene Adresse in attraktivem Umfeld.

5.6 Restaurant und Biergarten

Fest für alle Sinne

Kraftbündelung durch Synergiennutzung, Qualitätsangebote in adäquatem Ambiente, Kulturdarbietungen mit besonderem Charme – diese Meilenwerk-Vorzüge erfahren durch die Gastronomie ihre Abrundung: Internationale Küche im gehobenen Standard zu gut verträglichen Preisen machen den Meilenwerk-Besuch auch zum kulinarischen Erlebnis, zum Fest für alle Sinne. Die Gastronomie ist ein wichtiger Baustein, um den Aufenthalt im Meilenwerk zu einem Vergnügen werden zu lassen. Nach einem Besuch des „lebendigen Museums" oder der Shops, in der Wartezeit auf das zu reparierende Auto, während der Übertragung eines Formel-1-Rennens oder nach einer Ausfahrt bietet das Restaurant alles, was das leibliche Wohl verlangt. Als Erweiterung seiner Angebotspalette kann der Restaurantbetreiber einen Mittagstisch für die Beschäftigten im Meilenwerk und die Nachbarn anbieten und das Catering für die vielfältigen Veranstaltungen übernehmen.

5.7 Eventflächen

Beliebter Veranstaltungsort

Meilenwerke verfügen in der Regel über mehrere verschieden große und ausgestattete Veranstaltungsflächen. Die Eventfläche ist mit rund 1.000 m² die Größte. Ausgestattet mit moderner Medientechnik, hochwertigem Parkettfußboden, Verdunkelung, Klimatisierung und kombinierbar mit dem Atrium bietet sie alles, was für Veranstaltungen mit gesetztem Essen, Symposien, Stehempfängen sowie Messen, Ausstellungen und Workshops gewünscht wird.

Das Atrium ist die nächst kleinere Fläche, die sich im Eingangsbereich befindet. Sie kann z. B. als Empfangsbereich für eine große Veranstaltung, Lunch- oder Dinnermöglichkeit bei Workshops auf der Eventfläche oder auch für kleinere Empfänge, Lesungen oder Präsentationen genutzt werden. Die Verknüpfung von unverwechselbarer Architektur aus alt und neu und moderner Veranstaltungstechnik machen das Meilenwerk zu einem beliebten Veranstaltungsort. Nicht nur Oldtimer-Freunde erleben hier unvergessliche Stunden …

6. Meilenwerk-Beispiel: Berlin

Volles Programm und volles Haus, diese oft leichtfertigen Floskeln haben im Meilenwerk Berlin einen realen Hintergrund bekommen. Die konzeptionell erarbeiteten Synergien der Dienstleister untereinander und zur Steigerung der Kundenzufriedenheit sind nicht nur aufgegangen, sondern werden tagtäglich gelebt.

6.1 Von der Idee zur Realität

Nach einer vierjährigen Planungsphase mit intensiven Markt- und Standortanalysen fiel die Entscheidung für das erste Meilenwerk auf das ehemals größte Straßenbahndepot Europas in Berlin. Im Juni 2002 wurde der Startschuss zum Bau gegeben und im Mai 2003 das Meilenwerk feierlich eröffnet. Über 80 % der gewerblichen Flächen waren bereits vor der Eröffnung vermietet. Seit Ende 2003 sind alle im Meilenwerk zur Verfügung stehenden Flächen belegt – insgesamt 12.000 m². Die Nachfrage sowohl von Neumietern als auch nach Erweiterungsflächen von bereits ansässigen Mietern übersteigt das Angebot. Für einen Platz in dem 88 Einstellboxen umfassenden Parksystem besteht eine dreistellige Warteliste.

Nachfrage übersteigt Angebot

6.2 Die Mieter

Die Mischung aus regionalen Betrieben Berlins und überregional angesiedelten Firmen sorgt für eine lokale Verankerung mit großräumiger Verknüpfung. Die 30 gewerblichen Meilenwerk-Mieter bieten ein umfassendes Leistungsspektrum und beschäftigen mehr als 120 Personen. Durch das gemeinsame Arbeiten unter einem Dach findet ein intensiver Austausch zwischen den Mietern statt. Es ergibt sich eine hohe Identifikation mit dem Meilenwerk, die auch Besucher und Kunden spüren.

6.3 Clubs

Neben dem Bundesverband DEUVET haben 20 Clubs nicht nur eine Adresse, sondern eine neue Heimat im Meilenwerk gefunden. Die monatlich stattfindenden Clubabende sind zu einem feststehenden Termin nicht nur für Clubmitglieder geworden. Dort werden Kontakte zu anderen Clubs geknüpft und gemeinsame Aktivitäten geplant. Sie sind für das Meilenwerk wichtige Multiplikatoren geworden.

Wichtige Multiplikatoren

6.4 Gastronomie

Das Restaurant „Trofeo" und der angeschlossene Biergarten haben sich zu einem beliebten Treffpunkt für automobile Feinschmecker entwickelt. Der immer größer werdende sonntägliche Jazzbrunch belegt, dass dabei nicht nur Benzingespräche geführt werden. Das Gourmet-Restaurant „Parc Fermé" erfüllt höchste gastronomische Ansprüche. Charakteristisch sind die ungezählten spontanen Zusammenkünfte von Autokennern mit ihren Fahrzeugen, die das Meilenwerk zum beliebten Treffpunkt der Klassikerszene machen.

6.5 Besucherzahlen und Veranstaltungen

Allein 2004 besuchten 400.000 Personen das Meilenwerk. Viele von ihnen kamen nicht nur einmal: Sie fühlen sich in dem hochoktanigen Umfeld wohl. Das vielfältige Nutzungsangebot und der stets wechselnde Bestand von über 200 automobilen Raritäten lassen auch den zweiten oder dritten Besuch spannend werden. Und damit nicht genug, denn das Meilenwerk lockt zusätzlich mit einem großen Programm, wie z. B. Auktionen, Oldtimer-Messen, Rallyes und Fahrzeugpräsentationen. Viele Gäste folgten Einladungen ins Meilenwerk, denn es zählt inzwischen zu den attraktivsten Veranstaltungsorten Berlins. 2004 fanden rund 180 Events statt. 2005 wird diese Zahl mit dem gesamten Spektrum (z. B. Kongresse, Gala-Abende, Fachmessen, Preisverleihungen, Seminare usw.) noch übertroffen werden. Im Februar 2004 erhielt das Meilenwerk vom Berliner Senat als eine der bestbesuchten Dauerausstellungen der Stadt die Wochenendverkaufsgenehmigung für seine Einzelhändler.

Kundenprofil Die Besucher des Meilenwerks lassen sich in mehrere Gruppen zusammenfassen:

- Berlin-Brandenburger Oldtimer-Besitzer, die das vielfältige Dienstleistungsangebot im Meilenwerk wahrnehmen,
- Berlin-Brandenburger Klassiker-Enthusiasten, die allein, mit Familie oder Freunden zu einem Besuch ins Meilenwerk kommen,
- Berlin-Touristen, für die das Meilenwerk zum attraktiven Bestandteil ihres Hauptstadtbesuchs gehört,
- Klassiker-Besitzer aus der Region mit Tagesziel Meilenwerk (Einzugsgebiet: Berlin, Brandenburg, Mecklenburg-Vorpommern, Hamburg, Niedersachsen, Hannover),
- Eventbesucher (regional, national und international).
- Interessenten und Käufer der Händler (regional, national und international). Besonders die internationalen Kunden schätzen die Flughafennähe, da sie meist mit dem ausgewählten Oldtimer abgeholt werden und bereits auf dem Weg ins Meilenwerk nicht nur sein Fahrvergnügen, sondern auch seine Fahrtüchtigkeit prüfen können.

7. Konzeptionelle Vorzüge des Meilenwerk-Produkts

7.1 Mehr Kunden – weniger Kosten

Synergie wird zur Symbiose Wie bei einer Symbiose profitiert im Meilenwerk jeder von jedem. Den Besuchern bietet das Meilenwerk die Konzentration eines breiten Spektrums an Fachbetrieben unter einem Dach. Die wiederum profitieren von den niedrigen Gemeinkosten und von der Geschäftsbelebung durch die große Zahl an Gästen, die das Meilenwerk wegen der Angebotsvielfalt oder den Veranstaltungen besuchen – der Kreis schließt sich. Synergie wird zur Symbiose. Und das zu überraschend günstigen Mietkonditionen, die nur durch die professionelle Entwicklung einer großen Anlage realisierbar sind.

Vor allem bei der Kostendämpfung offenbaren sich die Vorteile des Meilenwerks für die Mieter:

Sparfaktoren

- Die direkte Nachbarschaft zu Dienstleistern mit korrespondierenden Angeboten erspart Fahrtstrecken und Transportwege.
- Die gemeinsam genutzten Bereiche (Sozialräume, Entsorgungsbereiche, Heizungs- und Versorgungstechnik) senken die Gemeinkosten für Mieter.
- Bei den Werkstatteinrichtungen sind durch Einkaufsgemeinschaften der Mieter hohe Rabatte erzielbar.
- Die Rundum-Bewachung der Anlage wird durch die Kostenaufteilung auf viele Mieter besonders wirtschaftlich.
- Das Center-Management sitzt vor Ort und löst verwaltungsbezogene und bautechnische Anfragen der Mieter, damit diese sich auf ihr Kerngeschäft konzentrieren können.
- Das Eventmanagement koordiniert die Veranstaltungen und sorgt dafür, dass auch Eventbesucher auf das Nutzungsangebot aufmerksam werden.

7.2 Nutzer- und Standortbestimmung

Oldtimer genießen eine hohe Akzeptanz und Sympathie in der Öffentlichkeit. Über 15 Millionen Deutsche interessieren sich für Oldtimer und klassische Fahrzeuge (Allensbacher Werbeträger Analyse 2003). Über 1.300 Oldtimer Events fanden 2003 allein im deutschsprachigen Raum statt (Motor Klassik 09/2003). Die Zahl der in Deutschland zugelassenen Old- und Youngtimer wächst genauso stetig wie die Auflagenhöhe der Oldtimer-Fachpublikationen. Und der Oldtimer-Handel zeigt stabile Wachstumsraten über zwei Jahrzehnte auf.

Stabile Wachstumsraten

Die Nutzer- und Standortanalyse für den deutschsprachigen Raum ergab, dass ein ganzheitliches Konzept wie das Meilenwerk von Berlin auch in Hamburg, Düsseldorf, Frankfurt, München, Wien und Zürich wirtschaftlich tragfähig ist. Die Städte und angrenzenden Regionen verfügen über die notwendigen Standortkriterien, wie z. B. Oldtimerdichte. Für diese Städte laufen die entsprechenden Projektentwicklungen.

Auch wenn die Oldtimer-Dichte nicht das maßgebende Kriterium für die Standortentscheidung Berlins als erstes Meilenwerk war, sondern hier der Hauptstadtbonus mehr zum Tragen kam, so verdeutlichen die Zahlen dennoch eindrucksvoll die Größe des Nutzermarktes und geben Aufschluss über die Aktivitäten der Nutzerszene. Laut Kraftfahrzeugbundesamt sind in der Hauptstadt ca. 15.000 Oldtimer angemeldet. Hinzu kommen außerdem rund 60 Oldtimer-Clubs und Interessengemeinschaften, die alle den gleichen Wunsch hegen: Einen Ort, der es ihnen ermöglicht, sich mit Gleichgesinnten zu treffen.

Treffen von Gleichgesinnten

Entscheidend für die Standortwahl Düsseldorf als Meilenwerk NRW war die große Oldtimer-Dichte der Region. Über ein Viertel aller Klassiker Deutschlands stehen in NRW. Und nicht nur die Düsseldorfer Garagen gelten als gut gefüllt. Auch in den benachbarten Städte Köln und Essen, dem Rhein-Ruhr-

Raum und den Benelux-Staaten sind viele Raritäten zu finden. Mit Düsseldorf kommt das Meilenwerk somit an einen Ort, der durch seine zentrale Lage die große Klassikerszene der Region zu bündeln vermag.

Lagefaktor Der „Lagefaktor" ist bei der Standortwahl für ein Meilenwerk klar definiert. Es kommt weniger auf die klassische „1a-Lage" an. Eine bequeme Erreichbarkeit für den Nutzer, vornehmlich mit dem Auto, aber auch mit den öffentlichen Verkehrsmitteln ist vielmehr grundstücksentscheidend. Beide Meilenwerk-Standorte – Berlin und Düsseldorf – befinden sich nicht in den im Focus der Öffentlichkeit stehenden Stadtteilen, da sie aber beide über gute infrastrukturelle Anbindungen (öffentlicher Nahverkehr, Autobahnanschluss, Flughafennähe) verfügen, waren sie als Meilenwerk-Standorte prädestiniert. Das Meilenwerk in Berlin hat eine gute Anbindung an die Stadtautobahn und Düsseldorf Wersten an das Autobahnnetz NRW. Darüber hinaus finden die Kunden in den Meilenwerken ein großzügiges, kostenloses Parkraumangebot vor – in Städten ein unschätzbarer Vorteil.

7.3 Hochwertige Gebäudearchitektur

Nicht erst seit dem Bauhaus oder den Shopping-Centern ist bekannt, wie wichtig Architektur, Gestaltung und Baumaterialien für den Nutzer sind, damit er sich mit dem Gebäude und seiner Nutzung identifizieren und wohlfühlen kann, sich seine Verweildauer erhöht und er motiviert wird, wieder zu kommen.

Das Meilenwerk-Konzept setzt auf die Synergiewirkung von automobilen Klassikern unter dem Dach von architektonischen Pretiosen. Baudenkmale haben einen Alleinstellungsvorteil im Markt und erfüllen die Qualitätsanforderungen der Denkmalschutzgesetze. Sie befinden sich damit in Augenhöhe zu den Oldtimern und Liebhaberfahrzeugen, die aufgrund ihres zeitlosen und hochwertigen Designs und ihrer Technik heute noch nachgefragt werden.

Zeitlose Architektur Das architektonische Grundkonzept basiert auf einer zeitlosen Gestaltungssprache, die auf die historische Architektur und die schlichten und funktionsbezogenen neuen Einbauten setzt. Auf zeitbezogene Ornamente wird verzichtet, um u. a. die Modernisierungsintervalle im Vergleich zu Bürogebäuden zu senken. Wie in Shopping-Centern wird auch im Meilenwerk auf die Baumaterialien besonderen Wert gelegt, die für den Kunden sichtbar, spürbar und erlebbar sind. In Berlin wurden z. B. als Bodenbelag der Veranstaltungsflächen Parkett ausgewählt, weil auf ihm ein bequemes Laufen und Tanzen ermöglicht werden kann. Die Farbigkeit gerade der verputzten Flächen lehnt sich an die bereits in ihrer Wirkung eingehend geprüfte Farbpalette von Le Corbusier an und die neuen Einbauten wurden größtenteils mit geflammtem Stahl verkleidet, als Reminiszenz an die Oldtimer. Durch die harmonische Verknüpfung von historischer Bausubstanz mit zurückhaltend eingefügten neuen Elementen erzeugt das Meilenwerk eine stimmige Atmosphäre in stilvollem Ambiente mit stets präsentem Bezug zum mobilen Klassiker.

In der Architektur gibt es Objekte mit kulturhistorischer Bedeutung, die durch ihren besonderen Charakter Geschichte erlebbar werden lassen. Das ehemalige Straßenbahndepot in Berlin und der ehemalige Ringlokschuppen in Düsseldorf sind solche Bauwerke. Bei beiden Gebäuden gelingt es, mit dem Meilenwerk-Konzept ein Stück Verkehrsgeschichte wieder lebendig werden zu lassen und fortzuführen. Somit erhalten die beiden Verkehrsbauten mit dem Meilenwerk eine nachhaltige, denkmalverträgliche Nutzung und eine neue Zukunft.

In Berlin entstand ein einmaliger Spirit aus außergewöhnlicher Architektur, Raumerlebnis und Materialität, der zu einigen Fachpreisen führte. Das Berliner Meilenwerk wurde u. a. mit dem Bundespreis für Handwerk in der Denkmalpflege 2004 und der Ferdinand-von-Quast-Medaille 2004 ausgezeichnet. Die Preise sind Ansporn, mit einem ebenso hohen Verantwortungsbewusstsein und großer gestalterischer Qualität an die historische Bausubstanz in Düsseldorf und den nachfolgenden Standorten planerisch heranzutreten.

Preisgekrönte Gestaltung

Der gestalterische Auftrag geht an solche Architekturbüros, die sich nachhaltig bei der Sanierung von Baudenkmalen einen guten Ruf erarbeitet haben. So fielen nach Wettbewerben ganz bewusst die Entscheidungen auf das Hamburger Büro „Dinse Feest Zurl" für Berlin und das Düsseldorferbüro „RKW Architektur + Städtebau" für Düsseldorf.

7.4 Höchste Funktionalität durch maßgeschneiderte Flächen

Die Mieter können sich bei der Einrichtung ihrer Betriebe völlig auf ihre eigenen Bedürfnisse – und die ihrer Kunden – konzentrieren. Dabei ermöglicht die streng nach denkmalpflegerischen Gesichtspunkten mit reversiblen Einbauten gestaltete Architektur individuelle Flächenzuschnitte und Raumaufteilungen. Das differenziert arbeitende Heizungs- und Lüftungssystem sorgt in allen Bereichen für angenehme und effiziente Raumklimatisierung. Alle Energie- und Kommunikationsanschlüsse gehören selbstverständlich zur Ausstattung. Die Sprinkleranlage sorgt für hervorragenden Brandschutz. Der direkt angrenzende Entsorgungsbereich bietet genügend Entsorgungsvolumen für alle Mieter und verhindert, dass jeder Mieter individuell eine eigene Müllentsorgung anlegen muss. Zudem reduzieren sich die Entsorgungsgebühren durch die größeren Einheiten.

Die zweckmäßig und gleichzeitig repräsentativ zugeschnittenen Läden, Büros und Werkstätten bieten beste Voraussetzungen für eine funktional und ästhetisch besonders attraktive Geschäftsadresse im Meilenwerk.

7.5 Mietermix

Hochwertiges Leistungsniveau und Kooperation statt Konfrontation sind die Prämissen bei der Mieterauswahl. Das Meilenwerk verhindert bereits bei der Auswahl der Betriebe Überschneidungen in deren Leistungs- und Markenspektren. Die Werkstätten erhalten Exklusivrechte für ihre Schwerpunktmarken und es darf von jedem Einzelhandels- und Dienstleistungsbereich jeweils nur ein Anbieter vertreten sein. Dies erleichtert die Kooperation zwischen den Betrieben und verhindert Kunden-Abwerbungen innerhalb des Meilenwerks.

Kooperation wird erleichtert

Anders als in Shopping-Centern, in denen die großen Filialisten den Mieterbesatz bestimmen, setzt das Meilenwerk auf regionale Anbieter. Kann ein Nutzungssegment von keinem regionalen Anbieter fachgerecht bedient werden, werden externe Unternehmen angesprochen. Und um einen konstant hohen Qualitätsstandard unter dem gemeinsamen Meilenwerk-Dach zu gewährleisten, finden nur solche Betriebe Aufnahme, die ihre Kompetenz und ihr Qualitätsniveau durch ihre bisherige Arbeit bewiesen haben.

7.6 Öffentlichkeitswirkung

Hoher Bekanntheitsgrad

Die starke Magnet- und Öffentlichkeitswirkung der Meilenwerk-Marke und der einzelnen Meilenwerk-Häuser als nutzerbezogene Anlagen dieser Größe verschaffen dem Meilenwerk und damit seinen Mietern einen Bekanntheitsgrad, der für einen einzelnen Mieter allein nicht zu erreichen ist. Weit über die Oldtimer- und Immobilienkreise hinaus genießt das Meilenwerk eine hohe Akzeptanz. Kontinuierliche Presse- und Öffentlichkeitsarbeit sorgen für eine große Marktpräsenz. Weit über 400 Veröffentlichungen im ersten Jahr zeigen die hohe Attraktivität des Meilenwerks. In allen Medienbereichen (TV, regionale sowie überregionale Tages- und Wochenzeitungen, Fachpresse, Online-Dienste) wurde über das Meilenwerk und seine Aktivitäten berichtet.

Die mediale Präsenz im Nutzermarkt schafft Aufmerksamkeit, Anerkennung, Attraktivität und sorgt für Nachfrage. Die PR-Arbeit für das erste Meilenwerk begann deshalb bereits als das erste Meilenwerk noch in Planung war. Zu dieser Zeit war das Meilenwerk auf den fachbezogenen Oldtimer-Messen genauso präsent wie in der Oldtimer- und Autopresse. Heute ist das Meilenwerk-Team um den Initiator Martin Halder ein fester Bestandteil der Nutzerszene. Bei vielen Oldtimer-Aktivitäten werden Meilenwerk-Häuser einbezogen. So fand bereits ein Jahr vor der Eröffnung des Meilenwerk Düsseldorfs eine gemeinsame mit der Wirtschaftsvereinigung „Destination Düsseldorf" und der Stadt organisierte zweitägige Veranstaltung zur Begrüßung der Mieter und Freunde des Meilenwerks in Düsseldorf statt. Ob Chefredakteure, Rallye-Ausrichter, Verbandspräsidenten oder Clubvorsitzende, alle schätzen die Meinung der Meilenwerker und beziehen das Team in strategische Zukunftsüberlegungen der Szene mit ein.

Kontinuierliche Berichterstattung

Anders als in vielen anderen Immobilienunternehmen fand die Pressearbeit in der immobilienbezogenen Fachpresse erst nachgerückt statt. Da sie nicht direkt zur Zielgruppe gehört und dort weniger Nutzer zu rekrutieren sind, setzte sie erst mit der Eröffnung des ersten Meilenwerks ein. Seither gibt es eine kontinuierliche Berichterstattung in den einschlägigen Zeitungen und Zeitschriften. Die bestehenden PR-Strukturen der Meilenwerk-Organisation können von den einzelnen Meilenwerk-Häusern übernommen und mit individuellen auf den Standort bezogenen Aktivitäten ergänzt werden. Jeder Mieter profitiert von diesem gemeinsamen Auftritt, ohne in seiner Eigenständigkeit eingeschränkt zu sein.

Die Marke Meilenwerk bietet folgende Vorteile:

- das einprägsame Logo,
- hoher allgemeiner Bekanntheitsgrad und tiefe nutzerspezifische Marktdurchdringung,

- Internet-Domain „www.meilenwerk.de",
- kontinuierliche Kundenpflege durch Newsletter und direkte Einladungen zu Veranstaltungen unter dem Meilenwerk-Dach,
- ein ständig wachsendes Angebot an Meilenwerk-Incentives, wie Kalendern, Bekleidung oder sonstigen Give Aways,
- gemeinsamer Auftritt bei überregionalen Events, wie Messen oder Oldtimer Rallyes,
- gemeinsame Werbeauftritte in Printmedien, aber mit individuell gestalteten Anzeigen (fakultativ regional und überregional),
- koordinierte Organisation von Veranstaltungen im Meilenwerk mit breiter Öffentlichkeitswirkung.

Durch gemeinsame Werbung, aber mit individuell gestalteten Inhalten, sind hohe Nachlässe beispielsweise bei großen und periodischen Annoncen möglich. Die Abstimmung der gemeinsamen Aktivitäten erfolgt zwischen den Mietern und wird unterstützt durch die Verwaltung des Meilenwerks. Besonders kleine, hochspezialisierte Betriebe, die über nur geringe Werbebudgets verfügen, können davon profitieren, da gemeinsame Werbeauftritte zusätzlich dazu beitragen, ihre Arbeit publik zu machen.

Gebündeltes Marketing

Das Meilenwerk ermöglicht seinen Mietern kontinuierliche Kundenpflege. Sonntägliche Jazz-Frühschoppen, Buchpräsentationen, Auktionen oder Vernissagen auf der Veranstaltungsfläche gehören zu den Attraktionen. Und über die Internetseite oder direkte Einladungen können Meilenwerk-Firmen unkompliziert, stilvoll und effizient auf sich aufmerksam machen und Kunden enger an sich binden. Spareffekte bieten auch die gemeinsam organisierten Veranstaltungen – indem beispielsweise der Aufwand des Caterings von den Schultern aller an den jeweiligen Events beteiligten Meilenwerk-Firmen getragen wird.

All das gilt unter der Prämisse, dass vieles möglich ist, aber nichts sein muss. Die Meilenwerk-Mieter bestimmen maßgeblich, was gemacht werden soll. Sie müssen dann aber nicht alles im Detail selbst erledigen, sondern können sich durch die Unterstützung des Meilenwerk-Teams und die Zusammenarbeit aller intensiver um ihr Kerngeschäft kümmern.

7.7   „Sexy" Investment

Aus ökonomischer Sicht können solche Konzepte trotz moderater Mieten eine 142 bieten. Für jede Nutzungsart werden die Mieten individuell zusammengestellt. Im Fall des Meilenwerks orientieren sie sich z. B. im Werkstattbereich an den von der IHK vorgeschlagenen Miethöhen. Die Wirtschaftlichkeit im Meilenwerk ergibt sich bei einer Investitionssumme von rund 11 Millionen Euro u. a. aus der Gesamtsumme aller Mieteinheiten, den Steuervergünstigungen für das Baudenkmal und der Tatsache, dass eine Fläche in Berlin wie Düsseldorf gewählt werden konnte, die am Markt nicht nachgefragt war. Somit herrscht sowohl auf der Flächen- als auch auf der Mieterseite eine Monopolstellung vor. Das Meilenwerk Berlin ist voll vermietet, hier gibt es für

Hohe Wirtschaftlichkeit

einzelne Segmente bereits einen Nachfrageüberhang und in Düsseldorf zeigt die konkrete Nachfrage bereits jetzt, dass auch dieses Meilenwerk binnen kürzester Zeit voll vermietet sein wird.

Schaffung einer Marke

Die Marke Meilenwerk ist geschaffen. Unter ihrem Dach wächst das Nachfragepotenzial nach weiteren Meilenwerken, das sich weniger am Immobilien- und mehr am Zielgruppenmarkt orientiert. Eine Duplizierung des Produkts ist daher der nächste logische Schritt. Die wirtschaftlichen Eckdaten, der hohe emotionale Bezug zum Produkt und der Markencharakter machen Immobilienprojekte wie das Meilenwerk „sexy". Durch diese Aussagen ist das Projekt inzwischen zu einem hoch interessanten und begehrten Anlageprodukt geworden.

8. Das Meilenwerk-Team

Das Meilenwerk ist ein Projekt der „insignium · Gebaute Marken GmbH". Sie hat sich für eine neue Herangehensweise an die Projektentwicklung von Baudenkmalen entschieden. Das in Berlin ansässige Unternehmen konzipiert, entwickelt und betreibt Immobilien als Markenprodukte für definierte Zielgruppen und geht damit einen neuen Weg in der Projektentwicklung. Immobilien als Markenprodukte bedeutet für die „insignium", dass die Immobilie sich auf spezifische Besonderheiten einer Mietergruppe fokussiert – Abkehr von der Nutzungsorientierung hin zur Nutzerorientierung.

Die „insignium · Gebaute Marken GmbH" ist Trägerin der geschützten Marke Meilenwerk und Lizenzgeber der jeweiligen Immobilienprojekte. Zur Sicherung und Stärkung des Markenprofils übernimmt die „insignium · Gebaute Marken GmbH" auch das Management in der Betriebsphase. Die Gesellschaft ist aus der Wirtschaftsberatung Halder und dem Projektentwicklungsteam des Meilenwerks Berlin hervorgegangen. Sie agiert als Entwicklungspartner und Berater von Grundstückseignern und Investoren sowie als Objektmanager der jeweiligen Markenimmobilien.

9. Das Meilenwerk-Produkt in der Weiterentwicklung

Erfolg bestätigt das Konzept

Zu Beginn der Entwicklung gab es durchaus kritische Stimmen. Der Erfolg in der Betriebsphase seit der Eröffnung 2003 bestätigt die Richtigkeit des Konzepts – und daran haben viele Personen Anteil: Die Mieter, deren Kunden, die Besucher und all diejenigen, die aktiv am Berliner Projekt mitgearbeitet haben.

Die Begeisterung für das Meilenwerk hat bei Freunden klassischer Automobile und Dienstleistern rund um das Thema den Wunsch nach weiteren Meilenwerken an verschiedenen Standorten geweckt. Die Bekanntheit, die Akzeptanz und der hohe Nachfragedruck aus anderen Regionen zeigt die Attraktivität des Projekts. Das Meilenwerk wird es deshalb bald auch an anderen Standorten geben. Dabei achtet das Meilenwerk-Team darauf, dass kein gesichtsloses Serienprodukt entsteht, sondern jeder neue Meilenwerk-Standort für sich ein Unikat mit unverwechselbarem Charakter wird. Für Düsseldorf ist der Startschuss gefallen. Für Hamburg, München, Frankfurt, Wien und Zürich laufen derzeit die Standortanalysen.

Gewerbe- und Spezialimmobilien – Ausgewählte Beispiele

Quelle: KanAm GmbH, Fotograf: Rainer Viertlböck, Architekt: Helmut Jahn
HighLight Munich Business Towers, München

Quelle: Hines Immobilien GmbH, Fotograf: Hans Engels, Architekt: Ingenhoven + Partner

Uptown München

Gewerbe- und Spezialimmobilien – Ausgewählte Beispiele

Quelle: Walter Brune, Fotograf: Manfred Hanisch, Architekt: Architekturbüro Walter Brune

Arcadiapark, Düsseldorf

148 Gewerbe- und Spezialimmobilien – Ausgewählte Beispiele

Quelle: Walter Brune, Fotograf: Manfred Hanisch, Architekt: Architekturbüro Walter Brune

Prinzenpark, Düsseldorf

Gewerbe- und Spezialimmobilien – Ausgewählte Beispiele

Quelle: Sonae Sierra, Fotograf: Joachim A. Falk, Architekt: José Quintela

Colombo Shopping-Center, Lissabon

Quelle: Architekturbüro RKW, Fotograf: Michael Reisch, Architekt: Architekturbüro RKW

Schlössle Galerie, Pforzheim

Gewerbe- und Spezialimmobilien – Ausgewählte Beispiele

Quelle: Institut für Gewerbezentren, Fotograf: Momme T. Falk, Architekt: Giuseppe Mengoni

Galleria Vittorio Emanuele, Mailand

Quelle: Stilwerk, Düsseldorf, Fotograf: Constantin Meyer Architekturfotografie, Architekt: J.S.K. Architekten

Stilwerk, Düsseldorf

Gewerbe- und Spezialimmobilien – Ausgewählte Beispiele

Quelle: Value Retail Management, Fotograf: Francesco Bedini, Architekt: KMD Kaplan McLaughin Diaz

Fidenza Village, Fidenza

154 Gewerbe- und Spezialimmobilien – Ausgewählte Beispiele

Quelle: Institut für Gewerbezentren, Fotograf: Jens Weber, Architekt: Hilmer + Sattler

Kaufinger Tor, München

Gewerbe- und Spezialimmobilien – Ausgewählte Beispiele

Quelle: Meilenwerk GmbH, Fotograf: derdehmel, Architekt: Joseph Fischer Dick (1901), Architektenbüro Dinse, Feest + Zurl (Umbau bzw. Restaurierung 2003)

Quelle: Meilenwerk GmbH, Fotograf: derdehmel, Architekt: Joseph Fischer Dick (1901), Architektenbüro Dinse, Feest + Zurl (Umbau bzw. Restaurierung 2003)

oben: Meilenwerk, Berlin; unten: Blick in das Handelshallenschiff

Quelle: APCOA Autoparking GmbH, Fotograf: Dr. Frank Post, Architekt: asp Arat Siegel + Partner
Moderne Parkhaus Architektur am Flughafen Stuttgart

Gewerbe- und Spezialimmobilien – Ausgewählte Beispiele

Quelle: Dr. Vielberth Verwaltungsgesellschaft mbH, Fotograf: Franz-Joachim Braunmiller, Architekt: GewerbePlan GmbH

Zentrale Seenlandschaft im Gewerbepark Regensburg

Quelle: ECE Projektmanagement GmbH & Co. KG, Foto und Architektur: ECE Projektmanagement GmbH & Co. KG

Quelle: ECE Projektmanagement GmbH & Co. KG, Foto und Architektur: ECE Projektmanagement GmbH & Co. KG

Warenverteilzentrum Haldensleben, oben: Gesamtansicht, unten: Detailansicht

Gewerbe- und Spezialimmobilien – Ausgewählte Beispiele

Quelle: Shurgard Deutschland GmbH, Fotograf: Kurt Bader, Architekt: Martin Mohr

Shurgard Lagerzentrum in Essen

Quelle: Architekturbüro gmp, Fotograf: Marcus Bredt, Architekt: Architekturbüro gmp, Betreiber: Olympiastadion Berlin GmbH

Olympiastadion Berlin

5 Private Autohöfe
– Mehr Service für die mobile Gesellschaft –

Dr. Johann Vielberth, Gründer und Beirat
der Unternehmensgruppe Dr. Vielberth, Regensburg

Christian Bretthauer, Sprecher des Zentralmanagements
der Unternehmensgruppe Dr. Vielberth, Regensburg

Inhaltsverzeichnis

1.	Einleitung	162
2.	Die Definition	162
3.	Historische Entwicklung	163
4.	Konkurrierende Konzepte	164
5.	Ein heterogenes Feld	164
6.	Kriterien für die Ausschilderung	165
7.	Der Qualitätskatalog der VEDA	166
8.	Ansiedlungskriterien unserer Gruppe	167
9.	Bausteine eines Autohofs	167
10.	Mineralölvertrag und Kreditkartensystem	168
11.	Das gastronomische Konzept	168
12.	Der 24-Stunden-Shop	169
13.	Frequenzbündelung im Umfeld	170
14.	Investitionen und Rückflüsse	170
15.	Instandhaltung und Renovierung	170
16.	Die Parkplatzbewirtschaftung	171
17.	Entwicklung und Ausblick	171

1. Einleitung

Größere Mobilität, neue Anforderungen

Die Arbeitswelt wird beweglicher, die Touristik boomt, zugleich verdichten sich die Warenströme mit dem Nord-Süd- und dem neuen Ost-West-Transfer im Herzen Europas. Um angesichts des rapide wachsenden Verkehrsaufkommens eine ausreichende Versorgung an den Fernrouten zu sichern, hat der Staat seinen Monopolanspruch längst aufgeben und neben den früher bundeseigenen Rastanlagen an den Autobahnen private Service-Stationen zugelassen. Während diese Autohöfe anfangs auf den spezifischen Bedarf von Berufskraftfahrern ausgerichtet waren, bedienen sie heute vielfältige Kundengruppen, die ein günstiges Preis-Leistungs-Verhältnis suchen.

2. Die Definition

Unter dem – an bestimmte Standards gebundenen – Begriff „Autohof" versteht man in Deutschland Tank- und Rastanlagen, die keine unmittelbare, eigene Zu- und Abfahrt zur Bundesautobahn haben, sondern über eine reguläre Anschlussstelle erschlossen sind, über eine ausreichende Anzahl von Tankpunkten für Lkw/Pkw sowie eine Mindestanzahl von Stellplätzen verfügen. Die Versorgung der Verkehrsteilnehmer durch Gastronomie und Tankstellen-Shop (Reisebedarf) muss ganztägig gewährleistet sein.

3. Historische Entwicklung

Die ersten Autohöfe wurden in den 80er Jahren des zurückliegenden Jahrhunderts in der Bundesrepublik entwickelt. Ursächlich für die Entstehung waren das steigende Transportvolumen auf den Autobahnen sowie die Verschärfung der Pausen- und Ruhezeiten für die Fernfahrer. Die strengeren Vorgaben ließen den Bedarf an Parkraum stark anwachsen. Da diese Kapazitäten mit den bundeseigenen Rastplätzen an den Autobahnen bei weitem nicht dargestellt werden konnten und „wildes Parken" überhand nahm, wurde die Versorgungslücke mit privat investierten Autohöfen geschlossen.

Start in den 1980er Jahren

Die Entwicklung wurde sowohl von einzelnen Betreibern – als Beispiel sei hier der bundesweit bekannte Autohof Geiselwind der Familie Strohofer genannt – als auch von internationalen Mineralölgesellschaften (ESSO, Shell, BP) und von privaten Investoren-Gruppen wie der „Rastpark-Betriebe Dr. Vielberth KG" vorangetrieben.

Allgemein entwickelte sich das Tankstellen-Geschäft in den 80er Jahren weg von der lokalen Versorgung hin zur Großstation mit regionalem Einzugsgebiet. Die Lkw-Versorgung in überlasteten Stadtzentren wurde abgelöst durch immer größere Servicezonen an günstig gelegenen Strecken.

Beschleunigt wurde dieser Trend durch immer strengere Umweltauflagen, die kostspielige technische Nachrüstungen erforderlich machten. Nur noch günstig gelegene Tankstellen mit einem entsprechenden Umsatzvolumen waren in der Lage, die für derart hohe Zusatzinvestitionen notwendige Rendite zu erwirtschaften.

Strengere Umweltauflagen

Neben den erwähnten Aspekten waren Chancen zu einer günstigeren Preisgestaltung als bei den damals bundeseigenen Tank- und Rastanlagen sowie die etwas ruhigeren Lagen – die den Erwartungen erholungsbedürftiger Berufskraftfahrer natürlich entgegen kommen – ausschlaggebend für die Etablierung privater Rastparks.

Ein Kernkriterium bei der Positionierung eines Autohofs ist eine gute, unmittelbare Lage an einer geeigneten Autobahnausfahrt. Dabei ist darauf zu achten, dass auf dem betreffenden Abschnitt ein überdurchschnittlicher Anteil des internationalen Güterverkehrs abgewickelt wird. Folgerichtig wurden in der ersten Entwicklungsphase in der Bundesrepublik zunächst Standorte an den in Nord-Süd-Richtung verlaufenden Fernrouten besetzt.

Mit dem Fall der Mauer und der Öffnung der Grenzen nach Osten wurden seit Beginn der 90er Jahre zunehmend auch Standorte an den Autobahnen in Ost-West-Richtung für Ansiedlungen interessant, da der sprunghaft wachsende Güteraustausch mit den osteuropäischen Ländern auch zu einer Zunahme des internationalen Verkehrs auf den Ost-West-Strecken führte. Dieser Prozess wurde mit der EU-Osterweiterung im Frühjahr 2004 manifestiert.

Ost-West-Expansion

Aktueller Stand

Bis dato dürften im weiteren Sinne mehr als 200 Autohöfe oder ähnliche Einrichtungen in der Nähe von Autobahnabfahrten entstanden sein. Von diesen genügen etwa 140 den Kriterien für eine Ausschilderung direkt auf der Autobahn. Das offizielle Hinweisschild wurde 1994 zunächst per Verordnung vom Bundesverkehrsministerium zugelassen und von den jeweils zuständigen Länderinstanzen auf Antrag von Fall zu Fall bewilligt. Erst seit 2002 ist das Autohofschild offizieller Bestandteil des Katalogs der Straßenverkehrsordnung.

Inzwischen sind die meisten interessanten Schnittpunkte besetzt. Weitere Autohofansiedlungen kommen im Regelfall nur mehr im Zuge neuer Autobahntrassen, bei Lückenschließungen oder Verlagerungen relevanter Ausfahrten in Betracht.

4. Konkurrierende Konzepte

Neue Kundenschichten

In den Anfangsjahren waren Autohöfe zunächst sehr stark auf international eingesetzte Lkw-Fahrer ausgerichtet. Längst aber bemühen sich die Betreiber ebenso um Fern-, Bus- oder Geschäftsreisende sowie Familien, die in den Urlaub unterwegs sind. Diese Kundenschichten wurden als weiteres Zielpublikum erkannt und die im Autohof vorhandenen Einrichtungen entsprechend optimiert.

In diesem Sinne konkurrieren die Autohöfe nun sehr stark mit den Betrieben der „Tank- und Rast GmbH & Co. KG", die bis zur Privatisierung 1998 als Gesellschaft für Nebenbetriebe an der Autobahn firmierte, und in deren Netz sich momentan ca. 380 Raststätten mit 340 Tankstellen und rund 50 Hotels befinden.

War Ende der 80er, Anfang der 90er Jahre noch ein klarer Preisvorteil der Autohöfe beim Angebot an Mineralölprodukten festzustellen, so hat sich dieser Wettbewerbsfaktor in den zurückliegenden Jahren relativiert, nicht zuletzt durch die Aufgabe des Bedienkonzepts für Lkw-Fahrer an den Tank- und Rastanlagen.

5. Ein heterogenes Feld

Betreiber und Entwickler

Die Gruppe der Betreiber und Entwickler von Autohöfen ist relativ heterogen. Hierzu zählen Mineralölgesellschaften, auf die ich an anderer Stelle näher eingehen werde, private Entwickler aus dem Mineralölgeschäft wie die Firma LOMO, Einzelinvestoren wie die Familie Strohofer, unsere Gruppe mit derzeit zwölf Standorten unter dem einheitlichen Logo der „Euro Rastpark GmbH", aber auch Investoren, die ihre Objekte in der Form geschlossener Immobilienfonds entwickeln.

Von den bedeutenden Mineralölgesellschaften wurden teils sehr unterschiedliche Betriebskonzepte realisiert, die eine differenzierte Betrachtung erforderlich machen.

Die Shell-Gruppe zählte mit der ESSO zu den ersten Gesellschaften, die den Trend hin zur Entwicklung privater Autohöfe erkannten und sehr aktiv in die Entwicklung derartiger Projekte eingestiegen sind. Entsprechend etabliert und qualifiziert sind die Netze dieser beiden Betreiber, da sie sehr frühzeitig zentrale Standorte besetzen konnten, wobei die Shell ihr Autohofsystem im europäischen Maßstab plant. Ein großer Vorteil der Shell GmbH liegt in der konzerneigenen Kreditkarte (EuroShell-System) mit einer Ausweitung auf mehr als 300 Anlagen. Die Bedeutung derartiger Instrumente wird später kurz skizziert.

Sowohl von Shell als auch von ESSO wird ein minimales Eigeninvestment favorisiert und das unternehmerische Betriebsrisiko der Anlagen überwiegend auf Immobilieninvestoren und Betreiber verlagert. Investments werden zumeist nur in die reine Tankstellentechnik getätigt, wobei man auch davon neuerdings abrückt. ESSO und Shell dürften zusammen einen Marktanteil von mehr als 50 % repräsentieren.

Konzepte der Mineralölgesellschaften

Einen völlig anderen Weg ging die BP Anfang der 90er Jahre. Sie versuchte eine eigene Marke nach amerikanischem Vorbild zu positionieren (Truckstop). Dieses Modell konnte sich aber im Markt nicht durchsetzen.

Die DEA hat vor allem über die LOMO Eintritt in das Autohofgeschäft gefunden und ist als Betreiber von bestimmten DKV-Anlagen aufgetreten.

Relativ spät startete die ARAL in das Autohofgeschäft. Sie hat hierbei Anlagen sehr unterschiedlichen Typs entwickelt. Während manche dem klassischen Muster entsprechen, wurden daneben sehr kompakte Anlagen entwickelt, die sich vor allem mit einer reduzierten gastronomischen Versorgung und begrenzten Kapazitäten bei den Lkw-Parkplätzen vom üblichen Markt abheben.

Durch die in den Jahren 2003/2004 erfolgten Fusionen und Übernahmen ist in Deutschland die Marke BP in ARAL aufgegangen sowie eine Umflaggung der DEA-Autohöfe und -Tankstellen in Shell-Stützpunkte erfolgt. Aktuell sind bei der Deutschen Shell AG nun 64 Autohöfe im Internet als Shell-Betriebe gelistet.

Die in den 90er Jahren formierte Gruppe TOTAL-FINA-Elf – die inzwischen unter der Dachmarke TOTAL auftritt – stieg als einer der letzten der internationalen Mineralölkonzerne in die Entwicklung von Autohöfen ein. Bei den in den vergangenen Jahren durchgeführten Neueröffnungen verfolgte die TOTAL das bereits von Shell und ESSO praktizierte Investorenkonzept. Das bedeutet: Die Investitionen in die Immobilie sowie Gastronomie- und Shop-Konzepte werden Partnern und lokalen Betreibern überlassen. Die Aufwendungen der Mineralölgesellschaft beschränken sich im Kern auf die Tankstellentechnik.

6. Kriterien für die Ausschilderung

Zu Beginn der 90er Jahre wurde die Verknappung der Parkplätze an den Bundesautobahnen immer deutlicher sichtbar. Ausreichende Stellflächen sind jedoch – wie erwähnt – zwingend nötig, um Rückstaus auf die Abbiegespuren zu vermeiden und die Einhaltung der gesetzlichen Pause- und Ruhezeiten zu ermöglichen. Da die direkt an den Autobahnen liegenden Parkplätze diese Funktionen offensichtlich nicht gewährleisten konnten, bei den Autohöfen aber ausreichend Parkkapazitäten und Ruheräume vorhanden waren, entschied man sich schließlich – nach energischer Intervention der privaten Betreiber – auf politischer Ebene, die Autohofbeschilderung an den Autobahnen zuzulassen. Diese Maßnahme war lange mit Blick auf die bundeseigenen Autobahntankstellen verhindert worden. Die Kriterien, die zur Ausweisung einer

Beschilderung erst seit 1994

einmaligen Beschilderung für Autohöfe in ca. 1.500 m Entfernung vor der betreffenden Ausfahrt führen, wurden wie folgt definiert:

Kriterien zur Beschilderung

- Der Autohof ist maximal einen Kilometer von der Anschlussstelle entfernt.

- Die Straßentrasse ist baulich für den Schwerverkehr ausgelegt (mindestens zweistreifig und je Fahrspur 3,50 m breit) und auch unter Berücksichtigung der Anliegerinteressen geeignet. An den Zubringern dürfen beispielsweise keine Altenheime, Schulen, Sanatorien etc. liegen.

- Der Autohof ist ganzjährig und ganztägig (24 Stunden) geöffnet.

- Es sind mindestens 50 Lkw-Stellplätze an schwach frequentierten (bis zu 50.000 Fahrzeugen pro Tag) und 100 Lkw-Stellplätze an stärker frequentierten Autobahnen vorhanden. Pkw-Stellplätze sind getrennt auszuweisen.

- Tankmöglichkeit besteht ganzjährig rund um die Uhr. Für Reparaturen werden zumindest Fachwerkstätten und Service-Spezialisten vermittelt (Kooperationsverträge).

- Von 11 bis 22 Uhr wird eine umfangreiche Speisekarte angeboten; außerhalb dieser Zeit gibt es zumindest einen Getränke- und Imbiss-Service.

- Sanitäre Einrichtungen sind sowohl für Behinderte als auch für die speziellen Ansprüche des Fahrpersonals auszustatten. Wasch- und Duschräume werden erwartet.

7. Der Qualitätskatalog der VEDA

Hohe Qualitätsstandards

Ebenfalls in den 90er Jahren formierte sich der Verband deutscher Autohöfe (VEDA e.V.). Die VEDA sollte den Autohofbetreibern als Sprachrohr dienen und entsprechende Lobbyarbeit leisten. Um Mitglied der VEDA zu werden, muss der Mindeststandard für die Beschilderung an Autobahnen eingehalten werden. Darüber hinaus erwartet die VEDA zur Sicherung der Qualität der angeschlossenen Autohöfe weitergehende Einrichtungen. So werden u. a. ein Busparkplatz, mindestens 20 Pkw-Parkplätze (davon zwei Behinderten- und zwei Frauenparkplätze) vorausgesetzt. Gehwege sind zu kennzeichnen. Höhere Ansprüche werden auch an die sanitären Einrichtungen, das Gastronomie- und Shop-Angebot (Reparaturbedarf) sowie die Servicebereitschaft gestellt. VEDA-Autohöfe sollen zum Beispiel Kinderspielecken, geeignete Stühle, kindgerechte Menüs oder Wickeltische für ihre kleinsten Gäste bereithalten.

Von den rund 140 ausgeschilderten Autohöfen sind momentan zwischen 60 und 70 Mitglied der VEDA. Sie erfüllen also die definierten Service- und Qualitätskriterien.

8. Ansiedlungskriterien unserer Gruppe

Standortkriterien

Um den vom Bundesverkehrsministerium und der VEDA vorgegebenen Anforderungen für eine Ausschilderung entsprechen zu können, benötigt man für die Errichtung eines Autohofs Grundstücke in der Größenordnung von mindestens 15.000 m². Wir gehen von Kategorien zwischen 17.000 und 30.000 m² aus, wobei diese Areale möglichst nahe an den jeweiligen Autobahnausfahrten gelegen sein sollten. Wichtig ist eine gute Einsehbarkeit des Autohofs von der Autobahnausfahrt aus – und zwar aus beiden Richtungen. Grundsätzlich gilt natürlich: Je höher die Frequenz auf der Autobahn, umso besser sind die Potenziale eines Standorts einzuschätzen, wobei sich eine detaillierte Untersuchung im Vorfeld empfiehlt, um exakt zu klären, wie hoch der Anteil des internationalen Verkehrs ist.

Werbeinstrumente

Von Vorteil ist auch die Nähe zusätzlicher Frequenzbringer, etwa von Gewerbe- und Einzelhandelsbetrieben. Grundsätzlich ist zu prüfen, ob ein Werbepylon errichtet werden kann. Die heute verwendeten Masten haben oft Höhen um die 40 m und sogar bis 100 m je nach Topographie des Geländes. Neben der Beschilderung und der guten Einsehbarkeit sind Pylone die wichtigsten Werbeinstrumente an der Autobahn. Nur mit ihnen kann jene Frequenzabschöpfung erreicht werden, die für den erfolgreichen Betrieb eines Autohofes notwendig ist. Andererseits wird seitens der Bauverwaltungen gerade bei Werbeanlagen mit harschen Einschränkungen gearbeitet. Bei diesen Fragen droht ein größeres Konfliktpotenzial.

9. Bausteine eines Autohofs

Drei Elemente werden für den erfolgreichen Betrieb eines Autohofs benötigt. Auf diese Bausteine soll im nächsten Abschnitt näher eingegangen werden:

- die Tankstelle,
- der integrierte Shop,
- die gastronomischen Einrichtungen.

Tankbetrieb

Das Know-how für den Tankbetrieb wird weitgehend von den Mineralölgesellschaften zur Verfügung gestellt. Es unterscheidet sich auf den Autohöfen, mit Ausnahme der bereits beschriebenen Kreditkartensysteme für Lkw-Fahrer, nicht wesentlich von dem an sonstigen großen Straßentankstellen. Es ist Usus geworden, die Tankpunkte der Lkw und Pkw getrennt anzusiedeln, um die entsprechenden Verkehre zu entflechten. Hochleistungsdieselsäulen für Lkw fördern den Treibstoff schneller, um die Betankungszeit bei den meist großen Litermengen in einem vertretbaren Rahmen zu halten. Die Tankvolumina schwerer Lkw überschreiten heute angesichts der Bemühungen der Spediteure, „Hochsteuerländer" möglichst ohne Stopp zu durchqueren, nicht selten die 1.000-Liter-Marke. Dazu an anderer Stelle mehr.

Bei Pkw werden im Normalfall vier Inseln mit Multifunktionssäulen installiert, bei denen beidseitig jede Kraftstoffsorte abrufbar ist. Tanktechnik und Versiegelung entsprechen natürlich den geltenden, strengen Umweltauflagen. Im Lkw-Bereich ist besondere Sorgfalt geboten, da durch die hohen dynamischen Lasten beim Anfahren und Bremsen erhebliche Bodenbelastungen auftreten.

Üblicherweise werden Tankstellen per Video überwacht, um die Übersicht über die weit voneinander entfernten Tankpunkte vom Kassen-Counter aus zu gewährleisten.

10. Mineralölvertrag und Kreditkartensystem

Eine wichtige Größe im Betrieb eines Autohofs ist der Absatz an Mineralölprodukten. Besonders relevant sind die Mengen an Dieselkraftstoff im internationalen Güterverkehr. Für die Errichtung einer Rastanlage ist der Abschluss eines Belieferungsvertrages mit einer Mineralölgesellschaft eine Grundvoraussetzung.

Die zugrunde liegenden Vertragskonditionen hängen sehr stark von der Attraktivität des Standorts, aber auch vom angestrebten Marktanteil der jeweiligen Mineralölgesellschaft ab. Normalerweise entrichten die Konzerne an den Eigentümer des Autohofes eine Provision, die abhängig vom Treibstoffabsatz ist.

Flottenkarten Der internationale Güterverkehr wird dominiert von Speditionsunternehmen mit großen Lkw-Flotten. Diese sind allesamt mit Kreditkartensystemen, so genannten Flottenkarten, ausgestattet, mit denen die Bezahlung von Treibstoffen und Serviceleistungen vereinfacht wird. In Deutschland haben die Kartensysteme der EuroShell sowie der DKV die größte Verbreitung und Bedeutung erlangt. Gemeinsam repräsentieren sie Marktanteile bis zu 70 %. Die anderen Anbieter – TOTAL, UTA, SVG, Routex oder LOMO – erreichen mit ihren Karten Quoten von 10 % oder weniger.

Für die Akzeptanz eines Autohofs ist es von ausschlaggebender Bedeutung, möglichst viele Karten anzuerkennen. Die vorhandene Verflechtung von Mineralölgesellschaft und Kreditkartensystem verhindert die Etablierung „freier Tankstellen" im Autohofsektor. Die Zusammenarbeit mit mindestens einem Marktführer und die Gültigkeit einer weiteren internationalen Flottenkarte zählen zu den Basisanforderungen.

11. Das gastronomische Konzept

Kochen für viele Geschmäcker Ein wesentliches Kriterium und mit maßgeblich für den Erfolg eines Autohofs ist die Qualität der gastronomischen Einrichtungen. Bei der Planung muss der Betreiber vor allem die Heterogenität des Zielpublikums beachten, die völlig unterschiedliche Anforderungen an die Qualität, die Quantität und das Preisniveau der ausgereichten Speisen stellen. So ist der Fernfahrer nach wie vor große Portionen deftigen Essens gewohnt, während Familien mit Kindern meist eher schnell und preiswert essen möchten. Ganz andere Anforderungen stellt der typische Geschäftsreisende, der zügig, qualitativ hochwertig und im Normalfall gesundheitsbewusst speisen will.

In unserem Unternehmen präferieren wir bei der Auswahl der Pächter in der Regel erfahrene Gastronomen und Köche. Die Erfahrung zeigt, dass das Tankstellengeschäft wesentlich leichter erlernbar ist als der komplizierte Umgang mit der Materie Gastronomie. Bei den von uns entwickelten Euro Rastparks wird eine Trennung der gastronomischen Einheiten in ein klassisches Restaurant mit Service sowie ein Bistro mit SB-Möglichkeit bzw. eingeschränkter Bedienung vorgenommen. Mit diesen beiden Standbeinen versuchen wir, die Spannweite der Ansprüche unserer Kunden, die entweder schnell und leicht oder aber deftig und reichhaltig essen wollen, zur allgemeinen Zufriedenheit abzudecken. Diese Konzeption bietet den zusätzlichen Vorteil, dass man auch in umsatzschwachen Zeiten von etwa 2.00 bis 4.00 Uhr morgens die Versorgung der Kunden gewährleisten kann. Es genügt meist, nur das Bistro offen zu halten, womit die Betriebskosten innerhalb vernünftiger Grenzen bleiben.

12. Der 24-Stunden-Shop

Eine weitere zentrale Einrichtung eines Autohofs ist der meist an die Tankstelle angegliederte Shop. Er muss einerseits die Bedürfnisse der Fernfahrer erfüllen, andererseits die Versorgung der Reisenden gewährleisten. Naturgemäß ist das Angebot wesentlich größer als bei innerstädtischen Straßentankstellen. **Vielfältiges Angebot**

Meist entwickelt sich hierbei ein Spannungsfeld zwischen den Bedürfnissen und Wünschen der Mineralölgesellschaften, die allesamt eigene Shop-Konzepte entwickelt haben, und den Erwartungen und Erfahrungen der Autohof-Betreiber. Wichtige Umsatzträger im Shop sind neben Zeitschriften und Tabakwaren die Getränke sowie spezifisches Lkw-Zubehör. Zudem sind häufig ergänzende Sortimentsbereiche gefragt, da viele Fernfahrer – die oft mehrere Tage unterwegs sind – ihre Fahrzeuge verschönern und einrichten wollen. Die Ausstattung der Lkw reicht vom Bordfunk über die Kaffeemaschine bis hin zum TV-Gerät samt mobilem DVD- oder Video-Player. Gerade im technischen Sektor wird vom Pächter und dem Shop-Personal durchaus eine gewisse Fach- und Beratungskompetenz erwartet.

Neben den genannten Bereichen kommt den vorhandenen Serviceeinrichtungen eine besondere Bedeutung zu. Ein Autohof oder eine Rastanlage sind nicht sinnvoll zu führen, wenn Serviceleistungen für die Fernfahrer fehlen. So gehören Duschen – natürlich räumlich getrennt für Frauen und Männer –, Waschmaschine und Trockner inzwischen zur selbstverständlichen Basisausstattung eines modernen Autohofs. Zudem sollten Möglichkeiten angeboten werden, über Telefax und Telefon internationale Verbindungen aufzubauen, wobei das Telefon in den letzten Jahren durch den Handy-Boom stark an Bedeutung verloren hat. Ein Geldautomat, der es ermöglicht, unterwegs Bankgeschäfte zu tätigen sowie diverse Einrichtungen zur Mautentrichtung gehören ebenfalls zur empfehlenswerten Grundausstattung. **Zusätzliches Serviceangebot**

Die Sanitärzonen werden häufig ergänzt durch Sauna und Dampfbad. Auch Fitnessräume für Fernfahrer, die einen Ausgleich zum langen Sitzen am Steuer suchen, finden sich an dem einen oder anderen Autohof. Damit die Kunden ihre Freizeit gestalten können, ist meist ein Fernsehraum vorhanden. Internet-Terminals, eine Spielzone mit Automaten, eine Auswahl an Fachzeitschriften und manchmal auch eine kleine Bibliothek, sorgen für Abwechslung.

Weitere Service-Einrichtungen befinden sich im Außenbereich, beispielsweise Elektroanschlüsse für Kühlfahrzeuge, damit die Notstromaggregate nicht die ganze Nacht laufen müssen, sowie Ver-/Entsorgungsstationen und Stellplätze für Wohnmobile oder Caravans. Bei vielen Anlagen bereichert auch ein Kinderspielplatz in der Nähe der Terrasse das Angebot.

13. Frequenzbündelung im Umfeld

Schnell-restaurants/ Hotels/ Spielhallen

Für die Gesamtentwicklung eines Standorts ist es von Vorteil, wenn sich im Umfeld Betriebe ansiedeln, die ein ähnliches Zielpublikum ansprechen. So versuchen wir oftmals Ansiedlungen anzustoßen, die Synergieeffekte versprechen. Von Vorteil hat sich hierbei die Etablierung von Schnellrestaurants – etwa von McDonalds und Burger King – erwiesen. Diese Betriebe haben eigens konzipierte Anlagen, um dem Verkehrsaufkommen auf der Autobahn und den typischen Ansprüchen dieser Nutzer gerecht zu werden. Hotels bzw. Motels finden sich ebenfalls im Umfeld von Autohöfen. Vor allem Autohöfe mit einem starken Touristikverkehr in der Nähe von Großstädten kristallisieren sich als typische Standorte für Hotelansiedlungen heraus.

Häufig werden heute auch Spielhallen neben Autohöfen errichtet. Die hohe Frequenz und die Abschöpfungsquote von der Autobahn begünstigen natürlich den rentablen Betrieb derartiger Einrichtungen. Aus dem technischen Bereich sind vor allen Lkw-Waschanlagen sowie Reifenservice- und technische Center als bevorzugte Einrichtungen in der Nachbarschaft von Autohöfen zu finden.

Discounter

Zunehmend siedeln sich in stadtnahen Gewerbegebieten auch Discounter neben oder im Blickfeld von Autohöfen an, womit hier sogar für den mehrtägigen Bedarf des Fernfahrers umfangreiche Einkaufsmöglichkeiten zu günstigen Preisen bestehen.

14. Investitionen und Rückflüsse

Die Investitionen, die in eine Rastanlage fließen, teilen sich in diese Segmente auf: Erwerb des Grundstücks, Errichtung der Gebäude, Tankstellentechnik, Erstellung der Außenanlagen sowie Ausstattung von Gastronomie und Shop. Sie sollten eine Gesamthöhe von 5 Mio. Euro nicht überschreiten, um eine entsprechende Rentabilität der Anlage zu sichern. Die Bandbreite der Investitionsteilung ist allerdings sehr groß. Bei unseren Projekten ist das Splitting der Investitionen im Regelfall wie folgt geregelt: Wir übernehmen Investitionen in Gebäude und Außenanlagen, während die Mineralölgesellschaft die Tankstelleneinrichtung finanziert und unsere Pächter die Innenausstattung von Gastronomie, Shop, Restaurant und Küche stellen.

Die Einnahmen setzen sich zusammen aus umsatzanhängigen Nutzungsentgelten der Mineralölgesellschaft sowie einer Pachtzahlung des Pächters, die ebenfalls eine umsatzabhängige Komponente beinhaltet.

15. Instandhaltung und Renovierung

Erhöhter Aufwand

Autohöfe sind wegen der verdichteten Frequenzen und intensiven Nutzung naturgemäß in einem höheren Maße als klassische Gewerbeimmobilien, Bürohäuser oder Einkaufszentren Verschleiß- und ständigen Innovationsprozessen unterworfen. An die Gastronomie und den Shop werden zudem besondere Maßstäbe hinsichtlich Erscheinungsbild, Warenpräsentation und Ausstattung angelegt. Der Aufwand für die kontinuierliche Pflege von Gebäude und Ausstattung ist also ausreichend in der langfristigen Projektion und Kalkulation zu berücksichtigen. Besondere Aufmerksamkeit ist typischen Problemen wie Kontamination durch undichte Tankanlagen oder nachlässige Auftankvorgänge zu schenken.

Unsere Erfahrungen zeigen, dass eine Renditeerwartung, die um wenigstens 50 % über den klassischen Margen bei Gewerbeimmobilien liegt, durchaus geboten ist, um eine langfristige Zufriedenheit des Eigentümers zu gewährleisten.

Um einen Autohof rentabel zu führen, sollten wenigstens folgende Leistungskennziffern erfüllt sein: Treibstoffabsatz größer als 10 Mio. l/Jahr sowie Umsätze in Shop und Gastronomie von jeweils mehr als 1 Mio. Euro.

16. Die Parkplatzbewirtschaftung

In den vergangenen Jahren ist man dazu übergegangen, die Lkw-Parkplätze – ein wertvolles betriebswirtschaftliches Gut des Autohofs – zu bewirtschaften. Hiermit soll erreicht werden, dass Lkw-Fahrer die Stellplätze, die naturgemäß mit einem hohen Investitionsaufkommen verbunden sind, nur dann nutzen, wenn entsprechende Folgeumsätze von ihnen im Autohof getätigt werden. Gewährleistet wird dies in der Regel über ein entsprechendes Gutscheinsystem. Das bedeutet: Der Lkw-Fahrer hat für den Parkplatz eine Übernachtungsgebühr zu entrichten, erhält aber in gleicher Höhe Gutscheine, die er – hier gibt es individuelle Regelungen – in der Anlage für Speise, Getränke oder Shop-Artikel einlösen kann.

Gutscheinsystem

17. Entwicklung und Ausblick

Trotz des bereits enorm gestiegenen Transport- und Verkehrsaufkommens auf den bundesdeutschen Autobahnen wird mit weiteren Zuwachsraten gerechnet. Der internationale Verkehr innerhalb unseres Landes soll von 1998 bis 2010 nach Ifo-Hochrechnungen von 195 auf 265 Mrd. km zunehmen. Angesichts des Einsatzes sparsamerer Fahrzeuge und der Entwicklung alternativer Antriebskonzepte (Erdgas- und E-Motoren, Antriebszellen etc.) geht man dennoch davon aus, dass der Verbrauch an Dieselkraftstoffen im Land den Höhepunkt bereits überschritten hat.

Wachsender Bedarf

Ein gewichtiger Faktor ist die durch die Öko-Steuerpolitik der Bundesregierung ausgelöste Verlagerung von Tankstellenumsätzen ins Ausland. Deutschland gehört heute zu den Ländern mit Spitzenpreisen bei Kraftstoffen. Das internationale Transportgewerbe hat in den vergangenen Jahren sehr sensibel darauf reagiert und mit dem Einbau größerer Tanks Voraussetzungen für enorme Reichweiten geschaffen. Die möglichen Lkw-Einsatzradien überschreiten oft die Grenze von 2.000–3.000 km, so dass eine gewisse Entkopplung vom inländischen Tankstellennetz erreicht wurde.

Politische Komponenten

Im Zuge einer angestrebten innereuropäischen Steuerharmonisierung wird zwar mittelfristig mit einer Nivellierung des Preisgefüges in der EU und einer daraus resultierenden Wiederbelebung der bundesdeutschen Tankumsätze gerechnet, allerdings dürften diese Effekte kaum vor 2010 eintreten. Bis auf weiteres bleiben unserem Land also weitgehend ungeschmälerte Verkehrs- und Umweltbelastungen, während Steuern/Abgaben und wirtschaftliche Erträge unseren Nachbarstaaten mit einer anderen Preislandschaft zufließen.

**Wettbewerbs-
verzerrung**   Die empfindlichen Wettbewerbsverzerrungen durch die Ökosteuer-Aufschläge und der Wegfall einer wesentlichen Ertragskomponente führen bei vielen Betreibern zu entsprechenden Renditeproblemen. Diese können oftmals nicht durch Umsätze in Gastronomie und Shop kompensiert werden, so dass in den Jahren 2003 bis 2005 einige Geschäftsaufgaben zu vermelden waren. Diese Situation wird sich in den Folgejahren womöglich verschärfen.

Nur wirklich ertragsstarke Rastanlagen, die vom Start weg auf einer vorsichtigen Kalkulation basieren, eine überzeugende Servicepalette bieten und zugleich ihre Betriebsabläufe konsequent optimieren, werden sich im härteren Wettbewerb behaupten können.

Grundstücksgröße	17.000–30.000 m²
Tankpositionen Lkw	4–6
Tankpositionen Pkw	8–12
Parkflächen Lkw	50–150
Parkflächen Pkw	40–80
Sitzplätze Restaurant	80–200
Sitzplätze Bistro	40–80
Tankstellen-Shop	150–300 m²
Quelle: Unternehmensgruppe Dr. Vielberth, Regensburg	

Abb. 1:   Kennzahlen eines Autohofs

6 Modeorder-Großhandels-Center
– Typen, Projektentwicklung und Konzeptionen –

Franz Fürst, Geschäftsführender Gesellschafter Fürst Developments, München – Salzburg – Zürich

Inhaltsverzeichnis

1.	**Einleitung**	174
1.1	Messen	175
1.2	Ordertage	175
2.	**Typen von Modeorder-Großhandels-Centern und deren bauliche Gestaltung**	176
2.1	Promptorder-Center (Quick Response)	176
2.2	Vororder-Center	177
3.	**Entwicklung der Modebranche und Auswirkungen auf Modeorder-Großhandels-Center**	177
3.1	Konsumentenverhalten	177
3.2	Anbieter, Wettbewerb, Konzeptänderungen	178
3.3	Auswirkung auf Modeorder-Großhandels-Center	178
4.	**Konzept der Fashion Mall am Beispiel der „Fashion Mall Munich"**	179
4.1	Standorte	179
4.2	Inszenierung von Lifestyle und Design	180
4.3	Organisation und Management	181
4.4	Vorteile für die Branche	181
4.5	Vorteile für München	182

1. Einleitung

Modeorder- und Großhandels-Center sind in Deutschland in größerem Ausmaß vor allem in den 70er und 80er Jahren entstanden. Prominente Beispiele sind das MOC und MTC in München, das MCB in Berlin, das Fashion House in Düsseldorf, das HDM in Eschborn, das HDK in Sindelfingen usw.

Zielsetzung Die Errichtung von Modeorder-Großhandels-Centern (im Weiteren als MOGCs abgekürzt) entsprang dem Wunsch der Branche, zusätzlich zu den klassischen Modemessen eine Plattform für Markenpräsentation, Vertriebsaktivitäten und Distribution zu schaffen, die einen Marktauftritt in eigenen geschlossenen Räumen, jedoch im direktem Umfeld mit Mitbewerbern erlaubt.

In MOGCs finden keine Endverbrauchergeschäfte statt!

Die Nutzer von MOGCs sind in der Regel Hersteller von Bekleidung, Schuhen, Accessoires und Lifestyleartikeln. Abhängig von Marktpräsenz, Größe und Betriebsorganisation sind auch regional abgestimmt Handelsagenturen mit den Vertriebsaktivitäten der Hersteller beauftragt. Diese sind ebenso Nutzer von MOGCs.

In Deutschland gibt es den IMC, Interessenverbund der ModeCenter e.V., dessen Interesse es ist, möglichst akkordierte Aktivitäten der einzelnen MOGCs, aber auch dessen Nutzern zu unterstützten. Es wird eine gemeinsame Marketingplattform für alle deutschen MOGCs angestrebt.

1.1 Messen

Die einschlägigen Messen erhielten – mit wenigen Ausnahmen – fast ausschließlich informelle Bedeutung. Geschäftsabschlüsse wurden und werden großteils in MOGCs getätigt.

Die weitere Errichtung von MOGCs führte letztendlich sogar zum Rückgang von Messen. Beispielsweise in München entfiel die „Modewoche" komplett. **MOCGs ersetzen Messen**

Mittlerweile finden nur mehr die wichtigsten Modemessen statt, bei geändertem Umfang und Anforderungsprofil. So z. B. die „munich fabric start" als (Roh-)Stoffmesse für Designer und Produzenten, die „Pitti uomo" als Trendbarometer, die „CPD" in Düsseldorf (noch) als Leitaktivität für die Ordertage, die „Bread & Butter Berlin" als Lifestylebühne für junge Marken.

1.2 Ordertage

An unterschiedlichen Destinationen finden zu inzwischen fix eingeführten Zeiten und abgestimmt mit den Messeterminen so genannte Ordertage in den MOGCs statt. Es ist zu unterscheiden zwischen Vororder und Promptorder (Quick Response).

Die Rhythmen der Ordertermine sind unterschiedlich, abhängig von Logistik und Marketing der jeweiligen Modehersteller. Beispielsweise bei Promptorder permanent aus dem angegliedertem Warenlager, und bei Vororder vier- bis zwölfmal jährlich.

Vororder:
Die Fachhändler informieren sich zu den Ordertagen in den Schauräumen der Anbieter über die Kollektionen der kommenden Saison und ordern voraus. **Vororder**

Beispielsweise im Januar/Februar die Ware für den kommenden Sommer und im Juni/Juli die Ware für den kommenden Winter.

Vororder-Center sind hauptsächlich nur zu Orderzeiten besetzt, sofern die Unternehmen vereinzelt nicht die ganzjährige Administration am Standort vorsehen.

Die Orderrhythmen werden jedoch zunehmend kurzzeitiger. Viele Unternehmen sind bereits bei zwölf Terminen jährlich. Dies ist auch mit erhöhter Präsenz verbunden

Promptorder:
Im Promptorder-Center (Quick Response) kann vom Fachhandel permanent Ware bezogen werden. Dies funktioniert nach dem ursprünglichen Konzept Cash and Carry! Die Geschäftsräume sind ständig besetzt. **Promptorder**

2. Typen von Modeorder-Großhandels-Centern und deren bauliche Gestaltung

2.1 Promptorder-Center (Quick Response)

Dem Fachhandel wird die laufende Versorgung mit Ware durch Abholung im Order Center ermöglicht. In Schauräumen werden die verfügbaren Kollektionen präsentiert. Aus angegliederten Warenlagern können die ausgewählten Teile sofort bezogen werden.

Standort Das Promptorder-Center bedingt entsprechend große Lagerflächen und Anlieferungszonen. Außerdem ein großzügiges Parkplatzangebot, nahezu in dem Ausmaß von Einzelhandels-Centern. Deshalb finden sich Standorte von MOGCs oftmals in ausschließlich verkehrlich günstig gelegenen Lagen, z. B. in Gewerbegebieten, möglichst im Einzugsbereich leistungsfähiger Strassen (Autobahnanbindung) und eines Flughafens.

Der Detailverkauf ist durch den hohen Publikumsverkehr nur durch strenge Zutrittskontrollen zu unterbinden, insbesonders in MOGCs mit einem hohen Anteil an Agenturen, die oftmals so genannte „Kollektionsabverkäufe" durchführen.

Angegliedert an Promptorder-Center sind meistens Veranstaltungsflächen für Events und Präsentationen (z. B. Modenschauen).

Um die Markenvielfalt zu betonen, werden auch temporär verfügbare Schauraumflächen angeboten. Diese werden hauptsächlich von kleinen Agenturen oder Marktteilnehmern zu den Orderterminen angemietet.

Management Der Betreuungsaufwand für ein Promptorder-Center entspricht zu 60 % dem eines Shopping-Centers. In den meisten Fällen ist daher ein Center-Management installiert, das den Ablauf der unterschiedlichen Aktivitäten organisiert und auch Marketingmaßnahmen wahrnimmt.

Promptorder-Center erfordern ein vergleichsweise hohes Flächenangebot. Bedingt durch die unterschiedlichen Nutzungsinteressen ist der Betreuungs- und Instandsetzungsaufwand relativ hoch.

Ausstattung Eine Herausforderung ist hierbei die architektonische und somit atmosphärische Gestaltung. Die richtige Mischung zwischen Emotionalität und Bedarfserfüllung ist schwierig und kann in den seltensten Fällen nachhaltig gefunden werden; erschwerend kommen die Vorgaben von hohem Flächenbedarf, niedrigen Mieten und günstigen Baukosten hinzu.

Promptorder-Center haben daher oft lagerhallenähnlichen oder industriellen Charakter und verlieren zunehmend an Akzeptanz. Im Wesentlichen aus dem Grund, da viele Unternehmen die Distributionslogistik geändert haben. Sowohl bei Verkäufern wie auch Einkäufern!

Ein Beispiel eines sehr konsequent gestalteten und betriebenen Promptorder-Centers ist das „Centergross" in Bologna, Italien. Es sind dort auf einem Areal von 925.000 m^2 über 500 Unternehmen aus der Sparte Mode, Accessoires, Heimtextilien usw. vertreten. Weitere Informationen sind unter www.centergross.com zu finden.

2.2 Vororder-Center

Anbieter von Vorderware finden sich auch oftmals in Promptorder-Centern. Vor allem Mieter temporär nutzbarer Flächen (Stand).

Reine Vororder-Center werden vor allem von Anbietern von mittel- bis hochpreisiger Ware in entsprechendem Markenumfeld bevorzugt.

In Vororder-Centern geschieht keine Warendistribution und sind daher keine großflächigen Lager und Anlieferungszonen erforderlich. Es ist lediglich der Bedarf für kleine Lager oder „Absortierflächen" für Retouren oder Reklamationsware, abhängig von der Logistik der jeweiligen Nutzer, gegeben.

Keine Warendistribution

Vororder-Center können, bedingt durch andere Vorgaben, attraktiver und mit hoher Aufenthaltsqualität gestaltet werden.

Vorrangig geschieht dies in nach unterschiedlichen Konzepten gestalten Schauräumen. Die „Markenpräsentation" erfolgt in der Regel zu vereinbarten Terminen. Laufkundschaft gibt es nur rudimentär.

Eines der ersten europäischen reinen Vororder-Center mit attraktivem Ambiente und Marktbedeutung war die „Fashion Mall Salzburg", Österreich. Auf 8.300 m² Ausstellungs- und Geschäftsfläche begannen 70 Unternehmen mit 220 Kollektionen bereits 1990 ihre Kunden bei großer Akzeptanz zu betreuen.

„Fashion Mall Salzburg"

Eine Erweiterung erfolgte 2001 mit einem Glaspavillon mit 1.600 m² Fläche.

Das Gebäude ist 110 m lang und umfasst fünf Geschosse. Im Tiefgeschoss sind 98 Parkplätze, hauptsächlich für Beschäftigte und VIP-Kunden. Weiterhin gibt es um das Gebäude noch über 200 Parkplätze.

Durch die Anordnung einer Mall an der Glasfassade, mit attraktivem Blick nach Salzburg, gibt es keine frequenzbenachteiligten Nutzer. Das oberste Geschoss wurde als „Belle Etage" konzipiert.

In der „Fashion Mall Salzburg" gibt es des Weiteren eine Dienstleistungsagentur, ein Postamt und ein Restaurant.

3. Entwicklung der Modebranche und Auswirkungen auf Modeorder-Großhandels-Center

Die Marktentwicklung ist in Deutschland, der Schweiz und Österreich ähnlich. Bedingt durch die wirtschaftliche Situation und Stimmung in Deutschland war die „Konsumlaune" in den vergangenen Jahren rückläufiger als in den anderen Ländern.

Das Kaufverhalten hat sich jedoch generell in den letzten zehn Jahren stark geändert – auch die Anbieterstruktur.

3.1 Konsumentenverhalten

Eine starke Marktpräsenz haben die so genannten „Vertikalen" erhalten. Vielfach werden in gut „designten" Läden Eigenproduktionen angeboten, bei Präsentation auf Flächen an besten Standorten (s. Hennes & Mauritz, Mango, Zara usw.).

Neue Kauf-gewohnheiten

Smart-Shopping ist nahezu zum Kult geworden. Markenprodukte zum Schnäppchenpreis ist das Motto; gerne auch über eBay und den Versandhandel.

Oder man bezieht gleich maßgeschneiderte Bekleidung über das Internet. Alle Stoffqualitäten und individuelle Schnitte sind hier zu erhalten, auch nach Vorlagen von hochwertiger Designerware, ein Beispiel ist www.virtualtryon.de.

Anspruchsvolle erwarten alles unter einem Dach zu vernünftigen Preisen und bei guter Beratung. Qualität von mittelpreisig bis hochwertig (50–85 %), wie z. B. Peek & Cloppenburg, Don Gil usw. Inszenierung, z. B. in Flagshipstores, verbunden mit kulturellem und lukullischem Genuss wird genossen. Nur Top-Brands sind gefragt, bei Top-Betreuung und hoher Aufenthaltsqualität.

3.2 Anbieter, Wettbewerb, Konzeptänderungen

Zunehmene Vertikalisierung

Die zunehmende Marktbedeutung der „neuen Vertikalen" erwirkt auch bei bekannten und lange markteingeführten Herstellern eine zunehmende Vertikalisierung.

Vertikalisierung bedeutet Design, Produktion, Distribution, Vertriebskonzepte und -standorte in einer wirtschaftlichen Organisation. Damit verbunden sind höhere Kosteneinsparungseffizienz, klare Erkennbarkeit des Produktes und der Ansprüche, rasche Reaktionen auf Marktbedürfnisse.

Auch bekannte Hersteller werden zunehmend in den Retail-Bereich investieren.

Neue Konzepte

Es kommt zu Vertriebsallianzen zwischen Herstellern und Fachhändlern, die oftmals Eigentümer oder Hauptmieter der Läden sind.

Franchise-Konzepte unterschiedlichster Art nehmen ebenfalls zu. Mit dem Ziel hoher Präsenz der Marken, bei möglichst hoher Kosteneinsparung und erhöhter Konkurrenzfähigkeit.

3.3 Auswirkung auf Modeorder-Großhandels-Center

Die vorgenannten Überlegungen erfordern, den Vertriebs- und Distributionsaufwand zu vereinfachen und kostengünstiger zu gestalten. Ebenso die Markteffizienz.

Mit dem Engagement in eigene Stores oder neuen Vertriebsallianzen können nicht alle Kunden erreicht werden.

Der Vertrieb über Fachhändler wird geringer, jedoch nicht verzichtbar werden, vor allem nicht in kleineren oder mittleren Städten. Er muss mit örtlich gut eingeführten Fachhändlern auch in umsatzstärkeren Regionen bzw. größeren Städten ausgebaut werden.

Geänderter Flächenbedarf

Der Bedarf an Flächen in MOGCs ist rückgängig. Die Anforderungen werden derzeit komplett neu definiert.

Der Schauraum im MOGC wird untrennbarer Teil des gesamten Marketingkonzeptes. Die Produkt- und Unternehmens-CI im Schauraum muss auch über das Gebäude und dessen Umfeld kommunizierbar sein.

Schauräume und MOGCs werden zunehmend nach überregionalen Gesichtspunkten benötigt werden, z. B. München für Süddeutschland, Düsseldorf für Nordwest- und Berlin für Nordostdeutschland.

Das MOGC wird auch zunehmend zum Kompetenz- und Schulungszentrum für Fachhändler, Franchisenehmer und das Personal der eigenen Stores. Es wird zum „Dritten Ort" für Experten.

Neuausrichtung

Diesen neuen Vorgaben und Aufgaben sind von vielen MOGCs nicht mehr oder nur unzureichend erfüllbar. Aus diesem Grund haben beispielsweise in Düsseldorf oder in München viele Anbieter versucht, neue, attraktivere Locations in Einzellagen oder kleineren Agglomerationen, verteilt auf das Stadtgebiet, einzurichten.

Dies geschah leider mit dem Nachteil der langen Wege und geringeren Markttransparenz für Kunden und Partner.

4. Konzept der Fashion Mall am Beispiel der „Fashion Mall Munich"

Die erste Fashion Mall wurde 1990 in Salzburg, Österreich, eröffnet. Mode im Großhandelsbereich wurde damals in einem Umfeld mit geringem Charme und Präsentationsqualität angeboten.

Die „Fashion Mall Salzburg" wurde am bereits branchenintern bekannten Standort Salzburg Nord errichtet und bietet nunmehr in zwei Gebäuden ca. 10.000 m² Schauraumfläche an.

Das damals bereits bestehende MGC Salzburg, mit 40.000 m² Ausstellungsfläche, hat durch die Aktivitäten der „Fashion Mall Salzburg" zwar kurzzeitig Mieter verloren, konnte jedoch durch temporär freiwerdende Flächen den Relaunch des gesamten Centers organisieren.

In den zehn Jahren ab Eröffnung der Fashion Mall und die dadurch ausgelösten Aktivitäten hat sich Salzburg zum wichtigsten Standort Österreichs für den Modegroßhandel entwickelt.

4.1 Standorte

Die Fashion Mall befindet sich immer an bereits branchenbekannten Standorten; derzeit geplant in München Schwabing Nord und Zürich Nord, Opfikon. Dadurch werden auch bereits bestehende Einrichtungen langfristig nicht geschwächt und Standortsynergien entwickelt.

Nutzung von Synergieeffekten

Der Standort München ist aufgrund seiner hohen Modekompetenz, seiner positiven Ausstrahlung und seiner Attraktivität als Stadt für eine attraktive Agglomeration prädestiniert. So will sich nun auch die Stadt München – nach langen Jahren – verstärkt in ein solches Projekt einbringen, das den sich zwischenzeitlich selbst überlassenen Aktivitäten ein gemeinsames Forum bieten soll.

Mit einem Gesamtinvestitionsvolumen von 43 Mio. Euro wird im Umfeld des Sturm Plaza und weiteren Gebäuden, die bereits jetzt auf 7.000 m² mit attraktiven Anbietern besetzt sind, die „Fashion Mall Munich", mit den Gebäuden „Fashion Mall bronce" und „Fashion Mall titan", bis Anfang 2008 entstehen.

Neue Qualitätsstandards

Auf dann insgesamt 14.000 m² soll ein in die Zukunft weisendes Informations- und Orderforum für den Modehandel geschaffen werden; mit neuen Qualitätsstandards in direkter Nachbarschaft zu anderen Fashion Standorten wie z. B. dem MTC, MOC oder dem „Fashion Atrium" mit heute schon rund 110.000 m² Ausstellungsfläche, die künftig auch neue Impulse erhalten werden.

4.2 Inszenierung von Lifestyle und Design

Zeitgemäße Gebäude mit begrünten Atrien, Loggien, Präsentationsterrassen werden die Bühne für Fashion-Inszenierungen und für eine imagegerechte Darstellung erfolgreicher Labels.

Anlieferzonen, Parkmöglichkeiten direkt im Gebäude und andere, auf die speziellen Bedürfnisse der Mieter abgestimmten, Einrichtungen gewähren, auch unter technischen Gesichtspunkten gesehen, einen reibungslosen Ablauf und ein perfekt organisiertes Umfeld.

Kurze Wege

Auf nur drei Geschossen, sowohl in „Haus bronce", als auch in „Haus titan" werden bekannte und attraktive Labels im sehr übersichtlichen Rahmen angeboten und ihre Kunden in einer neu geschaffenen „Gemeinsamkeit" empfangen. Diese Nähe zueinander ermöglicht dem Kunden, auf kurzen Wegen mehr Informationen zu sammeln, und so stressfrei und zeitoptimiert seine wichtigen Entscheidungen treffen zu können.

Auf den 5.200 m² von „Haus bronce" werden Hersteller und Vertreter hochwertiger Labels Ihren Platz finden.

Zusätzlich zu diesen für die Kompetenz des Standortes wichtigen Unternehmen werden im „Haus titan" auf einer Fläche von 9.100 m² auch konsumorientierte Anbieter und Lead Provider vertreten sein. Sie werden hier den idealen Rahmen für die Präsentation neuer Konzepte, die eng mit den Bedürfnissen des Marktes verquickt sind, finden.

Im dritten und vierten Obergeschoss von „Haus titan" entsteht ein „Designer-Turm". In kleinen Studios werden bis zu zehn talentierte und ausgewählte Designer ihre Kollektionen kreieren und auf „Tuchfühlung" mit professionellen und kommerziellen Herstellern und Anbietern gehen. Eine Modewerkstatt befindet sich im Herzen einer erfolgreichen Vertriebsstruktur.

Gedankenaustausch und Innovation

Neben einem „garden cafe-restaurant" und großzügigem Platz für Begegnungen in eigenen Loungen wird dem immer drängenderen Bedürfnis nach Information über das sich immer schneller wandelnde Modebusiness eine anspruchsvolle Plattform geboten. Hier können in professionell organisierten Workshops Lösungsansätze zu bestehenden Problemen von versierten Fachleuten ebenso angeboten werden, wie auch Trendscouts zu Wort kommen.

4.3 Organisation und Management

Aus einem so entstehenden „Club", der erstmals der Komplexität des Modebusiness Rechnung zu tragen versucht, wird sich ein zukunftsweisender Brennpunkt für Mode herausbilden. Mieter und Kunden werden von diesem Clubgedanken gleichermaßen profitieren, geschaffen wird ein Forum für Unternehmer, die altmodisches Konkurrenzdenken hinter sich gelassen haben und gemeinsam einen wirtschaftlich erfolgreichen Weg in die Zukunft suchen.

Forum für innovative Unternehmer

Auch in der Organisation und Verwaltung der „Fashion Mall Munich" wird sich dieser Gedanke wiederfinden, indem Betreiber und Mieter gemeinsam über Maßnahmen und Aktivitäten entscheiden können. Nicht zuletzt wird auch die kostenbewusst orientierte Preispolitik des Projektentwicklers dazu beitragen, die Fashion Mall Munich mit einem interessanten Mietermix besetzen zu können und so dieses ambitionierte und zukunftsweisende Projekt zum Erfolg zu führen.

Denn nur wer sich kreativ und offen den neuen Herausforderungen des Marktes stellt, wird sein Unternehmen in eine erfolgreiche Zukunft führen können.

4.4 Vorteile für die Branche

- Die Attraktivität des Standortes liegt in der verkehrstechnisch hervorragenden Anbindung nahe dem mittleren Ring und der Autobahn A9, der Nähe zur Innenstadt und der besten Erreichbarkeit für Kunden in hochwertigem Umfeld begründet. In attraktiven Gebäuden findet man Platz für Inszenierung von Mode (3,60 m hohe Räume), harmonisches Ambiente durch Anordnung von Schauräumen an begrünten Atrien, attraktive Foyers, Angebote im erlesenen Kreis, abgestimmt auf die jeweilige Marktposition.

Standort

- Umfangreiche Parkmöglichkeiten in den Gebäuden:
  - „Fashion Mall bronce": 108 Parkplätze, davon 86 Stellplätze in einer eigenen Tiefgarage,
  - „Fashion Mall titan": 297 Tiefgaragenstellplätze, bei Bedarf können zusätzlich Parkplätze über Valid Parking im Umfeld angeboten werden.

- Imageförderung und -bildung: Die „Fashion Mall Munich" ist für jedes dort befindliche Unternehmen eine Referenz für Kunden. Bereits bei der Ankunft wird man Aura und Präsenz von Mode spüren. Der öffentliche Raum zwischen den jeweiligen Häusern wird von den besten europäischen Freiraumgestaltern neu definiert. Mode findet nicht nur in den Gebäuden sondern auch außerhalb statt. Es entsteht ein attraktiver „Catwalk", eine Atmosphäre des Sehens und Gesehenwerdens.

Imageförderung

- Umfassende Abstimmung auf die Bedürfnisse und Erfordernisse von Mietern und Kunden hinsichtlich Architektur, Design, Technik: zentrale Anlieferungszonen, Weg-, Zeit- und Raumoptimierung, hervorragendes Raumklima durch Sonnenschutz und automatische Gebäudekühlung, komplett ausgebaute Büro- und Schauräume und klimatisierte Lager.

Moderne Ausstattung

- Komplexe Konzepte und Serviceeinrichtungen unterstützend für Organisation und funktionierende Strukturen.

- Durch gutes Produktsortiment, Sympathie und Aufenthaltsqualität entsteht Kundenbindung!

4.5 Vorteile für München

„Kompetenzzentrum" München erhält als Stadt für Mode neue Kompetenz. Publikum aus ganz Europa wird die Fashion Mall und die bayerische Metropole besuchen. Unternehmen werden ihre Standort- und Wettbewerbsbedingungen erheblich verbessern.

Als Beitrag zu einer prosperierenden Modeszene wird die Stadt München eine weitere Attraktivität anbieten. Auch für die örtliche Mode- und Designszene entstehen neue Impulse.

7 Der deutsche Büroimmobilienmarkt
– Zwischen regionalen Strukturen und internationaler Herausforderung –

Dr. Thomas Beyerle, Leiter Research und Strategie DEGI mbH, Frankfurt am Main

Inhaltsverzeichnis

1.	Strukturelle Analyse der deutschen Büromärkte	184
2.	Teilmarktanalyse der deutschen Büromärkte	187
2.1.	Bürozentren – Vermietungsmarkt	187
2.2.	Bürozentren – Investmentmarkt	193
2.3.	Regionale Bürostandorte	196
3.	Fazit	198

1. Strukturelle Analyse der deutschen Büromärkte

Internationale Beeinflussung

Eine Analyse der deutschen Büroimmobilienmärkte setzt zumeist auf Standortebene an und beschreibt die aktuelle Situation von Angebot und Nachfrage, untermauert mit Zahlen zu Miete, Flächenumsatz und Leerstand. Obwohl diese Betrachtungsweise inhaltlich nicht falsch ist, wird die intraregionale Betrachtung zunehmend durch Einflüsse geprägt, die zumeist außerhalb der Steuerungsmöglichkeit der lokalen Akteure liegt. Begriffe wie Globalisierung, grenzüberschreitende Mobilität oder einfach Standortwettbewerb beschreiben diesen Umstand. Damit fast gleichzusetzen ist die Tatsache, dass der Wettbewerb sowohl innerhalb Deutschlands als auch auf internationaler Ebene mehr denn je zunimmt. Dass sich aufgrund dieser Rahmenbedingungen die Landkarte der Büromärkte in den nächsten Jahren ändern wird, ist zu erwarten. Bevor also die Analyse der deutschen Büromärkte erfolgen kann, muss dem eine Betrachtung der internationalen Ebene – wenn auch kurz – vorangestellt werden.

Standortvorteile

Die Sichtweise von Investoren, welche Deutschland entgegengebracht wird, ist Spiegelbild unserer Wirtschaftsstruktur und damit zumeist der Standortvorteile.

- Größte europäische Volkswirtschaft in zentraler Lage in Europa,
- vergleichsweise hohe Marktliquidität,
- heterogene regionale Wirtschaftsentwicklung, die Diversifikation ermöglicht,
- Möglichkeiten für antizyklischen Markteinstieg durch die gegenwärtige wirtschaftliche Schwächephase

sind nur einige Attribute, die die Strukturen beschreiben.

Ungewöhnliche Wettbewerbsposition

Und doch ist der Wirtschaftsstandort Deutschland und damit seine Bürozentren differenziert zu betrachten. Eine grundlegend andere Wettbewerbsposition als die der meisten europäischen Staaten zeigt sich beim Blick auf die deutsche Landkarte bzw. die Investitionszentren: Es sind deutlich mehr. Ein Büromarktranking analog einer Top Ten ist in Deutschland angebracht, in Großbritannien, Frankreich oder Spanien stellt sich die Frage mangels Alternative zum Hauptinvestitionszentrum nicht in dieser Deutlichkeit. Die Frage, warum sich unsere Bürostandortstruktur im Jahr 2005 so darstellt wie sie ist, kann nur beantwortet werden, wenn man in die jüngere deutsche Geschichte zurückgeht. Nach dem Zusammenbruch des Dritten Reiches war es das erklärte Ziel der Siegermächte, ein dominantes Zentrum, wie es Berlin zum damaligen Zeitpunkt war, nicht mehr entstehen zu lassen. Herausragende Wirtschaftsstandorte wie Frankfurt, Landeshauptstädte wie Wiesbaden und eine Reihe von starken Bundesländern prägen – auch nach der deutschen Wiedervereinigung – das wirtschaftsstrukturelle Bild Deutschlands. Auch wenn vom ursprünglichen Gedanken einer Zersiedelung schnell wieder abgerückt wurde, erkennt man doch die polyzentral angelegte räumliche Ordnung der Wirtschaftsstandorte in der heutigen Prägung. In Zeiten eines massiven wirtschaftlichen Umbruchs gerät diese Struktur zusehends in den Mittelpunkt der wirtschaftspolitischen Diskussion. Der föderalistische Gedanke, welcher bisher das Paradigma war, wird zunehmend unterminiert.

Förderale Strukturen

Denn: Was sich aus heutiger Sicht in den Phasen des starken wirtschaftlichen Wachstums der 60er bis Ende der 80er Jahre auf den ersten Blick weitgehend ausgeglichen hat, tritt in der längsten stagnativen Phase seit Gründung der Bundesrepublik massiv zu Tage: Die Quantität an Büro- und Industrieflächen wird nicht mehr benötigt. Augenscheinlich steht Deutschland am Vorabend einer massiven Umverteilung von Büroarbeitsplätzen, Wanderungsbewegungen von Firmen werden nur eine Folge davon sein. Die Entkopplung der Flächennachfrage von der gesamtwirtschaftlichen Entwicklung wird zum fundamentalen Faktor zu Beginn des neuen Jahrtausends. Zusätzlich tritt langsam, aber doch erkennbar ein, was jahrzehntelang durch die Wachstumsdynamik so nicht wahrnehmbar war: Der innerdeutsche Wettbewerb der Standorte nimmt dramatisch zu. Ein Blick auf die funktionale Arbeitsteilung in Deutschland zeigt die vermeintlichen Defizite auf: Zu viele Standorte machen alles.

Defizite des Status quo

Städtebetrachtung	Branchenschwerpunkte
Berlin	Information/Telekommunikation, Medien, Fahrzeug-/Maschinenbau, Elektrotechnik, Biotechnologie
Hamburg	Information/Telekommunikation, Finanzdienstleistungen, Medien, Biotechnologie, Handel
Düsseldorf	Information/Telekommunikation, Medien, Chemie, Messewesen
Frankfurt	Information/Telekommunikation, Finanzdienstleistungen, Messewesen
Stuttgart	Information/Telekommunikation, Medien, Fahrzeug-/Maschinenbau, Elektrotechnik,
München	Information/Telekommunikation, Finanzdienstleistungen, Medien, Fahrzeug-/Maschinenbau, Biotechnologie

Quelle: DEGI Research 2005

Abb. 1: Leitbranchen deutscher Bürozentren

Auf den Büroimmobilienmarkt übertragen heißt das schlicht und einfach: Eine funktionale Zentralisierung wird notwendiger sein denn je. Denn die bisherige heterogene Tätigkeitsstruktur ist – um im globalen Wettbewerb zu bestehen – augenscheinlich zu ähnlich. Allerdings, wer will es den Verant-

Zentralisierung erforderlich

wortlichen verübeln, nicht rechtzeitig auf Zukunftsbranchen gesetzt zu haben? Macht es aber wirklich Sinn, dass die Büromärkte in Deutschland an allen Standorten auf alle Branchen setzen? Der Umkehrschluss, sich auf eine Leitbranche zu konzentrieren, was gemäß der volkswirtschaftlichen Lehrbücher im Sinne komparativer Standortvorteile geradezu sinnvoll wäre, erscheint allerdings genau so schwierig. Denn wer setzt schon sehenden Auges alles auf eine, maximal zwei Leitbranchen? In guten Zeiten mag das überdurchschnittlichen Erfolg bringen, in schlechten wird das Erwachen umso schlimmer sein. Der Finanzplatz Frankfurt und damit der Büroimmobilienmarkt spürt noch immer die Umwälzungen der Finanzmärkte zum Beginn dieses Jahrtausends. Also doch alle dienstleistungsaffinen Tätigkeiten an einem Standort konzentrieren, wie wir es aus London oder Paris kennen? Der Gedanke lag nahe zu Beginn der Deutschen Einheit, als die neue Hauptstadt Berlin genau mit diesen Prämissen ausgestattet wurde: Allein ein Blick 15 Jahre später sorgt für Ernüchterung. Haben sich denn nicht alle ordnungsgemäß oder gar politisch korrekt verhalten, hat denn die Immobilienbranche nicht sogar ein optimales Angebot geschaffen? Die Ernüchterung trat spätestens dann ein, als man erkannte, dass zwischen allen Bekundungen ein Faktor in der Diskussion immer ausgeklammert wurde: die Bereitschaft zur Mobilität! Hauptstadtbüro ja, Verlagerung nein. Allein der Blickwinkel auf die einsetzende Diskussion auf politischer Ebene zur Zukunft der Gleichwertigkeit der Lebensbedingungen und deren Konsequenzen auf die föderalistische Struktur der Bundesrepublik muss zum Nachdenken anregen.

Zunehmende Mobilität

Übersetzt heißt das, dass die Standortpersistenz von Unternehmen tendenziell abnimmt. Etwas, was im globalen Kontext bzw. im produktionsorientierten Sektor durch Verlagerung in sog. Billiglohnländer zähneknirschend hingenommen wird, wird in den nächsten Jahren auch die Dienstleistungsbranche und damit die Büroimmobilienmärkte in Deutschland beeinflussen. Bürofunktionen werden mobiler werden.

Ein erstes, viel beachtetes Beispiel einer (bewussten?) funktionalen Zentralisierung liefert Leipzig bzw. die Region. Die Herausstellung der Stärken im produktionsorientierten Sektor und die damit einhergehenden Ansiedlungserfolge von BMW, Porsche und DHL sind zumindest eines: ein Beispiel in Zeiten der Krise, sich von klassischen Denkmustern zu trennen. Der Weg in die Dienstleistungsgesellschaft muss nicht zwangsläufig der Ansiedlung von bereits vorhandener Flächennachfrage dienen. Wirkungen auf den Büroflächenmarkt der Region sind indes primär nicht zu erwarten, allein der Wirtschaftsstandort entzieht sich quasi der Wettbewerbsposition der anderen Dienstleistungszentren, die per Definition Produktion tendenziell nicht mehr wollen. Ob dieser Erfolg, zugegebener Maßen durch Fördermittel unterstützt, anhält, wird die Zukunft zeigen. Leipzig als industrieller Kern in Deutschland kann nur sinnvoll sein.

Trend	Auswirkungen auf den Büroimmobilienmarkt
Neue Arbeitstechnologien und Formen der Arbeitsorganisation	Multimedia, moderne Informations- und Kommunikationstechnologien, Entstehung non-territorialer Arbeitsplätze, Diskussion neuer Standortfaktoren
Quantitätsgrenze insgesamt erreicht	Zuwächse werden tendenziell geringer, Verlagerung der Aktivitäten auf Bestandsbauten
Entkopplung der Flächennachfrage von der Konjunktur	Konjunktureller Anstieg führt nicht mehr automatisch zu verstärkter Flächennachfrage
Rationalisierung	Personalreduktion in der Region führt insgesamt zu Flächenreduzierung bei gleichzeitiger Standortzentralisierung an Hauptstandorten
Wandel der Standortansprüche	Spreizung zwischen Repräsentativität, Image und Zentralität und funktionalen Gebäudetypen, tendenzielle Bevorzugung von Top-Standorten und architektonisch angemessenen Objekten
Intraregionaler Wettbewerb steigt	Wettbewerb um Arbeitskräfte wird Wettbewerb um Fördermittel und die besten (Büro-)Flächen
Funktionale Zentralisierung von Dienstleistungstätigkeiten	Standortpersistenz der Nutzer sinkt tendenziell, Mobilitätsdruck auf Dienstleistungsunternehmen steigt

Quelle: DEGI Research 2005

Abb. 2: Trendspektrum deutscher Büroimmobilienmärkte

2. Teilmarktanalyse der deutschen Büromärkte

2.1 Bürozentren – Vermietungsmarkt

Die Abschwächung der Büromarktentwicklung in Deutschland setzt sich auch im Jahr 2005 fort. Vor dem Hintergrund der Stabilisierung der Nachfrage sowie einer rückläufigen Bautätigkeit verlangsamt sich jedoch der generelle Marktabschwung. Die Leerstände weisen eine erneute, wenn auch gebremste Zunahme auf, das Mietniveau gibt noch einmal deutlich nach. Für 2006 ist ein weiterer Marktrückgang zu erwarten. Gleichzeitig wird das Gros der deutschen Bürozentren im Laufe des Jahres 2006 den Tiefstand des Marktzyklus erreichen (vgl. Abbildung 3).

Weiterer Abschwung

Der Verlauf der Büroflächenumsätze zeigte 2004 nach dreijährigem Rückgang erstmals wieder eine leicht steigende Tendenz. Das Plus für die betrachteten neun Bürozentren beläuft sich im Einjahreszeitraum auf 4 %. Trotz der Besserung der konjunkturellen Rahmenbedingungen bewegte sich die Nettoabsorption auf niedrigem Niveau. Der Bedarf der Unternehmen an zusätzlichen Flächen war vor dem Hintergrund der schwachen Beschäftigungsentwicklung gering. Weiterhin ist das Umsatzgeschehen zum Großteil auf Flächentausch zurückzuführen. Diese Mobilität ist in Zeiten angespannter Märkte ein strukturelles Merkmal, welches eine notwendige Marktbewegung kennzeichnet. Zahlreiche Mieter nutzen das breite und günstige Angebot zur Aufwertung von

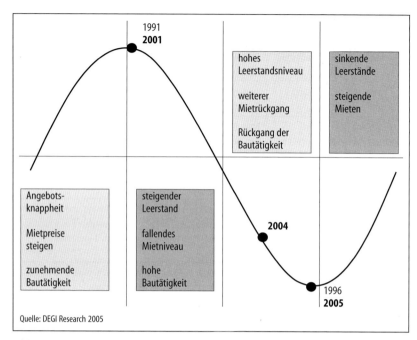

Abb. 3: Idealisierter Marktzyklus deutscher Büroimmobilienmärkte

Standort- und Flächenqualität, zumeist in Kombination mit Rationalisierungen. Der Anteil der Flächen zur Untervermietung ist aufgrund dieser Überschwappeffekte tendenziell rückläufig (vgl. Abbildung 4).

Bis auf Frankfurt, Dresden und Köln verzeichneten die Bürozentren im vergangenen Jahr gleichbleibende oder steigende Vermietungszahlen. Im Hinblick auf die regionale Verteilung der Ergebnisse verlor Frankfurt, das einen deut-

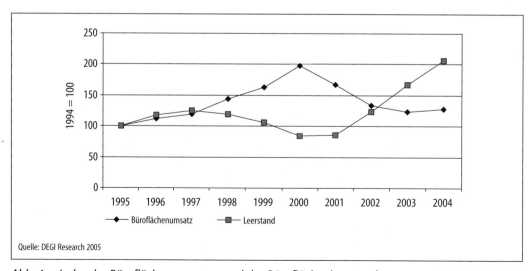

Abb. 4: Index des Büroflächenumsatzes und des Büroflächenleerstandes

lichen Umsatzeinbruch hinnehmen musste, seine Stellung als größter Markt an München. Die bayerische Landeshauptstadt konnte gegenüber dem Vorjahr das Vermietungsvolumen bei rund 500.000 m² stabilisieren. Die Bedeutung der beiden Standorte zeigt sich bei Betrachtung des längerfristigen Umsatzniveaus. Entsprechend ihrer Funktion als internationale Wirtschaftszentren sind sie die mit Abstand umsatzstärksten deutschen Märkte. Die höchsten Steigerungen 2004 wies Hamburg auf. Köln und Hamburg erzielten entgegen dem bundesweiten Trend ein Vermietungsvolumen oberhalb des längerfristigen Mittelwertes. Neben den absoluten Zahlen dient die Betrachtung der längerfristigen, mittleren Flächenumsätze in Relation zum Bestand der Analyse der Dynamik der Vermietungsmärkte. Dabei bestätigt sich die herausgehobene Stellung von Frankfurt und München, die jährlich durchschnittlich rund 4–5 % ihres Flächenbestandes umschlagen. Auch Düsseldorf erzielt einen hohen Wert, der aber im Zuge der aktuellen Erhebung der Stadt zum Büroflächenbestand eine Korrektur nach unten erfahren könnte.

	Umsatz 2004 in m²	Änderung 2004/2003 in %	zehnjähriger Ø in m²	zehnjähriger Ø in % des Flächenbestandes
Berlin	395.000	+7	425.000	2,4
Dresden	50.000	−9	75.000	3,2
Düsseldorf	260.000	+2	265.000	4,7
Frankfurt	345.000	−32	540.000	4,6
Hamburg	450.000	+50	345.000	2,7
Köln	190.000	−5	137.000	2,0
Leipzig	75.000	±0	90.000	2,7
München	505.000	+1	575.000	4,4
Stuttgart	150.000	±0	165.000	2,3

Werte gerundet; Vermietung und Eigennutzung im Stadtgebiet; Düsseldorf: inkl. Ratingen/ Neuss; Frankfurt: inkl. Eschborn/ Kaiserlei; Stuttgart: inkl. Leinfelden-Echterdingen; München: inkl. Umland.

Quelle: DEGI Research 2005

Abb. 5: Flächenumsätze der deutschen Bürozentren

Hinsichtlich der Angebotsentwicklung war 2004 durch einen Rückgang des Bauvolumens gekennzeichnet. Im Laufe des Jahres kamen die letzten, noch zu Boomzeiten initiierten, Objekte auf den Markt. Insbesondere in Frankfurt und München gelangten trotz rückläufiger Entwicklung eine Reihe weiterer, unvermieteter Objekte zur Fertigstellung. Für 2005 ist durch die verringerte Zahl von Neustarts für fast alle Märkte mit einer drastischen Reduktion der Fertigstellungsvolumina zu rechnen. Die zurückhaltende Bautätigkeit als Reaktion auf die hohen Leerstände wird in den kommenden Jahren anhalten und zu einer angebotsseitigen Entlastung des Marktes führen.

Rückgang des Bauvolumens

Der Anstieg der Leerstände setzte sich im Laufe des Jahres 2004 mit unterschiedlichen Geschwindigkeiten fort. Die Mehrzahl der Standorte verzeichnete aber eine Verlangsamung der Leerstandszuwächse. Eine starke Zunahme der

Angebotsreserve gab es in Frankfurt und Köln. Das Flächenüberangebot in Leipzig und Dresden blieb vergleichsweise konstant auf hohem Niveau.

Hoher Leerstand In der Mehrzahl der Städte bewegen sich die Leerstandsquoten mittlerweile deutlich im zweistelligen Bereich. Das gegenwärtige Niveau verfügbarer Büroflächen übersteigt die Höchststände des letzten Marktzyklus. Gegenüber dem letzten zyklischen Höchststand haben sich die Leerstände in Köln (+147 %) und München (+130 %) mehr als verdoppelt. Festzustellen ist eine Verschiebung der Leerstände zu Ungunsten von Bestandsimmobilien mit Defiziten hinsichtlich Lage- oder Objektqualität. Damit einher geht ein steigender Sockel dauerhaft schwer zu vermietender Flächen. Neben der Modernisierung wird es voraussichtlich zu einer verstärkten Umnutzung von Büroflächen sowie zum Abriss von Bestandsbauten kommen.

	Leerstand 2004 in m²	Leerstand 2004 in % des letzten Höchststandes	Leerstands-quote 2004 in %	Leerstand 2004 als Vielfaches des Ø des zehn-jährigen Flächenumsatzes
Berlin	1.700.000	114,1	9,7	4,0
Dresden	310.000	64,6	13,4	4,3
Düsseldorf	885.000	239,2	15,8	3,3
Frankfurt	2.115.00	139,4	17,9	3,9
Hamburg	1.080.000	150,0	8,4	3,1
Köln	550.000	246,6	8,4	4,0
Leipzig	770.000	90,5	22,6	8,4
München	1.800.000	229,8	10,4	3,1
Stuttgart	415.000	133,9	5,7	2,5

Quelle: DEGI Research 2005

Abb. 6: Leerstände der deutschen Bürozentren

Relation zum Umsatz Die Analyse der aktuellen Leerstände in Relation zur Marktdynamik, gemessen am längerfristigen Flächenumsatz, relativiert die Betrachtung der absoluten Leerstandszahlen. In Abhängigkeit von der Marktdynamik befinden sich die Märkte bei unterschiedlichem Leerstandsniveau im Gleichgewicht. Standorte mit überdurchschnittlichem Flächenumschlag können Überangebote schneller abbauen als kleinere Standorte und haben somit eine höhere Leerstandsverträglichkeit. So bewegt sich beispielsweise das Leerstandsniveau in Relation zur Umsatzdynamik am Standort Köln auf höherem Niveau als in Frankfurt.

Kurzfristig ist mit einem weiteren, zunehmend verlangsamten Anstieg unvermieteter Flächen zu rechnen. Der Wendepunkt des Leerstandsverlaufs wird je nach regionaler Angebots- und Nachfragerelation zu unterschiedlichen Zeitpunkten erreicht. Für einige Märkte, wie Frankfurt und München, dürfte es im Laufe des Jahres zu einer Angebotsverringerung kommen, wohingegen für Hamburg eine weitere Zunahme zu prognostizieren ist. Insgesamt wird der Abbau der Angebotsüberhänge 2005 nur moderat ausfallen. Die Mieten für Büroflächen gaben 2004 in allen Lagekategorien weiter nach. Deutlicher noch als bei den Spitzenmieten fielen die prozentualen Rückgänge der Durchschnittsmieten aus. Überdurchschnittlich starke Abschläge bei den Spitzenmieten verzeichneten Frankfurt und Berlin, die in den letzten Jahren eine hohe spekulative Bautätigkeit aufwiesen. Vergleichsweise moderat waren die Verluste in Hamburg; in Leipzig und Dresden stagnierten die Mieten auf geringem Niveau.

Auch nach der mittlerweile erfolgten Marktbereinigung liegen die Spitzenmieten fast aller westdeutschen Standorte nominal noch über den Tiefständen des vorangegangenen Marktzyklus. Insbesondere in Köln halten sich die Mietpreise aufgrund der positiven Marktentwicklung der vergangenen Jahre auf hohem Niveau. **Hohe Spitzenmieten**

Die Kennziffer Mietpreispotenzial drückt die Abweichung der aktuellen Marktmiete vom längerfristigen Mittelwert aus. Bei Interpretation des langjährigen Durchschnitts als marktverträgliches Mietniveau ergibt sich besonders für Märkte mit traditionell hoher Mietvolatilität ein erhebliches Steigerungspotenzial. Eine im Zeitverlauf relativ stabile Mietentwicklung weisen die Märkte München, Düsseldorf und Hamburg auf. Die hohe Volatilität in Leipzig und Dresden ist als Sonderentwicklung durch den drastischen Mietpreisverfall in den 90er Jahren zu interpretieren.

	Spitzenmiete 2004 in €/m²	Spitzenmiete 2004 in % des letzten Tiefstandes	Mietpreis- potenzial* in %	Volatilität** in %
Berlin	20,5	83,3	27,4	12,3
Dresden	9,8	73,7	32,1	16,5
Düsseldorf	20,5	111,4	2,1	5,7
Frankfurt	31,0	101,0	19,4	15,8
Hamburg	19,5	95,1	10,2	7,7
Köln	18,5	129,2	−6,7	10,8
Leipzig	10,2	91,1	16,5	30,1
München	27,8	108,6	2,2	8,1
Stuttgart	16,0	104,3	5,0	8,6

* Mietpreispotenzial: drückt das Steigerungspotenzial der Mieten bezogen auf den langjährigen Durchschnitt aus (prozentuale Abweichung des Mittelwertes 1995–2004 vom Mietniveau 2004). Der langjährige Durchschnitt wird im Sinne eines marktverträglichen Mietpreisniveaus interpretiert.

** Volatilität des zehnjährigen Verlaufs der Spitzenmieten in %.

Quelle: DEGI Research 2005

Abb. 7: Spitzenmieten der deutschen Bürozentren

Der Abschwung der Büromieten wird sich bis Ende 2005 fortsetzen. Im Laufe des Jahres ist jedoch mit einer Verlangsamung des Mietrückganges zu rechnen. Die Mehrzahl der Standorte wird 2005 voraussichtlich den zyklischen Tiefstand des Mietverlaufs erreichen. Voraussetzung für eine Besserung der Marktsituation ist jedoch eine anhaltende konjunkturelle Besserung verbunden mit einer Zunahme der Bürobeschäftigten. Mit einer beginnenden Erholung der

Mieten ist frühestens 2006 zu rechnen. Der Vergleich mit den europäischen Bürozentren verdeutlicht die rezessive Phase, in der sich die deutschen Büromärkte befinden.

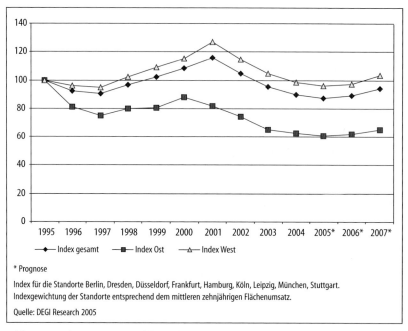

Abb. 8: Indexierte Entwicklung der Büromieten

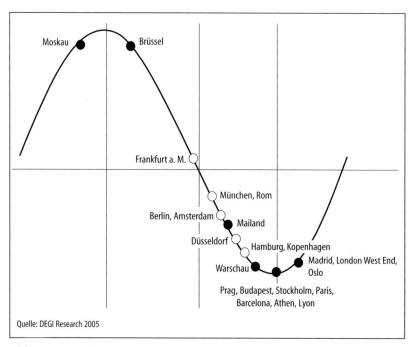

Abb. 9: Deutsche Standorte im europäischen Vergleich 2005

2.2 Bürozentren – Investmentmarkt

Das gewerbliche Transaktionsvolumen der deutschen Investmentzentren zeigte sich 2004 weiter rückläufig. Insbesondere die Zurückhaltung der offenen Immobilienfonds machte sich im Rückgang großvolumiger Umsätze bemerkbar. Ursache für die abwartende Haltung der Investoren war die schwierige Situation auf den Vermietungsmärkten sowie das vergleichsweise hohe Kaufpreisniveau. Die einzelnen Standorte waren jedoch unterschiedlich stark von der Kaufzurückhaltung betroffen.

Rückläufige Transaktionen

Das klassische Investmentzentrum Frankfurt verzeichnete 2004 mit rund 1,2 Mrd. Euro zwar das höchste Transaktionsvolumen, gleichzeitig gab es hier angesichts hoher Leerstände und divergierender Preisvorstellungen von Kaufinteressenten und Eigentümern mit einem Minus von ca. 30 % den stärksten Rückgang gegenüber dem Vorjahr. Auch in Berlin machte sich die abwartende Haltung institutioneller Investoren in einem um 20 % niedrigeren Umsatz (ca. 900 Mio. Euro) bemerkbar. Ein positives Ergebnis gab es in Hamburg, das entgegen dem bundesweiten Trend einen Umsatzanstieg auf knapp über eine Mrd. Euro aufwies und damit München überholte, das den dritten Platz belegte.

Bei den Transaktionen 2004 handelte es sich zum Großteil um Abschlüsse kleinerer und mittlerer Größe bis 25 Mio. Euro. Der Schwerpunkt der Umsätze lag weiterhin auf Büroimmobilien. Die Nachfrage nach alternativen Nutzungsarten, insbesondere Einzelhandels- und Logistikimmobilien sowie gemischt genutzte Objekte nehmen jedoch zu. Transaktionen im Bürosegment konzentrieren sich auf die großen Zentren mit hoher Marktliquidität, bei Einzelhandelsinvestments wie Shopping-Center, Fachmärkte oder Passagen richtet sich der Fokus verstärkt auf Standorte in regionalen Wirtschaftszentren mit hoher Kaufkraft und großem Einzugsgebiet.

Nachfrage nach alternativer Nutzung

Die Nettoanfangsrenditen für voll vermietete Objekte in Spitzenlagen der großen Bürostandorte bewegen sich weiterhin auf geringem Niveau bei einer Spanne von 5,25–6,25 %. Der Markt reagiert auf die Situation der Büromärkte mit leichten Preisrückgängen. Nebenlagen mit hohen Leerständen bzw. Objekte mit Qualitätsmängeln weisen stärkere Nachlässe auf als die weiterhin relativ preisstabilen Spitzenlagen, mit der Folge einer verstärkten Spreizung der Anfangsrenditen.

Zwischen den Bürozentren bestehen nur geringe Renditedifferenzen. Lediglich in den ostdeutschen Märkten Leipzig und Dresden werden aufgrund der vergleichsweise geringen Marktliquidität und -dynamik deutlich höhere Anfangsrenditeniveaus erzielt. In dieser geringen Renditespreizung manifestiert sich die hohe Nachfrage nach Anlageobjekten, in der allerdings Risikoelemente der Objekte offensichtlich nicht eingepreist worden sind. Dies wird besonders deutlich im internationalen Kontext. Der Vergleich von Frankfurt mit internationalen Investmentzentren verdeutlicht die vergleichsweise geringe Elastizität der Spitzenrenditen deutscher Büromärkte. Die Verläufe der Bürospitzenmieten in Paris, London, New York und Frankfurt weisen eine ähnlich hohe Volatilität auf. An den Standorten London, Paris und New York stand den Schwankungen der Mieten und Änderungen der Investorennachfrage eine hohe Volatilität der Renditen gegenüber, hingegen erfolgte in Frankfurt nur in geringem Maß ein Marktausgleich über die Änderung der Renditen.

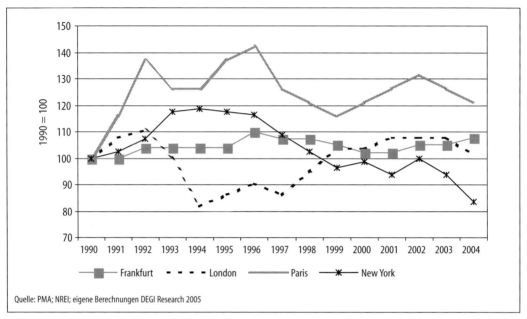

Abb. 10: Index der Spitzenrenditen internationaler Investmentstandorte

Investment-Standort	Volatilität Spitzenmieten (in %)	Volatilität Spitzenrenditen (in %)	Volatilität Mieten/Renditen
Frankfurt	15,9	2,6	6,1
London	19,3	9,0	2,2
Paris	18,3	7,9	2,3
New York	19,0	9,7	2,0

Volatilität: Variationskoeffizient; durchschnittliche Abweichung vom Mittelwert in %.
Paris: CBD; London: City; New York: Manhattan; Frankfurt: City.

Quelle: DEGI Research 2005

Abb.11: Miet- und Renditevolatilität internationaler Investmentstandorte

Der Rückgang des Transaktionsvolumens an den deutschen Investmentmärkten 2004 ist in erster Linie auf die verringerte Nachfrage einheimischer Investoren zurückzuführen, deren Interesse primär auf langfristig vermietete Objekte gerichtet ist. Der Marktanteil der offenen Immobilienfonds ist angesichts anhaltend hoher Auslandsorientierung und des geringen Angebotes an Objekten, die dem Anlageprofil entsprechen, rückläufig. Im Zuge der Bereinigung von Portfolios ist damit zu rechnen, dass offene Immobilienfonds zukünftig verstärkt auf Verkäuferseite auftreten werden. Wichtige Investorengruppen 2004 waren Immobilienspezialfonds, Versicherungen und Pensionsfonds, geschlossene Immobilienfonds sowie private Investoren. Zu den aktiven Investoren im vergangenen Jahr gehörten auch Projektentwickler. Angesichts zahlreicher leerstehender Objekte spielen dabei zunehmend Revitalisierungen eine große Rolle.

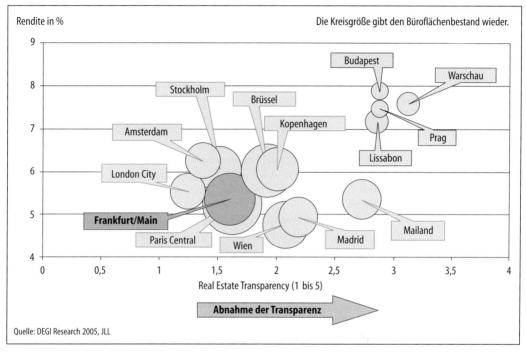

Abb. 12: Frankfurt am Main im Vergleich mit europäischen Zentren

Der deutsche Investmentmarkt wird weiterhin von heimischen Playern dominiert, ausländische Anlegergruppen werden jedoch weiter an Bedeutung gewinnen. Unter den ausländischen Interessenten finden sich derzeit verstärkt auch Core- und Core-Plus-Investoren sowie Konsortien aus Privatinvestoren mit mittel- bis längerfristigem Anlagehorizont, die die Gelegenheit für einen antizyklischen Markteinstieg an wirtschaftsstarken Standorten nutzen wollen. Ihr Interesse gilt sowohl Einzelimmobilien bzw. -grundstücken als auch größeren Portfolios unterschiedlicher Nutzungssegmente.

Dominanz nationaler Investoren

Als wichtigste ausländische Investorengruppe nutzten in jüngster Zeit insbesondere Opportunity Funds die Gelegenheit zum Einstieg in unterschiedliche Immobiliensegmente des deutschen Marktes. Ihre Kapitalkraft ermöglicht die Platzierung großer Investmentvolumina am Markt. Aufsehen erregte insbesondere der Verkauf großer Pakete notleidender Kredite (Non-performing Loans) deutscher Banken an Opportunity Funds, die über eine entsprechende Erfahrung in der Verwertung dieser Portfolios verfügen. Darüber hinaus kam es zu einer Reihe von Transaktionen großer Wohnungsportfolios aus kommunalen Beständen. Im Jahr 2005 ist mit einem anhaltenden Interesse internationaler Kapitalsammelstellen am Kauf von Problemimmobilien, not-

Opportunity Funds

leidenden Kreditportfolios und am Erwerb von Wohnungsgesellschaften zu rechnen. Die Stückelung und der Weiterverkauf einzelner Portfoliobestandteile werden zu einem steigenden Immobilienangebot führen.

2.3 Regionale Bürostandorte

Meist lokale Marktteilnehmer

Regionale Bürostandorte weisen aus Anlegersicht andere Rendite-Risiko-Profile auf als etablierte Investmentzentren. Dabei spielen sowohl zyklische Risiken als auch die strukturellen Eigenschaften der Investitionsstandorte, wie beispielsweise die „Reife" und Transparenz des Immobilienmarktes sowie die Liquidität hinsichtlich Produktverfügbarkeit, Nachvermietungs- bzw. Verkaufspotenzial eine gewichtige Rolle. Das überdurchschnittliche Renditeniveau der Regionalstandorte gegenüber Investmentzentren ist im Sinne einer Risikoprämie für höhere strukturelle Marktrisiken zu verstehen. Die Märkte sind geprägt durch überwiegend lokale Marktteilnehmer, einen hohen Eigennutzeranteil und eine schwach ausgeprägte spekulative Bautätigkeit, die Leerstandsquoten bewegen sich in der Folge innerhalb enger Bandbreiten. Aufgrund der geringen Volatilität der Mieten können Regionalstandorte zur Stabilisierung von Portfolios beitragen, demgegenüber stehen jedoch unter Renditegesichtspunkten vergleichsweise geringe Wertsteigerungspotenziale in Marktaufschwungphasen.

Diversifizierung des Portfolios

Der Portfoliobestand institutioneller, sicherheitsorientierter Anleger konzentriert sich auf die Büromärkte großer Wirtschaftszentren. Zur Ergänzung und Diversifizierung auf Portfolioebene werden, in Abhängigkeit von der Anlagestrategie des Investors, auch Immobilien in regionalen Bürostandorten beigemischt. Investments in Regionalstandorte erfolgen dabei in der Regel unter längerfristigem Anlagehorizont. Meist handelt es sich, angepasst an die Marktstrukturen, um Objekte kleinerer bis mittlerer Größe in zentralen Lagen (vgl. Abbildung 13).

Die regionalen Immobilienstandorte bilden für Investoren trotz zahlreicher Gemeinsamkeiten keine einheitlichen Märkte. Entsprechend ihrer Wirt-

Eigenschaften		Investmentzentren	Regionalstandorte
Rendite	Marktrendite	geringe Risikoprämie an etablierten Investmentstandorten	Risikoprämie für strukturelle Marktrisiken
	Wertsteigerungspotenzial	Nutzung von Mietzyklen durch antizyklische Investmentstrategie	geringes Wertsteigerungspotenzial durch stabilen Mietverlauf
Risiko	Strukturelle Marktrisiken	hohe Transparenz und Liquidität der Märkte	geringe Transparenz und Marktliquidität
	Zyklische Marktrisiken	ausgeprägte Marktvolatilität	relativ stabile Entwicklung von Mieten und Leerständen

Quelle: DEGI RESEARCH 2005

Abb.: 13: Gegenüberstellung von Investmentzentren und Regionalstandorten aus Investorensicht schaftsprofile lassen sich jedoch exemplarisch einige Gruppen mit ähnlichen Merkmalen zusammenfassen.

Städte mit traditioneller Verwaltungsfunktion, wie z.B. die Oberzentren Bonn, Wiesbaden, Münster, Mainz und Kiel, sind durch einen hohen Anteil an Bürobeschäftigten gekennzeichnet. Auch bei langfristig tendenziell rückläufiger Personalentwicklung in diesem Bereich hat die Flächenbelegung durch die öffentliche Hand einen stabilisierenden Effekt auf die Büromärkte.

Standorte im Einzugsgebiet großer Ballungsräume, z. B. im Rhein-Main-Gebiet oder entlang der Rheinschiene, profitieren von den wirtschaftlichen Verflechtungen zu den Büromarktzentren. Bonn beispielsweise, das sich in den vergangenen Jahren verstärkt als Standort mit diversifizierter Branchenstruktur profilieren konnte, weist entsprechend seiner Wirtschaftskraft ein hohes Niveau

Standort	Bestand	Leerstand		Spitzenmiete	
	Mio. m²	%	Trend	€/m²	Trend
Augsburg	< 2	5–6	konstant	8,0–10,0	konstant
Bochum	< 2	4–5	konstant	9,0–11,0	fallend
Bonn	3–4	6–8	konstant	14,0–15,5	konstant
Bremen	3–4	3–5	konstant	10,0–12,0	fallend
Chemnitz	< 2	15–17	konstant	7,5–9,0	konstant
Darmstadt	< 2	3–5	konstant	9,0–11,0	konstant
Dortmund	2–3	4–5	konstant	10,0–12,0	konstant
Erfurt	< 2	15–20	konstant	9,0–10,0	fallend
Essen	3–4	4–6	konstant	11,0–12,0	konstant
Freiburg i. Br.	< 2	2–3	steigend	10,0–12,0	fallend
Hannover	4–5	4–5	fallend	11,0–13,0	fallend
Heidelberg	< 2	3–5	konstant	10,5–12,0	konstant
Kassel	< 2	4–5	konstant	6,0–8,0	konstant
Kiel	< 2	2–4	konstant	11,0–12,5	konstant
Magdeburg	< 2	17–19	konstant	9,0–10,0	konstant
Mainz	< 2	7–9	konstant	11,0–12,0	konstant
Mannheim	2–3	5–7	konstant	11,0–12,5	konstant
Münster	< 2	3–4	konstant	9–11,5	konstant
Nürnberg	3–4	4–6	konstant	10,0–11,0	konstant
Rostock	< 2	10–13	konstant	7,5–9,0	konstant
Saarbrücken	< 2	k. A.	k. A.	7,0–8,0	konstant
Wiesbaden	2–3	9–12	konstant	10,0–12,5	konstant

Quelle: DEGI RESEARCH 2005

Abb. 14: Marktkennziffern im Überblick

der Spitzenmieten auf. Neben zahlreichen öffentlichen Institutionen prägen Global Player wie die Deutsche Post und die Deutsche Telekom die ehemalige Bundeshauptstadt.

Strukturwandel vollzogen

Altindustrielle Standorte, wie z. B. Essen, Bochum und Dortmund im Ruhrgebiet, haben den Strukturwandel bereits weitgehend vollzogen. Beispielhaft dafür stehen Essen als Sitz zahlreicher Konzernverwaltungen sowie Dortmund mit einem hohen Anteil technologieorientierter Unternehmen. Die Büromärkte im Ruhrgebiet weisen insgesamt ein ausgeglichenes Verhältnis von Angebot und Nachfrage auf, mit der Folge relativ geringer Leerstandsschwankungen.

Regionale Wirtschaftsstandorte in Ostdeutschland nehmen eine Sonderrolle ein. Aufgrund der tiefgreifenden strukturellen Umbrüche und der geringen Marktreife konnte sich bisher noch kein klassischer Verlauf der Büromarktzyklen herausbilden. Nach den starken Rückgängen in den vergangenen Jahren haben sich die Mieten mittlerweile auf niedrigem Niveau gefestigt. Obwohl die Bautätigkeit weitgehend zum Stillstand gekommen ist, lassen die geringen Nachfrageimpulse nur eine längerfristige Annäherung an ein Marktgleichgewicht erwarten.

3. Fazit

Chancen des Wandels

Eine Analyse der deutschen Büroimmobilienmärkte lässt sich nicht mehr ohne die Berücksichtigung internationaler Einflussfaktoren durchführen. Dass diese gerade in der aktuellen Marktverfassung tendenziell mehr als Bedrohung denn als Chance aufgefasst werden, ist nur allzu verständlich. Doch sind diese Bedrohungsszenarien eine notwendige Auseinandersetzung mit den Stärken und Schwächen der Büromärkte in Deutschland. Gerade Bekenntnisse über die zukünftige Nachfrage zeigen sich gegenwärtig eher pessimistisch bis abwartend: Schlagworte wie Telearbeit, non-territoriale Arbeitsplätze bis hin zu virtuellen Unternehmen suggerieren gleichsam sinkenden Flächenbedarf. Das dies final nicht der Fall ist, zeigen eine Reihe von Studien zu dieser Thematik: Praktisch führen neue Technologien tendenziell eher zu mehr Fläche denn zu weniger, Flächeneinsparungen werden vordergründig eher durch Personalfreisetzungen erzielt denn durch Technologie. Allein dieses Beispiel verdeutlicht die Chancen des Wandels, welcher allerdings nicht mehr als klassische Kausalkette „wenn – dann" abläuft. Herausfordernder erscheint dabei die Tatsache, dass die Flächenreduktion auf der einen Seite zumeist an peripheren Standorten verläuft, während die klassischen Bürozentren und deren Speckgürtel eher die Gewinner sind. Deshalb werden die Büromärkte in Deutschland in Zukunft mehr von einem „Race to the top" definiert werden denn vom Prinzip einer Gleichwertigkeit. Mit anderen Worten: Die Zahl der Bürostandorte, welche ein Mindestmaß an Nachhaltigkeit versprechen, schwindet. Die bisherigen Zentren werden die Magnete sein, an welchen sich Wachstum abspielt. Und: Dieser Prozess wird in Deutschland schmerzhafter ablaufen als in anderen europäischen Ländern.

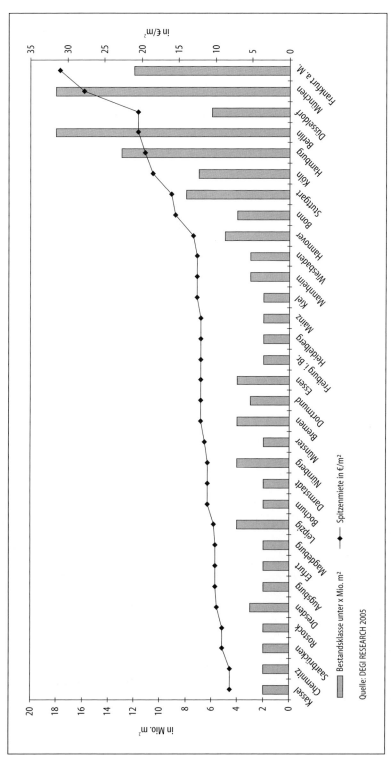

Abb. 15: Bestandsstruktur und Spitzenmiete in deutschen Städten 2005

8 Büroimmobilien
– Büroorganisation und Abwicklungsmodelle –

Dipl.-Ing. Rino Woyczyk, Geschäftsführer Drees & Sommer GmbH, Vorstand BuildingAgency AG

Dipl.-Ing. Architekt MBA MCR Rüdiger Schneider, Geschäftsführer Top Office GmbH

Inhaltsverzeichnis

1.	Einleitung	202
2.	Büro – eine Nutzung in der Veränderung	203
3.	**Office Performance – der Schritt zu mehr Produktivität**	204
3.1	Handlungsfelder und Ansätze	204
3.2	Process Performance	205
3.3	IT Performance	206
3.4	Building/Space Performance	206
3.4.1	Gebäude/Büroform	206
3.4.2	Anforderungsprofil an Arbeitsumgebungen	209
3.4.3	Kommunikationsflächen	209
3.4.4	Flächenkennziffern	211
3.4.5	Generic Layout	212
3.4.6	Infrastruktur für Verkabelung	212
3.4.7	Arbeitsplatz	213
3.5	Service Performance	214
3.6	Human Performance	214
4.	**Abwicklungsmodelle zur Realisierung**	215
4.1	Speicherung des Wissens durch Projektkommunikationssystem (PKM)	216
4.2	Einzelplaner und Generalplaner	217
4.3	Einzelgewerke oder Generalunternehmer?	219
4.4	Vorteile aller Abwicklungsmodelle	219
4.5	HOAI-Ablauf versus marktorientierter Prozess	220
4.6	GMP-Modell	221
4.7	PPP-Modell	225
4.8	Baupartnermodell/Construction Management at Risk	225
5.	**Fazit**	226

1. Einleitung

Struktur- und Ertragskrise

Die Perspektiven am Büromarkt in den letzten Jahren sind stark zurückhaltend, was von einer Struktur- und Ertragskrise in der deutschen Büro- und Immobilienlandschaft herrührt. Die Selbstständigkeit bis hin zum eigenen in sich abgeschlossenen Arbeitsumfeld ging bis jetzt über alles; Zusammenarbeit galt nicht unbedingt als erstrebenswert und kostensenkend. Allerdings half vielerorts der wirtschaftliche Leidensdruck nach, da die Betriebsergebnisse oder auch die Prämieneinnahmen bei den Dienstleistern stark zurückgegangen sind.

Trotz Fusionen oder Firmenzusammenschlüssen und dem damit verbundenen wachsenden Marktanteil stieg meist die Kostenquote der neuen „Großfirma"; die erhofften Synergieeffekte stellten sich aber bei weitem nicht wie geplant ein. Aus diesen ernüchternden Erkenntnissen heraus und den eigengenutzten Büroimmobilien/-flächen stellten sich folgende Fragen:

- Haben wir zuviel Bürofläche?
- Haben wir die richtige Bürofläche am richtigen Standort?
- Wie können Synergien in der Realität tatsächlich umgesetzt werden?

So bestimmt in der Regel die Strategie der Unternehmen auch wesentlich das Tempo der Veränderungen der Unternehmen; die Organisationsabteilungen versuchen dementsprechend zu reagieren und Schritt zu halten, stellen dabei jedoch immer wieder fest, dass die vorhandenen Gebäudestrukturen für die neuen Organisationsformen nicht geeignet sind und deshalb auch nicht optimal nachgeführt werden können. Hieraus ist die individuelle Immobilienstrategie zu entwickeln.

Kontraproduktive Gebäudeformen

Es wurde erkannt, dass der Markt die jeweilige Unternehmensstruktur bestimmt und die Tendenz ganz klar auf einfache, transparente aber trotzdem intelligente Lösungen abzielt. Flexibilität der Arbeitsstruktur, der Arbeitsorganisationen, der Arbeitszeiten sowie die einfache Umsetzung diverser Nutzungskonzepte geben damit die Vorgaben für die zukünftigen Bürogebäude und Büroflächen.

Der heutige Nutzer benötigt beim Anmieten oder Erwerb seiner Büroimmobilie die Sicherheit, dass infolge der immer kürzer werdenden nicht variierenden Organisationszyklen seine Gebäudestrukturen einfach anpassbar sind und die Betriebskosten sich – wenn überhaupt – nur marginal verändern.

Organisationsveränderungen innerhalb eines Gebäudes bedeuten oftmals auch erhebliche bauliche und gebäudetechnische Anpassungen. Wurden diese früher konventionell mittels Einzelplaner und Einzelvergaben oder eines Generalunternehmers (GU) bzw. eines Totalübernehmers abgewickelt, so werden aus Nutzersicht heute partnerschaftliche Abwicklungsmodelle erwartet, die ihm zum einen größtmögliche Sicherheit hinsichtlich Terminen, Kosten und Qualitäten liefern, zum anderen aber nur soviel Zeit in Anspruch nehmen, wie maximal für die Entscheidungsfindung erforderlich ist; denn seine originären Aufgaben muss er nach wie vor weiterhin erledigen.

Neue Abwicklungsmodelle

Aus den geschilderten Anforderungen hat sich der Begriff „KISS – Keep It Short and Simple" für ein professionelles Agieren moderner innovativer Büronutzer herauskristallisiert. Welche Bedeutung dies für die zukünftigen Nutzungskonzepte und auch für zukünftige Abwicklungsmodelle hat, wird im Nachfolgenden beschrieben.

2. Büro – eine Nutzung in der Veränderung

Das Büro stellt im Bereich der Gewerbeimmobilien eine Hauptnutzungsart dar. Kein Unternehmen kann ohne ein Büro existieren. Die Veränderung unserer Gesellschaft zu einer Wissensgesellschaft macht das Büro immer mehr zu einem Teil der direkten Unternehmensprozesse. Es steht nicht nur für die indirekten, verwaltenden Tätigkeiten, sondern auch für die Produktion. Protagonisten hierfür sind Software- und Dienstleistungsunternehmen.

Einbindung in Produktion

Mit der Verlagerung von den prozessorientierten Tätigkeiten, wie Buchhaltung und Abrechnungswesen, in elektronische Systeme oder deren Outsourcing verändert sich das Büro von einem eher starren System hin zu einem dynamischen, an Projekten orientierten System. Während die Büroarbeit sich früher durch einen stabilen Prozess, feste Zeiten und Arbeitsorte auszeichnete, steht heute das Ergebnis im Mittelpunkt. Arbeitsprozess, -zeit und -ort haben sich dieser Forderung unterzuordnen.

3. Office Performance – der Schritt zu mehr Produktivität

3.1 Handlungsfelder und Ansätze

Mit der Bedeutung des Büros steigt die Notwendigkeit, seine Produktivität zu erhöhen. In der industriellen Produktion haben seit ca. 15 Jahren neue Produktions-, Logistik-, Organisations- und Führungsmethoden Einzug gehalten. Diese Veränderungen werden meist auf Basis einer langfristigen Strategie Schritt für Schritt eingeführt.

Handlungsfelder Die Performance des Büros steht nach der Verbesserung der Produktivität im industriellen Bereich im Mittelpunkt, um die Leistungsfähigkeit einer Organisation weiter zu steigern. Der Begriff Performance wird durch die Effizienz, Effektivität, Produkt- und Prozessqualität bestimmt. Handlungsfelder für die Performance sind:

- Process (Führung/Aufbau- und Prozessorganisation),
- IT (Informations- und Kommunikationstechnologie),
- Building und Space (Gebäude und Raum),
- Service (Services/Dienstleistungen) und
- Human (Individuum).

Das Nutzerconsulting der Office Performance berücksichtigt diese Performanceebenen bereits am Projektanfang und stimmt die Ziele der einzelnen Ebenen aufeinander ab. Es kann von Anfang an für einen bekannten Nutzer ge-

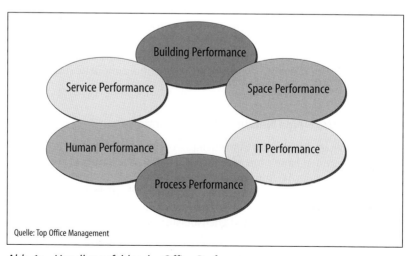

Quelle: Top Office Management

Abb. 1: Handlungsfelder der Office Performance

arbeitet werden, der z. B. ein Gebäude bauen, anmieten oder umnutzen möchte oder im Auftrag eines Investors oder Flächenanbieters für einen „virtuellen" Nutzer, der bei Projektbeginn noch nicht feststeht.

3.2 Process Performance

Die prozessorientierten Arbeitsschritte im Büro (hohe Wiederholungshäufigkeit, geringe Veränderungsgeschwindigkeit) nehmen an Bedeutung ab. Die Führungs-/Aufbau- und Prozessorganisation wird verstärkt zu einer projektorientierten Organisation. Projekte im Bürobereich bedeuten, dass sich die Teamzusammensetzungen, Zugriffe auf Ressourcen schneller als in prozessorientierten Umgebungen ändern. **Projektorientierte Organisation**

Die Organisation auf der Teamebene muss diese Veränderungen ermöglichen. Starrheit auf dieser Ebene ist mit längeren Kommunikationswegen und Durchlaufzeiten und reduzierter Ergebnisqualität verbunden. Top-down-basierte Steuerungssysteme können diese Veränderungen nicht schnell genug umsetzen. Idealerweise etablieren sich – wie in der erfolgreichen industriellen Produktion – selbststeuernde Organisationseinheiten um einen räumlich festen Ankerpunkt herum. Dies kann ein Sekretariat oder ein Besprechungsraum sein.

Das Wissen des Unternehmens und sein Zugriff darauf ist neben dem Mitarbeiter die Schlüsselressource. Seine gemeinsame Nutzung zusammen mit der Nutzung von Information und Erfahrung muss durch die Arbeitsorganisation unterstützt werden. Alternierende Bürokonzepte, bei denen die Nachbarn am Arbeitsplatz wechseln, erlauben es, einen hohen Grad an Informiertheit alleine durch die wechselnden räumlichen Beziehungen zu erreichen. Regelmäßige Meetings sollen das Wissen vom einzelnen auf das Team verlagern. Die Bildung von Wissensmonopolen muss vermieden werden. Diese Unterstützung sollte durch die Entgeltsysteme gefördert werden. **Schlüsselressource Wissen**

Gemeinsame Nutzung von Wissen, Information und Erfahrungen muss befördert werden. Belohnungssysteme für Wissens-Sharing müssen weiterentwickelt werden.

Herausforderungen:

- Verankerung von Wissen und Innovationskompetenz über personenunabhängige Strukturen und Instrumente
- Aufbau von Wissensdatenbanken/-managementsystemen, mitarbeiterbezogene Kompetenzbilanzen („Gelbe Seiten interner Experten"), themenbezogene Chat-Gruppen, Newsletter im Intranet usw.
- Regelmäßige Qualifizierungsmaßnahmen; Anreizsysteme
- Büro-/Raumstrukturen mit attraktiven Angeboten informeller Ankerpunkte (Meetingpoints etc.)

Quelle: Fraunhofer IAO 2005

Abb. 2: Erfolgsfaktor Wissensmanagement

3.3 IT Performance

Der Begriff der IT Performance erstreckt sich auf die technischen Systeme für die Informations- und Kommunikationstechnologie.

Rascher Zugriff für alle

Das Volumen des notwendigen Wissens steigt kontinuierlich an. Erfolgreiche Arbeit ist nur noch möglich, wenn jeder Mitarbeiter schnellen Zugriff auf das Wissen, sowohl des Unternehmens als auch auf das öffentlich verfügbare Wissen, hat bzw. dieses kommunizieren kann. Unternehmen speichern ihr Wissen zunehmend in elektronischer Form. Dieses Wissen kann über Inter- und Intranet jederzeit abrufbar sein. Der Zugriff darauf sollte idealerweise von jedem Arbeitsort mit einer ausreichend hohen Geschwindigkeit und intelligenten Suchsystemen möglich sein. Dies ist für nicht-territoriale Arbeitskonzepte, bei denen die Bindung Mitarbeiter – Arbeitsplatz aufgehoben ist, eine Grundvoraussetzung

DMS

Die Ablage von Vorgängen und Projekten kann durch ein elektronisches Dokumentenmanagementsystem (DMS) unterstützt werden. Die Einführung eines DMS erfordert eine gemeinsame Anstrengung aller Beteiligten, da seine Organisation eine klare Beschreibung der einzelnen Prozessschritte, Zugriffs-, Lese- und Schreibrechte auf Dokumente und Verantwortlichkeiten erfordert. Dieser Prozess ist auch bei einer papierbasierten Ablage notwendig, wird jedoch häufig nicht konsequent durchgeführt.

Die Umsetzung dieser Anforderungen ist nur mit einer leistungsfähigen Informations- und Kommunikationstechnologie möglich. Diese Anforderungen erstrecken sich auf die zentralen Systeme wie Server- und Knotenpunkte, auf die Leitungskapazitäten, egal ob kabelgebunden oder wireless, Zugriffalgorhythmen und Schnittstellen wie Bildschirme, Tastaturen. Es sollte keine entscheidende Rolle mehr spielen, ob die Schnittstellen stationär oder mobil sind.

3.4 Building/Space Performance

3.4.1 Gebäude/Büroform

Keine allgemeingültige Form

In jeder größeren Organisation gibt es eine Vielfalt von Arbeitstypologien. Ein Mitarbeiter mit einem hohen Anteil an Dienstreisen hat andere Anforderungen an sein Büro als eine Back-Office-Kraft. In der Konsequenz gibt es nicht mehr die richtige Büroform für alle Büroarbeitsplätze, sondern aus den zur Verfügung stehenden Büroformen (Zellen-, Gruppen-, Großraum-, Kombibüro, Büroformenmix und nicht-territoriales Büro) muss die Büroform identifiziert werden, die die Arbeit optimal unterstützt (vgl. Abbildung 3).

Die Verbreitung dieser Büroformen ist in Deutschland stark unterschiedlich. Abbildung 4 zeigt aus der Nutzerstudie des Projektes „Office 21" aus dem Jahre 2000, dass geschlossene Büroformen (Einzel-, Zweipersonen-, Mehrpersonen- und Gruppenbüro) bisher in der Mehrheit sind.

„New Work"-Konzept

Die Anteile dieser Büroformen zueinander verschieben sich derzeit. Mit der Einführung von projekt- und ergebnisorientiertem Arbeiten werden häufig auch neue Arbeitskonzepte wie nicht-territoriales Arbeiten, Telearbeit und Desksharing etabliert. Diese Arbeitskonzepte werden unter dem Begriff „New

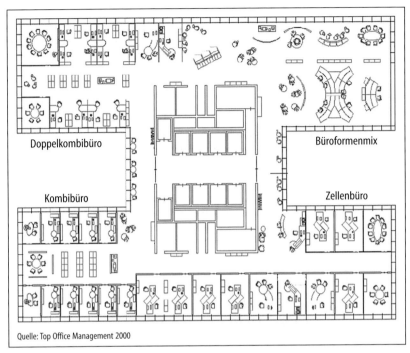

Abb. 3:   Mustergrundriss mit verschiedenen Büroformen

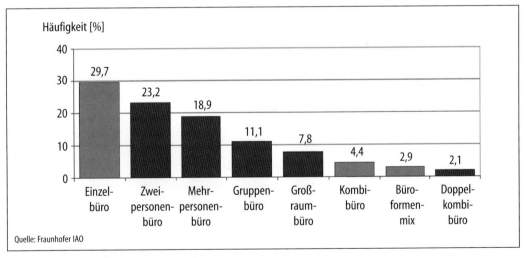

Abb. 4:   Verbreitung der Büroformen

Work" zusammengefasst. Bei diesen Organisationskonzepten werden meist die Büroformen Großraumbüro und Büroformenmix eingesetzt. Mit ihnen möchte man nicht nur die Arbeitsabläufe, die sich immer schneller verändern, unterstützen. Der Konflikt zwischen hochdynamischen, mobilen Unternehmen und der per se unbeweglichen Immobilie soll überbrückt werden. Gleichzeitig soll die Nutzungsintensität von Büroarbeitplätzen, die häufig bereits weit unter 70 % der Arbeitszeit liegt, erhöht und Fläche und damit Kosten eingespart werden.

Steigender Anteil Vor ca. fünf Jahren hatten diese Konzepte noch einen marginalen Anteil von ca. 2 % an den Büronutzern, mittlerweile liegt dieser schon bei 10 %. Dieser Trend bestätigt sich in den aktuellen Umfragen. Einige große Büronutzer wie Siemens, IBM oder Deutsche Bank setzen diese Konzepte konsequent auf allen Büroprojekten, bei denen Umbaumaßnahmen notwendig sind, um. Hier wird nicht mehr gefragt, ob man umschalten wird, sondern nur noch wann.

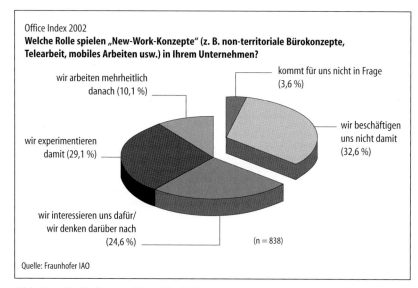

Abb. 5:   Die Rolle von New-Work-Konzepten

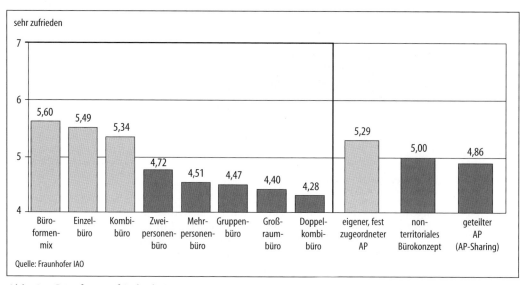

Abb. 6:   Büroformzufriedenheit

Diese Büroformen sind mit unterschiedlichen Qualitäten verbunden und sie haben zusammen mit dem Grad an nicht-territorialem Arbeiten einen Einfluss auf die Motivation und Performance der Mitarbeiter. In der Konsequenz ist die Zufriedenheit der Mitarbeiter bezogen auf die Büroformen verschieden (vgl. Abbildung 6).

3.4.2 Anforderungsprofil an Arbeitsumgebungen

Die Aufgabe der Gebäude ist es, die Arbeits- und Kommunikationsprozesse im Büro zu unterstützen. Hierzu muss das Gebäude durch seine Grundstruktur eine Raumorganisation von innen heraus ermöglichen. Arbeitsplätze müssen in ausreichender Qualität vom Raumkonzept und den baulichen Randbedingungen zur Verfügung gestellt werden.

„Form follows function"

Im Büro verändern sich nicht nur die Bedarfe an die Fläche der Büroarbeitsplätze. Die projektorientierte Arbeitsweise erfordert einen anderen Mix an Bürozusatzflächen als die etablierten, eher geschlossenen Büroformen. Der gewachsenen Bedeutung der Kommunikation muss das Layout durch eine Vielzahl an Flächen für die formelle und informelle Kommunikation gerecht werden. Diese Flächen haben andere Anforderungen als Standard-Büroarbeitsplätze: sie benötigen größere Bauteiltiefen, hochwertigere Ausstattung und eine gute Einbindung in die Gebäudeerschließung.

Die wenigsten Gebäude die heute angeboten werden berücksichtigen diese Veränderungen im Anforderungsprofil gegenüber einem vom Zellenbüro dominierten Profil. Mit einem intelligenten Planungsansatz im Nutzerconsulting lassen sich häufig in Bestandsimmobilien Möglichkeiten erschließen, die es erlauben, diese Immobilien an die veränderten Anforderungen anzupassen.

3.4.3 Kommunikationsflächen

Die Flächen für die Arbeitsplätze werden durch die Flächen für die Kommunikation ergänzt. Kommunikation muss in verschiedenen Qualitäten möglich sein:

Erhöhter Bedarf

- Offizielle Meetings mit repräsentativem Anspruch in geschlossenen Räumen mit einem hohen Grad an Technikunterstützung (Beamer, Videoconferencing, Beschallung etc.) und einem hochwertigen Ambiente;
- Projektbezogene Meetings oder Besprechungen zwischen Organisationseinheiten in Räumen, deren Ausstattung funktional ist (Whiteboards, interaktive Projektionsmöglichkeiten, flexible Möblierung, ausreichende EDV-Anschlüsse etc.);
- Interne Besprechungen in einer Organisationseinheit mit einem Anspruch an Vertraulichkeit in Räumen für bis zu sechs Personen mit einer optischen und akustischen Abschirmung;
- Informelle Besprechungsflächen wie Meetingpoints innerhalb und zwischen den Organisationseinheiten mit der Möglichkeit, sich im Sitzen oder Stehen zu besprechen und Visualisierungsmaterial wie Flipcharts oder Whiteboards zu nutzen. Diese können mit einer Teeküche kombiniert sein.

> **Offenheit und Transparenz im Denken und Handeln schafft die Vertrauensbasis für teamorientierte und lernförderliche Prozesse.**
>
> **Herausforderungen:**
>
> - Beförderung team- und funktionsübergreifender Kommunikation und Zusammenarbeit
> - Potenziale informeller Kommunikation durch Warm-ups, Jour-fixe und Chill-outs ausschöpfen
> - Professionelle Meeting-Organisation fördert die Beteiligungsmotivation und Effizienz
> - Nutzung von Transparenz (z. B. Glas) als wichtiges Gestaltungsmerkmal für kommunikative Strukturen
> - Meetingpoints an den Schnittpunkten von Wegen im Gebäude
>
> Quelle: Fraunhofer IAO

Abb. 7: Kommunikationsförderliche Strukturen und Gebäude

Lagefaktor Der Erfolg von Kommunikationsflächen hängt bei Flächen für die informelle Kommunikation stark von deren Lage ab. Sie müssen Begegnungen nicht nur ermöglichen sondern auch provozieren.

Der Anteil der Kommunikationsflächen und Gemeinschaftsräume an der Nutzfläche steigt mit ihrer Bedeutung. Alleine von 1998 bis 2003 erhöhte er sich von ca. 24 % auf 33 % und es ist abzusehen, dass er weiter steigen wird.

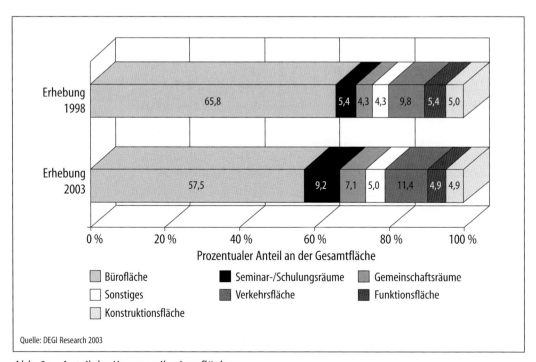

Abb. 8: Anteil der Kommunikationsflächen

Die Bereitstellung der Kommunikationsflächen muss durch eine effiziente und serviceorientierte Bewirtschaftung der Flächen ergänzt werden. Hier bieten sich intranetbasierte Systeme an. Raumbuchungen und die Bestellung von Serviceleistungen können von jedem Internetzugang aus vorgenommen werden. Gleichzeitig werden die Abrechnungsvorgänge gestartet. Mit diesen Systemen lassen sich die Regiekosten für diese Leistungen signifikant senken.

Bewirtschaftung

3.4.4 Flächenkennziffern

Gebäude werden auf der Ebene des Corporate Real Estate Managements bezüglich ihrer Kennzahlen wie Bruttogrundfläche (BGF) und Nutzfläche (NF) ins Verhältnis zueinander gesetzt, um Benchmarkziffern zu ermitteln. Für Deutschland sind Kennzahlen wie 20 m² BGF pro Arbeitsplatz oder ein Verhältnis BGF zu NF von ca. 80 % gute Orientierungswerte hinsichtlich der Flächenwirtschaftlichkeit.

Die größten Anteile der Hauptnutzfläche bilden die Flächen für die Arbeitsplätze und die für die Kommunikation. Die projektorientierten Arbeitsstrukturen fordern Flächen, die sich nicht mehr an den Strukturen des klassischen Zweibünders mit Mittelflur und beiderseitigen Zellenbüros orientieren. Büroformen wie Kombi-, Gruppenbüros oder Büroformenmix erfordern Bauteiltiefen größer als 13,50 m und die Vermeidung eines Mittelflurs. Nur so kann die notwendige Offenheit und Transparenz bei gleichzeitiger Flächenwirtschaftlichkeit erzeugt werden. Geeignete Strukturen erlauben Flächenkennziffern von 12 m² NF bei der exklusiv genutzten Bürofläche. In dieser Fläche ist die Flurfläche enthalten. Abbildung 9 zeigt einen Grundriss, der in einem Zweibundgrundriss die Flächenpotenziale einer offenen Raumstruktur nachweist.

Veränderter Flächenbedarf

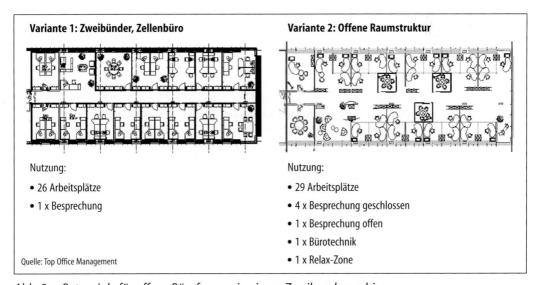

Abb. 9: Potenziale für offene Büroformen in einem Zweibundgrundriss

In der Variante 2 sind die Arbeitsplätze zwar kompakt aufgestellt, gleichzeitig wurden aber Mehrwertflächen für die Kommunikation und Unterstützungsfunktionen innerhalb dieser Flächenstandards geschaffen.

3.4.5 Generic Layout

Hohe organisatorische Flexibilität

Hochdynamische Unternehmen mit hohen Veränderungsgeschwindigkeiten haben nicht mehr die Zeit, auf organisatorische Veränderungen mit dem Umbau von Trennwänden o. Ä. zu reagieren. In dem Zeitraum von der Planung bis zur Realisierung dieser Umbauten haben sich die Bedarfe häufig bereits wieder geändert. Ein Lösungsansatz hierfür ist die Entwicklung eines „Generic Layout". Dieses Layout für die allgemeine Arbeitstypologie eines Unternehmens setzt voraus, dass ca. 80 % der konkreten Anforderungen der Nutzer identisch sind. Nur 20 % unterscheiden sich und hierfür muss die Fläche individuell ausgerichtet werden. Im Nutzerconsulting ist die detaillierte quantitative und qualitative Analyse der heutigen und zukünftigen Anforderungen der Nutzer die Grundlage zur Entwicklung des Generic Layout. Die Bewirtschaftungsprozesse müssen ein Generic Layout unterstützen. Umzüge dürfen nur noch möbellos und – wenn möglich – auch ohne den Umzug von Informations- und Kommunikationstechnologie erfolgen. Erste Umsetzungen der Verfasser sind die Projekte Sun Microsystems (München), Deutsche Bank (Stuttgart) und Siemens VDO Automotive (Regensburg). Eine Gebäudenutzung ohne kontinuierliche Umbaumaßnahmen bei gleichzeitig hoher organisatorischer Flexibilität ist möglich.

3.4.6 Infrastruktur für Verkabelung

Zukunftsorientierte Anforderungen

Die Infrastruktur für die Informations- und Kommunikationstechnologie sollte sich an den voraussichtlichen Anforderungen in fünf bis zehn Jahren orientieren. Dies gilt sowohl für die Dichte der EDV-Anschlüsse als auch für die notwendigen Bandbreiten. Mit der Einführung von neuen Arbeitskonzepten werden die Anschlussdichten erheblich steigen. Die vorhandene EDV-Verkabelung kann häufig, wenn die Leitungsführungskapazitäten zu knapp bemessen sind bzw. die Hohlräume im Boden oder in den Brüstungskanälen mit Strukturen früherer Netzwerke noch belegt sind, diese Anforderungen nicht mehr erfüllen. Hinzu kommt, dass derzeit in vielen Unternehmen die bisherigen Telefonverkabelungen auf EDV-basierte Netze (Voice-over-IP, VoIP) umgestellt werden. Der klassische Telefonanschluss entfällt.

Lichtwellenleiter

Wird die Verkabelung des Gebäudes mit angeboten, sollte sie die Potenziale von Lichtwellenleitern nutzen. Das notwendige Volumen für die Führung der Leitungen ist erheblich geringer als das für Kupferleitungen. Hier lassen sich erhebliche Flächen- und Kosteneinsparungen durch den Wegfall von Stockwerksverteilerräumen ermöglichen, da die Längen der Leitungen nicht der Längenbegrenzung von Kupferleitungen unterliegen. Diese Einsparungen können bei bis zu mehreren 10.000 Euro pro Raum auf zehn Jahre liegen. Die EDV-Erschließung eines Gebäudeteils mit ca. 600 Arbeitsplätzen aus einem zentralen Patch-Raum ohne weitere Stockwerksverteilerräume kann mit einer Durchführungsöffnung von ca. 40 x 20 cm zurechtkommen. Es ergeben sich weitere Flächen- und Kosteneinsparungen.

3.4.7 Arbeitsplatz

Die Gestaltung der Arbeitsplätze passt sich den Anforderungen der neuen Informations- und Kommunikationstechnologien, der notwendigen Kommunikation und Konzentration, der Funktionalität und der Arbeitsorganisation an. Es gibt nicht nur den direkt einer Person zugeordneten festen Platz, sondern auch Plätze, die von einer festen Anzahl an Nutzern gemeinsam benutzt werden (z. B. Teilzeitplätze) oder die keine direkt zugeordneten Nutzer mehr haben (nicht-territoriale Arbeitsplätze). Nach der Erhebung der DEGI Research von 2003 wird ein deutlicher Rückgang der klassischen Arbeitsorganisation festzustellen sein. Ein Drittel der Arbeitsplätze wird eine flexible Nutzung haben und die Anzahl der nicht-territorialen Arbeitsplätze wird sich mehr als verdreifachen.

Flexible Nutzung wächst

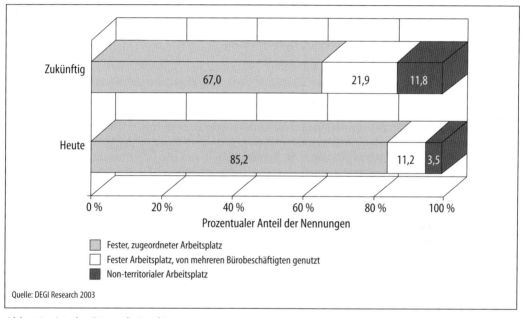

Abb. 10: Art der Büroarbeitsplätze

Der Arbeitsplatz ist der Ort, der für viele Nutzer der Schwerpunkt ist, wenn sie an „ihr" Büro denken. Erkenntnisse aus dem Projekt „Office 21" zeigen, dass ein hochwertiges Ambiente ein wichtiger Motivationsfaktor ist. Gute Gestaltung und gutes Design fördern das Wohlbefinden und die Emotionalität der Mitarbeiter.

Mitarbeiterzufriedenheit

Der Trend bei der Gestaltung der Arbeitsplätze geht hin zu flächenwirtschaftlichen Tischformen, die sich in Deutschland an dem gesetzlichen Mindestmaß für Tischgrößen von 1,60 x 0,80 m orientieren. Diese Tischflächen sind ausreichend, wenn ausschließlich Flachbildschirme eingesetzt werden und papierarm gearbeitet wird. Die reduzierte Tischfläche sollte durch die Auswahl hochfunktionaler Möblierung mit einer angemessenen Anmutung ergänzt werden. Die Tische sollten elektromotorisch höhenverstellbar sein, eine hochwertige Oberfläche haben und ausreichend Verkabelungsmöglichkeiten bieten. Mit diesen Ausstattungsmerkmalen sind sie an verschiedene Nutzer einfach anpassbar. Dies ist für den möbellosen Umzug und – noch viel wichtiger – bei der Einführung von nicht-territorialen Arbeitsformen und Desksharing ein Erfolgsfaktor.

Ambulante Arbeitsplätze

Der Begriff Arbeitsplatz muss auf jede Arbeitssituation erweitert werden. Die oben bereits angesprochenen Besprechungsflächen sind ebenso Arbeitsplätze wie temporäre Flächen für Projekte oder bisher kaum vorhandene Flächen für die Förderung der Entspannung und der Kreativität. Auf den letztgenannten Flächen bietet es sich an, Gegenwelten zur Gestaltung der Arbeitsplätze zu schaffen. Fraunhofer IAO hat in seinem Office Innovation Center eine Interactiv Creativity Landscape (ICL) geschaffen, in der durch die Wahl der Möbel, Farben, Materialien und Beleuchtung der Kreativprozess beim Einzelnen und im Team angeregt wird.

3.5 Service Performance

Die Nutzungsqualität eines Büros hängt nicht nur von seiner baulichen Struktur, seinem Layoutkonzept und der Gestaltung der Arbeitsplätze und Flächen, sondern auch von seiner Organisation und den Servicequalitäten ab, die auf den Büroflächen angeboten werden. Eine projektorientierte Arbeitsweise erfordert es häufig, auf Veränderungen zu reagieren. Es kann kurzfristig notwendig sein, Arbeitsmittel oder Mitarbeiter zu organisieren und die Arbeitszeit zu verändern. Die Arbeitsabläufe und die Leistungsfähigkeit der Mitarbeiter können durch ein Dienstleistungsangebot für die Unternehmen und die Mitarbeiter unterstützt werden.

Serviceangebot wird wichtiger

Neben büronahen Services, wie Konferenzraumbereitstellung, Organisation von Büromaterial, Mietwagenbereitstellung, werden zukünftig Services, die sich an den Mitarbeiter direkt wenden immer wichtiger. Dies reicht von Sonderflächen für Sport oder Erholung, wie Fitness-Studios oder Chill-out-Räume, Einkaufsmöglichkeiten für Produkte des alltäglichen Bedarfs (viele Mitarbeiter arbeiten bis in den Abend hinein) bis hin zu Kinderbetreuungsmöglichkeiten oder der Rückenmassage am Arbeitsplatz.

3.6 Human Performance

Prozesse, die ohne menschlichen Einfluss ablaufen, benötigen keine Bürogebäude mehr, sondern ihnen genügt ein Server der irgendwo auf der Welt stehen kann.

Größter Kosten- und Erfolgsfaktor

Die oben beschriebenen Performance-Faktoren haben nur ein Ziel: die Human Performance zu unterstützen. Der Mensch ist zum einen der wichtigste Kostenfaktor im Büro, gleichzeitig ist er der wichtigste Erfolgsfaktor. Auf der Kostenseite sind die Personalkosten für ca. 80 % der gesamten Bürokosten verantwortlich.

Nur motivierte Mitarbeiter, die über einen hohen Wissensstand verfügen, gut zusammenarbeiten, kundenorientiert denken, die gesundheits- und produktivitätsfördernde Arbeitsbedingungen und eine positive Work-Life-Balance

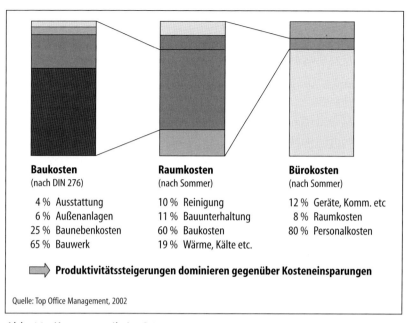

Abb. 11: Kostenanteile im Büro

haben, können eine Organisation leistungs- und wettbewerbsfähig halten. Dies ist eine einfache Grundkenntnis. Diese wird jedoch im Zuge von Kosteneinsparungsrunden etc. immer wieder vergessen. Hier kann kurzfristiges Sparen sehr teuer werden. Eine 10%ige Senkung der Baukosten entspricht einer Senkung der Gesamtkosten des Büros von ca. 0,5 %. Demgegenüber können neue Arbeitskonzepte eine Steigerung der Produktivität des gesamten Büros von 5 % und mehr erreichen. Dies wurde durch Längsschnittstudien von Fraunhofer IAO und Selbsteinschätzungen von Unternehmen nachgewiesen.

Beide Seiten, Arbeitgeber und Mitarbeiter, müssen gemeinsam an der Verbesserung der Human Performance arbeiten. Neben den Leistungen, die der Arbeitgeber zur Verfügung stellen kann (Gebäude, Arbeitsplatzqualität, Services, IT, Prozesse, Führung, Entlohnungssysteme etc.) muss der Mitarbeiter den Willen haben, sich aktiv in das Unternehmen einzubringen. Im Büro muss eine Produktivitätskultur entwickelt werden, mit der alle gemeinsam an der Verbesserung des Büros auf den genannten Handlungsebenen arbeiten. Das Gebäude und die Arbeitsplatzgestaltung und -ausstattung setzen die physischen Randbedingungen, die durch alle Beteiligten optimal genutzt werden sollen. Mit dem Beratungsansatz der Office Performance wird das gesamte Büro auf seine Performance hin ausgerichtet.

Kooperative Perfomanceverbesserung

4. Abwicklungsmodelle zur Realisierung

Zu Beginn eines jeden Neubau- oder Umbauprojekts muss ein Bauherr oder Nutzer sich für die für ihn optimale Planungs- und Realisierungsablaufstruktur entscheiden. Hierbei wird zwischen traditionellen Formen und zukunftsorientierten, innovativen Alternativformen unterschieden.

**Struktur-
unterschiede**

Unter traditionellen Formen wird verstanden:

- Einzelplaner oder Generalplaner,
- Einzelgewerke oder Generalunternehmer/Totalübernehmer.

An alternativen Abwicklungsstrukturen haben sich in den letzten Jahren herauskristallisiert:

- GMP-Modell (Garantierter Maximum Preis),
- PPP-Modell (Public Privat Partnership),
- Baupartnermodell/Construction Management at Risk.

Grundsätzlich steht der Nutzen des Bauherrn oder Mieters im Vordergrund einer Planung. Themen wie Optimierung der Flächenwirtschaftlichkeit und des Kosten- und Qualitätsverhältnisses, das Einhalten oder Unterschreiten des Kosten- und Terminbudgets sowie die Minimalisierung der Betriebskosten stehen dabei im Fokus. Aber auch eine reibungslose Abwicklung von Planung und Realisierung sowie das Vermeiden von unberechtigten Claim-Forderungen sind für einen Bauherrn oder Mieter Selbstverständlichkeiten.

**Professionelles
Projekt-
management**

Deshalb ist es zu Beginn eines Projekts von hoher Wichtigkeit das notwendige Expertenwissen so kurzfristig als möglich zu aktivieren und in den Programming-Prozess bzw. den Planungsprozess einzubinden. Hierzu hat sich bei größeren Bauvorhaben die Integration eines professionellen Projektmanagements von hohem Nutzen erwiesen, welches eine frühe Verfügbarkeit des notwendigen Generalistenwissens auf hohem Niveau für die anstehende Planungs- und Bauzeit sicherstellt. Ein solches Projektmanagement, welches quasi für den Bauherrn als „Geschäftsführer auf Zeit" agiert, muss neben den Planungsinhalten und -abläufen auch die Preisbildung und Kostenkalkulation sowie die Vergabe- und Nachtragsverhandlungen beherrschen. Weiter werden intensive Kenntnisse der Bauabläufe benötigt. Der Umgang mit Planern und Bauleitungen erfordert eine hohe Sozialkompetenz. Um die Planungen im jeweiligen Fachbereich wirtschaftlich und konzeptionell mitgestalten zu können, muss der Projektmanager stets über aktuelle Tendenzen in der Organisation der betreuten Bauvorhaben bei Bauverfahren und Bauelementen Bescheid wissen. Als persönliche Eigenschaften sind ein absoluter Leistungs- und Erfolgswille sowie eine hohe Belastbarkeit bei ungeregelter Arbeitszeit erforderlich. So wird der Projektmanager zum persönlichen Berater und Vertrauten des Bauherrn und Nutzers und als akzeptierter Tonangeber im Team integriert er rechtzeitig die notwendig erforderlichen Disziplinen.

4.1 Speicherung des Wissens durch Projektkommunikationssystem (PKM)

Idealerweise wird auch bereits in der Planungsphase das Facility Management und seine Anforderungen für den späteren wirtschaftlichen Betrieb integriert. Damit wird die Speicherung des Wissens für die Zukunft sichergestellt, vor allem wenn über die gesamte Planungs- und Realisierungszeit ein elektronisches Projektkommunikationsmanagementsystem (PKM) eingesetzt wird. Dadurch wird der schnelle Zugriff auf das relevante Wissen sichergestellt.

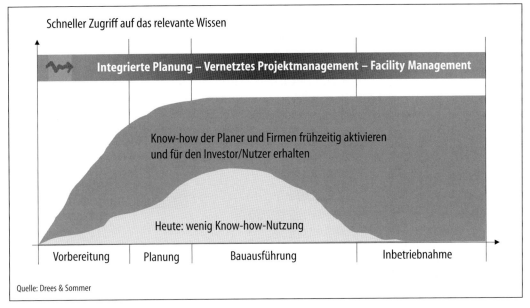

Abb. 12: *Know-how Nutzung mittels Projektkommunikationssystem*

Durch die für alle Beteiligten zur Verfügung stehende PKM-Plattform wird aktiv die Steuerung des gesamten Workflow übernommen. Die Vorgänge der vereinbarten Prozessketten werden Verantwortlichen zugeordnet; die Kontrolle erfolgt über definierte Termine und Meilensteine. Die Vorgaben und die Überwachung erfolgen durch das Projektmanagement. In ähnlicher Form werden die Erstellung und der Austausch von Plänen sichergestellt. Durch den einfachen Internet-Zugang ist es jedem Beteiligten ohne spezielle Software und Schulung möglich, mit dem PKM-System rund um die Uhr zu arbeiten, wobei alle Daten nach einer vorab vereinbarten Struktur erstellt und archiviert werden.

Steuerung des Workflow

4.2 Einzelplaner und Generalplaner

Vor der eigentlichen Abwicklung zur Realisierung stellt sich jedem Nutzer oder Bauherrn die Frage, ob er sein Projekt mittels fachspezifischer Einzelplaner oder eines Generalplaners durchführen möchte (vgl. Abbildung 12).

Obwohl die Abwicklung mittels Einzelplanern für den Bauherrn eine zeitintensive Betreuung bedeutet, kann er jedoch aus seiner Sicht die für ihn besten Planungsbüros zusammenstellen und hat nebenbei sichergestellt, dass sich die Vertreter dieser Planungsbüros im Planungsteam gegenseitig kontrollieren, um eine maximale Planungsqualität zu erreichen. Dieser hohe Qualitätsanspruch der einzelnen Planungsbeteiligten setzt sich über die Planung in die Bauüberwachung fort, was sich zum Beispiel auch in einer geringen Anzahl von Nachträgen der ausführenden Firmen widerspiegelt. Auch notwendige Planungsänderungen sind oft kostenneutral während des Gesamtbauprozesses kompensierbar. Dies begründet sich in der Tatsache, dass die einzelnen Pla-

Vorteile des Einzelplaners

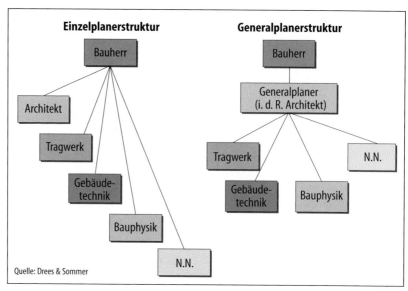

Abb. 13: Organisation Einzelplaner/Generalplaner

nerverträge nach HOAI (Honorarordnung für Architekten und Ingenieure) als Werkvertrag (der Planer schuldet dem Bauherrn einen Erfolg) abgeschlossen werden.

Wesentliche Voraussetzung für einen optimalen Projekterfolg ist, dass die Chemie im gesamten Planungsteam über die gesamte Planungs- und Realisierungszeit stimmig ist und auch der Bauherr oder spätere Nutzer seine Projektmanagementleistungen als Pflichtleistungen in Form von Bringschulden versteht bzw. sich mit einem professionellen externen Management verstärkt.

Vorteile des Generalplaners Im Gegenzug dazu steht der Generalplaner. Dieser ist i. d. R. der Architekt, der im vertragsrechtlichen Sinne die alleinige Planungs-Schnittstelle zum Bauherrn ist. Die notwendigen zusätzlichen Planungsleistungen wie Tragwerksplanung, technische Gebäudeausrüstung, Bauphysik und andere werden mittels Nachfolgeaufträgen angegliedert. Da der Generalplaner die Gesamthaftung für seine als Nachunternehmer beauftragten weiteren Planungsdisziplinen übernimmt, wird er nicht willkürlich mit jedem Büro zusammenarbeiten, welches vom Bauherrn vorgegeben wird. Ein aus bereits realisierten Projekten eingespieltes Planungsteam kann sicherlich eine schlagkräftige Truppe darstellen; sobald sich jedoch Neukonstellationen in der Projektleiterbesetzung ergeben besteht das Risiko, dass dies zu Reibereien und Startschwierigkeiten in den Planungsphasen zu Lasten des Bauherrn führt. Die Bauherren- und Projektmanagementleitung hat in dieser Vertragskonstellation die Form eines außerhalb des Teams platzierten Beraters und Controllers, da infolge der vertragsrechtlichen Konstellation keine Durchgriffsmöglichkeit auf die nachgeschalteten Planungsbüros besteht.

4.3 Einzelgewerke oder Generalunternehmer?

Die Bau- bzw. Umbaurealisierung selbst kann mittels einzeln ausgeschriebener Gewerke oder mittels eines Generalunternehmers bzw. wenigen Teilgeneralunternehmern erfolgen. Die klassische Einzelausschreibung ist durch die Vielzahl der Ausschreibungsmodalitäten sehr zeitintensiv, bringt jedoch auch die Chance mit sich, für jedes Gewerk individuell den Besten zu beauftragen. Allerdings erfordert die Gesamtkoordination aller am Bau Beteiligten durch die Vielzahl von Einzelverträgen (erfahrungsgemäß zwischen 30 und 50 Firmen) auch eine stringente und effiziente Projektsteuerung, um die Projektziele zu erreichen. Der Vorteil der Einzelvergaben hat jedoch auch eine zeitlich positive Komponente; so muss die gesamte Ausbauplanung bis hin zur Belegungsplanung bei Vergabe der ersten Gewerke noch nicht endgültig fixiert sein und organisatorische Änderungen im Zuge des Bau- oder Umbauprozesses lassen sich meist kostengünstig mit in die Gesamtabwicklung integrieren.

Einzelgewerke – Pro und Kontra

Steht jedoch eine Termin- und Kostengarantie im Vordergrund (z. B. als Forderung der finanzierenden Bank), so wird oftmals die Möglichkeit der Beauftragung eines Generalunternehmers in unterschiedlichster Form bevorzugt. Eine Trennung der Planung findet dabei meist in der HOAI-Phase 5 (Ausführungsplanung) statt. Von Seiten der Architekten und Fachingenieure werden Leitdetails erarbeitet und der Ausschreibung zugrunde gelegt. Die Ausführungsplanung sowie die daran anschließende Montageplanung werden dann vom Generalunternehmer bzw. seinen nachgeschalteten Planern erbracht. Inwieweit bei dieser Konstellation die ursprünglich den Entwurf bestimmenden architektonischen und organisatorischen Grundgedanken übernommen werden, hängt oftmals von der gesamtwirtschaftlichen Situation und dem Gesamtprojektleiter des Generalunternehmers ab. Positive wie negative Referenzprojekte der letzten Jahre weisen auch hier die jeweiligen Chancen und Risiken dieser Realisierungsabwicklung auf.

Termin-/Kostengarantie duch GU

4.4 Vorteile aller Abwicklungsmodelle

Aus den traditionellen Abwicklungsformen heraus ist es nur legitim, dass der potenzielle Bauherr oder spätere Nutzer gerne die Vorteile der einzelnen Abwicklungsmodelle in ein Gesamtmodell integrieren möchte. Dabei handelt es sich im Wesentlichen um:

- Einen kompetenten Ansprechpartner ab Beginn einer Idee,
- die frühzeitige Bindung von Firmen-Know-how bereits in den Planungsphasen (Planungs- und Baukompetenz gehen ineinander über),
- die Festlegung eines garantierten Gesamtpreises bei Auftragserteilung bzw. zum Beginn der Entwurfs- oder Ausführungsphase,
- die permanente Transparenz der tatsächlichen Planungs- und Baukosten,
- die Möglichkeit des Bauherrn zur Teilnahme an den Vergabegesprächen sowie der späteren Auswahl und Entscheidung der zu beauftragenden Firmen,
- der Erhalt einer Termingarantie vor Einreichen des Baugesuchs,

- ein Vertragspartner mit einer Gesamtbürgschaft für die Vertragserfüllung sowie die Mängelhaftung.

Immobilienprodukte der Zukunft

Die Umsetzung dieser Anforderungen bedeutet, den bisherigen Planungs- und Bauprozess zu revolutionieren. Allerdings besteht damit auch die Chance, erfolgreiche Immobilienprodukte der Zukunft neu zu definieren. Denn diese müssen:

- deutlich mehr nutzerorientiert sein als in der Vergangenheit,
- schneller als bislang am Markt zu marktfähigen Preisen verfügbar sein,
- qualitätsvoller als bislang sein und in Form eines geeigneten Gütesiegels zertifiziert werden,
- intelligent erbaut sein, um die flexible Anpassung an sich verändernde Strukturen zu ermöglichen,
- mit intelligenter Gebäudetechnik und einfacher Bedienbarkeit ausgestattet sein.

Dies hat aber auch Auswirkungen auf Planung und Bau von Immobilienprodukten. Es bedeutet:

- eine Neuausrichtung der Entwicklungs- und Planungsprozesse durch die Nutzung von modernen IT-Kommunikationsplattformen, die schnellere Prozessabläufe und paralleles Arbeiten ermöglichen,
- die Veränderung der Bauproduktion durch eine produktionsgerechte Konstruktionsplanung und gewerkeübergreifende Fertigungs- und Montageabläufe,
- die Durchführung von international anerkannten Due-Diligence-Verfahren zur Performance orientierten Produktimmobilienbeschreibung.

4.5 HOAI-Ablauf versus marktorientierter Prozess

HOAI zu seriell

Wenn man nun den Standardprojektablauf nach HOAI einem marktorientierten Prozessablauf gegenüberstellt, erkennt man das mögliche zeitliche Optimierungspotenzial im Sinne eines marktorientierten Ansatzes (vgl. Abbildung 13). Die heutige Abwicklung des Planungsprozesses nach HOAI ist seriell und zu langsam. Sie entspricht in keiner Weise den Forderungen nach einer frühzeitigen Integration des Wissens der gesamten Baubeteiligten. Vor allem durch die zeitintensive Ausführungsplanung der Planer und dem darauf basierenden aufwändigen Ausschreibungs- und Vergabeverfahren entstehen Vorgaben für den Produzenten, die eine Know-how-Einbringung des Produzenten in den Prozess nahezu unmöglich machen. Deshalb müssen zukünftig marktorientierte alternative Prozesse künftige Immobilienprodukte beeinflussen.

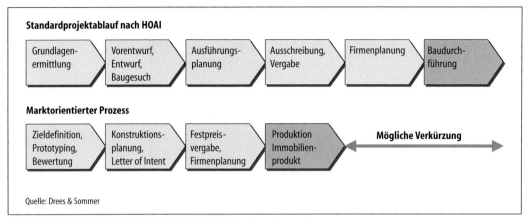

Abb. 14: Vergleichsdarstellung HOAI-Ablauf und marktorientierter Prozess

Diesem marktorientierten Ansatz stehen derzeit noch folgende vertragsrelevante Probleme gegenüber:

- Wettbewerbsverfahren (Grundsätze und Richtlinien für Wettbewerbe – GRW)
- Architekten- und Ingenieurhonorierung (HOAI)
- Ausschreibungs- und Vergabeformalitäten (VOB/A bzw. VOF, VOL)

4.6 GMP-Modell

Die Anforderungen hat der Markt bereits erkannt und bietet deshalb seit einigen Jahren das so genannte GMP-Modell (Garantierter Maximumpreis) an. Bei diesem Verfahren, welches einen nahezu konfliktfreien Bauablauf darstellt, werden ausführende Unternehmen bereits in die Planungsphase mit eingebunden und können somit frühzeitig den garantierten Oberpreis/Maximalpreis für das gesamte Bauvorhaben abgeben. Die erforderlichen Bauleistungen werden dann ausgeschrieben und gemeinsam verhandelt. Günstigere als vorab budgetierte Vergaben werden nach einem festgelegten Schlüssel zwischen Bauherr und GMP-Unternehmen aufgeteilt. Von ausführenden Unternehmen wird dieses Modell unter verschiedenen Namensgebungen angeboten (zum Beispiel Prefair, Teamconcept etc.) (vgl. Abbildung 14). **Ziel: konfliktfreier Bauablauf**

Die Inhalte eines GMP-Modells teilen sich in vier Blöcke auf und beinhalten in der Regel: **Inhalte**

- Gemeinkosten und Regiepauschale,
- Baustelleneinrichtung,
- Leistungen, die der Auftragnehmer selbst erbringt,
- Bauleitung, Baubüro,
- Koordination bis zur Endphase,
- Engineering, Monatsberichte, Kostenkontrolle,
- Gewinn, Risiko, Geschäftsleitungsanteil,

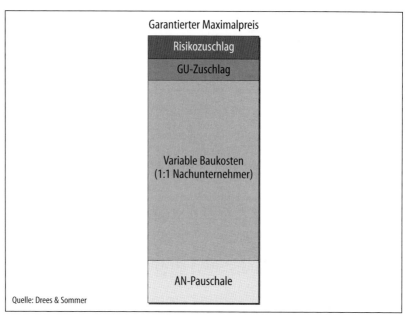

Abb. 15: GMP-Aufbau

- Baukosten,
- Herstellkosten Bauleistungen nach Gewerken,
- Generalunternehmer-Zuschlag auf die Baukosten i. A. zwischen 10 % und 15 %,
- Risikozuschlag,
- Planungsunsicherheiten je nach Planungsreife, die zwischen den Beteiligten vereinbart werden.

Risiken Das GMP-Modell birgt jedoch auch Risiken für den Bauherrn:

- Durch die frühzeitige Bindung an ein ausführendes Unternehmen vom Projektstart an, ist ein hohes Vorvertrauen erforderlich, da im gesamten Ablauf keine objektiven, direkten Vergleichsmöglichkeiten hinsichtlich Kosten, Terminen und Qualitäten mehr möglich sind.
- Der direkte Einfluss auf die Nachunternehmer ist für den Bauherrn nicht gegeben.
- Das Restrisiko des Endtermins und der Endkosten verbleibt trotzdem beim Bauherrn (z. B. durch Änderungs- und Zusatzwünsche).
- Eine Kündigung oder ein Konkurs des GMP-Auftragnehmers stellt quasi den „Super-GAU" für den Bauherrn dar (Urheberrechte, kein direkter Zugriff auf die Nachunternehmer, objektive Leistungsfeststellung des GMP-Auftragnehmers).

4.7 PPP-Modell

Für die öffentliche Hand bzw. den öffentlichen Auftraggeber ist das GMP-Modell nicht anwendbar, da es eine Direktbeauftragung darstellt und den nationalen wie europaweiten Vergabevorschriften des Wettbewerbs widerspricht. Aber es wird erkannt, dass viele Aufgaben der Verwaltung wesentlich wirtschaftlicher und effizienter von Privaten erledigt werden können. Vor allem deshalb, da sich die Verwaltung auf ihre eigentlichen Kernaufgaben konzentrieren kann. Aus diesem Grund werden seit einigen Jahren in Deutschland die Modelle von verstärkter Zusammenarbeit der öffentlichen Hand und Privaten im staatlichen Hochbau erprobt. Manifestiert hat sich das so genannte PPP-Verfahren (Public-Private-Partnership). Hierbei wird eine Partnerschaft für ein Bauprojekt zwischen der öffentlichen Hand und einem Privaten gebildet. Der Private plant, finanziert, baut, verwertet und betreibt (meistens) das Bauprojekt über den gesamten Lebenszyklus des Vorhabens.

Partnerschaft mit Privaten

Die Lösung für die öffentliche Hand stellt sich so dar, dass nach einer erfolgten Investorenauswahl (VOF-Verfahren) auf Basis eines Raum- und Funktionsprogramms, einer Definition der Mieterausbauten sowie deren Qualitäten ein Investor als Auftragnehmer ausgewählt wird. Dieser plant und erstellt das Gebäude und vermietet es über einen definierten Zeitraum zum Festpreis, einschließlich der Nebenkosten wie Energie, Instandhaltung und Reinigung.

Das PPP-Verfahren eröffnet der öffentlichen Verwaltung, hochmoderne Büroimmobilien oder Büroflächen zum festen Mietpreis ohne Anfangsinvestition zu erhalten. Nach Ablauf der Mietzeit geht das Gebäude in den Besitz der öffentlichen Hand über bzw. die Verwaltung erhält daran das Vorkaufsrecht zu einem im Vorfeld definierten Restwert. Die gesamte Verantwortung und das Risiko für die Planung, den Bau, die Finanzierung und den Betrieb übernimmt dabei der professionelle private Partner und garantiert hochwertige Qualitäten sowie eine kontinuierliche Instandhaltung über den gesamten Lebenszyklus.

Vorteile

Dieses PPP-Modell, welches seinen Ursprung im Angelsächsischen findet, wird derzeit bundesweit in mehreren Bundesländern als Pilotprojekt für unterschiedliche Bauvorhaben mit positiver Resonanz umgesetzt.

Beide Verfahren, GMP und PPP, wurden jeweils aus dem Blickwinkel von ausführenden Unternehmen erarbeitet und für den deutschen Markt konfektioniert. Die Abwicklung erfolgt dabei in der Regel mittels eines nachgeschalteten Generalunternehmers, so dass oftmals die Thematik und Problematik der Subunternehmer und deren nicht zufrieden stellende Qualitäten mitgeführt wird.

4.8 Baupartnermodell/Construction Management at Risk

Aus diesem Grund wurde seitens der Dienstleisterbranche ein Kosten- und Termingarantiemodell entwickelt, welches diese Lücke schließt. Dabei entstand ein alternativer Planungs- und Bauprozess ohne Nachtrags-Claims, welcher sich an den bereits erwähnten Forderungen zukünftiger Immobilienprodukte orientiert und mittels eines Vier-Phasen-Ablaufmodells umgesetzt wird. Je nach vertraglicher Konstellation spricht man vom so genannten Baupartnermodell (ausführende Firmen sind von Anfang an in einer gemeinsamen

Garantiemodelle

Projektrealisierungsgesellschaft dabei) oder vom „Construction Management at Risk" (ausführende Firmen werden erst in der Mitte der Planungsphasen nach einem Präqualifikationsverfahren integriert). Die grundsätzlichen Abwicklungen sind jedoch nahezu identisch. Dazu gehört in der ersten Phase eine klare Zieldefinition mit Prototyping und Bewertung der Machbarkeit des Projekts. Im zweiten Schritt muss die Konstruktionsplanung unter Einbeziehung des Know-hows der ausführenden Firmen erfolgen. Diese Firmen stehen zu diesem Zeitpunkt bereits als Baupartner fest, die sich im Vorfeld durch ein professionelles Präqualifikationsverfahren ausgezeichnet haben. Mit diesen Baupartnern ist es auch möglich, dass mittels LOI (Letter of Intent) Vereinbarungen zu Kosten, Terminen und Qualitäten getroffen werden. In der dritten Phase erfolgen dann die Vergaben zu Pauschalfestpreisen an die Baupartner, die danach sofort mit ihrer Firmenplanung beginnen. Abschließend erfolgt die Produktion des Immobilienprodukts zu einem wesentlich früheren Zeitpunkt als nach dem Standardablauf der HOAI. Es kann also eine deutliche Verkürzung gegenüber dem klassischen Prozess bei günstigeren Preisen und einer besseren Qualität erreicht werden (vgl. Abbildung 15).

Es zeigte sich in der Vergangenheit, dass die klassische Direktvergabe, das bedeutet eine Auftragsvergabe ohne Gegenangebot, am deutschen Markt nur in wenigen Fällen durchzusetzen ist. Allerdings gewinnt das Bauen mit Garantie

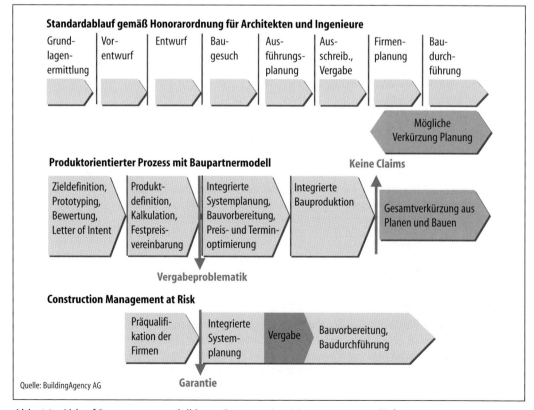

Abb. 16: Ablauf Baupartnermodell bzw. Construction Management at Risk

für viele Bauherren und institutionelle Anleger und Nutzer an Bedeutung. Auch wächst die Bauherrengruppe, der die Rendite oder der „Netto-Mietpreis" wichtig ist. Wer das Gebäude letztendlich erstellt, ist dabei zweitrangig. Dabei sind oftmals die späteren Nutzer der Gebäude nur „Langzeitmieter" und nicht mehr Eigentümer im steuerrechtlichen Sinne. Für die öffentliche Hand eignet sich zum Beispiel das Modell des „Construction Management at Risk" der BuildingAgency AG an, welches mittels eines VOF-Verfahrens ausgewählt wird. Dieses beinhaltet einen Dienstleistungsauftrag mit Kosten- und Termingarantie im beschränkten Wettbewerb. Die Bauvergaben an die ausführenden Firmen erfolgen mittels eines vorgeschalteten Präqualifikationsverfahrens oder auch direkt an bereits im Vorfeld qualifizierte Baupartner der BuildingAgency AG. Die VOB/A findet dabei Anwendung.

Die Qualifikationskriterien sind dabei im Wesentlichen: **Vergabekriterien**

- Wirtschaftlichkeit,
- Qualitätssicherung,
- Qualifikation der eingesetzten Projektleiter und Mitarbeiter,
- TQM-Systeme,
- Firmenbilanzen,
- Sicherheitskriterien,
- Abwicklungsvereinbarungen.

Wichtig ist, dass die verschiedenen Baupartner ihre Zusammenarbeit organisieren und strukturieren. Dabei werden Kosten und Angebote ausgetauscht und ein „Total-Quality-Management-System" für alle Beteiligten durchgeführt auf Grundlage eines gemeinsam vereinbarten Verhaltenscodex gegenüber Auftraggebern und Partnern.

Die Vorteile dieses „Construction Management at Risk" mit Termin- und Kostengarantie seitens eines Dienstleisters auf Bauherrenseite (und nicht von ausführender Seite) sind: **Vorteile**

- Bereits zur Angebotsphase werden belegbare Kosten ermittelt und dargestellt. Dies ist z. B. möglich durch die im Unternehmen vorhandene Preisdatenbank mit immer aktuell ausgewerteten Einheitspreisen von aktuellen Vergaben. Weiter erfolgt bereits frühzeitig eine Abgrenzung der Investorenleistungen mit Produktbeschreibungen zum späteren Mieterausbau, damit frühzeitig fixiert wird, was in den Kosten enthalten ist und was nicht. Diese transparente Kostenstruktur schützt den späteren Bauherrn und Nutzer auch vor unberechtigten Nachträgen und vermeidet zeitaufwändige Vorgänge, die den Planungs- und Bauablauf blockieren.

- Durch die Vorauswahl der Firmen ist zudem sichergestellt, dass sich alle ausführenden Firmen einem projektspezifischen Ethikmanagement unterwerfen und sich zu kooperativen Baupartnern in einer gemeinsamen Realisierungsgesellschaft zusammenschließen. Wesentlicher Unterschied hierbei ist, dass sich die ausführenden Firmen nicht, wie beim Generalunternehmer, als Subunternehmer, sondern als gleichberechtigte Partner (Arbeitsgemeinschaftspartner) innerhalb der Realisierungsgesellschaft bewegen.

- Das gesamte Wissen der Baupartner wird in einer Kommunikationsplattform allen zur Verfügung gestellt. Dieser Wissenspool für Planung, Fertigung und Montage schafft einen Mehrwert für den Bauherrn in Form von Produktionseinsparungen ohne Leistungsverluste. Dies wiederum führt zu konkurrenzfähigen Angeboten bei gleichzeitiger Verbesserung der Produktqualitäten.

- Auch die öffentliche Hand kann das Modell der BuildingAgency AG auf Basis einer EU-weiten Ausschreibung (VOF) nutzen. Die späteren Bauleistungsvergaben erfolgen VOB/A tauglich mit dem bereits erwähnten vorgeschalteten Präqualifikationsverfahren.

5. Fazit

Revolutionierung der Prozesse

Die in diesem Kapitel dargestellten Sachverhalte zeigen deutlich, dass Nutzungskonzepte und Abwicklungsmodelle nur gesamtheitlich betrachtet werden können, um einen für den Bauherrn und Nutzer wirtschaftlichen Gesamterfolg zu erzielen. Dabei wird eine Revolutionierung der Planungs- und Bauprozesse erfolgen, da diese durch die Erfordernisse des Marktes neu definiert werden. Wichtige Punkte im Vorfeld müssen dabei ausreichend analysiert und Szenarien für die Nutzungen entwickelt werden. Neben dem Standort sowie der extern vorhandenen Infrastruktur ist dies vor allem die Branche, in welcher sich der potenzielle Bauherr befindet. Oftmals werden branchentypische Technologien oder auch Mitbewerber innerhalb der Branche die treibenden Kräfte für die zukünftigen Organisationsformen, die wiederum in den Gebäuden abgebildet werden müssen. Zudem ist das Aktivieren und Bündeln des Wissens aller am Bau Beteiligten zum richtigen Zeitpunkt und die Nutzung neuer Informationstechnologien bzw. vernetzter Zusammenarbeit zur Verkürzung der Prozesse notwendig.

Letztendlich muss sichergestellt werden, dass mit einer einmal verabschiedeten Organisationsstruktur – und damit auch einer Baustruktur – Individuallösungen realisiert werden müssen, die nicht zu einer Spezialimmobilie führen, um somit das Problem der Fungibilität zu beherrschen. Wenn dies nicht gelingen sollte, wird bereits die Finanzierung der Immobilie problematisch. Das Gesamtbauvorhaben und die Visionen werden von Beginn an ad absurdum geführt.

Werden sich die alternativen Prozesse in Zukunft etablieren, kann im Endergebnis mehr Wertschöpfung für alle – bei höherer Qualität und geringeren Kosten für den Nutzer der Immobilie – erreicht werden.

9 Hotels, Ferienzentren und Boardinghouses
– Planung, Projektentwicklung und Bewirtschaftung –

Peter A. Bletschacher, Dipl.-Volkswirt, Geschäftsführender Gesellschafter der HOTOUR Unternehmensberatung für Hotellerie und Touristik GmbH, Vereidigter Sachverständiger für das Hotelgewerbe

Inhaltsverzeichnis

1.	Einleitung: Die Entwicklung des Welttourismus	228
2.	Hotels, Ferienzentren und Boardinghouses	230
2.1	Begriffsbestimmungen	231
2.2	Die Entwicklung der Hotellerie	233
2.3	Zur Betriebstypologie	235
2.4	Zur Gästetypologie	236
3.	Planung und Projektentwicklung von Hotels, Ferienzentren und Boardinghouses	238
3.1	Standorte	238
3.2	Kennziffern für Investitionsrechnungen	239
3.3	Hotelarchitektur und Hoteldesign	241
4.	Die Bewirtschaftung von Hotels	243
4.1	Grundsätzliches zur Betriebsgebarung	243
4.2	Ketten und Kooperationen	244
4.3	Bewirtschaftungsformen von Hotels, Ferienzentren und Boardinghouses	245
4.4	Kennziffern zum Betrieb von Hotels, Ferienzentren und Boardinghouses	247
5.	Schlussgedanken	248

1. Einleitung: Die Entwicklung des Welttourismus

Sättigungsgrenze erreicht? Das 21. Jahrhundert, das mit einer expandierenden Weltwirtschaft, mit stabilen Währungen und sich immer mehr ausbreitenden Zonen des Friedens auch im Tourismus mit Traumwerten begonnen hat, wurde schon im Jahre 2001 erschüttert durch schwere Attentate, neue Kriegshandlungen und eine beginnende Ölkrise. Sind die erneut aufflammenden Krisenherde, zum Beispiel zwischen dem Islam und der christlichen Welt, sind wieder deutlich schwankende Währungskurse, die Stagnation in der Bundesrepublik Deutschland und auch die unsicher gewordenen Touristenströme Zeichen dafür, dass der seit nahezu einhundert Jahren stetig expandierende Welttourismus endgültig an Sättigungsgrenzen gelangt, dass die Nachfrage nach Geschäfts- oder Urlaubsreisen stagniert, das Angebot an Grenzen des Machbaren stößt oder beides sich verlagert auf andere Erdteile oder auf andere Märkte?

Noch stärkeres Wachstum Die Antwort auf diese Frage ist makro- ebenso wie mikroökonomisch heute so eindeutig wie vor zwanzig Jahren: nein! Die Mobilität der Menschen ist weiter gewachsen, und sie wird nachhaltig eher noch stärker wachsen. Die Zahl, die Länge und die Geschwindigkeit von Reisen werden weiter zunehmen. Neue Verkehrsmittel, sinkender Transportaufwand, bessere Kommunikation über die moderne Informationstechnologie und der früher schon prognostizierte Eintritt zahlreicher großer Schwellenländer in den Fremdenverkehrsmarkt werden die Nachfrage auch im laufenden Jahrhundert um ein Vielfaches steigern und dem Angebot Entwicklungschancen und Finanzierungsmöglichkeiten bieten, neben denen jeder andere Immobiliensektor geradezu verblassen muss.

Es ist offensichtlich, dass weltweit immer breitere Gesellschaftsschichten zu einer Sättigung existenzieller Bedürfnisse finden, dass friedliche Verhältnisse mehr Arbeit und mehr Freizeit erlauben werden, dass die direkten Kosten von Reisen sinken werden und dass die Ausgaben für Reisen und damit die Einnahmen für das Beherbergungsgewerbe weltweit nicht nur absolut, sondern auch in Relation zum Gesamteinkommen weiter überproportional steigen werden. Interviews selbst in wohlhabenden und vollindustrialisierten Ländern lassen noch nicht einmal Sättigungstendenzen im derzeit bedeutendsten Reiseursprungsland der Welt, der Bundesrepublik Deutschland, erkennen, geschweige denn in den Nachbarstaaten oder in den USA. Dabei fangen die wirklich bevölkerungsreichen Staaten China, Russland und Indien überhaupt erst an, Devisen zu verdienen, Transportwege zu errichten, Fremde in größerer Zahl ins eigene Land zu lassen und eigene Bürger nach draußen. Überall steigt der Anteil der Ausländer an der Wohnbevölkerung, überall steigt die Wertschätzung für Freizeittätigkeiten, und insbesondere mit dem Wegfall des Eisernen Vorhangs ist vor allem im wichtigsten Reisemarkt der Welt, in Europa, auch jede politische Grenze aufgehoben, die das Reisen noch behindern könnte.

Ausgaben für Reisen steigen

Waren im Jahr 1950 erst ca. 25 Mio. Touristen international unterwegs und im Jahr 1960 69 Mio., so explodierte diese Zahl bis ins Jahr 1990 auf 456 Mio. Im Jahr 2000 wurden von der World Tourism Organization (WTO), nach einer weiteren 6,4%igen Steigerung, weltweit 687 Mio. Ankünfte auf grenzüberschreitenden Reisen gezählt, in den Jahren 2001 und 2003 sank diese Zahl krisenbedingt vorübergehend um einige Prozent, und für das Folgejahr standen die Signale schon längst erneut voll auf Wachstum, so dass im Jahr 2004 bereits 760 Mio. Reisende gezählt wurden. Dabei signalisieren schon die erfolgreichsten Zielländer, nämlich Frankreich, Spanien, USA, Italien und Mexiko, dass keineswegs der Geschäftsreiseverkehr oder die Städtereisen im Zentrum der Entwicklung stehen. Vielmehr zeigen alle Einzelanalysen – wobei hier sicherheitshalber auf größere Probleme der statistischen Erfassung hingewiesen werden soll – dass die größten Marktanteile auf Urlaubsreisen, Sightseeing-Touren, Kurzausflüge und – zumindest in Europa – immer noch auf Kuren entfallen, wenngleich letztere (zumindest in Deutschland) deutlich an Bedeutung verloren haben.

Explodierende Touristenzahlen

Auch heute noch sind im europäischen Beherbergungsgewerbe – zumal in Urlaubsgegenden und außerhalb der großen Kettenbetriebe – moderne Organisationsformen, auf die Verkehrsträger abgestimmte Betriebsgrößen und Anspruchskategorien, zielgruppenorientiertes Marketing oder selbst der Einsatz moderner EDV-Ausstattungen ungewohnt. Die Meldemoral kleiner Betriebe ist nicht besonders hoch, atmosphärische und persönliche Faktoren haben großes Gewicht. Gleichwohl ist überall und insbesondere im Fernverkehr eine deutliche Industrialisierung des Angebots zu registrieren, die auch die Finanzierung und die Bewirtschaftung von Hotelimmobilien in Zukunft besser kalkulierbar machen wird.

Industrialisierung des Angebots

Im Zeitalter von Basel II und nach der Einführung des Ratings für die Bankfinanzierung sowie dem Auslaufen der Abschreibungsmodelle steht die Hotelbranche in der Bundesrepublik Deutschland trotz des Verlustes großer Marktanteile im Tourismus an wärmere Länder gleichwohl vor einem erheblichen Wachstum der Kapazitäten, vor allem in den Städten, und vor nachhaltigen Steigerungen im Anspruchsniveau auch in den verbleibenden Touristikbetrieben. Zudem bleibt der Rationalisierungsdruck eines Hochlohnlandes mit stabiler Währung erhalten.

Hohe Investitionen erforderlich

Das Beherbergungsgewerbe wird sich dieser Herausforderung stellen und hohe Investitionssummen aufbringen müssen für die Hotellerie in einer immer mobiler werdenden Gesellschaft. Im Folgenden sollen einige Grundzüge dieser schillernden und vielen Banken und Bauträgern nach wie vor rätselhaften Immobilien aufgezeigt werden, um eine sachlichere Auseinandersetzung mit Investitionen in dieser Branche zu erleichtern.

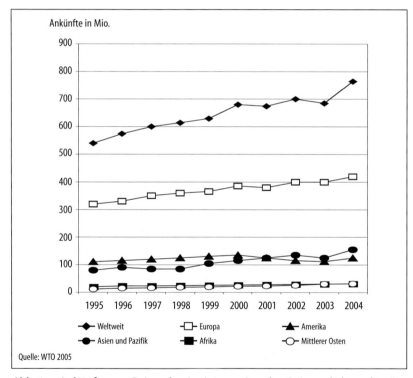

Abb. 1: Ankünfte von Reisenden im internationalen Reiseverkehr weltweit und nach Regionen

2. Hotels, Ferienzentren und Boardinghouses

Juwelen der Gewerbeimmobilien

Hotels zählen seit jeher zu den Juwelen und den Paradiesvögeln unter den Gewerbeimmobilien. Diese meist eindrucksvollen und stadtbildprägenden Repräsentationsbauten, die häufig der Selbstdarstellung von Gästen und Ortsansässigen dienen, beanspruchen die attraktivsten Standorte, fordern den höchsten investiven und gestalterischen Aufwand und beflügeln oft gleichermaßen gesellschaftliche Ambitionen und wirtschaftliche Phantasie.

Diese Betriebe, die ihren Namen von den gastfreundlichen palastartigen Adelshöfen mittelalterlicher französischer Städte ableiten, haben daher stets berufene wie auch unberufene Investoren angezogen und bisweilen Anlass zu spektakulären Planungen gegeben, deren Durchsetzung an den in der Regel oligopolistisch strukturierten Angebotsmärkten nicht immer problemfrei möglich war. Im Zeitalter der Vollmotorisierung, der Freizeitgesellschaft und des Massentourismus sind die Hotellerie und die ihr verwandten Beherbergungsbetriebe, wie Ferienzentren, Boardinghouses, Ferienhäuser und Ferien-Apartmentanlagen, gleichwohl zu einer breiten, machtvollen, stabilen und wachstumsträchtigen Branche geworden, die zusammen mit der Gastronomie weltweit mehr Beschäftigte zählt als zum Beispiel die Automobilindustrie.

Statistische Entwicklung

Im Jahr 1990 zählte das Statistische Bundesamt im deutschen Beherbergungsgewerbe insgesamt 46.598 Betriebe mit 1.694.476 Betten in Häusern mit mehr als neun Betten, womit im alten Bundesgebiet gleichzeitig also nur etwa 2,7 % der Bundesbürger hier Platz gefunden hätten. Jahre nach der Wende ist im Millenniumsjahr 2000 die Zahl der Betriebe lediglich auf 54.107 gestiegen, die Zahl der Betten jedoch auf 2.390.327 und im Jahr 2004, trotz großer konjunktureller Rückschläge, auf 2.426.843. 10.600 Betriebe mit immerhin 560.000 Betten hiervon entfielen auf Hotels, für die 1970 bei einer fast gleichen Anzahl der Betriebe aber nur 376.663 Betten gezählt wurden, was einerseits die Veränderungen durch die Wiedervereinigung enthält und zeigt, dass die Betriebe heute wesentlich größer sind, als sie früher waren. Andererseits bestätigt sich hiermit auch bei den Hotels der Branchentrend eines erheblichen Kapazitätszuwachses um fast 50 % seit 1970.

Ferienwohnungen und Ferienhäuser erscheinen erstmals 1971 in der Fremdenverkehrsstatistik, Ferienzentren erst im Jahr 1984. Heute gibt es 87 davon mit immerhin ca. 59.000 Betten oder ca. 680 Betten pro Betrieb. Boardinghouses, die gerne auch Serviced Apartments genannt werden, werden in der amtlichen Statistik nur mit 50 Betrieben und 3.554 Betten genannt, was erneut zeigt, dass über diesen Betriebstyp viel geredet wird, aber sich nur wenig entwickelt.

Was ist nun das Besondere an dieser ebenso heiß geliebten wie geschmähten Gewerbeimmobilie Hotel, was verleiht ihr ihren investiven Reiz und ihre Risikoneigung? Zunächst müssen hierzu einmal die grundlegenden Wesensmerkmale der Branche dargestellt werden.

2.1 Begriffsbestimmungen

Hotel

Ein Hotel ist ein Beherbergungsbetrieb mit gehobenem Ausstattungs- und Bedienungskomfort, der – gewöhnlich in einem größeren, repräsentativen Gebäude – gewerblich Logis, Verpflegung und sonstige Dienstleistungen für den vorübergehenden Aufenthalt auf Reisen befindlicher Ortsfremder zur Verfügung stellt. Der Begriff Hotel ist in der Regel erst auf Betriebe mit mindestens 20 Gästezimmern mit voll ausgerüsteten Sanitärzellen anwendbar.

Ferienzentrum Ein Ferienzentrum entspricht im Kern ebenfalls dieser Definition, ist jedoch ausschließlich auf den Freizeit- und Urlaubsverkehr ausgerichtet, in der Regel dörflich angelegt und mit einer breiten Infrastruktur für Sport, Unterhaltung und für Familien mit Kindern ausgestattet. Derartige Anlagen sind sinnvollerweise nur vorstellbar in eingeführten Fremdenverkehrsregionen, in Einzelfällen auch in Naherholungsgebieten.

Boardinghouse Dagegen entstehen Boardinghouses ausschließlich in attraktiven Großstädten und hier in bevorzugten Wohnlagen im Übergangsbereich zur verdichteten gewerblichen Nutzung. Die nach angelsächsischen Hotelpensionen für längere Aufenthaltsdauer benannten Häuser sind bisher in Deutschland erfolgreich fast nur im wohnungswirtschaftlichen Sektor realisiert worden. Boardinghouses markieren auch im Baurecht den Spannungsbereich zwischen gewerblicher und wohnungswirtschaftlicher Nutzung und im Steuerrecht den zwischen den Einkommensarten Gewerbebetrieb und Vermietung und Verpachtung. Sie sind daher stets auch unter steuerlichen Aspekten besonders sorgfältig zu prüfen.

Die vorstehend definierten Betriebstypen sind gleichzeitig die wichtigsten Großbetriebsformen des Beherbergungsgewerbes, auf die sich das Wachstum der Branche ganz deutlich konzentriert, während kleinbetriebliche Formen wie das Privatzimmer, die Untermiete, Hotelpensionen, Fremdenheime und Gasthöfe ständig an Marktanteilen verlieren. Auch der Fremdenverkehr kann sich offenkundig, trotz der ihm nachgesagten Bedeutung persönlicher Faktoren, einer allmählichen Industrialisierung des Angebots nicht entziehen.

Schon die Begriffsdefinitionen lassen bereits alle Elemente erkennen, die bei der Beurteilung der Gewerbeimmobilien Hotel, Ferienzentrum oder Boardinghouse von Bedeutung sind und die dem Branchenfremden bisweilen den Umgang mit Investitionen in diesem Sektor oder entsprechenden Finanzierungen erschweren:

Voraussetzungen Alle drei Betriebstypen dienen nahezu ausschließlich der Beherbergung von Ortsfremden, das bedeutet, sie sollten leicht auffindbar und in ihrem Angebot leicht identifizierbar sein sowie übersichtlich geplant und organisiert.

Aber nicht nur faktisch, sondern auch sinnlich und moralisch leidet das Orientierungsvermögen von Gästen bisweilen auf Reisen. Angst oder Übermut sind typische Erscheinungsformen solch überspitzter Emotionen, die in Planung und Betriebsführung von Hotels berücksichtigt werden sollten.

- Ein Hotel – und in gewissem Umfang auch ein Boardinghouse – ist ein quasi öffentlicher gesellschaftlicher Treffpunkt. Es verkauft nicht nur Einzelleistungen wie Unterkunft, Speisen und Getränke, sondern auch Koppelprodukte wie Reiseerlebnisse, Geschäftserfolg, Gesundheit oder Lebensfreude, was beim Ferienzentrum oder beim Wellness-Hotel besonders deutlich wird. Leistungsbestandteile wie Repräsentation, Service oder Stimmung spielen daher eine bedeutende Rolle. Die Planung von Hotelimmobilien muss deshalb soziologische, psychologische, gestalterische und atmosphärische Aspekte mit einbeziehen und dies ohne Störung der sachlichen Erfordernisse und möglichst unter Wahrung des ortstypischen Ambientes.

- Ein Hotel ist ein Dienstleistungsbetrieb, in dem Produktion und Konsumtion räumlich und zeitlich zusammenfallen. Die Leistungserstellung muss daher möglichst störungsfrei und häufig verdeckt erfolgen. Arbeitswege sollten Gästewege möglichst nicht kreuzen. Das Niveau des Konsumenten, des Gastes, bestimmt in ungewöhnlich direkter Rückkopplung gleichermaßen den Standard des Betriebes und das Niveau des Produkts, der Hoteldienstleistung.

- Ein Hotel ist 24 Stunden am Tag und an allen sieben Tagen der Woche meist das ganze Jahr hindurch ununterbrochen geöffnet. Der Arbeitsrhythmus – auch im Ferienzentrum – ist in der Regel gegenläufig zu üblichen gewerblichen Tätigkeiten. Die Branche hat daher völlig eigenständige Berufsbilder entwickelt, die nur im wenig personalintensiven Boardinghouse keine Gültigkeit besitzen.

- Hotels, Ferienzentren und Boardinghouses sind in der Regel unteilbare Großimmobilien mit einheitlicher Bewirtschaftung. Eigentums- oder auch nur schuldrechtliche Teilungen sind daher nur in begründeten Einzelfällen und zum Beispiel bei sehr extensiver Bewirtschaftung zu empfehlen. Die Planung von Hotels mit ihren schwierigen und wechselhaften Funktionsabläufen kann auch dem erfahrenen Architekten nur in Kooperation mit Branchenexperten gelingen. Die stetige Feinabstimmung des Betriebs auf das Nachfrageprofil der ortsfremden, stets wechselnden und in der Regel nicht wiederkehrenden Gäste besorgen bei Stadthotels heute meist marketingorientierte Gruppen oder internationale Ketten, Kooperationen oder Reservierungssysteme, die in der Regel das Hotel als Markenartikel herausstellen. Bei Touristikhotels oder Ferienzentren tritt der Reiseveranstalter als Belegungspartner in den Vordergrund, während beim Boardinghouse vor allem Markterfahrung am Ort für die Nachhaltigkeit des Belegungserfolgs verantwortlich ist.

2.2 Die Entwicklung der Hotellerie

Sieht man von Kriegszügen, Völkerwanderungen und wenigen berühmten Einzelreisenden wie Odysseus oder Marco Polo ab, so gab es einen über reine Botengänge hinausgehenden Reiseverkehr über längere Strecken in unserem Kulturkreis erst mit den Wallfahrten des frühen Mittelalters und den Messereisen in die aufstrebenden Städte. Begnügte man sich hierbei zur Unterbringung noch mit einfachsten Gasthöfen, so begann mit dem Aufkommen der vom humanistischen Ideal der Renaissance angeregten Bildungsreisen, denen sich im ausgehenden 18. und im angehenden 19. Jahrhundert vor allem der Adel und das gehobene Bürgertum widmeten, auch die Entwicklung der europäischen Hotellerie. Dabei standen zunächst in den Städten und an wichtigen Fürstenhöfen nur Adelshöfe und Klosterherbergen zur Verfügung, die jedoch, gerade unter dem Einfluss der Säkularisation, die neu gebotenen Möglichkeiten zur gewerblichen Einkunftserzielung gerne nutzten.

Anfänge im Mittelalter

Aber bald schon wandte sich das Interesse der Reisenden, beeinflusst von modernen Naturphilosophien, verstärkt auch Heilbädern, Sehenswürdigkeiten und selbst abgelegenen Gebirgsorten zu, in denen nun, noch im Biedermeier und Klassizismus, die ersten großen Hotelneubauten heranwuchsen. Hinzu ka-

Boom in den Gründerjahren

men Hotels an wichtigen Fernverkehrsknotenpunkten, wie Bahnhöfen, an gesellschaftlich bedeutenden Stränden und bei den aufblühenden Spielbanken. Unter dem Einfluss des Eisenbahnbaus und den damit stürmisch zunehmenden Touristenzahlen steigerte sich die Entwicklung dieser neuen Immobilienkategorie ungeheuer rasch zum Bauboom für die großbürgerlichen Grandhotels der Gründerjahre.

Noch heute prägt diese Entwicklungsphase das Erscheinungsbild der Traditionshotellerie auch in den überseeischen Staaten und Kolonien, die damals durch Dampfschiff und Eisenbahn für den modernen Massenverkehr erschlossen wurden. Nicht nur Berufsbilder und Terminologie, Planungsgrundsätze und Betriebsgebarung vor allem der internationalen Spitzenbetriebe gehen auf die Vorbilder von damals zurück, es sind oft genug auch heute noch die gleichen Häuser.

Krise zu Beginn des 20. Jh. Die Entwicklung der Hotellerie in Europa wurde durch zwei Weltkriege, Inflationen und die Weltwirtschaftskrise in der ersten Hälfte des 20. Jahrhunderts massiv gestoppt. Lediglich der Geschäftsreiseverkehr auf provinzieller Ebene und erste Ansätze eines, allerdings politisch gelenkten, Pauschaltourismus hielten Teile der Fremdenverkehrswirtschaft mühsam am Leben. Aber während in Europa die Hotelkultur verkümmerte, erfuhr sie in Amerika ihre neuen, mehr an industriellen Vorbildern geprägten Ausprägungen, die, zumindest für die Stadthotellerie, seit Mitte der 50er Jahre nach einem ungeahnten, weltweiten und keineswegs abgeschlossenen Aufschwung auch heute noch ihr Erscheinungsbild bestimmen.

Aktuelle Entwicklung In den letzten Jahren deutet sich jedoch in Architektur, Gastronomie, Ausstattung und Service wieder eine Abkehr von rein quantitativen und funktionalistischen Vorgaben hin zu mehr Qualität, Stil und Aufwand an, getragen nicht zuletzt von dem in langen Friedensjahren wirtschaftlich wieder erstarkten Europa, immer mehr jedoch auch vom Nahen und Fernen Osten.

Den gewaltigen Veränderungen in den allgemeinen Produktionsbedingungen entsprechend, ist ein modernes Stadthotel heute beides: ein im Detail prototypischer, funktionalistischer und austauschbarer Markenartikel, einteilbar in Kategorien wie in Handelsklassen und verkaufbar in Dienstleistungspaketen an Ortsfremde einerseits, andererseits jedoch für den fremden wie den ortsansässigen Gast ein städtebaulicher Glanzpunkt – als repräsentativer öffentlicher Treffpunkt ein Spiegel der gesellschaftlichen Entwicklung und der eigenen Ansprüche.

Spezialisierung Wesentlich individualistischer ist die Entwicklung der Ferien-, Sport- und Wellness-Hotellerie verlaufen, aus der sich erst mit dem Aufkommen der Massenverkehrsmittel und dem wachsenden Marktanteil der Reiseveranstalter die großen modernen Ferienzentren herauskristallisierten, die mit ihren vielseitigen, gebündelten Freizeitangeboten heute das Angebot in den Urlaubsregionen eindeutig bestimmen. Dabei sind derartige Betriebe sowohl an Nah- wie an Fernverkehrszielen entstanden, im Gebirge ebenso wie im Flachland oder an der Küste, in Dorfform ebenso wie in Hochhauskomplexen, in strikter Modernität oder in landschaftsgebundener Architektur. Wenn heute zahlenmäßig das Ausland, und hier insbesondere Spanien und andere Mittelmehrländer, im Angebot weit überwiegen, so liegt das zuerst daran, dass das Hochlohnland

Bundesrepublik Deutschland an sich kein Urlaubsstandort ist, dass hier wesentliche Standortvorteile wie Sonne, Meer und Sand nur in recht eingeschränktem Umfang angeboten werden können und sicher nicht zuletzt an der restriktiven Genehmigungspraxis in unserem dichtbesiedelten und ökologisch hochempfindlichen Land.

Die Geschichte der Boardinghouses in Deutschland ist noch wesentlich jünger und der Markt nach wie vor außerordentlich schmal. Die ersten Adaptionen dieses – ähnlich wie die des ebenso rein angelsächsischen Social Club – schwer auf die kontinentale Mentalität übertragbaren Betriebstyps erfolgten in München Anfang der siebziger Jahre. Während zunächst nur wenige kleinere Häuser in rheinischen Großstädten folgten, zeigte ein schon Mitte der 80er Jahre des letzten Jahrhunderts wieder abgebrochener Boom im Zuge des Niedergangs der Bauherrenmodell-Finanzierungen die Grenzen dieser neuen Projektidee auf, deren Bedeutung für den Immobilienmarkt wohl auf Jahre hinaus recht bescheiden und auf Berlin und wenige andere Großstädte beschränkt bleiben wird.

Boardinghouses

2.3 Zur Betriebstypologie

Da sich Hotels in ihrer Planung, Nutzung und Betriebsführung zum Teil massiv voneinander unterscheiden, sollen sie im Folgenden zunächst nach ihren prägenden Grundeigenschaften gegliedert werden:

Prägende Eigenschaften

- nach dem Standort
    - Stadthotel
    - Landhotel
    - verkehrsabhängiges Hotel (z. B. Raststätte, Bahnhofs-, Flughafenhotel)
- nach der Nutzung
    - Passantenhotel
    - Tagungshotel
    - Ferienhotel
    - Kurhotel
- nach der Leistungskategorie
    - Luxus   5 Sterne
    - Commercial   4 Sterne
    - Economy   3 Sterne
    - Gut bürgerlich 2 Sterne
    - Einfach   1 Stern
- nach dem Betriebstyp
    - Hotelpension
    - Hotel Garni
    - Vollhotel
    - Suite-Hotel, Hometel

Daneben gibt es eine Fülle von Sondertypen, die zum Beispiel von einem bestimmten Verkehrsmittel definiert werden (wie das Messeschiff, das Bootel, das Rotel oder das Motel), die im Namen Hinweise auf Zusatzeinrichtungen geben (wie das Bürotel oder das Sporthotel) und besonders in der Ferienhotellerie alle möglichen Übergangsformen vom Apartmenthotel bis hin zur eindeutig nicht mehr gewerblich bewirtschafteten Ferienwohnung. Man fasst diese Betriebe zusammen unter dem Ausdruck Para-Hotellerie. Diese gewinnt vor allem Bedeutung in alten Touristikregionen und in Hochlohnländern, also zum Beispiel in der Schweiz, an der Côte d'Azur, am deutschen Alpenrand oder auf Inseln wie Usedom, Rügen und Sylt.

Ferienzentren Ferienzentren sind in ihrer Grundkonzeption zu unterschiedlich, um in ein Definitionsschema zu passen. Es lassen sich im Wesentlichen jedoch zwei Grundtypen identifizieren: der eine (z. B. Club Mediterranée oder Robinson) ist mehr ideologisch fixiert und bewusst von der Nachfrage her gestaltet, der andere ist auf die Zufälligkeiten des Standorts oder der Finanzierungsgelegenheit ausgelegt, also angebotsbedingt (z. B. Ferienpark Daun, Sauerlandstern oder Europa-Park Rust). Im Vordergrund stehen heute jedoch mehr und mehr dörfliche Anlagen, nachdem zahlreiche architektonisch ehrgeizige Zentren in massiveren Bauformen (z. B. in französischen Skiregionen oder an der italienischen und kroatischen Adria) eine deutliche Verslumungstendenz zeigen.

Boardinghouses Auch für Boardinghouses existiert derzeit keine allgemein akzeptierte Nomenklatur. Die Namensgebung reicht vom Gästehaus über Serviced Apartments bis zum Hotel, und auch in der Betriebsgebarung hat sich noch keine über unterschiedliche Standorte hinweg vergleichbare Typologie herausgebildet. Geprägt werden bislang die existierenden Betriebe überwiegend von der Betriebsgröße und der durchschnittlichen Aufenthaltsdauer, da sowohl die Ausstattungsvielfalt als auch der Grad der Anonymität der Bewohner hiervon entscheidend abhängen. Kleinere Häuser, mit der hier naturgemäß intensiveren Überwachung der Gäste, genossen bislang weniger Präferenzen, könnten im Zuge der überall zu beobachtenden Rückkehr zu einer geschützteren Privatsphäre jedoch durchaus wieder an Bedeutung gewinnen.

Der Betriebstyp des Boardinghouses schrammt im Übrigen durch seine Mittelstellung zwischen Gewerbe und Wohnungswirtschaft im Steuerrecht, im Kündigungsschutz, im Gewerberecht und selbst in der Finanzierung an einer Reihe von für Wohnungen einerseits und Hotelbetriebe andererseits festgeschriebenen Positionen. Es bedarf zwingend ausreichender praktischer Erfahrungen am Ort, um hier in der Phase der Projektdefinition die projektspezifisch richtige Lösung zu finden. Die unmittelbare bauliche und organisatorische Anbindung an ein Hotel ist zumindest ein gangbarer Weg zur Lösung betrieblicher Fragen, der sich bislang als vergleichsweise unproblematisch erwiesen hat.

2.4 Zur Gästetypologie

Nicht nur technische Bedürfnisse Das Grundbedürfnis eines Gastes nach einem auf der Reise oder am Urlaubsort allemal anstrengenden und ereignisreichen Tag ist zunächst stets ausgerichtet auf ein bequemes Bett in einem möglichst sicheren Haus, in Ruhe und unter möglichst weitgehender Wahrung von Statusansprüchen. Keinesfalls geht es dem „Fremdem", der, herausgerissen aus seinen üblichen Sozialbeziehungen, kaum Möglichkeiten hat, im flüchtigen Ablauf einer Reise seinen sozialen Rang deutlich zu machen, ohne damit unangenehm aufzufallen oder Risiken einzugehen, dabei nur um die Befriedigung technischer Bedürfnisse; diese ließen sich auf der Geschäftsreise ebenso wie im Urlaub meist mit wesentlich geringerem Aufwand befriedigen. Vielmehr wird jeder Aufenthalt auf festem Boden vom Reisenden unverzüglich auch zur Selbstdarstellung genutzt, wofür das Hotel – natürlich gegen Bezahlung – den optimalen Rahmen abgibt.

Aus dieser Haltung ergibt sich einerseits das oft unökonomische Streben auch einfacherer Beherbergungsbetriebe nach öffentlicher, wenn möglich internationaler Anerkennung und andererseits der im produzierenden Gewerbe weitgehend unbekannte Rückkopplungseffekt, dass ein Hotel unabhängig von seinem Investitionsaufwand immer nur so vornehm ist wie seine Gäste. Um hier Enttäuschungen bei den Gästen zu vermeiden, wird ein Hotel, das angesichts der oft täglichen Umschichtung seiner Klientel über keine sicheren Grundlagen für die Beurteilung der wirklich zu erfüllenden Ansprüche verfügt, stets zu einem deutlichen Überinvestment vor allem bei statusprägenden Investitionen neigen.

In den letzten Jahren hat sich nun nicht nur durch die Steigerung des Verkehrsaufkommens ein erhebliches Wachstum der Gästezahlen ergeben, sondern gleichzeitig zeigten sich auch gravierende Veränderungen im Gästeverhalten, die weiter marktwirksam bleiben dürften und daher im Folgenden, ohne Anspruch auf Vollständigkeit, aufgelistet werden sollen:

Änderungen im Gästeverhalten

- Die Verkehrsmittel sind erheblich schneller und bequemer geworden und zudem wesentlich billiger. Dadurch wachsen die durchschnittliche Reiseentfernung und damit die Größe der erschließbaren Märkte im Quadrat hierzu. In einem kleinen Land wie der Bundesrepublik und insgesamt in Europa steigt damit notwendigerweise der Anteil der Ausländerübernachtungen beziehungsweise der Auslandsreisen.

- Breite neue Gästekreise, zum Teil auf wesentlich niedrigeren Anspruchsstufen, auch zum Beispiel aus derzeit noch einkommensschwächeren Ländern wie Polen, Russland, China oder Indien, sind neu in den Markt hineingewachsen. Pauschalreisen und Incentive-Veranstaltungen, Jugend- und Schlafsacktourismus, Kuren, Seniorenfahrten und Zweit- und Drittwohnungs-Pendler haben – neben dem traditionellen Hotel oben und dem Campingplatz unten auf der Rangleiter – neue, zum Teil fast industriell geführte Typen von Beherbergungsbetrieben entstehen lassen. Gleichzeitig sind zahlreiche Kleinanbieter, wie Privatzimmervermieter oder Ferienbetriebe auf dem Bauernhof, aus dem Markt geschieden.

- Die Lebens-, Jahres- und Tagesarbeitszeit abhängig Beschäftigter ist deutlich gesunken. Dadurch wuchs die Bedeutung von Freizeit-, Sport- oder Wellness-Angeboten im Hotel; das Gewicht attraktiver Standorte, an denen sich zum Beispiel Geschäft und Freizeit kombinieren lassen, hat spürbar zugenommen. Das Schrumpfen der Beschäftigtenzahlen hat reinen Geschäftsreisezielorten erheblich geschadet.

- Kurze Arbeitszeiten und weiter steigende Dienstleistungskosten werden auch weiterhin einen zunehmenden Anteil der Freizeit und vor allem der Haupturlaubsnachfrage in Niedriglohnländer abdrängen.

- Die Gäste, die immer schon viel gereist sind, sind durch die wachsende Auslandserfahrung, aber auch durch die massive Vermögensvermehrung im Verlauf von 60 Jahren Frieden noch sachkundiger und anspruchsvoller geworden.

- Im breiten Markt dagegen haben sich die Gäste an mehr Do-it-yourself auch in der Hotellerie gewöhnt. Viele Serviceleistungen sind weggefallen oder durch erhöhten Materialaufwand ausgeglichen worden. Der Gast, der in der Regel zu Hause kein Dienstpersonal mehr hat, nutzt gerne alle Möglichkeiten zur Kostenersparnis, weshalb personalkostengünstige Hotelkategorien vor allem im privaten Reiseverkehr eine gute Konjunktur haben.

- Der Informationsbedarf steigt überall massiv an. Trotz des Booms der Informationstechnologie wachsen auch Messen, Tagungen und Kongresse.

Konjunkturelle Entwicklung Es sind jedoch nicht nur Veränderungen im Verhalten der Gäste, die die Marktentwicklung bestimmen. Großes Gewicht ist den allgemeinen demoskopischen oder sozialen Veränderungen in unserem Lande und in den wichtigsten Herkunftsländern zuzumessen. Erheblichen Einfluss auf das Nachfrageverhalten haben zudem konjunkturelle und – zumindest außerhalb des Euro-Raums – vorübergehend auch währungspolitische Entwicklungen. Nach wie vor wirksam ist darüber hinaus die steuerliche Komponente der Nachfrage, die offenkundig ebenfalls nicht in der Gästepsyche begründet ist. Vermutlich führte zum Beispiel die steuerliche Abzugsfähigkeit von Geschäftsreisen mit dazu, dass nachhaltig überproportional steigende Preise hier akzeptiert wurden und dass heute noch die Rendite von Stadthotels in der Regel spürbar höher liegt als die von Ferienhotels, deren Gäste mit versteuertem Einkommen bezahlen, eine Situation, die sich seit geraumer Zeit deutlich ändert.

3. Planung und Projektentwicklung von Hotels, Ferienzentren und Boardinghouses

3.1 Standorte

Entscheidender Faktor Da ein Hotel im Unterschied zu den meisten anderen Gewerbe- oder Dienstleistungsbetrieben ein vollständig „immobiler" Betrieb ist, zählt die Standortauswahl zu den schwierigsten und entscheidenden Fragestellungen bei Neuinvestitionen. Da ein Hotel zwar Ortsfremde beherbergt, sein soziales Standing jedoch in hohem Maße von Ortsansässigen geprägt ist, müssen die Beurteilungskriterien beider Kreise in die Standortentscheidung einfließen.

Vielfältige Ansprüche Ein Hotelstandort muss demnach gut in das für ihn relevante Verkehrsnetz eingespannt sein, leicht auffindbar und gut identifizierbar, er muss repräsentativ sein, von hohem Wohnwert und möglichst kontinuierlich von Ortsfremden mit ähnlichem Anspruchsprofil frequentiert werden. Außerdem muss er einer Fülle technischer Funktionskriterien gerecht werden hinsichtlich der Größe, dem Zuschnitt und der Bebaubarkeit, der Erschließung und der Nachbarschaft.

Zumindest Ferienzentren und Boardinghouses sollten darüber hinaus auch noch ruhig liegen und einen schönen Ausblick bieten, was zum Beispiel für ein Flughafen- oder Messehotel keineswegs gelten muss.

Standortgerechte Konzepte

Dagegen sind vor allem Stadthotels nicht mehr besonders grundstückspreisempfindlich, soweit es sich hier um werthaltige Investitionen handelt. Es ist daher nicht verwunderlich, dass nach einer Welle von Hotelbauten, die – getragen meist von internationalen Hotelgruppen – in den letzten beiden Jahrzehnten vor allem auf billigeren Grundstücken entlang der Autobahnausfahrten entstanden sind, heute wieder eine deutliche Tendenz hin zu innerstädtischen Standorten und zu standortgerechteren, individuelleren Konzepten festgestellt werden kann. Dies ist nach der zunehmenden Sättigung im Geschäftsreiseverkehr sicher auch der Erkenntnis zuzuschreiben, dass zumindest in den geschichtsträchtigen und städtebaulich anziehenden Städten Europas vor allem die touristische Nachfrage für eine ausgeglichene Belegung und weiteren Zuwachs sorgen kann.

In einzelnen Fällen können heute Innenstadthotels durchaus Vergleichsmieten von 15–20 Euro/m² im Monat erwirtschaften; in der Regel werden jedoch Werte um 10 Euro wohl die Obergrenze sein. Aber wo werden in deutschen Großstädten solche Mieten bei langfristiger Vollvermietung ohne Mietausfallrisiko zum Beispiel bei Büros schon überschritten? Hinzu kommt, dass Hotels eine deutlich größere Bauwerkstiefe brauchen als die meisten anderen Gebäude und damit Grundstücke oft besser ausgenutzt werden können, dass Hotels auch eigenartige Grundstückszuschnitte, ungewöhnliche Altbausubstanzen und phantasievolle Architekturformen meist klaglos vertragen und Parkhäuser nachts nutzen, die sonst leer stünden.

Nachfrage

Hotelstandorte sollten möglichst nicht dominiert werden von anderen Einrichtungen oder Bauten. Vor allem eine sprunghaft oder saisonal stark schwankende Nachfrage (wie diese mit Messe- oder Fußballplätzen, mit Seeufern oder Skiliftstationen einhergehen kann) ist extrem ungünstig für das auf Kontinuität ausgelegte Kostengefüge eines Hotels. Dies gilt für Ferienzentren oder Boardinghouses wegen der relativ noch höheren Kapitalbindung eher noch mehr. Bei Einrichtungen mit kontinuierlicher Frequenz (wie Bahnhöfen oder Flughäfen) gilt diese Empfehlung natürlich nicht, wie überhaupt alle festen Regeln bei diesen komplizierten Betrieben im konkreten Einzelfall nur vom erfahrenen Fachmann richtig angewandt oder interpretiert werden können, zumal ein Hotel mit seinem Entstehen den Standort regelmäßig massiv verändert. Ein Hotel kann demnach einen Standort auch schaffen, eine Erfahrung, die gerade mit Ferienzentren laufend gemacht werden kann.

3.2 Kennziffern für Investitionsrechnungen

Schwierige Ermittlung

Kennziffern für die Planung und Projektprüfung von Hotels oder verwandten Betrieben werden praktisch nirgends veröffentlicht und sind wegen der häufig recht individualistischen Züge von Einzelbauvorhaben nur aus einem größeren Marktüberblick zu ermitteln. Sie fallen zum Beispiel in den Development-Abteilungen großer Hotelkonzerne an, bei Bauträgern, die mit Hotelgesellschaften verbunden sind, was relativ häufig der Fall ist, und bei einzelnen Architekturbüros mit großer Branchenerfahrung, vor allem aber bei den wenigen spezialisierten Beratungsgesellschaften, die heute fast jedes größere Hotelbauvorhaben begleiten.

Grundstücksflächenbedarf

Wenig Anhaltspunkte gibt es für den Grundstücksflächenbedarf von Hotelprojekten. Ein Stadthotel mit 100 Zimmern sollte jedenfalls mindestens 2.000 m² zur Verfügung haben. Wegen der dann meist steigenden Geschossflächenziffern wird der Flächenbedarf für Großhotels nicht parallel zunehmen. Dagegen sind für Ferienzentren nur ausgesprochen große Grundstücke sinnvoll verwertbar. Genannt werden hier Flächen von mindestens 20.000–30.000 m². Wobei die Grenzen nach oben, vor allem wenn Golfanlagen zu dem Projekt gehören, offen sind.

BGF/Kubaturen/ Achsmaß

Über alles gerechnet braucht ein Stadthotelzimmer der 3-Sterne-Kategorie (nach DEHOGA) einschließlich aller Nebenanlagen eine überbaute Bruttogeschossfläche (BGF) von ca. 40 m², ein 4-Sterne-Hotelzimmer kommt mit 55–60 m² aus; wirklicher Luxus beginnt erst jenseits von 70 m², die für Suite-Hotels und die oberste Stufe der Boardinghouses jedoch längst noch nicht ausreichen. Ferienzentren benötigen meist mehr Funktionsfläche, vor allem für die umfangreichen Freizeiteinrichtungen, kommen aber mit weniger Wohnfläche aus, so dass die Gesamtzahlen recht ähnlich ausfallen.

Verlässliche Zahlen über Kubaturen gibt es kaum, da Alt- und Neubauten hier oft sehr stark voneinander abweichen und da vor allem unrentierliche Nebeneinrichtungen wie Hallen, Schwimmbäder, Kongresszentren oder Weinkeller recht raumaufwändig ausfallen können. Sicherlich sollte jedoch ein Hotel der 5-Sterne-Kategorie weniger als 250 m³ aufweisen und ein Tagungshotel mit drei Sternen weniger als 150 m³, und zwar pro Gästezimmer. Verfügt der Betrieb über zahlreiche Suiten oder große Ferienwohneinheiten, so ist Maßstab nicht die Zahl der Zimmer oder der Schlüssel, sondern der Gebäudeachsen.

Das Achsmaß der Gästezimmer liegt derzeit für zwei Sterne bei ca. 3,20–3,40 m, für drei Sterne bei 3,60–3,75 m, für vier Sterne bei 3,80–4,0 m und für fünf Sterne bei 4 m und darüber.

Investitionsaufwand

Der Investitionsaufwand für ein betriebsbereites Hotelzimmer dürfte heute, einschließlich Grundstück, Nebenkosten, Einrichtung und Finanzierung, bei ca. 80.000–100.000 Euro netto für ein 2-Sterne-Hotel liegen, bei ca. 110.000–140.000 Euro in der 3-Sterne-Kategorie, bis zu 200.000 Euro für vier Sterne reichen und im Luxusbereich in Einzelfällen durchaus die 600.000-Euro-Grenze überschreiten. Im Zentrum Berlins, im Frankfurter Bankenviertel und auf Münchens Nobelmeilen dürften auch diese Beträge noch nicht ganz ausreichen.

Häuser der 1-Sterne-Klasse sind bislang in der Bundesrepublik nur von wenigen Gruppen gebaut worden. Es ist offensichtlich, dass mit dem Prinzip des so genannten Low-Cost-Housing die Investitionskosten noch einmal deutlich gesenkt werden können. Allerdings kann darunter die wirtschaftliche Lebensdauer eines Gebäudes ganz erheblich leiden.

Investitionsrechnungen von Ferienzentren weisen projektbedingt eine wesentlich größere Spannweite auf. In der Regel sind sie wegen des erhöhten Aufwands für Nebenanlagen jedoch pro Zimmer gerechnet kaum billiger, während bei Boardinghouses, die auf die meist teuren Anlagen wie Großküchen,

Wäschereien, Klimaanlagen oder Computer verzichten können, der Investitionsaufwand (von den Einrichtungskosten abgesehen) oft eher mit den Zahlen für den gehobenen Wohnungsbau verglichen werden kann.

Generell sollte der Grundstücksaufwand für ein Hotel nur in allerbesten Innenstadtlagen 20 % vom Investitionsvolumen überschreiten, und wegen des hohen Ausbaustandards wird auch die Rohbausumme kaum je 40 % vom Gesamtinvestment erreichen. Angesichts der langjährigen Gültigkeit eines Marktanspruchs, der mit einem Hotelneubau quasi festgemauert wird, und unter Berücksichtigung der langen Laufzeiten branchentypischer Bewirtschaftungsverträge empfiehlt es sich, den Standard des Bauwerks so festzulegen, dass er voraussichtlich auch auf längere Frist den zu erwartenden Veränderungen von Angebot und Nachfrage gerecht werden kann.

3.3 Hotelarchitektur und Hoteldesign

Eine spezielle Hotelarchitektur gibt es nicht. Jeder qualifizierte Architekt müsste an sich in der Lage sein, ein attraktives und funktionell befriedigendes Hotel oder Ferienzentrum zu entwerfen. Allerdings erwachsen aus den Eigenarten des Betriebes so komplexe und jeweils unterschiedliche Problemstellungen, dass es grundsätzlich geraten erscheint, in jedem Fall einen planungserfahrenen Brancheninsider hinzuzuziehen.

Komplexe Problemstellungen

Ein Hotel wickelt nämlich seinen Gewerbebetrieb keineswegs nur in, sondern richtiger mit seinem Gebäude ab. Das heißt, das Bauwerk wird sozusagen jeweils mit verkauft, es beeinflusst mit seiner Fassade die Entscheidung des ortsfremden Gastes, begründet sein Preisniveau mit der Zimmerfläche, dem Nebenangebot und der Ausstattung, und seine technische Ausstattung und seine Funktionalität prägen das Bild des Betriebsaufwands. Ein Beherbergungsbetrieb betreibt sozusagen Einzelhandel mit Immobilien, kombiniert mit Serviceleistungen. Wie sehr ein solches Bauwerk gefallen und funktionieren muss, ergibt sich allein schon aus der Tatsache, dass es als wohl einzige Immobilie ein tägliches Kündigungsrecht seiner Bewohner kennt und ein 400-Zimmer-Hotel bis zu 100.000 Vermietungsvorgänge pro Jahr abwickeln muss.

Bestimmend für die Hotelplanung ist zunächst die Schottenstruktur, die sich aus einem im gesamten Gebäude möglichst gleichmäßigen Achsmaß im Logisbereich ergibt. Dieses Maß wiederum wird bestimmt von der Fläche, der Ausstattung und dem Komfortanspruch, der Nasszelle sowie dem vorgelagerten Eingangsbereich, der gleichzeitig als Sicht- und Lärmpuffer, als Garderobe und als Schrankraum dient. Wohnqualität erhalten die Zimmer eher aus der Raumtiefe, die es erlaubt, breitere Betten oder bequeme Sitzgruppen in Fensternähe unterzubringen. Etwa 16 Gästezimmer werden bei einem 4-Sterne-Hotel derzeit von einem Zimmermädchen betreut, zwei bis drei Zimmermädchenbereiche werden gerne in einem Serviceraum zusammengefasst, soweit nicht mit einer Fremdreinigung gearbeitet wird. Nicht vergessen werden sollte dabei, dass ein Hotelbett heute mindestens 2,10 m lang sein sollte, eine Zimmertüre 2,135 m hoch und eine Badewanne mindestens 1,75 m lang.

Planungsfaktoren

Kompliziert sind in einem Hotel die Verkehrsabläufe, zumal ständig größere Lasten wie Speisen und Getränke, Koffer oder Wäsche bewegt werden und

Differenztreppen (vor allem im Restaurantbereich) daher dringend vermieden werden müssen. Beachtet werden müssen unter anderem die Fragen einer reibungslosen Vorfahrt (auch für Busse und stets für Ortsfremde), die Tiefgaragenzu- und -abfahrt, Koffertransport, Gästekreislauf, Personalkreisläufe (und zwar getrennt für die verschiedenen Kontrollbereiche), der Warenkreislauf, der Wäschekreislauf und nicht zuletzt die Fluchtwege. Gerade die letzteren erschweren eine gefällige Gestaltung oft ungemein, sind jedoch von ganz entscheidender Bedeutung für den Sicherheitsstandard, der vor allem bei internationalen Ketten große Beachtung genießt.

Trennung der Bereiche Zum guten Hoteldesign zählt zunächst, dass der Gast möglichst wenig mit Produktionsprozessen konfrontiert wird und auf Personal nur dort trifft, wo er Serviceleistungen erwartet. Dieses Prinzip wird nur im Freizeitbereich von Ferienzentren durchbrochen, wo Animateure versuchen, wie Gäste aufzutreten. Da der Gast selbst das Erscheinungsbild des Hotels wesentlich prägt, erscheint es sodann wichtig, seine eigene Vorstellung zu antizipieren und in Gestaltung umzusetzen. Dies wird beispielhaft sichtbar bei erfolgreichen Ferienzentren, die ausschließlich in landestypischer Bauweise entstehen, um beim Gast die Identifikation mit der von ihm bewusst ausgewählten Zielregion zu verstärken.

Modernes Design Ganz anders beim Stadt- und Konferenzhotel, das durchaus auch modernstes Design zeigen darf; der Bauherr muss sich allerdings darüber im Klaren sein, dass Modernität schon nach wenigen Jahren demodé sein kann. Da Hotelausstattungen in der Regel jedoch recht kurzlebig sind, ist dieser Effekt ohne große Bedeutung, solange nicht zu tief ins Baugefüge eingegriffen wird.

Typisch, vor allem für das Design von Stadthotels, ist auch heute noch die auffällige Signet-Markierung von Besteck, Porzellan und Wäsche, wohl um Diebstähle durch Angestellte oder Gäste zu vermeiden. Diese wohl wenig wirksame Maßnahme, die auch als Werbemittel nicht überzeugt, wird im Zuge der zunehmenden Qualitätskonkurrenz überlagert durch die Bemühung um mehr Erlebnisarchitektur, die ganz neue Anforderungen auch an die Gestaltung von Hotels und Restaurants stellt. Die turmhohen Hallen moderner amerikanischer Großhotels seien hier nur als ein Beispiel genannt, die bewusst theaterhaft arrangierte Erlebnisgastronomie als ein anderes, besonders anspruchsvolle Fassaden als ein weiteres.

Langlebigkeit Hotelarchitektur und Hoteldesign waren seit je Schrittmacher auch für gesellschaftlich weniger anspruchsvolle Bauten und für die Wohnungsinnenarchitektur. Aber über allem gestalterischen Wagemut darf nicht vergessen werden, dass Hotelmobiliar besonders strapazierfähig sein muss, sicher, reinigungsfreundlich, stapelbar oder sonst gut lagerfähig und möglichst unempfindlich gegen die wechselnden Stimmungen der stets wechselnden Benutzer. Dies gilt im Kern auch für Boardinghouses; allerdings führt hier die längere Aufenthaltsdauer der Gäste doch meist auch zu einer etwas längeren Lebensdauer der Einrichtungsgegenstände.

4. Die Bewirtschaftung von Hotels

4.1 Grundsätzliches zur Betriebsgebarung

Unter dem Einfluss der wachsenden Internationalität und des Massenverkehrs hat das Hotelgewerbe heute, trotz immer noch starker mittelständischer Elemente im Inlandsverkehr, zum Teil bereits industrielle Formen und Größenordnungen angenommen. Seltener unter der Führung von Hoteliers, weit öfter aufgrund der Initiative von Bauträgern, privaten Vermögensverwaltern und Kapitalsammelstellen sind internationale Hotelgruppen, Hotelketten und Konzerne entstanden mit bis zu 2.000 Betrieben, Milliardenumsätzen und Milliardenvermögen. Dabei ist die Vorherrschaft amerikanischer Gesellschaften, entstanden wohl primär aus der Führungsrolle im Flugverkehr nach dem Zweiten Weltkrieg, aus der damaligen hohen Bewertung des Dollars und aus der Einführung industrieller Rationalität in die früher in Europa so individualistische Branche, immer stärker durch französische, englische und spanische Gruppen ergänzt worden. Inzwischen sind auch asiatische, mexikanische und weitere europäische Hotelgruppen erstarkt. Allerdings spielen deutschsprachige Hotelgesellschaften, trotz erstaunlicher Leistungsbreite, weltweit anerkannter Spitzenbetriebe und der absoluten Spitzenstellung bei den Pro-Kopf-Touristik-Ausgaben, nach wie vor international keine wesentliche Rolle.

Internationalisierung

Insgesamt beschäftigt das Hotel- und Gaststättengewerbe heute in Deutschland mit über 1 Mio. Personen bei leicht steigender Tendenz mehr Arbeitnehmer als die Automobilindustrie. Ca. 54.000 Beherbergungsbetriebe mit ca. 2.400.000 Betten wickelten im Jahr 2004 fast 200 Mio. Übernachtungen ab, bei einem Ausländeranteil von ca. 20 % und einer Bettenbelegung im statistischen Durchschnitt von 32 % im Jahresverlauf, ein Wert, der bei aggressiv geführten Großhotels jedoch durchaus auch 70 % überschreiten kann. Nach dem deutlichen Konjunktureinbruch und dem aufflammenden Terrorismus zu Beginn des 21. Jahrhunderts ist zumindest die Hotelbranche, soweit sie sich dem Auslandstourismus widmet, wieder auf breiter Front auf Wachstumskurs gegangen. Dabei wird der neue Entwicklungsschub in den neuen Bundesländern nach wie vor eher vom Angebot getrieben, während in Westdeutschland durchaus bereits echte Nachfragesteigerungen verzeichnet werden können, die Deutschland vor allem als Folge seiner Rolle als zentrale Verkehrs-, Informations- und Messeplattform in der Mitte des größeren, freien Europas zufallen.

Steigendes Wachstum

Endlich sind hierzulande die absurden Investitionswellen abgeebbt, die – ausschließlich durch Verlustzuweisungen gesteuert – seit Jahrzehnten die Branche mit falschen Standorten, falschen Betriebsgrößen und falschen betrieblichen Konzeptionen destabilisiert haben. Die Nachfragesteigerungen betreffen heute fast ausschließlich städtische Zielorte, Verkehrsschwerpunkte, wichtige Veranstaltungsorte und Regionen mit großer Attraktivität auch für ausländische Besucher. Dagegen leiden Kurorte immer noch unter der Finanzkrise der öffentlich-rechtlichen Versicherungsträger und weniger attraktive Ferienregionen unter der preisgünstigen Konkurrenz der Pauschalflugziele.

Gezielte Investitionen

Da nach der Einführung der strengen Kreditrichtlinien von Basel II und der Krise mancher Hypothekenbanken die Finanzierung neuer Hotelprojekte ungewöhnlich schwierig geworden ist, sind es derzeit nahezu ausschließlich Stadthotels, die sich mit Aussicht auf Erfolg in Planung oder Bau befinden, und hier immer häufiger besonders große oder besonders anspruchsvolle Häuser, während mittelständische Betriebe an sekundären Standorten oder auch in Feriengebieten sich immer noch als nahezu unfinanzierbar erweisen.

4.2 Ketten und Kooperationen

Nachhaltiges Wachstum

Reisen berühren in vielen Fällen nacheinander mehrere Zwischenstationen oder Zielorte. Hotels an diesen Plätzen konkurrieren dann nicht miteinander, wenn sie nicht selbst – wie z. B. im Urlaub – Ziel der Reise waren. Die Verkettung solcher Betriebe bringt damit keine Nachteile für Stadthotels, aber erhebliche Reiseerleichterungen für den Gast. Mit dem Aufkommen der modernen Kommunikationsmittel entstanden daher die ersten Kettenbetriebe, zunächst insbesondere im Einzugsbereich interkontinentaler Flughäfen. Früh traten hier – vor allem wieder amerikanische – Fluggesellschaften als treibende Kraft auf. Die Welle der Motorisierung ließ dann die Kettenbildung bei autobahnorientierten Hotels folgen, während sie in Europa erst danach auf die allgemeine Stadthotellerie übergriff. Heute ist ein Großteil der führenden Hotels weltweit in Ketten zusammengefasst. Einzelne Hotelgesellschaften sind längst schon dazu übergegangen, mehrere „Marken" nebeneinander aufzubauen, um den Markt in seiner ganzen Breite abzudecken. Bislang ist das Wachstum der Kettenhotellerie so gleichmäßig und nachhaltig erfolgt, dass – von einigen kleineren Fusionen und Konkursen abgesehen – weltweit noch keine einzige relevante Kette vollständig aus dem Markt ausscheiden musste.

Marketingvorteile

Um den erheblichen Marketingvorteilen der Kettenhotellerie wenigstens etwas entgegenzusetzen, haben sich in den letzten Jahren immer mehr Einzelbetriebe zu Werbe-, Reservierungs- und in jüngster Zeit auch zu Schulungs- und Einkaufskooperationen zusammengefunden. Damit kann ein guter Teil der Kettenvorteile zumal für Nebenstandorte, besondere Betriebstypen und kleinere Einheiten gesichert werden, ohne die Individualität der Betriebsführung oder der Eigentumsverhältnisse vollständig aufgeben zu müssen. In direkter Konkurrenz erweisen sich solche Kooperationen häufig dort als überlegen, wo touristische Elemente mit hineinspielen (z. B. Romantik-Hotels), Individualität im Vordergrund steht (z. B. Relais et Chateaux oder Design-Hotels) oder die Einzelbetriebe standortbedingt eine größere Variationsbreite des Angebots aufweisen müssen (z. B. Best Western oder Ring-Hotels).

Vorteile von Kooperationen

Während Hotelketten im Übrigen Jahre und Jahrzehnte brauchen, um ein einigermaßen marktdeckendes Netz aufzubauen und manche Standorte sogar endgültig nicht mehr besetzt werden können, kann der Aufbau von Kooperationen viel zügiger und marktdeckender erfolgen. Außerdem lastet auf Einzelbetrieben nicht das erst in jüngerer Zeit auch den Ketten selbst bewusst gewordene Risiko, dass einmal alle Betriebe gleichzeitig aus dem Markt fallen könnten – angesichts des Investitionsvolumens moderner Großhotels ein Risiko, das auf gar keinen Fall eingegangen werden darf -, was ebenfalls zu der heute zu beobachtenden Diversifizierung der Hotelketten beigetragen hat. Besonders hohe Zuwachsraten zeigen im Übrigen schon seit Jahren solche Hotelketten, die eine gewisse Individualität der Einzelbetriebe zum Programm erhoben haben, sowie Billighotels, bei denen sich das Finanzierungsrisiko leichter auffangen lässt.

Große Bedeutung vor allem im gehobenen Anspruchsbereich haben im Übrigen reine Reservierungssysteme erlangt, die praktisch überhaupt nicht in die sonstigen Bereiche der Bewirtschaftung eingreifen, sondern lediglich dem Mitgliedsbetrieb die insbesondere im internationalen Geschäft unverzichtbaren Anschlüsse an elektronische Verbundsysteme zur Verfügung stellen, wie sie etwa auch Fluglinien oder Kreditkartenorganisationen unterhalten.

Bei Ferienzentren sind Kooperationen oft geradezu kontraindiziert, da hier die direkte Konkurrenz am Markt überwiegt. Lediglich in der Form des Ferienclubs haben sich bislang erfolgreich Ketten etablieren können, wie z. B. Club Méditerranée oder Robinson. Nur in solchen isolierten Märkten ist es nämlich bislang gelungen, ausreichende Renditen zu erzielen, die es erlauben, auf die ansonsten kostengünstigere Verwaltung des Betriebes vor Ort (z. B. in Form des Familienhotels) zu verzichten. Diese Situation ändert sich dann, wenn der Markt zu ausreichend großen Teilen in der Hand von Reiseveranstaltern ist, weshalb z. B. in einigen Zielregionen von Flugpauschalreisen Tochtergesellschaften solcher Gruppen sehr erfolgreich tätig sind. **Ferienclubs**

Nicht unerwähnt bleiben dürfen solche Hotelgruppen, die sich, meist um einen Führungsbetrieb herum entstanden, auf einen Ort oder eine Zielregion konzentrieren und hier besondere Standortgunst, bessere Marktkenntnis oder eine kostengünstigere Bewirtschaftung nutzen, wie zum Beispiel Seetel auf Usedom, Costa Smeralda auf Sardinien oder Seiler in Zermatt.

Boardinghouses bilden bislang weder Ketten noch Kooperationen; lediglich im Raum München sind kleinere Gruppen entstanden. Es ist der Natur der Nachfrage nach auch nicht zu erwarten, dass sich hier je eine ähnliche Konzentration des Angebots ergeben wird, wie sie in der Hotellerie heute schon die Regel ist.

4.3 Bewirtschaftungsformen von Hotels, Ferienzentren und Boardinghouses

War in der Entstehungsphase der Grandhotels der Eigenbetrieb die übliche Bewirtschaftungsform, so hat sich diese Situation mit der zunehmenden Verkettung der Betriebe und der Internationalisierung der Nachfrage, vor allem aber wegen der veränderten steuerlichen Behandlung großer Kapitalanlagen, fundamental gewandelt. Betriebsgesellschaften werden heute weltweit fast nur noch als Kapitalgesellschaften geführt, während die Finanzierung neuer Großprojekte praktisch in allen modernen Einkommensteuerstaaten über Personalgesellschaften, Privatanlagen oder vergleichbare Konstruktionen lief. **Formwandel**

In der Regel wird die Betriebsführung dann vertraglich mittels Pachtvertrag an die Hotelgesellschaft übertragen. Dies gelingt mit ausreichender Rendite für beide Seiten jedoch nur bei sehr marktgerecht formulierten Projekten an ausgesuchten Großstadtstandorten. Bei ausreichender Bonität des Betreibers ist diese Vertragsform für den Kapitalanleger die sicherste. Nach den vielen Rückschlägen mit sogenannten Managementverträgen lassen sich auch die notwendigen Fremdmittel nahezu nur noch über Pachtverträge akquirieren.

Gleichwohl kann in bestimmten Einzelfällen der Managementvertrag, bei dem der Hotelier im Namen und für Rechnung des Hoteleigentümers auftritt und handelt, angebracht sein. Dies gilt vor allem bei Betrieben, deren betriebswirtschaftlicher Erfolg außer Zweifel steht (z. B. Monopolbetrieb an einem Weltflughafen), bei dem jedoch betriebliches Know-how und der Anschluss an ein bestimmtes Reservierungssystem eingekauft werden sollen, um ein bestimmtes Leistungsniveau zu garantieren. In diesem Fall erhält der Managementpartner nur sein, meist ertragsabhängiges, Honorar, während Überschüsse, die ansonsten der Pächter abschöpfen würde, dem Investor zufließen. Notwendig in jedem Fall eines Managementvertrags sind jedoch eine intensive Kontrolle des Partners und eine gemeinsame Begleitung der betrieblichen Entwicklung und damit zumindest Grundkenntnisse der Branche auch auf der Seite des Kapitalgebers.

Eine Zwischenlösung für derartige Situationen kann im Übrigen auch in umsatz- oder ertragsabhängigen Pachten gesucht werden, beziehungsweise in Mindestertragsgarantien bei Managementverträgen. Es muss der Prüfung des Einzelfalls überlassen bleiben, welche der möglichen Vertragsformen in welcher Ausprägung dem jeweiligen Betrieb am besten angemessen ist.

Franchising Keine besondere Verbreitung haben bislang bei uns die in den Vereinigten Staaten wesentlich häufigeren Franchise-Verträge gefunden. Dabei schließt sich ein im eigenen Namen und auf eigenes Risiko handelnder Hotelier lediglich im Marketingbereich einem Lizenzgeber – meist einer schon erfolgreichen Hotelkette – an, um auf diese Weise einen möglichst abgesicherten Zugang zum Markt zu erhalten. Franchise-Verträge eignen sich optimal für einfachere Hoteltypen und für Nebenstandorte. Sie werden jedoch dem wichtigeren Prinzip der Trennung von betrieblichem Risiko und Immobilienfinanzierung nicht gerecht, so dass sie wie Pachtverträge eine ausreichende Bonität des Betreibers voraussetzen.

Ferienzentren Für Ferienzentren hat sich auch in jüngeren Jahren an der Vorherrschaft des Eigenbetriebs kaum etwas geändert. Die in der Regel zu niedrige Rendite oder zumindest das erhebliche und schwer kalkulierbare Risiko, ob sie in der ausreichenden Höhe erzielt werden kann, hält die meisten Hotelkonzerne von diesem Markt fern. Pachtverträge wurden, wenn überhaupt, dann meist mit den Investoren nahestehenden Gesellschaften vereinbart, die Rendite wurde durch steuerliche Vorteile, Eigennutzungsrechte oder spekulative Elemente aufgebessert. Auf diesem Markt erfolgreich tätige Gruppen waren häufig in mehreren Funktionen, wie zum Beispiel Kapitalbeschaffung oder Bauträgerschaft, mit den Objekten verbunden. Nach Auslaufen der Verlustzuweisungsmodelle dürften solche Finanzierungen heute nur noch in Ausnahmefällen möglich sein. Gleichzeitig ist jedoch auch die steuerliche Begründung der Betriebsaufspaltung entfallen, so dass neue Finanzierungsformen wie Kapitalgesellschaften, REITs (Real Estate Investment Trusts) und ähnliches wieder an Breite gewinnen könnten.

Boardinghouses Boardinghouses werden bislang in Deutschland ausschließlich als Eigenbetriebe oder im Verbund mit abhängigen Betriebsgesellschaften geführt. Auf dem noch relativ kleinen Markt dieser Häuser haben sich überregional tätige Betreiber noch nicht entwickeln können. Da das betriebliche Know-how zudem sehr ortsgebunden ist, ist mit dem Aufkommen größerer, dynamisch operierender Bewirtschaftungsgruppen vorläufig auch nicht zu rechnen.

4.4 Kennziffern zum Betrieb von Hotels, Ferienzentren und Boardinghouses

Rendite

Im Bereich der konventionellen Stadthotellerie werden heute für richtig gelegene und gut konzipierte Neubauten Renditen von 6,0–7,0 % auf das eingesetzte Nettoinvestitionsvolumen erzielt. Dieser Ertrag ist allerdings in der Regel verbunden mit einem vergleichsweise hohen Abschreibungsbedarf, verursacht durch den hohen Ausstattungsaufwand eines Hotels. Die gesunkenen Fremdfinanzierungskosten durch den Zinsabbau der letzten Jahre lassen einen Betrieb, der diese Rendite nachhaltig zu erzielen verspricht, auf jeden Fall als finanzierbar erscheinen.

Average Room Rate

Optimale Ergebnisse erzielt ein Stadthotel meist erst bei Belegungsraten von mehr als 60 % der Zimmer. Höhere Auslastungsquoten als 80 % mindern dagegen meist die Qualität der betrieblichen Leistung und steigern das Ergebnis oft nicht mehr. Da Hotels meist nur im Logisbereich wirkliche Gewinne erwirtschaften, ist dieser Teil des Umsatzes von besonderer Bedeutung für die Ertragsschätzung. Wichtig hierfür ist weniger der zukünftige Zimmerpreis, als vielmehr die so genannte Average Room Rate, nämlich der durchschnittlich nach Abzug aller Saison- oder Gruppenrabatte unter Berücksichtigung von Einzelbelegungen und sonstiger Ertragsschmälerungen wirklich erzielbare Nettoerlös pro Gästezimmer. Er dürfte heute zum Beispiel für ein Innenstadthotel der 4-Sterne-Kategorie in Frankfurt bei ca. 120–140 Euro liegen, während ein 2-Sterne-Hotel in Regensburg noch deutlich unter der 60-Euro-Schwelle liegen wird. Wie alle Kennziffern der Branche ist auch dieser Wert wohl nur aus einer profunden Fachkenntnis heraus zu ermitteln oder zu interpretieren, da sich die Hotellerie oberflächlichen Beurteilungsversuchen Branchenfremder gerne entzieht.

Überschlägig kann man davon ausgehen, dass ein Hotelprojekt etwa das Tausendfache des erwarteten Zimmerpreises (netto und ohne Frühstück) als Investitionsaufwand kosten wird und dass bei einem Vollhotel der Nettoumsatz wenigstens 35 % dieses Investitionsaufwandes erreichen sollte, damit der Betrieb erfolgreich geführt werden kann. Meist liegt dann – natürlich immer auf Stadthotels bezogen – der so genannte Break Even Point bei einer Zimmerbelegung von etwa 55 %, bei einfachen Hotels auch tiefer. Vom Umsatz gerechnet werden derzeit für Gastronomiebetriebe zwischen 6 und 9 % Pacht vom Nettoumsatz bezahlt, 15–30 % für reine Logisbetriebe und etwa 12–25 % für Vollhotels.

Beschäftigte

Die Zahl der Beschäftigten in einem Hotel schwankt ganz erheblich je nach dem Anteil der sehr serviceintensiven Gastronomie. Nur noch extrem anspruchsvoll geführte Betriebe halten auch heute noch die Relation ein Angestellter pro Gast ein; schon ein modernes 4-Sterne-Hotel kommt jedoch ohne weiteres mit einem Verhältnis von 0,3 aus. Dabei lässt sich die Tatsache schwer einordnen, dass heute auch Hotels gerne einzelne Abteilungen oder Nebenbetriebe wie Friseur, Kiosk, Hallenbad und Therapie, aber auch Wäscherei oder Reinigungsdienst ausgliedern und nicht mehr selbst betreiben, vor allem um den Personalaufwand besser an die stark schwankende betriebliche Auslastung angleichen zu können.

Ferienzentren liegen in ihrem Personalaufwand meist niedriger, auch wenn vor allem im Bereich der Animation weitere Stellen besetzt werden müssen. Dem Gast wird hier jedoch inzwischen sehr häufig ein gewisser Serviceverzicht zugemutet, den er dann gerne in Kauf nimmt, wenn damit spürbare Preisvorteile verbunden sind, was der anhaltende Belegungserfolg der Ferienwohnungsanlagen beweist. Dies sollte jedoch nicht zu dem Irrtum verführen, dass die zukünftigen Bewirtschaftungskosten einer solchen Anlage vernachlässigt werden dürfen, was die meisten Time-Sharing-Angebote offensichtlich getan haben, die daran dann auch gescheitert sind.

Statistisches Material

Für praktisch alle Typen von Hotelbetrieben gibt es ausführliches statistisches Material zur Belegungs- und Kostensituation. Erwähnt seien hier nur die Berichte der Statistischen Landesämter, die Dokumentationen der Hotelverbände, die Richtwerte der Finanzbehörden oder die Tabellen der Erfa-Gruppen, die an den meisten wichtigen Standorten existieren. Für Boardinghouses gibt es praktisch noch keine vergleichbaren Unterlagen, weshalb es sich empfiehlt, für diesen neuen Betriebstyp mit seiner ungeheuren Schwankungsbreite im Leistungsspektrum vor allem die umfangreichen Erfahrungswerte aus dem Bereich der Wohnungswirtschaft heranzuziehen oder, wie immer in der Hotellerie, einen im jeweiligen Problemfeld erfahrenen und wenn möglich neutralen Berater hinzuzuziehen.

5. Schlussgedanken

Von der Risikoimmobilie ...

Hotels galten seit langem als die Risikoimmobilie par excellence, und wirklich immer wieder wurden spektakuläre Pleiten ruchbar, die letztendlich zu dem unfreundlichen Spruch von einer Rendite erst nach dem dritten Konkurs geführt haben. Analysiert man die Fälle jedoch näher, dann wird man in der Regel feststellen können, dass in nahezu jedem Fall ein prestigesüchtiger Bauträger, Provinzbankier oder Bürgermeister hinter dem Projekt stand und selten überhaupt in irgendeiner Rolle ein Hotelier.

Heute hat sich die Situation gründlich gewandelt. Der Büromarkt ist zur Krisenbranche geworden, viele andere Teilmärkte der Gewerbeimmobilien zeigen Sättigungstendenzen, während sinkende Zinsen und wachsende Nachfrage dem Beherbergungsgewerbe überproportionale Zuwächse ermöglichen. Aktien von Hotelgesellschaften haussieren, das in Verkehrsprojekte fließende Investitionsvolumen steigt ständig an, ebenso die Zahl der Arbeitsplätze und der Gästebetten in der Hotellerie. Dabei erweist sich die Stabilität der Branche an der Tatsache, dass weltweit seit vielen Jahrzehnten keine relevante Hotelgesellschaft mehr aus dem Markt ausscheiden musste.

... zum Paradiesvogel

Nach über 60 Friedensjahren ist das Hotel wieder zu einer krisensicheren Gewerbeimmobilie mit breitem Markt geworden. Sollte die direkte Besteuerung nachhaltig weiter abgebaut werden, ist auch der Übergang zu konventionelleren Finanzierungsformen, wie Aktien, nicht mehr auszuschließen. Große Hotelprojekte stehen am Immobilienmarkt damit wieder da, wo sie auch in den Gründerjahren bereits standen: Sie sind die Juwelen und Paradiesvögel der Kapitalanlage, städtebauliche Glanzpunkte und – im Leben wie im Monopoly-Spiel – der glänzende Abschluss einer erfolgreichen Immobilienkarriere.

10 Hotelimmobilien
– Betriebsformen, Standortfaktoren und Leistungskriterien –

Christoph Härle, BSc (Hons), Executive Vice President,
Jones Lang LaSalle Hotels, München

Tina Haller, Dipl.-Bw. (FH), Analyst,
Jones Lang LaSalle Hotels, München

Inhaltsverzeichnis

1.	Einleitung	251
2.	Hotelangebot	251
2.1	Nach Standort	252
2.2	Nach Klassifizierung	252
2.3	Nach Einrichtungen	253
3.	Betriebsformen	253
3.1	Privathotel	253
3.2	Kooperation	254
3.3	Franchise	254
3.4	Hotelkonzern	255
3.4.1	Pachtvertrag	256
3.4.2	Managementvertrag	257
3.4.3	Mischformen	258
3.5	Case Study: Mitbewerberanalyse	258
4.	Standortfaktoren	260
4.1	Nachfragegeneratoren	261
4.2	Standortkriterien am Mikrostandort	262
5.	Hotelnachfrage	263
5.1	Gästesegmente nach Aufenthaltsmotiv	263
5.2	Gästesegmente nach Herkunft	264
5.3	Case Study: Vergleich Hotelmarkt München vs. Frankfurt	265
6.	Hotelkonzeption	266
6.1	Zimmer	267
6.2	Gastronomie	269
6.3	Konferenz	270
6.4	Fitness/Wellness	271
6.5	Parken	271
7.	Leistungsermittlung	271
7.1	USALI	272
7.2	Zimmerauslastung	272
7.3	Zimmerpreis	273
7.4	Room Yield	273
7.5	Umsätze und Kosten	273
7.6	Case Study: Cashflow-Einschätzung für ein 4-Sterne Hotel	274
8.	Hotelinvestmentmarkt	277
8.1	Marktteilnehmer	277
8.2	Investitionskriterien	278
8.3	Trends	279
9.	Schlussbemerkung	280

1. Einleitung

In den vergangenen Jahren ist das Interesse an Hotelimmobilien aus Entwickler- und Investorensicht deutlich angestiegen. Dies ist nicht nur bedingt durch die enttäuschende Entwicklung auf vielen Büromärkten von 2001 bis 2005, die nicht wenige Investoren dazu bewegte, sich der Nutzung Hotel zu nähern. Investoren haben auch erkannt, dass Hotels eine durchaus lukrative Anlage sein können, vorausgesetzt man ist mit den Chancen und Risiken dieser Spezial- bzw. Managementimmobilie vertraut und kann die Qualität eines Makrostandorts, eines Hotelkonzepts und -produkts sowie eines Betreibers und Betreibervertrags differenzieren.

Spezial-/Managementimmobilie

Die Klassifizierung von Hotelimmobilien als Spezial- oder Managementimmobilien resultiert aus der Tatsache, dass sich der Wert einer Hotelimmobilie nicht, wie beispielsweise bei Büroimmobilien, fast ausschließlich durch die Lage und die Ausstattung bestimmen lässt. Vielmehr ist der Wert einer Hotelimmobilie unmittelbar an deren Ertragskraft geknüpft, so dass Immobilie und operativer Betrieb unweigerlich zusammen zu betrachten sind. Gegebenheiten am Markt, d. h. die Angebots- und Nachfragesituation, sowie die Qualität des Managements sind deshalb für den Eigentümer der Immobilie von entscheidender Bedeutung.

Einflussfaktoren

Um die Entwicklungen um die Spezialimmobilie Hotel verstehen zu können ist es daher wichtig, die ihr zugrunde liegenden Einflussfaktoren zu kennen und ihre Auswirkungen zu verstehen. Ziel dieses Kapitels ist es demnach, einen Überblick über die für die Einschätzung einer Hotelimmobilie relevanten Aspekte zu geben. In erster Linie gehen wir hierbei auf Angebots- und Nachfragefaktoren, Hotelkonzepte, Leistungsparameter und die Bindung an einen Betreiber ein. Der Markt für Hotelimmobilien, d. h. der Investmentmarkt, wird den Abschluss der Betrachtungen bilden.

Einschränkend sei hervorzuheben, dass unsere Abhandlung primär als Leitfaden zu betrachten ist und keine „Do-it-yourself"-Anleitung darstellt. Für einen Immobilieninvestor, -financier oder -eigentümer ist hotelimmobilienspezifische Beratung unabdingbar, um wissentliche Entscheidungen treffen zu können und den Wert einer Hotelimmobilie langfristig zu optimieren. Darüber hinaus beziehen wir uns hier primär auf die Stadt- und Kettenhotellerie, so dass bei anderen Betriebsformen durchaus eine Anpassung des Blickwinkels erforderlich wäre.

2. Hotelangebot

Differenzierung nach Typologien

Die deutsche Hotellandschaft kennzeichnet sich durch ein breit gefächertes Angebot mit einer Vielzahl unterschiedlicher Betriebstypologien. Eine Differenzierung nach Typologien ist insbesondere aus wettbewerbsorientierter Sicht sinnvoll, da aufgrund ähnlicher Gästetypen in der Regel Hotelbetriebe der gleichen Art miteinander im Wettbewerb stehen. Die Einteilung dieser Betriebe kann nach diversen Kriterien erfolgen, eine der am häufigsten verwendeten ist die Gruppierung der Betriebstypen nach Standort, Klassifizierung und Einrichtungen.

2.1 Nach Standort

Makro-/Mikrostandort

Der Standort eines Hotels bestimmt in hohem Maße dessen Ertragssituation. So beeinflusst dieser neben dem Gästeklientel auch die Mitbewerbersituation des Hotelbetriebes. Grundsätzlich ist in diesem Zusammenhang zwischen dem Makro- und Mikrostandort eines Hotels zu unterscheiden, wobei der Makrostandort generell den Markt, in welchem sich ein Hotel befindet, beschreibt, während der Mikrostandort in Bezug auf die individuelle Lage des Hotels, insbesondere auch im Hinblick auf die touristische Attraktivität des Umfeldes, Nähe zu Nachfragegeneratoren (beispielsweise Firmen, Flughafen, Messe, Sehenswürdigkeiten), Erreichbarkeit im privaten und öffentlichen Verkehr und Sichtbarkeit zu sehen ist.

Hoteltypen

Der Einteilung nach dem Makrostandort können in der Regel mehrere Charakteristika zugrunde liegen, eine gängige Einteilung erfolgt in Stadthotels, Hotels in Stadtrandbezirken, Ferienhotels, Flughafen- und Autobahnhotels. In Deutschland machen die Stadthotels den größten Anteil aller Hotelbetriebstypen aus. Sie lassen sich wiederum in A- und B-Lagen unterteilen, wobei die Standorte der A-Kategorie generell, ähnlich den Bürostandorten, in zentralen Innenstadtlagen zu finden sind. Hotels in Stadtrandbezirken sind in der Regel stark vom lokalen Markt abhängig, profitieren jedoch auch, je nach Markt, von einem „Overflow" aus dem innerstädtischen Markt (d. h. von der Nachfrage, die beispielsweise aufgrund von Messen oder Veranstaltungen nicht im Stadtzentrum bedient werden kann oder will). Ferienhotels sind in der Regel in touristischen Erholungsgebieten, oftmals landschaftlicher Art, gelegen, und kennzeichnen sich durch eine verhältnismäßig lange Aufenthaltsdauer der Gäste und hohe Schwankungen in der Nachfrage (Saisonalität). Sowohl Flughafen- als auch Autobahnhotels werden stark von der jeweiligen Art des Verkehrsmittels und dessen Entwicklung beeinflusst und dienen primär dem Zweck der Übernachtung, wenn auch weitere Funktionen, wie beispielsweise Meetings, von den Gästen wahrgenommen werden. Die Aufenthaltsdauer ist in der Regel von eher kurzfristiger Natur.

2.2 Nach Klassifizierung

Hotelkategorien

Eines der gängigsten Einteilungskriterien ist die Differenzierung in Qualitätsklassen bzw. Hotelkategorien. In Europa existiert bislang kein einheitliches Klassifizierungssystem, und selbst in den einzelnen Ländern ist nicht immer ein übergeordnetes System zu finden. In Deutschland erfolgt die bundesweite einheitliche Klassifizierung basierend auf bestimmten Mindestkriterien hinsichtlich der Hard- und Software eines Betriebes durch den Deutschen Hotel- und Gaststättenverband (DEHOGA) nach dem Sterne-System (vgl. DEHOGA, Die deutsche Hotelklassifizierung, www.hotelsterne.de, Stand 30. Mai 2005). Die Hotelbetriebe werden dabei in fünf Sternekategorien eingeteilt, wobei die Klassifizierung für einen Betrieb generell freiwillig ist:

- 1-Stern   auch genannt Tourist,
- 2-Sterne   auch genannt Standard,
- 3-Sterne   auch genannt Komfort,

- 4-Sterne   auch genannt First Class,
- 5-Sterne   auch genannt Luxus.

Grundsätzlich unterscheiden sich die verschiedenen Klassifizierungskategorien in ihrem Serviceniveau (beispielsweise Zimmerservice, Concierge Service, Valet Parking) und Produktangebot (beispielsweise Zimmergrößen, Gastronomie- und Freizeiteinrichtungen, technische Standards) und sprechen somit, nicht zuletzt auch aufgrund ihrer preislichen Positionierung, unterschiedliche Gästeschichten an.

2.3 Nach Einrichtungen

Eine weitere gängige Unterscheidung erfolgt nach den sich im Hotel befindlichen Einrichtungen. Primäres Unterscheidungskriterium sind dabei die im Hotel vorhandenen Verpflegungsmöglichkeiten. So wird grundsätzlich zwischen einem Hotel Garni, welches dem Gast lediglich Frühstück bietet, und einem Vollhotel unterschieden. Letzteres verfügt neben dem Frühstücksservice auch über Einrichtungen für Mittag- und Abendessen sowie über mindestens eine Bar, an welcher die Gäste auch noch nach Schließung des/der Restaurants gastronomisch versorgt werden können.

Hotel Garni vs. Vollhotel

Eine weitere Betriebsart ist das Konferenzhotel, welches über Veranstaltungsflächen für Konferenzgäste verfügt und sich in seiner Vermarktung auf diese Zielgruppe spezialisiert. Das Motel ist auf die Bedürfnisse von mit dem Pkw anreisenden Gästen zugeschnitten und ist durch die Nähe zu einer Autobahn und entsprechende Parkmöglichkeiten gekennzeichnet. Die Gästeklientel der Boardinghouses erstreckt sich in der Regel auf Langzeitgäste, die Unterkunft für mehrere Wochen oder Monate suchen. Boardinghouses sind durch verhältnismäßig großzügig geschnittene Apartments charakterisiert, welche auch mit zumindest kleinen Kochgelegenheiten ausgestattet sind. Der Betriebstyp des Boutique Hotels zählt global zu den neueren Entwicklungen am Hotelmarkt. Diese Hotels zeichnen sich durch ihren individuellen Charakter sowie ihre verhältnismäßig geringe Anzahl an Zimmern und Konferenzflächen aus.

Betriebsarten

3. Betriebsformen

Neben der Einteilung nach Betriebstypen kann auch eine eher betriebswirtschaftlich orientierte Einteilung in Betriebsformen erfolgen. Hintergrund der Einteilung ist dabei die Abgrenzung zwischen Betreiber und Eigentümer in Bezug auf den operativen Betrieb und die Vermarktung sowie auf die Verteilung des wirtschaftlichen Risikos. Zu den wichtigsten Betriebsformen gehören das Privathotel, die Marketingkooperation, der Franchise-Betrieb sowie das Kettenhotel, welches in den meisten Fällen über einen Pacht- oder Managementvertrag von einer Konzerngesellschaft betrieben wird.

3.1 Privathotel

Bei einem Privathotel handelt es sich um den typischen Klein- und Mittelbetrieb, der in der Regel als Einzelunternehmung in Form eines Familienbetrie-

Klein-/Mittelbetrieb

bes geführt wird. Die Eigentümer- und Betreiber- bzw. Managementfunktion werden in Personalunion getragen.

Im letzten Jahrzehnt ist die Zahl der Privathotels in Deutschland gesunken. Gründe hierfür waren und sind beispielsweise die begrenzte Wirtschaftlichkeit dieser in der Regel kleinen Betriebe, die Nachfolgeproblematik sowie, insbesondere in Großstädten, der starke Verdrängungswettbewerb durch die Kettenhotellerie.

Um im Markt bestehen zu können bleibt der Privathotellerie neben dem Weg der Profilierung über Nischenbildung (d. h. strikte Segmentierung nach Kundenkreisen, Qualitätsbildung und Markenbildung) auch der Zusammenschluss über Kooperationen und die damit verbundene Stärkung der Stellung im Markt durch Zugang zu neuen Vermarktungskanälen.

3.2 Kooperation

Rationalisierungsvorteile

Kooperationen ermöglichen die Realisierung von Rationalisierungsvorteilen, die in der gemeinschaftlichen Ausübung von Unternehmensfunktionen, wie z. B. Einkauf, Marketing oder Vertrieb liegen, ohne dass die beteiligten Unternehmen ihre wirtschaftliche und rechtliche Selbstständigkeit verlieren. Kooperationen können von unterschiedlicher Intensität sein und reichen von reinem Informations- und Erfahrungsaustausch bis hin zur Bildung einer „Kooperationsmuttergesellschaft", beispielsweise in Form einer GmbH, die bestimmte Funktionen gesammelt übernimmt.

Der Grundgedanke einer Kooperation ist, einzelne Betriebe in ihrer Individualität zu bewahren, jedoch über das Netzwerk Zugang zu Leistungen zu bieten, die an sich der Kettenhotellerie vorbehalten sind. Hotels, die an Kooperationen teilnehmen, verfügen in der Regel nur über wenige Gemeinsamkeiten und bieten keine standardisierten Produkte. Auch ist der Betreiber in vielen Aspekten des operativen Betriebs auf sich gestellt. Der Anschluss an Kooperationen ist in der Regel mit der Zahlung einer festen und variablen Gebühr, die sich meistens an der Anzahl der Buchungen durch das Kooperationssystem und/oder dem Logisumsatz bemisst, verbunden.

Reservierung/ Marketing

In der Hotellerie von Bedeutung sind insbesondere die Reservierungs- und die Marketingkooperation. Während die Reservierungskooperation den Anschluss an ein gemeinsam genutztes Reservierungssystem bietet, geht die Marketingkooperation einen Schritt weiter und ermöglicht die gemeinsame Vermarktung unterschiedlicher Hotels unter einer Dachmarke bzw. einem Markenzeichen. In Deutschland vertretene Marketingkooperationen sind beispielsweise Ringhotels, Relais & Châteaux und Best Western.

3.3 Franchise

Lizenz zur Nutzung

Bei einem Franchise-Betrieb erwirbt der Franchise-Nehmer, d. h. der Hotelbetreiber, welcher zumindest in Europa häufig auch gleichzeitig der Eigentümer ist, die Lizenz zur Nutzung des Vertriebssystems, des Symbols und Markenzeichen, des Produktes etc. des Franchise-Gebers. Hierfür hat der Franchise-Nehmer an den Franchise-Geber eine Gebühr zu entrichten. Die Franchise-Gebühr setzt sich in der Regel aus mehreren fixen und umsatzabhängigen Positionen zusammen. Im Wesentlichen handelt es sich um

- eine Eintrittsgebühr (fix bzw. abhängig von der Zimmeranzahl und einmalig),
- eine Lizenzgebühr (umsatzabhängig),
- eine Marketinggebühr (umsatzabhängig),
- eine Gebühr für das Reservierungssystem (umsatzabhängig).

Franchise-Gebühr

Bei einem Franchise-System muss der Franchise-Nehmer bereit sein, seine unternehmerischen Aktivitäten zumindest teilweise auf den Franchise-Geber abzustellen. Die individuelle, persönliche Note des Unternehmers tritt deutlich in den Hintergrund bzw. ordnet sich dem Konzept unter. Zudem obliegt das wirtschaftliche Risiko dem Franchise-Nehmer, wenn auch der Franchise-Geber von erfolgreichen Franchise-Betrieben dahingehend profitiert, dass sein Lizenzname an Image und Durchschlagskraft gewinnt. Im Gegenzug erhält der Franchise-Nehmer Zugang beispielsweise zu einem standardisierten Produkt, Markennamen sowie den Vermarktungs- und Einkaufskanälen und dem Image des Franchise-Gebers. In Deutschland sind derzeit unter anderem Holiday Inn (InterContinental Hotels Group), Accor Hotels, Choice Hotels International, Park Inn (Rezidor SAS), Golden Tulip Hotels, Inns & Resorts und Starwood Hotels & Resorts (Sheraton und Four Points) mit Franchise-Betrieben vertreten. Einige dieser Systeme, wie beispielsweise Holiday Inn und Choice Hotels International, setzen in Deutschland auf die fast ausschließliche Expansion über Franchise-Betriebe. Somit bietet sich für sie die Möglichkeit, die Expansion ihrer Marke voranzutreiben, ohne mit den entsprechenden Kosten, die beispielsweise für im Eigentum stehende Immobilien anfallen würden, konfrontiert zu sein. Die Qualitätssicherung unter den dem Franchise-System angeschlossenen Betrieben erfolgt durch das Setzen von Standards, welche in regelmäßigen Abständen vom Franchise-Geber überprüft werden.

Franchise-System

3.4 Hotelkonzern

Die Konzern- bzw. Kettenhotellerie, welche in den 70er bis 80er Jahren von den USA ausgehend auch auf Europa, und hier insbesondere auch auf Deutschland, übergriff, umfasst Hotels, die in einem Hotelkonzern zusammengefasst sind und deren wirtschaftliche Selbstständigkeit gemäß den Zielen der Hotelgesellschaft ganz oder teilweise eingeschränkt wird. Der Anschluss an eine Hotelkette erfolgt über den Abschluss eines Pacht- oder Managementvertrages mit der Konzernzentrale. Die Konzernhotellerie stellt den klassischen Fall der Trennung von Managementfunktion und Kapital- bzw. Eigentümerfunktion dar. Die entscheidenden Gründe für diese Trennung in der Konzernhotellerie liegen zum einen in dem hohen Kapitalaufwand für die Errichtung eines Hotels und der dafür zu lösenden Finanzierungs- und Kapitalbeschaffungsaufgabe und zum anderen in der besonderen Managementaufgabe, ein Hotel erfolgreich zu betreiben. In genau dieser Aufgabe sehen Hotelketten zusehends ihr Kerngeschäft, sodass heute Hotelketten tendenziell weniger Bereitschaft zeigen, Hotels im Eigentum zu halten als dies noch früher der Fall war. Der Trend unter den Betreibergesellschaften geht somit eindeutig dahin, sich von Eigentum

Pacht-/Managementvertrag

zu trennen. Dies erfolgt vornehmlich über Sale-and-lease-back oder Sale-Management-back-Strukturen, die zum einen den Verkauf des Hotels und die anschließende „Rückpachtung" beinhalten (Sale-and-lease-back) und zum anderen den Verkauf und den anschließenden Abschluss eines Managementvertrages für den Betrieb der Immobilie (Sale-Management-back).

Vorteile Die Vorteile eines Hotelkonzerns liegen in erster Linie in seiner Größe und der damit verbundenen Kapitalstärke, dem Markennamen sowie dessen zentraler Vermarktung begründet. Während einige Hotelgesellschaften in Europa, wie beispielsweise Maritim Hotels und Steigenberger Hotels & Resorts in Deutschland, bislang größtenteils national vertreten sind, sind die großen internationalen Ketten, beispielsweise Accor Hotels, Marriott Hotels & Resorts oder Hilton International, mit einem nahezu weltumspannenden Portfolio aufgestellt.

Aus Sicht der einzelnen Hotelbetriebe liegt der Vorteil des Kettenanschlusses neben der gemeinsamen Vermarktung auch in den Einkaufsvorteilen. So erzielen Hotelketten aufgrund ihrer Großzahligkeit in vielen Bereichen des Einkaufs, wie beispielsweise beim Inventar, günstigere Bedingungen und können auch bei der Gästeansprache aufgrund ihrer geographischen Verbreitung Vorteile für sich verbuchen. Nachteilig aus Sicht der einzelnen Häuser ist jedoch die fehlende Selbstbestimmung, die sich sowohl auf die wirtschaftlichen Aspekte des Hotelbetriebes als auch auf die Konzeption erstreckt. Kettenhotels sind in ihrer Konzeption als auch in ihrem Serviceniveau den von der Konzernleitung vorgegebenen Standards unterworfen. Diese reichen von den Kleidungsvorschriften der Mitarbeiter über die Vorgabe von Aktionspreisen bis hin zur baulichen Konzeption der Immobilie und deren Einrichtung.

Aus Sicht des Gastes sind diese Standardvorgaben jedoch auch von Vorteil. Sie bieten ihm die Sicherheit, bei Buchung eines ihm nicht bekannten Hotels diejenigen Leistungen und Standards vorzufinden, die mit dem Markennamen im Allgemeinen zu verbinden sind. Neben einigen international tätigen Konzernen, wie beispielsweise Accor Hotels, Hilton International, Marriott Hotels & Resorts, InterContinental Hotels Group und Starwood Hotels & Resorts, sind in Deutschland derzeit auch einige größere nationale Ketten vertreten, so beispielsweise die Steigenberger Hotels AG, die Dorint AG, Lindner Hotels & Resorts und Maritim Hotels.

3.4.1 Pachtvertrag

Dominierende Vertragsform in Deutschland Der Pachtvertrag ist die in der deutschen Hotellandschaft dominierende Vertragsform. Dabei führt der Betreiber (Pächter) das Hotel in eigenem Namen und auf eigene Rechnung und trägt somit das wirtschaftliche Risiko. Für die Überlassung der Nutzung des Gebäudes zahlt er dem Verpächter (Eigentümer) eine feste und/oder variable Pacht. Bei einer Festpacht sichert der Pachtvertrag dem Eigentümer fest kalkulierbare Einnahmen über die gesamte Vertragslaufzeit zu. Pachtverträge haben in der Regel eine Laufzeit von 20 bis 25 Jahren zuzüglich Verlängerungsoptionen und sind daher sehr langfristig orientiert. Die Pacht unterliegt in der Regel einer vertraglich vereinbarten Indexierung. Das Risiko ist für den Eigentümer bzw. Verpächter bei dieser festen Pachtvereinbarung und entsprechender Bonität des Betreibers relativ gering, jedoch besteht für ihn auf der anderen Seite auch keine Beteiligung am „Upside

Potential", d. h. an dem über die vereinbarten Pachtzahlungen hinausgehenden Ertragspotenzial der Immobilie. Für den Pächter liegt der Nachteil eines Vertrages mit lediglich fixen Komponenten darin begründet, dass er das alleinige wirtschaftliche Risiko trägt und in Zeiten, in denen das Hotel die erforderliche Pacht nicht oder nur schwer erwirtschaftet, in der Verbindlichkeit des Verpächters steht. Variable Pachtverträge hingegen – die Pacht errechnet sich hier am Umsatz oder dem Betriebsergebnis – binden den Eigentümer in das unternehmerische Risiko mit ein. Gängige Vertragsformen der letzten Jahre sind Mischformen, die sowohl eine feste als auch eine variable Komponente beinhalten und somit das unternehmerische Risiko auf die beiden Vertragsparteien aufteilen.

Zwar werden Pachtverträge eher von risikoscheuen Eigentümern favorisiert, jedoch sind auch diese nicht völlig risikolos. So besteht bei Hotelbetrieben, die über einen längeren Zeitraum hinweg die vertraglich vereinbarte Pacht nicht erwirtschaften können, die Gefahr des Verdienstausfalls auch für den Eigentümer. In der Regel wird dies über eine Garantieerklärung der Konzernmuttergesellschaft ausgeschlossen, d. h. diese tritt im Falle der Nichterfüllung der vertraglichen Pflichten von Seiten des Pächters für diesen ein und leistet aus einem vertraglich vereinbarten Garantiefond bzw. durch eine uneingeschränkte Garantie die Ausgleichszahlungen.

Nicht ohne Risiko

3.4.2 Managementvertrag

Mit 95 % aller weltweit für den Betrieb eines Hotels geschlossenen Verträge sind Managementverträge die am häufigsten verwendete Vertragsform in der Hotellerie. Rechtlich ist der Managementvertrag ein Geschäftsbesorgungsvertrag, d. h. der Betreiber führt im Namen und auf Rechnung des Eigentümers das Hotel und erhält für seine Dienstleistung eine Vergütung. Diese erfolgt in Form einer Managementgebühr an den Betreiber. Diese Gebühr setzt sich zusammen aus einer Basisgebühr und einer Incentive-Gebühr. In der Regel bemisst sich die Basisgebühr am Gesamtumsatz (beispielsweise 1–4 %) und die Incentive-Gebühr am Betriebsergebnis, welches idealerweise zumindest um die Basisgebühr bereinigt wurde (beispielsweise 8–10 %).

Weltweit häufigste Vertragsform

Die Unterschiede zum Pachtvertrag liegen zum einen darin begründet, dass die für den Eigentümer erzielten Einkünfte aus dem Hotelbetrieb gewerblicher Art sind und nicht, wie beim Pachtvertrag, unter die Rubrik Einnahmen aus Vermietung und Verpachtung fallen. Dies spielt insbesondere dann eine Rolle, wenn Hotels z. B. im Eigentum bestimmter Immobilienfonds stehen. Sie dürfen nach dem deutschen Recht keine gewerblichen Einkünfte, sondern lediglich Einkünfte aus Vermietung und Verpachtung erzielen. Zudem fordern Immobilien, die unter einem Managementvertrag betrieben werden, von ihrem Eigentümer ein deutlich aktiveres Asset Management, d. h. der Eigentümer muss sich stärker mit dem Betrieb und dem lokalen Markt auseinandersetzen, als dies bei unter Pachtverträgen betriebenen Immobilien der Fall ist. Im Gegensatz zu den Pachtverträgen liegt das Investitionsrisiko bei Managementverträgen fast ausschließlich beim Eigentümer, denn seine Rendite richtet sich nach dem Cashflow des Betriebes. Dies impliziert, dass der Hotelbetreiber ausreichend Cashflow aus dem Betrieb erwirtschaftet, um nicht nur

Unterschiede zum Pachtvertrag

Zinsen und Tilgung zu decken, sondern auch das vom Eigentümer eingesetzte Eigenkapital adäquat zu verzinsen. Trotz dieser stärkeren Risikobeteiligung des Eigentümers, bieten Managementverträge jedoch auch größere Chancen, als es reine Pachtverträge tun. Sie beteiligen den Eigentümer verstärkt auch am „Upside Potential" des Hotels.

3.4.3 Mischformen

Beteiligung am Upside Potential

Zunehmend hat sich mittlerweile die Erkenntnis durchgesetzt, dass eine jeweils einseitige Risikobelastung für beide Seiten, d. h. sowohl für den Eigentümer als auch für den Betreiber, nicht ideal ist. Verstärkt wollen Eigentümer auch an dem „Upside Potential" einer Hotelimmobilie beteiligt werden und Betreiber streben vermehrt eine teilweise Abwälzung ihres wirtschaftlichen Risikos auf die Eigentümer an. Bereits seit einigen Jahren zeichnen sich deshalb Mischformen zwischen den beiden Vertragsarten ab, die das Risiko auf beide Vertragspartner verteilen.

Managementverträge beinhalten zunehmend Klauseln, die dem Eigentümer Cashflow-Garantien bzw. Fremdkapitalgarantien geben, während internationale Betreibergesellschaften versuchen, Pachtverträge durchzusetzen, die einen Teil des Betriebsrisikos auf den Investor abwälzen. Hierzu zählen z. B. Managementverträge mit Garantien oder Pachtverträge mit festen und variablen Komponenten.

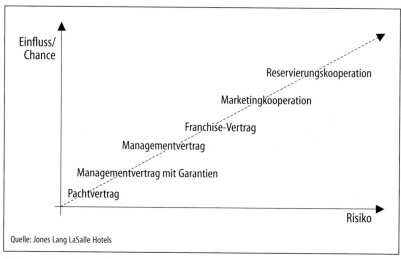

Abb. 1:   Hotelbetreiberverträge aus Eigentümersicht

3.5 Case Study: Mitbewerberanalyse

Welche konkrete Bedeutung die Einteilung des Angebots in einem Hotelmarkt nach Betriebstypologien und Betriebsformen hat, soll im Folgenden anhand eines praktischen Beispiels, der Mitbewerberanalyse des Hotels XY, näher erläutert werden.

Das 4-Sterne-Hotel XY verfügt über 250 Zimmer und ist im Stadtkern, in unmittelbarer Nähe zur Fußgängerzone, gelegen. Das Haus steht im Eigentum einer privaten Gesellschaft und wird von dieser direkt unter einem Franchise-Vertrag mit einer internationalen Hotelkette betrieben. Das Hotel wurde 1972 erbaut und 1999 bzw. 2000 sowohl im Gästezimmerbereich als auch in den öffentlichen Bereichen komplett renoviert. Sämtliche Zimmer des XY-Hotels sind aufgrund der Bauweise ähnlich geschnitten und rund 23 m² groß. Neben einem großzügigen Wellness- und Fitness-Bereich verfügt das Hotel zudem über acht Veranstaltungsräume auf einer Gesamtfläche von 700 m². Die Fläche des größten Saales beträgt rund 320 m².	**Standort/ Ausstattung**
An gastronomischen Einrichtungen bietet das Hotel neben einem Frühstücksrestaurant auch ein À-la-carte-Restaurant, welches auch im Rahmen von Veranstaltungen für Lunchbuffets genutzt wird, sowie eine Lobby Bar. Das Hotel selbst verfügt über einige Außenparkplätze, Tiefgaragenstellplätze stehen den Gästen in einer in rund 200 m Entfernung gelegenen Tiefgarage zur Verfügung.	**Gastronomie**
Der geschäftsführende Direktor des Hauses bittet nun seine Assistentin, für die Erstellung des jährlichen Sales & Marketing-Planes eine Mitbewerberanalyse durchzuführen und in einer Übersicht die Stärken bzw. Schwächen des Hotels zu seinen Mitbewerbern aufzuzeigen. Damit lassen sich die eigenen Marktchancen erkennen, prognostizieren und durch Strategien realisieren. Die Assistentin, die erst seit kurzer Zeit in dem Hotel beschäftigt und mit den Mitbewerberhotels noch wenig vertraut ist, möchte sich zuallererst einen Überblick verschaffen. Um die direkten Mitbewerber des Hotels XY zu definieren, entschließt sie sich, die Mitbewerberhotels anhand der für einen Gast relevanten Faktoren festzumachen. Dabei konkurriert das Hotel nicht nur mit dem Anbieter in der gleichen Kategorie und Lage, sondern auch mit dem Konkurrenten ähnlicher Leistungsstandards.	
Informationen erhält sie hierbei aus Sekundärdatenmaterial, wie beispielsweise Hotelführern, Internetauftritten, Prospektmaterialien etc. Dabei sind einige der Faktoren von größerer Gewichtung als andere. Grundsätzlich unterteilt sie die Hotels dabei in primäre und sekundäre Mitbewerber. Primäre Mitbewerber sind zum Hotel XY sehr ähnlich und wenden sich daher an gleiche Gästegruppen, sekundäre Mitbewerber weisen weniger Ähnlichkeit auf (beispielsweise weniger Konferenzfläche, keine Kettenanbindung), stellen aber für manche Gäste durchaus Alternativen dar.	**Datensammlung**

Für die als primäre Mitbewerber des Hotels XY definierten Häuser erstellt sie die in Abbildung 2 dargestellte Übersicht.

In ihrer Liste ebenfalls berücksichtigt werden zukünftige Wettbewerber, d. h. Häuser, die in den kommenden zwei bis drei Jahren auf den Markt kommen werden und aufgrund ihrer Konzeption die gleiche Gästeklientel ansprechen und somit zu einer Verschärfung des Wettbewerbs beitragen werden.

Wieder zurück im Büro erstellt die Assistentin anhand der gesammelten Daten eine Stärken- und Schwächen-Analyse für das Hotel XY im Vergleich zu seinen primären Mitbewerbern. Berücksichtigung finden dabei in erster Linie Aspekte, die aus Sicht des Gastes von hoher Relevanz sind und aus seiner Sicht ein Entscheidungskriterium für die Buchung darstellen (vgl. Abbildung 3).

	Hotel XY	Mitbewerber 1	Mitbewerber 2
Zimmeranzahl	250	180	280
Kettenanbindung	ja	ja	ja
Baujahr/Renovierungsstand	1972/renoviert 1999 bzw. 2000	1995/keine umfassende Renovierung	1980/1997 renoviert (Zimmer und öffentliche Bereiche)
Zimmergröße	⌀ 23 m²	25–30 m²	21–25 m²
Gastronomieflächen	2 Restaurants, 1 Bar	1 Restaurant, 1 Bistro Bar	2 Restaurants, 1 Bar, 1 Biergarten
Veranstaltungsräume und -fläche (Fläche je Zimmer)	8 Räume (25–320 m²), 700 m² (2,8 m²)	5 Räume (25–120 m²), 310 m² (1,7 m²)	6 Räume (30–290 m²), 570 m² (2,0 m²)
Fitness/Wellness	Fitness/Wellness/Pool	Fitness	Fitness/Wellness/Pool
Parkmöglichkeiten	Tiefgarage (extern)/ Außenparkplätze	Tiefgarage	Tiefgarage/ Außenparkplätze
Quelle: Jones Lang LaSalle Hotels			

Abb. 2: Übersicht primäre Mitbewerber des Hotel XY

Stärken des Hotels XY	Schwächen des Hotels XY
• Zentrale Lage, Sichtbarkeit und Erreichbarkeit • Konferenzfläche und Konzeption • Größe des Ballsaals • Fitness- und Wellness-Bereich • Renovierungsstand der Zimmer und öffentlichen Bereiche	• Zimmergröße • Parkmöglichkeiten
Quelle: Jones Lang LaSalle Hotels	

Abb. 3: Stärken-Schwächen-Analyse Hotel XY

Mit der Ergänzung dieser Tabelle durch eine Chancen-Risiken-Analyse bietet sich für das Hotel XY die Möglichkeit, seine derzeitige Position im Markt einzuschätzen und auf zukünftige Veränderungen frühzeitig entsprechend reagieren zu können. So kann das Hotel seine Positionierung im Wettbewerb festigen und damit auch zukünftiges Ertragspotenzial sichern.

4. Standortfaktoren

Standortrelevanz Eine wesentliche Voraussetzung für den wirtschaftlichen Erfolg eines Hotels liegt in seinem Standort begründet. Diese Standortrelevanz für Hotelbetriebe ist darin zu sehen, dass die Generatoren von Übernachtungsnachfrage primär vom Standort abhängig sind und je nach dem auch variieren. Aus Sicht des anreisenden Gastes muss der Standort eines Hotels mit möglichst allen Verkehrsmitteln gut erreichbar sein, er muss gut sichtbar sein und für die anvisierte Gästeklientel ansprechend wirken.

4.1 Nachfragegeneratoren

Grundsätzlich ist im Hotelmarkt zwischen freizeittouristischen Nachfragegeneratoren und Nachfragegeneratoren, welche zum Geschäftstourismus beitragen, zu unterscheiden. Zu den ersteren zählen in erster Linie touristische Sehenswürdigkeiten, wie beispielsweise historische Stätten und kulturelle Einrichtungen, landschaftliche Gegebenheiten, wie Meer oder Berge, und weitere Attraktivitätsfaktoren, wie beispielsweise Shopping-Möglichkeiten und Freizeitparks. Den Geschäftstourismus beeinflussende Generatoren werden insbesondere durch die lokale Wirtschaft sowie das Messe-, Kongress- und Veranstaltungswesen am Ort bestimmt. Für beide Arten von Nachfragegeneratoren spielen verkehrstechnische Einrichtungen, wie beispielsweise Flughafen, Bahnhof, Hafen etc. eine bedeutende Rolle.

Von entscheidender Bedeutung im Geschäftsreisesegment sind die lokale Wirtschaft und der damit eng verbundene Büromarkt. Die durch dieses Segment generierte Nachfrage erstreckt sich in der Regel auf die Wochentage Montag bis Freitag, wobei sich seit bereits längerer Zeit eine Konzentration der Nachfrage auf die Tage Dienstag bis Donnerstag abzeichnet. Bedingt ist diese Konzentration auf drei Spitzentage in der Woche in erster Linie durch die schnelleren und kostengünstigeren Verkehrsanbindungen, was eine spätere Anreise bzw. eine frühzeitigere Abreise in der Destination erlaubt. **Geschäftsreisesegment**

Gäste im Geschäftsreisesegment sind in der Regel Einzel-, Konferenz- und Messereisende. Mit der Ausnahme von Messereisenden, die aufgrund der hohen Nachfrage zu Messezeiten in der Regel erhöhte Messepreise zahlen, unterliegen die von Gästen im Geschäftsreisesegment bezahlten Zimmerpreise einer reduzierten Preisbildung. So erhalten beispielsweise Unternehmen unter der Voraussetzung, dass sie über das Jahr eine vertraglich vereinbarte Zimmeranzahl buchen, reduzierte Firmenraten, zu denen die Mitarbeiter im Hotel übernachten können. Auch Reisende, die im Rahmen einer im Hotel abgehaltenen Konferenz übernachten, unterliegen in der Regel einer reduzierten Preisbildung.

Entscheidenden Einfluss auf die Nachfrage aus dem Geschäftsreisesegment haben die lokale Wirtschaftslage sowie die allgemeinen wirtschaftlichen Bedingungen einer Destination. Sie beeinflussen neben der Übernachtungshäufigkeit auch die Übernachtungsdauer. Wirtschaftliche Rezessionsphasen führen in der Regel zu einem gesteigerten Sparverhalten in den Unternehmen und damit zu einer geringeren Übernachtungshäufigkeit und -dauer. Generell ist auch davon auszugehen, dass Dienstleistungsbetriebe aufgrund ihrer Personalintensität den Geschäftstourismus fördern. Im Vergleich zu den Gästen, die aus freizeittouristischen Motiven in eine Destination kommen, sind Geschäftsreisende tendenziell weniger preissensibel. Dies ist in erster Linie darauf zurückzuführen, dass Letztere ihre Übernachtungsausgaben in der Regel nicht aus eigener, versteuerter Tasche bezahlen, sondern diese von den Unternehmen übernommen werden. **Einflussfaktor Wirtschaft**

Im freizeittouristischen Bereich spielen Sehenswürdigkeiten vor Ort und in der Umgebung eine bedeutende Rolle. Hierzu zählen neben landschaftlichen, kulturellen und historischen Attraktivitätsfaktoren insbesondere auch Einrichtungen gesundheitsförderlicher Art, wie z. B. Spa- und Wellness-Einrichtun- **Freizeitbereich** gen etc. Die Nachfrage aus dem freizeittouristischen Segment erstreckt sich in erster Linie auf die Wochenenden und auf Ferienzeiten. In ausgeprägten Freizeitdestinationen, in denen kein oder nur begrenzt geschäftstouristisches Potenzial vorhanden ist, zeigt sich eine starke Saisonalität, mit teilweise sehr schwierigen Monaten in der Nebensaison. Charakteristisch für Freizeitreisende ist die grundsätzlich stärkere Preissensibilität als bei Geschäftsreisenden. Das Freizeitreisesegment ist durch eine hohe Anzahl an Einzel- und Gruppenreisenden gekennzeichnet, welche häufig auch über Mittler, wie beispielsweise Reiseveranstalter, buchen.

7-Tage-Markt Von einem 7-Tage-Markt spricht man, wenn die Destination über eine relativ ausgeglichene Nachfrage unter der Woche und an den Wochenenden verfügt. So verbuchen beispielsweise der Hamburger und Münchner Hotelmarkt aufgrund der sowohl touristischen Attraktivität als auch der wirtschaftlichen Relevanz ein vergleichsweise ausgeglichenes Verhältnis von Freizeit- und Geschäftsreisenden. Während die Geschäftsreisenden für eine gewisse Sockelauslastung unter der Woche sorgen, füllen die Freizeitreisenden die Hotels an den Wochenenden. „Tote Zeiten", die in anderen Destinationen zu einem Druck auf die durchschnittlichen Belegungsraten führen, sind somit vergleichsweise ausgeschlossen. Die ideale Kombination ist ein 24/7-Markt, d. h. eine Stadt, die 24 Stunden für Touristen attraktiv ist bzw. Übernachtungsnachfrage verzeichnet. Beispiele hierfür sind New York, Tokio und Paris.

Verkehrsanbindung Sowohl aus geschäftstouristischer als auch aus freizeittouristischer Sicht von hoher Relevanz ist die verkehrstechnische Anbindung eines Hotelmarktes. Insbesondere das Vorhandensein eines Flughafens mit sowohl nationalen als auch internationalen Anbindungen trägt zu einem hohen touristischen Aufkommen bei. Übernachtungen werden dabei nicht nur von den Passagieren, sondern auch von den Fluggesellschaften selbst generiert, die ihre Crew-Mitglieder in den Hotels unterbringen. Von über die letzten Jahre zunehmender Bedeutung ist die vielerorts wachsende Anzahl an innereuropäischen Verbindungen mit Low-Cost-Fluglinien.

Auswirkungen hat diese Entwicklung jedoch in erster Linie auf touristisch orientierte Hotels, da das beim Flug gesparte Geld nur selten in luxuriöse Übernachtungen investiert wird. Auch weitere Verkehrsmittel, wie beispielsweise der ICE, sind als Nachfragegeneratoren von Bedeutung, wenn sich diese auch teilweise eher konträr auf die Nachfrageentwicklung auswirken. Schnellere und häufiger verkehrende Züge zwischen den deutschen Schlüsselmärkten haben in der Vergangenheit zu der Tendenz geführt, auf die Übernachtung im Hotel zu verzichten.

4.2 Standortkriterien am Mikrostandort

Neben dem Makrostandort spielen auch, wie bereits angesprochen, der Mikrostandort und seine Charakteristika eine herausragende Rolle hinsichtlich der Zusammensetzung des Gästemixes und der damit einhergehenden Bedeutung für die Ertragssituation der einzelnen Betriebe. Bei der Wahl des Mikrostandortes geht es in erster Linie darum, positive Auswirkungen, z. B. die Nähe zu touristischen Attraktivitätsfaktoren und Erreichbarkeit verstärkend auszuschöpfen und negative Auswirkungen, wie beispielsweise Lärm, zu verhindern oder zu dämpfen.

Die Kriterien für einen optimalen Mikrostandort sind dabei von der Konzeption und dem anvisierten Gästemix des Hotels abhängig. Für ein Motel oder Flughafenhotel ist das Hauptkriterium beispielsweise in der Nähe und der bequemen Erreichbarkeit des jeweiligen Verkehrsmittels zu sehen, während für ein Ressorthotel die landschaftliche Attraktivität im Vordergrund steht. Bei einem Stadthotel ist prinzipiell von dem folgenden Kriterienkatalog auszugehen:

Kriterien für optimalen Standort

- Nähe zu Nachfragegeneratoren, geschäftlicher und/oder freizeittouristischer Art,
- bequeme Erreichbarkeit mit öffentlichen und nicht öffentlichen Verkehrsmitteln,
- gute Sichtbarkeit, aus allen Richtungen und mit allen Verkehrsmitteln anreisend,
- Attraktivität und Belebtheit der unmittelbaren Umgebung des Hotels.

5. Hotelnachfrage

Der Nachfrage nach Hotelübernachtungen liegen von Seiten des Gastes unterschiedliche Motivationen zugrunde, die wiederum auch die Wahl des Hotels nach Standort, Kategorie und Serviceleistungen beeinflussen. Neben dem Aufenthaltsmotiv spielt bei der Wahl des Hotels auch die Herkunft des Gastes eine Rolle. Unterschieden wird in diesem Zusammenhang in der Regel zwischen Gästen nationaler und internationaler Herkunft.

5.1 Gästesegmente nach Aufenthaltsmotiv

Nach dem Aufenthaltsmotiv lassen sich Gäste vereinfacht in Freizeit- und Geschäftsreisende sowie in Reisende, die aus diversen anderen Gründen ein Hotel aufsuchen, einteilen. In das Gästesegment der Freizeitreisenden fallen in erster Linie Privat- oder Gruppenreisende, welche individuell oder über einen Reiseveranstalter buchen, im Rahmen einer kürzeren oder längeren Reise ein Hotel frequentieren und selbst für die Hotelkosten aufkommen. Ihre Motivation liegt tendenziell nicht in der Übernachtung an sich begründet, vielmehr macht der Hotelaufenthalt in den meisten Fällen einen großen Teil der gesamten Reise aus, d. h. die Motivation der Freizeitreisenden ist in der Regel in dem „Erlebnis" Hotel und am Standort begründet.

Freizeitreisende

Geschäftsreisende hingegen sind Gäste, die zum Beispiel aufgrund ihrer beruflichen Tätigkeit oder eines Messe- oder Kongressbesuchs in einem Hotel übernachten und sehr oft von speziellen Firmenpreisen profitieren, oder Gäste, die an einer Tagung im Hotel teilnehmen und in diesem dann auch nächtigen. Ihre Motivation ist in der Regel in der reinen Übernachtungs- bzw. Verpflegungsleistung begründet, das Hotel ist das Mittel zum Zweck.

Geschäftsreisende

Zu den übrigen Gästesegmenten zählen unter anderem Airline Crews, Incentive-Gruppen und Mitarbeiter anderer, der gleichen Kette zugehöriger, Hotels.

In der nachfolgenden Tabelle werden zusammenfassend einige wesentliche Unterscheidungsmerkmale zwischen den Hauptgästegruppen Freizeit- und Geschäftsreisende aufgezeigt:

	Freizeitreisende	**Geschäftsreisende**
Aufenthaltsort	Städte und Ferienregionen	Städte
Aufenthaltszeit	Wochenende/Ferien	Wochentage
Aufenthaltsdauer	Kurz oder lang	Kurz
Preissensibilität	Tendenziell höher	Tendenziell niedriger
Qualitätssensibilität	Tendenziell niedriger	Tendenziell höher
Personen pro Zimmer	Einzel-, Doppel- und Mehrfachbelegung	Tendenziell Einzelbelegung
Quelle: Jones Lang LaSalle Hotels		

Abb. 4: Charakteristika Freizeit- und Geschäftsreisende

Ausgewogenheit von Vorteil

Für eine Destination ist grundsätzlich eine ausgewogene Gästesegmentierung nach Aufenthaltsmotiv von Vorteil. Verschiedene touristische Standbeine minimieren das Risiko, das mit dem Wegfall eines dominierenden Gästesegments unter Umständen verbunden wäre. Darüber hinaus ergänzen sich Freizeit- und Geschäftsreisende aufgrund ihrer unterschiedlichen Aufenthaltszeiten und ermöglichen dadurch einen kontinuierlichen Gästestrom über die Woche und auch übers Jahr gesehen. In einer Stadt, die primär Geschäftsreisende anzieht, ist es aufgrund der geringen Nachfrage an Wochenenden und zu Ferienzeiten beispielsweise schwierig, eine durchschnittliche Zimmerauslastung von über 70 % zu erzielen.

5.2 Gästesegmente nach Herkunft

Auslands- vs. Inlandstourismus

Ein weiteres Unterscheidungsmerkmal ist die Einteilung der Gäste nach ihrer Herkunft, wobei im Allgemeinen zwischen inländischen und ausländischen Gästen unterschieden wird. Ausländische Gäste weisen in der Regel eine geringere Preissensibilität und eine längere Aufenthaltsdauer als inländische Gäste auf. Darüber hinaus nächtigen internationale Gäste bevorzugt in Kettenhotels, die ihnen bekannt sind, eine gewisse „Sicherheit" im zu erwartenden Standard geben und auch von ihren Heimatländern aus gut gebucht werden können. Ein wesentlicher Vorteil des Inlandstourismus liegt in seiner Stabilität, da dieser weniger von potenziell den Gästestrom schwächenden Ereignissen (beispielsweise politische Lage, Terror, Epidemien) betroffen ist als dies beim internationalen Tourismus der Fall ist. Die Internationalität des Gästemixes wird wesentlich von der Erreichbarkeit, dem Bekanntheitsgrad, den freizeittouristischen Attraktivitätsfaktoren sowie der internationalen Ausrichtung der ansässigen Wirtschaft bzw. Institutionen bestimmt.

5.3 Case Study: Vergleich Hotelmarkt München vs. Frankfurt

Die Bedeutung der zuvor beschriebenen Standortfaktoren für die Nachfrage nach Hotelübernachtungen lässt sich an einer Gegenüberstellung von zwei oder mehreren Hotelmärkten anschaulich verdeutlichen. Im Folgenden werden die Märkte München und Frankfurt gegenübergestellt.

Die nachstehende Tabelle gibt einen Überblick über die jeweiligen Nachfragegeneratoren und ihre Intensität.

Nachfrage-generatoren	München	Frankfurt
Wirtschaft	Vielseitige Wirtschaftsstruktur mit einem Mix aus verarbeitendem Gewerbe und Dienstleistungsunternehmen sowie Klein-, Mittel- und Großbetrieben sowie Konzernen; zahlreiche außeruniversitäre Forschungsinstitute sowie Forschungszentren großer Unternehmen	Führender Finanz- und Bankenplatz Europas; Sitz der Europäischen Zentralbank und der Deutschen Börse; Sitz nationaler und internationaler Konzerne
Flughafen	Der Flughafen Franz-Josef-Strauß ist im Nordosten gelegen mit einer Kapazität von jährlich rund 27 Mio. Passagieren; nach Frankfurt Main Deutschlands wichtigste Drehscheibe; 67 % internationales Passagieraufkommen; S-Bahn-Anbindung	Der Flughafen Frankfurt Main ist Deutschlands meist frequentierter Flughafen und in Europa an dritter Stelle hinter London Heathrow und Charles de Gaulle Paris mit jährlich rund 51 Mio. Passagieren; 86 % internationale Fluggäste; ICE-Anbindung
Kongress	Internationales Congress Center München (ICM) mit einer Kapazität von rund 7.000 Personen	CongressCenter Messe Frankfurt mit einer Kapazität bis zu 2.200 Personen
Messe	Messe München International (MMI) in 17 Hallen; 180.000 m² Ausstellungsfläche; primär nationale Messen der Bauwirtschaft, Umwelttechnologie, Transportwesen und Immobilienbranche; Messeturnus zwei bis fünf Jahre; Leitmessen: Heim & Handwerk, Ispo, Transport & Logistic	Frankfurter Messe in zehn Hallen; 325.000 m² Ausstellungsfläche; zweijähriger Messerhythmus mit bis zu 2,5 Mio. Besuchern; Leitmessen: IAA, Frankfurter Buchmesse
Freizeittouristische Attraktivität	Charme und Historie der Stadt; zahlreiche Sehenswürdigkeiten und Museen; Großveranstaltungen wie das jährliche Oktoberfest mit rund 6 Mio. Besuchern; zahlreiche Einkaufsmöglichkeiten; Attraktionen in der Umgebung, wie Neuschwanstein, Salzburg, Alpenvorland	Museen, Nähe zum Rheingau; sonst wenig freizeittouristisches Potenzial

Quelle: Jones Lang LaSalle Hotels

Abb. 5: Vergleich Standortfaktoren München und Frankfurt

Der Vergleich der Standortfaktoren für Frankfurt und München zeigt, dass beide Städte sowohl national als auch international von großer wirtschaftlicher Bedeutung sind und demnach auch einen Großteil ihres Übernachtungspotenzials aus diesem Segment generieren. Insbesondere Frankfurt profitiert von dem hohen Anteil an dienstleistungsbasierter (Banken/Versicherungen) Nachfrage und vom Flughafen Frankfurt Main als Kontinentaleuropas wichtigster internationalen Nabe. Zudem gehört die Messe Frankfurt zu den wichtigsten

Messestandorten der Bundesrepublik und ist einer der wichtigsten internationalen Messeschauplätze. Damit trägt insbesondere auch die Messe in Frankfurt zur Internationalität der Hotelnachfrage bei. München, auf der anderen Seite, verfügt neben dem Geschäftsreisetourismus, gestärkt durch den Ausbau des Münchener Flughafens und Münchens Bedeutung als nationale und internationale Messe- und Kongressstadt, auch über ein zweites Standbein, den Freizeittourismus. Dieser trägt dazu bei, dass die Hotels der Stadt auch an den Wochenenden und zu Ferienzeiten eine gute Auslastung verbuchen können, während die Frankfurter Hoteliers aufgrund der niedrigen freizeittouristischen Nachfrage mit „toten" Zeiten an den Wochenenden und zu Ferienzeiten zu kämpfen haben, welche deutlich auf die erzielten Auslastungsraten drücken.

Eine Zusammenfassung der Charakteristika der beiden Hotelmärkte findet sich in der folgenden Tabelle.

Charakteristikum	München	Frankfurt
Saisonalität	7-Tage-Markt	„Tote" Zeiten an den Wochenenden und zu Ferienzeiten
Aufenthaltsdauer	⌀ 2,0 Tage	⌀ 1,7 Tage
Gästesegmente nach Motiv	Ausgeglichener Mix an Geschäfts- und Freizeitreisenden	Großer Anteil an Geschäftsreisenden, wenig Freizeitreisende
Gästesegmente nach Herkunft	Schwache Dominanz nationaler Übernachtungen (60 % national und 40 % international)	Ausgeglichener Gästemix nach Herkunft (rund 50 % international und 50 % national)
Quelle: Jones Lang LaSalle Hotels		

Abb. 6:   Charakteristika der Hotelmärkte München und Frankfurt

6.   Hotelkonzeption

Große Vielfalt Es gibt unterschiedlichste Hotelkonzeptionen, die nicht zuletzt durch die Art des Hotels (beispielsweise Stadt- oder Ferienhotel), wie in Abschnitt 2 näher beschrieben, bestimmt werden. Grundsätzlich sollte sich eine Hotelkonzeption am Makro- und Mikrostandort und Hotelmarkt, an den anvisierten Gästesegmenten und an den bestehenden und zukünftigen Mitbewerbern orientieren. Zudem ist, um eine operative Effizienz zu gewährleisten, auf eine schlüssige Gestaltung der Front-of-house- (den Gästen zugänglich) und Back-of-house-Bereiche (lediglich dem Personal zugänglich) zu achten. Hotels, die über einen Konzernanschluss bzw. ein Franchise-System mit einer internationalen Hotelgesellschaft verbunden sind, unterliegen darüber hinaus in ihrer Konzeption generell spezifischen Vorgaben.

Beispiel: Stadthotel Die folgenden Ausführungen werden sich auf den Hoteltyp des Stadthotels mit umfassendem Serviceangebot (Vollhotel) beziehen. Der Typus des Boardinghouses wird aufgrund seiner speziellen Konzeption und der entsprechend differenten Nachfragecharakteristika in den folgenden Betrachtungen außer vor bleiben.

6.1 Zimmer

Größere nationale und internationale Hotelbetreiber streben bei Vollhotels im Allgemeinen Zimmerkapazitäten von rund 120 bis 150 Zimmern als Minimum an, da aufgrund der im Hotelgewerbe vorherrschenden Kostenstruktur mit einem relativ hohen Anteil an Fixkosten eine geringere Zimmeranzahl eine effiziente Betriebsführung erschwert. Darüber hinaus setzt ein ausgeglichener Gästemix auch zur Bedienung der diversen Gästesegmente (beispielsweise Gruppen- und Konferenzreisende) das Vorhalten einer gewissen Zimmeranzahl voraus. **Anzahl**

Die Zimmergröße orientiert sich generell an der Klassifizierung des Betriebes. Im Rahmen ihrer Klassifizierungsrichtlinien liefert die DEHOGA die folgenden Vorgaben für die Zimmergrößen in den verschiedenen Kategorien: **Größe**

Kategorie	Vorgegebene Mindestzimmergröße	
	Einzelzimmer	Doppelzimmer
1-Stern	8 m²*	12 m²*
2-Sterne	12 m²	16 m²
3-Sterne	14 m²	18 m²
4-Sterne	16 m²	22 m²
5-Sterne	18 m²	26 m²

* ohne Hinzuziehung der Nasszelle
Quelle: Deutscher Hotel- und Gaststättenverband (DEHOGA), Deutsche Hotelklassifizierung, www.hotelsterne.de, Stand 30. Mai 2005.

Abb. 7: Mindestzimmergrößen Deutsche Hotelklassifizierung

Anzumerken ist in diesem Zusammenhang, dass diese Richtlinien lediglich Mindestvorgaben für die Klassifizierung nach Sternen sind. Um den Anforderungen hotelerfahrener Gäste nach Großzügigkeit im Zimmerbereich gerecht zu werden, liegen die Zimmergrößen, insbesondere in neueren Hotels mit internationalem Kettenanschluss, in der Regel über den von der DEHOGA gesetzten Mindestvorgaben.

Eine Einteilung der verschiedenen Zimmertypen kann grundsätzlich nach dem Bettentyp erfolgen. So ist, in Anlehnung an die folgenden Bettenstandards, zwischen Einzel- und Doppelzimmern zu unterscheiden: **Bettentyp**

- Einzelbett (i. d. R. 0,80 × 1,90 m),
- Queen Bett (i. d. R. 1,40 × 2,00 m),
- Doppelbett (i. d. R. 1,60 × 2,00 m),
- Kingsize Bett (i. d. R. 2,00 × 2,00 m),
- Twin (i. d. R. zwei Betten à Minimum 0,80 × 1,90 m).

Neuere Hotels und Kettenhotels verfügen in der Regel nicht mehr über mit reinen Einzelbetten ausgestattete Einzelzimmer. Durch die Ausstattung von Hotels mit Kingsize-, Queen-, Twin- und Doppelbetten sowie Zimmern, die um ein drittes Bett (beispielsweise Zustellbett oder Schlafcouch) ergänzt werden können, bewahren sich die Hotels eine größtmögliche Flexibilität in der Vermarktung an verschiedene Gästesegmente. Diese Entwicklung weg von den reinen Einzelzimmern wird zudem den gestiegenen Gästeansprüchen nach mehr Fläche gerecht. Auch Einzelreisende erhalten in der Regel Kingsize- oder Queen-Betten. Grundsätzlich ist darauf zu achten, dass das Verhältnis von Zimmern, die über lediglich ein großes Bett sowie Zimmer, die über separate Betten (Twin) verfügen, ausgeglichen ist. Dies ist zum einen wichtig, da beispielsweise asiatische Gäste tendenziell Twin-Zimmer bevorzugen und zum anderen, um insbesondere der Nachfrage von Gruppenreisenden bzw. Konferenzgästen, von denen regelmäßig Doppelzimmer auch für Nicht-Paare nachgefragt werden, gerecht zu werden.

Ausstattung Neben der Einteilung der Zimmertypen nach der Art des Bettes kann auch eine Einteilung nach der Ausstattung des Zimmers erfolgen. Insbesondere Kettenhotels verfügen über eine Reihe unterschiedlicher „Zimmerkategorien". Neben Standardzimmern, die in der Regel über die gängigen Ausstattungsmerkmale verfügen, existieren übergeordnete Kategorien, die in ihrer Bezeichnung und in ihren Unterscheidungsmerkmalen von Kette zu Kette und Hotel zu Hotel variieren. Gängige Bezeichnungen sind Superior, Business oder Komfort; zu den Unterscheidungsmerkmalen zählen unter anderem die Größe, die Aussicht, die Ausstattung, z. B. Kaffee- und Teestation, Hosenbügler oder Faxgerät, bzw. das Serviceniveau, z. B. kostenlose Morgenzeitung, Freigetränke aus der Minibar oder sonstige Vergünstigungen. Einige Hotelketten verfügen in den Hotels der 4- und 5-Sterne-Kategorien auch über gesonderte Etagen, häufig auch Executive-, Concierge- oder Club-Etage genannt, deren Gästen spezielle Serviceleistungen, wie beispielsweise eine eigene Lounge oder eine separate Rezeption zur Verfügung stehen.

Suiten Ein weiterer Zimmertypus sind die Suiten. Unterschieden wird in der Regel zwischen Junior Suiten, die über einen kombinierten Wohn- und Schlafbereich verfügen, Suiten, bei denen der Wohn- und Schlafbereich getrennt ist und weiteren Arten, wie beispielsweise die Präsidenten- oder Honeymoon Suite, die sich neben ihrer Größe auch durch ein besonderes Serviceniveau, z. B. Butlerservice, auszeichnen. Die Zimmergrößen sind bei diesem Zimmertypus nach oben hin offen, beginnen jedoch in der Regel bei rund 30–35 m² (ohne Badezimmer) im Junior-Bereich. Prinzipiell ist davon auszugehen, dass für Suiten lediglich in den gehobenen Kategorien, d. h. in der 4- und 5-Sterne-Kategorie, nachhaltig Nachfrage besteht. Zwar bieten Suiten, vor allem im Luxusbereich, eine gute Verdienstmöglichkeit für das Hotel, jedoch sollte das Umsatzpotenzial nicht überschätzt werden. Abhängig vom Marktumfeld und Makrostandort werden Suiten oft für Upgrades vergeben und generieren somit nur begrenzt zusätzlichen Umsatz für das Hotel.

Bäder Die Badezimmer sind in der 4-Sterne-Kategorie mit mindestens 5–6 m² vorzusehen und sollten zumindest zum Teil über Badewannen verfügen, um auch den Ansprüchen ausländischer Gäste gerecht zu werden.

Um insbesondere auch den Ansprüchen internationaler Gästesegmente als auch den anspruchsvollen und vielgereisten Geschäftsreisenden zu entsprechen, sollte die Ausstattung der Zimmer nach internationalen Standards gestaltet sein und zumindest im 4- und 5-Sterne-Bereich über die folgenden Elemente verfügen: Minibar, Safe, Telefon mit ISDN Anschlüssen, Mailbox und Dataport, Kabel-TV mit Internetzugang (auch über WLAN) und Pay TV, gegebenenfalls Kaffee- und Teestation. Zudem sind ausreichend Nichtraucherzimmer, jeweils auf einer separaten Etage, vorzusehen.

Zu den technischen Einrichtungen der Gästezimmer gehören in erster Linie Klimaanlagen. Diese zählten noch vor einigen Jahren eher zum amerikanischen Standard, werden von den Gästen jedoch auch immer mehr in Deutschland gefordert. So sind heute nahezu alle neueren deutschen Hotels über alle Kategorien mit Klimaanlagen ausgestattet. Neben Rauchmeldern sehen internationale Betreibergesellschaften in der Regel für das gesamte Haus aus Sicherheitsgründen auch Sprinkleranlagen vor. **Technische Einrichtungen**

Prinzipiell ist jedoch davon auszugehen, dass sich Zimmergröße und Gestaltung im Vergleich zu den Mitbewerbern als adäquat erweisen müssen und auch auf die unterschiedlichen Gästebedürfnisse ausgerichtet sein sollten.

6.2 Gastronomie

Hotels können grundsätzlich über die folgenden gastronomischen Einrichtungen, auch Outlets genannt, verfügen: **Outlets**

- **Frühstücksrestaurant:** hier wird das Frühstück, häufig in Buffet-Form gereicht,
- **À-la-carte-Restaurant:** die Gäste wählen von einer Speisekarte,
- **Buffet-Restaurant:** die Gäste bedienen sich selbst,
- **Bar:** neben Getränken werden hier auch kleinere Speisen und Snacks angeboten – zu unterscheiden ist zwischen der Lobby Bar (in die Lobby integriert und i. d. R. ganztätig geöffnet), der Bistro Bar (umfangreicheres Speisenangebot, i. d. R. über Mittag und Abend geöffnet) und der Bar (hauptsächlich in den Abendstunden geöffnet),
- **Lounge:** steht i. d. R. einem ausgesuchten Publikum zur Verfügung (beispielsweise Gästen der Executive-Etage).

Die Anzahl, Größe und Gestaltung der gastronomischen Einrichtungen ist dabei grundsätzlich abhängig von der Klassifizierung des Hotels, der Zimmeranzahl und dem gewöhnlichen Doppelbelegungsfaktor (Anteil der Zimmer, die als Doppelzimmer belegt werden), dem gastronomischen Angebot in unmittelbarer Standortumgebung, der potenziellen Nachfrage durch Passanten sowie der Größe des Konferenzbereichs. Häuser höherer Kategorien und Hotels mit einem großen Konferenz- und Veranstaltungsbereich verfügen über tendenziell umfangreichere Gastronomieflächen, da hier eine größere Anzahl von Gästen zum gleichen Zeitpunkt gastronomisch zu bedienen ist. Von großer Wichtigkeit sind ausreichende Kapazitäten im Frühstückbereich, da es hier bei guter Auslastung des Hotels zu Stoßzeiten kommen kann, die effizient abgefangen werden müssen. **Anzahl/Größe/ Design**

Für ein 4-Sterne-Stadthotel ist dabei grundsätzlich mindestens ein Restaurant, welches sowohl für Frühstück als auch für Mittag- und Abendessen (À-la-carte und Buffet) genutzt werden kann, vorzusehen. Die Lobby bietet als hoch frequentierter Ort im Hotel ein interessantes Umsatzpotenzial und somit die Möglichkeit, eine Lobby Bar, möglicherweise zusätzlich zu einer „Abend Bar", zu etablieren. Idealerweise sollte das Hauptrestaurant im Erdgeschoss angesiedelt und von außen separat zugänglich sein, um, je nach Lage des Hotels, auch Passantengeschäft anzuziehen. Eine Lage mit direkter Anbindung an die Küche und den Servicebereich ist aus operativer Sicht unbedingt erforderlich.

„Schlanke" Konzepte Aufgrund der hohen Kostenstrukturen im Gastronomiebereich, hervorgerufen durch einen relativ hohen Wareneinsatz und Servicekosten, zeichnet sich ein Trend hin zu schlanken Gastronomiekonzepten ab. Dabei werden sämtliche gastronomischen Funktionen, d. h. Frühstück, Mittag- und Abendessen, durch ein Restaurant angeboten und häufig durch eine Bar bzw. Lobby Bar ergänzt. Eine weitere Möglichkeit kostengünstiger Führung des Gastronomiebereichs ist das Outsourcing, d. h. die gastronomischen Flächen werden ganz oder teilweise an einen externen Betreiber verpachtet.

6.3 Konferenz

Für ein Stadthotel ist ein Tagungs- und Konferenzbereich als zusätzlicher Umsatzgenerator grundsätzlich von großer Bedeutung. So kann auf die Nachfrage der Unternehmen nach Veranstaltungsflächen eingegangen werden, und auch Bankette und Privatveranstaltungen bieten zusätzliches Umsatzpotenzial.

Anzahl/Größe Hinsichtlich der Anzahl und Größe der einzelnen Räumlichkeiten sowie der Gesamtgröße des Veranstaltungsbereichs und des größten Saales ist grundsätzlich anzumerken, dass die verschiedenen Hotelkategorien unterschiedliche Flächenanforderungen haben. Wichtig ist jedoch prinzipiell, die Veranstaltungsfläche in Relation zur Zimmeranzahl zu sehen, d. h. es sind, je nach anvisiertem Makro- und Mikrostandort sowie in Abhängigkeit der anvisierten Gästesegmente, an der Gesamtzimmeranzahl gemessen ausreichend Konferenzflächen vorzusehen. Der Grund hierfür ist darin zu sehen, dass Konferenzflächen grundsätzlich zu einer Belegung der Zimmer beitragen.

Ballsaal Sämtliche Räume – der Ballsaal jedoch nicht absolut zwingend – sollten über Tageslicht verfügen und multifunktional, d. h. in ihrer Größe durch Versetzen der Trennwände zwischen den Räumen variabel gestaltet sein, um ein hohes Maß an Flexibilität in der täglichen Vermarktung zu gewährleisten und eine Vielzahl von verschiedenen Veranstaltungen ausrichten zu können. Bei der Gestaltung des größten Raumes, bei umfangreicheren Kapazitäten in der Regel als Ballsaal konzipiert, ist eine entsprechende Deckenhöhe und Saalgröße vorzusehen. Darüber hinaus sind entsprechend große und einladende Foyerflächen für Kaffeepausen und auch kleinere Ausstellungen oder Produktpräsentationen bereitzustellen. Vorzugsweise sollte der Tagungs- und Konferenzbereich im Erdgeschoss, räumlich abgegrenzt, aber gut erreichbar von der Lobby und den Gastronomieflächen und nahe der Küche sowie des Servicebereichs liegen.

6.4 Fitness/Wellness

In Abhängigkeit von der Größe und der Klassifizierung des Hotels ist die Einrichtung eines Fitness- und Wellness-Bereichs sinnvoll. Während neuere Hotels der 2- bis 3-Sterne-Kategorie lediglich über kleine Flächen mit Sauna und Fitness verfügen, bieten Häuser der 4- und 5-Sterne-Kategorie hingegen häufig umfangreiche Flächen an. Aus wettbewerbsorientierter Sicht und auch, um den Ansprüchen der Gäste gerecht zu werden, ist für ein 4-Sterne-Hotel die Einplanung eines Fitness- und Wellness-Bereichs mit zumindest Sauna, Erholungsraum und einigen modernen Fitnessgeräten erstrebenswert. Hotels der 5-Sterne-Kategorie verfügen meist auch über umfangreichere Flächen mit einem großzügigen Angebot an Fitness- und Wellness-Einrichtungen wie Pool, Saunen, Massagevorrichtungen etc.

Dimensionierung

Hinsichtlich der allgemeinen Gestaltung dieses Bereiches ist idealerweise auf Tageslicht und eine Klimaanlage Wert zu legen. Im gehobenen bzw. Luxussegment sollten, um den Gästen einen möglichst angenehmen Zugang zu diesem Bereich zu gewährleisten, so genannte „Bademäntelaufzüge", d. h. Aufzüge, die von den Gästeetagen direkt in den Nassbereich führen, ohne dass die Gäste die öffentlichen Bereiche durchqueren müssen, eingeplant werden.

„Bademäntelaufzüge"

Grundsätzlich sollte bei der Planung eines umfangreichen Fitness- und Wellness-Bereichs die Wirtschaftlichkeit dieser Einrichtung im Vordergrund stehen. Bei einer angedachten großzügigen Gestaltung mit Spa, Massagen etc. ist, in Abhängigkeit der Lage und sonstiger Konzeption des Hotels, die Hinzuziehung von externen Betreibern oder die Anbindung an ein nahe gelegenes Fitnessstudio zu überdenken, um so das Ganze wirtschaftlicher zu gestalten.

6.5 Parken

Es ist, je nach Makro- und Mikrostandort des Hotels, davon auszugehen, dass ein Teil der Gäste mit dem Pkw anreist. Dies bedingt, dass ausreichend Parkkapazitäten im Freien oder in einer Tiefgarage vorzuhalten sind, auch um etwaigen Tagesgästen, die aufgrund einer Veranstaltung im Hotel weilen, Parkmöglichkeiten zu bieten. Die Anzahl der zur Verfügung zu stellenden Parkplätze ist neben baurechtlichen Bedingungen grundsätzlich abhängig von der Zimmeranzahl des Hotels sowie der Größe des Konferenz- und Veranstaltungsbereichs. Wichtig zu beachten ist in diesem Zusammenhang der vom Hotel aus unmittelbare Zugang zur Tiefgarage, so dass Gäste direkt und geschützt in das Hotel gelangen können. Zuzüglich zu den Pkw Parkplätzen sind auch bisweilen Parkplätze für Busse vorzusehen.

Parkkapazitäten

7. Leistungsermittlung

Die an dem Betrieb eines Hotels beteiligten Parteien, d. h. Eigentümer und Betreiber, erwarten sich für ihr geleistetes Engagement, zum einen in Form des eingebrachten Kapitals und zum anderen in Form der operativen Tätigkeit, eine Entlohnung. Für den Betreiber ergibt sich diese aus einer, je nach Vertragsform, am operativen Ertrag bemessene Gebühr, der Eigentümer erwartet sich eine Rendite auf sein eingesetztes Kapital. Beide Vergütungsformen orientieren sich am Ertrags- bzw. Leistungspotenzial des Hotels. Grundsätzlich ist

Ertrags-/ Leistungspotenzial

in diesem Zusammenhang anzumerken, dass die Entlohnung der beiden Parteien je nach vertraglichem Verhältnis deutlich unterschiedlich ausfällt.

Anschließend an die zuvor getätigten Überlegungen und Annahmen soll im Folgenden nun gezeigt werden, wie sich die Leistung eines Hotels, niedergeschlagen im erwirtschafteten Cashflow oder EBITDA (Earnings Before Interest, Taxes, Depreciation and Amortization), messen lässt. Anzumerken ist in diesem Zusammenhang, dass das Leistungs- bzw. Ertragspotenzial einer Hotelimmobilie in starkem Maße von den zuvor beschriebenen Faktoren des Makro- und Mikrostandorts, und somit des Angebots und der Nachfrage, sowie der Konzeption des Hotelbetriebes abhängt.

7.1 USALI

Abteilungsorientierte Planerfolgsrechnung

Für die Berechnung des Cashflows bzw. des Betriebsergebnisses eines Hotelbetriebs wird in der Regel das nach internationalen Standards entwickelte „Uniform System of Accounts for the Lodging Industry (USALI)" angewandt, welches inzwischen in neunter und überarbeiteter Auflage vom Educational Institute of the American Hotel & Motel Association in Zusammenarbeit mit der Hotel Association of New York veröffentlicht wurde. Es baut auf dem allgemein genutzten System des „Uniform System of Accounts" auf, berücksichtigt jedoch hotelspezifische Besonderheiten. Das USALI erlaubt es, eine abteilungsorientierte Planerfolgsrechnung aufzustellen. Dabei werden in Form einer kurzfristigen Erfolgsrechnung die Erlöse und Kosten bis zum Cashflow in den gewünschten Zeitabschnitten – meist einem Monat – gegenübergestellt. Sinn und Ziel dieses vereinheitlichten Systems ist es, die finanzielle Situation und die operative Leistung eines bestimmten Hotels mit Betrieben ähnlichen Typus vergleichen zu können.

Drei Faktoren

Die Leistung eines Hotelbetriebes im Logisbereich wird dabei anhand von drei Größen beschrieben:

- durchschnittliche Zimmerauslastung (Occupancy),
- durchschnittliche Netto-Zimmerrate (ADR = Average Daily Rate),
- durchschnittlicher Netto-Logisumsatz pro verfügbarem Zimmer (RevPAR = Revenue per Available Room oder Room Yield).

Neben der unternehmensindividuellen Betrachtungsweise werden diese Kennzahlen auch genutzt, um aus deren Betrachtung von mehreren Häusern im Markt über einen längeren Zeitraum hinweg Trendaussagen zur Marktentwicklung ableiten zu können.

7.2 Zimmerauslastung

Die durchschnittliche Zimmerauslastung eines Hotels ist grundsätzlich dem Gesetz von Angebot und Nachfrage unterworfen. Berechnet wird die durchschnittliche Zimmerauslastung als Anteil der auf einen bestimmten Zeitraum bezogenen belegten Zimmer an den gesamt zur Verfügung stehenden Zimmern. Dabei ist die Auslastung nicht nur Indikator für den Absatz des Hotels, es können zudem Aussagen über allgemeine Marktbedingungen getroffen werden, d. h. wie entwickelt sich beispielsweise die Nachfrage in einem bestimmten Segment in bestimmten Zeiträumen (Saison, Wochenende).

7.3 Zimmerpreis

Die durchschnittliche Netto-Zimmerrate wird berechnet, indem der Beherbergungs- bzw. Logisumsatz durch die Anzahl der belegten Zimmer dividiert wird. Sie stellt den Durchschnittszimmerpreis (ohne Mehrwertsteuer) dar und kann daher als wesentlich besserer Indikator für die Preisbestimmung als die Rack Rate (veröffentlichter Zimmerpreis ohne Berücksichtigung von Sonderkonditionen) gewertet werden. Da die durchschnittliche Netto-Zimmerrate jedoch keine Aussagen über das Absatzvolumen liefert, kann sie irreführend sein und sollte daher durch die aussagekräftigere Kennzahl des Room Yield ergänzt werden.

Netto-Zimmerrate

7.4 Room Yield

Während noch vor einigen Jahren die Verkaufsleistung eines Hotels rein an der Kapazitätsauslastung und dem erzielten durchschnittlichen Netto-Zimmerpreis gemessen wurde, steht heute das Yield- oder auch Ertragsmanagement im Vordergrund. Ziel ist es dabei, den Gästemix so zu optimieren, dass es zu einer Maximierung des Bruttogewinns kommt.

Ertragsmanagement

Gemessen wird der Room Yield an dem durchschnittlichen Netto-Logisumsatz pro verfügbarem Zimmer und ergibt sich aus der Multiplikation von durchschnittlicher Netto-Zimmerrate und durchschnittlicher Zimmerauslastung. Diese Kennzahl ermittelt folglich den Zimmerumsatz pro verfügbarem Zimmer, basierend auf der Gesamtzimmeranzahl des Hotels, und ist somit ein Indikator für die Gesamtumsätze des Beherbergungssektors.

Room Yield = durchschnittliche Zimmerauslastung × durchschnittliche Netto-Zimmerrate

7.5 Umsätze und Kosten

Für die Ermittlung der vom Hotelbetrieb erwirtschafteten Cashflows werden die Umsätze und Kosten gegenübergestellt. Nach dem USALI erfolgt die Aufteilung der betrieblichen Gesamtumsätze in:

Aufteilung

- **Logis:** Umsätze aus der Übernachtungsleistung,
- **Gastronomie:** Umsätze der gastronomischen Outlets, Umsätze im Konferenz- und Veranstaltungsbereich und Frühstücksumsätze,
- **Telefon,**
- **Sonstige:** beispielsweise Umsätze aus Parkgarage, Wäscheservice, Fitness- und Wellness-Bereich.

Von diesen Umsätzen werden die direkten, abteilungsbezogenen Kosten in Abzug gebracht. Sie beinhalten neben den Personalkosten insbesondere auch Wareneinsatzkosten. Von dem so erzielten Abteilungsergebnis werden noch

Kosten, die nicht den jeweiligen Abteilungen direkt zuzuordnen sind, abgezogen. Diese Kosten werden nach dem USALI aufgeschlüsselt in

- **Verwaltung:** administrative Gehälter (inklusive Hotelmanagement), Gebühren für Kreditkartenabrechnungen etc.,
- **Systemkosten:** bei Franchise-Betrieben, Marketingkooperationen etc. zu entrichtende Systemgebühren,
- **Verkauf und Marketing:** Gehälter, Kosten für Marketing- und Werbeaktionen,
- **Energie:** Ausgaben für Wasser, Abwasser, Strom, Heizung etc.,
- **Reparaturen und Instandhaltung:** Personalkosten, alle für den fortlaufenden Erhalt der Hotelimmobilie notwendigen Ausgaben, die nicht von den vertraglich vereinbarten Rückstellungen für die FF&E-Reserve (Furniture, Fixture & Equipment) abgedeckt werden.

GOP Nach Abzug dieser „nicht Abteilungen zuzuordnenden Kosten" als „Zwischenbilanz" – ein besonderes Merkmal der Hotelbranche – erfolgt die Berechnung des operativen (Brutto-)Betriebsergebnisses, des Gross Operating Profit (GOP). Erlöse und Aufwendungen, die direkt mit der Immobilie zusammenhängen (Grundsteuer, Finanzierung, Abschreibungen, Gebäudeversicherungen usw.), werden hier folglich noch nicht berücksichtigt.

NOP Der GOP ist hinsichtlich des Verdienstpotenzials generell aus Betreibersicht von Interesse, während aus Investoren- bzw. Eigentümersicht noch bis zum Netto-Betriebsergebnis (NOP = Net Operating Profit) bzw. Cashflow weiterzurechnen ist. Die weiterführende Berechnung zum Netto-Betriebsergebnis beinhaltet sonstige Abzüge und Erträge (Pacht, Versicherung, Miete, Zinsen, Steuern usw.).

Zudem ist eine FF&E-Reserve (Furniture, Fixture & Equipment), soweit diese über die (betriebsbedingten) Reparaturen, die im Betriebsergebnis enthalten sind, hinausgeht, beinhaltet. Für bestehende Hotels wird in der Regel eine FF&E-Reserve von rund 3–5 % des Gesamtumsatzes angenommen, bei neueren Häusern wird diese in den ersten Jahren niedriger angesetzt.

7.6 Case Study: Cashflow-Einschätzung für ein 4-Sterne-Hotel

Die nachstehende Case Study verdeutlicht die getätigten theoretischen Annahmen anhand eines praktischen Beispiels.

Lage/ Ausstattung Ein privater Investor beabsichtigt, ein 4-Sterne-Hotel (Eröffnungsjahr: 1995) in zentraler Innenstadtlage einer deutschen Großstadt zu kaufen. Das 253-Zimmer-Haus verfügt neben einem Restaurant und einer Lobby Bar auch über einen Konferenzbereich auf insgesamt 560 m² und einen kleinen Fitness-Bereich mit Sauna, Solarium und Whirlpool. Das Hotel wird unter einem Franchise-Vertrag von einer international renommierten Hotelkette geführt. Um die aus diesem Hotel zu erwirtschaftende Rendite einschätzen zu können, beauftragt der Investor seinen Assistenten, anhand der vom Hotelmanagement zur Verfügung gestellten Unterlagen eine Einschätzung des zukünftigen Ertragspotenzials des Hotels, gemessen an den zukünftigen Cashflows, aufzustellen. Zu den überlassenen Unterlagen gehören Informationen zur Marktentwicklung und zu den bestehenden und zukünftigen Mitbewerbern des Hotels, eine genaue Beschreibung und Flächenaufstellung des Hotels und seiner Einrichtungen sowie eine Aufstellung der historischen Betriebsergebnisse.

Die zukünftigen Cashflows werden in der Regel auf die nächsten fünf Betriebsjahre geschätzt, wobei in diesem Beispiel von einem im fünften Jahr stabilisierten Betriebsjahr ausgegangen wird. **Zukünftige Cashflows**

Ein im Vorfeld getätigter Vergleich mit Hotels ähnlicher Lage, Konzeption, Standard und Markenanschluss zeigt, dass das Hotel in der Vergangenheit hinsichtlich Zimmerauslastung und Netto-Zimmerrate wettbewerbsfähige Ergebnisse erzielte und in seiner Kostenstruktur vergleichsweise effizient ist. Es sind daher lediglich geringe Kosteneinsparungspotenziale zu erwarten (vgl. Abbildung 8).

Anmerkungen zur folgenden Abbildung:

Logisumsätze: Zimmerauslastung und Netto-Zimmerrate werden gemäß der historischen Entwicklung des Hotels und der erwarteten Marktentwicklung angenommen. Eine bedeutende Rolle spielen hier auch Entwicklungen im Mitbewerberkreis (Neuzugänge, Erweiterungen oder Renovierung bestehender Mitbewerber).

Gastronomieumsätze: Einschätzung gemäß historischer Daten, unter Berücksichtigung der zukünftig erwarteten Entwicklung im Markt sowie der gegebenen Konzeption (Gastronomie- und Konferenzflächen). Der Frühstücksumsatz für das Hotel wird mit einem durchschnittlichen Doppelbelegungsfaktor von 1,2 kalkuliert.

Direkte, abteilungsbezogene Kosten: Wie die historischen Ergebnisse zeigen, wird das Hotel bereits sehr effizient betrieben, weshalb auch in Zukunft nicht von signifikanten Kosteneinsparungspotenzialen auszugehen ist.

Nicht Abteilungen zuzuordnende Kosten: Die nicht direkt den einzelnen Abteilungen zuzuordnenden Kosten werden gemäß ihrer historischen Entwicklung und den Entwicklungen im Markt (beispielsweise steigende Energiekosten) angenommen. Unter Systemkosten fallen Franchise-Gebühren, deren Berechnung im Franchise-Vertrag festgelegt ist. Die Kosten für Reparaturen und Instandhaltung orientieren sich am Alter und Renovierungsstand der Immobilie sowie an der Höhe der abzuführenden FF&E-Reserve.

Fixe Kosten: Die Grundsteuer wird als inflationär steigend angenommen, die Kosten für Versicherung orientieren sich an den abgeschlossenen Verträgen. Die FF&E Reserve wird gemäß Alter und Zustand der Immobilie angenommen, in dem vorliegenden Fall mit 4 %.

Der Investor erhält von seinem Assistenten die Aufstellung und ist zufrieden. Das Hotel wird in Anbetracht seiner Kategorie, Größe und Konzeption effizient betrieben und kann sich erwartungsgemäß gut im Markt positionieren, was die zu erwartende Zimmerauslastung und Netto-Zimmerrate zeigen. Mit einem Cashflow von rund 27 % der Gesamtumsätze ist das operative Ergebnis des Hotels als gut zu werten.

Position	Bemessungsgrundlage	Stabilisiertes Betriebsjahr	%
Zimmerauslastung		69,0 %	
Netto-Zimmerrate in €		110,0	
Room Yield in €	Zimmerauslastung × Netto-Zimmerrate	75,9	
Umsätze	Als Anteil am Gesamtumsatz	in Tsd. €	
Logis	Room Yield × Zimmeranzahl × 365	7.030	69,9 %
Gastronomie		2.530	25,2 %
Telefon & Sonstige		492	4,9 %
Umsätze gesamt	Summe Logis, Gastronomie, Telefon & Sonstige	10.052	100,0 %
Abteilungskosten	Als Anteil am jeweiligen Abteilungsumsatz		
Logis		2.109	30,0 %
Gastronomie		2.024	80,0 %
Telefon & Sonstige		246	50,0 %
Abteilungskosten gesamt	Summe Logis, Gastronomie, Telefon & Sonstige	4.379	43,6 %
Abteilungsergebnis	Differenz Umsätze gesamt und Abteilungskosten	5.673	56,4 %
Nicht Abteilungen zuzuordnende Kosten	Als Anteil am Gesamtumsatz		
Verwaltung		754	7,5 %
Systemkosten/Franchise Fees		300	3,0 %
Verkauf & Marketing		503	5,0 %
Energie		452	4,5 %
Reparaturen & Instandhaltung		352	3,5 %
Nicht Abteilungen zuzuordnende Kosten gesamt	Summe Verwaltung, Systemkosten, Verkauf & Marketing, Energie, Reparaturen & Instandhaltung	2.361	23,5 %
Gross Operating Profit (GOP)	Differenz Abteilungsergebnis und nicht Abteilungen zuzuordnende Kosten	3.312	32,9 %
Fixe Kosten			
Grundsteuer		101	1,0 %
Versicherung		50	0,5 %
FF&E-Reserve		402	4,0 %
Fixe Kosten gesamt	Summe Grundsteuer, Versicherung, FF&E-Reserve	553	5,5 %
Net Operating Profit (NOP)	Differenz GOP und fixe Kosten	2.759	27,4 %

Quelle: Jones Lang LaSalle Hotels

Abb. 8: Cashflow-Einschätzung für ein 4-Sterne-Hotel

8. Hotelinvestmentmarkt

Für Investoren sind Hotelimmobilien dahingehend von Interesse, dass ihr einst in den Kauf dieser Immobilie investiertes Kapital durch den laufenden Cashflow und den Verkauf derselbigen verzinst wird, d. h. der Investor erzielt eine Rendite auf sein investiertes Kapital. Zu unterscheiden ist in diesem Zusammenhang in erster Linie zwischen Bestandsimmobilien und Hotelentwicklungen. Grundsätzlich unterliegen diese jedoch ähnlichen Einflussfaktoren, nur dass bei Hotelentwicklungen die Zeit bis zum tatsächlichen Cashflow länger dauert. Im Folgenden soll erläutert werden, wie sich der Markt der Hotelimmobilien insbesondere in Deutschland darstellt, d. h. durch welche Teilnehmer die Hotelinvestmentmärkte geprägt sind und welche Investitionskriterien im Allgemeinen zugrunde liegen. Abschließend wird ein Überblick über die aktuellen Trends zu geben sein.

Bestandsimmobiien vs. Hotelentwicklungen

8.1 Marktteilnehmer

Grundsätzlich ist bezüglich der Nutzung einer Hotelimmobilie zwischen drei Hauptbeteiligten zu unterscheiden: Projektentwickler, Investoren bzw. Eigentümer und Betreiber. Zu unterscheiden sind die Beteiligten neben der zeitlichen Abfolge ihrer Mitwirkung hauptsächlich in den Leistungsinhalten sowie in ihren differenzierten Interessenlagen.

Aufgabe und Ziel der Projektentwickler ist es, die Grundlagen für die Realisierung einer Hotelimmobilie zu schaffen, d. h. Machbarkeitsstudie, Standortwahl, Konzeptionsentwicklung etc., die Immobilie zu bauen und diese an den Endinvestor zu einem späteren Zeitpunkt zu veräußern. Dies erfolgt in der Regel in betriebenem Zustand, d. h. es ist auch Aufgabe der Projektentwickler, einen Pacht- oder Managementvertrag mit einem entsprechenden Betreiber abzuschließen. Prinzipiell ist festzuhalten, dass das Interesse von Projektentwicklern an Hotelimmobilien in der Vergangenheit stark zugenommen hat und auch zukünftig weiter zunehmen wird.

Projektentwickler

Investoren bzw. Eigentümer lassen sich in fünf große Gruppen einteilen: Hotelbetreibergesellschaften, Investmentfirmen, Eigennutzer, wie beispielsweise bei Familienbetrieben, institutionelle Investoren (z. B. Immobilienfonds, Pensionskassen, Versicherungen) sowie private Investoren. Hinsichtlich der Charakteristika der einzelnen Gruppen ist anzumerken, dass große Hotelgesellschaften mit ihren weltumspannenden Portfolios sowohl an einzelnen Häusern als auch an ganzen Portfolios Interesse haben. Während Eigennutzer eher in kleiner proportionierte Immobilien investieren und die Häuser selbst betreiben, investieren institutionelle Investoren bevorzugt in größere Objekte.

Investor/ Eigentümer

Während institutionelle Investoren in der Regel zu den eher konservativen Investoren zählen, d. h. sie erwarten eine stabile Performance und sind bereit, diese mit niedrigeren Renditeerwartungen zu kompensieren, zählen insbesondere Investmentfirmen zu den eher risikofreudigen Investoren. Diese haben höhere Renditeerwartungen und investieren daher bevorzugt in Hotels mit hohem Risiko und Ertragspotenzial.

Zu den aktivsten Investorengruppen für Hotelimmobilien in Deutschland zählen seit mehreren Jahren offene und geschlossene Immobilienfonds. Sie hatten

Fonds

in den letzten Jahren in Folge der Rückgänge an den Aktien- und Kapitalmärkten gestiegene Kapitalzuflüsse zu verzeichnen und standen somit unter erheblichem Anlagedruck. Bis vor kurzem kamen geschlossene Fonds auch noch in den Genuss von Steuerbegünstigungen. So rücken mehr und mehr auch Hotelimmobilien als Kapitalanlagen in das Blickfeld der Fonds, nicht zuletzt auch vor dem Hintergrund, ihre Portfolios auf eine breitere Basis zu stellen. Zwar sind Fonds sehr selektiv hinsichtlich der Qualität und Lage der Immobilien, jedoch sind sie aufgrund geringerer Kapitalbeschaffungskosten sowie geringerer Renditeerwartungen im Vergleich zu anderen Investoren von großer Attraktivität. Zudem erwarten sie, nicht zuletzt auch aus rechtlichen Gründen (in Deutschland), garantierte Einkünfte, in der Regel in Form einer Pachtzahlung von Seiten der Betreiber.

Stärke des Betreibers

Um ein Hotelprodukt am Markt durchsetzen, d. h. um eine angemessene Rendite erzielen zu können, bedarf es einer gewissen Stärke und Akzeptanz des Betreibers, insbesondere auch im überregionalen/internationalen Beherbergungsmarkt. Neben dem operativen Betrieb einer Hotelimmobilie können Betreibergesellschaften jedoch auch die Funktion von Investoren bzw. Eigentümern übernehmen. Global hat sich in den vergangenen Jahren die Anzahl der im Eigentum von Betreibergesellschaften stehenden Häuser deutlich verringert.

8.2   Investitionskriterien

Risiko durch operative Abhängigkeit

Für Investoren sind Hotels grundsätzlich interessante Engagements, die allerdings eher langfristig zu betrachten sind und ihren Wert größtenteils, wie bereits angesprochen, aus dem Geschäftsbetrieb beziehen. Die operative Abhängigkeit stellt somit zwar zum einen ein höheres Investitionsrisiko dar, auf der anderen Seite bieten Hotelimmobilien jedoch auch Chancen auf höhere Renditen. Für Investoren von großem Interesse ist demnach das Ertrags- bzw. Leistungspotenzial der Immobilie, welches sich aus der Kombination von Makro- und Mikrostandort und den damit verbundenen Nachfrage- und Angebotsfaktoren und aus der Hotelkonzeption, vor allem hinsichtlich Volumen und Klassifizierung, ergibt. Zudem sind ein bonitätsstarker Betreiber und ein für den Investor entsprechend positiver Betreibervertrag von großer Bedeutung für die vom Hotelbetrieb zu erwirtschaftende Rendite für den Eigentümer bzw. Investor. Neben den rein renditeorientierten Investitionsgesichtspunkten spielen teilweise auch strategische Hintergründe eine Rolle. So sind insbesondere Standorte in 1a-Lagen von allgemein großem Interesse für Investoren, da diese, dazu noch in Verbindung mit qualitativ hochwertigen Immobilien, eher selten zu haben sind. Allgemein weniger stark ausgeprägt sind emotional gelenkte Investitionen in Hotelimmobilien, wenngleich noch mehr als z. B. bei Büroimmobilien.

Grundsätzlich ist, wie in anderen Bereichen auch, eine starke Lenkung der Investitionen durch Renditeüberlegungen zu erkennen.

8.3 Trends

Transnationales Investment

Auf den europäischen Märkten und insbesondere auch auf dem deutschen Hotelmarkt lässt sich beobachten, dass das Hotelinvestment zunehmend europäischer bzw. internationaler wird. Zwar kommen Investoren, die im eigenen Land kaufen, immer noch auf einen Anteil von ca. 50 % des gesamten europäischen Transaktionsvolumens (Einzel- und Portfoliotransaktionen 2004), grenzübergreifend agierende Investoren haben mittlerweile jedoch aufgeschlossen: die zweite Hälfte vom Hotelinvestmentkuchen gehört dem transnationalen Investment. Die verbesserte Transparenz auf dem europäischen und auch deutschen Hotelmarkt, nicht zuletzt auch bedingt durch die Einführung der gemeinsamen Währung, erleichtert es Investoren zunehmend, Crossborder-Hotelinvestitionen zu tätigen und somit ihre Portfolios regional zu differenzieren. Kapital ist „flexibler" geworden und selbst viele ursprüngliche US-Firmen sind inzwischen mehr als europäische einzustufen.

Banken

Die zunehmende Transparenz des Hotelinvestmentmarktes führt auch dazu, dass sich immer mehr Banken auf dem Hotelinvestmentparkett bewegen. So sind deutsche, österreichische, niederländische und britische Banken in den meisten Ländern Europas bereits sehr aktiv, während sich jedoch Hotelimmobilienfinanzierung in den neuen EU-Ländern noch nicht in gleichem Maße etabliert hat. Diese Märkte werden von den Banken noch mit Vorsicht betrachtet. Bevorzugt werden bestehende Hotels, die bereits etabliert sind und gute Umsätze und Gewinne vorweisen können.

Der Markt in Deutschland

Deutschland gehörte in der Vergangenheit zu den Märkten Europas mit der größten Investmentaktivität. So zeigte sich insbesondere zu Beginn des neuen Jahrtausends und in Folge des allgemeinen Rückgangs an den europäischen Hotelmärkten über die letzten Jahre ein antizyklisches Investitionsverhalten. Ein Großteil des in den letzten Jahren investierten Kapitals in Hotelimmobilien beruht auf dem Vertrauen in einen erwarteten Aufschwung an den Hotelmärkten. So suchen insbesondere opportunistische Käufer nach Objekten in Märkten, welche sich am Ende des Zyklus befinden, um dann von einem Aufschwung zu profitieren. Unterstützt wird diese Entwicklung noch durch die Tatsache, dass die internationalen Kapitalmärkte etwas an Attraktivität verloren haben, weshalb Investoren zunehmend Gefallen an der Dynamik von Hotelimmobilien finden und insbesondere das relativ schnelle Erholungspotenzial dieser Anlageform schätzen.

Die Hürde Nummer eins wird jedoch die Verfügbarkeit von qualitativ hochwertigen Produkten in strategischen Lagen bleiben. Viele der Eigentümer derartiger Immobilien haben diese geduldig durch das Tief im Markt gebracht und warten seit 2004 auf einen Aufschwung am Markt, in der Hoffnung, dass somit ihre hohen Preiserwartungen erfüllt werden.

Antizyklische Chancen

Auch in Zukunft werden antizyklische Investmentchancen groß geschrieben werden. Investoren, die sich dieser Strategie bedienen, werden ihren Fokus europaweit auf verschiedene Länder und Städte richten, die absehbar das Ende der Talsohle durchschritten haben. In Märkten, die derzeit noch mit dem vergangenen und aktuellen Angebotszuwachs zu kämpfen haben, dominiert dagegen abwartendes Verhalten: Kaufinteresse besteht erst bei Performancesteigerung oder -verbesserung. In Erwägung gezogen wird aber grundsätzlich auch der Erwerb für alternative Nutzungen.

9. Schlussbemerkung

Lukrative Objekte

Hotelimmobilien können interessante und lukrative Investitionsobjekte sein, die jedoch aufgrund ihrer von anderen gewerblichen Immobilien abweichenden Besonderheiten eines guten Verständnisses der Einflussfaktoren bedürfen. Ziel dieses Beitrages sollte es daher sein, dem Leser einen grundlegenden Überblick über die Immobilie Hotel zu geben.

Hotelimmobilien müssen prinzipiell die Renditeerwartungen von zwei Parteien, dem Eigentümer und Betreiber, erfüllen. Ausnahmen bilden hier diejenigen Hotels, bei denen die Eigentümer- und Betreiberfunktion in Personalunion ausgeführt werden. Der Eigentümer erwartet eine Verzinsung auf sein eingesetztes Kapital, während der Betreiber eine Entlohnung für seine operative Tätigkeit fordert. Für beide Parteien errechnet sich die Rendite letztendlich aus dem Cashflow des Hotelbetriebes. Die Kenntnis der diesen Cashflow beeinflussenden Faktoren ist somit unerlässlich.

Profundes Know-how obligatorisch

So sind von beiden Seiten profunde Kenntnisse zu den Betriebsformen und den damit eng verbundenen Betreiberverträgen, welche durch Ihre lange Laufzeit etliche Risiken bergen, notwendig, um ein für beide Seiten optimales vertragliches Verhältnis einzugehen und den eigenen Ertrag und Wiederverkaufswert zu maximieren. Wichtig sind zudem Kenntnisse zum Standort und den damit verbundenen Nachfragegeneratoren, die wiederum die anzusprechenden Gästesegmente beeinflussen. Zusammen mit einer auf diese Faktoren optimal ausgerichteten Konzeption und möglicherweise Markenanbindung bietet sich für ein Hotel die Möglichkeit, den erwirtschafteten Cashflow zu maximieren.

Ziel unserer Abhandlungen sollte es unter anderem sein, die Vielseitigkeit und Komplexität der Hotelimmobilienwelt und der diversen Einflussfaktoren darzustellen. Wie bereits eingangs erwähnt, sollen unsere Abhandlungen dabei primär als Leitfaden betrachtet werden. Für einen Immobilienentwickler, -investor, -financier oder -eigentümer ist hotelimmobilienspezifische Beratung grundsätzlich unabdingbar, um wissentliche Entscheidungen treffen zu können und den Wert einer Hotelimmobilie langfristig zu optimieren, um so im Falle eines Verkaufs den bestmöglichen Preis zu erzielen.

11 Freizeitimmobilien
– Entwicklungstrends, Anlagenmarkt und Erscheinungsformen –

Carl-Otto Wenzel, Vorstandsvorsitzender,
Wenzel Consulting Aktiengesellschaft, Hamburg

Dr. Joseph Frechen, Prokurist/Senior-Consultant,
Wenzel Consulting Aktiengesellschaft, Hamburg

Dipl.-Ing. Sonja Koineke, Consultant,
Wenzel Consulting Aktiengesellschaft, Hamburg

Inhaltsverzeichnis

1.	**Der Freizeitmarkt**	283
1.1	Marktvolumen und Marktentwicklung	283
1.2	Freizeit und Freizeitaktivitäten	283
1.3	Aktuelle Entwicklungstendenzen	285
2.	**Der Freizeitanlagenmarkt**	286
2.1	Überblick – Die Marktsegmente für Freizeitimmobilien	286
2.2	Urban-Entertainment-Center	288
2.2.1	Definition	288
2.2.2	Typisierungsansätze von UEC	290
2.2.3	Kennzahlen	291
2.2.4	Risikofaktoren	293
2.3	Zentren der Unternehmenskommunikation	293
2.3.1	Vorbemerkung	293
2.3.2	Inszenierte Freizeiteinrichtungen als Vorbild für Marken-Erlebnisanlagen	294
2.3.3	Unternehmensentscheidung für Marken-Erlebniswelten	295
2.4	Science Center	299
2.4.1	Definition	299
2.4.2	Inhalte und Darstellungsformen	300
2.4.3	Beispiele von Science Centern	301
2.4.4	Zukünftige Entwicklung von Science Centern	303
2.4.5	Planungsparameter	304
2.5	Besucherattraktionen	306
2.5.1	Definition	306
2.5.2	Motivation und Zielsetzungen	306
2.5.3	Beispiele von Besucherattraktionen	306
2.5.4	Anforderungen an ein erfolgreiches Konzept	308
2.5.5	Positionierung und Leitthema	309
2.5.6	Anforderungen an den Projektstandort	309
2.6	Freizeit- und Hallenbäder	310
2.6.1	Abgrenzung der einzelnen Anlagensegmente	310
2.6.2	Angebotsstruktur und Komplementärangebote	311
2.6.3	Betriebsformen	313
2.6.4	Kennziffern von Freizeitbädern und Funktionsbädern	314
2.6.5	Investitionskosten	315
2.6.6	Entwicklungen im deutschen Bädermarkt	316
2.7	Sportanlagen	318
2.7.1	Status quo	318
2.7.2	Zukunftsaussichten	323
2.8	Großveranstaltungsstätten	324
2.8.1	Status quo	324
2.8.2	Zukunftsaussichten	325

1. Der Freizeitmarkt

1.1 Marktvolumen und Marktentwicklung

Der Freizeitkonsum ist zu einem Milliardengeschäft geworden, an dem verschiedene Branchen teilhaben. Wenzel Consulting ermittelte auf Basis der Daten zur Volkswirtschaftlichen Gesamtrechnung des Statistischen Bundesamtes für das Jahr 2004 ein Marktvolumen von rd. 304 Mrd. Euro, was rd. 14 % des Bruttoinlandsproduktes ausmacht.

Leichter realer Rückgang

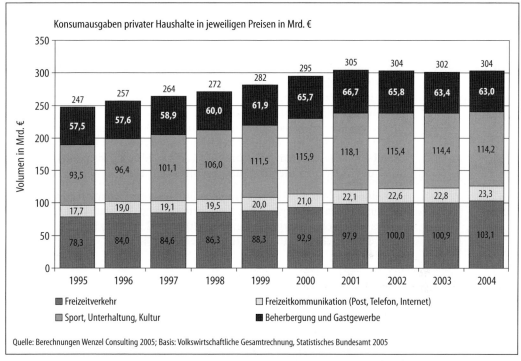

Abb. 1: Marktvolumina des Freizeitmarktes 1995–2004

Bei für das Jahr 2004 ermittelten privaten Konsumausgaben von 1.271 Mrd. Euro (in jeweiligen Preisen) entfallen somit nahezu ein Viertel auf Freizeitausgaben im weiteren Sinne. Gegenüber den Jahren vor 2001 konnten für den Zeitraum 2001 bis 2004 keine nominalen Steigerungen erzielt werden, vielmehr stagniert das Marktvolumen auf über 300 Mrd. Euro, was einem leichten realen Rückgang entspricht.

1.2 Freizeit und Freizeitaktivitäten

Für den Begriff „Freizeit" existiert keine eindeutige und allgemein anerkannte Definition, weshalb im Markt eine große Anzahl von Freizeitdefinitionen anzutreffen ist. In der Regel zeigt sich jedoch ein definitorischer Kern, der unter „Freizeit" das Zeitquantum versteht, das außerhalb der Arbeitszeit liegt und

Begriff „Freizeit"

über das der Einzelne frei verfügen kann. Diese freie Zeit besteht also unabhängig von ökonomischen, physiologischen und familiären Verpflichtungen. Gleichzeitig sollte jedoch die als frei empfundene Zeit durch freigewählte Aktivitäten ausgefüllt sein und einen subjektiv bedeutsamen, sozialen Sinn erfüllen (vgl. Deutsche Gesellschaft für Freizeit, Erkrath 1997).

Lebensqualität Nach einer Studie des B.A.T-Freizeit-Forschungsinstituts, Hamburg, stellt die Freizeit für über zwei Drittel der Bevölkerung einen unverzichtbaren Teil der Lebensqualität dar. Lebensqualität umschreibt die Summe vieler Faktoren, die zusammen das Lebensglück und die Lebenszufriedenheit der Menschen bestimmen. Dabei gewinnt die Freizeit als Sphäre der Selbstverwirklichung und Selbstbestimmung im Rahmen allgemeiner gesellschaftlicher Trends (Individualisierung, Konsumorientierung) einen immer größeren Stellenwert.

„Abschied vom Jh. der Freizeit" Mit dem Übergang ins dritte Jahrtausend ist jedoch ein Bruch in dieser Entwicklung festzustellen: Die ständig zunehmende Anzahl von Angeboten einerseits und die Verknappung von Zeit und Geld andererseits, führen dazu, dass die Verbraucher ihre verfügbare Freizeit differenzierter einteilen. Sie können nicht mehr alles erleben und bei jedem neuen Trend dabei sein. Sie müssen genau überlegen, wofür sie ihre Zeit und ihr Budget einsetzen (vgl. B.A.T-Freizeitmonitor 2003). Diese Entwicklung mündet in den Feststellungen des B.A.T-Freizeit-Forschungsinstituts vom „Abschied vom Jahrhundert der Freizeit" und „Der Preis, der Preis und nochmals der Preis".

Bei einer im Jahr 2003 im Auftrag des Bundesministeriums für Familie, Senioren, Frauen und Jugend durchgeführten Studie des Statistischen Bundesamtes zeigt sich im Vergleich der Jahre 2001/2002 zu 1991/1992 noch ein Anstieg des täglichen Zeitbudgets für Freizeitaktivitäten.

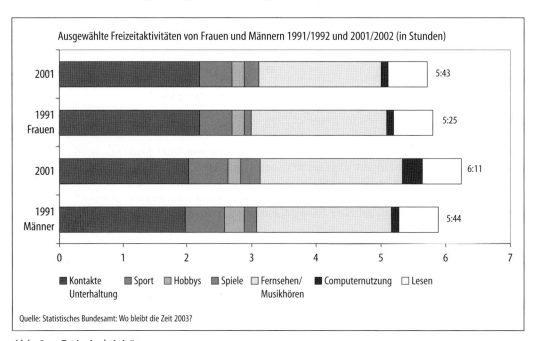

Abb. 2: Freizeitaktivitäten

Sowohl Männer als auch Frauen hatten in den Jahren 2001/02 mehr Zeit für Freizeitaktivitäten als noch zehn Jahre zuvor. Während Männern nahezu 30 Minuten mehr Zeit zusteht, beträgt der Zuwachs bei den Frauen eine gute Viertelstunde pro Tag. Männer und Jungen surfen im Internet und programmieren mit durchschnittlich einer guten Viertelstunde pro Tag mehr als doppelt so lange wie Frauen und Mädchen. Die Zeit für soziale Kontakte blieb bei Frauen und Männern weitgehend unverändert. Dies gilt auch für sportliche Aktivitäten.

Mehr Freizeit für Männer

1.3 Aktuelle Entwicklungstendenzen

Den Freizeitanlagenmarkt kennzeichnete in den vergangenen Jahren ein sehr starkes, aber differenziertes Wachstum. Sowohl auf der Anbieter- als auch auf der Nachfragerseite zeigen sich deutliche Trends, die für die Zukunft weitere Modifikationen erwarten lassen.

Differenziertes Wachstum

Ursache	Wirkung
Einsamkeit/ Vereinzelung	• gesellige Freizeit; Suche nach sozialen Kontakten (z. B. After Work, Tanzschulen, Kochkurse, Fitness-Center, Clubs, Internet Chats) • zunehmende Mobilitätsbereitschaft versus „Kiezverhalten"
Stress	• körperbewusste Freizeit; aktive, dynamische Freizeit (z. B. Trendsport, Biken, Joggen, Tanzen) • entspannende, gesunde und regenerative Freizeit (z. B. Sauna, Wellness, Beauty, Outdoor, Gesunde Küche) • sinnvolle Freizeit/edukative Freizeit (z. B. Science Center, Kindermuseen, Zoos, Besucherattraktionen, Aquarien, Ausstellungen)
Technisierung/ Dienstleistung	• Freizeit wird Zuhause erlebt (z. B. Internet, Home Entertainment, Online Shopping, Take Away & Delivery, Personal Trainer)
Zukunftsangst	• momentane Konsumzurückhaltung führt zur Nachfrage nach „kostenloser Freizeit" (z. B. Skate Night, Open Air Cinema, Events) • motivative Freizeit (z. B . Hochseilgärten, Teamsport, Bildungsangebote) • zurückgehende Kundentreue
Zeitmangel	• Spontaneität, kurzfristige Entscheidungen (z. B. Klein-Team-Sport) • schnelle Freizeit (z. B. Massagen am Arbeitsplatz, Citygolf, Take Away & Delivery) • wachsende Nachfrage nach Indoor-Konzepten für klassische Outdoor-Konzepte (z. B. Tauchtürme, Ski-Hallen, Soccer-Hallen, Beachvolleyball-Hallen)
Reizüberflutung/ Überalterung	• Rückbesinnung auf Werte/Authentizität (z. B. Roncalli, Varieté, Dinner- und Show-Konzepte der 20er Jahre) • Nachfrage nach dynamischer und gesunder Freizeit: Ausweitung der Jugendphase
Anspruch	• hohes Anspruchsverhalten an Qualität und Service (Sicherheit, Sauberkeit, Erreichbarkeit, Information, Kulanz etc.) aber: gleichzeitig „Schnäppchenjäger" (steigendes Preisbewusstsein) • Nachfrage nach außergewöhnlichen Angeboten (z. B. Events, Besucherattraktionen, Fun- und Extremsport)
Wandel im Rollenverhalten	• „weibliche" Freizeit (z. B. Aerobic, Step, Tai Chi, Tai Bo, Yoga, Fatburner, Pilates, Spinning, Tanzen, Inlineskating, Kultur, Arthouse-Kino)
Quelle: Wenzel Consulting 2005	

Abb. 3: Trendentwicklung der Nachfrage

Der Freizeitanlagenmarkt ist generell ein sehr heterogener Markt. Folgende Tendenzen kennzeichnen die Entwicklung des Angebotes.

Kriterium	Tendenzen
Produkt/Konzept	• hoher Produktinnovationsgrad • Entstehung neuer Formen von Freizeitangeboten • Schaffung medialer Erlebniswelten • Entwicklung von witterungsunabhängigen Indoor-Konzepten für klassische Outdoor-Aktivitäten • Inszenierung/stärkere Bespielung durch Events
Dimensionierung	• räumliche Bündelung von Angeboten/Kooperationen (Destinationsgedanke) • Freizeitgroßanlagen/Megaprojekte: „Big is beautiful" • hoher Anteil spektakulärer Projekte mit großer Öffentlichkeitswirkung
Wettbewerb	• hohe Wettbewerbsdichte, kaum noch Versorgungslücken • starker Verdrängungswettbewerb • deutlich wahrnehmbarer Planungswettlauf ähnlicher Projekte
Betriebsstruktur	• Filialisierung • zunehmende Professionalisierung (Betrieb, Marketing) • „Die Spreu trennt sich vom Weizen" (Beteiligungen, Übernahmen, Insolvenzen)
Investition	• großer Anteil internationaler Investoren • steigende Investitionsvolumina
Marketing	• Nutzung von Freizeitanlagen als Marketinginstrument der Unternehmenskommunikation (Freizeit als Profilierungsinstrument) • Zielkundenorientierung der Angebote – Marktsegmentierung

Quelle: Wenzel Consulting 2005

Abb. 4: Trendentwicklung des Angebots

2. Der Freizeitanlagenmarkt

2.1 Überblick – Die Marktsegmente für Freizeitimmobilien

Begriff und Kriterien Der Freizeitanlagenmarkt umfasst alle baulichen Infrastruktureinrichtungen, die vorrangig für Freizeitnutzungen über einen längeren Zeitraum an einem Ort zur Verfügung stehen sowie überwiegend gegen Entgelt im Rahmen von aushäusigen Freizeitaktivitäten besucht werden können. Dieser definitorische Ansatz basiert insbesondere auf folgenden Abgrenzungskriterien:

- stationäres Freizeitangebot über einen längeren Zeitraum vs. kurzfristige Mobilität,
- bauliche Infrastruktur vs. natürliches Freizeitangebot,
- aushäusige Freizeitaktivitäten vs. Freizeitaktivitäten daheim,

- entgeltlich vs. unentgeltlich,
- vorrangig für Freizeitaktivitäten besucht vs. vereinzelt für Freizeitaktivitäten besucht.

Um die Entwicklungstendenzen des Freizeitanlagenmarktes detailliert aufzuzeigen und zu beurteilen, hat Wenzel Consulting eine Unterteilung des Freizeitanlagenmarktes in acht Teilmärkte vorgenommen:

Entwicklungstendenzen

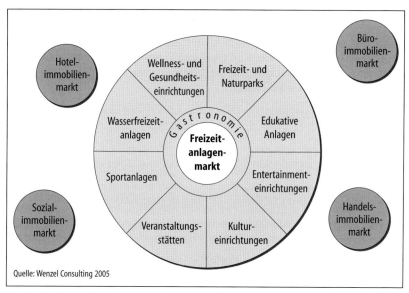

Abb. 5: Die Teilmärkte des Freizeitanlagenmarktes und benachbarte Immobilienmärkte

Analysiert man den Freizeitanlagenmarkt weiter, so lassen sich vor dem Hintergrund einer zunehmenden Erlebnisorientierung und einer differenzierten Freizeitnachfrage eine Reihe von Marktsegmenten mit einer erstaunlichen Fülle unterschiedlicher Typen und Subsegmente unterscheiden. Neben der Multiplikation erfolgreicher Betriebskonzepte, in Form von z. B. Fitness- und Wellness-Centern, Multiplex-Kinos und Bowling-Anlagen, entstand als weitere Angebotsstrategie die Etablierung von so genannten Freizeit-Großeinrichtungen wie Themenparks, Spaß- und Erlebnisbädern, Ferienzentren und Veranstaltungshallen/Arenen.

Subsegmente

Nur wenige Teilmärkte und Segmente besitzen uneingeschränkte Wachstumspotenziale in der Zukunft. In vielen Teilmärkten ist bereits eine Art Sättigung, wenn nicht sogar Übersättigung eingetreten. Nachfolgend werden deshalb ausgewählte Segmente detaillierter betrachtet.

2.2 Urban-Entertainment-Center

2.2.1 Definition

Konzeption Urban-Entertainment-Center (UEC) verkörpern eine Ende der 80er Jahre in den USA aufkommende Konzeption von Freizeit- und Erlebnisanlagen. Ihre Grundphilosophie besteht in der Übertragung des Shopping-Center-Gedankens auf den unterhaltungsorientierten Freizeitbereich. Durch die komplexe Verbindung von Freizeit-, Handels- und Dienstleistungsnutzungen zu einem homogenen Gesamtkonzept – oft mit einheitlichem Themendach – entsteht ein Erlebnis- und Einkaufszentrum mit Alleinstellungscharakter im Einzugsgebiet, weshalb diese Center zunehmend als Retail-Entertainment-Center (REC) bezeichnet werden. Entwicklungsschwerpunkte dieser UEC sind nach wie vor Nordamerika und Großbritannien.

Seit dem Jahr 2000 werden diese Center, primär in der Erscheinungsform der REC, besonders in Spanien, den osteuropäischen EU-Beitrittsländern und in Russland realisiert.

Leitlinien Die Angebotskonzeption von UECs basiert auf folgenden Leitlinien:

- Die Faszination entsteht aus der Kombination einer Vielzahl von Unterhaltungs- und Erlebnisangeboten in einem räumlichen Kontext.

- Der gastronomischen Komponente kommt eine große Bedeutung zu. Dabei zeigt sich eine starke Präsenz thematisierter Gastronomiekonzepte.

- Die Angebotspalette der Freizeitanlagen und gastronomischen Einrichtungen wird um Merchandising bzw. erlebnisorientierte Handelskonzeptionen ergänzt. Ein weiteres Ergänzungsmodul bilden Beherbergungseinrichtungen.

- Der Angebotsschwerpunkt der Freizeiteinrichtungen liegt im Bereich Abendunterhaltung.

- Die Gesamtkonzeption ist erlebnisorientiert und vielfach thematisiert.

- Attraktive und häufige Veranstaltungen bzw. Events sind sowohl für die Gewährleistung eines hohen Erlebnisinhalts als auch für eine hohe Wiederholungsbesucherquote unerlässlich.

- Die Motivationsstruktur des Besuchs eines UEC basiert auf der Spaß- und Unterhaltungskomponente.

- Das UEC ist zumeist aus einer Hand geplant und konzipiert und wird von einem zentralen Center-Management geleitet.

- Für UECs werden vielfach Mindestgrößen angeführt. Flächen von 20.000 m² gelten als mindestoptimale Betriebsgröße; bei Größen ab 50.000 m² „Erlebnismasse" inklusive Themengastronomie und thematisiertem Einzelhandel wird von einer „Destination" gesprochen.

- UECs sind auf ein regionales Einzugsgebiet konzentriert. In einer Entfernungszone von 30–60 Min. Pkw-Fahrzeit sollte ein Ballungsraum mit mindestens einer Million Einwohnern erreichbar sein. Für kleinere

Einzugsgebiete ergeben sich nur eingeschränkte Möglichkeiten für die Etablierung eines UECs.

- Wiederholungsbesuchern fällt eine bedeutende Rolle zu. Je enger das Einzugsgebiet dieser Anlagen ist, umso höher wird die Bedeutung der Marktdurchdringung und der Besuchshäufigkeit. Darüber hinaus spielt die touristische Standortfrequenz für den wirtschaftlichen Erfolg einer Reihe von Betriebstypen von UECs eine herausragende Rolle.

Einen Überblick über die Strukturen und Bausteine der meisten zurzeit bekannten UECs gibt die nachfolgende Darstellung.

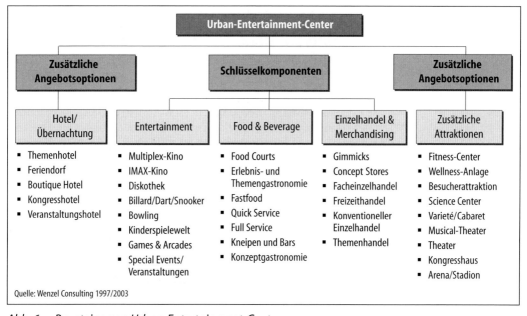

Abb. 6: Bausteine von Urban-Entertainment-Centern

Zwischenzeitlich haben sich UECs an unterschiedlichen Standorten etabliert, die nicht alle – wie der bezeichnende Name vermuten lässt – innenstädtisch bzw. innenstadtnah sind.

Standorte

Insbesondere in peripheren Lagen können UECs, ähnlich wie Einkaufszentren, nicht auf Mieter mit Erlebnisanker-Funktion verzichten. Diese generieren die Frequenzströme und schaffen so erst die Basis für viele ergänzende Angebotsbereiche. Als Ankermieter von UECs kommen insbesondere Multiplex-Kinos, Musical-Theater, Großdiskotheken und Indoor-Themenparks, Familienunterhaltungszentren oder auch Indoor-Sportangebote (Ski Domes) in Betracht.

2.2.2 Typisierungsansätze von UEC

Vielfältige Ansätze Die Bandbreite konzeptioneller Ansätze aktueller Urban-Entertainment-Center ist beträchtlich. Die folgende Typologisierung basiert auf dem Hauptmerkmal der Angebotsausrichtung:

Einzelhandelsorientierte UEC/REC:

- **Rieseneinkaufszentren** (Mega-Malls), wie die West Edmonton Mall (Edmonton, Kanada), Mall of America (Minneapolis, USA), Trafford-Centre (Manchester, U.K.), Metro Centre (Gateshead, U.K.). In Deutschland ist mit dem CentrO, Oberhausen, die erste Mega-Mall mit großem Freizeitbereich entstanden. Darüber hinaus zeigen sich auch bei bestehenden Einkaufszentren Tendenzen zur Angliederung von Freizeitbereichen in Form von Gastronomie und Multiplex-Kinos. Die Verbindung mit Einkaufszentren hat vor allem den Vorteil, dass der Standort im Einzugsgebiet zumeist gut bekannt ist und eine ausreichende Anzahl von Parkplätzen vorhanden ist.

- **Erlebnishandels- und Unterhaltungszentren** (Festival Retail Places), wie CocoWalk (Miami, USA), Pier 39 (San Francisco, USA). Insbesondere in Verbindung mit der Attraktivierung von Hafengebieten sind in Europa eine Vielzahl von Planungsvorhaben mit Festival-Retailing-Komponenten zu beobachten.

- **Themen- und Marken-Kultkonzepte**, wie Forum Shops (Las Vegas, USA), Nike Town (u. a. Chicago, USA), Universal City Walk (Los Angeles, USA), Sportplex (USA).

Abendunterhaltungszentren, wie Pleasure Island oder Church Street Station in Orlando, USA, aber auch Dave & Buster's u. a. in Chicago. In Deutschland verkörpert das Freizeit- und Erlebniscentrum Stuttgart International (SI) mit Musical-Theater, Bade- und Saunalandschaft, Spielcasino, Gastronomie und Geschäften das Konzept eines abendunterhaltungsorientierten UEC, ebenso wie die Agglomeration am Potsdamer Platz in Berlin.

Themen-Hotels Thematisierte und unterhaltungsorientierte Großhotels mit ergänzenden Freizeiteinrichtungen, wie The Venetian oder Bellagio in Las Vegas, USA.

Die Schlüsselkomponenten von UEC bestehen, wie in Abbildung 6 dargestellt, aus Entertainment-, Gastronomie-, Übernachtungs- und Einzelhandelsangeboten.

Zusätzliche Attraktionen können Sporteinrichtungen, Indoor-Skianlagen, Musical-Theater, Kongress- und Ausstellungsräume oder Science Center bilden. Diese Zusatzangebote haben erhebliche Bedeutung für die Ankermieter des UEC (und umgekehrt). Positive Nachfragesynergien lassen die Besucherzahlen bei Ankermietern wie auch bei Nebennutzungen i. d. R. stark ansteigen. Die Nachfrager verlangen heute eine große Vielfalt von möglichen Aktivitäten.

Nachfragepotenzial Urban-Entertainment-Center sind Hochfrequenzimmobilien und bedürfen daher einer großen Marktdurchdringung im Einzugsgebiet. Je nach Angebotskonzeption variieren die Zielgruppencharakteristika und Einzugsgebiete von UECs. Grundsätzlich lässt sich das Nachfragepotenzial bei freizeitintensiven UECs bezüglich Zielgruppen und Einzugsgebiet folgendermaßen charakterisieren:

- Die Hauptzielgruppe bildet die Altersklasse der 15- bis 45-Jährigen. Die absolute Kernzielgruppe bilden die 15- bis 39-Jährigen (ca. zwei Drittel Besucheranteil).
- Eine wesentliche Zielgruppe verkörpern Touristen und Tagesgäste der Destination.
- Die freizeitaktiven Besuchergruppen stammen aus der mittleren bis gehobenen sozialen Schicht. Grundsätzlich sollte ein UEC-Konzept eine eher breite Zielgruppenstruktur ansprechen.
- Überdurchschnittlich aktiv sind darüber hinaus die Bewohner von Einpersonenhaushalten.
- UECs in ihrer klassischen Ausrichtung aktivieren primär Freizeitgäste aus einem Bevölkerungsradius von durchschnittlich 30–45 Min. Fahrzeit. Diese Werte können je nach verkehrlicher Anbindung und Angebotsmix variieren. Es ist jedoch davon auszugehen, dass rd. 80 % der UEC-Gäste in einer Entfernungszone bis zu 1 Std. Fahrzeit wohnen.
- Je nach Angebotsmix erreichen UECs im Schnitt Verweildauern von drei bis sechs Stunden pro Besuch.

2.2.3 Kennzahlen

Die Tabelle in Abbildung 7 gibt ausgewählte Kennzahlen zu den marktgängigsten Entertainment-Nutzungen in UEC wieder.

Die durch die Einzelnutzungen generierbaren Mieterträge fallen unterschiedlich hoch aus, wie die Grafik in Abbildung 8 veranschaulicht.

Angebots-komponente	Fläche	Kapazität/ Bedarf	Investitions-kosten	Auslastung p. a./ Besuche	umsatz-verträgliche Mieten	Attrakti-vierungs-zyklus	Modalsplit: Pkw-Anteil
Multiplex-Kino (mittlere Größenklasse)	rd. 5.000 m² (Netto-nutzfläche)	2.000 Pl. (rd. 2,5 m²/Pl.)	absolut: 13–21 Mio. € je Platz: 5.000–6.000 €	rd. 25–30 %	10–15 % vom Umsatz oder 10–15 €/m² und Monat	3–4 Jahre	50–80 % (City) 90 % (Stadtrand)
Themen-gastronomie	Min.: 600 m², Max.: 2.500 m²		je Platz: 1.550–3.200 €	k. A.	5–8 % vom Umsatz bzw. 20–35 €/m² und Monat	1–2 Jahre	k. A.
Groß-diskotheken	Min.: 1.000 m², Max.: 3.500 m²		2,5–7,5 Mio. €	150.000–350.000 Besuche p. a.	10–12 % vom Umsatz bzw. 10–13 €/m² und Monat	1–2 Jahre	95 %
Fitness-Center	ø 1.270 m²		3,0–4,5 Mio. €	rd. 800 Mitglieder (1,6 m²/ Mitglied)	7–11 €/m² und Monat (veredel-ter Rohbau)	k. A.	80 %
Bowling	ø 100 m² je Bahn (inkl. Nebenflächen)	Bedarf: je 5.000 Ew. eine Bahn	51.000 €/Bahn (konzessions-fähig)	k. A.	7,50–9,00 €/m² und Monat (kon-zessionsfähig)	3–5 Jahre	50–80 % (City) 90 % (Stadtrand)

Quelle: Wenzel Consulting 2003

Abb. 7: Kennzahlen UEC

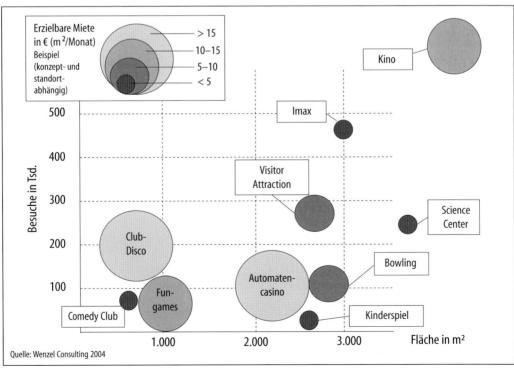

Abb. 8: Mietertragsleistungen UEC-Nutzungen

2.2.4 Risikofaktoren

Folgende besondere Risiken von UEC sind herauszustellen:

- Sie weisen ein vergleichsweise niedriges Mietniveau im Entertainment-Bereich auf (Qualität der Umsetzung; durchschnittliche Miete 11,00 Euro/m² und Monat für Entertainment).

- Ohne Einzelhandel sind UEC kaum zu finanzieren, der Einzelhandel trägt maßgeblich zur Reduktion des Mietausfallwagnisses bei und reduziert so das Investitionsrisiko.

- Die Anzahl potenzieller Entertainment-Mieter ist überaus beschränkt (Betreiber-Oligopol) und erschwert so die Erst- und Nachvermietung der jeweiligen Flächen.

- Die Entertainment-Nutzungen weisen kritische Lebenszyklen auf, verbunden mit der Notwendigkeit zu regelmäßigen Relaunches.

- Für Entertainment-Flächen bestehen teilweise keine Nachnutzungsmöglichkeiten ohne einen vorherigen Eingriff in die jeweilige Bausubstanz, z. B. Multiplex-Kino (Spezialimmobilie).

- Die Attraktivität und damit der wirtschaftliche Erfolg von UEC sind von der Leistungsfähigkeit des Abendunterhaltungsankers abhängig. Multiplex-Kinos gelten als die herausragenden Ankermieter im Entertainment-Segment, zu denen so gut wie keine Alternativen bestehen. Doch besonders Multiplex-Kinos sind in zahlreichen Städten in Deutschland, besonders in Großstädten und Metropolen, deutlich übersetzt, sodass diese für Neubauvorhaben nicht mehr zur Verfügung stehen.

- In jüngster Zeit können neue UEC bzw. REC besonders in Deutschland nur über die Verdrängung bereits am Markt befindlicher Anbieter in den Markt gedrückt werden.

2.3 Zentren der Unternehmenskommunikation

2.3.1 Vorbemerkung

Die Konsumgüterindustrie sieht sich zunehmend mit drei wesentlichen Herausforderungen konfrontiert, welche zukünftig erheblichen Einfluss auf ihre Marketingstrategien haben werden:

Drei Herausforderungen

- In gesättigten Märkten mit ausgereiften und homogenen Produkten wird es für viele Unternehmen immer schwieriger, eine klare (Produkt-)Differenzierung zu Wettbewerbern zu erreichen. Mit dem Resultat sinkender Gewinnmargen. Dabei gewinnen identitätsprägende Marken-, Produkt- und Unternehmensaktivitäten an Bedeutung.

- Es vollzieht sich ein zunehmender Bedürfniswandel auf Seiten der Konsumenten weg vom reinen (materiellen) Produkt hin zu (immateriellen) Zusatzwerten wie Erlebnis-, Emotionen-, Lifestyle-, Image- und Freizeitorientierung. So können inszenierte Erlebnisse Produkte an sich oder den Rahmen für den Verkauf von Konsumgütern darstellen.

- Durch die zunehmende Medienpenetration und die gewaltige Informationsflut, welcher der Konsument täglich ausgesetzt ist, sinkt die Effizienz der herkömmlichen Maßnahmen der Marketingkommunikation. Über 82 % der Konsumenten sind der Ansicht, dass es bereits zu viel Werbung gäbe, über 45 % empfinden diese als nicht glaubhaft.

Wie nachfolgend erläutert, ermöglichen Zentren der Unternehmenskommunikation einen neuen Zugang zum Kunden und die Lösung der oben geschilderten Kommunikationsprobleme. In einer rund um die Marke und das Unternehmen inszenierten Erlebniswelt erfolgt Marketing in der dritten Dimension.

2.3.2 Inszenierte Freizeiteinrichtungen als Vorbild für Marken-Erlebnisanlagen

Edutainment-Prinzip Freizeitanlagen mit dem Konzept dreidimensionaler Unterhaltung werden häufig nach dem „Edutainment-Prinzip" umgesetzt. Darunter werden Attraktionen verstanden, die zu einem bestimmten Themendach Wissen und Informationen auf unterhaltsame, lustvolle und zum Teil spielerische Weise vermitteln (Education + Entertainment). Den Ansprüchen der heutigen Freizeitgesellschaft – Lernen und gleichzeitig Spaß haben – wird damit entsprochen.

Nachhaltiger Imagetransfer Für die Umsetzung von Konzepten, die das Ziel der Unternehmenskommunikation verfolgen, ist die Inszenierung von Freizeit-Erlebniswelten besonders geeignet. Das dreidimensionale Erlebnis der Marke und der Unternehmenswelt bewirkt einen besonders lebendigen und nachhaltigen Imagetransfer bei der Bindung und Gewinnung von Kunden.

Vor diesem Hintergrund nutzen die Unternehmen für die Kompetenzvermittlung vermehrt Events, als kurzfristig thematisch gestaltete Welten mit Ereignischarakter.

Die Bedeutung des Eventmarketings wird in Deutschland in den nächsten Jahren weiter zunehmen. Mittelfristig wird, je nach Unternehmen und Branche, von einem Anteil von 5–10 % des gesamten Kommunikationsbudgets ausgegangen. Da die Kosten für temporäre Events enorm hoch sind, wird ihre Effizienz zunehmend diskutiert.

Anlagetypen Es stellt sich somit die Frage, ob ein permanentes Event wie beispielsweise eine dreidimensionale Marken- oder Unternehmenswelt sinnvoller ist. Es bieten sich verschiedene Freizeitanlagetypen zur Umsetzung der „Corporate Communication" und „Markeninszenierung" an, z. B.:

- Unternehmenspavillons und Edutainment-Center (Brand-Center),
- Themenparks (Brand-Parks),
- Wanderausstellungen,
- Firmenmuseen,
- Gastronomie- und Merchandising-Anlagen.

2.3.3 Unternehmensentscheidung für Marken-Erlebniswelten

Zielsetzung

Weltweit nutzen oder planen immer mehr Unternehmen, vor allem Markenartikler, Freizeit-Erlebniswelten – mit allen denkbaren Themen und Ausprägungen – als Instrument der Unternehmenskommunikation. Ziel ist es, um ein Unternehmen, eine Marke, ein Produkt oder eine Dienstleistung herum, Themenwelten aufzubauen, zu denen Kernkompetenzen bestehen und diese als dreidimensionale Attraktionen zu inszenieren. Über Freizeit-Erlebniswelten kommuniziert das Unternehmen Inhalte und Botschaften an seine (Kern-) Zielgruppe – spannend, unaufdringlich, faszinierend, nachhaltig und konkurrenzlos!

Aber was unterscheidet die Idee der Edutainment-Center von den vielfach bekannten Firmenmuseen? Welche Argumente rechtfertigen die Errichtung eines unternehmenseigenen, dauerhaften (und wirtschaftlichen) Betriebes statt einer temporären Ausstellung?

Nachfolgend werden sieben Motive anhand von Beispielen beschrieben, die Unternehmen dazu bewegen, sich im Freizeitmarkt zu engagieren, statt an den klassischen Absatz- und Kommunikationswegen festzuhalten.

Vermittlung von Kernkompetenzen

In gesättigten Märkten mit weitgehend ausgereiften und damit austauschbaren Produkten und Dienstleistungen nimmt die Kompetenzdarstellung von Unternehmen, Marken und Produkten einen besonderen Stellenwert ein.

So entwickelte das Unternehmen Mercedes Benz eine Wanderausstellung unter dem Titel „Stern für Kids" – eine Erlebniswelt der Bewegung und Fortbewegung. Diese wurde 1996 an fünf Standorten in Deutschland – Hamburg, Dresden, Stuttgart, Berlin und München – einem begeisterten Publikum präsentiert. Es standen insgesamt 2.000 m² Spiel-, Aktions- und Entdeckungsfläche zur Verfügung.

Die Ausstellung richtete sich vor allem an Kinder im Alter von 4 bis 12 Jahren. Sie ließen sich faszinieren von der Technik eines Zahnrades, entdeckten Raum- und Entfernungsillusionen, stemmten alte Bremsscheiben in die Luft und lernten an der „Mitmachmaschine", wie etwas in Bewegung gesetzt wird. Eine Attraktion wie „Stern für Kids" löst Aha-Effekte mit besonderem Sympathie- und Erinnerungswert aus, weil es bei den Besuchern – vor allem den Kunden von morgen! – Reaktionen auslöst wie: „Wer hat das gemacht?", „Was die alles machen und können?", „Damit kennen die sich wirklich aus!".

„Damit" bedeutet bei „Stern für Kids" beispielsweise die erkennbare Kernkompetenz im Bereich Mobilität. Dies überträgt sich auf die Marke oder das Unternehmen, in diesem Fall Mercedes Benz – auch oder vielleicht gerade deshalb, weil das Unternehmen dezent im Hintergrund bleibt. Dabei vollzieht sich der gedankliche Imagetransfer bei den Konsumenten lebendiger, anschaulicher, einprägsamer und damit nachhaltiger durch die Wahrnehmung von dreidimensionalen Themenwelten als etwa nur mittels Bild, Film oder schnell vorübergehender Events.

Im Zusammenhang mit der Expo 2000 in Hannover wendete sich Daimler-Chrysler mit dem Forschungslabor „LAB.01" direkt an Kinder und Jugendliche. Mit dem 12 m hohen, zweistöckigen Labor, wollte das Unternehmen die Neugier auf Naturwissenschaft und Technologie wecken und dazu anregen, Perspektiven für die Zukunft zu entwerfen. Dem Besucher wurde die Möglichkeit gegeben, Prototypen an der Werkbank zu montieren, neue Bewegungsabläufe einzuprogrammieren oder Bild- und Klangwelten in der „Media Zone" zu produzieren. Das LAB.01 tourte bis zur Expo durch verschiedene Städte Europas und verzeichnete etwa 100.000 Besucher.

Direkte Kommunikation mit dem Verbraucher

In Zeiten, in denen die Konsumenten zunehmend mit Werbebotschaften über TV-Spots oder Anzeigen in Zeitschriften konfrontiert werden, gestaltet sich auch die Ansprache immer schwieriger. Durch die Reizüberflutung reduziert sich die Effizienz der Werbung immer mehr und Streuverluste erhöhen sich.

Eine steigende Anzahl an Unternehmen sucht daher nach neuen, attraktiven Wegen der Individualkommunikation, welche die Massenkommunikation sinnvoll ergänzen, wie beispielsweise Erlebnis-Markenwelten, die eine direkte Zielgruppenansprache und einen unmittelbaren Dialog mit dem Kunden ermöglichen.

Nicht von ungefähr beschreibt die Bayer AG in Leverkusen ihr Kommunikationszentrum „Baykomm" mit der Leitformel „Brücke zum Bürger – Brücke zur Chemie". Auf ca. 1.350 m² Ausstellungsfläche erleben die Besucher in verschiedenen Themenbereichen „Chemie zum Anfassen" – die Thematisierung von Problemfeldern eingeschlossen.

Kontakte: Quote, Qualität und Verweildauer

Mit welchen Besucherzahlen – und damit Kontakten – Unternehmen beim Betrieb einer Freizeit-Erlebniswelt, eines Edutainment-Centers, Firmenmuseums oder einer vergleichbaren Freizeiteinrichtung rechnen können, verdeutlicht Abbildung 9. Kontaktquoten sind jedoch nicht der einzige Erfolgsparameter. Die Kontakte müssen auch positiv und intensiv sein. Zufriedene Gäste und Kunden kann man wie „Fans" ansehen. Sie multiplizieren ihre Zufriedenheit bzw. ihr Wissen weiter nach außen und kommen bzw. kaufen wieder.

Wie wichtig den Unternehmen neben der „Kontaktquote" mittlerweile auch die „Qualität der Kontakte" geworden ist, zeigt das Beispiel der Beiersdorf AG: Zusammen mit der DLRG (Kinderverkehrserziehung) und der Ravensburger Freizeit- und Promotionservice GmbH (Gesamtkonzeption und Betrieb) wurde auf etwa 2.800 m² Fläche für die Freizeit- und Vergnügungsparks Heide Park Soltau und Europa-Park Rust das „Nivea Kinderland", eine kleine Edutainment-Anlage mit lehrreichen Spielen zum Thema „Sicherheit im und am Wasser", entwickelt. Wichtigstes Ziel neben der Markenkommunikation ist der Aufbau von Kompetenz, Vertrauen und Sympathie in einem entspannten und fröhlichen Freizeitumfeld.

Im Heide Park Soltau konnte Beiersdorf ermitteln, dass von den jährlich ca. 2 Mio. Parkgästen über 800.000 das Nivea Kinderland besuchten (Zielgruppe: bis acht Jahre mit Eltern). Befragungen am Parkausgang haben einen hohen Erinnerungs- und Sympathiegrad ergeben.

Der Spielehersteller Ravensburger eröffnete 1998 eine eigene Freizeitanlage nach dem Edutainment-Gedanken: Das „Ravensburger Spieleland". Auf einer Fläche von ca. 25 ha entstand ein innovativer Spiel- und Erlebnispark, in dem vor allem Kinder und Familien eine neue Dimension des Spielerlebnisses kennen lernen sollen. TV-Figuren wie Käpt'n Blaubär animieren zu spannenden Wasserspielen, die Gäste erfahren Wissenswertes über das Landleben und können im Aktionskino Spieleabenteuer hautnah erleben. Im Jahr 2004 erzielte das Ravensburger Spieleland ca. 320.000 Gäste.

Einen ähnlichen Erfolg kann das Schokoladenmuseum von Imhoff-Stollwerck verbuchen, das als Besuchermagnet auf der Nordspitze der Kölner Rheinau-Halbinsel auf ca. 4.000 m² Ausstellungsfläche etwa 450.000 Gäste pro Jahr anzieht, wobei die Umsetzungspotenziale des Faszinationsthemas Schokolade sicher noch nicht ausgeschöpft sind.

Hohe Verweildauer

Wie flüchtig mittlerweile die Informationsaufnahme bei Print-Anzeigen, TV-Spots oder anderen Kommunikationsmitteln ist, hat sich herumgesprochen. Im Vergleich zu den herkömmlichen Werbemedien sind Marken-Anlagen durch eine hohe Verweildauer gekennzeichnet (z. B. Ravensburger Spieleland rd. 6 Std.).

Freizeit-Erlebniswelten bieten – auch aufgrund der hohen Verweildauer – die Möglichkeit, dass sich die Besucher intensiv mit den Inhalten und Botschaften auseinandersetzen. Das können die Geschichte des Unternehmens oder einer Marke sein, aber auch besondere Kompetenzen im Produkt- oder im Forschungsbereich. Aufgrund der hohen Verweildauer in Anlagen der Unternehmenskommunikation kann eine außerordentlich intensive Ansprache der Gäste und hohe Qualität der Kontakte erreicht werden.

Unternehmen, Firmensitz	Name der Attraktion, Ort der Attraktion	Hauptthema (Kernkompetenz)	Gäste p. a.	Fläche (m²)
Coca-Cola Company, Atlanta, USA	World of Coca-Cola, Atlanta und Las Vegas	„All about Coca-Cola"	2000: 850.000 (Atlanta)	2.790 m² (Atlanta) 2.600 m² (Las Vegas)
Imhoff-Stollwerck, Köln, Deutschland	Schokoladenmuseum Imhoff-Stollwerck, Köln	Schokolade	1999: 400.000 2002: 450.000	ca. 4.000 m² Ausstellungsfläche
Kellogg, Battle Creek, USA	Cereal City/Heritage Center, Battle Creek	Frühstück und Cerealien (ergänzende Ernährung/ Gesundheit)	1999: 168.000 2002: 85.000	ca. 4.200 m² Ausstellungsfläche auf 2,5 Ebenen, 3,2 ha Gesamtareal
Swarovski, Wattens, Österreich	Swarovski Kristallwelten, Wattens	Kristalle, Schmuck	2000: 670.000 2004: 720.000	4.000 m² inkl. Außenbereich
Volkswagen AG, Wolfsburg, Deutschland	Autostadt, Wolfsburg	Mobilität, Sicherheit, Automobile	1. Jahr (2000/ 2001): 2,3 Mio. 2004: 2,1 Mio.	25 ha
Sony Corporation, Tokio, Japan	Sony Wonder, New York	Kommunikation und Multimedia	2000: 300.000 2002: 250.000	1.300 m² Ausstellungsfläche auf 4 Ebenen
Quelle: Wenzel Consulting 2002/2005				

Abb. 9: Beispiele für Zentren der Unternehmenskommunikation

Alleinstellungs- Erlebniswelten bieten den Unternehmen Kommunikation ohne Konkurrenz
charakter und Werbung ohne Wettbewerb. Diese Alleinstellung hat zwei wesentliche Bedeutungen:

- Zum einen hat eine Freizeit-Erlebniswelt den Vorteil, dass sich der Anbieter ohne ein Wettbewerbsumfeld präsentieren kann (anders als z. B. im Rahmen der Werbung oder auch im Einzelhandel). Er wird eigenständig und unabhängig wahrgenommen.

- Zum anderen können die Entwicklung und der Betrieb einer Freizeit-Erlebniswelt vor Nachahmern schützen. Wenn bestimmte Kompetenzthemen erst einmal glaubwürdig besetzt und attraktiv umgesetzt sind, können „Me-too"-Positionierungen, anders als z. B. in Anzeigen, verhindert werden.

Multiplizier- Läuft eine Marken-Erlebniswelt wirtschaftlich und imagebildend erfolgreich,
barkeit liegt die Idee der Verbreitung auch an anderen Standorten nicht fern. Im Sinne eines eigenen Kettenbetriebes oder analog des Franchise-Gedankens (mit eigenem Branding) können multiplizierbare Anlagenkonzepte wie Lego-Parks, Tchibo-Coffeebars oder NikeTowns entstehen.

Gleichzeitig dienen Freizeit-Erlebniswelten den Standorten als Zusatzattraktion und verursachen positive touristische, regionalökonomische Effekte für die Region. So erkennt die Stadt Köln das Schokoladenmuseum mit seinen rund 450.000 Jahresgästen als wichtige zusätzliche Touristenattraktion und Einnahmequelle an, das Gleiche gilt für Tirol und die Swarovski Kristallwelten. Eine Million Jahresgäste lassen sich in NikeTown Chicago von der Kultmarke und ihrer Umgebung inspirieren, womit NikeTown zu den Top-Touristenattraktionen der Stadt zählt.

Die Einsatzmöglichkeiten, sei es in punkto Standortfrage, Dimensionierung der Anlage (z. B. kleinere Einheiten, die als Franchise-System multipliziert werden) oder inhaltlicher Art, sind nahezu unbegrenzt.

Markenwelt als Unter bestimmten Rahmenbedingungen (Standort, Anlagentyp, Erlebniskon-
Profit Center zept, kommerzielle und professionelle Ausrichtung des Betriebes) können Anlagen der Unternehmenskommunikation zudem eigenwirtschaftlich betrieben werden. Über Umsätze in den Bereichen Eintritt, Gastronomie, Merchandising und Produktverkauf können erhebliche Umsatzpotenziale ausgeschöpft werden. Auch wenn in der Regel der Markeneigner als Entscheidungsträger auch das betriebswirtschaftliche Risiko (Investition und laufender Betrieb) übernimmt, so werden bei bestimmten Rahmenbedingungen auch Modelle möglich, in denen professionelle Akteure im Freizeitanlagenmarkt (Projektentwickler, Investoren, Betreiber) diese Risiken dem Markeneigner abnehmen. So können im Idealfall zwei Fliegen mit einer Klappe geschlagen werden: Der Markenartikler erschließt mit der Markenanlage neue Profit Center und betreibt (sozusagen kosten- und risikofreie) Unternehmenskommunikation.

Manchmal, wie im Fall von Swarovskis Kristallwelten, sind Erlebniswelten zur Unternehmenskommunikation gleichzeitig auch architektonische und landschaftliche Kunstwerke. Die österreichische Firma Swarovski in Wattens/Tirol, weltweit führender Hersteller von Vollschliff-Kristallen und Kristallschmucksteinen, hat mit Unterstützung André Hellers und eines internationalen Künstlerteams auf 4.000 m² Fläche (inkl. Außenbereich) eine Faszinationswelt rund um das Thema „Kristall" geschaffen.

Bereits im abgeschlossenen zweiten Betriebsjahr besuchten insgesamt 600.000 Gäste die unterirdischen Kristallwelten (erwartet waren 400.000). Die Anlage wurde auf Anhieb zur beliebtesten und meistbesuchten Touristenattraktion in Tirol (mittlerweile überregionales Einzugsgebiet). 2004 – nach erfolgreicher Erweiterung der Anlage – konnten sogar 720.000 Jahresgäste gezählt werden.

Markenwelten können auch als „inszenierter" Direktvertriebskanal genutzt werden.

Markenwelt als Vertriebskanal

Der Volkswagen-Konzern eröffnete Anfang Juni 2000 zur EXPO 2000 die „Autostadt" in Wolfsburg. In direkter Anbindung an die Produktionsstätte stellt die Autostadt das zurzeit größte Projekt der Unternehmenskommunikation weltweit dar. Als Kernattraktionen wurden das Konzernforum, das Automuseum, diverse Markenpavillons sowie ein Abholzentrum realisiert.

Die Autostadt konnte bis April 2001 ca. 2,0 Mio. Gäste verzeichnen und setzt internationale Maßstäbe. In der Freizeitindustrie bisher noch nicht verwirklichte Ansprüche im Bereich Erlebnisqualität, Personalqualifikation und Events sind die Säulen dieses bemerkenswerten Erfolgs.

Es wird deutlich, dass Marken-Erlebnisanlagen – darunter insbesondere Anlagen nach dem Edutainment-Prinzip – zu wesentlichen Komponenten der Unternehmenskommunikation avancieren. Sie ersetzen nicht andere Medien wie Werbung, Sponsoring, Event-Marketing etc., sie können sie aber wirkungsvoll unterstützen und verstärken.

2.4   Science Center

2.4.1   Definition

Weltweit hat sich seit einigen Jahrzehnten ein neuer Typus naturwissenschaftlicher Museen etabliert, der erstmals im Jahr 2000 in Deutschland realisiert wurde.

Die Rede ist von Science Centern, die vor allem als Reaktion auf das nachlassende Interesse der Bevölkerung an klassischen Museen mit statischen Ausstellungen im Bereich der Naturwissenschaften bzw. statischer Wissensvermittlung entwickelt wurden. Science Center versuchen, durch die Kombination von Spaß/Spiel und Lernen, dem sogenannten Edutainment, und der Schaffung von neuartigen Erlebnis- und Emotionswelten die Besucher zu fesseln. Die Exponate folgen zum großen Teil dem „Hands-on-Prinzip", d. h. die Besucher dürfen Versuche selber durchführen bzw. experimentieren und werden so tiefer in die Materie involviert als bei statischen Ausstellungen. Kernzielgruppen sind dabei insbesondere Kinder und Schulklassen, die je nach Konzept und Lage der Anlage zwischen 40 und 60 % der Gesamtbesucher bilden.

„Hands-on-Prinzip"

Folgende Ziele werden in der Regel mit der Errichtung eines Science Centers verfolgt:

Zielsetzung

- Präsentation von diversen Themen (Wissenschaft, Technik und deren Zusammenhänge) auf hohem Niveau in Form spielerischer, interaktiver und erlebnisreicher Weise für eine breite Öffentlichkeit, aber auch für das Fachpublikum,
- Veranschaulichung und Vermittlung komplexer Zusammenhänge in Kombination mit Unterhaltungselementen (Edutainment),
- aktive Beteiligung der Gäste (hoher Grad an Interaktivität versus passive Vermittlung),
- Schaffung einer aktualisierbaren Ausstellung, die immer wieder neues Interesse findet, neue Besucherkreise erschließt und Stammgäste zum Wiederholungsbesuch anregt (keine Leistungsschau fertiger Produkte, kein Museum im herkömmlichen Sinne, keine „statisch-intellektuelle" Darbietung),
- Schaffung einer Plattform für eine erlebnisorientierte Begegnung von Wissenschaft, Wirtschaft und Öffentlichkeit,
- Unterhaltung mit hohem wissenschaftlichen Anspruch.

Neben inhaltlichen Themen stehen folgende Aspekte zur Optimierung der wirtschaftlichen Situation im Vordergrund:

- Schaffung einer optimalen betriebswirtschaftlichen Grundlage (Minimierung des Subventionsbedarfs bzw. Folgekostenfreiheit),
- Bekanntheits-, Attraktivitäts- und Imagesteigerung des Mikro- und Makrostandortes,
- positiver Imagetransfer für potenzielle Sponsoren.

2.4.2 Inhalte und Darstellungsformen

Ähnliche Strukturen Viele Science Center weisen ähnliche Strukturen bezüglich ihrer behandelten Themenbereiche, aber auch der gezeigten Exponate auf. Das viele Center verbindende Element ist die Darstellung und Integration von Mechanik, die zugleich robust, aber auch wartungsfreundlich und so dem langjährigen Gebrauch durch die Besucher gewachsen ist.

Die Themen, die behandelt und dargestellt werden sind u. a.:

- das Oberthema der Naturwissenschaften (Physik, Chemie, Biologie, Mathematik),
- der Mensch (u. a. Gehirn, Körperfunktionen, Sinne) und auch Gesundheit,
- Interaktion Mensch–Natur,
- Energie,
- Astronomie und Astrologie sowie das Universum,
- Technologie (alle Ebenen) und Raumfahrt,
- Geschichte, Entwicklung, Anwendung, Zukunft der oben genannten Bereiche und Themen.

Für Dauer- oder Wanderausstellungen werden häufig Themenkomplexe aufgegriffen, bei denen Zusammenhänge aufgezeigt und somit ganzheitliche Ansätze vermittelt werden. Dies sind unter anderem:

- Philosophie und Kunst,
- Archäologie und Geschichte (z. B. Dinosaurier),
- Sprachen/Kommunikation,
- Krankheiten (AIDS, Krebs etc.).

Neue Anlagen und Konzepte versuchen gezielt durch das Element des „Storytelling" eine Leitlinie bzw. ein Themendach zu schaffen und den Gast so auf unterschiedlich inszenierten Wegen durch die Anlage zu leiten.

Neben dem Einsatz von Exponaten kombinieren viele Anlagen – auch aus wirtschaftlichen oder synergetischen Gründen – das eigentliche Science Center z. B. mit Planetarien, IMAX-Theatern, Laboratorien, Veranstaltungskapazitäten – inzwischen auch Übernachtungsmöglichkeiten – oder anderen Darstellungsformen, um mit Hilfe dieser einerseits die Attraktivität zu erhöhen und andererseits die Umsetzung bzw. Heranführung an die gezeigten Elemente und Phänomene zu erleichtern und Wiederholungsbesuche zu generieren. **Zusatzangebote**

Basisbausteine für einen wirtschaftlichen Betrieb sind u. a. Gastronomie und Shop sowie Seminarräume bzw. Eventflächen, die je nach Anlage einen sehr unterschiedlichen Ausprägungsgrad erreichen.

Eines der Hauptprobleme von Science Centern ist der permanente Reattraktivierungs- und Renovierungsdruck. Anlagen mit starker technologischer Ausrichtung, die heute vor allem Computertechnologie bedeutet, müssen darauf reagieren, dass ihre Zielgruppen durch Internet, eigene Computer und die laufende Beschäftigung mit diesen Medien einen hohen Anspruch an Angebote eines Science Center stellen. Diesem Anspruch gerecht zu werden bedeutet nicht nur einen hohen finanziellen Aufwand, sondern auch ständigen Einsatz in Form von Mitarbeitern, die die Trends aufgreifen und umsetzen. **Hauptproblem**

2.4.3 Beispiele von Science Centern

Derzeit wird international diskutiert, wie erfolgreiche Science Center der Zukunft gestaltet und betrieben werden können und müssen. Weltweit werden neue Anlagen etabliert, deren Erfolg erst in einigen Jahren gemessen werden kann. Beispiele stellen das Universum in Bremen, das im September 2000 eröffnete, die Science City in Kansas (USA) mit der Umgestaltung des historischen Bahnhofs für rund 250 Mio. US-Dollar oder das Explore at-Bristol, in Bristol (GB), das als Millennium Project massiv im Bereich der Investitionen gefördert wurde. Allen drei Beispielen ist gemeinsam, dass versucht wird, neue Wege sowohl im Bereich der Kombination der Angebotsbausteine als auch der Inszenierung zu beschreiten.

Vorbild für viele Science Center ist auch heute noch das Exploratorium in San Francisco (USA), das 1969 vor allem auf Initiative des Physikers Frank Oppenheimer eröffnet wurde. Hier steht vielmehr das Experiment, als das Auf- **San Francisco** zeigen von Sammlungen im Vordergrund. Gleichzeitig soll es die Besucher für das Miteinander von Natur, Mensch und Technik sensibilisieren. Klare und einfache Experimente vermitteln Natur und Naturphänomene sowie die Chancen als auch Risiken, die mit ihrer Nutzung verbunden sind.

Jährlich verzeichnet das Exploratorium auf ca. 9.600 m² etwa 500.000 bis 600.000 Besucher, davon etwa 100.000 Kinder und Schüler, die an den rund 650 ständigen Exponaten experimentieren.

Kopenhagen 1991 eröffnete das Experimentarium in Kopenhagen (DK), das als selbstständige Stiftung auf Initiative des Egmont Fonden gegründet wurde. Die 4.000 m² große Hauptausstellung umfasst 300 Experimente, die in 13 verschiedene Themenbereiche eingeteilt sind. Beispiele sind „Der Körper in Aktion", „Schall und Gehör" oder auch „Wasserspiele für Kinder". Ansatz des Experimentariums ist, das Interesse an Naturwissenschaft und Technologie auf breitester Ebene der Gesellschaft zu fördern und ein Ort der Begegnung für Öffentlichkeit, Wirtschaft und Wissenschaft zu sein.

Darüber hinaus verfügt es über einen 850 m² großen Bereich für – auch unter wirtschaftlichen Aspekten wichtige – Sonderausstellungen. Weitere Angebote sind u. a. ein Café, Shops, Versammlungsräume, eine Internet-Werkstatt, ein Laboratorium, eine Tribüne für 150 Personen (kleine Bühne) sowie ein Film- und Vortragssaal für 250 Personen (Bühne) und Einrichtungen für Behinderte.

Alljährlich veranstaltet das Experimentarium als wichtige Ergänzung zur Hauptausstellung ein oder zwei Sonderausstellungen, die wesentlich zur Generierung der Gesamtbesuche beitragen und je nach Dauer und Thematik bis zu 50 % der Jahresbesuche ausmachen können.

Bremen Das Universum Bremen ist das erste Science Center nach modernen Maßstäben in Deutschland. Es eröffnete am 9. September 2000 nach etwa dreijähriger Planungszeit. In unmittelbarer Nähe und Anbindung zur Universität Bremen wurden – in Zusammenarbeit mit der Universität – auf einer Gesamtfläche von 24.000 m² das Science Center Universum (4.000 m² Ausstellungsfläche) mit einem benachbarten Conference Center (inkl. einem 500 m² großen Veranstaltungs- und Festsaal und acht Tagungsräumen), ein Hotelneubau mit 150 Doppelzimmern sowie eine Gastronomie als verbindendes Element realisiert.

Das Investitionsvolumen betrug etwa 34 Mio. Euro für alle Bausteine, davon wurden 51 % durch private Investoren übernommen.

Den Gästen stehen drei Expeditionsrouten zur Verfügung (Mensch, Kosmos, Erde), auf denen diese mit Hilfe von etwa 200 Exponaten diverse Aspekte aus den genannten Bereichen (Was ist Zeit? Wie werden wir, was wir sind? etc.) erfahren und erleben können. Bis dato konnten p.a. über 500.000 Gäste gezählt werden, sodass die Erwartungen von durchschnittlich 300.000 Jahresbesuchern regelmäßig übertroffen wurden.

Betreiber ist die Universum Managementgesellschaft mbH, Bremen, Eigentümerin die Stiftung Universum GmbH, Bremen. Partner bei der Realisierung waren u. a. die Universität Bremen, das Bauunternehmen Zechbau, die Sparkasse Bremen sowie Ericsson Business Networks GmbH. Die Konstellation ist bis dato neu und könnte als Vorbild für weitere Projekte gelten, da hier ein privater Betreiber das operative Risiko übernimmt.

Ende des Jahres 2005 wird mit dem Phaeno in Wolfsburg das zweite Science Center in Deutschland eröffnet. Das von der Architektin Zaha Hadid geplante, über 7.000 m² große Phaeno widmet sich mit seinen 250 Exponaten dem Aufspüren naturwissenschaftlicher Phänomene. Das Gesamtobjekt hat einen Kostenrahmen von rd. 70 Mio. Euro. **Wolfsburg**

Zu den Vorläufern dieses Segments zählen das Deutsche Museum (ca. 55.000 m² Ausstellungsfläche in München, ca. 1 Mio. Jahresbesuche), das Spectrum im Museum für Verkehr und Technik in Berlin, die Phänomenta in Flensburg (und weiteren Standorten) sowie das Hygienemuseum in Dresden. Des Weiteren existieren mit dem Siemens Forum in München und dem Deutschen Museum in Bonn (Wissenschaftszentrum Bonn/Bad Godesberg) weitere Einrichtungen, die dem Segment der Science Center im weitesten Sinne zugerechnet werden können. **Vorläufer**

2.4.4 Zukünftige Entwicklung von Science Centern

Heute wird von vielen Experten die Frage nach der Zukunft der Science Center gestellt. Planungen für neue Anlagen existieren weltweit, darunter auch viele in Deutschland, wobei die Realisierungschancen differenziert eingeschätzt werden müssen.

Die Verknüpfung von verschiedenen Angebotsformen und Science Centern (z. B. UEC und Science Center) ist in den USA und Großbritannien bereits zu sehen. Inzwischen greifen z. B. bereits Handelseinrichtungen in den USA den Trend auf, ihre Verkaufsstellen aus Attraktivitätsgründen mit interaktiven Exponaten zu gestalten.

Science Center können auch in Deutschland Initiator für technische Studiengänge werden, die in den letzten Jahren über Nachwuchsmangel klagen. Hier kann den neuen Angeboten eine wichtige Rolle zukommen, da sie – wie bereits erwähnt – die Zugangs- und Hemmschwellen zu diversen Wissenschaftsbereichen mindern können, wenn sie attraktiv und gleichzeitig verständlich gestaltet werden. Und genau an diesem Punkt können auch Unternehmen, die nach Präsentationsplattformen für neue Produkte, aber auch Nachwuchs suchen, sich beteiligen bzw. involviert werden. **Initiator für Studiengänge**

In Deutschland befindet sich die Entwicklung von Science Centern der neuen Generation – mit dem Universum Science Center in Bremen und dem Phaeno in Wolfsburg – im Jahr 2005 noch am Anfang der Entwicklung.

Planungen sind in verschiedenen Städten in Deutschland vorhanden, so in Köln sowie in weiteren Städten in Nordrhein-Westfalen, Stuttgart, Berlin und Hamburg. Die Finanzierung vieler dieser Projekte ist derzeit noch nicht gesichert und damit ihre Realisierungswahrscheinlichkeit nicht endgültig absehbar.

2.4.5 Planungsparameter

Die Fragen der Finanzierung, der wirtschaftlichen Tragfähigkeit und des Betriebs von neuen Science Center werden auch in Deutschland vermehrt gestellt, konnten jedoch bis dato aufgrund der wenigen realisierten Beispiele noch nicht abschließend beantwortet werden.

Die Entwicklung von Science Centern ist jedoch – nicht nur in Deutschland – wirtschaftlichen Sachzwängen unterworfen, die im Verlauf einer Konkretisierung und Realisierung deutlich werden. So wird häufig von Investoren die Frage nach investiven und betrieblichen Kosten gestellt. Diese ergeben sich aus einer Kette von Faktoren, die wie folgt zusammengefasst werden können:

- Einzugsgebiet der Anlage,
- konkreter Standort,
- erreichbare Besuche,
- benötigte und/oder zur Verfügung stehende Flächen,
- Ausstattungen und Exponate,
- Kosten,
- Betriebsform und Trägerschaft.

Auf einzelne Aspekte wird im Folgenden kurz eingegangen.

Initiatoren/Trägerschaft

Initiatoren von Science Centern sind in der Regel Gemeinden bzw. Städte (Phaeno Wolfsburg), Wirtschaftsunternehmen (auch als Instrument der Unternehmenskommunikation), Stiftungen oder wissenschaftliche Institutionen wie Universitäten etc. (Universum Bremen).

In Zukunft sind verstärkt Privatpersonen, Unternehmen, Stiftungen etc. in die Planungen einzubeziehen, um hier Synergiepotenziale nutzen zu können.

Betriebsformen

Science Center werden häufig in Form von Stiftungen betrieben. Es zeigt sich bereits heute, dass ein neues Betriebsmodell entstehen kann, bei dem die öffentliche Hand die Investitionen trägt und ein privater Betreiber den folgekostenfreien Betrieb garantiert, wobei auch dieses Modell derzeit in der Diskussion ist.

Investitionsvolumina/-kosten

Die Investitionsvolumina von Science Centern weisen eine hohe Spannbreite – je nach Fläche und Konzept – auf.

Das Universum Bremen wurde für etwa 34 Mio. Euro inkl. Hotel, Conference Center und Gastronomie erstellt, das Science Center in Wolfsburg ist mit – inzwischen – etwa 70 Mio. Euro projektiert.

Das im Jahr 2000 in Flandern eröffnete Technopolis, das für 12,3 Mio. Euro realisiert wurde (ca. 3.600 m² Ausstellungsfläche), war diesbezüglich vergleichsweise kostengünstig. Hierbei erfolgte eine Zusammenarbeit der Region, der Flämischen Regierung (vor allem finanzielle Unterstützung beim Invest) und der Provinz Antwerpen (Betriebskostenzuschuss) sowie Stichting F.T.I (Flanders Technology International) im Bereich der Entwicklung und Umsetzung.

Generell sollte ein Verhältnis von 50 % für die Architektur bzw. bauliche Hülle und 50 % für die Inhalte angedacht werden. Doch nicht immer werden diese Werte erreicht: Häufig ist das Verhältnis sehr zugunsten der Architektur ausgeprägt.

50 % Architektur – 50 % Inhalt

Die Erstellungskosten pro Quadratmeter für technisch orientierte Museen und Science Center basieren auf Erfahrungswerten aus den USA und Europa, wobei diese jedoch stark abhängig vom jeweiligen Konzeptansatz und der konkreten Ausgestaltung sind.

Ein wichtiges Kriterium für die Höhe der Investitionskosten liegt in der Entscheidung der baulichen Umsetzung bzw. inhaltlichen Gestaltung der Anlage. Hier wird grundsätzlich zwischen Inhouse-Produktion, bei der Designer und Exponatsbauer eingestellt werden und die Ausstellungen konzeptionell erarbeiten und umsetzen, und dem Zukauf der Leistungen durch Externe unterschieden. Die Zielsetzung der letztgenannten Form liegt in der Reduzierung der Personalkosten. Viele Anlagen wählen auch eine Mischung aus diesen Möglichkeiten. Häufig werden im laufenden Betrieb auch Wanderausstellungen von anderen Science Centern für einen bestimmten Zeitraum gemietet, um die Anlage zu reattraktivieren bzw. neue Angebote zu schaffen.

Ein entscheidender Aspekt für die gesamten Investitionen ist die Gewinnung von Fördermitteln, Sponsorengeldern oder auch Drittmitteln, denn Science Center können in der Regel nicht als Renditeprojekte gesehen werden.

Einer der entscheidenden Aspekte hinsichtlich der Realisierung von neuen Anlagen ist die Darstellung der wirtschaftlichen Tragfähigkeit im Betrieb.

Betriebskosten

Hierbei ist einer der höchsten Kostenfaktoren in den Personalkosten zu sehen, die im Gegensatz zu anderen Freizeitanlagen sehr hoch anzusetzen sind und 50–70 % der Gesamtkosten betragen können.

Auch hierbei ist die Art und Weise der pädagogischen Arbeit und der Ausstellungsgestaltung relevant, ob Wissen (Forschung, Ausstellungsgestaltung etc.) intern vorgehalten oder extern „zugekauft" wird.

Für die meisten Anlagen ist es unerlässlich, dass sie Förderung durch externe Quellen in Form von Sponsoring oder Betriebskostenzuschüssen erhalten. Es muss dementsprechend gelingen, die Angebote und Konzepte für Sponsoren und Förderer attraktiv erscheinen zu lassen, damit sich diese finanziell beteiligen. Insbesondere in den USA verfügen viele Science Center über eine Reihe von öffentlichen und privaten Sponsoren, die den fast durchgehend existierenden Zuschussbedarf zu einem großen Teil abdecken.

Insgesamt bleibt abschließend noch einmal festzuhalten, dass Science Center keine Investitionsobjekte mit entsprechenden Renditeerwartungen für professionelle Entwickler sind. Das Ziel liegt nicht in der Erbringung eines Return on Investment, statt dessen sind sie neue Lern- und Unterhaltungsorte, deren Ziel sein sollte, bei professioneller Führung kostendeckend wirtschaften zu können.

2.5 Besucherattraktionen

2.5.1 Definition

Besucherattraktionen (Visitor Attractions) sind kommerzielle Hochfrequenzimmobilien auf 1.500–4.000m² Gesamtfläche, die ein bestimmtes Leitthema in erlebnisreicher, faszinierender und erklärender Weise darstellen. Zumeist liegt diesen Anlagen ein emotionalisierendes, reizvolles oder gar „geheimnisvolles" Thema zugrunde, welches der Gast im Rahmen einer „Geschichte" oder „Reise" erleben kann. Die Themengebiete sind unbegrenzt und präsentieren Erlebnisinhalte wie „Faszinierende Unterwasserwelt", „Erlebnis Regenwald", „Mythos Titanic" oder „Gruselkabinett des Mittelalters".

Zukunft der Freizeitanlagen — Besucherattraktionen zeichnen sich durch die unterhaltsame, spannende und spielerische Vermittlung von Wissen aus. Hierin wird nicht nur unter pädagogischen, sondern auch unter wirtschaftlichen Gesichtspunkten die Zukunft erfolgreicher Freizeitanlagen gesehen.

Bei Besucherattraktionen handelt es sich um Spezialimmobilien, die hohe Anforderungen an das Konzept, den Standort und den Betrieb stellen. Nachfolgend wird auf ausgewählte Aspekte näher eingegangen.

2.5.2 Motivation und Zielsetzungen

Verschiedenste Motivationen können für ein Engagement in diesem Marktsegment sprechen. Mit dem Anlagentyp einer Besucherattraktion können die unterschiedlichen Zielsetzungen von Akteuren der Immobilienwirtschaft, Markenartikler und Kommunen erreicht werden.

Operative/strategische Ziele — Grundsätzlich bieten Besucherattraktionen aufgrund der überschaubaren Investitions- und Betriebskosten bei gleichzeitig relativ hohen Besuchs- und Erlöspotenzialen erhebliche betriebswirtschaftliche Chancen.

Operative Zielsetzungen

- Verwertung von Grundstücken oder Gebäuden,
- Gewinnmaximierung,
- Return on Investment,
- Erträge aus Verpachtung,
- Generierung von Frequenzen.

Strategische Zielsetzungen

- Profitieren vom expansiven Freizeitanlagenmarkt,
- Multiplizierbarkeit an verschiedenen Standorten.

2.5.3 Beispiele von Besucherattraktionen

Aquarien — Überaus erfolgreich sind beispielsweise die deutschen Sea Life Center der aus England stammenden Merlin Entertainments Group. Sea Life Center sind erlebnisreich gestaltete Aquarien mit einer Gesamtfläche zwischen 1.500 und

2.500 m². Eine Ausnahme bildet das im Jahr 2004 eröffnete Großaquarium in Oberhausen mit einer Ausstellungsfläche von 3.300 m².

Moderne Aquariumtechnologie zeigt regionale Meeresfauna und -flora mit Erlebniselementen, wie z. B. Wasserfall, Fjord, Tiefseebecken, interaktivem Berührungsbecken, Unterwassertunnel aus Acrylglas und Einsatz von Geräuschen und Effekten. Der Besucher taucht in eine faszinierende Unterwasserwelt ein und lernt – anschaulich dargestellt – den Lebensraum Wasser in seinem regionalen Umfeld kennen und verstehen. Hauptzielgruppen sind Familien mit Kindern, Schulklassen und Touristen.

Die erwarteten Besuchszahlen des Sea Life Center in Timmendorf an der Ostsee wie auch der Anlagen in Konstanz am Bodensee, in Speyer und Berlin wurden weit übertroffen. Das britische Freizeitunternehmen Merlin Entertainments Group gehört mit 17 Sea Life Centern und 11 weiteren Besucherattraktionen zu den größten und erfolgreichsten Investoren und Betreibern von Besucherattraktionen in Europa.

Gruselmuseen

Als zweiten Anlagentyp betreibt die Merlin Entertainments Group drei Gruselmuseen, so genannte Dungeons, in York und London auf einer Gesamtfläche von ca. 1.500 und 2.500 m² sowie in Hamburg. Im Hamburg Dungeon wird die „dunkle" Vergangenheit und „schaurige" Geschichte der Hansestadt multisensual dargestellt.

Touristen zählen zur Kernzielgruppe der Sea Life Center und Dungeons, die über eigene Gastronomie- und Merchandising-Angebote verfügen.

Für beide Attraktionstypen bestehen Expansionspläne für weitere Standorte in Deutschland und Europa. Als weitere Besucherattraktion mit Science-Center-Komponenten wurde von der Merlin Entertainment Group im Mai 2004 der so genannte „Earth Explorer" auf einer Fläche von 3.000 m² in Oostende realisiert. Andere Konzepte und Leitthemen für neue Typen von Besucherattraktionen sind derzeit bei Merlin in Entwicklung.

Naturerlebniswelten

Ein weiteres Thema, das in Form von Besucherattraktionen in der Vergangenheit umgesetzt wurde, ist der Bereich der Naturerlebniswelten. In der Regel wird hierzu ein Ausschnitt fremdartiger Natur mit ihrem eigenen Klima und ihren eigenen Mikro- und Makroorganismen auf spektakuläre Weise dargestellt.

Naturerlebniswelten faszinieren dadurch, dass das (in Glashallen) abgebildete Stück (zumeist tropischer) Natur den Besuchern möglichst transparent und spannend präsentiert wird. Die Attraktion der Naturerlebniswelten besteht nicht in der Artenvielfalt der botanischen Gewächse, sondern in den ungewöhnlichen Perspektiven und besonderen Lebensräumen, die sich dem Besucher bei seiner Entdeckungstour durch die Natur bieten. Neben wirtschaftlichen Zielsetzungen sollen die Besucherattraktionen zu einer intensiveren Auseinandersetzung mit der Natur und zu einem besseren Verständnis der dargestellten Zusammenhänge führen.

2.5.4 Anforderungen an ein erfolgreiches Konzept

Hoher Interaktionsgrad

Ähnlich einer Produktmarke kann eine Freizeitanlage anhand einer Vielzahl von Attributen beschrieben werden, deren Ausprägung letztendlich ihre Position im Beurteilungs- bzw. Wahrnehmungsraum der Besucher bestimmt. Attribute, wie z. B. Informationsgehalt, Grad der Interaktivität oder Unterhaltungscharakter, beschreiben das Leistungsprofil bestehender Freizeitanlagen. Besucherattraktionen faszinieren in der Regel durch einen höheren Grad an Interaktion als herkömmliche Ausstellungen. Aspekte des Themas sollen interaktiv „begriffen" werden, also unter direktem und aktivem Einbezug des Besuchers.

Die Darstellung und Vermittlung des Leitthemas erfolgt auf einer emotionalen, erlebnisreichen und unterhaltenden Ebene – die Wissensvermittlung findet durch spielerisches Lernen statt.

Multisensorische Darstellung

Des Weiteren ist eine multisensorische Darstellung anzustreben, d. h. die Angebote und Themenbereiche sollen mit möglichst vielen Sinnen (z. B. Geräusche und Gerüche) erlebt werden: Je mehr Sinne angesprochen werden, desto intensiver bleiben die Angebote in der Erinnerung der Besucher haften.

Besucherattraktionen sollten darüber hinaus folgende Eigenschaften erfüllen:

- Ansprache einer breiten Öffentlichkeit (Einwohner, Touristen, Schulklassen, verschiedene Altersgruppen etc.).

- Faszination der Angebotsthemen durch spielerische und erlebnisreiche Präsentationen. Komplexe Zusammenhänge werden hierbei begreifbar und nachvollziehbar gemacht. Zielsetzung ist es, gleichzeitig zu bilden, zu informieren und zu unterhalten.

- Aktualisierbare „Edutainment-Attraktionen" schaffen, die immer wieder neues Interesse finden, neue Besucherkreise erschließen und Stammgäste zum Wiederholungsbesuch anregen.

- Neugierde und Verständnis für die mit dem dargestellten Thema zusammenhängenden Phänomene und Ergebnisse wecken.

Intention

Die Intention von Besucherattraktionen lautet: Erlebnisorientierung, Thematisierung und Edutainment, d. h. keine bloße Aneinanderreihung einzelner Angebote, sondern die Inszenierung von Themen mit Attraktionen, die untereinander einen Bezug haben. Der Besucher wird dramaturgisch durch die Anlage geführt, dabei informiert und kann aktiv seinen Aufenthalt gestalten.

Der Edutainment-Gedanke (unterhaltsames und erlebnisreiches Lernen) nimmt dabei eine besondere Rolle ein. Der Nutzen und die Attraktivität der Freizeitanlage steigt, wenn diese nicht reinen Unterhaltungszwecken dient, sondern gleichzeitig auf unterhaltsame Weise Wissen vermittelt: „Education" gepaart mit „Entertainment".

Ganzheitlichkeit

Hinter dem Grundsatz der durchgängigen Thematisierung verbirgt sich die Idee einer ganzheitlich gestalteten Umgebung. Mit Hilfe einer durchgängigen Erlebnisorientierung soll der Besucher – im Gegensatz zu einer externen Beobachterrolle – in die Welt des dargestellten Themas versetzt werden. Eine übergeordnete Thematisierung, die den Besucher durch die Attraktion begleitet, schafft einen überschaubaren Rahmen für den Besuch, hinterlässt einen positiven Eindruck, vermittelt Kompetenz und bildet damit die Basis für einen Wiederholungsbesuch und die Mitteilung an Dritte.

2.5.5 Positionierung und Leitthema

Die Positionierung ist ein Kompromiss zwischen möglichst breiter Ausrichtung einerseits, um keine Nachfragepotenziale von der Wahrnehmung des Angebotes auszuschließen, und möglichst detailliertem Aussagegehalt andererseits, um die Profilierung des Angebotes zu unterstützen. Die thematische Positionierung muss jedoch unbedingt in Bezug auf den Wettbewerb eine Alleinstellung erzeugen und/oder synergetisch an bestehende Einrichtungen anknüpfen.

Alleinstellung erzeugen

Das Leitthema sollte folgende Eigenschaften aufweisen:

- fesselnde Vision/außergewöhnliche Leitidee und starke Faszinationskraft/Attraktionswirkung, um Neugierde und Erwartungen zu wecken,
- klare Positionierung und Eigenständigkeit im Auftritt des zukünftigen Freizeitangebotes um Einzigartigkeit, Unverwechselbarkeit und Alleinstellungscharakter zu erreichen,
- das Leitthema sollte zur Gewinnung der Unterstützung durch Wirtschaft, Wissenschaft und (kommunale) Politik geeignet sein,
- es sollten passende Attraktionen und Umsetzungsmöglichkeiten zur Inszenierung der Leitidee existieren,
- Zeitstabilität der Faszinationskraft der thematischen Positionierung sollte gewährleistet sein,
- Ergänzungsfähigkeit der Erlebnislinie (langfristige Addition und/oder Austausch von Erlebnisbausteinen),
- die technische und wirtschaftliche Umsetzbarkeit des Erlebniskonzeptes muss gewährleistet sein,
- falls möglich, sind Charakteristika des Standortes bereits in der thematischen Positionierung aufzunehmen.

2.5.6 Anforderungen an den Projektstandort

Neben den vielfältigen Anforderungen an das Konzept sind standortbezogene Erfolgs- und Misserfolgsfaktoren bei der Planung von Besucherattraktionen zu beachten. Folgende wesentliche Standortcharakteristika unterstützen die Wirtschaftlichkeit einer Besucherattraktion.

Anforderungen an den Mikrostandort (Grundstücke/Gebäude):

- zentrale Lage,
- hohe (touristische) Frequenzen am Standort,
- günstige Ausweisung hinsichtlich des Bauvorhabens,
- Glaubwürdigkeit Konzept/Standortbezug,
- verträgliche Pacht bzw. günstiger Grundstückspreis,

- günstige Verkehrsanbindung (MIV, ÖPNV),
- Freizeitcharakter des Mikrostandortes etc.

Anforderungen an den Makrostandort (Einzugsgebiet):

- hohe Einwohnerzahlen im Einzugsgebiet,
- hohe Kaufkraft und Mobilität der Einwohner,
- günstige Altersstruktur der potenziellen Nachfrager,
- hohes touristisches Potenzial im engen Einzugsgebiet,
- hohe Attraktivität und Zentralität der Stadt etc.

2.6 Freizeit- und Hallenbäder

2.6.1 Abgrenzung der einzelnen Anlagensegmente

Anlagentypen Der Bädermarkt ist in seiner Struktur ein sehr vielschichtiges Segment der Freizeitimmobilienwirtschaft. Die Zuordnung der einzelnen Anlagentypen und Bäderarten zeigt die Definition des Koordinierungskreises Bäder (KOK). Bäder lassen sich demnach nach Anlage, Einrichtung und Angebot wie folgt unterscheiden:

Bäderanlagentyp	Charakteristika
Freibäder	Bäder mit künstlichen, nicht überdachten Wasserflächen
Hallenbäder	Bäder mit künstlichen, überdachten Wasserflächen
Hallenfreibäder (Kombibäder)	Kombination von Hallenbad und Freibad
Naturbäder	Bäder mit natürlichen Wasserflächen (Meer-, See-, Flussbäder, Bäder an angestauten Flüssen, Sand- und Kiesentnahmestellen)
Quelle: Koordinierungskreis Bäder 1996	

Abb. 10: Bäderanlagetypen und Charakteristika

Das Spektrum der Bäder reicht heute vom einfachen Badeplatz an öffentlichen Gewässern bis hin zum hochtechnisierten Erlebnisbad. Den oben aufgezeigten Anlagentypen lassen sich, je nach vorrangigem Nutzungsangebot, unterschiedliche Bäderarten zuordnen. Die wesentlichen sechs Kategorien werden in Abbildung 11 definiert.

Verbreiterung des Angebots Noch vor wenigen Jahren erfolgte in der Nomenklatur lediglich die Unterscheidung der oben genannten vier Grundformen Sport-, Spaß-, Freizeit- und Kur-/Heil- bzw. Thermalbad. Die steigende Freizeitorientierung der Gesellschaft und die daraus resultierenden Anpassungen in der Produktgestaltung haben zu einer Vermischung und Verbreiterung der Angebotspalette geführt. Eine eindeutige Zuordnung der Anlagen ist daher heute teilweise nicht mehr möglich.

Bäderart	Charakteristika
Sportorientierte Bäder	Sie weisen an Sportregeln orientierte Beckenabmessungen und Wassertiefen auf und bieten keine zusätzlichen Freizeiteinrichtungen. Sie werden durch die Öffentlichkeit sowie den Schul- und Vereinssport genutzt.
Leistungssportbäder	Sie dienen primär dem Leistungsschwimmsport (Leistungszentren, -stützpunkte) und verfügen über wettkampfgerechte Beckenabmessungen und Sprunganlagen.
Schulbäder	Das Beckenangebot besteht aus Sport- und Lehrschwimmbecken und ist in erster Linie dem Schulschwimmsport zugewiesen. Für Vereinsbäder gilt dies analog.
Spaßbäder (Erlebnisbäder)	Sie verzichten auf Sportnormgerechtigkeit und umfassen ausschließlich Badeeinrichtungen, die dem Freizeitvergnügen (Aktivitäten und Entspannung) dienen. Nutzer sind allein Individualgäste, eine schwimmsportliche Nutzung durch Gruppen, Schulen oder Vereine lassen die Einrichtungen nicht zu.
Freizeitbäder	Sie werden ebenfalls durch die Öffentlichkeit sowie den Schul- und Vereinssport genutzt, weisen aber zusätzliche freizeitorientierte Einrichtungen auf. Insofern sind sie eine Mischform zwischen Sport- und Spaßbädern.
Kur-, Heil- und medizinische Bäder	Sie bieten spezielle Becken und Wasserarten (hierzu gehören Meer-, Mineral-, Heil- und Thermalwasser) sowie therapeutische Einrichtungen und wurden bisher vorrangig für Regeneration, Therapie und Rehabilitation eingesetzt. Durch das gestiegene Gesundheitsbewusstsein werden sie in Zukunft weiter einen höheren Freizeitwert erhalten, indem zusätzliche Einrichtungen integriert werden, die der Prävention und Wellness dienen.

Quelle: Koordinierungskreis Bäder 1996

Abb. 11: Bäderarten und Charakteristika

2.6.2 Angebotsstruktur und Komplementärangebote

Neben dem rein sportlichen Schwimmen decken Bäder (in unterschiedlichen Gewichtungen) die Besuchsmotive „Spaß und Unterhaltung", z. B. durch Rutschen, Wildwasserkanal, sowie „Erholung und Entspannung", vor allem durch Saunaangebote, Thermal- oder Wellness-Bereiche etc., ab.

Auch die in den Bädern integrierten Angebotsbausteine haben sich in den Jahren immer weiter diversifiziert und stellen in Ergänzung zum reinen Badebereich bedeutende Umsatzträger dar. Um neben den Eintrittsentgelten für das Baden/Schwimmen zusätzliche Erlöspotenziale zu erschließen, ist das Spektrum der Bäder nicht allein auf Becken- und Wasserangebote beschränkt, sondern gliedert sich insbesondere bei den Freizeit-, Spaß-(Erlebnis-) und Thermalbädern in weitere Profitcenter auf:

Angebotsbausteine

- **Sauna:** Saunaangebote stellen insbesondere unter Wirtschaftlichkeitsgesichtspunkten wichtige ertragsstarke Zusatzbausteine innerhalb von Wasserfreizeitanlagen dar. Während für das Badeangebot aufgrund der Versorgungsfunktion zumeist nicht kostendeckende Tarifstrukturen gelten, lassen sich durch attraktive Saunen zusätzliche Umsätze erschließen, die zum Teil zu einer Subventionierung der defizitären Wasserbereiche beitragen. Auch bei den Saunaangeboten bestehen unterschiedliche Typen, die je nach Ausstattung von puristischen Saunen bis hin zu Erlebnis- und Wellness-Saunen reichen. Saunen zählen nach wie vor zu den expandierenden Bereichen der Bäder, die gerade durch den vorherrschenden Wellness Boom in der Freizeitbranche Zuwächse verzeichnen.

- **Wellness-/Beauty-Angebote:** Häufig gekoppelt an Saunaangebote werden zunehmend Wellness- und Beauty-Angebote in Wasserfreizeitanlagen integriert. Je nach Größe und Zielgruppe reicht das Spektrum von Massagen und Beauty-Anwendungen bis zu eigenständigen Day-Spas, die der Badegast während seines Aufenthaltes nutzen kann.

- **Solarien:** Einen bedeutenden Umsatzträger stellen auch Solarien dar, die sowohl im Bade- und/oder Saunabereich aufgestellt oder auch als eigenständige Sonnenstudios für externe Gäste zugänglich sind.

- **Kursprogramme, Animation und Events:** Animation und Kursprogramme, die in Ergänzung zum Wasserangebot Aktionen und Events bieten, haben sich zu wichtigen Marketinginstrumenten entwickelt, die insbesondere der Zielsetzung von Gästebindung und Generierung von Wiederholungsbesuchen dienen.

- **Gastronomie:** Ebenfalls zu den Profitcentern gehören die Gastronomieeinheiten von Bädern, die bei größeren Anlagen zu Standardangeboten zählen. Ein attraktives Freizeitbad kann kaum auf dieses Angebot verzichten und stellt für unterschiedliche Nutzer und Badbereiche entsprechende F & B-Angebote bereit. Die Bedeutung von gastronomischen Einheiten ist gekoppelt an die Angebotsvielfalt der Anlage und hat eine besondere Bedeutung im Hinblick auf die Aufenthaltsdauer der Gäste.

- **Fitness-Bereich:** Fitness-Bereiche stellen durch die Ausweitung des Kurs- und Sportangebotes über Aqua-Fitness-Programme hinaus interessante Komplementärangebote für Wasserfreizeitanlagen dar. Durch die Vielfalt von Wasser-, Sauna-, Kurs- und Geräteangeboten verfügen diese Standorte – abhängig von der Marktsituation vor Ort – über Wettbewerbsvorteile gegenüber herkömmlichen Anbietern. Vergleichbare Zielsetzungen verfolgen assoziierte Reha- und Physiotherapieeinrichtungen.

- **Sonstige Zusatzangebote:** Selbstverständlich sind die Möglichkeiten der Kombination bzw. Standortkopplung mit anderen (nicht zwingend badaffinen) Angeboten nahezu unbegrenzt. Aufgrund der in der Regel zur Verfügung stehenden Parkplatzkapazitäten werden Anlagen angesiedelt, die beispielsweise Schwerpunktnutzungen außerhalb der Lastzeiten des Bades aufweisen, wie etwa Angebote aus dem Bereich der Abendunterhaltung (Diskotheken, Gastronomien) oder Synergien durch die Kombination mit Einkaufszentren in der unmittelbaren Nachbarschaft bieten. Bei der Errichtung eines Hotels sind die Nachfrage- und Positionierungsstrategien Gründe für die Standortentscheidung. Generell zeichnet sich in der Freizeitwirtschaft ein Trend zur Agglomeration von Angeboten ab (Destinationsbildung). Einerseits bietet diese Ansiedelungsstrategie verschiedene Synergiepotenziale (Marketing, Koppelnutzungen etc.), die zu Kostenreduzierungen führen können, andererseits können Ergänzungsnutzungen eine Kompetenzstärkung des Standortes bewirken und eine Erhöhung des Freizeitwertes bedeuten. Stehen profitable Angebote im wirtschaftlichen Verbund mit der Wasserfreizeitanlage, sind häufig auch Ertragsgesichtspunkte Entscheidungsgründe für die Angebotsdiversifizierung am Standort.

2.6.3 Betriebsformen

Nach einer von der Sportministerkonferenz in Zusammenarbeit mit dem Deutschen Sportbund und dem Deutschen Städtetag herausgegebenen Untersuchung ist der Betrieb von Bädern in allen Bundesländern vor allem eine öffentliche Aufgabe. Laut der Sportstättenstatistik der Länder gibt es in der Bundesrepublik Deutschland insgesamt knapp 127.000 Sportstätten, darunter 7.784 Bäder. **Öffentliche Aufgabe**

Mit einem Anteil von rund 80 % werden Bäder vorrangig von Kommunen und sonstigen öffentlichen Betrieben geführt. Vereine oder kommerzielle Organisationen stellen lediglich einen Anteil von weniger als 8 % der in der Statistik erfassten Anlagen. Ausnahmen bilden nach dem Ergebnis der oben genannten Studie die Stadtstaaten Hamburg und Bremen mit einem relativ hohen Anteil vereinseigener Anlagen sowie die privat betriebenen Bäder in den neuen Bundesländern, vor allem in Brandenburg und Mecklenburg-Vorpommern. Dort erreichte der Anteil kommerziell betriebener Bäder im Jahr 2002 immerhin 15,7–20,3 %.

Städte und Gemeinden sind im Rahmen der Daseinsvorsorge gehalten, innerhalb der Grenzen ihrer Leistungsfähigkeit die für die wirtschaftliche, soziale und kulturelle Betreuung ihrer Einwohner erforderlichen Einrichtungen vorzuhalten. Für diese steht den Kommunen eine Vielzahl von Organisationsformen des öffentlichen und privaten Rechts zur Verfügung. So können Bäder beispielsweise wie folgt betrieben werden: **Organisationsformen**

- **Regiebetrieb:** Der Regiebetrieb ist rechtlich und organisatorisch ein Teil der öffentlichen Verwaltung. Er ist in den gemeindlichen Haushaltsplan eingebunden. Da das Haushaltsrecht mehr auf die hoheitliche Ämterverwaltung abgestimmt ist, ist es für Einrichtungen, die sich schnell dem Markt anpassen müssen, kaum geeignet. Im Bädersektor wird der zunehmenden Erkenntnis, dass diese Anlagen wie Wirtschaftsunternehmen zu führen sind, immer häufiger durch die Umsetzung alternativer Betriebsformen und die Ausgliederung aus der Verwaltung Rechnung getragen.

- **Eigenbetrieb:** Der Eigenbetrieb ist wie der Regiebetrieb ein rechtlich unselbstständiger Teil der Verwaltung. Organisatorisch ist er aber selbstständig und wird finanzwirtschaftlich als Sondervermögen geführt und verwaltet.

- **Betriebsgesellschaft:** Die Betriebsgesellschaft ist eine eigenständige Gesellschaft. In der Regel wird die Rechtsform einer GmbH oder GmbH & Co. KG gewählt. Es handelt sich dabei um Handelsgesellschaften mit eigener Rechtspersönlichkeit, die zu jedem zulässigen Zweck errichtet werden können, sowohl für wirtschaftliche als auch für nichtwirtschaftliche Unternehmungen. Bezogen auf den Betrieb kommunaler Bäder wurden Betriebsgesellschaften in der Regel als Tochterunternehmen, z. B. der Stadtwerke, gegründet. Mittlerweile gehen Kommunen verstärkt dazu über, den Betrieb der öffentlichen Bäder an externe kommunale oder privatwirtschaftliche Betriebsgesellschaften zu vergeben. Diese übernehmen dann – gegen einen zuvor ausgehandelten jährlichen Zuschussbetrag – für die öffentliche Hand den Betrieb der Bäder. Die Modalitäten der Einflussnahme der Stadt auf die Betriebsführung der Bäder sind Gegenstand der Vertragsverhandlungen und stehen im unmittelbaren Zusammenhang mit der späteren Zuschusszahlung. Die Übergabe des Betriebs öffentlicher Bäder an Dritte erfolgt in der Regel über öffentliche Ausschreibungsverfahren.

2.6.4 Kennziffern von Freizeitbädern und Funktionsbädern

Expansive Entwicklung

Die Zahl der Freizeitbäder hat sich in der Bundesrepublik Deutschland in der Vergangenheit expansiv entwickelt. In den letzten Jahren stagnieren die durchschnittlichen Auslastungs- und Kostendeckungsgrade der Anlagen. Saisonale Schwankungen sind insbesondere auf die Witterungsabhängigkeit der Nachfrage zurückzuführen. Die meisten Anlagen arbeiten defizitär.

Die Ergebnisse des Bäderbetriebsvergleichs zeigen, dass ein Freizeitbad im laufenden Betrieb zwar kostendeckend betrieben werden kann, werden jedoch die Abschreibung, Kapitalkosten und Rückstellungen für Reattraktivierungsinvestitionen berücksichtigt, ist eine Deckung allein durch die Umsätze in den Anlagen kaum möglich. Da der Bädermarkt von kommunalen Preisen geprägt ist, lässt sich ein Bad in der Regel rein privatwirtschaftlich und ohne kommunale Unterstützung nicht wirtschaftlich betreiben. Erfahrungswerte zeigen, dass mindestens ein Pro-Kopf-Umsatz von 15,00 Euro pro Gast reali-

Investitionsvolumen	ab ca. 10 Mio. € (abhängig von Ausstattung und Größe)
Besuchsaufkommen	durchschnittlich ca. 284.000 Besuche pro Jahr (Spannbreite zwischen 131.000 und 603.000 Besuchen p. a.)
Umsatz je Besuch	Gut geführte, kommerzielle Anlagen erreichen einen durchschnittlichen Umsatz pro Gast von etwa 5,00 € (davon ein Drittel Nebenumsätze), wobei die Spannbreite (abhängig von Ausstattung und Zusatzangeboten) von 2,30–11,00 € reicht.
Kosten je Besuch (ohne Kapitalkosten und Afa)	Je nach Ausstattung und Größe variieren die Kosten zwischen 4,00 und 12,00 €. Der Durchschnittswert lag im Betriebsvergleich von 2002 bei 6,41 €.
Kostenstruktur (ohne Kapitalkosten und Afa; Mittelwert der am Betriebsvergleich teilgenommenen Bäder)	Personalkosten: 45 % Betriebsmittelkosten: 28 % Materialaufwand für Instandhaltung: 2 % Aufwand für Fremdleistungen: 10 % übriger Aufwand: 16 %
Kostendeckungsgrad (ohne Kapitalkosten und Afa)	Der Kostendeckungsgrad liegt zwischen 47 und 140 %, d. h. die Erträge können die Betriebskosten lediglich etwa zur Hälfte decken. Nur zum Teil wird ein Überschuss erwirtschaftet, mit dem Kapitaldienst und Afa bedient werden können.
Quelle: Deutsche Gesellschaft für das Badewesen 2002 und Erfahrungswerte Wenzel Consulting	

Abb. 12: Kennziffern Freizeitbäder (Wasserfläche von mindestens 800 m²)

siert werden muss, um eine Vollkostendeckung zu erwirtschaften. Selbst Wasserfreizeitanlagen mit einem attraktiven Saunabereich können diesen Zielwert nicht erreichen und liegen im Durchschnitt bei 10,00–12,00 Euro. Bei einer durchschnittlichen Besuchszahl von 300.000 Jahresgästen bedeutet dies eine Lücke von 0,9–1,5 Mio. Euro p. a., die durch Zuschusszahlungen der Kommune gedeckt werden müssen. Etwas günstigere Rahmenbedingungen bieten Thermalbäder, bei denen die Grundversorgung des Schwimmens nicht im Vordergrund steht, sondern gesundheits- und wellnessbezogene Aspekte die Besuchsmotive bilden. Diese Anlagen richten sich insbesondere an kaufkräftige Zielgruppen, die bereit sind, einen Eintrittspreis zu entrichten, der deutlich über denen der kommunalen Versorgungsbäder liegt.

Investitionsvolumen	ab ca. 2,5 Mio. € (je nach Ausstattung und Größe)	
Besuchsaufkommen	durchschnittlich ca. 80.000 Besuche pro Jahr (Spannbreite zwischen 20.000 bis 200.000 Besuche p. a.)	
Umsatz je Besuch	Der Umsatz pro Gast reicht von unter 1,00 € bis zu 4,00 €, der Durchschnittswert lag laut Betriebsvergleich bei rund 2,20 €. Da Zusatzangebote in der Regel nicht vorgehalten werden, bezieht sich der Umsatz primär auf die erzielten Eintrittserlöse.	
Kosten je Besuch (ohne Kapitalkosten und Afa)	Die Kosten bewegen sich in einer Spannbreite von 4,00–12,00 € pro Gast. Durchschnittlich musste im Jahr 2002 ein Betriebskostenzuschuss von rund 4,70 € je Gast aufgebracht werden.	
Kostenstruktur (ohne Kapitalkosten und Afa; Mittelwert der am Betriebsvergleich teilgenommenen Bäder)	Personalkosten: Betriebsmittelkosten: Materialaufwand für Instandhaltung: Aufwand für Fremdleistungen: übriger Aufwand:	46 % 27 % 3 % 13 % 8 %
Kostendeckungsgrad (ohne Kapitalkosten und Afa)	Der Kostendeckungsgrad liegt zwischen ca. 12 und 65 %. Die Erwirtschaftung der Betriebskosten wird somit in diesen Anlagen in der Regel nicht erreicht. Der Durchschnittswert liegt bei lediglich rund 30 %.	
Quelle: Deutsche Gesellschaft für das Badewesen 2002 und Erfahrungswerte Wenzel Consulting		

Abb. 13: Kennziffern funktionale Hallenbäder (Wasserflächen von 251–500 m²)

Funktionale Hallenbäder sind fast ausnahmslos defizitär und auf die finanzielle Unterstützung durch die öffentliche Hand angewiesen. Wie die Ergebnisse des Betriebsvergleichs zeigen, liegt der Kostendeckungsgrad durchschnittlich bei gerade mal 30 %. Zusätzlich führen sanierungs- und nachfragebedingter Attraktivierungsbedarf, Abschreibungen und gegebenenfalls ein zu leistender Kapitaldienst zu zusätzlichen finanziellen Belastungen für die Kommunen, die die öffentlichen Haushalte in vielen Fällen überfordern.

Defizitäre Hallenbäder

2.6.5 Investitionskosten

Bei den Investitionskosten sind zum einen die Erstinvestitionen für die Errichtung der baulich und technisch sehr aufwändigen Immobilien zu berücksichtigen. Zum anderen sind den kontinuierlichen Marktveränderungen und den dadurch erforderlichen Anpassungen durch entsprechende Erweiterungs- und Attraktivierungsinvestitionen Rechnung zu tragen.

Attraktivierungskosten

Der Investitionsaufwand für Wasserfreizeitanlagen ist beträchtlich. Je nach Anlagenkonzept sowie quantitativer und qualitativer Ausrichtung sind die Investitionssummen zwischen den Anlagentypen, aber auch innerhalb der einzelnen Angebotssegmente sehr unterschiedlich. Als Richtgrößen lassen sich im Bäderbereich 330–500 Euro/m^3 umbauten Raums inklusive Nebenkosten, exklusive Mehrwertsteuer ansetzen. In diesem Zusammenhang ist jedoch zu berücksichtigen, dass neue Verordnungen, wie beispielsweise die EnEV (Energieeinsparverordnung) oder auch Richtlinien für Betonbau und Wassertechnik, zukünftig zu steigenden Investitionskosten führen werden. Gerade im Zuge der europäischen Standardisierung sind weitere Reglementierungen zu erwarten.

Attraktivierungszyklen

Neben der Erstinvestition sind je nach Anlagenkonzept und Lebenszyklus Attraktivierungsinvestitionen zu leisten, um einem schnellen Nachfrageverfall entgegenzuwirken. Sehr kurze Zyklen und damit auch zeitlich knapp zu kalkulierende Amortisationszeiten weisen z. B. stark mit Unterhaltungs-, Spaß- und Aktionselementen ausgestattete Anlagen auf. Längere Reattraktivierungszyklen sind dagegen bei entspannungs- und erholungsorientierten Angeboten zu beobachten, wobei auch hier der Innovationsdruck gestiegen ist. Bei sämtlichen Freizeitanlagensegmenten ist in den letzten Jahren eine Verkürzung der Lebenszyklen und somit der Zeitspannen zwischen den Attraktivierungsmaßnahmen und -investitionen zu verzeichnen. Freizeitbäder sind spätestens alle drei bis fünf Jahre zu Investitionen in neue Attraktionen gezwungen.

Hoher Sanierungsbedarf

Dass die kommunalen Sporteinrichtungen in Deutschland – und darunter vor allem die Hallen- und Freibäder – mit einem hohen Investitions- und Sanierungsbedarf belastet sind, zeigen die Ergebnisse der bereits zitierten Sportstättenstatistik des Deutschen Städtetags: In den alten Ländern gilt dies nahezu bei jedem zweiten Bad, in den neuen Ländern und auch in den Stadtstaaten liegen die Anteile sanierungsbedürftiger Bäder etwas höher. Diese Situationsbeschreibung gilt sowohl für Frei- als auch für Hallenbäder.

2.6.6 Entwicklungen im deutschen Bädermarkt

Mit dem wachsenden Marktbesatz an Wasserfreizeitanlagen zeichnen sich vielfältige Strömungen im Markt ab, die die Bäderlandschaft nachhaltig beeinflussen:

- Die Bäderlandschaft in Ostdeutschland hat sich durch zahlreiche Markteintritte nach der Wende dem westdeutschen Markt angeglichen. Die zum Teil ungesteuerte Förderpolitik in den neuen Ländern führte in einigen Regionen zu einem Überbesatz an Anlagen, die in Einzelfällen nicht mehr wirtschaftlich tragbar sind.

- Das Wettbewerbsgefüge wurde durch die Qualitätsoffensive in den Bädern, die an zahlreichen Standorten zu einer Neupositionierung funktionaler Hallenbäder zu Freizeitbädern führte, nachhaltig verändert.

- Die Bäder werden nicht mehr primär von der öffentlichen Hand betrieben, sondern durch die steigenden Anforderungen an die wirtschaftliche Tragfähigkeit der Anlagen immer häufiger an professionelle Betreiber übergeben. Dabei zeigt auch der Betreibermarkt Veränderungen:

- Einstieg nationaler oder internationaler Energiekonzerne (bzw. deren Tochterunternehmen) in die kommunalen Stadtwerke und damit Übernahme der öffentlichen Bäder,
- Gründung eigener Bäderbetreibergesellschaften durch die Energiekonzerne (u. a. im Zusammenhang mit Contracting),
- Entstehung bzw. Weiterentwicklung privater Betreibergesellschaften,
- Expansion nationaler bzw. Einstieg internationaler Fitness- und/oder Wellness-Unternehmen in den deutschen Markt und damit zusätzliches Angebot von Wasserflächen für den Freizeitsport.

- Durch die öffentliche Diskussion zur Einsparung öffentlicher Gelder wird die Vollversorgung der Bevölkerung mit Schwimmbädern immer mehr in Frage gestellt.
- Auch die Rolle von Sportvereinen hinsichtlich einer subventionierten Nutzung öffentlicher Sporteinrichtungen und Schwimmbäder wird innerhalb der EU überdacht.

Interesse privater Investoren

Die Freizeitwirtschaft zählt zu einem der weiterhin prosperierenden Märkte in Deutschland und ist zu einem bedeutenden Wirtschaftsfaktor geworden. Wachsende Freizeit und eine vergleichsweise geringe Sparneigung in diesem Segment wecken weiterhin das Interesse von Investoren an diesem Immobilienmarkt. Dies gilt insbesondere für Feriendörfer, Erlebnisparks und Fitness-Studios. Trotz der Tatsache, dass Bäder mit hohen Investitionen verbunden und Gewinne auch bei attraktiven Anlagen nur schwer zu erwirtschaften sind, geraten auch Freizeit- und Erlebnisbäder immer mehr in den Fokus der Privaten.

In der Regel bieten private Unternehmen der öffentlichen Hand den Bau und Betrieb eines Freizeitbades nur unter der Voraussetzung an, dass von Seiten der Gemeinde bzw. des Staates finanzielle Leistungen erbracht werden, wie z. B. die Übertragung des Grundstücks, staatliche Fördermittel, Bürgschaften und andere Unterstützungsleistungen oder auch die gemeinsame Übernahme des Betriebes. In der Regel ist die öffentliche Hand somit am Risiko der Investition und/oder des Betriebs beteiligt.

Angebotsdichte

In den vergangenen Jahren ist in vielen Regionen der neuen Bundesländer – mit Fördermitteln der Länder von bis zu 90 % der Bausumme – eine Angebotsdichte entstanden, die bei starken Einzugsgebietsüberschneidungen zu Kannibalisierungseffekten geführt hat. Eine unangepasste Fördermittelpolitik ohne strategische Leitlinien und Bedarfsanalysen hat an verschiedenen Standorten bereits zu einer Marktübersättigung geführt, die sowohl für private Betreiber als auch Kommunen durch die Beteiligung an den Bädern ein erhebliches Risiko birgt und vereinzelt bereits Bäderschließungen zur Folge hat.

Kostendruck durch verschärfte Richtlinien

Instandhaltungsmaßnahmen, Erweiterungen, Attraktivierungen und Neubauten führen zu kontinuierlichen Investitionen und einem stetigen Handlungsbedarf der Kommunen. Einerseits wurden und werden noch immer aufgrund der Haushaltslage Instandhaltungs- und Attraktivierungsinvestitionen zur Sicherstellung der Marktfähigkeit versäumt und dem steigenden Wettbewerbsdruck sowie den Nachfragetrends zu wenig Rechnung getragen. Andererseits sind aufgrund sich verschärfender Richtlinien in der Wassertechnik und EU-Gesetzgebung Investitionsmaßnahmen zur Betriebserhaltung erforderlich, die die Möglichkeiten des kommunalen Haushaltes in vielen Fällen übersteigen.

Die Restriktionen der öffentlichen Hand, wie sozialverträgliche Eintrittspreise, die Bindung an die öffentliche Tarifstruktur bei Mitarbeitervergütung sowie die Belegung durch Schulen, Vereine und sonstige Gruppen (z. B. Polizei, Bundeswehr etc.) sind u. a. für die Defizite kommunaler Bäder verantwortlich.

PPP-Modelle Angesichts der angespannten finanziellen Situation der kommunalen Haushalte sehen sich viele Städte und Gemeinden gezwungen, im Rahmen von Public-Private-Partnership-Modellen private Unternehmen in die Erfüllung öffentlicher Aufgaben einzubeziehen. Bäder müssen aufgrund ihrer Bedeutung für die Kommune und die finanziellen Belastungen für ihren Träger wie ein Wirtschaftsunternehmen geführt werden. Dabei hat sich gezeigt, dass durch eine Optimierung der Betriebsabläufe, die Verbesserung der Servicequalität und Kundenorientierung, die Erweiterung des Angebotsspektrums (z. B. Sauna, Kursprogramme, Animation, Events) sowie die Neugestaltung der Belegungszeiten durch Schul- und Vereinsschwimmer zwar in der Regel keine (Voll-) Kostendeckung erreicht werden kann, die Besuchszahlen und damit die Wirtschaftlichkeit des Bades jedoch zum Teil gesteigert werden können.

2.7 Sportanlagen

2.7.1 Status quo

Ökonomischer Faktor Der Sportmarkt ist zu einem erheblichen ökonomischen Faktor geworden. So sind in Deutschland rd. 27 Mio. Mitglieder in 87.000 Turn- und Sportvereinen organisiert. Die sportbezogenen Ausgaben der privaten Haushalte machen in Deutschland ein Gesamtvolumen von 20 Mrd. Euro (Statement von DSB-Präsident Manfred von Richthofen) aus. Berücksichtigt man die direkt verbundenen Sektoren, Produkte und Dienstleistungen steigt der Jahresumsatz auf 30 Mrd. Euro. Die öffentliche Sportförderung durch Kommunen, Länder und den Bund beträgt p. a. etwa 4 Mrd. Euro. Dem stehen sportbezogene Steuereinnahmen von knapp 3 Mrd. Euro gegenüber (vgl. Abbildung 14).

Der Bestand an Freizeitsportangeboten in Deutschland ist erheblich, so gibt es nach Angaben des Deutschen Tennisbundes (DTB) knapp 47.000 Tennisfreiplätze und etwa 4.400 Tennishallenplätze zuzüglich rd. 2.800 gewerblich betriebener Hallen mit ca. 9.500 Plätzen. Des Weiteren sind exemplarisch zu nennen: 70 Skater-Hallen, 100 Indoor-Kletteranlagen, etwa 220 Eissportanlagen, drei Indoor-Skianlagen (zwei in Nordrhein-Westfalen, eine in Brandenburg), 44 Wasserski-Seilbahnen, 200 Kart-Bahnen, rd. 3.700 Schießsportanlagen, 6.000 Squash-Plätze etc., etwa 7.800 Bäder, davon rd. 350 Freizeit- Spaß- und Erlebnisbäder.

Freizeitimmobilien

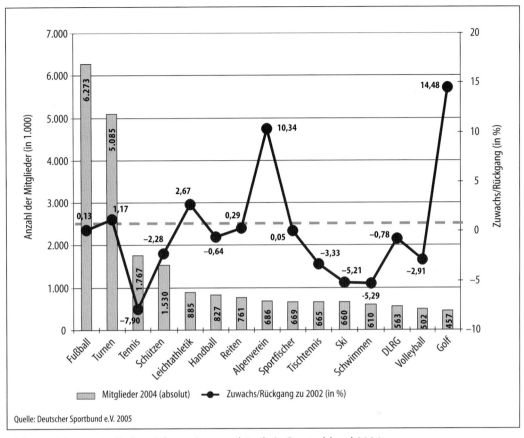

Abb. 14: Die 15 mitgliederstärksten Sportverbände in Deutschland 2004

Die im November 2002 vorgestellte Sportstättenstatistik der Länder (Angaben mit Stichtag 1. Juli 2000) ergibt folgendes Bild:

Sportstätten-statistik

- Bei der Grundversorgung mit Sporthallen, Spielfeldern und Bädern (gut 80 % aller Sportanlagen) sind die Kommunen als Betreiber bisher nicht zu ersetzen (61 %). Große Bedeutung mit teilweise mehr als 40 % haben hier, ebenso wie bei den Tennishallen und -plätzen, Vereine, Verbände oder sonstige gemeinnützige Organisationen. Besonders zu beachten sind die Hallenbäder, bei denen in fünf Ländern die kommerziellen Betreiber einen Anteil von über 20 % aufweisen. Diese Betreiberform überwiegt mit gut 50 % auch bei den Tennishallen.

- Länderspezifische Unterschiede werden zum Beispiel an folgenden Beispielen deutlich:

  - Bayern und Niedersachsen zusammen verfügen über 61 % der Anlagenkapazität für den Schießsport in Deutschland.

  - Bei den Eissporthallen zeigt sich eine deutliche Konzentration im Süden der Bundesrepublik. Die Länder Bayern und Baden-Württemberg stellen insgesamt rd. 50 % der gesamten Anlagenkapazitäten (94 von 186 Eissporthallen).

Entwicklung in den alten Ländern

Zur Bestimmung von Trends wurden Zeitreihen auf der Basis der Statistik von 1988 (alte Bundesländer) erstellt, denn nur hier liegen vergleichbare Anlagentypen, Merkmale und Erfassungsgrößen vor. Wegen der fehlenden Datenbasis dürften die folgenden Feststellungen nicht ohne Weiteres auf die neuen Länder übertragbar sein:

- Beim Sportanlagenbestand sind insgesamt nur sehr geringe Veränderungen gegenüber 1988 festzustellen.
- Der Trend geht dabei eher zu gedeckten Anlagen mit langen, intensiven Nutzungszeiten. So ist bei den Spielfeldern und Rundlaufbahnen eine Stagnation oder ein Rückgang festzustellen. Der Bestand an Sporthallen hat zwischen 1988 und 2000 leicht zugenommen.
- Die Anzahl an Frei- und sportorientierten Hallenbädern ist seit 1988 leicht rückläufig.
- Der Bestand an Tennisfeldern innen und außen sowie Eissporthallen nahm zwischen 1988 und 2000 zu.

Einen sehr wachstumsstarken Sportmarkt verkörpert auch Golf. So stieg die Zahl der Golfplätze von 1990 mit 310 Anlagen auf 633 Plätze im Jahr 2002. Die Zahl der Plätze hat sich also mehr als verdoppelt.

Fitness-Markt

Die expansivste Entwicklung im Sportanlagenmarkt verzeichnete der Fitness-Markt. Nach Angaben des Deutschen Sportstudioverbandes stieg die Zahl der Fitness-Anlagen in den letzten 12 Jahren von 4.100 auf 6.500 im Jahr 2002.

Die Zahl der Mitglieder nahm in diesem Zeitraum von 1,7 Mio. auf 5,08 Mio. zu und der Umsatz stieg von 0,82 Mrd. Euro auf 3,16 Mrd. Euro.

Eine von Deloitte & Touche GmbH im Jahr 2003 durchgeführte Analyse kommt zu geringeren Eckwerten. So wurden für das Jahr 2003 5.651 Studios in Deutschland ermittelt, die rd. 4,478 Mio. Mitglieder aufweisen, was einer Reaktionsquote von 5,43 % an der Gesamtbevölkerung Deutschlands entspricht (vgl. Deloitte & Touche GmbH: Der deutsche Fitness- und Wellness-Markt, 2004).

Die Durchschnittsfläche der Fitness-Anlagen ist in der letzten Dekade kontinuierlich gestiegen und liegt mittlerweile bei 1.202 m². An einigen Standorten sind bereits Überkapazitäten festzustellen.

Während spezialisierte Fitness-Anlagen im Jahr 2001 noch zweistellige Preiserhöhungen realisieren konnten, zeigte sich 2002 im unteren Marktsegment ein zunehmender Preisdruck durch Low-Budget-Betreiber. In Deutschland hielten im Jahr 2001 die 11 größten Anbieter einen Marktanteil von 11%.

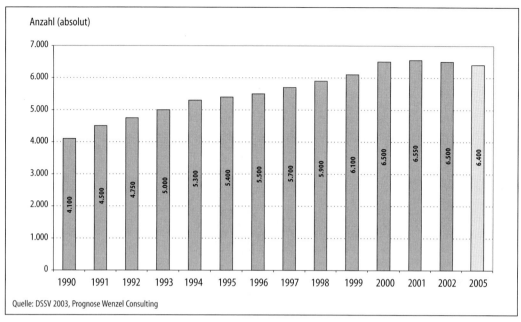

Abb. 15: Fitness-Anlagen in Deutschland

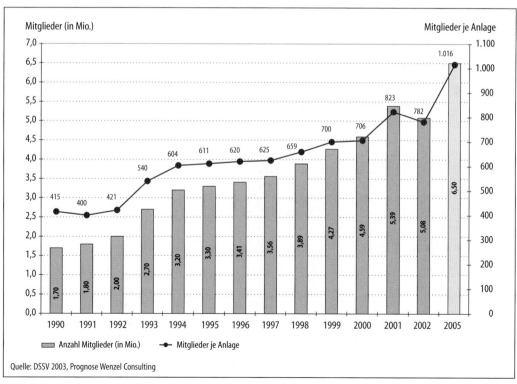

Abb. 16: Mitgliederentwicklung in deutschen Fitness-Anlagen

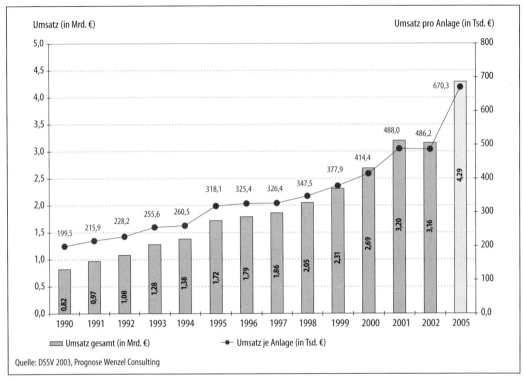

Abb. 17: Umsatzentwicklung in der deutschen Fitness-Branche

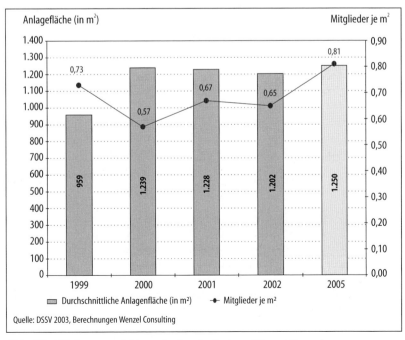

Abb. 18: Flächenentwicklung in der deutschen Fitness-Branche

2.7.2 Zukunftsaussichten

Der Sportanlagenmarkt ist ein vergleichsweise unberechenbarer Markt, da er unter anderem stark vom Erfolg professioneller Sportler geprägt ist (z. B. Fußball, Tennis).

Die vielen Sport- und Freizeiteinrichtungen in den Kommunen müssen zudem an neue Anforderungen angepasst werden. Dies ist notwendig, da diese Angebote z. T. nicht mehr bedarfsgerecht bzw. einseitig auf bestimmte Sportangebote fixiert sind. **Neue Anforderungen**

Es liegen vor allem Sportarten im Trend,

- die einen Neuigkeitswert aufweisen,
- die mediengerecht sind,
- über die ein neues Lebensgefühl aufgebaut werden kann,
- die sich besonders gut von anderen Sportarten abheben,
- die teilweise auch außergewöhnliche Sportstätten benötigen.

Es sind zunehmend Tendenzen zu folgenden beispielhaft dargestellten Angebotskonzepten zu registrieren: **Trends**

- Trend zu multifunktionalen Sportcentern unter Einbindung einer breiten Angebotspalette. Dabei werden Tenniscourts vermehrt durch Badminton- und Indoor-Soccer-Plätze ersetzt. Squash verliert weiterhin an Bedeutung. Beachvolleyball und andere Beach-Sportarten wie zum Beispiel Beach Soccer, Beach-Handball sowie Wellness und Fitness zeigen stabile Wachstumsraten.

- Trend zu Erlebnissportanlagen, wie Free-Climbing-Wände, Tauchtürme etc., allerdings mit einer sehr begrenzten Zielgruppe und kurzen Lebenszyklen. Anlagen, die den sogenannten „Thrill" vermitteln, erreichen nur ein kleines Bevölkerungspotenzial und unterliegen einem erheblichen Innovationsdruck.

- Nach wie vor im Kommen sind Outdoor-Aktivitäten, die Bewegung in der Natur und Abenteuer versprechen. Dazu zählen Wandern, Nordic Walking, Moutainbike fahren, Snowboarden und Extemsportarten, wie z. B. Wellenreiten, Free Climbing, Fallschirmspringen, Canyoning. Eine gute bis sehr gute Nachfrageentwicklung zeigt sich auch bei Wasserski-Seilbahnen. Auf Binnenrevieren gibt es in Deutschland 44 Lifte, weitere Lifte sind in Planung bzw. im Bau. Allerdings sind manche Trends schnell überholt. Der Inline-Skater-Boom flaut ab und das Bungeejumping ist fast schon vergessen.

- Trend zu größeren Fitness-Anlagen, die sich immer stärker spezialisieren (z. B. Wellness-Studio, Reha-Studio, Kraftstudio, Seniorenstudio, Frauenstudio etc.), einen hohen Erholungs- und Kommunikationswert aufweisen sowie sich zu wirklichen Dienstleistungsunternehmen mit entsprechendem Angebots- und Serviceleistungsspektrum (z. B. Saunalandschaft, Medical Check-up, Kinderprogramme, Outdoor-Programme, Gastronomie etc.) entwickeln. Im Fitness-Anlagenmarkt wird im Zuge der immer größeren Anlagen mit einem deutlichen Nachfrageschub gerechnet. Im Jahr 2005 wird eine Aktivierungsquote an der Gesamtbevölkerung von 6,5 % erwartet.

- Trend zu Golf, denn Golf ist „in": Dies geht aus einer Studie hervor, die die GTC – Golf & Tourismus Consulting in Zusammenarbeit mit dem Deutschen Golf Verband (DGV) unter dem Titel „Golfmarkt der Zukunft" veröffentlicht hat. Danach interessieren sich 4,2 Mio. Deutsche für den Golfsport. Von diesen ziehen es 3,2 Mio. in Erwägung, den Golfsport auch selbst auszuprobieren. 1,3 % der Deutschen könnten sich sogar vorstellen, innerhalb des nächsten Jahres einem Golfclub beizutreten, wenn die entsprechenden Angebote vorhanden wären. Dieses Kernpotenzial an Golfinteressierten beträgt ca. 850.000. Das Interesse der Männer ist dabei mit 8,1 % deutlich größer als das der Frauen (5,0 %). Immer mehr junge Menschen entdecken die Faszination Golf für sich: Das Interesse in der Altersgruppe der bis 34-Jährigen ist dabei am höchsten, mit zunehmenden Alter nimmt es wieder ab (vgl. DGV im Deutschen Sportbund).

2.8 Großveranstaltungsstätten

2.8.1 Status quo

Impulsgeber für Arenen

In den letzten Jahren etablierte sich, nach den USA und europäischen Ländern wie Großbritannien und den Niederlanden, auch in Deutschland eine neue Generation von Großveranstaltungshallen – so genannter Arenen – und Stadien. Als maßgebliche Impulsgeber zur Realisierung dieser innovativen Immobilienkonzepte gelten:

- eine steigende Nachfrage nach Musik-, Kultur- und Sportgroßveranstaltungen mit Entertainment- und Event-Charakter,

- das geänderte Anspruchsverhalten der unterschiedlichen Nutzergruppen an den Veranstaltungsort (u. a. Zuschauer, Sportler/Vereine, VIPs, Medien, Veranstalter, Sponsoren/Werbepartner etc.),

- der Modernisierungsstau im Vergleich zu internationalen Referenzanlagen,

- der verstärkte Standortwettbewerb für Großveranstaltungen,

- die zunehmende Kommerzialisierung des Veranstaltungsmarktes, vor allem auch im sportlichen Bereich durch die hohe Medienpräsenz und Werbewirksamkeit des Spitzensports und

- die Ausrichtung internationaler Sportgroßevents (Fussball-WM 2006, Weltmeisterschaften im Handball, Eishockey, Basketball oder Volleyball).

In Deutschland wurden in den letzten Jahren bereits zahlreiche Arenenprojekte realisiert, die in Abhängigkeit von der Kapazität, dem Standort und dem Angebot Besuchsvolumina zwischen 500.000 und 1,5 Mio. Besuchen p. a. erzielen. Beispielhaft seinen genannt:

Name, Ort	Eröffnung	Gesamtkapazität	Investition
König-Pilsener-Arena, Oberhausen	1996	12.655	ca. 51,13 Mio. €
Kölnarena, Köln	1998	20.000	ca. 153,39 Mio. €
TUI-Arena, Hannover	2000	14.000	ca. 63,91 Mio. €
Arena auf Schalke, Gelsenkirchen	2001	44.000	ca. 183 Mio. €
Arena Nürnberg	2001	10.700	ca. 28,12 Mio. €
Color-Line-Arena, Hamburg	2002	15.759	ca. 83 Mio. €
Arena Leipzig	2002	7.000	ca. 42 Mio. €
Königpalast, Krefeld	2004	8.000	ca. 30 Mio. €
SAP Arena, Mannheim	2005	15.000	ca. 90 Mio. €
Quelle: Wenzel Consulting 2005			

Abb. 19: Arenen

Weitere Planungsvorhaben bestehen u. a. in den Städten Stuttgart, Berlin, Augsburg, Bonn, Wolfsburg und Kassel.

Arenen treten als starke Wettbewerber gegenüber den bestehenden, herkömmlichen, zumeist bereits in die Jahre gekommenen Großveranstaltungshallen auf. Dazu zählen beispielsweise die Westfalenhalle Dortmund, die Ostseehalle Kiel, die Grugahalle Essen, die Hanns-Martin-Schleyer-Halle in Stuttgart oder die Olympiahalle in München. Durch Modernisierungs-, Attraktivierungs- und Erweiterungsmaßnahmen wird hier ebenfalls versucht, die Wettbewerbsfähigkeit der Objekte zu sichern.

Im Anlagenbereich Stadien gilt die Fußball-WM 2006 als bedeutender Impulsgeber zur Renovierung bestehender Stadien wie auch zu Neubauten. Die Gesamtinvestitionen für Modernisierungsmaßnahmen, den Um- und/oder Neubau der zwölf WM-Stadien belaufen sich auf rd. 1,8 Mrd. Euro. Davon werden rd. 680 Mio. Euro von der öffentlichen Hand (Bund, Länder, Kommunen) bereitgestellt, 1,12 Mrd. Euro durch private Investoren.

Stadien

Zu den Stadionprojekten, die hinsichtlich ihrer funktionalen und betrieblichen Anforderungen durchaus mit Arenen vergleichbar sind, zählen neben den bereits etablierten Stadien, wie die AOL-Arena in Hamburg, die Bayarena in Leverkusen sowie die „Arena auf Schalke" in Gelsenkirchen, die neuen Stadien in München, Frankfurt und Düsseldorf, um nur einige zu nennen. Aber auch in zahlreichen weiteren deutschen Städten wurden, unabhängig von der WM 2006, Modernisierungen und Erweiterungen bestehender Stadien durchgeführt.

2.8.2 Zukunftsaussichten

Arenen und Stadien der neuen Generation bilden faszinierende, aber auch sehr komplexe und risikoreiche Immobilienprojekte. Diese Spezialimmobilien sind gekennzeichnet durch hohe Abschreibungen, eine niedrige Wertbe-

Kostendeckung kaum möglich

ständigkeit im Vergleich zu anderen Anlageformen. So zeigt sich bei der wirtschaftlichen Betrachtung der bereits realisierten Anlagen weltweit, dass eine rein privatwirtschaftliche Finanzierung dieser Anlagen kaum möglich ist. In den meisten Fällen wird auch der Betrieb subventioniert. So werden beispielsweise in den USA weniger als 10 % der Arenen kostendeckend betrieben. Auch in Deutschland besteht nahezu keine Veranstaltungshalle, die Gewinn erzielt.

In diesem Kontext ist auf die qualitativen Effekte zu verweisen: Arenen und Stadien bilden Imagefaktoren der Standortstädte und verkörpern wichtige Leistungsfaktoren des Event-Tourismus. Sie besitzen daher erhebliche kommunalwirtschaftliche Effekte, die etwaigen Zuschüssen der öffentlichen Hand gegenzurechnen sind.

Ein Ansatz zur Verbesserung der wirtschaftlichen Situation stellt der Trend zur Kombination von Arenen und Stadien mit weiteren externen Einzelhandels-, Entertainment- und Gastronomieeinrichtungen dar (z. B. Bayarena Leverkusen und Business-Hotel Lindner). Diese können unter Immobiliengesichtspunkten einen positiven Deckungsbeitrag leisten. Darüber hinaus wird die Gesamtattraktivität des Standortareals erhöht.

Innovative Konzepte/ Kooperationen Unter Berücksichtigung der in zahlreichen Großstädten bereits bestehenden Großveranstaltungszentren der älteren Generation, der realisierten und geplanten Arenenprojekte zeichnet sich auf dem deutschen Markt eine weitgehende Marktsättigung im Segment der Großveranstaltungshallen ab. Eine zunehmende Bedeutung nimmt in diesem Kontext neben der Entwicklung innovativer Veranstaltungskonzepte (USP) die Kooperation der Anlagen ein, d. h. die Errichtung eines Veranstaltungsnetzwerkes, das die Vermarktung von Tourneen erleichtert.

Problematisch erweist sich im Anlagenbereich Stadien und Arenen die Gewährleistung eines regelmäßigen Veranstaltungsbetriebes neben den Sport-Events nach der WM 2006 (Nachnutzung) sowie die große Abhängigkeit vom sportlichen Erfolg des jeweiligen Heimatvereins.

12 Health-Care-Immobilien
– Träger, Leistungen, Typologien und Investoren –

Dr. Michael Börner-Kleindienst, Geschäftsführer ECE, Hamburg

Inhaltsverzeichnis

1.	Einführung in das Gesundheitssystem in Deutschland	329
2.	**Krankenhäuser**	330
2.1	Zum Begriff des Krankenhauses	330
2.2	Die Träger der Krankenhäuser	332
2.3	Das Leistungsspektrum der Krankenhäuser	333
2.4	Die Planung der Krankenhauskapazitäten	334
2.5	Krankenhausfinanzierung	336
2.5.1	Investitionsfinanzierung	336
2.5.2	Betriebskostenfinanzierung	337
3.	**Wesentliche Einflussfaktoren auf die Entwicklung der Krankenhäuser in Deutschland**	338
3.1	Demographische Entwicklung	338
3.2	GKV-Gesundheitsreformgesetz 2000	339
3.3	Fallpauschalenregelung statt Tagespflegesätze	339
3.4	Investitionsfinanzierung und Instandhaltungsstau	340
3.5	Bettenabbau und Trägerwechsel	341
3.6	Betriebsgrößen und Konzentrationseffekte	342
3.7	Internationalisierung	342
3.8	Der Patient im Mittelpunkt	343
4.	**Krankenhausimmobilien**	343
4.1	Zum Begriff der Krankenhausimmobilie	343
4.2	Die Entwicklung der Krankenhausimmobilien	344
4.3	Grobtypologien von Krankenhausimmobilien	346
4.4	Anforderungen an moderne Krankenhäuser und an einzelne Funktionsbereiche	348
4.4.1	OP-Bereich	350
4.4.2	Zentrale Notaufnahme	351
4.4.3	Intensivbereich	352
4.4.4	Pflegebereiche	352
4.5	Baukosten	353
5.	**Das Krankenhaus als Investitionsobjekt**	354
5.1	Investoren und Kapitalgeber auf dem Krankenhausmarkt	354
5.2	Investitionskriterien bei Krankenhausimmobilien	355
5.3	Entwicklungen bei der Investition und Finanzierung von Krankenhausimmobilien	357
6.	**Schlussbetrachtung**	357

1. Einführung in das Gesundheitssystem in Deutschland

Gesundheit ist ein hohes, wenn nicht sogar das höchste menschliche Gut. Insofern kommt dem Gesundheitssystem, das sich mit der Erhaltung und Wiederherstellung von Gesundheit, dem Erkennen, Heilen oder Lindern von Krankheiten und Leiden beschäftigt, eine hohe Aufmerksamkeit und gesellschaftliche Bedeutung zu.

Ursprung

Das Gesundheitssystem in Deutschland ist in seinen Grundzügen das Ergebnis einer über viele Jahrhunderte fortgeschriebenen Entwicklung. So reichen beispielsweise die Wurzeln der gesetzlichen Krankenversicherung (GKV) oder der Kassenärztlichen Vereinigung (KV) nicht nur bis zu deren formaler Gründung als Körperschaften des öffentlichen Rechts im Jahr 1883 (GKV) beziehungsweise 1931 (KV), sondern weit darüber hinaus zurück. Der Ursprung der GKV in Deutschland kann im weitesten Sinn in den mittelalterlichen Zünften gesehen werden, deren Mitglieder durch Zahlung von Beträgen in so genannte „Zunftbüchsen" Anrechte auf Leistungen bei Krankheit, Gebrechlichkeit, im Alter oder Todesfall erhielten.

Die Basis des heutigen Gesundheitssystems in Deutschland liegt im Kaiserreich, in der Bismarck'schen Sozialgesetzgebung, begründet, die zunächst die Versicherungspflicht für gewerbliche Arbeiter und später für andere Wirtschaftszweige und Berufe festgeschrieben hat. In der Weimarer Zeit, im Nationalsozialismus und im Nachkriegsdeutschland wurde das Gesundheitswesen zahlreichen Änderungen unterworfen, wobei die jeweils vorgenommenen gesetzgeberischen Eingriffe in erster Linie darauf ausgerichtet waren zu gewährleisten, dass der Staat seinem Sicherstellungsauftrag in Hinblick auf eine ausreichende medizinische und pflegerische Versorgung nachkommen konnte.

Heutige Entwicklung

Das Gesundheitswesen im vereinten Deutschland war zunächst durch eine Rechtsangleichung und das zum 1. Januar 1993 in Kraft getretene Gesundheitsstrukturgesetz, das Änderungen mit dem Ziel einer Kostendämpfung festlegte, maßgeblich geprägt. Die wichtigsten Regelungen dieses Gesetzes waren die sektorale Budgetierung, die Reform der Krankenhausfinanzierung und der GKV. Die letzte größere Gesundheitsreform, das GKV-Modernisierungsgesetz (GMG) trat zum 1. Januar 2004 in Kraft und brachte zahlreiche Veränderungen, zum Beispiel bezüglich des Zahnersatzes, des Krankengeldes, der Zuzahlung und der integrierten Versorgung. Weitere Reformen werden derzeit zwischen den Parteien konträr diskutiert. Im Brennpunkt steht hier vor allem die Finanzierung der GKV. Während die SPD mit ihrem Koalitionspartner eine Ausweitung der Beitragspflicht auf Zinseinkünfte, Mieten etc. und gegebenenfalls auch eine Erweiterung der Versicherungspflicht diskutiert, zielen CDU/CSU und FDP auf die Einführung einer einkommensunabhängigen Beitragspauschale nach Schweizer Vorbild ab.

Volkswirtschaftliche Bedeutung

Die volkswirtschaftliche Bedeutung des Gesundheitssektors wird deutlich in seinem rund 11%igen Anteil am Bruttoinlandsprodukt (2003). Gesundheit ist demnach ein wichtiger Wirtschaftsfaktor, nicht nur in Deutschland, sondern in allen Industrieländern. Allein in Deutschland wurden 2003 rund 240 Mrd. Euro für Gesundheit ausgegeben. Hiervon allein rund 65 Mrd. Euro für die Krankenhausversorgung. Insgesamt sind in Deutschland rund 4 Mio. Menschen im Gesundheitsmarkt beschäftigt und hiervon wiederum ca. 1,1 Mio.

Menschen im Krankenhaussektor. Aufgrund der soziodemografischen Entwicklung sowie medizinisch-technischer Innovationen und der fortlaufenden Veränderung und Vergrößerungen der Angebote im Gesundheitsbereich kann davon ausgegangen werden, dass die Gesundheitsausgaben in Zukunft steigen und der Sektor weiter an Bedeutung gewinnt.

2. Krankenhäuser

2.1 Zum Begriff des Krankenhauses

Gemäß § 2 Nr. 1 Krankenhausfinanzierungsgesetz (KHG) sind Krankenhäuser „Einrichtungen, in denen durch ärztliche und pflegerische Hilfeleistungen Krankheiten, Leiden oder Körperschäden festgestellt, geheilt oder gelindert werden sollen oder Geburtshilfe geleistet wird und in denen die zu versorgenden Personen untergebracht und verpflegt werden können".

Anforderungen An Krankenhäuser, die der Versorgung der Versicherten der gesetzlichen Krankenversicherung dienen, stellt das Sozialgesetzbuch Teil 5 (SGB V) höhere Anforderungen. Als Krankenhäuser können hiernach nur Einrichtungen gelten, die

- der Krankenhausbehandlung oder Geburtshilfe dienen,
- fachlich medizinisch unter ständiger ärztlicher Leitung stehen,
- über ausreichende, ihrem Versorgungsauftrag entsprechende diagnostische und therapeutische Möglichkeiten verfügen,
- nach wissenschaftlich anerkannten Methoden arbeiten,
- mit Hilfe von jederzeit verfügbarem ärztlichen Pflege-, Funktions- und medizinisch-technischen Personal darauf eingerichtet sind,
- vorwiegend durch ärztliche und pflegerische Hilfeleistungen Krankheiten der Patienten zu erkennen und zu heilen, ihre Verschlimmerung zu verhüten, Krankheitsbeschwerden zu lindern oder Geburtshilfe zu leisten,
- und in denen Patienten untergebracht und verpflegt werden können.

Kategorisierung In Deutschland werden seit 1991 Krankenhäuser in drei Kategorien unterschieden: die allgemeinen Krankenhäuser, die sonstigen Krankenhäuser und Bundeswehrkrankenhäuser. Sonstige Krankenhäuser sind Einrichtungen, die ausschließlich über psychiatrische oder neurologische Betten verfügen, sowie reine Tages- und Nachtkliniken, in denen ausschließlich teilstationäre Behandlungen durchgeführt werden. Im Gegensatz hierzu verfügen die allgemeinen Krankenhäuser über mehrere vollstationäre Fachabteilungen und decken somit ein größeres Behandlungsspektrum ab. Bundeswehrkrankenhäuser behandeln in der Regel nur Angehörige der Bundeswehr.

Die allgemeinen Krankenhäuser lassen sich wiederum differenzieren in Hochschulkliniken, Plankrankenhäuser, Krankenhäuser mit einem Versorgungsvertrag sowie die übrigen allgemeinen Krankenhäuser ohne Versorgungsvertrag.

Abb. 1: Stationärer Sektor für Gesundheitsdienstleistungen 2003

In Deutschland gab es im Jahr 2003 insgesamt rund 2.200 Krankenhäuser. Den größten Anteil stellen die Plankrankenhäuser, die in den Krankhausplan eines Landes aufgenommen sind und deren Finanzierung dem Krankenhausfinanzierungsgesetz unterliegt. Erfolgt die Zulassung über die Erbringung von Krankenhausleistungen gegenüber gesetzlich Versicherten aufgrund eines Vertrages mit den Landesverbänden der Krankenkassen, spricht man von Krankenhäusern mit Vorsorgungsvertrag. Hochschulkliniken dienen neben dem vollstationären Krankenhausbetrieb der Forschung und der wissenschaftlichen Ausbildung. Der Aus- und Neubau von Hochschulkliniken wird von Bund und Ländern nach Maßgabe des Hochschulbauförderungsgesetzes (HBFG) wahrgenommen. Die übrigen Krankenhäuser sind zumeist Privatkliniken, die auf Privatpatienten beziehungsweise Selbstzahler ausgerichtet sind.

Des Weiteren lassen sich Krankenhäuser in Abhängigkeit von der Anzahl der Fachabteilungen sowie der Versorgungsstufen unterscheiden in:

Versorgungsstufen

- **Krankenhäuser der Grundversorgung (Versorgungsstufe I)** – Hier wird in der Regel nur eine Grundversorgung in den Fachgebieten innere Medizin und allgemeine Chirurgie sichergestellt. Oftmals befinden sich solche Häuser im ländlichen Bereich.

- **Krankenhäuser der Regelversorgung (Versorgungsstufe II)** – Im Gegensatz zur Grundversorgung müssen hier weitere Fachabteilungen, wie z. B. zur Behandlung von Infektionen, Augenkrankheiten, HNO-Erkrankungen und Kindern sowie optional Orthopädie, Urologie, Neurologie oder Geriatrie vorhanden sein. Typische Beispiele sind Kreiskrankenhäuser.

- **Krankenhäuser der Schwerpunktversorgung (Versorgungsstufe III)** – Diese Häuser haben überregionale Aufgaben und ein sehr breites Spektrum an Fachgebieten mittels verschiedenster Fachabteilungen abzudecken.

- **Krankenhäuser der Maximalversorgung** – Hierbei handelt es sich häufig um Hochschulkliniken, die über ein sehr breites und hochdifferenziertes Spektrum von Angeboten, insbesondere auch für seltene und schwere Erkrankungen, verfügen. In Universitätskliniken als Krankenhäuser der Maximalversorgung werden neben der medizinischen Behandlung noch Forschung und Lehre betrieben.

Abzugrenzen von den Krankenhäusern sind Vorsorge- und Rehabilitationseinrichtungen zum einen sowie Pflegeheime zum anderen. Während erstere auf die Gesundheitsvorsorge, das heißt die Prävention, sowie auf die nachhaltige Sicherung von zuvor erzielten Behandlungserfolgen abzielen, werden in Pflegeheimen chronisch Kranke oder alte Menschen betreut.

2.2 Die Träger der Krankenhäuser

Pluralistische Struktur

Die Träger von Krankenhäusern betreiben und bewirtschaften Krankenhäuser. Aus der Historie heraus gibt es in Deutschland eine pluralistische Trägerstruktur, bestehend aus öffentlichen, freigemeinnützigen und privaten Krankenhausträgern.

	Krankenhäuser insgesamt	Aufgestellte Betten
Krankenhäuser insgesamt	2.197	541.901
• Öffentliche Krankenhäuser	796	290.625
• Freigemeinnützige Krankenhäuser	856	197.343
• Private Krankenhäuser	545	53.933
Quelle: Statistisches Bundesamt, Fachserie 12, Reihe 6.1, 2003		

Abb. 2: Krankenhäuser mit aufgestellten Betten 2003

Die öffentlichen Krankenhäuser werden vom Bund, den Ländern, Gebietskörperschaften sowie von Körperschaften des öffentlichen Rechts, wie zum Beispiel Berufsgenossenschaften, unterhalten. Während kommunale Träger traditionell den Großteil der Versorgung mit allgemeinen Krankenhäusern sicherstellen, betreiben die Länder Universitätskliniken sowie psychiatrische Krankenhäuser. Der Bund unterhält lediglich Bundeswehrkrankenhäuser.

Öffentliche Krankenhäuser

Öffentliche Krankenhäuser sind zwar in allen Versorgungsstufen tätig, schwerpunktmäßig stellen sie jedoch mittels großer kommunaler Krankenhäuser, Kreiskrankenhäuser und Hochschulkliniken vor allem das Angebot mit höheren Versorgungsstufen sicher. Dies erklärt den Umstand, dass in der öffentlichen Hand vor allem Kliniken mit einer hohen Bettenanzahl sind.

Freigemeinnützigkeit

Freigemeinnützige Krankenhäuser sind Häuser von Trägern, die im Betrieb religiöse, humanitäre oder soziale Zwecke verfolgen. Zu den freigemeinnützigen

Trägern zählen die Kirchen, kirchliche Vereinigungen, freie Wohlfahrtsverbände und Stiftungen. In der Regel handelt es sich bei Krankenhäusern, die von Freigemeinnützigen getragen werden, um Einrichtungen mittlerer Größenordnung. Gemeinschaftlich mit öffentlichen Krankenhäusern stellen die freigemeinnützigen Krankenhäuser, sowohl was die Anzahl der Krankenhäuser an sich, als auch, was das Bettenvolumen angeht, den überwiegenden Teil des Marktes und sind damit die tragenden Säulen der stationären Krankenversorgung. Freigemeinnützige Krankenhäuser sind überwiegend in der Grund- und Regelversorgung, teilweise aber auch der Schwerpunktversorgung tätig.

Private

Private Krankenhäuser werden von Trägern unterhalten, die erwerbswirtschaftliche Ziele verfolgen. Häufig handelt es sich um kleine Belegkrankenhäuser und Spezialkliniken, die im Eigentum von Ärzten oder mittelständischen Unternehmen, wie beispielsweise der Rhön-Klinikum AG, den Helios-, Paracelsus- und Sana-Kliniken, stehen. Obgleich private Krankenhäuser sowohl von ihrer Anzahl als auch von ihrer Durchschnittsgröße her in den letzten Jahren gewachsen sind, ist ihr Anteil, insbesondere bezogen auf die Anzahl der Betten, am Gesamtmarkt noch relativ gering.

2.3 Das Leistungsspektrum der Krankenhäuser

Krankenhausleistungen lassen sich grob in stationäre und ambulante Leistungen untergliedern.

Stationäre Versorgung

Unter dem Begriff „stationäre Versorgung" werden die ärztliche Behandlung, Krankenpflege, Versorgung mit Arznei-, Heil- und Hilfsmitteln, soweit sie für die Versorgung im Krankenhaus notwendig sind, sowie Unterkunft und Verpflegung zusammengefasst. Anspruch auf vollstationäre Behandlung besteht immer dann, wenn das Behandlungsziel nicht durch teilstationäre, vor- oder nachstationäre oder ambulante Behandlung einschließlich häuslicher Krankenpflege erreicht werden kann. Die Einweisung in das Krankenhaus muss jedoch vom behandelnden Arzt verordnet werden.

Sofern zwar eine intensive und spezialisierte medizinische Behandlung mit dem Know-how eines Krankenhauses erforderlich ist, der Patient aber nicht zwingend durchgehend im Krankenhaus verbleiben muss, spricht man von teilstationärer Behandlung. So gibt es zum Beispiel innerhalb von Krankenhäusern Tageskliniken, in denen Patienten mit bestimmten Krankheitsbildern, wie beispielsweise mit onkologischen Erkrankungen, mit Multipler Sklerose etc., behandelt werden. Die Form der teilstationären Behandlung ist insbesondere in der psychiatrischen Versorgung seit langem relativ weit verbreitet. Grundlage für die Erbringung und Abrechnung von teilstationären Leistungen sind Verträge zwischen dem jeweils die Leistung erbringenden Krankenhaus und den Verbänden der Krankenkassen.

Ambulante Versorgung

Nach § 115 a SGB V hat das Krankenhaus das Recht, Patienten ohne Unterkunft und Verpflegung zu behandeln und abzurechnen, um

- die Erforderlichkeit einer vollstationären Krankenhausbehandlung zu klären oder die vollstationäre Krankenhausbehandlung vorzubereiten,

- im Anschluss an eine vollstationäre Krankenhausbehandlung den Behandlungserfolg zu sichern.

Im ersten Fall spricht man von vorstationärer, im zweiten Fall von nachstationärer Behandlung, die im Gegensatz zur reinen ambulanten Behandlung in direktem Zusammenhang mit einer abzuklärenden, geplanten oder durchgeführten vollstationären Behandlung steht.

Ambulante Behandlung nimmt zu

Auf Ermächtigung der kassenärztlichen Vereinigung sind die Krankenhäuser zur Durchführung ambulanter Operationen nach § 115 b SGB V zugelassen. Darüber hinaus können Krankenhausärzte zur reinen ambulanten Behandlung für einen eingeschränkten Bereich der fachärztlichen Versorgung zugelassen werden, sofern es ohne die Ermächtigung des betreffenden Krankenhausarztes keine ausreichende Versorgung gäbe. Durch das GKV-Modernisierungsgesetz sind seit dem 1. Januar 2004 die Möglichkeiten der Krankenhäuser für eine ambulante Versorgung gestiegen. So können etwa Krankenhäuser als Organisation Verträge mit den Landesverbänden der Krankenkassen über die ambulante ärztliche Versorgung im Rahmen der Disease-Managementprogramme abschließen sowie hochspezialisierte Leistungen für seltene Erkrankungen mit besonderen Verläufen oder sogar Operationen unter gewissen Voraussetzungen ambulant erbringen.

Insgesamt kann festgehalten werden, dass das klassische stationäre Leistungsspektrum zunehmend um ambulante, zumeist spezialisierte medizinisch-technische Leistungen, ausgeweitet wird, die vom Krankenhaus selbst oder von Kooperationspartnern im Krankenhaus erbracht werden.

2.4 Die Planung der Krankenhauskapazitäten

Die Verantwortung für die Planung der Versorgungskapazitäten im Krankenhausbereich liegt, anders als bei der ambulanten ärztlichen Versorgung, unmittelbar beim Staat.

Krankenhausplan der Länder

Der Sicherstellungsauftrag für die stationäre Krankenversorgung liegt beim jeweiligen Bundesland. Gemäß § 6 Krankenhausfinanzierungsgesetz sind die Länder gesetzlich verpflichtet, eine staatliche Krankenhausplanung durchzuführen und regelmäßig fortzuschreiben. Der Krankenhausplan soll hierbei den Stand und die vorgesehene Entwicklung der für eine ortsnahe, bedarfsgerechte, leistungsfähige und wirtschaftliche Versorgung der Bevölkerung erforderlichen Krankenhäuser ausweisen.

Bedarfsanalyse

Im Rahmen der Krankenhausplanung sind von den zuständigen Behörden die unmittelbar Beteiligten an der Krankenhausversorgung, zum Beispiel Landesverbände der Krankenkassen, private Krankenversicherung etc., mit einzubinden und einvernehmliche Regelungen anzustreben. Grundlage des Krankenhausplans ist eine Analyse des gegenwärtigen und des zukünftig zu erwartenden Bedarfs an Krankenhausleistungen beziehungsweise an Krankenhausbetten. Überwiegend wurde hierzu in der Vergangenheit eine Formel von Hill-Burton aus den USA verwandt, bei der der Bedarf aus der Einwohnerzahl, der Verweildauer, der Krankenhaushäufigkeit (Krankenhausaufnahme je 1.000 Einwohner) und der Bettennutzung (belegte Betten je 100 Betten) abgeleitet wird.

$$\text{Formel Bettenbedarf} = \frac{\text{Einwohnerzahl} \times \text{Krankenhäufigkeit} \times \text{Verweildauer} + 100}{\text{Bettennutzung} \times 1.000 \times 365}$$

Quelle: Hill-Burton, USA

Abb. 3: Formel Bettenbedarf

Krankenhausanalyse

Ergänzend zu dieser Bedarfsanalyse wird eine Krankenhausanalyse durchgeführt, in deren Rahmen die vorhandenen Krankenhäuser darauf hin untersucht werden, ob sie in Hinblick auf ihre personelle und sachliche Ausstattung einen festgestellten Bedarf adäquat abdecken können. Auf Basis der Bedarfs- und Krankenhausanalyse wird über die Aufnahme einzelner Krankenhäuser in den Krankenhausplan entschieden. Damit stehen dem einzelnen Krankenhaus Art und Umfang der anzubietenden stationären Gesundheitsleistungen nicht mehr frei, sondern die Länder legen mit dem Instrument des Krankenhausplanes das Versorgungsgebiet, die Versorgungsstufe sowie die Anzahl und Art der Fachabteilungen mit dem zukünftigen Bettenbedarf fest.

Versorgungsvertrag

Der Krankenhausplan an sich besitzt keine verbindliche Rechtswirkung. Diese wird erst durch einen Feststellungsbescheid über die Aufnahme oder Nichtaufnahme in den Krankenhausplan nach § 8 Abs. 1 KHG erzielt. Mit Aufnahme in den Krankenhausplan gilt zugleich auch ein Versorgungsvertrag nach § 109 SGB V als abgeschlossen, der es ermöglicht, Krankenhausbehandlungen mit den gesetzlichen Krankenkassen sowie Ersatzkassen abzurechnen. Bei Hochschulkliniken gilt die Aufnahme in das Hochschulverzeichnis als Abschluss eines Versorgungsvertrages mit den Krankenkassen.

Krankenhäuser, die nicht in den Krankenhausplan des Landes aufgenommen wurden und trotzdem Versicherte der GKV behandeln und abrechnen möchten, müssen einen Versorgungsvertrag mit den Landesverbänden der gesetzlichen Krankenversicherungen abschließen – ein Anspruch auf Abschluss besteht nicht.

Ziel des Krankenhausplanes ist neben der bedarfsgerechten Versorgung der Bevölkerung auch die Sicherstellung von leistungsfähigen, eigenverantwortlichen und wirtschaftlichen Krankenhäusern. Dies soll erreicht werden, indem die Länder die Anzahl und das Angebot von Anbietern stationärer Gesundheitsleistungen steuern und reglementieren.

Investitionsförderung

Neben der Möglichkeit zur Behandlung gesetzlich versicherter Patienten und der Abrechnung dieser Behandlungsleistungen mit den gesetzlichen Kassen auf der Grundlage des Versorgungsvertrages haben die im Krankenhausplan aufgenommenen Häuser einen Anspruch auf Förderung ihrer Investitionen im Rahmen der Investitionsprogramme. Die Aufstellung der Investitionsprogramme ist ebenfalls Aufgabe der jeweiligen Bundesländer. Hierin werden die vom Land zu tragenden Investitionsmaßnahmen für Neu- oder Umbauten oder Sanierungen bei Krankenhäusern für einen mehrjährigen Planungshorizont festgelegt.

2.5 Krankenhausfinanzierung

Duales System Bedeutendste rechtliche Grundlage für die Krankenhausfinanzierung ist – ebenso wie für den Krankhausplan – das Krankenhausfinanzierungsgesetz (KHG) von 1972. Für Plankrankenhäuser gilt ein duales Finanzierungssystem. Die laufenden Betriebskosten werden von den Patienten beziehungsweise ihren Kostenträgern, den Krankenversicherungen, über Benutzerentgelte getragen. Die Investitionskosten hingegen dürfen dem Patienten nicht in Rechnung gestellt werden, das heißt sie sind nicht pflegesatzfähig. Sie werden vielmehr im Wege der öffentlichen Förderung übernommen.

2.5.1 Investitionsfinanzierung

Unter Investitionskosten versteht das Krankenhausfinanzierungsgesetz (KHG) die Kosten der Errichtung (Neubau, Umbau, Erweiterung) von Krankenhäusern und der Anschaffung der zum Krankenhaus gehörenden Güter, ausgenommen Gebrauchsgüter, sowie die Kosten der Wiederbeschaffung von Anlagegütern. Nicht zu Investitionskosten gehören die Kosten des Grundstücks, des Grundstückserwerbs, der Grundstückserschließung und der Finanzierung. Die Investitionsförderung teilt sich in die Bereiche Einzel- und Pauschalförderung. Für die neuen Bundesländer besteht zudem mit Artikel 14 des Gesundheitsstrukturgesetzes (GSG) eine weitere Möglichkeit der Investitionsförderung. Der Aus- und Neubau von Hochschulkliniken richtet sich hingegen nach dem Hochschulbauförderungsgesetz.

Einzelförderung Nach § 9 Absatz 1 und 2 KHG fördern die Länder auf Antrag des Krankenhausträgers entstehende Investitionskosten

- für die Errichtung von Krankenhäusern einschließlich der Erstausstattung mit den für den Krankenhausbetrieb notwendigen Anlagegütern,
- für die Wiederbeschaffung von Anlagegütern mit einer durchschnittlichen Nutzungsdauer von mehr als drei Jahren.

Voraussetzung der Förderung ist, dass die Investitionsmaßnahme für das Plankrankenhaus mit den Vorgaben des Krankenhausplans beziehungsweise dem für das jeweilige Wirtschaftsjahr von dem jeweiligen Land aufgestellten Investitionsprogramm übereinstimmt.

Pauschalförderung Die Wiederbeschaffung kurzfristiger Anlagegüter sowie die Durchführung kleinerer baulicher Maßnahmen erfolgt durch feste jährliche Pauschalbeträge, über deren Verteilung das Krankenhaus im Rahmen der Zweckbindung der Fördermittel entscheiden kann (§ 9 Absatz 3 KHG).

Nach welchen Kriterien die Höhe der Förderung beziehungsweise die Pauschalen festgelegt werden, ist in den jeweiligen Landeskrankenhausgesetzen und deren Ausführungsbestimmungen festgelegt. Zum Tragen kommen hier sowohl bettenbezogene als auch fallbezogene Entgelte, die wiederum, kombiniert mit der Versorgungsstufe des Krankenhauses, die Höhe der Pauschalförderung bestimmen.

Abweichend von den Grundsätzen der dualen Finanzierung, besteht für Krankenhäuser in den neuen Bundesländern mit dem Ziel einer nachhaltigen und zügigen Verbessung des Niveaus der stationären Versorgung der Bevölkerung eine weitere Finanzierungsmöglichkeit, die im Gesundheitsstrukturgesetz geregelt ist. Artikel 14 GSG wurde mehrfach geändert und sieht heute die Erhebung eines Investitionszuschlages von jedem Patienten des Krankenhauses beziehungsweise dessen Kostenträger vor. Der Investitionszuschlag beträgt 5,63 Euro für jeden Verrechnungstag bei tagesgleichen Pflegesätzen beziehungsweise bei Fallpauschalen für die entsprechenden Belegungstage. Diese Sonderregelung soll 2014 aufgehoben werden.

Der Aus- und Neubau von Hochschulkliniken wird von Bund und Ländern nach Maßgabe des Hochschulbauförderungsgesetzes (HBFG) als Gemeinschaftsaufgabe wahrgenommen. Nach § 3 Absatz 1 HBFG umfassen Aus- und Neubau von Hochschulen unter anderem Aufwendungen für folgende Zwecke:

Investitionsförderung nach dem HBFG

- Gesamtplanung einschließlich der gesondert im Rahmenplan ausgewiesenen Vorstudien sowie Einzelplanungen,
- Erwerb der für die einzelnen Bauvorhaben erforderlichen bebauten und unbebauten Grundstücke einschließlich der Kosten ihrer Freimachung,
- Bauten sowie Erschließung und Entschädigung an Dritte in dem für die Baumaßnahme erforderlichen Umfang, Ersteinrichtung, Außenanlagen, Baunebenleistungen, besondere Betriebseinrichtungen und Zubehör, wenn die Investitionskosten für das jeweilige Vorhaben 1,5 Mio. Euro übersteigen,
- Beschaffung der gesondert im Rahmenplan ausgewiesenen Großgeräte für Ausbildung und Forschung, wenn die Kosten für das einzelne Gerät einschließlich Zubehör bei Universitäten 125.000 Euro, bei anderen Hochschulen 75.000 Euro übersteigen,
- Beschaffungen im Rahmen von Vorhaben-Programmen nach § 6 Nr. 2.

2.5.2 Betriebskostenfinanzierung

Zu den laufenden Betriebskosten eines Krankenhauses zählen nach § 17 Abs. 2 KHG alle Aufwendungen, die einem Krankenhaus bei wirtschaftlicher Betriebsführung entstehen, um seinen Versorgungsauftrag angemessen zu erfüllen. Dazu gehören auch Instandhaltungskosten für bauliche Anlagen, nicht jedoch Investitionskosten von Wirtschaftsgütern mit einer durchschnittlichen Nutzungsdauer von mehr als drei Jahren, Kosten für Grundstücke und deren Erschließung und Finanzierung sowie Anlauf- und Umstellungskosten.

Die Betriebskosten der Krankenhäuser, die den bei weitem größten Anteil an den Gesamtkosten einnehmen, werden über Entgelte, die den Patienten beziehungsweise ihren Kostenträgern für erbrachte Leistungen in Rechnung gestellt werden, finanziert. Definition und Ermittlung dieses Entgelts haben in den letzten Jahrzehnten mehrere Reformen erfahren. In den Entgelten der Plankrankenhäuser sind Anteile für Immobilieninvestitionen beziehungsweise entsprechende Abschreibungen und Zinsen aufgrund der dualen Finanzierung, das heißt der staatlichen Investitionsfinanzierung, ausdrücklich nicht enthalten. Das Entgelt wird derzeit schrittweise bis 2008 von einem überwiegend auf einer Tagespauschale basierenden Pflegesatz auf eine krankheits-

Finanzierung durch Kostenträger

bildbezogene Fallpauschale umgestellt. Seit dem 1. Januar 2004 werden sämtliche voll- und teilstationären Leistungen der zugelassenen Krankenhäuser über Fallpauschalen nach dem DRG-System, das heißt Diagnosis Related Groups, abgerechnet. DRGs sind als System für eine Patientenklassifizierung zu verstehen, bei denen die Patienten nach Maßgabe medizinischer Kriterien, insbesondere der Haupt- und Nebendiagnose und der hiermit verbundenen medizinischen Leistungen, in Fallgruppen aufgeteilt werden. Mit der Fallpauschale werden im Regelfall alle allgemeinen Krankenhausleistungen eines definierten Behandlungsfalles, unabhängig von den tatsächlichen Kosten und der Verweildauer, vergütet. Die Bezahlung der Krankenhäuser für erbrachte Leistungen richtet sich demnach nicht mehr nach den Liegezeiten in den einzelnen Abteilungen, sondern vielmehr nach landesweit vereinheitlichten Basisfallwerten unter Zugrundelegung effizienter medizinischer und betriebswirtschaftlicher Prozesse. Mit der Einführung der auf DRGs basierenden Fallpauschalen verfolgt der Gesetzgeber das Ziel, bei zumindest gleichbleibender medizinischer Versorgungsqualität den Grundsatz der Beitragsstabilität durchzusetzen und den Krankenhäusern durch Prozessverbesserungen und Hebung von Kostensenkungspotenzialen die Möglichkeit der Gewinnerzielung zu geben.

3. Wesentliche Einflussfaktoren auf die Entwicklung der Krankenhäuser in Deutschland

Umbrüche und Änderungen

Der Strukturwandel im Krankenhauswesen in Deutschland ist derzeit in unterschiedlichen Ebenen zu beobachten. Gravierende Umbrüche und Änderungen sind

- auf der Nachfragerseite durch die Bevölkerungsentwicklung und die Verschiebung der Altersstruktur,

- auf der Finanzierungsseite durch den Wechsel des Entgeltsystems der Krankenhausbehandlung und den schleichenden Ausstieg der Länder aus der dualen Finanzierung und

- auf der Krankenhausträgerseite durch die zunehmende Privatisierung öffentlicher Häuser gegeben.

Nachfolgend werden die einzelnen Einflussfaktoren und deren Auswirkungen auf die Krankenhäuser dargestellt.

3.1 Demographische Entwicklung

Bevölkerungsrückgang

Der demografische Trend weist auf einen signifikanten Rückgang der Bevölkerung in den nächsten Jahrzehnten hin. Unter Zugrundelegung eines sehr pessimistischen Szenarios ist zu erwarten, dass die Bevölkerungszahl in Deutschland bis zum Jahr 2050 um bis zu 15 Mio. sinkt. Für sich betrachtet, würde diese Entwicklung zu einem Rückgang der Nachfrage nach Krankenhausleistungen führen.

Verschiebung der Altersstruktur

Vor dem Hintergrund der Verschiebung der Altersstruktur hin zu einer wachsenden Anzahl älterer Menschen mit höherer Lebenserwartung und deren nachweislich erhöhter Pflegewahrscheinlichkeit – ca. 80 % der Pflegebedürftigen in Deutschland sind 65 Jahre und älter – ist jedoch insgesamt von einer steigenden Nachfrage nach pflegerischen Leistungen auszugehen.

Neben der höheren Pflegewahrscheinlichkeit wird die steigende Nachfrage nach Gesundheitsleistungen vor allem auch durch den Umstand bestimmt, dass mit zunehmendem Alter in wachsendem Umfang Krankheiten und Krankheitskombinationen (Multimorbidität) auftreten. Hinzu kommen noch neuartige Krankheiten, die neue medizinische Lösungen und eine Ausweitung des Leistungsangebotes der Krankenhäuser erfordern. Als Folge dieser Entwicklung ist von einer steigenden Nachfrage nach Gesundheits- und Krankenhausdienstleistungen in den nächsten Jahrzehnten auszugehen.

Insgesamt sinkende Sozialversicherungsabgaben bei gleichzeitig steigenden Gesundheitskosten führen jedoch, wie bereits in der Vergangenheit, zu massiven Finanzierungsproblemen und gravierenden wirtschaftlichen Konsequenzen. Dies ist an den Defiziten der Gesundheitskostenträger, den Krankenkassen, abzulesen. Eine Verschärfung dieser „Unterdeckung" als Auswirkung der demographischen Entwicklung ist bei der Beibehaltung der umlagefinanzierten Sozialsysteme zu erwarten. **Massive Finanzprobleme**

3.2 GKV-Gesundheitsreformgesetz 2000

Mit der Verabschiedung des GKV-Gesundheitsreformgesetzes 2000 im Dezember 1999 wollte der Gesetzgeber durch die Verankerung eines Globalbudgets das Ausgabevolumen an die Entwicklung der Beitragseinnahmen koppeln, nachdem das 1993 in Kraft getretene Gesundheitsstrukturgesetz trotz der enthaltenen Aufhebung des Selbstkostendeckungsprinzips und verordneter Budgetbegrenzungen die Finanzierungsproblematik der gesetzlichen Krankenversicherungen nicht nachhaltig beheben konnte. Entsprechend dem Grundsatz der Beitragsstabilität haben die Krankenkassen ihre Ausgaben dabei so zu gestalten, dass Beitragssatzerhöhungen ausgeschlossen werden können. Nur wenn die medizinische Versorgung trotz Ausschöpfen der Wirtschaftlichkeitsreserven nicht mehr gewährleistet ist, sind Beitragssatzerhöhungen zulässig.

Weitere Kosteneinsparungen sollen durch die integrierte Versorgung generiert werden, die eine fachübergreifende Behandlung der Versicherten ermöglicht und die Verzahnung stationärer und ambulanter Leistungen verbessert. Tiefgreifendste Veränderung bei der Krankenhausfinanzierung im Rahmen des GKV-Gesundheitsreformgesetzes 2000 ist aber wohl die Einführung eines pauschalierten Entgeltsystems zur Deckung der laufenden Betriebskosten. **Integrierte Versorgung**

3.3 Fallpauschalenregelung statt Tagespflegesätze

Seit 1. Januar 2004 werden sämtliche voll- und teilstationären allgemeinen Krankenhausleistungen, die durch zugelassene Krankenhäuser erbracht werden, über Fallpauschalen nach dem DRG-System, das heißt nach Diagnosis Related Groups abgerechnet. Durch die Einführung des Fallpauschalengesetzes (FPG) werden die Krankenhäuser nicht mehr nach den von ihnen verursachten Kosten beziehungsweise den krankenhausindividuell vereinbarten Entgelten und der Verweildauer im Krankenhaus vergütet, sondern auf Grund- **Vergütung nach Basisfallwert** lage des bis 2008 landesweit vereinheitlichten Basisfallwerts. Mit dem Basisfallwert werden die durchschnittlichen Kosten aller in einem Bundesland durchgeführten Krankenbehandlungen angegeben. Das Entgelt wird dann durch Multiplikation des Basisfallwertes mit dem jeweiligen Relativgewicht eines Krankheitsbildes, das heißt einer DRG, ermittelt.

Ökonomisierung der Behandlung

Durch die Einführung der Fallpauschalenregelung nach DRG beabsichtigt der Gesetzgeber, die Leistungen der Krankenhäuser transparenter zu machen und ökonomische Aspekte bei diagnostischen und therapeutischen Entscheidungen zu berücksichtigen. Mit der Möglichkeit der Gewinnerzielung sollen die Krankenhäuser einen Anreiz zu effizienteren Arbeitsweisen erhalten. Konsequenz daraus wird ein deutlicher Rückgang der vorgehaltenen Krankenhausbetten und voraussichtlich auch die Schließung unrentabler Häuser sein. Die Gefahren durch eine zunehmende Ökonomisierung der Krankenhausbehandlung liegen u. a. in einer zu starken Reduzierung der Verweildauer, das heißt in einem „Drehtür-Effekt", wenn insbesondere ältere Patienten zu früh entlassen werden und eine stationäre Wiederaufnahme erfolgen muss. Es ist anzunehmen, dass ein Teil der Einsparungen der Krankenhäuser zu einer Kostenverschiebung zu Lasten der Rehabilitationskliniken und Pflegeeinrichtungen führen wird, da Anzahl und Dauer der Anschlussheilbehandlungen ansteigen.

Ausstieg der Länder

Über die Zielsetzung der Beitragsstabilität hinaus plant der Gesetzgeber mit der Fallpauschalenregelung auch den allmählichen Ausstieg der Länder aus der dualen Finanzierung. Den Krankenkassen soll damit auch die Verantwortung für die wirtschaftliche Sicherung der Krankenhäuser übertragen werden mit der Folge, dass die Investitionskosten über die Fallpauschalen finanziert würden.

3.4 Investitionsfinanzierung und Instandhaltungsstau

Zusätzlich zu den Fallpauschalen sollen die Krankenhäuser durch die Übernahme von Investitionskosten im Rahmen der öffentlichen Förderung wirtschaftlich so abgesichert werden, dass eine bedarfsgerechte Versorgung der Bevölkerung gewährleistet wird. Krankenhäuser haben Anspruch auf diese Förderung, wenn sie in den Krankenhausplan und das Investitionsprogramm des Landes aufgenommen wurden. Obwohl ein Rechtsanspruch der Plankrankenhäuser auf Investitionsförderung besteht, können von den öffentlichen Haushalten selbst die erforderlichen Finanzmittel für die Durchführung der notwendigen Instandhaltungen, geschweige denn Mittel für Krankenhausneubauten nicht aufgebracht werden, was bis 2004 zu einem Instandhaltungsstau von bundesweit zwischen 30 und 50 Mrd. Euro geführt hat.

Investive Förderlücke

Aufgrund des erheblichen Investitionsbedarfs durch die geänderten Rahmenbedingungen des medizinisch-technischen Fortschritts, der Investitionen in neue Technologien unumgänglich macht, erscheint es plausibel, dass die Investitionsquote für Krankenhäuser mindestens so hoch sein muss wie die volkswirtschaftliche Investitionsquote, die im Jahr 2003 bei rund 17,8 % lag. Tatsächlich ergeben sich jedoch, wenn man die gesamten Krankenhausausgaben in das Verhältnis zu den KHG-Fördermitteln setzt, im Zeitraum zwischen 1991 und 2003 sinkende Investitionsquoten von ca. 8,5 auf rund 4,4 %. Bezogen auf das Jahr 2003 stehen demnach bei einem Investitionsbedarf der Krankenhäuser in Höhe von rund 11,2 Mrd. Euro lediglich ca. 2,7 Mrd. Euro an Investitionsmitteln zur Verfügung, so dass sich alleine für dieses Jahr eine investive Förderlücke von rund 8,5 Mrd. Euro ergibt. Das heißt, die KHG-Fördermittel reichen in keinem Falle zur Deckung des Investitionsbedarfs.

Fehlende Steuermittel legen den Schluss nahe, dass nach dem Wunsch des Gesetzgebers die erforderlichen Investitionen zukünftig nicht mehr im Rahmen der dualen Krankenhausfinanzierung durch die öffentlichen Haushalte getragen werden, sondern dass durch die Einführung der diagnoseorientierten Fallpauschalen in eine Finanzierungsmonistik übergegangen werden soll. Weder die Frage, ob sämtliche Investitionsmittel durch die Krankenkassen aufzubringen sind, noch, ob die Mittelverteilung über Zuschläge oder auf Einzelantrag erfolgen soll, ist geklärt. In den bisherigen Fallpauschalen sind die Kosten für Abschreibungen und Zinsen jedoch nicht berücksichtigt. Der Grundsatz der Beitragsstabilität verbietet allerdings eine solche Lastenverschiebung auf die Sozialversicherungsbeiträge. Vieles spricht deshalb dafür, dass die Krankenhäuser für kostenreduzierende und effizienzsteigernde Investitionen privates Kapital in Anspruch nehmen werden und dieses über Rationalisierungsmaßnahmen und Kapazitätsabbau innerhalb der Fallpauschalenvergütung refinanzieren müssen.

Ungeklärte Fragen

3.5 Bettenabbau und Trägerwechsel

Nicht nur die Verantwortung für Investitionen im Krankenhausbereich, sondern auch der Krankenhausbetrieb selbst soll zunehmend von der öffentlichen Hand auf die private Wirtschaft übertragen werden. Diese Tendenz zeichnete sich bereits in den 90er Jahren ab. Während der Anteil freigemeinnütziger Krankenhäuser, sowohl bezogen auf die Anzahl der Einrichtungen als auch bezogen auf die aufgestellten Betten, nahezu unverändert blieb beziehungsweise geringfügig anstieg, nahm der Anteil der öffentlichen Häuser im selben Maße ab, wie der Anteil der privaten Krankenhäuser zunahm. Bezogen auf die Anzahl der Einrichtungen konnten letztere ihren Marktanteil zwischen 1991 und 2001 von 15 % auf 24 % steigern, das entspricht einer Ausweitung von 330 auf 468 Häuser. Bei den aufgestellten Betten konnte die Marktpräsenz von 4 % in 1991 auf 8 % beziehungsweise rund 41.000 Betten in 2001 verdoppelt werden. Im gleichen Zeitraum verringerte sich die Zahl der öffentlichen Krankenhäuser von 996 auf 723, verbunden mit einem Abbau des Anteils öffentlicher Betten von 61 % auf 54 %.

Übertragung auf Privatwirtschaft

Die öffentlichen Krankenhäuser waren demnach bereits in der Vergangenheit am stärksten von den Umstrukturierungen auf dem Gesundheitsmarkt betroffen und haben durch Standortschließungen und Krankenhausverkäufe Marktanteile an private Betreiber verloren, während die freigemeinnützigen Träger ihre Stellung am Markt durch Kooperationen und Fusionen festigen konnten.

Im Zuge der Einführung der Fallpauschalenregelung wird mit weiteren Umstrukturierungen zugunsten privater Anbieter gerechnet, da die häufig defizitären und mit hohem investiven Nachholbedarf behafteten öffentlichen Krankenhausbetriebe erhebliche Kapitalzuflüsse benötigen, um die vorhandenen betrieblich-baulich bedingten Unwirtschaftlichkeiten zu beheben. Diese Mittel sind in den öffentlichen Kassen nicht vorhanden.

Krankenhausplan als planwirtschaftliches Instrument

Eine weitere Ursache für den erforderlichen Strukturwandel liegt in den starren Reglementierungen des Krankenhausplans in Verbindung mit der langen Reaktionszeit für seine Anpassung und Verabschiedung begründet. Das Steuerungsinstrument des Krankenhausplans hat nicht, wie vom Gesetzgeber beabsichtigt, zu einer wirtschaftlicheren Leistungserbringung oder zu Kosteneinsparungen geführt. Im Gegenteil: Durch planwirtschaftliche Angebotsbereitstellung und die Unterbindung eines regulierenden Marktes wurden, bezogen auf den EU-Durchschnitt von 4,0 Betten pro 1.000 Einwohner (OECD), bislang in Deutschland erhebliche Überkapazitäten in einem geschätzten Umfang von 200.000 Krankenhausbetten geschaffen. Dies entspricht rund 38 % der vorhandenen Betten.

3.6 Betriebsgrößen und Konzentrationseffekte

Starke Fragmentierung

Die Branche der allgemeinen Krankenhäuser ist, gemessen an der Bettenzahl, stark fragmentiert: Während über 80 % der Bettenkapazitäten in Einrichtungen mit mehr als 200 Betten vorgehalten werden, verteilen sich die restlichen rund 100.000 Betten auf kleinere Einrichtungen mit durchschnittlich ca. 96 Betten. Diese dienen vorrangig der Gesundheitsversorgung in ländlichen Gebieten oder haben sich auf bestimmte Fachdisziplinen spezialisiert. Besonders die kleinen öffentlichen Kliniken mit weniger als 100 Betten waren im Laufe der vergangenen 15 Jahre aufgrund ineffizienter Betriebsführungen von Schließungen und Privatisierungen betroffen.

Während sich die privaten Betreiber in den 90er Jahren noch auf die Übernahme kleinerer Spezialkliniken beschränkt haben, erfolgen in Abhängigkeit von der jeweiligen Unternehmensstrategie heutzutage Akquisitionen von Krankenhäusern aller Betriebsgrößen und Versorgungsstufen bis hin zu Einrichtungen der Maximalversorgung und Universitätskliniken. In privatwirtschaftlichen Unternehmensverbünden lassen sich Kosten- und Wettbewerbsvorteile insbesondere gegenüber kleineren öffentlichen Häusern durch Mengeneffekte, den flexibleren Einsatz personeller Ressourcen sowie die effizientere Nutzung der vorhandenen Einrichtungen erzielen. Aus diesen Gründen ist anzunehmen, dass mit steigendem Marktanteil der privaten Krankenhäuser die Konzentration auf größere Einheiten zunehmen wird.

3.7 Internationalisierung

Bisher ist noch kein internationaler Klinikkonzern auf dem deutschen Krankenhausmarkt präsent. Im internationalen Vergleich liegt der Anteil der Krankenhausausgaben im Verhältnis zu den allgemeinen Gesundheitsausgaben in Deutschland aber trotz seiner absoluten Höhe weit unter dem Anteil vergleichbarer Länder wie den Niederlanden, Frankreich oder den USA.

Hohe Eintrittsbarrieren

Auch lassen sich für vergleichbare medizinische Leistungen in den USA weitaus höhere Erlöse erzielen. Dennoch ist der deutsche Krankenhausmarkt aufgrund seiner Größe und der Angebotsregulierung durch den Krankenhausplan, die zu einer Einschränkung des Wettbewerbs führt, für ausländische Betreiber attraktiv. Gleichzeitig stellen aber gerade die starke Regulierung des Krankenhausmarktes und die Größe der verfügbaren Einheiten die gravierendste Eintrittsbarriere dar. Der hohe Aufwand für einen Markteinstieg macht eine möglichst große Plattform notwendig. Diese Plattform könnte ein Krankenhausverbund oder ein Krankenhauskonzern in Deutschland sein. Die Häuser dieses Verbundes oder Konzerns müssten jedoch bereits im Krankenhausplan berücksichtigt sein und Versorgungsverträge nach § 109 Abs. 1 SGB V mit den gesetzlichen Krankenkassen und Ersatzkassen abgeschlossen haben. Nur dann sind sie auch berechtigt, Krankenhausbehandlungen für gesetzlich versicherte Patienten, die in Deutschland immerhin rund 85 % der Bevölkerung ausmachen, mit den Kassen abzurechnen und bei der Investitionsförderung der Länder berücksichtigt zu werden. Die Aufnahme beziehungsweise der Verbleib im Krankenhausplan ist aus diesen Gründen das erklärte Ziel eines jeden Krankenhauses.

3.8 Der Patient im Mittelpunkt

Bislang orientierten sich die Krankenhausbetreiber bei der Qualität der Leistungserbringung und dem Patientenservice vorrangig an den Anforderungen der Krankenkassen, mit denen sie einen Versorgungsvertrag geschlossen haben. Mit zunehmender Leistungseinschränkung der GKV bei der medizinischen Grundversorgung und gleichzeitig höheren selbst zu zahlenden Eigenanteilen werden erfolgreich agierende Krankenhäuser in Zukunft dem Patienten sowie dessen Anforderungen an eine Krankenhausbehandlung ein wesentlich höheres Bedeutungsgewicht beimessen. **Fokuswechsel**

Mit steigendem verfügbaren Einkommen ist der Patient zwar bereit, mehr für seine Gesundheitsbehandlung auszugeben, gleichzeitig wächst aber die Kundenemanzipation und das Anspruchsdenken des Behandelten. Um diesen Bedürfnissen der Patienten gerecht zu werden, sind zusätzliche Investitionen in Service, besseren Komfort und attraktivere Räume beziehungsweise neue Gebäude erforderlich. **Steigende Ansprüche**

Die hier dargestellten Einflussfaktoren zeigen, wie sich die Rahmenbedingungen der Krankenhäuser von einer planwirtschaftlich organisierten Krankenhausversorgungslandschaft hin zu einem nachfrageorientierten Gesundheitsdienstleistungsangebot entwickelt.

4. Krankenhausimmobilien

4.1 Zum Begriff der Krankenhausimmobilie

Eine Definition des Begriffes Krankenhausimmobilie lässt sich weder in der medizinischen noch in der immobilienwirtschaftlichen Literatur finden. Nachfolgend soll der Begriff von dem Kleinstkrankenhaus der Grundversorgung sowie deren Nachfolgemodelle, wie zum Beispiel Portalkliniken mit sehr wenig Betten und einem stark eingeschränkten Leistungsspektrum, bis zur hochdifferenzierten Klinik der Maximalversorgung alle unterschiedlichen Krankenhausformen umfassen. **Keine einheitliche Definition**

Aufgrund der vielfältigen Funktionen, die insbesondere bei größeren Krankenhäusern im Rahmen des Krankenhausbetriebes erbracht werden, ist bei Be- **Charakteristika** trieben mit mehreren Gebäuden zwischen Immobilien, die für die Abwicklung des Kerngeschäftes, das heißt für Diagnose, Therapie einschließlich Pflege, notwendig sind, und sonstigen Immobilien, in denen Funktionen untergebracht werden, die nicht direkt der originären Leistungserbringung dienen, sondern diese lediglich unterstützen, zu unterscheiden. In einer engeren begrifflichen Fassung könnten Krankenhausimmobilien demnach unter funktionellen Gesichtspunkten, abgeleitet aus der begrifflichen Festlegung nach § 107 SGB V, auf Immobilien, in denen die eigentlichen Untersuchungs-, Behandlungs- und Pflegeleistungen erbracht werden, das heißt die die Funktionen wie Notfallaufnahmen, OP, Fachabteilungen sowie Bettenhäuser beinhalten, beschränkt werden. Aufgrund der Notwendigkeit, jederzeit die medizinische Versorgung sicherzustellen, muss die Medizin- und Gebäudetechnik dieser Kernfunktionen autark betrieben werden, sodass zumindest die Gebäude, die zwingend notwendige Infrastruktur beinhalten, wie zum Beispiel die Energiezentrale, ebenfalls notwendiger Bestandteil der Krankenhausimmobilie sind. Inwieweit Gebäude als Krankenhausimmobilie zu bezeichnen sind, in denen Funktionen untergebracht sind, die das Kerngeschäft des Krankenhauses lediglich flankieren, die selber aber nicht zwingend für den eigentlichen Betrieb notwendig sind, wie zum Beispiel Blutbank, Archiv, Apotheke, Verwaltung, Küche, Wäscherei, Schwesternwohnheim oder gar Seelsorge oder Schulungszentrum, ist fraglich.

Mögliche Drittverwertung

Neben der Unterscheidung in für das Kerngeschäft notwendige und nicht notwendige Immobilien könnte eine Abgrenzung des Begriffs Krankenhausimmobilie auch danach erfolgen, inwieweit die Immobilie auf die jeweils spezifischen Bedürfnisse des Krankenhausbetriebes ausgerichtet ist oder ob eine Drittverwertung außerhalb der Krankenhausnutzung möglich erscheint. In jedem Fall wären bei dieser Abgrenzung Immobilien, die aufgrund ihrer Struktur und technischen Ausstattung lediglich als Krankenhaus betrieben werden können, als Krankenhausimmobilien im engeren Sinne zu verstehen.

Unter immobilienwirtschaftlichen Gesichtspunkten findet die Krankenhausimmobilie ihre Einordnung unter den Sozialimmobilien, zu denen auch psychiatrische Einrichtungen, Rehabilitationseinrichtungen, Seniorenimmobilien, Kindergärten und Schulen zählen. Sozialimmobilien wiederum werden in der immobilienwirtschaftlichen Literatur unter den Spezial- oder Betreiberimmobilien geführt. Deren gemeinsames Merkmal ist die starke Abhängigkeit des Investitionserfolgs von den Fähigkeiten des Betreibers und die fehlende oder stark eingeschränkte Drittverwendungsfähigkeit.

4.2 Die Entwicklung der Krankenhausimmobilien

Pavillonsystem

Die Krankenhauslandschaft in Deutschland ist durch Gebäudestrukturen geprägt, die zumeist entweder Ende des 19. beziehungsweise Anfang des 20. Jahrhunderts oder, wahrscheinlich bedingt durch die beiden Weltkriege, erst in der zweiten Hälfte des 20. Jahrhunderts errichtet wurden. Von ca. 1870 bis 1920 entstand in Deutschland eine Vielzahl von größeren Krankenhäusern, die auf weitläufigen Arealen in Form von dezentral angeordneten, meist eingeschossigen Baukörpern als Pavillonsystem ausgebildet wurden. Die Pavillons beinhalteten die unterschiedlichen Fach- beziehungsweise Krankenabteilungen, sodass verschiedene Funktionen örtlich voneinander getrennt waren, Patienten mit vergleichbaren Krankheitssymptomen jedoch räumlich zusammengefasst behandelt werden konnten. Aufgrund der räumlichen Trennung, das heißt der Isolierung von Funktionen in einzelne Gebäude, konnten die hygienischen Bedingungen durch eine verstärkte Be- und Entlüftung verbessert und die Ansteckungsgefahr von Patienten mit unterschiedlichen Krankheiten verringert werden.

Um das Krankenhaus nach außen hin abzuschotten sowie aufgrund der Stigmatisierung der Kranken, wurden diese Pavillonstrukturen auf großen Arealen an der Stadtgrenze beziehungsweise außerhalb der Stadt angesiedelt. Bedingt durch das Flächenwachstum der Städte wurden im Zeitablauf auch die Grundstücke um die Krankenhäuser überbaut, gleichwohl in vielen Fällen bis heute großzügige Grüngürtel beziehungsweise Parkanlagen die Distanz zur umgebenden Bebauung gewährleisten.

In den siebziger Jahren des vergangenen Jahrhunderts begann die zweite Neubauwelle, die sowohl in Ost- als auch in Westdeutschland durch großvolumige Neubauten, wie zum Beispiel die medizinische Hochschule in Hannover oder die Charité in Berlin, gekennzeichnet war. Ausgangspunkt des Entwurfs dieser Bauten war die Zielsetzung, die Medizin- und Betriebsabläufe zu rationalisieren, was in Teilen zu einer Architektur führte, die weniger auf den Menschen, das heißt den Kranken, als vielmehr auf die bloße Funktion ausgerichtet wurde. **Neubauwelle**

Erst seit Beginn der neunziger Jahre wandte man sich von diesen monotonen „Gesundheitsfabriken" ab und hat Gebäude entworfen, die sowohl der Funktion und Effizienz als auch den Ansprüchen von Nutzern und Patienten gerecht wurden beziehungsweise zumindest den Versuch unternahmen.

Insgesamt ist festzustellen, dass Krankenhausimmobilien in Deutschland, mit Ausnahme der jüngeren Neubauten, zahlreichen Umbauten und Erweiterungen unterworfen wurden, um die Gebäude zumindest ansatzweise den geänderten Prozessabläufen im Krankenhaus anzupassen. Bedingt durch die rückläufige Entwicklung der Investitionsförderung und den vorhandenen Instandhaltungsstau, konnten mit diesen baulichen Maßnahmen allerdings – im medizinischen Jargon ausgedrückt – nur die Symptome behandelt, nicht aber der Patient kuriert werden. Der überwiegende Teil der Krankenhäuser weist sowohl in Hinblick auf die Funktion, die Flächeneffizienz und die Betriebskosten als auch bezüglich der Attraktivität der Architektur und der Räumlichkeiten so starke Defizite auf, dass die dringend notwendigen Einsparungen in der Ablauforganisation und den Prozess- und Betriebskosten des Krankenhauses erst nach Investition beträchtlicher Mittel in den Krankenhausbau erzielt werden können. Verstärkt wird die Dringlichkeit der Investitionen durch die in Abschnitt 3 aufgezeigten Veränderungen der Rahmenbedingungen. Darüber hinaus wird deutlich, dass die öffentliche Hand nicht in der Lage ist, den Status quo aufrecht zu erhalten, geschweige denn, für zukunftsorientierte Investitionen aufzukommen, um den Krankenhausbetrieben eine Behandlung auf dem aktuellen Stand der Technik zu ermöglichen und den gestiegenen Bedürfnissen der Patienten Rechnung zu tragen. **Umbauten/ Erweiterungen**

4.3 Grobtypologien von Krankenhausimmobilien

Zwei Funktionsbereiche

Krankenhäuser lassen sich grob in zwei Funktionsbereiche aufteilen: den Pflegebereich, der in den Bettenhäusern angesiedelt ist, und den Bereich der Untersuchung und Behandlung. Im Rahmen der Krankenhausplanung kommt sowohl der internen Organisation dieser Bereiche als auch der Verzahnung dieser Funktionen großes Bedeutungsgewicht zu. In Abhängigkeit von der räumlichen und funktionalen Verknüpfung zwischen Pflege-, Untersuchungs- und Behandlungsbereich lassen sich folgende grobe Gebäudetypologien differenzieren:

Horizontaltyp

Beim Horizontaltyp befinden sich die Funktionseinrichtungen Untersuchung und Behandlung auf einer Ebene mit dem Pflegebereich, häufig in zwei separaten Gebäuden, die baulich miteinander durch Übergangsbereiche verbunden sind. Funktionseinheiten, die weniger frequentiert oder von Besuchern nicht betreten werden sollen, sind oftmals in den oberen Geschossen, Ver- und Entsorgungseinrichtungen häufig unterhalb der eigentlichen Funktionseinheiten angesiedelt. Durch die Trennung der Bettenstationen von dem Untersuchungs- und Behandlungsbereich besteht der Vorteil, dass die Baukörper jeweils unabhängig voneinander gestaltet und gegebenenfalls modular erweitert werden können.

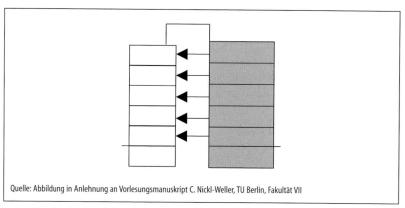

Quelle: Abbildung in Anlehnung an Vorlesungsmanuskript C. Nickl-Weller, TU Berlin, Fakultät VII

Abb. 4: Horizontaltyp

Nachteile des Horizontaltyps liegen zum einen in der räumlichen Überwindung dieser Trennung. Zum anderen muss bei ebenengleicher Anbindung die hohe Geschosshöhe des Untersuchungs- und Behandlungsbereiches von in der Regel 4,20 m auch im Pflegebereich übernommen werden, der normalerweise mit Geschosshöhen von 3,20 m auskommen würde. Hieraus ergeben sich zusätzliche Bauvolumina und höhere Kosten. Dieser Krankenhaustyp ist nur für kleinere Krankenhäuser geeignet.

Vertikaltyp

Beim Vertikaltyp ist der Untersuchungs- und Behandlungsbereich als Sockel ausgeführt, auf dem in einem oder mehreren vertikalen Baukörpern die Pflegestationen angesiedelt sind. Der konstruktive Vorteil dieses Typs liegt in der Möglichkeit der Ausbildung unterschiedlichster Raumhöhen. Nachteilig ist, dass aufgrund der übereinander liegenden Baukörper das größere Konstruktionsraster der Pflegestation von in der Regel 7,80 m auch im Untersuchungs- und Behandlungsbereich, die häufig von engeren Rastern ausgehen, durchgezogen werden muss mit dem Resultat zusätzlicher, nicht zwingend benötigter Bauvolumina. Darüber hinaus dürfte sich eine Bestandserweiterung des Pflegebereichs nicht oder nur schwierig darstellen lassen.

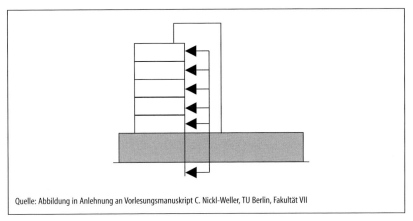

Quelle: Abbildung in Anlehnung an Vorlesungsmanuskript C. Nickl-Weller, TU Berlin, Fakultät VII

Abb. 5: Vertikaltyp

Mischtyp

Die Mischformen des Vertikal- und Horizontaltyps sind vielfältig. So existieren beispielsweise Krankenhäuser, die ambulante und stationäre Untersuchungs- und Behandlungsbereiche trennen. Hierbei kann die Ambulanz in einem Sockelgeschoss angeordnet werden, während hingegen die stationären Funktions- und Pflegebereiche in einem separaten Gebäude jeweils über mehrere Ebenen in einem Hochbaukörper angesiedelt werden. In Hinblick auf die Geschosshöhe des stationären Bereiches gilt es, wie auch beim Horizontaltyp, die unterschiedlichen Anforderungen an die Raumhöhe zu beachten. Insgesamt können aus dieser Anordnung längere Wege, kompliziertere Erschließungen und eine schlechtere Orientierung resultieren.

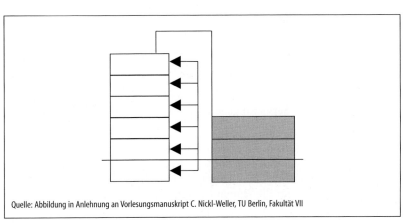

Quelle: Abbildung in Anlehnung an Vorlesungsmanuskript C. Nickl-Weller, TU Berlin, Fakultät VII

Abb. 6: Mischtyp

4.4 Anforderungen an moderne Krankenhäuser und an einzelne Funktionsbereiche

Moderne Krankenhausimmobilien müssen die Kernfunktionen des Krankenhauses, das heißt Diagnose, Therapie einschließlich Pflege, in einem für die Patienten angenehmen Umfeld bei bester medizinischer Versorgung zu günstigsten Betriebskosten unterstützen.

Gebäudestruktur muss Leistungsprozess unterstützen

Sowohl bei der Beurteilung von Bestandsgebäuden als auch bei der Planung von neuen Krankenhäusern kommt der Frage, inwieweit die Gebäudestruktur den optimalen Leistungsprozess des Nutzers unterstützt, erhebliches Bedeutungsgewicht zu. Dies einerseits, weil die Bauweise wesentlich das Ausmaß des Rationalisierungspotenzials eines Krankenhauses mit beeinflusst und andererseits, um unwirtschaftliche „in Beton gegossene" Abläufe bereits bei Planungsbeginn zu vermeiden. Dies betrifft insbesondere die medizinisch-pflegerischen Primärbetriebsleistungen, aber auch die hiermit verbundenen sekundären und tertiären Leistungsbereiche, wie z. B. Küche, Wäscherei.

Generelle Anforderungen an Krankenhausimmobilien sind neben der Prozessorientierung die Zusammenziehung bisher getrennter Strukturen zu möglichst frei skalierbaren, flexiblen Modulen, die durch Mehrfachnutzung Effizienz-, Ressourcen- und Kostenvorteile ermöglichen. Darüber hinaus lassen sich durch zentralisierte Gebäudestrukturen die Verkehrswege verkürzen. Nicht nur aufgrund des hohen Anteils an den Baukosten, sondern vor allem wegen der nachfolgenden Betriebskosten kommt der Gebäudetechnik im Rahmen der Planung von neuen Krankenhäusern beziehungsweise der Bewertung von Bestandsgebäuden erhebliches Bedeutungsgewicht zu. Letztendlich muss das Krankenhaus neben seinen funktionalen Erfordernissen auch den Bedürfnissen der Patienten nach einem angenehmen Ambiente entsprechen.

Wesentliche Erfolgsfaktoren für den Krankenhausbetrieb sind demnach die Kundenorientierung sowie die Optimierung der Leistungserbringung. Auf diese Faktoren, aus denen sich gleichzeitig Anforderungskriterien an die Krankenhausimmobilien ableiten, sowie auf die Spezifika einzelner Bereiche wird im Folgenden eingegangen.

Ausrichtung der Leistung auf den Patienten

Im Rahmen der strategischen Ausrichtung eines Krankenhausbetriebes ist zunächst die Frage zu stellen, welche Leistungen das Krankenhaus in Zukunft erbringen beziehungsweise wie es sich im Markt aufstellen wird. Auf Basis einer Markt- und Wettbewerbsanalyse gilt es, das Angebot konsequent auf die Bedürfnisse der Patienten auszurichten. Für die Befriedigung der Kundenwünsche sind neben der originären medizinischen Versorgung vor allem auch die Attraktivität der Immobilie, der Räumlichkeiten und des Umfeldes sowie begleitende zusätzliche Serviceangebote, wie zum Beispiel Wellness, ausschlaggebend.

Während über lange Zeit bei den Institutionen des Gesundheitswesens die Auffassung herrschte, der medizinische Behandlungs- und Heilungserfolg nimmt proportional mit dem Aufwand an Technik und Wissenschaft zu, gewinnt die Pflege und die Humanisierung der medizinischen Behandlung wieder an Bedeutung im Genesungsprozess der Patienten. Dies lässt sich in modernen Krankenhäusern in erster Linie durch eine Maßstäblichkeit und

Übersichtlichkeit der Baukörper ablesen, bei denen der Mensch, im Gegensatz zu den techniküberlasteten Großstrukturen der 70er Jahre, wieder zum Maßstab seiner Umgebung wird. Diese menschliche Atmosphäre mit erhöhter Lebensqualität in einem vergleichsweise „vertrauten" Umfeld und das Gefühl, als Kranker nicht ausgegrenzt zu sein, kann sich positiv auf eine schnellere und nachhaltigere Heilung und kürzere Verweilzeiten auswirken. Bei steigender Kostenbeteiligung der Patienten an der Krankenhausbehandlung nehmen nicht nur die Erwartungen an die Qualität der medizinischen Versorgung sondern auch die Anforderungen an den Servicestandard und die Annehmlichkeiten während des Aufenthaltes zu. Im Wettbewerb um die Patienten können die Krankenhäuser nicht mehr davon ausgehen, ihre Betten ohne eigenes Zutun gefüllt zu bekommen. Eine Anlehnung an die Servicestandards und die Übernahme von Dienstleistungen aus dem Hotelbereich sind nicht nur erwünscht sondern werden künftig notwendig, um sich erfolgreich auf dem Markt zu halten. Erste Realisierungen von so genannten Patientenhotels sind Anzeichen hierfür.

Optimierung der Leistungserbringung

Für eine Optimierung der Leistungserbringung sind die traditionellen medizinischen, organisatorischen und auch baulichen Strukturen, die insbesondere die Krankenhäuser der ersten Generation bestimmen, aufzuheben und im Sinne des Kunden sowie der Prozessoptimierung neu zu ordnen. Während in der Vergangenheit häufig die verschiedensten Fachabteilungen über eine Vielzahl von Gebäuden über das gesamte Krankenhausareal verteilt waren, werden in moderneren Krankenhäusern Kompetenzzentren gebildet. Hierzu werden die Stationen mehrerer, bisher meist eigenständiger, Fachabteilungen auf einer Ebene räumlich zusammengefasst. Kompetenzzentren erhalten gemeinsame Funktions- und Infrastrukturbereiche und umfassen Betten verschiedener Fachabteilungen, die sich durch Gemeinsamkeiten in der Leistungserbringung auszeichnen. Die Zentrumsstruktur hat zum einen den Vorteil, dass die häufig genutzten Funktions- und Infrastrukturbereiche direkt in einem zentralen Bereich des Kompetenzzentrums angesiedelt sind und daher viele Leistungen ohne lange Wege direkt am Patienten erbracht werden können. Zum anderen ermöglicht die Zusammenlegung verschiedener Fachabteilungen zu einem größeren Kompetenzzentrum eine bessere Nutzung der sachlichen und personellen Ressourcen. Die optimale Größe für ein Zentrum liegt bei 120 bis 150 Betten.

Kurze Wege

Um eine möglichst interdisziplinäre Zusammenarbeit zwischen den einzelnen Kompetenzzentren und kurze Wege für Patienten und Mitarbeiter sowie einen effizienten Behandlungsprozess zu gewährleisten, sollten bestimmte Fach- und Funktionsbereiche zentrumsübergreifend räumlich nahe zusammenliegen. Dies gilt insbesondere für den operativen, den Intensiv- sowie den Notfallbereich.

Erkenntnisse über Zentrenbildung, die Vernetzung der Zentren untereinander und zu den einzelnen Funktionsbereichen sind wiederum wichtige Input-Daten im Rahmen der Neubauplanung von Krankenhäusern. Hierbei können die Zentren im weitesten Sinne als Module verstanden werden, die in Abhängigkeit von den Anforderungen skalierbar sind und soweit wie möglich flexibel gehalten werden sollten.

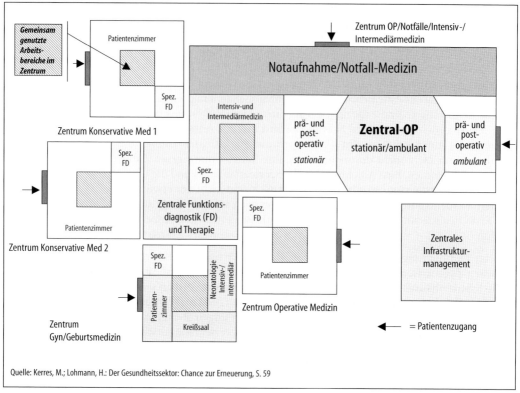

Abb. 7: Grobstruktur der Zentren und ihre Beziehung zueinander

Bei modernen Krankenhausneubauten gruppieren sich Kompetenzzentren häufig um einen Zentralbereich mit OP- und Intensiveinheit sowie Notfallaufnahme. Auf diese Funktionsbereiche soll im Folgenden eingegangen werden.

4.4.1. OP-Bereich

Schaffung zentraler OP-Bereiche

Der OP-Bereich als Kernstück vieler Krankenhäuser weist einerseits hohe Personal- und Sachkosten auf, auf der anderen Seite werden hier die Leistungen mit den höchsten Erlösen erbracht. Aufgrund dessen kommt im Rahmen des zunehmenden Wettbewerbs- und Kostendrucks möglichen Rationalisierungs- und Einsparungspotenzialen im Funktionsbereich der Operationssäle besondere Bedeutung zu. Nur ein äußerst effizienter Ablauf sowie eine hohe Auslastung der OP-Räume führen zu wirtschaftlichen Ergebnissen. Grundsätzlich sollte im Rahmen von Neu- beziehungsweise Umbaumaßnahmen gelten, dass sich die Baustrukturen nach den Prozessvorgaben richten und nicht, wie in Bestandsstrukturen noch häufig der Fall, an die baulichen Gegebenheiten angepasst werden. In traditionellen Krankenhäusern mit räumlich separierten Fachabteilungen, verfügt oftmals jedes operative Fach über einen eigenen OP-Bereich samt zugehöriger Infrastruktur und Personalausstattung. Dies führt zu ineffizienter Nutzung, zu schwankender Auslastung der Ressourcen und zu Redundanzen. Im Zuge der Neuorganisation muss zunächst ermittelt werden, welche operativen Fachgebiete die Leistungen der OP-Einheit beanspruchen und welche Arten von operativen Leistungen in welchen Quantitäten erbracht werden. Zielsetzung ist die Schaffung eines eigenständigen, allen Operativfächern zur Verfügung stehenden zentralen OP-Bereichs, gegebenenfalls ergänzt um direkt angebundene ambulante beziehungsweise kurzzeitchirurgische Versorgungseinheiten. Der zentrale OP-Bereich vereint demnach interdisziplinäre Organisations- beziehungsweise Funktionseinheiten, wie Operateure unterschiedlichster Fachdisziplinen, Anästhesisten, OP- und Anästhesie-Funktionspersonal. Aufgrund der im Vergleich zu stationären Operationen weit weniger aufwändigen Ausstattung von ambulanten OP-Räumen und der vergleichsweise einfacheren Prozessabläufe ist eine räumliche Identität für stationäre und ambulante OPs nicht sinnvoll. Eine räumliche Nähe zwischen ambulanten und stationären OPs kann jedoch sinnvoll sein. Der zentrale OP-Bereich selbst kann wiederum Bestandteil eines Zentrums, etwa mit der Notfallaufnahme, dem Intensiv- und dem Intermediärbereich, sein.

Differenzierte Raumplanung

Die differenzierte Raumplanung eines zentralen OPs umfasst neben den eigentlichen OP-Sälen weitere Funktionsbereiche, wie zum Beispiel Ein- und Ausleiträume, eine perioperative Überwachungseinheit, häufig einen Sterilgutbereich, der das Aufbereiten, Vorhalten und Managen der OP-Instrumente übernimmt, diverse Arbeitsräume für dispositive Arbeiten und zur Dokumentation sowie Personalräume. Bei der perioperativen Überwachungseinheit handelt es sich um Räumlichkeiten, in denen die Patienten unmittelbar prä-, d. h. vor-, und post-, d. h. nachoperativ betreut werden und die neben der Vorbereitung der Patienten und dem Monitoring auch eine gewisse Patientenhaltefunktion haben.

OP-Management

Die vom OP-Bereich angebotenen Serviceleistungen werden von den operativen Fachgebieten in Anspruch genommen, das heißt gekauft. Wegen der Größe, der Interdisziplinarität und der hieraus resultierenden Komplexität erfordert ein Zentral-OP-Bereich klare Managementstrukturen, die eine Koordination und einen reibungslosen Ablauf der Leistungserbringung sicherstellen, standardisierte Abläufe und Kommunikationsprozesse, eine umfassende IT-Lösung sowie ein umfangreiches Schnittstellenmanagement. Letztlich ist das OP-Management dafür verantwortlich, dass die Serviceleistungen in der vereinbarten Qualität und Menge zur Verfügung stehen und sämtliche hierfür notwendigen personellen und materiellen Ressourcen vorhanden sind.

Die Vorteile des zentralen OP-Bereiches liegen in der höheren Effizienz, verbunden mit einer Senkung der fallspezifischen Kosten, der besseren Auslastung der OP-Säle sowie einer qualitativ besseren Behandlung aufgrund höherer Fallzahlen.

4.4.2 Zentrale Notaufnahme

Aufgaben

Bei einer Vielzahl insbesondere der größeren, älteren Krankenhäuser existieren mehrere fachspezifische Notfallaufnahmen, die räumlich getrennt bei den jeweiligen Fachabteilungen untergebracht sind. Ebenso wie bei dem OP-Bereich lassen sich Effizienz, Auslastung und Qualität durch die Ausbildung einer zentralen Notaufnahme, die sämtliche von außen zugeführten Notfallpatienten des Krankenhauses versorgt, stark erhöhen. Aufgabe der zentralen Notaufnahme ist die Erstuntersuchung, die Erstdiagnose und Erstbehandlung am Patienten. Eine eigene Bettenvorhaltung der zentralen Notaufnahme ist nicht sinnvoll. Nach erfolgter Erstversorgung werden stationär zu behandelnde Patienten in die geeigneten Fachabteilungen überwiesen, während ambulant zu therapierende Patienten in der Notfallaufnahme oder in Spezialambulanzen des Krankenhauses komplett versorgt werden.

Größe Bei der Festlegung der Größe der integrierten zentralen Notaufnahme dient zumeist das Patientenaufkommen als Maßstab, wobei ein Untersuchungsraum bei je ca. 2.000 Patienten im Jahr zugrunde gelegt werden kann.

Die zentrale Notaufnahme selbst besteht aus unterschiedlichsten Räumen mit differenzierten Anforderungen bezüglich Raumgröße, Raumausstattung und Technik. So müssen neben den eigentlichen Untersuchungsräumen weitere Bereiche, wie beispielsweise Schockraum, Isolierzimmer, Röntgenraum sowie Wartezonen bis hin zu administrativen Bereichen, vorgehalten werden.

4.4.3 Intensivbereich

Der Intensivbereich dient der Behandlung von vital bedrohten, instabilen Patienten. Häufig handelt es sich hierbei um Patienten, die beatmet werden müssen und/oder um Kranke mit Versagen von einem oder mehreren Organsystemen. Die Intensivbereiche sind in größeren Krankenhäusern zumeist aufgeteilt in internistische und operative Stationen. Diese Aufteilung führt dazu, dass kleinere, zumeist ineffizientere Einheiten entstehen. Im Rahmen von künftigen Krankenhausneubauten sollten größere multi- oder interdisziplinäre Intensivstationen, zumindest jedoch Intensiveinheiten „Wand an Wand" angestrebt werden. Hinsichtlich der optimalen Betriebsgröße von Intensivstationen gehen die Aussagen von 16 bis hin zu 24 Betten.

IT-Lösungen notwendig Aufgrund der Instabilität der Patienten sind Intensivstationen sowohl sehr personalintensiv, was sich in einer 24-stündigen Anwesenheit von Ärzten und Pflegepersonal äußert, als auch extrem technikaufwändig. Fortlaufendes Patientenmonitoring und Therapien mit zahlreichen technischen Geräten verursachen innerhalb der Intensiveinheiten eine Datenflut, die nur mit hochentwickelten IT-Lösungen, die der Basisdokumentation und der Entscheidungsunterstützung dienen, bewältigt werden können.

4.4.4 Pflegebereiche

Behandlungsstufen Ein weiterer Ansatz zur Verbesserung der Leistungserbringung ist die Einführung von Patientenbehandlungsstufen. Sie dienen dazu, die Patienten hinsichtlich der von ihnen benötigten Behandlungs- und Pflegeintensität bestimmten Gruppierungen, das heißt Behandlungsstufen zuzuordnen. Das Konzept der Behandlungsstufen ermöglicht, dass der Patient das individuelle, optimale Maß an Behandlung und Betreuung erhält, wobei aufgrund des klaren Anforderungsprofils Service und Qualität steigen. Darüber hinaus sinken die Versorgungskosten, da Infrastruktur und Leistungen nur dort angeboten werden, wo sie tatsächlich benötigt werden. Für ein Krankenhaus der Akutversorgung sind folgende Stufen sinnvoll: intensiv, intermediär sowie ein oder zwei Low-Care-Bereiche. Die Zuweisung der Patienten zu den einzelnen Behandlungsstufen erfolgt über einen Kriterienkatalog, dessen Komplexität und Umfang die medizinisch-pflegerischen Leistungen berücksichtigt.

In Abhängigkeit von den vorherrschenden Patientenanforderungen können die einzelnen Kompetenzzentren im Krankenhaus eine, mehrere oder sämtliche Behandlungsstufen anbieten. Für Neubaumaßnahmen von Kliniken sind diese unterschiedlichen Behandlungsstufen beziehungsweise ihre räumlichen und technischen Anforderungen entsprechend planerisch umzusetzen mit der Zielsetzung, sowohl Investitions-, Prozess- als auch Betriebskostenvorteile realisieren zu können.

Die Gesamtheit der oben aufgeführten Neuordnungen von betrieblichen Prozessen in Krankenhäusern ist mitbestimmend für die Qualität der Behandlung, die Kundenzufriedenheit, für Investitions-, Betriebs- und Prozesskosten und damit für die Wirtschaftlichkeit und Wettbewerbsfähigkeit des Betriebes und als Folge hieraus wichtiger Input für die Planung von neuen Krankenhäusern.

4.5 Baukosten

Die Errichtung moderner Krankenhausimmobilien ist mit vergleichsweise sehr hohen Bau- und Investitionskosten verbunden. Dies liegt zum einen an der gewünschten Multifunktionalität und Flexibilität der Gebäudestrukturen, die unterschiedlichste Raumnutzungen ermöglichen sollen, und zum anderen vor allem an der sehr umfangreichen technischen Gebäudeausstattung, verbunden mit einer weitestgehend autarken Infrastruktur. In Abhängigkeit von der Ausgestaltung und den technischen Anforderungen der einzelnen Funktionsbereiche variieren die Baukosten sehr stark. Die Operationsbereiche, das heißt die Operationsräume und die unmittelbar dazugehörigen Einheiten, sind aufgrund ihrer hohen Komplexität und Technikausstattung mit den höchsten auf die Fläche bezogenen Baukosten verbunden. Hier kann eine Bandbreite von zwischen 6.000–8.000 Euro auf den Quadratmeter Nutzfläche unterstellt werden. Das andere Ende der Bandbreite wird durch baulich-technisch einfache Funktionseinheiten, wie zum Beispiel dem Low-Care-Bettenbereich, abgebildet, deren Baukosten mit den Kosten für normale Büroimmobilien durchaus vergleichbar sein können.

Für das Gesamtkrankenhaus kann von einem groben Kostenrichtwert von 200.000 Euro je Bett und 4.500–5.000 Euro je Quadratmeter Nutzfläche ausgegangen werden. Dieser Wert kann in Abhängigkeit von dem Leistungsangebot des Krankenhauses, das heißt den Fachabteilungen, den Versorgungsstufen, den Nutzungsanforderungen und den infrastrukturellen Rahmenbedingungen, sehr stark streuen. Mit einem Anteil von regelmäßig gut über 50 % an den gesamten Baukosten nimmt die technische Gebäudeausrüstung im Krankenhausbau im Vergleich zu konventionellen Bürogebäuden, bei denen der Anteil regelmäßig zwischen 20 % und 30 % liegt, einen sehr hohen Anteil ein.

Kostenrichtwert

5. Das Krankenhaus als Investitionsobjekt

Nachfolgend sollen die Eigenschaften von Krankenhäusern als Investitionsobjekte dargestellt, die Kapitalgeber für Krankenhausinvestitionen charakterisiert und deren Anforderungen an das Investitionsobjekt Krankenhaus herausgearbeitet werden. Vor dem Hintergrund des zunehmenden Rückzugs der Länder und Kommunen aus der stationären Krankenversorgung soll des Weiteren ein Ausblick über die zukünftigen Möglichkeiten der Krankenhausfinanzierung im Spannungsfeld zwischen steigendem Kapitalbedarf und nachlassender öffentlicher Investitionsförderung erfolgen.

5.1 Investoren und Kapitalgeber auf dem Krankenhausmarkt

Krankenhausimmobilien befinden sich mit wenigen Ausnahmen im Eigentum ihrer Nutzer, das heißt der Krankenhausträger. Dies gilt nicht nur für die öffentlichen und freigemeinnützigen, sondern auch für die meisten privaten Krankenhäuser.

Finanzierung durch Fördermittel überwiegt

Die Finanzierung von Krankenhäusern kann durch die Bereitstellung von Eigenkapital, Fremdkapital oder durch Fördermittel erfolgen. Da die Sicherstellung einer ausreichenden stationären Gesundheitsversorgung den Bundesländern obliegt, stammt das Kapital für Krankenhausinvestitionen derzeit noch zum bei weitem überwiegenden Teil aus unbefristeten und zinslosen Fördermitteln der Bundesländer. Dies führt bei der Bilanzierung von Krankenhäusern zu Unterschieden gegenüber privatwirtschaftlichen Kapitalgesellschaften. Die bilanzielle Abbildung der Fördermittel erfolgt in Sonder- und Ausgleichsposten auf der Aktiv- ebenso wie auf der Passivseite. Damit setzt sich das in Krankenhäusern gebundene Kapital neben Eigenkapital und Verbindlichkeiten auch aus den Sonderposten aus Zuwendungen zur Finanzierung des Sachanlagevermögens zusammen. Die Ausgleichsposten aus Darlehensförderung dienen als Gegenposition für die Forderung gegenüber dem Bundesland aus einer bereits bewilligten, aber noch nicht durchgeführten Investitionsmaßnahme.

Privatwirtschaftliche Finanzierung selten

Aufgrund des Umstandes, dass die öffentlichen und freigemeinnützigen Träger, die einen Anteil von knapp 90 % der stationären Betten halten, über weitere Finanzierungsmöglichkeiten, wie zum Beispiel Kommunalkredite, Darlehen kirchlicher Banken, Spenden etc., verfügen, erfolgen privatwirtschaftliche Finanzierungen nur in Einzelfällen. Dies auch vor dem Hintergrund, dass häufig die Erwartungen und das Verständnis der Finanzierungspartner auseinander fallen. Auch die Finanzierung von größeren Immobilieninvestitionen durch Eigenkapital der Krankenhäuser ist aufgrund des Umstandes, dass die Entgelte der Plankrankenhäuser keine Abschreibungen für Immobilien enthalten dürfen, sowie der schlechten Betriebsergebnisse und Liquidität der Krankenhäuser nicht die Regel, sondern die Ausnahme.

Institutionelle Investoren

Der bei weitem größte Teil der Investoren in Krankenhausimmobilien wird durch die Träger der Krankenhäuser selbst gestellt. Neben den Krankenhausbetreibern kommen, zumindest potenziell, sämtliche institutionellen Investoren als mögliche Anleger in Krankenhausimmobilien in Betracht. So haben beispielsweise bereits geschlossene Immobilienfonds, Immobilienspezialfonds sowie Immobilien-Leasingfonds in Krankenhäuser investiert. Des Weiteren ist insbesondere in jüngerer Vergangenheit zu beobachten, dass Bauunternehmen, Projektentwickler sowie Unternehmen mit engem Bezug zum Krankenhausbetrieb, wie zum Beispiel Hersteller von Medizintechnik, in zunehmendem Maße dazu bereit sind, Investitionsrisiken mitzutragen.

Prinzipiell kann die Investition in Krankenhäuser aus Sicht des Kapitalgebers entweder als Beteiligung an der Unternehmung Krankenhaus verstanden werden oder aber als Investition in die Immobilie Kranken„haus", die gegen Miet- beziehungsweise Pachtzahlungen dem Krankenhausbetreiber zur Nutzung überlassen wird. Aufgrund der nur eingeschränkten oder nicht gegebenen Drittverwertbarkeit handelt es sich bei den Krankenhäusern um Sonderimmobilien, sodass davon auszugehen ist, dass der weit überwiegende Teil der Kapitalgeber die Kapitalbereitstellung weniger als Immobilien-, sondern vielmehr als Unternehmensfinanzierung oder -beteiligung sieht.

Unternehmens-beteiligung

Bei Investoren, die gegen Kapitalbereitstellung als Gesellschafter am Krankenhausunternehmen beteiligt sind, ist zwischen reinen Finanzinvestoren und solchen mit strategischen Interessen, wie zum Beispiel konkurrierenden Krankenhausträgern, Medizintechnikherstellern etc., zu unterscheiden. Generelle Zielsetzung von Investitionen ist es, den Wert der getätigten Finanzeinlage entweder durch laufende Einnahmen und/oder Wertsteigerung zu erhöhen. Darüber hinaus verfolgen krankenhausnahe Investoren häufig weitere Interessen, wie zum Beispiel die Erzielung von Größendegressionseffekten sowie die Stärkung der Wettbewerbsposition, indem sie, anders als reine Finanzinvestoren, in das operative Krankenhausgeschäft eingreifen.

Krankenhausnahe Investoren

5.2 Investitionskriterien bei Krankenhausimmobilien

Wie bereits dargestellt, handelt es sich bei Krankenhäusern um sehr differenzierte, komplexe Immobilien, die aufgrund ihrer starken Ausrichtung auf die Bedürfnisse des Krankenhausbetriebes und des Betreibers und der hieraus resultierenden eingeschränkten Drittverwertbarkeit als Spezialimmobilien zu bezeichnen sind. Als Folge hieraus werden sie, zumindest bis zum heutigen Tage, in aller Regel als Eigentum von den Krankenhausbetrieben gehalten.

Generell lassen sich Investitionen in Krankenhausimmobilien anhand einer Vielzahl von Kriterien beschreiben, wie zum Beispiel:

- Investitionsvolumen,
- Konditionen des Miet- beziehungsweise Nutzungsvertrages,
- Sicherheit der Kapitalrückzahlung,
- Anlagehorizont,
- Verwaltungsaufwand der Investition,
- Drittverwertbarkeit,
- Fungibilität der Investition.

Wesentliche Investitionskriterien sind neben den wirtschaftlichen Rahmenbedingungen der Investition die Beurteilung von Markt, Standort, Gebäude

	und insbesondere des Betreibers, da diese Faktoren wesentlichen Einfluss auf die Nachhaltigkeit der Erträge aus der Investition haben.
Wirtschaftliche Rahmenbedingungen	Entscheidend sind hier insbesondere Investitionsvolumen, Objektrendite, steuerliche Konzeption, der Anlagehorizont sowie die Sicherheit des Zahlungsflusses. Zur Beurteilung der Sicherheit der Zahlungsflüsse bedarf es wiederum der Analyse von Markt, Standort, Gebäude und insbesondere Betreiber.
Marktanalyse	Risiken und Chancen aus dem Markt ergeben sich aus u. a. der demographischen Entwicklung und der hieraus abzuleitenden Nachfrage nach Gesundheitsdienstleistungen, aus Änderungen der gesetzlichen Rahmenbedingungen sowie der heutigen und zukünftigen Wettbewerbssituation im Einzugsbereich.
Standorteinschätzung	Die Bewertungskriterien zur Standorteinschätzung für Krankenhäuser sind, wie auch bei anderen Immobilien, sehr umfangreich und umfassen u. a. neben der Erreichbarkeit des Standortes und dem nachbarschaftlichen Umfeld vor allem auch grundstücksspezifische Gegebenheiten, wie etwa Festsetzungen des Bebauungsplanes, Dienstbarkeiten etc.
Gebäude	Hier ist in erster Linie zu bewerten, inwieweit das Gebäude in der Lage ist, flexibel, effizient und kostengünstig heutige und zukünftige Prozess- und Betriebsabläufe moderner Krankenhäuser abzubilden und gleichzeitig dem gestiegenen Qualitäts- und Serviceanspruch der Patienten in attraktiver Form zu entsprechen. Darüber hinaus ist das Gebäude danach zu beurteilen, ob und in welchem Umfang ein Krankenhausbetrieb durch eine andere Unternehmung fortgeführt werden könnte oder auch eine vom eigentlichen Krankenhaus losgelöste Drittnutzung nach entsprechenden Umbaumaßnahmen möglich wäre.
Betreiber	Wesentlich für die Investition in Krankenhäuser ist die Bewertung des Betreibers, insbesondere in Hinblick auf seine Kompetenz und seine Bonität. Betreiber mit eingeschränkter Erfahrung und Bonitätsrisiken bergen die Gefahr, dass vertragliche Pflichten, wie zum Beispiel Zahlung von Miete, Betriebskosten oder Instandhaltungsverpflichtungen, nicht oder nicht vollständig erfüllt werden.
Chancen und Risiken	Interessante Investitionsvolumen in Größenordnungen von häufig 100–200 Mio. Euro, langfristige Mietverträge sowie ein stark reglementierter Krankenhausmarkt, verbunden mit hohen Eintrittsbarrieren, lassen den Markt für Krankenhausimmobilien auf den ersten Blick für institutionelle Anleger attraktiv erscheinen. Komplexität und hohe Erklärungsbedürftigkeit sowie insbesondere die Betreiberabhängigkeit und die eingeschränkte Drittverwertbarkeit haben jedoch bisher dafür gesorgt, dass ein Engagement von institutionellen Investoren im Krankenhausmarkt bis auf wenige Ausnahmen unterblieben ist. Weitere Risiken können sich u. a. ergeben aus der Beschränkung des medizinischen Leistungsangebotes durch den Krankenhausplan, der planrechtlichen Ausweisung der Grundstücke als „Sondernutzung Krankenhaus" und – im Fall der Übernahme von bestehenden Krankenhäusern – aus dem Instandhaltungsstau sowie aus der grundbuchlichen Absicherung der Fördermittel und deren Rückzahlungsansprüche.

5.3 Entwicklungen bei der Investition und Finanzierung von Krankenhausimmobilien

Für die Zukunft kann unterstellt werden, dass sich das Spannungsfeld zwischen steigender Nachfrage nach Krankenhausleistung und Beitragsstabilität einerseits sowie wachsendem Investitionsbedarf und rückläufiger Investitionsförderung der Länder andererseits verstärken wird.

Die sich ändernden Rahmenbedingungen, wie zum Beispiel die rasante Entwicklung in der Medizintechnik, die sinkende durchschnittliche Verweildauer im Krankheitsfall, die Ambulantisierung der Krankenhäuser, die zunehmende Transparenz und die wachsenden Qualitätsanforderungen der Patienten, führen zu einem weiter steigenden Kosten- und Wettbewerbsdruck. Den hieraus resultierenden Optimierungsnotwendigkeiten kann häufig in den bestehenden Immobilienstrukturen, die durch Ineffizienz, mangelnde Funktionalität und hohe Betriebs- und Instandhaltungskosten gekennzeichnet sind, nicht entsprochen werden. Für die notwendigen Rationalisierungsinvestitionen, die auf eine Wettbewerbsfähigkeit der jeweiligen Krankenhäuser abzielen, stehen jedoch derzeit in aller Regel weder Mittel aus dem laufenden Betrieb noch aus der Investitionsförderung der Bundesländer zur Verfügung.

Finanzierungsproblematik

Als Folge hieraus ist abzusehen, dass in zunehmendem Maße Dritte das Kapital für notwendige Neuinvestitionen und den Abbau der Instandhaltungsdefizite bereitstellen müssen. Dies erfordert jedoch von den Krankenhausbetreibern, dass sie sich den Gepflogenheiten des Kapitalmarktes anpassen und die Erwartungen ihrer Investitions- und Finanzierungspartner erfüllen müssen. Da das für eine Investitionsentscheidung im Krankenhausbereich erforderliche Branchenwissen für die Investoren eine hohe Markteintrittsbarriere darstellt, wird voraussichtlich zumindest mittelfristig die Nachfrage nach Immobilien geringer als das Angebot ausfallen. Gleichwohl bieten Krankenhäuser die Möglichkeit, das Immobilienportfolio im Sinne einer Risikostreuung sinnvoll zu erweitern und stabile Renditen in einem relativ geschützten Markt mit interessanten Investitionsvolumina zu realisieren. Daher ist anzunehmen, dass mit zunehmender Deregulierung, Privatisierung und Transparenz der Branche sowie einer stärkeren Ausrichtung an den Bedürfnissen der Investoren in zunehmendem Maße geeignete Anlageprodukte für Investitionen in Krankenhausimmobilien auf den Markt kommen und nachgefragt werden.

6. Schlussbetrachtung

Mit einem Anteil von rund 11 % am Bruttoinlandsprodukt ist der Gesundheitssektor ein wichtiger Wirtschaftsfaktor in Deutschland. Aufgrund der demographischen Entwicklung, die zwar von einem Bevölkerungsrückgang, aber von einem deutlichen Anstieg älterer, behandlungs- und pflegebedürftiger Menschen gekennzeichnet ist, sowie fortlaufend neuen Angeboten im Gesundheitsbereich kann unterstellt werden, dass die Branche in den nächsten Jahren weiter an Bedeutung gewinnen wird.

Steigendes Wachstum

Wesentlicher Bestandteil des Gesundheitssektors sind die Krankenhäuser, die in erster Linie der stationären Diagnose, Therapie und Pflege von Patienten dienen. Vor dem Hintergrund des Sicherstellungsauftrages einer ausreichenden stationären Versorgung üben Bund und Länder über das Instrument der Krankenhausplanung, in der die Anzahl der Krankenhäuser sowie deren Leistungserbringungen geregelt werden, regulierenden Einfluss auf den Krankenhausmarkt aus. Die Träger der rund 2.200 Krankenhäuser sind derzeit noch als Folge hieraus überwiegend öffentlich oder freigemeinnützig und erst zu einem relativ geringen Teil privat.

Kosten- und Wettbewerbsdruck Gravierende Änderungen der Rahmenbedingungen des Krankenhauswesens, wie zum Beispiel das Gesundheitsreformgesetz, die Einführung einer Fallpauschalenregelung nach Diagnosis Related Groups sowie insbesondere das Versagen der staatlichen Investitionsfinanzierung, verbunden mit einem Investitionsstau von 30–50 Mrd. Euro, führen bei den Krankenhäusern zu einem erheblichen Kosten- und Wettbewerbsdruck. Dieser kann nur erfolgreich bewältigt werden, wenn althergebrachte, ineffiziente Funktionsabläufe zugunsten von medizinisch und betriebswirtschaftlich optimierten Prozessen ersetzt werden. Häufig ist mit der Optimierung des Leistungsangebotes und der Betriebsabläufe eines Krankenhauses auch der Neubau von Krankenhausimmobilien verbunden. Bei den Krankenhausimmobilien selbst handelt es sich um komplexe Gebilde, die unterschiedlichste Funktionsbereiche mit verschiedensten Anforderungen in Hinblick auf Ausstattung und Technik abzubilden haben. Die Bandbreite geht hier von hochkomplexen Bereichen, wie zum Beispiel Operationssäle und Intensivpflege, bis hin zu einfachen Bettenzimmern.

Schaffung von Kompetenzzentren Im Rahmen der Umstrukturierung und des Neubaus von Krankenhäusern kommt neben der immer wichtigeren Orientierung an den Patientenbedürfnissen, der Prozessorientierung und Flexibilität, der Schaffung von Kompetenzzentren, die mehrere bisher getrennte Fachabteilungen bündeln, sowie einer Konzentration und Zentralisierung von einzelnen Funktionsbereichen, wie z. B. OP, Notfallaufnahme, übergeordnete Bedeutung zu. Nur durch diese Maßnahmen kann eine bessere Ausnutzung der Ressourcen, eine höhere Auslastung der Bereiche, eine medizinisch qualitativ bessere Behandlung sowie eine Reduzierung der Prozess- und Betriebskosten und damit eine Stärkung der Wettbewerbsfähigkeit sichergestellt werden.

Rückzug des Staates Die notwendigen baulichen Aktivitäten im Krankenhausbereich sind durch das bisherige duale Finanzierungssystem, bei dem die Länder die Neubauten über Fördermittel finanzieren, nicht mehr durchführbar. Mit zunehmendem Rückzug des Staates aus der Finanzierung und dem Betrieb von Krankenhäusern, ist daher anzunehmen, dass die Mittel für Krankenhausinvestitionen in zunehmendem Maße von Dritten, z. B. institutionellen Anlegern, aufgebracht werden müssen. Die dann fälligen Mieten beziehungsweise Pachten müssen von den Krankenhäusern über Prozess- und Betriebskosteneinsparungen, die aus den Neubaumaßnahmen resultieren, sowie erhöhte Entgelte bedient werden.

Interessantes Potenzial Der Krankenhausmarkt ist demnach für die Immobilienbranche ein interessanter Nischenmarkt, der mit zunehmender Deregulierung, wachsender Transparenz und der Bereitstellung investorenfreundlicher Produkte an Potenzial gewinnen wird.

Der Autor bedankt sich recht herzlich für die Mitwirkung von Herrn Stefan Lönneker und Herrn Dr. Robert Pfeiffer.

13   Medizinische Versorgungszentren
– Chancen und Potenziale für die Immobilienwirtschaft –

Dr. Bernd May, Geschäftsführer MBM
Medical-Unternehmensberatung GmbH, Mainz,

Alexandra May, Immobilienökonomin (ebs),
Team für Projektkonzeption + Kommunikation, Wiesbaden

Inhaltsverzeichnis

1.	Einleitung	360
2.	Der Strukturwandel im deutschen Gesundheitssystem	360
3.	Zwei Grundformen der MVZ-Konzeption	362
4.	Die rechtlichen Rahmenbedingungen	362
5.	MVZ mit Krankenhauskooperation oder ohne Unterscheidungskriterien	364
5.1	Exkurs: Die Bedeutung der Radiologie	364
5.2	Die Bedeutung eines stabilen Managementkerns	367
6.	Die inhaltliche Konzeption	369
7.	Die Standortwahl	369
8.	Die Immobilie	370
9.	Das Marktpotenzial	372
10.	Wirtschaftliche Betrachtung	372
11.	Fazit	373

1. Einleitung

Neuer gesetzlicher Rahmen — Die seit 2004 in Kraft getretenen neuen gesetzlichen Rahmenbedingungen für die ambulante und stationäre Versorgung mit Gesundheitsleistungen ermöglichen die Bildung und den Betrieb eines neuen Typs von Ärztehaus mit neuen rechtlichen, organisatorischen und finanziellen Inhalten bzw. Bedingungen. Dieser Typus trägt den Namen „Medizinisches Versorgungszentrum (MVZ)" und kann mit Krankenhaus-Anbindung und unabhängig von einem Krankenhaus realisiert werden. Es handelt sich um neue gesetzliche Bedingungen, die berufs- und sozialrechtlich noch der Ausgestaltung bedürfen. Dies wird auf Länderebene von den Ärztekammern bzw. Kassenärztlichen Vereinigungen (KV) der jeweiligen Länder unterschiedlich konstruktiv und zügig geregelt.

Gegenstand der folgenden Ausführung ist die Darstellung beider Typen im Hinblick auf eine Beurteilung durch den an der Immobilienentwicklung Interessierten. Dabei werden die zum Verständnis erforderlichen Begriffe und Zusammenhänge für die Entwicklung eines MVZ erläutert.

2. Der Strukturwandel im deutschen Gesundheitssystem

Gesundheits-Boom — Die Gesundheitswirtschaft boomt. In allen modernen und entwickelten Volkswirtschaften hat sich die Branche in den letzten Jahren zu einem der Wachstumsmärkte schlechthin entwickelt. 2000 war den Deutschen ihre Gesundheit noch knapp 2.300 Euro wert. 2004 wurden schon annähernd 250 Mrd. Euro ausgegeben. Das entspricht etwa 3.000 Euro pro Einwohner. Die Zuwachsraten liegen damit deutlich über denen des Bruttoinlandsprodukts. Tendenz weiter steigend. Die Ausgaben für die Gesundheit haben des Deutschen liebstes Kind mittlerweile sogar auf Platz zwei verdrängt, denn für das Auto werden inklusive Benzin und Reparatur jährlich im Schnitt rund 2.800 Euro auf den Tisch gelegt. Insbesondere in den reichen, westlichen Industrienationen sind die Menschen bereit, einen immer größeren Anteil ihres Einkommens in ihre Gesundheit zu investieren.

Rapide Entwicklung der Technik

Parallel dazu treiben pharmazeutische und medizintechnische Industrien Weiterentwicklungen in rasantem Tempo voran. Sie haben den außergewöhnlichen Wachstumsmarkt Gesundheitswirtschaft erkannt. Durch gezielte Firmenzukäufe und Anpassung des eigenen Produktprogramms will man nach Möglichkeit ein breites und lückenloses Spektrum an Dienstleistungen und Produkten anbieten. Mit Erfolg. So sind inzwischen innovative integrierte Diagnose- und Therapiesysteme auf dem Vormarsch, wodurch eine frühzeitige Erkennung und Therapie von Krankheitsbildern ermöglicht wird, die bis vor wenigen Jahren noch gar nicht vorstellbar waren (beispielsweise durch die Verbindung der Computertomographie mit nuklearmedizinischen Diagnosegeräten oder durch Einbeziehen von molekularbiologischen Prozeduren in radiologisch-diagnostische Verfahren). Doch es gibt auch eine Kehrseite der Medaille.

Kostensenkung vs. Qualitätssteigerung

Jede moderne Industrienation kämpft mit demselben Dilemma: Wie lassen sich die Kosten der Versorgung senken und gleichzeitig deren Qualität verbessern? Die Sozialversicherungssysteme sind nicht mehr in der Lage, den einzelnen Patienten die gesamte Bandbreite der modernen Medizin zu den Kostensätzen der gesetzlichen Krankversicherungen zur Verfügung zu stellen. Die Leistungen werden also zunehmend auf das medizinisch Notwendige reduziert. Jeder sieht sich immer mehr damit konfrontiert, nur durch Zuzahlungen Mehrleistungen für seine individuelle Gesundheit zu erhalten.

Diagnosebezogene Fallpauschalen

Die Produzenten von Gesundheitsleistungen im stationären Bereich (Krankenhäuser und Reha-Einrichtungen) wie auch im ambulanten Sektor (in Deutschland sind das die niedergelassenen Ärzte) stellen sich darauf ein. Desgleichen tun es die Versicherungen, allen voran die Privatversicherungen. Das erklärte Ziel: Bessere und wirkungsvollere Diagnose- und Therapieverfahren für den einzelnen Patienten bei gleichzeitiger Senkung der zugrunde liegenden Kosten. Diese Aufgabe ist jedoch nur lösbar, wenn beispielsweise die Produktivität der am Diagnose- und Therapieprozess beteiligten Leistungserbringer schneller steigt als die Kosten, wie das in gewerblichen Bereichen schon lange praktiziert wird. Deshalb wurde mit der Einführung der diagnosebezogenen Fallpauschalen (Diagnosis Related Group = DRG) die Finanzierung der Krankenhäuser auf eine neue, wettbewerbsorientierte Basis gestellt. Gleichzeitig trat das Gesundheitsmodernisierungsgesetz (GMG) zum 1. Januar 2004 mit wesentlichen Erweiterungen für den Handlungsrahmen im ambulanten Bereich (Praxen) und für eine Integration der bisher scharf getrennten Sektoren (ambulant und stationär) in Kraft. Für die Gesundheitswirtschaft wurde damit ein Paradigmenwechsel mit erheblichen Auswirkungen eingeleitet.

Bei stationärem Aufenthalt in einem Krankenhaus waren die Behandlungen eines Patienten durch verschiedene Abteilungen voneinander klar abgegrenzt.

Die angefallenen Kosten wurden auf die Liegezeit während der Behandlung umgelegt und im Nachhinein erstattet. Zukünftig wird der Behandlungsfall nach dem Hauptkrankheitsbild bezahlt. Und das unabhängig davon, wie lange der Patient in welchen Abteilungen und mit welchen Methoden während seines stationären Aufenthalts therapiert wurde. Das zwingt die Krankenhäuser zum vollständigen Umdenken: Es kommt nunmehr darauf an, möglichst frühzeitig eine treffsichere Diagnose von der Haupterkrankung zu stellen, um darauf aufbauend in einer interdisziplinären Teambesetzung einen abteilungsübergreifenden effizienten Therapieprozess einzuleiten, zu managen, zeitlich optimiert und medizinisch erfolgreich zu beenden. Schließlich müssen die Fallpauschalen die entstandenen Kosten zumindest abdecken.

Effizienter Therapieprozess

Im Vordergrund steht also nicht mehr die Liegezeit, sondern ein unter medizinischen und betriebswirtschaftlichen Gesichtspunkten effizient gesteuerter Therapieprozess. Dabei wird die Gesundheitsleistung zu einem Produkt, das wie jedes andere Produkt betriebswirtschaftlich messbar ist.

Bisher haben sowohl der stationäre als auch der ambulante Sektor ihre jeweiligen Behandlungsstrategien getrennt voneinander optimiert. Das hat aus ökonomischer Sicht zu einer Maximierung der Kosten geführt. Mit dem Gesundheitsmodernisierungsgesetz (GMG) wurden erstmals rechtliche Rahmenbedingungen für die Integration beider Systeme geschaffen. Danach wird angestrebt, durch fachübergreifende, interdisziplinäre Versorgungsstrukturen, effiziente Diagnose- und Behandlungsabläufe zu ermöglichen, wodurch die Therapiequalität deutlich gesteigert und die Kosten drastisch gesenkt werden können. Dafür werden so genannte Medizinische Versorgungszentren (MVZ) geschaffen.

3. Zwei Grundformen der MVZ-Konzeption

Integriertes vs. freies MVZ

MVZ sind in zwei Varianten möglich. Zum einen innerhalb des ambulanten Sektors, quasi als „Stand-alone-Konzept", und zum anderen als integrierte Lösung, in dem das MVZ an eine stationäre Einrichtung – wie z. B. ein Krankenhaus bzw. eine Reha-Klinik – angeschlossen ist. Ein MVZ ist die logische Weiterentwicklung des traditionellen Ärztehauses: Es ermöglicht die effiziente Integration bisher getrennter Behandlungswege – und zwar innerhalb des ambulanten Sektors und zwischen ambulantem und stationärem Sektor. Beide Varianten sind vielfältig konzipierbar und bieten somit interessante Markteintrittsmöglichkeiten für Erbringer medizinischer Leistungen wie auch Investoren und Projektentwickler.

4. Die rechtlichen Rahmenbedingungen

In § 95 des Sozialgesetzbuches V (SGB V) sind die Bedingungen für ein MVZ geregelt. Es handelt sich dabei – wie bereits in groben Zügen dargestellt – um einen neuen Leistungserbringertypus, an dem Ärzte als Angestellte an der ambulanten Versorgung teilnehmen können, ohne dass sie sich – wie bislang vorgeschrieben – ausschließlich als Praxisbetreiber niederlassen müssen bzw. dürfen. Das bietet insbesondere jungen Ärzten die Chance, sich beruflich zu profilieren ohne dabei größere wirtschaftliche Risiken eingehen zu müssen. Die

Hauptaufgabe eines MVZ besteht allerdings darin, kostengünstige und effiziente Versorgungsprozesse in möglichst geschlossenen Strukturen zu erbringen. Das Leitmotiv für das Erbringen der medizinischen Dienstleistung lautet: „Alles aus einer Hand." Das wesentliche Kennzeichen eines MVZ ist die enge interdisziplinäre Zusammenarbeit, um eine optimale Abstimmung diagnostischer und therapeutischer Maßnahmen zu gewährleisten.

Die Größe und die Bandbreite der angebotenen medizinischen Leistungen sind gesetzlich nicht geregelt. Die kleinstmögliche Form eines MVZ kann deshalb aus zwei Ärzten bestehen. Vorausgesetzt sie gehören unterschiedlichen Fachrichtungen an und sie besitzen eine Zulassung als Vertragsarzt (ambulante Praxis). Eine Ermächtigung zur ambulanten Versorgung (z. B. als Krankenhausarzt) erfüllt die Voraussetzung ebenfalls. Aber auch die Beteiligung einer Institution, die vertraglich an der Versorgung teilnimmt (z. B. Reha-Klinik, Krankenhausträger, Apotheken, Heil- und Hilfsmittelerbringer), berechtigt zur Gründung. Ein MVZ kann allerdings nicht von einem Pharmaunternehmen, reinen Managementgesellschaften oder Privatärzten gegründet werden. Hintergrund dieser starken Eingrenzung ist, die Einflussnahme von Kapitalinteressen auszuschließen die „krankenversicherungsrechtsfremd" sind. Ein MVZ soll vielmehr ärztlich geleitet, also „medizinisch geführt" werden. So wird sichergestellt, dass der in dieser Einrichtung arbeitende Arzt seine Tätigkeit in Einklang mit seiner Berufspflicht ausüben kann und nicht Gefahr läuft, Weisungen von Nichtärzten entgegennehmen zu müssen. Investoren, die nicht an der Versorgung mit Gesundheitsdienstleistungen teilnehmen, sind auch als Gesellschafter von der Trägergesellschaft ausgeschlossen.

Gründungsvoraussetzungen

Das Gesetz lässt für ein MVZ erstmals alle gängigen Gesellschaftsformen rechtlich zu, somit auch die Bildung einer Kapitalgesellschaft. In der Geschäftsleitung muss jedoch mindestens ein Arzt vertreten sein.

Ebenso neu ist, dass Ärzte, die ambulant in einem MVZ tätig sind, ihren persönlich verliehenen Vertragsarztsitz dem MVZ übertragen können. Das hat positive Auswirkungen, sowohl auf die konzeptionelle Stabilität eines MVZ als auch auf die Nachfolgeregelungen eines ausscheidenden Arztes. Inwiefern? Innerhalb Deutschlands ist nur eine bestimmte Zahl von Vertragsärzten je Fachgebiet von den Zulassungsausschüssen der einzelnen Bundesländer zugelassen. Diese Beschränkung wurde in den 90er Jahren im ambulanten Sektor als kostendämpfende Maßnahme eingeführt und gilt trotz der veränderten Gesetzeslage durch das GMG noch heute. Es ist davon auszugehen, dass – abgesehen von wenigen Ausnahmen – nahezu alle Fachgebiete in nahezu allen Gebieten der einzelnen Kassenärztlichen Vereinigungen in den Ländern zulassungsrechtlich gesperrt sind. Vor diesem Hintergrund kommt der Übertragung des Rechts zur Ausübung der fachärztlichen Tätigkeit an ein MVZ eine besondere Bedeutung zu. Für das langfristige Bestehen eines MVZ hat diese Möglichkeit eine absichernde und damit stabilisierende Wirkung, denn die Stelle des ausscheidenden Angestellten kann immer nachbesetzt werden – selbst dann, wenn der Planungsbereich wegen Überversorgung gesperrt ist. So kann beispielsweise ein kurz vor der Altersgrenze stehender Vertragsarzt zugunsten des MVZ auf seinen Vertragsarztsitz verzichten. Während das MVZ diesen Sitz bereits mit einem Nachfolger besetzen kann, kann der abgebende Arzt trotzdem noch bis zur Erreichung der Altersgrenze als Angestellter im

Übertragung von Vertragsarztsitzen

MVZ tätig sein. Eine weitere Besonderheit ist zudem, dass das MVZ den neu anzustellenden Arzt selbst auswählen darf und sich nicht an die für die Praxisnachfolge vorgesehene Auswahlverfahren halten muss.

Zulassung In jedem Fall muss die Zulassung eines MVZ bei dem zuständigen Zulassungsausschuss beantragt werden. Dieser Ausschuss ist rechtlich selbstständig und von der Kassenärztlichen Vereinigung unabhängig. Das Gesetz behandelt zwar die Zulassung eines MVZ und die Genehmigung der dort tätigen angestellten Ärzte grundsätzlich genauso wie die Zulassung von Vertragsärzten. Das hat zur Folge, dass für Fachgebiete in Planungsbereichen, für die Zulassungssperren angeordnet worden sind, eine entsprechende Erweiterung des Leistungsspektrums nicht möglich ist. Da der Gesetzgeber jedoch auch in den wegen Überversorgung gesperrten Planungsbereichen die Gründung eines MVZ ermöglichen will, gibt es Ausnahmetatbestände. Die neuen rechtlichen Grundlagen räumen damit dem MVZ in vielen Bereichen einen Sonderstatus bei der ambulanten Versorgung ein. Angesichts der Komplexität der rechtlichen Fragestellungen verweisen wir für weiterführende Informationen an die Auskunfts- und Beratungsstellen der Ärztekammern und Kassenärztlichen Vereinigungen der jeweiligen Bundesländer.

Hinsichtlich der Organisationsform bestehen zwischen den beiden Varianten „MVZ mit Krankenhausanbindung" und „MVZ ohne institutionelle Kooperation" deutliche Unterschiede, die sich nicht zuletzt in den geeigneten Finanzierungs- und Beteiligungsformen widerspiegeln.

5. MVZ mit Krankenhauskooperation oder ohne Unterscheidungskriterien

Gestaltung der Rechtsform Die Beteiligungsmöglichkeit von Krankenhäusern als Leistungserbringer erlaubt grundsätzlich verschiedene gesellschaftsrechtliche Gestaltungsmöglichkeiten. So kann das Krankenhaus beispielsweise alleiniger Gesellschafter sein, während die im MVZ tätigen Ärzte Angestelltenstatus haben. Ebenso darstellbar ist aber auch eine Mischform, wonach Ärzte und Krankenhaus gleichermaßen beteiligt sind oder aber die alleinige Trägerschaft bei den Ärzten liegt.

Ungeachtet der Beteiligungsverhältnisse erfordert die Finanzierung der Krankenhäuser nach Fallpauschalen ein hohes Maß an betriebswirtschaftlichen Überlegungen. Entsprechendes Know-how in Verbindung mit einer professionellen Leistungserbringung wird angesichts des wachsenden Wettbewerbsdrucks für die Krankenhausführung immer wichtiger. Allem voran geht es darum, die Attraktivität eines Hauses für die Einweisung zur Durchführung stationärer Behandlungen zu erhöhen. Eine Kooperation mit einem MVZ kann dazu einen entscheidenden Beitrag leisten.

5.1 Exkurs: Die Bedeutung der Radiologie

Die moderne Radiologie hat sich in den vergangenen zehn Jahren erheblich weiterentwickelt. Gerade weil dieser Bereich in einem MVZ ein zentrales Element bildet, sei an dieser Stelle ein kurzer Exkurs gestattet, um die vielfältigen Einsatzmöglichkeiten dieses Fachgebiets zu erläutern. Dies geschieht auch im

Hinblick auf die späteren Erläuterungen zu der inhaltlichen Konzeption und somit „idealtypischen" Zusammensetzung der verschiedenen Fachdisziplinen, mit denen sich ein MVZ nachhaltig erfolgreich am Markt platzieren lässt (unabhängig davon, ob das MVZ an ein Krankenhaus gebunden ist).

Ambulante und stationäre Kooperation

Kooperationen zwischen Krankenhäusern und ambulanten Leistungserbringern sind nicht gänzlich neu. Immer mehr Erkrankungen können mit neu entwickelten Methoden behandelt werden, wodurch teilweise nur ein sehr kurz befristeter stationärer Krankenhausaufenthalt notwendig ist. Diese Behandlungsverfahren erfordern eine enge so genannte vorstationäre bzw. nachstationäre Integration mit ambulanten Leistungserbringern. Der skizzierte Strukturwandel erstreckt sich über alle Fachgebiete der Medizin, betrifft aber besonders den kapitalintensiven Bereich der radiologischen Diagnostik.

In Deutschland gibt es rund 2.000 Krankenhäuser. Ein Drittel davon hat keine eigene radiologische Abteilung. Ein weiteres Drittel betreibt zwar radiologische Diagnosegeräte. Allerdings nicht unter fachradiologischer Leitung, sondern unter der Leitung so genannter Teilgebietsradiologen. Dazu zählen zum Beispiel Chirurgen, Internisten und HNO-Ärzte etc. Diese verfügen nur über eingeschränkte Fachkunde zur Erbringung radiologischer Leistungen. Lediglich ein Drittel der Krankenhäuser hat eine radiologische Abteilung, die auch von einem Fachradiologen geleitet wird. Und dabei kommt der Diagnostik, besonders dem gesamten Gebiet der Radiologie, eine Schlüsselrolle zu.

Die Kostenträger zahlen je Krankheitsfall entsprechend der Hauptdiagnose nur noch eine Pauschale (Fallpauschalenfinanzierung). Von einer frühzeitigen und zutreffenden Diagnose hängt daher nicht nur der medizinische Behandlungserfolg, sondern auch das betriebswirtschaftlich messbare Ergebnis ab. Je früher und sicherer die Hauptdiagnose erstellt werden kann, desto kostengünstiger und effizienter kann eine erfolgreiche Therapie durchgeführt werden. Während des Therapieprozesses können weitere radiologische Untersuchungen erforderlich werden, dann jedoch interdisziplinär und abteilungsübergreifend. Dieses gezielte und professionalisierte Zusammenspiel der Radiologie mit den verschiedenen klinischen Disziplinen trägt entscheidend dazu bei, die Qualität und Effizienz der Behandlung deutlich zu steigern. Gleichzeitig sinken die Kosten.

Wettbewerbsnachteil

Ein Krankenhaus ohne eine Vollradiologie, die das gesamte moderne Leistungsspektrum der radiologischen Diagnostik abdeckt, hat bei der Fallpauschalenfinanzierung eindeutig einen Wettbewerbsnachteil. Um diesen auszugleichen, gehen Krankenhäuser mit radiologischen Praxen Kooperationen ein. Dabei werden die radiologischen Untersuchungsverfahren an das Krankenhaus verlagert und dort betrieben. Das betrifft insbesondere die neuen Aufgaben der modernen Diagnostik mit Hilfe der teuren Magnetresonanztomographie (MRT oder auch Kernspintomographie), die dort häufig noch fehlen (vgl. Abbildung 1).

Teilweise verlegen Radiologen ihre Praxen auch in Gänze ans Krankenhaus, um sämtliche radiologische Versorgungsaufgaben des Krankenhauses zu übernehmen (Voll- bzw. Teil-Outsourcing).

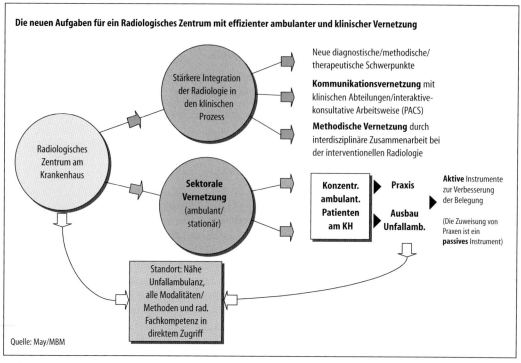

Abb. 1: Der neue Stellenwert der klinischen Radiologie

Die Radiologie wird heute längst nicht mehr nur für die Diagnostik eingesetzt, sondern auch für minimalinvasive Therapieverfahren. Das geschieht zum Beispiel mittels Eingriffe ins Gefäßsystem des Körpers, um Gefäße zu erweitern oder Gefäßstützen einzubauen. Neuerdings wird auch die Magnetresonanztomographie (MRT), auch Kernspintomographie genannt, für derartige Verfahren eingesetzt. Das Ziel ist, die zugrunde liegenden diagnostischen Verfahren auch zum Zweck einer Therapie zu nutzen.

Die Beispiele verdeutlichen, wie wichtig die Radiologie für ein modernes und leistungsfähiges MVZ ist. Insofern ist dieser Fachbereich ein idealer Träger für die Vernetzung ambulanter mit stationären Versorgungsstrukturen.

Erhöhte Akquisitionskraft Eine ambulante Radiologie, die mit einem Krankenhaus vernetzt ist, verstärkt die Akquisitionskraft erheblich, denn sie ist im Einzugsgebiet der zuweisenden Praxen genauso eine erste Anlaufstelle wie die radiologische Abteilung im Krankenhaus. Die ambulante Radiologie bindet also ein mehr oder weniger großes Netzwerk zuweisender Praxen. Wird ein MVZ mit Radiologie an ein Krankenhaus angebunden, konzentriert sich das Potenzial der radiologischen Diagnostik im Einzugsgebiet entsprechend. Mit anderen Worten: Je erfolgreicher ein mit dem Krankenhaus vernetztes MVZ mit Radiologie die ambulanten Patienten im Einzugsgebiet versorgt, desto mehr Untersuchungen kann diese Konstellation auf sich vereinen. Und daraus lassen sich zusätzliche Belegungen zu stationären Aufenthalten generieren.

Gleichzeitig kann die ambulante Radiologie im MVZ die zusätzlichen Möglichkeiten des Krankenhauses zur Steigerung der eigenen Versorgungsqualitäten und zum Aufbau von Alleinstellungsmerkmalen nutzen. Die minimalinvasiven radiologisch durchgeführten Therapieverfahren in Zusammenarbeit mit der Chirurgie und der Anästhesie (Schmerztherapie) zu koppeln, sind bereits ein Beispiel gewesen. Die Bildung eines Brustzentrums mit diagnostischer Mammographie und operierender Gynäkologie bilden eine weitere Variante sich zu spezialisieren. Die Kombinationsmöglichkeiten sind vielfältig und sicherlich auch ein Stück weit von den jeweiligen bereits existierenden Strukturen abhängig.

5.2 Die Bedeutung eines stabilen Managementkerns

Es gibt noch ein weiteres Argument, das für die Kooperation mit einem Krankenhaus spricht: die Managementfunktion. Bei ambulanten Praxen mit mehreren Ärzten fällt diese üblicherweise einem bestimmten oder mehreren Ärzten zu. Die Erfahrungen haben allerdings gezeigt: Es kommt selten vor, dass sich in der Person des „geschäftsführenden Arztes" überdurchschnittliches Managementgeschick, fachliches Können, Integrationsfähigkeit sowie Organisations- und Akquisitionstalent vereinen. In Ermangelung eines stabilen Managementkerns scheitert ein relativ großer Anteil von ärztlichen Leistungserbringergemeinschaften im niedergelassen Bereich.

Sinnvollere Aufgabenteilung

Krankenhäuser hingegen funktionieren idealerweise wie ein Gewerbebetrieb. Das Management-Know-how für die Bildung eines MVZ zu nutzen, bietet sich geradezu an. Der Gesetzgeber hat mit dem GMG die rechtlichen Rahmenbedingungen geschaffen, außerordentlich bestandsfähige stationär-ambulant-vernetzte Versorgungsstrukturen aufzubauen. Ist ein MVZ organisationsrechtlich wie eine Kapitalgesellschaft ausgelegt, an der das Krankenhaus beteiligt ist, kann es die Funktion des kaufmännischen Managements abdecken. Der unternehmerische Wille und die Gestaltungskraft kommen im Allgemeinen aus dem Krankenhaus. Die im MVZ tätigen Ärzte können sich so auf ihre ureigenen Versorgungsaufgaben konzentrieren. Die Bestandsfähigkeit eines MVZ ist also derjenigen von freien Praxen weit überlegen, denn bei letzteren ist der wirtschaftliche Erfolg im hohen Maße von einzelnen Personen abhängig. Der krankenhausbestimmte MVZ-Typ zeichnet sich somit auch durch ein deutlich geringeres Risikopotenzial aus.

Bei der Krankenhaus-Anbindung entscheidet der Träger des jeweiligen Krankenhauses. Im Allgemeinen wird ein privater Träger seine eigenen Vorstellungen über die Bildung und den Betrieb eines MVZ entwickeln und unabhängig von einem externen Immobilienentwickler verwirklichen wollen. Dies mag in der gleichen Weise auf den „frei gemeinnützigen Träger" (im Allgemeinen kirchlichen) zutreffen. Dagegen können kommunale Träger für Projektentwicklungen im Zusammenhang mit der Bildung eines MVZ offen sein. Dies liegt grundsätzlich an den gemeinhin schlechteren Zugriffsmöglichkeiten der Kommunen auf freie Finanzmittel und an überkommenen Managementstrukturen für deren Krankenhäuser. So sind noch viele Häuser an die kommunale Verwaltung gebunden und rechtlich nicht selbstständig.

Die hohe Bestandskraft eines krankenhausgebundenen MVZ trägt entscheidend zur Bonität des Mieters bei. Somit ist das wirtschaftliche Risiko für die darin tätigen bzw. daran beteiligten Ärzte auch niedriger als in einer freien Praxis bzw. einem MVZ ohne institutionelle Beteiligung. Die Gesellschaftsanteile an einem MVZ stellen schließlich einen Vermögenswert dar, der beim Ausscheiden nicht zuletzt von den Beteiligten als wichtig angesehen wird.

Unterscheidungskriterien/ Haupterfolgsfaktoren	MVZ-Typ mit KH-Anbindung	MVZ-Typ ohne KH-Anbindung
gesellschaftsrechtlicher Rahmen	i. A. institutsbestimmt durch institutionelle Beteiligung	i. A. keine institutionelle Beteiligung
Aufbauorganisation	professionelles kaufm. Management durch institutionellen Investor	professionelles kaufm. Management mögl., i. A. als abhängige Angestellte
Ablauforganisation	ambulant-stationäre Vernetzung der Behandlungsprozesse des ambulanten Sektors	interne fachübergreifende Vernetzung
finanzielle Rahmenbedingungen	Möglichkeit des Zugriffs auf die Bonität bzw. finanzielle Ressourcen des institut. Investors	i. A. eigenfinanziert auf Basis der Bonitäten der beteiligten Ärzte/Praxen
medizinisches Leistungsprofil	grundsätzlich breiter und/oder tiefer durch die Möglichkeit der Integration spezialisierter stationärer Prozesse	durch fehlende Einbindung in stationäre Versorgungsstrukturen Begrenzung auf ambulant steuerbare Prozesse
Bestandsfähigkeit	orientiert sich an der Bestandsfähigkeit des stationären Kooperations-/Prozesspartners und v. a. an einem stabilen Management	abhängig von der Attraktivität des Leistungsspektrums der Dienstleistungsqualität
Risikobeurteilung	niedrig	in Abhängigkeit von den v. g. Haupterfolgsfaktoren höher als beim KH-bestimmten Typ
Immobilienstandort	am KH	unabhängig von med., organisatorischen und gesellschaftsrechtlichen Rahmenbeding.

Quelle: May/MBM Medical-Unternehmensberatung GmbH

Abb. 2: Vergleich MVZ mit und ohne Krankenhausanbindung

Die Frage, welcher MVZ-Typ (mit Krankenhausanbindung oder ohne) geeigneter ist, lässt sich nicht pauschal beantworten. Maßgeblich ist eine Vielzahl von Faktoren. Grundsätzlich ist das krankenhausgebundene MVZ aus medizinischer Sicht interessanter, für den Immobilienentwickler und Investor hingegen spricht Vieles für das unabhängige MVZ. Letztlich kommt es jedoch immer auf den Einzelfall an.

6. Die inhaltliche Konzeption

Die medizinische Überlegenheit eines MVZ-Konzepts besteht in der Integration verschiedener Fachgebiete, um so interdisziplinär am vorherrschenden Krankheitsbild orientierte Diagnose- und Behandlungsverfahren zu entwickeln. Aus dem Exkurs über die Bedeutung der Radiologie in der modernen Medizin ergibt sich auch die Notwendigkeit, die bildgebende Diagnostik in ein MVZ einzubinden und als maßgebliche Schnittstelle für die fachübergreifende Zusammenarbeit zu nutzen. Dabei kommen insbesondere Fachgebiete mit einer stark diagnostischen und therapeutischen radiologischen Vernetzung in Betracht. Dazu zählen:

Integration diverser Fachgebiete

- Kardiologie,
- Orthopädie,
- Chirurgie,
- Gynäkologie,
- Neurologie,
- Anästhesie (Schmerztherapie).

Die diagnostischen Modalitäten können gleichzeitig für minimalinvasive Therapieverfahren verwendet werden (multifunktionaler/interventioneller Röntgen-Arbeitsplatz, CT, Ultraschall, Mammographie), wie es beispielsweise bei einem Brustzentrum der Fall ist. Bei diesem spezialisierten MVZ sind folgende verschiedene Disziplinen mit der Radiologie verzahnt:

Diagnostik und Therapie

- Gynäkologie (Mammographie, Sonographie, MRT),
- Kardiologie (Herzkatheter-Labor/Kardio-CT, Kardio-MRT),
- Orthopädie (Röntgen, MRT),
- Chirurgie (so genannte interventionelle Radiologie).

Um die bereits beschriebenen Fachdisziplinen in einem MVZ unterzubringen sind in etwa 5.000–7.500 m^2 (BGF) erforderlich. Eine radiologische Praxis kann bereits für sich alleine eine Fläche zwischen 500 m^2 und 3.000 m^2 beanspruchen.

Der Kombinationsmöglichkeit sind keine Grenzen gesetzt. Angesichts der Magnetwirkung eines MVZ und der daraus resultierenden hohen Patientenfrequenz, bietet es Synergieeffekte für weitere Nutzungen. Insbesondere lässt sich die Physikalische Therapie, eine Apotheke, Ernährungsberatung, ein Fitness-Studio, die Ästhetische Chirurgie und medizinische Fußpflege in ein MVZ flächenmäßig einbinden. Die Liste ist keineswegs abschließend, sondern nur ein Hinweis auf die Vielzahl der Möglichkeiten.

Viele Synergieeffekte

7. Die Standortwahl

Bei einem krankenhausgebundenen MVZ ist der Standort durch die Lage des Krankenhauses bestimmt. Interessanter ist die Standortfrage für den ungebundenen Typ. Warum? Bei einem MVZ, das nicht an ein Krankenhaus angebunden ist, gilt: Je mächtiger, eigenständiger und selbstständiger das Konzept des ungebundenen MVZ ist, desto untergeordneter ist die Bedeutung seines

Standortes. Ein MVZ ist hinsichtlich seines leistungsfähigen medizinischen Konzepts für den Patienten bzw. gesundheitsbewussten Bürger äußerst attraktiv, insbesondere für den Privatpatienten. Er bekommt alle Leistungen an einem Ort und aus einer Hand, da das MVZ das medizinische Know-how an einem Standort bündelt. Der Standort sollte daher:

Standortfaktoren

- mit öffentlichen Verkehrsmitteln erreichbar sein,

- gut zugänglich sein und Parkmöglichkeiten für den Individualverkehr bieten,

- nach Möglichkeit nicht in seiner Infrastruktur behindert bzw. beeinflusst werden (z. B. durch Verkehrsverdichtungen während der Rushhour),

- nicht bzw. nur im geringen Maß von vorhandenen, verdichteten ambulanten Versorgungsstrukturen in Ballungsräumen abhängig sein,

- Potenzial für Erweiterungen haben.

Randlagen sinnvoller

Damit scheidet die innerstädtische 1a-Lage aus. Wie sich am Beispiel von William und Charles Mayo, Begründer der Mayo-Klinik, veranschaulichen lässt, beeinflussen andere Bedingungen die Qualität eines Standorts. Die Brüder traten im auslaufenden 19. Jahrhundert in Rochester, USA, in die Fußstapfen ihres Vaters und übernahmen als Chirurgen die Leitung der St. Mary's Klinik. Ihr Anspruch und Engagement, die Klinik kontinuierlich weiterzuentwickeln, brachte ihnen anfänglich eine Menge Spott. Die Rede war häufig von „Wild-West-Klinik am Rande der zivilisierten Welt". Doch binnen kurzer Zeit ist daraus die Mayo-Klinik entstanden und damit der Prototyp des ersten modernen und effizienten Privatkrankenhauses. Die Mayo-Klinik ist heute weltweit zum Inbegriff für medizinische Versorgung auf High-End-Niveau geworden. Das war unter anderem auch deswegen möglich, weil William und Charles Mayo auf dem Gelände „in the middle of nowhere" genügend Potenzial für Erweiterungen hatten. Einer Spezialisierung in immer mehr Fachbereiche standen somit keine räumlichen Grenzen im Wege. Derartige High-End-Medizin zu niedrigen Kosten anbieten zu können, ist in den sonst so begehrten 1a-Lagen (meist innerstädtischen Lagen) betriebswirtschaftlich nicht oder nur schwer darstellbar. Nicht zuletzt sprechen auch die erzielbaren Renditen, die sich mit einem ausgeklügelten und stringenten medizinischen Konzept in Nebensektionen realisieren lassen für ein Engagement abseits der Top-Lagen.

8. Die Immobilie

Bedingungen für Betreiberkonzept

Ein MVZ ist der Rentabilität und Bestandsfähigkeit einer Büroimmobilie zwar um ein Vielfaches überlegen. Aber welche Anforderungen muss die Konzeption der Immobilie erfüllen? Vorweg: Form follows function! Die Vernetzung der medizinischen Behandlungsprozesse setzt die räumliche Vernetzung voraus. Die Integration der unterschiedlichen Disziplinen muss sich also in der Immobilie und der Raumkonzeption abbilden. Aus dem Betreiberkonzept ergeben sich daher für beide MVZ-Typen (krankenhausgebunden oder -frei) folgende Bedingungen, die erfüllt sein sollten:

- Unterbringung der radiologischen Praxen mit dem gesamten Spektrum der modernen Radiologie und der multifunktionellen Arbeitsplätze für bildgesteuerte minimalinvasive Therapien im Erdgeschoss, um möglichst flexibel apparative Erweiterungen bzw. Ergänzungen der immobilen Großgeräte (für MRT, Kernspintomographie etc.) kostengünstig austauschen bzw. installieren zu können;
- der Betrieb von radiologischen, nuklearmedizinischen bzw. kardiologischen Geräten, die ebenfalls für die bildgesteuerte Therapie eingesetzt werden, geht mit relativ hohen Punktlasten einher, so dass die geeignete Deckentragfähigkeit 600 kp/m^2 und die Deckenhöhe mind. 2,70 m betragen sollten;
- eine Energieversorgung von bis zu 500 kVA muss gewährleistet sein;
- eine ausreichende Klimatisierung;
- Grundrissabmessungen, die einen kostengünstigen, schlanken und effizienten Workflow mit geringer Personalbindung gewährleisten;
- die Installation von Breitbandnetzen für die schnelle Übertragung von großen Bilddatenvolumina (100 Mbit/s);
- Einrichtung von kleinen und kompakt angeordneten OP-Strukturen unter Einbindung von bestimmenden radiologischen Modalitäten zur interdisziplinären Durchführung von bildgesteuerten Therapien (chirurgisch orientierte Disziplin mit Radiologen und Anästhesisten); idealerweise gibt es mindestens drei OP-Räume, die in einer Funktionseinheit zusammengefasst sind (ein OP-Raum zur Vorbereitung der nächsten OP, einer, in dem aktuell operiert wird und ein dritter Raum, der für die soeben beendete OP ebenfalls wieder hergerichtet wird);
- eine großzügige Verkehrszone und Fahrstuhlbereiche zur Bewältigung hoher Patientenfrequenzen (je nach Konzept können das um die 1.000 Patienten pro Tag sein);
- für die minimalinvasiven Therapieverfahren eingesetzte bildgebende Geräte mit Ein-/Ausleitungsmöglichkeit zur Vor-/Nachbereitung der Patienten benötigen Liege- und Überwachungsmöglichkeiten;
- die Wartezonen sind nach Möglichkeit dezentral und in Verbindung mit den einzelnen Funktionseinheiten angelegt;
- Ausschluss der Störungen von empfindlichen Magnetfeldern (z. B. hervorgerufen durch die Nähe zu Bahnanlagen).

Die Konzeption eines MVZ setzt sehr genaue Kenntnisse über medizintechnische Prozessabläufe und über die jeweiligen örtlichen Versorgungsstrukturen voraus. Nur mit einem fachspezifischen Wissen über Schnittstellenpotenziale, Workflows und Funktionssynergien kann das Flächenprogramm eines MVZ effizient und für alle Beteiligten nachhaltig tragfähig geplant werden. Jede Fehlplanung verursacht Organisationsmehrkosten und das schlägt sich nicht zuletzt in der Rentabilität entsprechend nieder. Entscheidend ist, dass sich das Konzept der Vernetzung auch in dem Raumkonzept wiederfindet (Architektur folgt Workflow).

Fachspezifisches Wissen unabdingbar

9. Das Marktpotenzial

Wachsender Markt

Ende 2004 gab es in Deutschland noch etwa 2.000 Krankenhäuser, bis 2010 wird sich die Zahl auf schätzungsweise 1.800 reduzieren. Es ist davon auszugehen, dass kurzfristig (bis 2007) mindestens ein Drittel der Häuser MVZ-Einrichtungen in ihren stationären Bereich integrieren werden. Mittelfristig (bis 2009) wird ein weiteres Drittel MVZ gründen. Ab 2010 haben schließlich alle noch existierenden Krankenhäuser ein MVZ mit ambulanten Versorgungsstrukturen in ihren Betrieb integriert, einschließlich der maximal versorgenden Akut-Krankenhäuser und Universitätsklinika. Wie bereits dargelegt, ergibt sich das schon aus Gründen der medizinisch wie betriebswirtschaftlich begründeten Konkurrenz der Häuser untereinander.

Höheres Potenzial für freie MVZ

Aus den Erläuterungen über die Gesundheitswirtschaft in Deutschland lässt sich entnehmen, dass ambulante und stationäre Versorgungsstrukturen nebeneinander existieren und durch den so genannten Sicherstellungsauftrag gesetzlich abgesichert sind. Solange beide Strukturen nebeneinander bestehen bleiben, ist davon auszugehen, dass innerhalb des ambulanten Sektors eigenständige, krankenhausfreie MVZ gegründet und betrieben werden. Das ist auch eine logische Konsequenz. Zum einen, weil schließlich nicht alle vorhandenen ambulanten Versorger in die vorhandenen Krankenhäuser integriert werden können. Zum anderen setzen sich die ambulanten Leistungserbringer mit geeigneten Vorwärtsstrategien zur Wehr. Konservativ geschätzt wird das Marktpotenzial für den ungebundenen MVZ-Typ etwa doppelt so hoch sein wie das des integrierten Typs, also bundesweit zwischen 3.000 und 4.000 Zentren betragen.

10. Wirtschaftliche Betrachtung

Kosten

Die Wirtschaftlichkeit eines MVZ ist von verschiedenen Faktoren abhängig. Dasselbe gilt für die Höhe des Investitionsvolumens, das sich nicht zuletzt auch daran bemisst, ob auch die medizintechnische Ausstattung davon erfasst wird oder die Nutzer diese Investition selbst übernehmen. So können bereits die Kosten für die Medizintechnik zwischen 200.000 und 10 Mio. Euro betragen, je nachdem ob und in welcher Größe die Radiologie (auch Mammographie etc.) als Fachdisziplin vorgesehen ist. Die Gesamtinvestitionskosten liegen in der Regel zwischen 2.000–4.000 Euro/m².

Rendite

Die moderne Radiologie bildet allerdings nicht nur das zentrale Element eines MVZ, sondern fungiert auch als Frequenzbringer. Zum Vergleich: Eine radiologische Praxis mit neun Ärzten versorgt auf etwa 3.000 m² BGF jährlich rund 60.000 Patienten. In einem MVZ mit 4.000 m² BGF und 20 Ärzten unterschiedlicher Fachrichtungen (ohne Radiologie) werden bis zu 50.000 Patienten im Jahr behandelt. Bei einem MVZ handelt es sich zwar um eine Betreiberimmobilie. Trotzdem zeichnet sich das Gebäude durch seine Drittverwendungsfähigkeit aus. Die erzielbaren Mietpreise in einem MVZ sind mit denen für Büros vergleichbar. Da der Gesetzgeber ausdrücklich die Bildung von Kapitalgesellschaften vorsieht, können sämtliche anfallenden Kosten mit Umsatzsteuer angesetzt werden. Je nach Standort und inhaltlicher Konzeption eines MVZ ist eine Rendite zwischen 8–10 % erzielbar.

Exit-Strategien

Für ein Investment in MVZ in Deutschland sind verschiedene Exit-Strategien möglich. Trader Developer werden versuchen, die Immobilie mit einem maximalen Trading Profit an Endinvestoren zu veräußern. Im Hinblick auf das Marktpotenzial und das nachhaltig rentierliche Nutzungskonzept eignen sich MVZ allerdings auch für die Bildung von (themenbezogenen Spezial-)Immobilienfonds, an denen sich auch die institutionellen Anleger beteiligen können, die von dem Strukturwandel in der Gesundheitswirtschaft profitieren: Dazu zählen in erster Linie Versicherungen, Krankenkassen und Versorgungswerke.

11. Fazit

Interessantes Betreiberkonzept

Die Ausführungen verdeutlichen: Ein MVZ ist ein nachhaltig interessantes Betreiberkonzept für eine Immobilie, das eine potenzielle Drittverwendungsfähigkeit nicht ausschließt. Das Konzept eignet sich sowohl für die Umwidmung von Bestandsgebäuden (z. B. Büroimmobilien) als auch für Neubauprojekte. Es sind jedoch eine Vielzahl von rechtlichen, organisatorischen und technischen Besonderheiten sowie Details zu beachten, deren Darstellung den Rahmen der Konzeptvorstellung überschreiten würde.

14 Planung von Parkierungsanlagen
– Planungsgrundlagen, Entwurf und Gestaltung –

Bernhard Lutterbeck, Dipl. Bauingenieur,
Ingenieurgruppe für Verkehrswesen und Verfahrensentwicklung
IVV GmbH & Co. KG, Aachen

Inhaltsverzeichnis

1.	**Einleitung**	376
2.	**Grundlagen der Planung von Parkierungsanlagen**	377
2.1	Parkraumplanung als Bestandteil der Gesamtverkehrsplanung	377
2.2	Parkraumplanung als Bestandteil der Objektplanung	377
2.3	Parken in Verordnungen und Satzungen	377
3.	**Entwurf von Parkierungsanlagen**	379
3.1	Grundlagen des Entwurfs	379
3.2	Parkflächen	379
3.3	Parkbauten	380
3.3.1	Parkhaussysteme	380
3.3.2	Verkehrserschließungssystem	385
3.3.3	Ausgewählte Entwurfselemente	385
3.3.4	Anordnung der Stellplätze	388
3.4	Kontrolleinrichtungen	390
3.4.1	Systembeschreibung	391
3.4.2	Leistungsfähigkeit	392
3.5	Gestaltung und Ausstattung der Parkierungsanlage	393
3.5.1	Beschilderung und Leiteinrichtungen	393
3.5.2	Internes Parkleitsystem	394
3.5.3	Fußgängerführung	395
3.5.4	Serviceeinrichtungen	395
3.6	Automatische Parksysteme	395
4.	**Anbindung an das Straßennetz**	396
4.1	Lage/Leistungsfähigkeit	396
4.2	Parkleitsysteme	397

1. Einleitung

Prognosen Die Prognosen zur Mobilität und Entwicklung der Bevölkerung (u. a. Shell-Prognose) lassen erwarten, dass die Motorisierung und die damit verbundene Mobilität der Bevölkerung weiter zunehmen werden. Infolgedessen wird auch der Parkraumbedarf steigen, denn jedes Fahrzeug benötigt vor bzw. nach einer Fahrt einen Stellplatz. Das Parkraumangebot ist somit ein wesentlicher Bestandteil der Mobilität und kann die Verkehrsmittelwahl, das Ziel einer Fahrt und auch die Routenwahl beeinflussen.

Die Planung von Parkierungsanlagen ist daher insbesondere bei neuen innerstädtischen Immobilien eine wesentliche Komponente der Projektentwicklung. Der Nachweis eines ausreichenden Stellplatzangebotes und auch die Erreichbarkeit sind in der Regel Voraussetzungen für die Realisierung und Funktionsfähigkeit einer Immobilie.

2. Grundlagen der Planung von Parkierungsanlagen

2.1 Parkraumplanung als Bestandteil der Gesamtverkehrsplanung

Die Verkehrs- und Stadtstruktur bilden die Grundlage jeder Verkehrsplanung und somit auch für die Parkraumplanung. Nur durch die Kenntnis der bisherigen und zukünftigen Entwicklungen ist eine detaillierte, bedarfsorientierte Planung des ruhenden Verkehrs als zwangsläufige Folge des Fahrzeugverkehrs möglich. Dabei steht der motorisierte Individualverkehr im Vordergrund. Allerdings dürfen die übrigen Verkehrsmittel, wie der öffentliche Nahverkehr sowie der Fußgänger- und Radverkehr, nicht außer Acht gelassen werden, da nur ein abgestimmtes Gesamtverkehrssystem die Funktionsfähigkeit und die Erreichbarkeit eines Objektes gewährleistet.

Planungskomponenten

2.2 Parkraumplanung als Bestandteil der Objektplanung

Bei größeren Objekten wie Wohnanlagen, Gewerbe-/Verwaltungszentren, Einkaufszentren, Freizeitanlagen, Bahnhöfen und Flughäfen sind neben den allgemeinen Erschließungsanforderungen, die im Rahmen der Gesamtverkehrsplanung Berücksichtigung finden müssen, spezielle nutzungsspezifische Anforderungen im Hinblick auf einen leistungsfähigen, störungsfreien internen Verkehrsablauf zu beachten. Da der gesamte Planungsbereich häufig dem planenden Architekten überlassen und auf die Einbeziehung eines Fachplaners verzichtet wird, treten nicht selten Planungsfehler auf, die nachträglich z. T. nur mit einem erheblichen Aufwand beseitigt werden können.

Nutzungsspezifische Anforderungen

2.3 Parken in Verordnungen und Satzungen

Alle Parkierungsflächen außerhalb des öffentlichen Straßenraums unterliegen dem Bauplanungsrecht. Nach den Bauordnungen der einzelnen Bundesländer besteht bei neuen Bauobjekten und bei wesentlichen baulichen Änderungen bestehender Objekte die Pflicht, Stellplätze in Abhängigkeit von der geplanten Nutzung nachzuweisen.

Bauplanungsrecht

So besagt z. B. die Bauordnung Nordrhein-Westfalen (§ 51 BauO NRW):

„(1) Bei der Errichtung von baulichen Anlagen und anderen Anlagen, bei denen ein Zu- und Abgangsverkehr zu erwarten ist, müssen Stellplätze oder Garagen hergestellt werden, wenn und soweit unter Berücksichtigung der örtlichen Verkehrsverhältnisse und des öffentlichen Personenverkehrs zu erwarten ist, dass der Zu- und Abgangsverkehr mittels Kraftfahrzeug erfolgt (notwendige Stellplätze und Garagen). Hinsichtlich der Herstellung von Fahrradabstellanlagen gilt Satz 1 sinngemäß."

Die Bemessungskriterien zur Ermittlung der notwendigen Stellplatzanzahl sind in ergänzenden Verwaltungsvorschriften bzw. Richtlinien festgehalten, die im Umfang und Detaillierungsgrad variieren. Die in diesen Tabellen angegebenen Richtzahlen entsprechen dem durchschnittlichen Bedarf und dienen lediglich als Anhaltswert. Grundsätzlich ist daher eine Festlegung der herzu-

Städtische Satzungen

stellenden Stellplätze unter Berücksichtigung der örtlichen Gegebenheiten und von städtebaulichen Gesichtspunkten im Einzelfall anzustreben.

Voraussetzung für die Anwendung der landesspezifischen Bemessungskriterien ist jedoch, dass keine städtische Stellplatzsatzung vorliegt. Im Rahmen der BauO haben die Städte und Gemeinden die Möglichkeit, eigene Richtzahlen für die Ermittlung der notwendigen Stellplätze festzulegen. Diese können von den Richtzahlen des Bundeslandes abweichen und auch zusätzliche Anforderungen, wie z. B. den Nachweis für Fahrradabstellanlagen und Stellplätze für Motorräder usw., beinhalten. Ferner wird auf die Möglichkeiten der Stellplatzablösung, der Stellplatzbeschränkung bzw. Stellplatzreduzierung/-verpflichtung hingewiesen.

Mit der Stellplatzablösung besteht für den Bauherrn die Möglichkeit, die Herstellungspflicht eines Teils der baurechtlich notwendigen Stellplätze, die aufgrund von örtlichen Randbedingungen nicht realisierbar sind, mit einem Ablösebetrag auszugleichen.

In der Stellplatzbeschränkung wird nur ein Teil der baurechtlich notwendigen Stellplätze zugelassen. Die Differenz zu den notwendigen Stellplätzen ist abzulösen. Die Ablösebeiträge werden von den Kommunen festgelegt und sind zweckgebunden für neue P+R-Anlagen und zur Förderung von ÖPNV und Radverkehr zu verwenden.

Bei der Stellplatzreduzierung/-verpflichtung wird die Herstellung der notwendigen Stellplätze direkt über die Festlegung neuer Richtzahlen für bestimmte Geltungsbereiche/ Kernbereiche reduziert. Alternativ kann auch eine prozentuale Abminderung der notwendigen Stellplatzanzahl erfolgen. Ein wesentliches Kriterium hierfür ist eine sehr gute Erschließungsqualität des öffentlichen Personennahverkehrs. Die wechselseitige Parkraumbereitstellung ist ein weiteres Kriterium zur Reduzierung der erforderlichen Stellplatzanzahl. Diese ist jedoch nur bei zeitlich unabhängigen Nutzungen, wie z. B. Büro/Wohnen etc., möglich. Im Rahmen dieser speziellen Satzungen kann auch die zulässige Anzahl der Stellplätze begrenzt werden.

Prüfung der Vorschriften

Bei der Planung von neuen Objekten sowie von wesentlichen Nutzungsänderungen bestehender Objekte ist daher immer eine detaillierte Prüfung der geltenden Vorschriften unerlässlich. Wie viele Beispiele aus der Praxis zeigen, führt die Ermittlung des notwendigen Stellplatzbedarfs anhand der baurechtlichen Richtzahlen häufig zu einer Diskrepanz zu der vom Investor vorgesehenen Stellplatzanzahl und sollte daher kritisch hinterfragt werden. Die Bauordnungen weisen hierzu ausdrücklich auch auf die Möglichkeit einer Einzelfallbetrachtung hin.

Ein weiterer Aspekt bei der Planung ist die Umweltverträglichkeit der Parkierungsanlage. Insbesondere für Parkplätze und Parkhäuser, aber auch für Tiefgaragen wird nicht selten ein lärmtechnischer Nachweis und ggf. ein Schadstoffgutachten von den Genehmigungsbehörden gefordert. Begründet wird dies mit dem nachfolgenden Hinweis in der Bauordnung (§ 51 BauO NRW):

„(7) Stellplätze und Garagen müssen so angeordnet und ausgeführt werden, dass ihre Benutzung die Gesundheit nicht schädigt und Lärm oder Gerüche das Ar-

Planung von Parkierungsanlagen

beiten und Wohnen, die Ruhe und die Erholung in der Umgebung nicht über das zumutbare Maß hinaus stören."

Der Nachweis erfolgt in der Regel im Rahmen einer Gesamtprojektbetrachtung, da hierbei neben dem Verkehrslärm auch die übrigen Schallquellen wie Haustechnik, Anlieferung usw. – d. h. der Gewerbelärm – in die Berechnungen einbezogen werden.

3. Entwurf von Parkierungsanlagen

3.1 Grundlagen des Entwurfs

Für die detaillierte Entwurfsplanung von Parkierungsanlagen außerhalb der öffentlichen Verkehrsfläche ist zusätzlich die Garagenverordnung des jeweiligen Bundeslandes maßgebend. In der Verordnung werden neben den wesentlichen Abmessungen (Stellplatzbreite/-länge, Fahrgassenbreite) insbesondere die brandschutztechnischen und lüftungstechnischen Rahmenbedingungen für die Parkbauten festgelegt. Da in den Garagenverordnungen der einzelnen Bundesländer geringe Unterschiede hinsichtlich der erforderlichen Fahrgassenbreite vorliegen, sollte bei der Planung die jeweils landesspezifische Garagenverordnung berücksichtigt werden.

Garagenverordnung

Ergänzend zur Garagenverordnung, die nur die wesentlichen Mindestabmessungen vorgibt, sollten bei der Planung einer Parkierungsanlage die „Empfehlungen für Anlagen des ruhenden Verkehrs (EAR 2005)" (Hrsg.: Forschungsgesellschaft für Straßen- und Verkehrswesen), beachtet werden. Neben detaillierten Grundlagen und Berechnungsmethoden zum Stellplatzbedarf und zum nutzungsspezifischen Verkehrsaufkommen enthält die EAR 2005 Vorgaben und Hinweise für den Entwurf, den Bau und den Betrieb von Parkierungsanlagen. Die in der EAR 2005 vorgegebenen Abmessungen überschreiten die Werte der Garagenverordnung (GarVO). Sie sollten jedoch im Hinblick auf Komfort, Benutzerfreundlichkeit und Akzeptanz eingehalten werden, wobei dem Fachplaner auch freigestellt ist, eigene, über die EAR 2005 hinausgehende, Erfahrungswerte in die Planung mit einzubringen.

Auch wenn in der EAR 2005 nur Empfehlungen und keine gesetzlichen Verordnungen vorgegeben werden, so stellt das Regelwerk den heutigen Stand der Technik dar. Die Baubehörden können daher auch Elemente der EAR 2005 im Rahmen der Baugenehmigung als Auflage übernehmen.

3.2 Parkflächen

Bei der Planung von Parkierungsanlagen muss grundsätzlich zwischen ebenerdigen Parkflächen und Parkbauten (Parkhaus/Tiefgarage) unterschieden werden. Aufgrund der begrenzten Flächenkapazitäten bilden Parkflächen heute insbesondere im innerstädtischen Bereich eher die Ausnahme. Bei Parkflächen wird mit der Anordnung der Stellplätze und Fahrgassen sowie der Lage der Ein- und Ausfahrten das Erschließungssystem weitgehend vorgegeben. In Verbindung mit den Fußgängerzielen ist eine übersichtliche, leistungsfähige Verkehrsführung zu entwickeln. Die Parkgassen sollten gradlinig verlaufen, an

Charakteristika von Parkflächen

Kreuzungen und Einmündungen ist eine ausreichende Sicht zu gewährleisten. Alle Einbauten, Bäume, Verkehrsleiteinrichtungen usw. müssen, um eine Beschädigung auszuschließen mindesten 0,25 m von der Fahrgasse abgerückt werden. Mit einer ansprechenden Grüngestaltung können die Anlagen in das städtebauliche und landschaftliche Umfeld eingebunden und gestalterisch aufgewertet werden.

Da die Planung der ebenerdigen Parkflächen auf Grundlage der GarVO sowie der EAR 2005 erfolgt und daher in Grundzügen mit der Planung von Parkbauten vergleichbar ist, wird im Folgenden nicht auf weitere Details der Parkflächenplanung eingegangen.

3.3 Parkbauten

Charakteristika von Parkbauten

Unter dem Oberbegriff Parkbauten werden alle baulichen Anlagen für den ruhenden Verkehr (Tiefgaragen, Parkhäuser und Parkdecks) zusammengefasst. Die Parkbauten können sowohl als einzelnes Objekt als auch in Verbindung mit Gebäuden verschiedener Nutzungen (Wohnen, Büro, Hotel, Warenhäuser, Einkaufszentren, Freizeit-/Sportanlagen) errichtet werden. Während bei den Parkflächen nur eine horizontale Erschließung notwendig ist, ist bei den Parkbauten zusätzlich die vertikale Erschließung für den Individualverkehr und für den Fußgänger zu berücksichtigen. Je nach der Zuordnung als geschlossene bzw. offene Garage sind die maximalen Fluchtweglängen und die damit verbundenen Treppenhäuser, Brandabschnitte, Belüftungsanlagen sowie die konstruktiv bedingten Stützen und Wände wichtige Bestandteile der Parkbauten. Da diese Einbauten und Konstruktionselemente den Planungsspielraum erheblich einschränken können, ist eine frühzeitige Einbindung der verschiedenen Fachplanungen notwendig.

In Abhängigkeit von der nutzbaren Grundfläche, der Lage, der erforderlichen Stellplatzanzahl und der geplanten Nutzung sind verschiedene Konzepte/Erschließungssysteme anwendbar. Eine direkte Festlegung auf ein bestimmtes bzw. eine generelle Bevorzugung eines Systems ist in der Regel nicht möglich, da jede Planung aufgrund der räumlichen und städtebaulichen Rahmenbedingungen, der vorhandenen, nutzbaren Grundfläche, der möglichen Anbindung an das umliegende Straßennetz, einer erforderlichen Integration in ein Gebäude, der Nutzerstruktur usw. immer als Einzelfall zu betrachten ist und daher eine individuelle objektbezogene Fachplanung notwendig wird.

3.3.1 Parkhaussysteme

Vertikale vs. interne Erschließung

Voraussetzung für eine wirtschaftliche Nutzung der Parkbauten ist ein leistungsfähiges Erschließungskonzept. Hierbei muss zwischen der vertikalen Erschließung (Rampensystem) und dem internen Erschließungssystem (Anordnung der Fahrgassen/Stellplätze) unterschieden werden, wobei beide Systeme aufgrund der Abhängigkeiten aufeinander abgestimmt sein müssen. Ein wesentlicher Aspekt bei der Gesamtkonzeption ist die geplante Nutzung der Parkbauten. Bei Gelegenheits-/Kurzparkern (Hotel, Einkaufszentren, Bahnhof, Flughafen) ergeben sich wesentlich höhere Anforderungen hinsichtlich Übersichtlichkeit, Orientierung als bei Dauer-/Langzeitparkern (Wohnen, Büro), bei denen von einer regelmäßigen Nutzung auszugehen ist.

Die in den Abbildungen 1 bis 4 dargestellten Systeme stellen Grundkonzepte dar, die in vielfältiger Form und Kombinationen den jeweiligen Erfordernissen anzupassen sind.

Bei dem System der Vollrampen (vgl. Abbildung 1) werden die Geschosse mit geradlinigen Rampen verbunden. Aufgrund der Gleichförmigkeit können die Auf- und Abfahrtsrampen innerhalb, aber auch in Randlage, und außerhalb der Parkebenen nebeneinander wie auch übereinander angeordnet werden. Vorteil dieser Konzeption ist der geringe Flächenverbrauch für die vertikale Erschließung. Ein Nachteil ist jedoch die hieraus resultierende Verkehrsführung auf den Parkebenen, da die erforderlichen Geschossumfahrten in der Regel über Fahr- bzw. Parkgassen führen, auf denen gleichzeitig auch Rangierfahrten stattfinden. Zusätzlich erfolgt eine Überlagerung der ein- und ausfahrenden Verkehrsströme, sodass diese Lösung eher für kleine bis mittelgroße Parkbauten mit einem relativ gleichmäßigen Ein-/Ausfahrtpegel geeignet ist.

Vollrampen

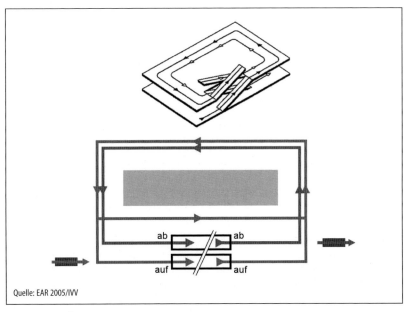

Abb. 1: Vollrampen

Halbrampen (vgl. Abbildung 2) verbinden die jeweils um eine halbe Geschosshöhe (ca. 1,40 m–1,60 m) versetzten Parkebenen. Hierbei wird die Rampe so in den Grundriss eingefügt, dass sie parallel zu zwei um eine halbe Geschosshöhe versetzten Stellplätzen verläuft. Aufgrund der Höhe und der vorhandenen Entwicklungslänge (ca. 10 m) sind die Rampen sehr steil (14–15 %). Um eine Überschreitung der maximal zulässigen Rampenneigung (15 %) auszuschließen, muss bei den Halbrampen ein Teil der erforderlichen Ausrundung (Anrampung) in die Parkebenen gelegt werden. Je nach Größe des Parkhauses können die auf- und abwärts führenden Rampen in verschiedenen Varia-

Halbrampen

tionen angeordnet werden, sodass bei bestimmten Rampenanordnungen eine Überlagerung der auf- und abwärts führenden Verkehre weitgehend ausgeschlossen und kurze Geschossdurchfahrten bei der Ein- und insbesondere bei der Ausfahrt erreicht werden können. Bei kleineren Parkbauten ist dies jedoch nicht möglich. Da hier die Rampen in der Regel außen, d. h. am Ende der Fahrgassen angeordnet sind, ergibt sich eine Überlagerung der Verkehrsströme.

Die Parkebenen und die Rampen sollten aus Gründen der Fahrdynamik und des Lenkverhaltens immer im Linksdrehsinn befahren werden. Auch die Rampenbreite sollte mit mindestens 4,00 m großzügig bemessen sein.

Aufgrund der je Vollgeschoss notwendigen vier Neigungs- und Richtungswechsel, der evtl. notwendigen Überlagerung der Ein- und Ausfahrtsströme ist das System eher für Nutzungen mit einem geringen Umschlagsgrad (Dauerparker) geeignet.

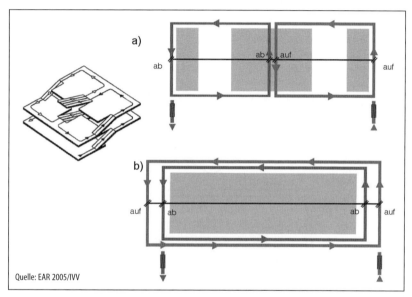

Abb. 2:   Halbrampen

Wendelrampen   Mit außen liegenden Wendelrampen (vgl. Abbildung 3a) sind die einzelnen Parkebenen direkt erreichbar. Eine Durchfahrt über die Parkebenen ist nicht erforderlich. Hierzu sind zwei getrennt angeordnete eingängige Wendelrampen mit Einrichtungsverkehr oder eine einseitig angeordnete zweigängige Wendelrampe ebenfalls im Einrichtungsverkehr notwendig.

Bei der zweigängigen Wendelrampe liegen die Ein- und Ausfahrtsrampen übereinander. Während bei der eingängigen Wendelrampe in der Regel mit einer vollen Umdrehung die Geschosshöhe überwunden wird, muss bei der zweigängigen Wendelrampe mit einer halben Umdrehung und damit einer relativ steilen Rampe (bis 15 %) die Geschosshöhe erreicht werden. Die jeweils auf den gegenüberliegenden Seiten der Wendelrampe angeordneten Ein- und Ausfahrten zu den Parkebenen wechseln von Ebene zu Ebene, wobei die Ver-

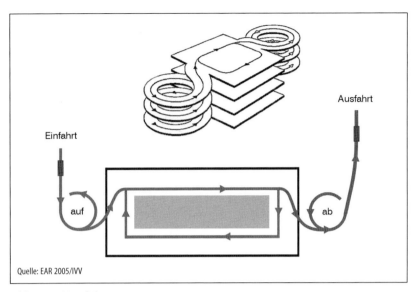

Abb. 3a: Wendelrampe

kehrsführung/Fahrtrichtung auf den Ebenen ebenfalls wechselt (vgl. Abbildung 3b).

Je nach Größe des Objekts sind einspurige oder auch zweispurige Wendelrampen möglich. Bei Wendelrampen, die im Gegenrichtungsverkehr befahren werden, sollte aufgrund der Fahrdynamik sowie zur sicheren Verkehrsabwicklung innerhalb der Wendelrampe die Auffahrt außen und die Abfahrt innen liegen.

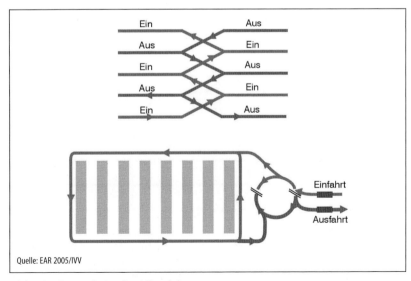

Abb. 3b: Doppelgängige Wendelrampe

Bei mehrgeschossigen Parkbauten mit einer im Zweirichtungsverkehr betriebenen Wendelrampe ergeben sich jedoch Konflikt- bzw. Kreuzungspunkte am Anschlusspunkt zu den Parkebenen. Hier ist eine kritische Prüfung und Abwägung der Vorteile (Wirtschaftlichkeit, Flächenbedarf) und Nachteile (Verkehrssicherheit, Leistungsfähigkeit) notwendig.

Da der Flächenverbrauch sehr hoch ist, eignen sich Wendelrampen vor allem bei großen, mehrgeschossigen Parkbauten. Aufgrund der direkten Anbindung der Parkebenen an das Rampensystem und der daraus resultierenden hohen Leistungsfähigkeit und Flexibilität sind diese Parkbauten für Nutzungen mit einer hohen Frequentierung und einem hohen Komfortanspruch geeignet.

Parkrampen Bei den Parkrampen (vgl. Abbildung 4) wird die Höhenentwicklung von den Parkebenen, die eine Längsneigung von max. 6 % aufweisen, übernommen. Am Schnittpunkt der gegenläufig angeordneten Parkrampen ist eine Verbindung zwischen dem aufwärts und abwärts führenden System notwendig. Um die Geschosshöhe zu überwinden, muss das gesamte Geschoss mit den anliegenden Parkständen und den damit verbundenen Rangierbewegungen auf den Fahrgassen umfahren werden. In Verbindung mit Einkaufszentren und dem damit verbundenen Einsatz von Einkaufswagen ist das System aufgrund der hohen Frequentierung und der geneigten Parkflächen nicht geeignet. Ein weiterer Nachteil ist die Anordnung der nicht einsehbaren Stellplätze im abwärts führenden Zyklus. Die fehlende eindeutige Zuordnung der Parkebenen führt häufig zu einer unübersichtlichen Gesamtkonzeption. Da keine separaten Rampen notwendig sind, ist das System im Vergleich zu den anderen Systemen sehr wirtschaftlich und wird daher überwiegend nur bei kleineren Parkbauten mit einem festen Nutzerkreis angewendet

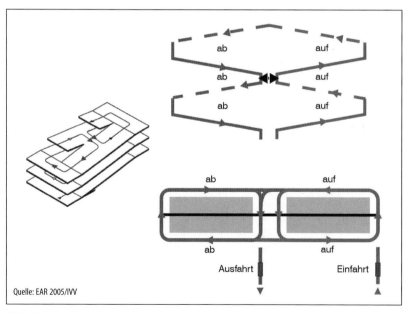

Abb. 4: Parkrampen

3.3.2 Verkehrserschließungssystem

In Verbindung mit dem gewählten Rampensystem und den konstruktiven Randbedingungen (Wände, Stützen) kann ein Verkehrserschließungssystem konzipiert werden. In dem System werden die Verkehrsströme zunächst in linienhafter Form unter Beachtung der

- Zügigkeit,
- Sicherheit,
- Übersichtlichkeit und
- Leistungsfähigkeit

Kriterien

festgelegt. Zusätzliche Kriterien wie Minimierung der Konflikt-/Kreuzungspunkte, Einrichtungsverkehr, Vermeidung von Sackgassen sind ebenfalls in der Gesamtkonzeption zu berücksichtigen.

Bei der Überlagerung des Erschließungssystems mit den Planungsabsichten der Architektur wird deutlich, inwieweit z. B. das Stützenraster, die Achsanordnung und die Lage der vertikalen Erschließungskerne (Treppenhäuser, Aufzugkerne) aus verkehrlicher Sicht geeignet sind oder wo möglicherweise Modifikationen sowohl von der Verkehrsführung als auch von der Architektur notwendig sind.

3.3.3 Ausgewählte Entwurfselemente

Die für die ausgewählten Entwurfselemente vorgeschlagenen Abmessungen basieren auf praktischen Erfahrungswerten, die, wie aus der Gegenüberstellung in der Abbildung 5 ersichtlich, über den Werten der GarVO und EAR 2005 liegen und damit rechtskonform sind. Da eine konsequente Einhaltung der Mindestwerte, insbesondere der Vorgaben aus der GarVO und eine gleichzeitige Maximierung der Stellplatzanzahl im Einzelfall zu erheblichen Einschränkungen hinsichtlich der Benutzerfreundlichkeit und der Akzeptanz führen kann, ist eine detaillierte fachtechnische Planung und Überprüfung der gewählten Abmessungen erforderlich. Insbesondere die Fahr-/Abbiegemöglichkeiten sind – um Behinderungen im Verkehrsablauf auszuschließen – mittels einer Fahrkurvensimulation zu überprüfen und großzügig zu bemessen.

Abmessungen

Die Maximierung der Stellplatzanzahl stellt ein wichtiges wirtschaftliches Kriterium dar, steht jedoch häufig im Widerspruch zu den Zielen der Verkehrsplanung. Zusätzliche Stellplätze, die die Erreichbarkeit der übrigen Stellplätze erschweren und durch Behinderungen im Verkehrsablauf die Umschlagshäufigkeit einschränken, sollten nicht im Vordergrund stehen. Hier ist eine sorgfältige Abwägung der Planungsziele erforderlich.

Nach der GarVO und der EAR 2005 sollen die Rampen eine Neigung von 15 % nicht überschreiten. Offene Rampen sind zusätzlich mit einem Witterungsschutz oder einer Rampenheizung auszustatten, um eine sichere Befahrbarkeit auch bei ungünstiger Witterung gewährleisten zu können. Breite (mind. 3,50 m), nach außen offene Rampen mit einer ausreichenden Durchfahrtshöhe vermitteln einen eher großzügigen, benutzerfreundlichen Eindruck. Es sollte daher möglichst eine geringere Neigung (max. 12 %) angestrebt werden. Bei

Rampenneigung

	empfohlene Abmessungen	(GarVO/EAR 2005)
A. Gerade Rampen		
• Fahrbahnbreiten: einspurige Rampe	3,50–4,00 m	2,75 m/3,25 m
zweispurige Rampe	7,00 m	6,00 m/6,50 m
• max. Neigung: Rampe	12 %	15 %
• Anrampung mit S/2: Kuppe/Wanne	3,00 m	1,50 m/2,50 m
B. Wendelrampen		
• Außendurchmesser, einspurige Rampe	≥ 24,0 m	k. A.
• Fahrbahnbreite	4,00 m	3,70 m
• Außendurchmesser, zweispurige Rampe	≥ 30,0 m	k. A.
• Fahrbahnbreite	4,00 m/3,50 m	3,70 m/3,40 m
C. Stellplatzanlagen		
• Stellpatzbreite	2,50 m	2,30 m–2,50 m/2,50 m
• Stellplatztiefe	5,00 m	5,00 m
• Fahrgassenbreite (90°) Senkrechtaufstellung	6,00–6,50 m	5,50–6,50 m
• Fahrgassenbreite (65°)	4,50 m	4,00 m
• Innenradius	min. 5,00 m	min. 5,00 m
• Fahrgassen ohne Stellplätze	3,50–4,00 m	2,75 m/3,25 m
• lichte Höhe	2,30 m	2,00 m/2,10–2,30 m
• Entwässerung Quer-/Längsneigung	2%/0,5%	2%
D. Schrankenanlagen		
• Durchfahrtsbreite	2,50 m	2,30–2,50 m
• Mittelinsel für Automaten, Breite	0,80 m	k. A.
• Mittelinsel für Automaten, Länge	5,50 m	k. A.
• Leistungsfähigkeit (systemabhängig)	300–350 Pkw/h	250–350 Pkw/h
Quelle: Ingenieurgruppe IVV, Aachen		

Abb. 5: Vergleich ausgewählter Entwurfselemente

Neigungswechsel über 8 % ist der Übergang auszurunden bzw. abzuflachen. Die Ausrundung der Kuppe/Wanne erfolgt jeweils mit der halben Rampenneigung. Die Wanne/Kuppe sollte hierbei eine Länge von mind. 3,00 m aufweisen (vgl. Abbildung 6).

Beispiele aus der Praxis zeigen, dass zu enge, geschlossene Rampen mit maximal zulässiger Neigung die Parkhausnutzer häufig abschrecken. Insbesondere bei Halbrampensystemen ist eine ausreichende Rampenbreite aufgrund der vielen Richtungswechsel für die Akzeptanz der Anlage von besonderer Bedeutung. Während die Mindestanforderungen der GarVO mit einer Rampen-

Quelle: Ingenieurgruppe IVV, Aachen

Abb. 6: Offene, großzügige Rampe

breite von 2,75 m eingehalten wird und dies zu erheblichen Einschränken bei der Einfahrt zur Rampe führt, weist die Halbrampe nach EAR einen besseren Lösungsansatz mit einer 4 m breiten, seitlich offenen Rampe mit einem beidseitigen Sicherheitsstreifen auf. Mit dem Verzicht auf einen Stellplatz konnte hier eine großzügige, leistungsfähige Rampenanlage konzipiert werden.

Die Abmessungen für Wendelrampen werden in der GarVO und EAR 2005 nicht in umfassender Form vorgegeben. Auch wenn nach den gültigen Richtlinien, die einen Mindestinnenradius von 5 m und eine Mindestbreite für die Wendelrampe von 3,70 m fordern, hieraus ein Außendurchmesser von ca. 18–19 m für eine einspurige Wendelrampe abgeleitet werden kann, sollten hier wesentlich großzügigere Abmessungen gewählt werden. Ein Außendurchmesser von mindestens 24 m für einspurige und mindestens 30 m für eine zweispurige Wendelrampen gewährleisten einen zügigen, leistungsfähigen Verkehrsablauf.

Maße für Wendelrampe

Fahrgassen ohne seitlich angeordnete Stellplätze sollten vor dem Hintergrund, dass die Gasse auch von Fußgängern genutzt werden könnten, eine Breite von 3,50–4,00 m aufweisen.

Auf Schrammborde, die eine zusätzliche Einengung der Bewegungsfläche vermitteln, sollte soweit wie möglich verzichtet werden. Die erforderlichen, seitlich angeordneten Sicherheitsstreifen sollten in der Regel durch eine Markierung oder Verkehrsleiteinrichtungen gekennzeichnet werden. Dies gilt auch für Rampen mit Gegenrichtungsverkehr, wo für eine eindeutige Trennung der Richtungsfahrbahnen häufig ein Schrammbord gewählt wird. Eine Doppelmarkierung mit zusätzlichen überfahrbaren Verkehrsleiteinrichtungen (Teller, Leitbaken usw.) erfüllt hier die gleiche Funktion und schließt Schäden an den Fahrzeugen aus (vgl. Abbildung 7).

Sicherheitsmarkierungen

Bei Schrammborden, die zum Schutz der Schrankenanlagen und aus bautechnischen Gründen notwendig sind, ist eine Höhe von 8–10 cm mit leicht abge-

Quelle: Ingenieurgruppe IVV, Aachen

Abb. 7: Wendelrampe mit Doppelmarkierung und Verkehrsleiteinrichtungen

schräger Flanke ausreichend. Um Berührungen mit dem Schrammbord zu vermeiden, ist eine Markierung/farbiger Anstrich der Schrammborde hilfreich.

Lichte Höhe Die lichte Höhe in Parkbauten sollte mindestens 2,30 m betragen. Auf die hieraus resultierende zulässige Fahrzeughöhe muss an der Einfahrt mit einem Verkehrszeichen hingewiesen und zusätzlich mit einem beweglichen aufgehängten Höhenbegrenzer kontrolliert werden. Bei der Festlegung der zulässigen Fahrzeughöhe ist ein Sicherheitszuschlag von mindestens 10 cm, bzw. bei Neigungswechsel auf Rampen mindestens 20 cm, zu berücksichtigen. Die minimale lichte Durchfahrtshöhe muss unter allen Bauteilen, Einbauten und Verkehrszeichen usw. vorhanden sein.

Da die Parkierungsanlagen Verkehrsflächen darstellen, ist eine eindeutige Entwässerung vorzusehen. Mit einer Querneigung von mindestens 2 % ist ein Ausgleich der zulässigen Bautoleranzen und der damit verbundenen Pfützenbildung möglich. Ausreichende Entwässerungseinrichtungen, die zur Ableitung der anfallenden Wassermengen eine Längsneigung von 0,5 % erfordern, gewährleisten einen sicheren, kundenfreundlichen Betrieb der Anlage.

3.3.4 Anordnung der Stellplätze

Bei der Anordnung der Stellplätze wird zwischen

- Längsaufstellung,
- Schrägaufstellung und
- Senkrechtaufstellung

unterschieden.

Die Längsaufstellung wird überwiegend im öffentlichen Straßenraum am Fahrbahnrand angewendet. Auf Parkplätzen und in Parkbauten wird die Längsaufstellung dagegen nur bei entsprechenden Restflächen bzw. überbreiten Fahrgassen angeordnet. Hierbei ist darauf zu achten, dass eine Behinderung des übrigen Parksuchverkehrs aufgrund der aufwändigen Rangierbewegungen ausgeschlossen wird.

Schrägaufstellung

Die Schrägaufstellung mit einem Aufstellwinkel zwischen 45°–80° erlaubt ein bequemes und zügiges Ein- und Ausparken, bei der die Fahrtrichtung mit der Schräganordnung der Stellplätze vorgegeben ist. Gleichzeitig ist eine gegenüber dem Senkrechtparken geringere Fahrgassenbreite notwendig. In Parkbauten ist hierzu eine frühzeitige Festlegung der Stellplatzanordnung notwendig, um die Stützenstellung (Achsraster) anzupassen und um größere nicht nutzbare Restflächen vermeiden zu können. In Sackgassen ist die Schrägaufstellung nicht anwendbar, da hier ansonsten bei der Ausfahrt ein größeres Wendemanöver erforderlich ist. Die Schrägaufstellung ist benutzerfreundlich, hat jedoch den Nachteil, dass damit die Verkehrsführung in Einbahnrichtung und auch die Lage des Rampensystems weitgehend vorgegeben und somit die Flexibilität der Verkehrsführung eingeschränkt ist. Auch der durchschnittliche Flächenverbrauch je Stellplatz ist, insbesondere bei kleineren Anlagen, aufgrund des hohen Restflächenanteils größer als beim Senkrechtparken.

Senkrechtaufstellung

Die Senkrechtaufstellung ermöglicht sowohl den Ein- als auch den Zweirichtungsverkehr und ist daher hinsichtlich der Verkehrsführung sehr flexibel. Ein zügiges Ein- und Ausparken ist jedoch nur bei einer ausreichenden Fahrgassenbreite von mindestens 6,00–6,50 m gewährleistet.

Auch wenn nach der Garagenverordnung eine Stellplatzbreite von 2,30 m zulässig ist, und dies immer wieder vorgeschlagen wird, sollte grundsätzlich eine – wie in der EAR 2005 geforderte – Stellplatzbreite von 2,50 m für ein bequemes Ein- und Aussteigen vorgesehen werden. Dies gilt unabhängig von der gewählten Stellplatzanordnung.

Bei Senkrechtaufstellung hat sich in der Praxis das Stützenraster von 16,00 (16,50) m x 10,00 (10,50) m bewährt und ermöglicht eine stützenfreie Anordnung der Stellplätze. Sind dennoch aus statischen Gründen zusätzliche Stützen im Bereich der Stellplätze notwendig, sollten diese um mindestens 0,75 m von der Fahrgasse abgerückt sein.

Bei der Planung ergeben sich immer wieder Restflächen und Nischen, die für Standardstellplätze nicht nutzbar sind. Da ca. 20 % der zugelassenen Fahrzeuge kürzer als 4,00 m sind, eignen sich diese Restflächen für Kleinwagenstellplätze, die gesondert zu kennzeichnen sind. Im Einzelfall können diese Stellplätze auch im Rahmen des Stellplatznachweises berücksichtigt werden.

Sonderstellplätze

Neben den Standardstellplätzen werden in den Landesbauordnungen/GarVO in der Regel 3 % reservierte Sonderstellplätze für Schwerbehinderte gefordert. Die Stellplätze sind 2,50 m breit und erhalten zusätzlich eine 1,00 m breite Bewegungsfläche zum Ein-/Aussteigen. Nach DIN 18024 und nach der EAR 2005 ist auch eine beidseitige Nutzung der Bewegungsfläche möglich, d. h. der Benutzer muss über einen entsprechenden Hinweis am Stellplatz darauf aufmerksam gemacht werden, dass er rückwärts einparken muss. Auch bei günstiger Lage zu den Ausgängen/Aufzügen ist in vielen mehrgeschossigen Parkierungsanlagen die Auslastung der Behindertenstellplätze sehr gering. Ein Grund hierfür ist u. a. das im öffentlichen Straßenraum besonders ausgeprägte bevorrechtigte Parkraumangebot für Mobilitätsbehinderte. Bei entsprechendem Nachweis eines ausreichenden Stellplatzangebotes für Mobilitätsbehinderte im Umfeld der geplanten Parkierungsanlage ist eine Befreiung von der gesetzlichen Verpflichtung im Einzelfall möglich. Alternativ bietet sich eine Doppelnutzung der Stellplätze für „Mutter/Eltern mit Kind" an, die rechtlich nicht geregelt ist, jedoch häufig von der Bauaufsicht toleriert wird.

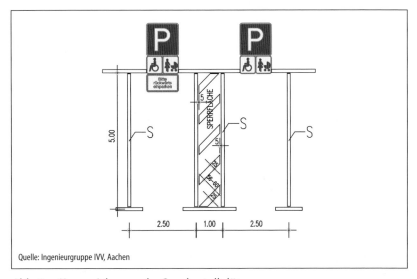

Abb. 8: Kennzeichnung der Sonderstellplätze

Frauenstellplätze Die Ausweisung von Frauenstellplätzen wird in den Bundesländern sehr unterschiedlich behandelt. Während in einigen Bundesländern keine Verpflichtung zur Bereitstellung von Stellplätzen für Frauen besteht, wird in anderen Bundesländern der Bedarf sehr unterschiedlich definiert. In den Verordnungen wird die Anzahl der Frauenstellplätze mit „einer ausreichenden Anzahl" bzw. 5–10 % der vorhandenen Stellplätze festgelegt. Unabhängig von den Landesvorschriften werden heute nahezu in allen Parkierungsanlagen auf freiwilliger Basis Stellplätze für Frauen in günstiger Lage zur Parkhausaufsicht oder Ausgängen angeordnet, intensiver ausgeleuchtet, mit Notruftaster ausgestattet und mit Videokameras überwacht.

3.4 Kontrolleinrichtungen

Abfertigungssysteme mit einer kontrollierten Ein- und Ausfahrt werden bei privatrechtlich bewirtschafteten Parkierungsanlagen für Kurz- und Dauerparker und bei privaten Parkierungsanlagen zur Kontrolle eines berechtigten Personenkreises eingesetzt. Aufgrund der hohen Personalkosten werden hierzu heute überwiegend automatische Systeme verwendet.

3.4.1 Systembeschreibung

Die automatischen Systeme bestehen aus den Hauptkomponenten:

- Ein- und Ausfahrtsschranken mit jeweils einem Ticketgeber und Ticketlesegerät,
- Kassenautomaten und
- Zentralrechner/Leitrechner.

Ticketgeber und -lesegeräte

Die Ticketgeber und Lesegeräte unterscheiden sich im Wesentlichen durch die Kontrollmedien. Bei den Einwegmedien werden überwiegend die Magnetstreifen- und Barcodetechnologie eingesetzt. Während bei dem Magnetstreifenticket die parkrelevanten Daten auf einem in Mittellage oder Seitenlage (ISO-Norm) angeordneten Magnetstreifen gespeichert werden, erfolgt bei dem Barcodeticket eine Codierung und Speicherung/Aufdruck der Informationen mit einem Strichcode. Diese Systeme eignen sich insbesondere in Parkierungsanlagen mit einer hohen Frequentierung (Kurzparker).

Magnetstreifenkarte

Die Seitenlage des Magnetstreifens ermöglicht zusätzlich die Bearbeitung von Kreditkarten. Die Kundendaten werden eingelesen und in Verbindung mit der Einfahrzeit an den Zentralrechner weitergeleitet. Der Bezahlvorgang an einem Kassenautomaten entfällt, da bei der Ausfahrtskontrolle die Parkdauer anhand der wiederum eingelesenen Kundendaten von dem Zentralrechner ermittelt und die Parkgebühren über die Hausbank des Kunden abgebucht werden.

Parkchips

Ergänzend zu den Einwegmedien wurden mehrfach beschreibbare und somit wieder verwendbare Parkchips entwickelt. Der in eine Münze oder auch Kunststoffkarte/Scheckkarte integrierte Speicherchip, hat sich jedoch aufgrund der erforderlichen Anfangsinvestitionen und der Folgekosten bei Verlust der Parkchips bei Kurzparkeranlagen nicht durchgesetzt.

Berührungslose Systeme

Berührungslose Systeme nutzen ebenfalls die Chipkarten zur Überprüfung der Zufahrtberechtigung. Während bei dem passiven System die Transponderchipkarte mit einem maximalen Abstand von ca. 10–20 cm an das Lesegerät gehalten werden muss, ist bei aktiven Systemen eine Kontrolle mit einer im Fahrzeug befindlichen Chipkarte möglich. Diese komfortablen und leistungsfähigen Systeme eignen sich insbesondere für einen festen Nutzerkreis (Dauerparker), wobei auch eine Integration der Transpondertechnik in die Anlagen für Kurzparker möglich und somit eine vielfältige Nutzung der Parkierungsanlagen gewährleistet ist.

Kassenautomaten

Bei bewirtschafteten Anlagen sind die Kassenautomaten deutlich erkennbar in ausreichender Anzahl an den relevanten Zugängen zu den Stellplatzanlagen vorzusehen. Neben der Bezahlung mit Münz- und Papiergeld sollte auch die Möglichkeit der bargeldlosen Bezahlung angeboten werden.

Zur Steuerung der Abfertigungsanlagen und zur Speicherung der Daten wird ein Zentralrechner verwendet. Neben der kontinuierlichen Überprüfung und Speicherung der Aktivitäten ist mit einer entsprechenden Software eine vielfältige betriebswirtschaftliche Auswertung der Daten möglich.

3.4.2 Leistungsfähigkeit

Ein- und Ausfahrt Die automatischen Ein- und Ausfahrtskontrollanlagen bilden den Übergang zwischen dem fließenden Verkehr außerhalb der Parkierungsanlage und dem ruhenden Verkehr in der Parkierungsanlage. Die Konzentration der Verkehrsströme auf die Ein- und Ausfahrten erfordert eine sorgfältige Planung sowie eine leistungsfähige/funktionsgerechte Dimensionierung der Anlagen. Für die Bemessung der Abfertigungsanlagen ist die maßgebende Belastung (Bemessungsverkehrsstärke) relevant. Diese ergibt sich aus der Anzahl der maximal gleichzeitig belegten Parkstände und der spezifisch maßgebenden Belastung, die insbesondere von der geplanten Nutzung abhängig ist. Da diese Werte sehr stark variieren, ist eine detaillierte Prüfung unter Berücksichtigung vergleichbarer Objekte, der Lage, der Größe des Objektes und des übrigen Verkehrsangebotes erforderlich.

Leistungsfähigkeit Die Leistungsfähigkeit der Abfertigungsanlage wird von dem eingesetzten System, der Lage in der Parkierungsanlage, der Erreichbarkeit und der Zufahrtssituation bestimmt. Die Kapazität einer Anlage beträgt je nach Kontrollmedium zwischen 300–350 Pkw/h, wobei Langzeituntersuchungen aufgrund der Berücksichtigung technischer Ausfallzeiten, Fehlbedienungen usw. eine etwas geringere Leistungsfähigkeit ausweisen.

Anzahl der Anlagen Die Anzahl der erforderlichen Abfertigungsanlagen ergibt sich somit aus der maßgebenden Bemessungsverkehrsstärke und der Kapazität der gewählten Abfertigungsanlage. Um einen ständigen Rückstau und die damit verbundene Wartezeit zu vermeiden, ist auf eine ausreichende Kapazitätsreserve der Anlage zu achten. Eine zusätzliche Anlage minimiert die Wartezeiten bei der Ein- und Ausfahrt, ermöglicht Wartungsarbeiten in der Betriebszeit und erhöht nicht zuletzt die Akzeptanz der Parkierungsanlage. Eine nachträgliche Erweiterung der Anlage ist häufig nur mit einem erheblichen baulichen und finanziellen Aufwand möglich.

Lage der Anlagen Die Lage der Ein- und Ausfahrtskontrollen muss in Verbindung mit der Anbindung an das öffentliche Straßennetz festgelegt werden. Vor der Einfahrtskontrolle ist ein ausreichender Stauraum außerhalb des Straßenraums auf Grundlage der maßgebenden Belastung und der Anzahl der geplanten Abfertigungsanlagen nachzuweisen. Vor der Ausfahrtskontrolle ist ebenfalls ein ausreichender Stauraum innerhalb der Parkierungsfläche bzw. im Ausfahrtsbereich vorzusehen. Um eine Behinderung der einfahrenden Verkehrströme durch den Rückstau an der Ausfahrtsanlage auszuschließen, ist eine Trennung der ein- und ausfahrenden Verkehrsströme in diesem Bereich anzustreben. Zwischen der Ausfahrtsabfertigungsanlage und der Einmündung in das öffentliche Straßennetz ist ebenfalls ein ausreichender Stauraum zu berücksichtigen.

Die Abfertigungsanlagen und die erforderlichen Stauräume sollten möglichst auf waagerechten Flächen angeordnet werden. Während flache (max. 6 %), abwärts führende Rampen je nach Lage und Sichtverhältnissen für die Schrankenanlagen und für den Stauraum ggf. nutzbar sind, sollten aufwärts führende Rampen grundsätzlich nicht hierzu genutzt werden.

Bei mehrstreifigen Abfertigungsanlagen sind sowohl vor als auch nach der Anlage ausreichende Flächen für die Ausfädelung zu den einzelnen Schrankenanlagen als auch für die Zusammenführung der einzelnen Ströme nach erfolgter Kontrolle erforderlich.

Ein weiterer Punkt, der häufig bei bewirtschafteten Anlagen nicht beachtet wird, ist der Umstand, dass Kunden gelegentlich die Bezahlung der Parkgebühren versäumt haben und dies erst bei der Zufahrt zur Ausfahrtsanlage bemerken. Um den Ausfall einer Schrankenanlage durch ein parkendes Fahrzeug zu vermeiden, hat sich die Kennzeichnung einer Nothaltebucht unmittelbar vor den Ausfahrtsschrankenanlagen bewährt.

3.5 Gestaltung und Ausstattung der Parkierungsanlage

Auch wenn durch die Wahl des Verkehrsführungssystems und die bauliche Gestaltung der Verkehrsanlage bereits wichtige Entscheidungen im Hinblick auf eine gut oder auch schlecht funktionierende Erschließung gefallen sind, so kann eine umfassende Wegweisung sowohl für den Kunden mit Pkw als auch für den fußläufigen Kunden spürbar zur Qualitätssteigerung der Verkehrsabläufe und Akzeptanz der Parkierungsanlage beitragen. Neben der Wegweisung sind aber auch vielfältige Gestaltungsdetails zu beachten, die im Gesamtbild eine attraktive und benutzerfreundliche Parkierungsanlage ergeben.

3.5.1 Beschilderung und Leiteinrichtungen

Beschilderung

Während für Parkflächen im öffentlichen Straßenraum nur amtliche Verkehrszeichen und Verkehrsleiteinrichtungen entsprechend der StVO verwendet werden dürfen, wird deren Anwendung für Parkierungsanlagen außerhalb des öffentlichen Straßenraums lediglich empfohlen. Die Verwendung der im öffentlichen Straßenraum üblichen Verkehrszeichen und Markierungen hat den Vorteil, dass für den Besucher ein Wiedererkennungswert vorhanden ist. Abstrakte, übertriebene, farbige, überbreite Markierungen, angedeutete, stilisierte Richtungspfeile und Symbole als Ersatz für Verkehrszeichen sind sicherlich auf den ersten Blick sehr ansprechend, können aber auch den Besucher überfordern und verunsichern.

Die Anordnung der Verkehrszeichen erfolgt auf Grundlage der StVO und der „Hinweise für das Anbringen von Verkehrszeichen und Verkehrseinrichtungen (HAV)". Die Markierung ist entsprechend den „Richtlinien für die Markierung von Straßen (RMS)", Teil 1 und 2, vorzusehen.

Leiteinrichtungen

Neben der eindeutigen Kennzeichnung der einzelnen Stellplätze mit einer geschlossenen bzw. offenen Markierung werden für die Richtungspfeile, Fahrbahnbegrenzungen, Sperrflächen, Haltelinien usw. aufgrund der beengten Verhältnisse und geringeren Geschwindigkeit für die Markierung reduzierte Abmessungen empfohlen. Markierungsknöpfe und vertikale Leiteinrichtungen sind weitere Elemente zur frühen Erkennbarkeit der Fahrgassenbegrenzung: Insbesondere beim Übergang der Rampen auf die Parkebenen sind Bügel, flexible Poller, Leittafeln/-baken usw. weitere ergänzende Verkehrslenkungsmaßnahmen.

Aufgrund der Sicht- und Höhenverhältnisse in den Parkbauten können verkleinerte Verkehrzeichen der Größe 1 – dies entspricht 70 % der Standardgröße – verwendet werden. Der Einsatz reflektierender Folien (Typ 2) verbessert hierbei die Erkennbarkeit.

Alternativ ist auch der Einsatz von innenbeleuchteten Verkehrzeichen möglich. Diese kommen jedoch selten zum Einsatz, da der finanzielle Aufwand deutlich höher ist. Bei der Festlegung der Standorte ist generell darauf zu achten, dass die frühzeitige Erkennbarkeit der Verkehrzeichen nicht durch Unterzüge, Lüftungskanäle, Kabeltrassen und Beleuchtungstrassen eingeschränkt wird.

Wegweiser für Fußgänger

Neben der verkehrsrechtlichen StVO-Beschilderung ist eine Wegweisung für den Kfz-Verkehr und insbesondere für den Fußgänger innerhalb der Parkierungsanlage notwendig. Mit Schildern, Piktogrammen und innenbeleuchteten Transparenten sollten die einzelnen Parkbereiche, die Ein- und Ausfahrt und die Ausgänge für die Fußgänger gekennzeichnet werden.

Bereits im Zufahrtsbereich der Parkierungsanlage ist eine frühzeitige Wegweisung zur Einfahrt erforderlich. Neben einem eventuellen Parkleitsystem im öffentlichen Straßenraum ist bei öffentlich zugänglichen Parkierungsanlagen eine Kennzeichnung der Einfahrt mit einem Parkhaussymbol, Bezeichnung der Parkierungsanlage und ggf. eine dynamische Anzeige zum Belegungszustand erforderlich. Die an der Einfahrt notwendigen verkehrsrechtlichen Hinweise, wie zulässige Fahrzeughöhe, Gesamtgewicht, Geschwindigkeit sowie Einfahrverbot für Pkw mit Anhänger und Krafträder, können in ein zusätzliches mit „Einfahrt" gekennzeichnetes Transparent integriert werden. Zusätzlich sind an der Einfahrt die Öffnungszeiten, Einstellbedingungen und Tarife darzustellen. Die Ausfahrt ist ebenfalls von außen deutlich mit einem Transparent und einem Verbot der Einfahrt zu kennzeichnen.

3.5.2   Internes Parkleitsystem

Dynamisches System

Ein spezieller Punkt bei großen Parkierungsanlagen ist die interne Parkwegweisung. Hier ist der Einsatz eines internen dynamischen Parkleitsystems empfehlenswert, über das die zufließenden Kraftfahrzeuge auf kürzestem Wege zu den noch vorhandenen freien Stellplätzen geführt und unerwünschte, nutzlose Parksuchverkehre vermieden werden. Die Akzeptanz der zielgerichteten, flexiblen Wegweisung ist jedoch im Wesentlichen von der Zuverlässigkeit der Anlage abhängig. Die Erfassung der Fahrzeuge erfolgt sowohl an den Abfertigungsanlagen als auch an den Ein-/Ausfahrten der einzelnen Parkebenen. Hierzu werden, neben Zählautomaten in den Schrankenanlagen, in die Fahrbahn eingelassene Induktionsschleifen verwendet. Doppelinduktionsschleifen mit gleichzeitiger Richtungserkennung minimieren hierbei die Fehlmeldungen und gewährleisten somit eine zuverlässige Anzeige der freien Stellplatzbereiche.

Einzelstellplatzerfassung

Ferner besteht die Möglichkeit, mit einer Einzelstellplatzerfassung den Belegungsgrad festzustellen, sodass hiermit nicht nur Informationen zum Belegungsgrad für einzelne Parkbereiche/Parkgassen, sondern für alle einzelnen Stellplätze ausgewiesen werden können. Aus wirtschaftlichen Gründen wird das System überwiegend bei Anlagen mit einem hohen Belegungsgrad und für bestimmte Nutzungen, wie z. B. Parkierungsanlagen an Flughäfen und Shopping-Centern, usw., eingesetzt.

3.5.3 Fußgängerführung

Nicht nur der Weg zu den freien Stellplätzen sondern auch der Weg vom geparkten Fahrzeug zum Ausgang sowie auch der Rückweg vom Eingang zum geparkten Fahrzeug müssen für den Kunden eindeutig erkennbar sein. Insbesondere in großen und eventuell unübersichtlichen Parkbauten ist die Wegweisung aus Gründen der Verkehrssicherheit und Benutzerfreundlichkeit sorgfältig und unmissverständlich auszuführen. Bei großen Parkflächen sollte zur Orientierung eine Kennzeichnung der Parkbereiche mit Buchstaben, Ziffern, Symbolen, Farben und zusätzlich eine Stellplatznummerierung eingesetzt werden. Parkierungsanlagen mit einem hohen Umschlagsgrad erfordern zusätzlich möglichst separate, mindestens 1,50–2,00 m breite Gehwege zur Erschließung der Parkebenen. Zur besseren Erkennbarkeit können die Gehwege farbig angelegt und ggf. mit Bügeln versehen sowie baulich getrennt zur Fahrbahn hergestellt werden. Eine uneingeschränkte Sichtbeziehung zwischen Fußgänger und Kraftfahrer sowie eine eindeutige Beschilderung der Fußgängerüberwege gewährleisten einen sicheren, konfliktfreien Betrieb.

Eindeutigkeit und Sicherheit

Hinweise auf die Treppenhäuser, Ausgänge, Kassenautomaten, Serviceeinrichtungen, Parkhausaufsicht und eine zielortbezogene Führung zu den Ausgängen bei großflächigen Parkierungsanlagen sind weitere wichtige Elemente für die Wegweisung.

Die Übergänge von den Parkebenen zu den Treppenhäusern und Ausgängen sind mit einer ausreichenden verkehrssicheren Auftrittsfläche zu sichern. Direkt an der Fahrgasse angeordnete Treppenhäuser/Ausgänge sollten mit einer Sperrfläche und zwei Pollern, die eine Befahrung der Fläche ausschließen, gesichert werden.

3.5.4 Serviceeinrichtungen

Die Parkierungsanlagen erfüllen heute nicht nur die Funktion der Parkraumbereitstellung. Insbesondere in großen bewirtschafteten Parkierungsanlagen mit bestimmten Nutzungen, die eine längere Parkzeit erfordern, werden vielfältige Serviceeinrichtungen rund um das Fahrzeug offeriert. Neben Inspektionen, Steinschlagreparatur, Reifenservice und Trockenreinigung für die Fahrzeuge werden u. a. gesonderte Sicherheitsbereiche für hochwertige Fahrzeuge angeboten.

3.6 Automatische Parksysteme

Bei automatischen Parksystemen wird der Parkvorgang zum Teil oder ganz mittels fördertechnischer Einrichtungen abgewickelt. Man unterscheidet je nach Umfang der Fördereinrichtung zwischen mechanischen und automatischen Systemen.

Mechanisches vs. automatisches System

Bei den mechanischen Systemen werden in Parkbauten überwiegend Parkbühnen und Verschiebeplatten verwendet. Bei Parkbühnen wird nach der Einfahrt auf die Plattform die Bühne mechanisch angehoben bzw. abgesenkt. Mit diesem System können zwei bis drei Fahrzeuge übereinander parken. Die Ein- und Ausfahrt ist sowohl unabhängig als auch in Abhängigkeit der Belegungssituation möglich. Die unabhängigen Systeme erfordern jedoch eine größere Konstruktionshöhe bzw. eine zusätzliche Grube zum Absenken der Plattform.

Mit überfahrbaren Verschiebeplatten können Teile der Fahrgasse und ansonsten nicht erreichbare Flächen genutzt werden. Die in Längs- und Querrichtung verschiebbaren Platten werden einzeln oder auch in größeren Gruppen in der Fahrgasse platziert. Um die Erreichbarkeit der übrigen Stellplätze zu ermöglichen, werden die Platten je nach Bedarf mit einem Unterflurantrieb verschoben. Je nach Größe der Verschiebesysteme ist auch ein nachträglicher Einbau zur Erweiterung des Stellplatzangebotes möglich.

Die Parkbühnen und Verschiebeplatten eignen sich für Garagen und Parkbauten von Hotels, Wohn- und Bürobauten mit niedriger Stellplatz-/Umschlagshäufigkeit.

Automatisches Fördersystem

Bei den automatischen Systemen wird der gesamte Parkvorgang mit einem Fördersystem automatisch abgewickelt. Nach der Einfahrt in eine Übergabekabine wird das Fahrzeug in einem Parkregal, Umsetzparker oder Umlaufparker horizontal/vertikal verschoben und gelagert. Bei Bedarf wird das Fahrzeug ebenfalls in der Übergabekabine zur Ausfahrt bereitgestellt. Mit den systeminternen Fördervorgängen sind dem automatischen Parksystem deutliche Leistungsgrenzen vorgegeben, und es ist daher nur für Anlagen bis maximal 200 Stellplätze geeignet. Die notwendigen Kenntnisse zur Bedienung der automatischen Systeme erfordern einen festen Nutzerkreis bzw. eine Bedienung durch spezialisiertes Personal und sind deshalb für öffentliche Parkierungsanlagen nicht empfehlenswert.

Der Einsatz von automatischen Parksystemen wird mit einer günstigeren Flächen- und Höhenausnutzung gegenüber konventionellen Parkbauten begründet. Inwieweit diese Vorteile zum Tragen kommen, kann nur im Einzelfall durch konkrete Planungen geprüft werden. Die eingeschränkte Nutzung sowie die aufwändige technische Ausstattung und die damit verbundenen hohen Investitionen sind Gründe für die geringe Verbreitung der automatischen Systeme.

4. Anbindung an das Straßennetz

Bedarfsgerechte Erschließung

Die Anbindung einer Parkierungsanlage an das öffentliche Straßennetz ist von wesentlicher Bedeutung für die Funktionalität der Anlage. Nur bei Kenntnis des bestehenden und zukünftigen Verkehrsbildes kann eine langfristige, bedarfsgerechte und leistungsfähige Erschließung garantiert werden.

4.1 Lage/Leistungsfähigkeit

Zur Sicherstellung der Leistungsfähigkeit der Verkehrserschließung sind detaillierte Berechnungen über das vom Projekt ausgelöste Verkehrsaufkommen und dessen Einbindung in den fließenden Verkehr notwendig. Hierbei ist die zur Dimensionierung der Abfertigungsanlage ermittelte Bemessungsverkehrsstärke maßgebend. Aus der Überlagerung des projektbezogenen Verkehrs mit vorhandenen bzw. prognostizierten Verkehrsmengen im Umfeld der geplanten Parkierungsanlage errechnet sich die zukünftige Verkehrssituation im umgebenden Straßennetz. Die Auswirkungen der zusätzlichen Verkehrsströme sind im Rahmen einer verkehrstechnischen Untersuchung darzustellen und eine ausreichende Leistungsfähigkeit der angrenzenden Knotenpunkte nachzuweisen. Je nach Lage, Größe und Nutzung der geplanten Parkierungsanlage können zusätzliche Abbiegespuren, Anpassungen der signaltechnischen Programme bis hin zu Erweiterungen der angrenzenden Straßenabschnitte und Knotenpunkte erforderlich werden. Da die Erschließungsmaßnahmen mit einem erheblichen finanziellen Aufwand verbunden sein können, ist eine frühzeitige Abstimmung mit den Genehmigungsbehörden notwendig.

4.2   Parkleitsysteme

Die innerstädtischen Parkleitsysteme sind heute ein wichtiger Bestandteil des Verkehrsmanagements. Mit einer frühzeitigen, kontinuierlichen und zielorientierten Führung und einem Hinweis zum Belegungsgrad der Parkmöglichkeiten können die innerstädtischen Parksuchverkehre reduziert und die Auslastung der für die Öffentlichkeit zur allgemeinen Nutzung zugänglichen Parkierungsanlagen verbessert werden. Voraussetzung für den Einsatz eines funktionierenden Parkleitsystems ist die Einbindung aller Parkierungsanlagen des relevanten Einzugsgebiets.

Wichtiger Bestandteil des Verkehrsmanagements

Für die externe Wegweisung werden sowohl statische als auch dynamische Anzeigen verwendet. Auf der Grundlage eines Zielführungsplanes wird im weiteren Umfeld zunächst nur mit einem statischen Leitsystem auf die einzelnen Parkierungsanlagen bzw. Parkierungsbereiche hingewiesen. Im Nahbereich erfolgt eine detaillierte dynamische Wegweisung mit Angabe des aktuellen Belegungszustands.

Die Parkwegweisung sollte einheitlich als eigenständiges System gestaltet sein. Die Grundsätze zur Form, Farbe, Größe und Gestaltung sind in den „Richtlinien für wegweisende Beschilderung außerhalb von Autobahnen" (RWB 2000) geregelt. Das dynamische Parkleitsystem besteht aus folgenden Komponenten:

Dynamische Systeme

- Parkdatenerfassung und Auswertung in den Parkierungsanlagen,
- zentraler Parkleitrechner zur Kommunikation und Steuerung der Anzeigen,
- kontinuierliche Datenübertragung zum zentralen Parkleitrechner,
- straßenseitige Anzeigeeinrichtungen.

Die dynamischen Anzeigen können den Belegungszustand in Form einer Frei/Besetzt-Anzeige oder mit einer Restplatzanzeige, die aufgrund des höheren Informationsgehalts bevorzugt werden sollte, darstellen.

Mit der zentralen Erfassung der Parksituation besteht zusätzlich die Möglichkeit, die Informationen auch über Internet/Videotext abzufragen. Mobilfunk bzw. die Integration der dynamischen Verkehrsdaten in autarke Navigationssysteme sind weitere Einsatzmöglichkeiten.

15 Parkierungsanlagen und Parkraumbewirtschaftung
– Bau, Investition und Betrieb –

Thomas Veith, Geschäftsführer der APCOA Autoparking GmbH, Stuttgart

Inhaltsverzeichnis

1.	**Einleitung**	400
1.1	Demographie und Motorisierung bis 2030	400
1.2	Stadtentwicklung und Infrastruktur	401
1.3	Definitionen	401
1.4	Funktion von Parken	402
1.5	Rahmenbedingungen und Einflussfaktoren	402
2.	**Planung und Bau**	402
2.1	Dimensionierung von Parkierungsanlagen	402
2.2	Konzeptionelle Planung	403
2.3	Rechtliche Vorgaben und Empfehlungen	403
2.4	Technik und Ausstattung	403
2.5	Baukosten	403
3.	**Investition**	404
3.1	Realisierungsmöglichkeiten	404
3.2	Rendite-Optimierung	404
3.3	Vergabe des Betriebs	405
4.	**Betrieb**	406
4.1	Betriebskonzepte	406
4.2	Aufgaben im Betrieb	407
4.3	Services	408
4.4	Betriebskosten	409
4.5	Einsparpotenziale	410
4.6	Einnahmen	411
5.	**Fazit**	413
5.1	Wirtschaftlichkeit	413
5.2	Ausblick in die Zukunft	413

1. Einleitung

1.1 Demographie und Motorisierung bis 2030

Statistischer Ausblick

Auf der Grundlage der soziodemographischen Statistik und der Shell Pkw-Szenarien bis 2030 „Tradition und Impulse" (Hamburg 2004) lassen sich für die zukünftige Entwicklung des Parking-Marktes in Deutschland die folgenden Thesen ableiten.

Die Gesamtbevölkerung in Deutschland wird sich bis zum Jahr 2030 um zwei bis drei Millionen verringern, wobei sich im gleichen Zuge der Bevölkerungsaufbau dramatisch zugunsten älterer Menschen verändert. Die Motorisierung, das heißt die Anzahl Pkw pro 1.000 führerscheinbesitzender Einwohner, steigt von heute 670 auf 725 bis 785 an. Die vorgenannten gegenläufigen Entwicklungen lassen sich einerseits mit der Tatsache begründen, dass ältere Menschen immer häufiger und bis in immer höhere Lebensalter einen eigenen Pkw besitzen und auch nutzen. Außerdem steigt die Anzahl von Fahrzeugen pro Haushalt, wobei nicht nur die SPV (Special Purpose Vehicle, wie Geländewagen oder Cabrio) auffallen, sondern insbesondere auch die Mobilität der Frauen mit der Verfügbarkeit eines eigenen Fahrzeugs in den Vordergrund tritt. Laut Shell-Studie wird die Kilometerleistung pro Pkw von heute 11.400 km pro Jahr aufgrund von Zweit- und Drittfahrzeugen auf ca. 10.500 km pro Jahr sinken. Da die Mobilitätszeitbudgets der Bevölkerung unverändert bleiben werden, wird die Nachfrage nach Parkraum insgesamt stagnieren; bei detaillierter Betrachtung sinkt die entsprechende Nachfrage in den Innenstädten und erhöht sich allenfalls in den Wohngebieten, da dort die Fahrzeuge immer häufiger und immer länger abgestellt werden.

1.2 Stadtentwicklung und Infrastruktur

Abgesehen von wenigen großen Entwicklungsprojekten sind in Zukunft nur noch Detailkonzepte wie Abriss/Neubau oder Refurbishments erforderlich. Die innerstädtischen Strukturen sind meist vollständig ausgebildet, werden erhalten und verbessert. Vor allem bei kommerziell genutzten Immobilien, wie Einkaufszentren oder Bürogebäuden, findet ein zunehmender Verdrängungswettbewerb durch Angebotsüberhänge statt. Das Parkraumangebot in den Städten weist – abgesehen von punktuellen Ausnahmen – jederzeit freie Kapazitäten auf, was der Beobachter sehr leicht an den in vielen Städten in Betrieb befindlichen dynamischen Parkleitsystemen mit Ausweisung der Restplatzanzeige erkennen kann. Durch flexiblere Arbeitszeitmodelle und verlängerte Öffnungszeiten insbesondere des Handels wird die Parkraumauslastung gleichmäßiger. Dieser Effekt wurde signifikant deutlich, als die Samstagsöffnungszeiten des Handels von 16.00 Uhr auf 20.00 Uhr erweitert wurden, was zu einer deutlichen Entzerrung der Stoßzeiten mit Überlastungserscheinungen führte.

Gleichmäßige Parkraumauslastung

1.3 Definitionen

Eine Parkierungsanlage ist die, unabhängig von der Art der baulichen Ausführung, geschlossene Organisationseinheit Parkraum zur öffentlichen Nutzung. Dabei bezieht sich die bauliche Ausführung auf Parkplätze, Tiefgaragen und Parkhäuser sowie gegebenenfalls noch auf die Sonderform vollautomatisches oder mechanisches System. Die meisten Parkierungsanlagen werden mit automatischer Parkabfertigungsanlage, der Einheit aus Schranke und Kassenautomat, bewirtschaftet. In der Literatur wird ferner zwischen solitären Parkierungsanlagen (Parken als Hauptnutzung, z. B. eine Tiefgarage unter einem Marktplatz) und integrierten Parkierungsanlagen (Parken als Nebennutzung, z. B. das Parkhaus eines Einkaufszentrums) unterschieden. Parkraummanagement ist die Bewirtschaftung von Parkraum.

Parkierungsanlage

1.4 Funktion von Parken

Mittel zum Zweck Die fünf Grundfunktionen im Leben eines Menschen werden durch Wohnen, Bildung, Versorgung, Arbeit und Freizeit definiert. Für die Erledigung einzelner Aktivitäten muss der Mensch meist Raum überwinden, das heißt, er generiert Verkehr. Bei der Nutzung des öffentlichen Verkehrs, des Fahrrads oder zu Fuß ist der Mensch entweder durch einen räumlich begrenzten Aktionsradius oder durch lange Reisezeiten limitiert. Die Nutzung des Pkw bietet in der Regel den höchsten Komfort bei der Überwindung des Raumes, jedoch muss sowohl am Quell- wie auch am Zielort entsprechender Parkraum verfügbar sein. Je nach persönlichen Prioritäten des Fahrers wird versucht, das Fahrzeug am Zielort beispielsweise nach den Kriterien Preis, Sicherheit und Zieltreue abzustellen. Im Gegensatz zu den oben genannten Grundfunktionen handelt es sich bei Parkvorgängen also nicht um einen Selbstzweck, sondern nur um ein Mittel zum Zweck, d. h. eine Servicefunktion.

1.5 Rahmenbedingungen und Einflussfaktoren

Vielfältige Anforderungen Für Parkierungsanlagen werden die Standorttypen City, Stadtrand und Peripherie (Grüne Wiese) unterschieden. Dabei wird wiederum nach den in der Immobilienbranche vordefinierten Funktionen untergliedert: Handel, Büro, Hotel, Messe/Kongress, Entertainment, Medizin, Bildung, Wohnen, Bahnhof und Flughafen. Größe und Zuschnitt eines für die Errichtung einer Parkierungsanlage vorgesehenen Grundstücks müssen Mindestanforderungen erfüllen. Außerdem ist die Erreichbarkeit, das heißt die Verkehrsanbindung über das überregionale Straßennetz, Erschließungsstraßen und Stauräume von Bedeutung. Das Parkraumangebot im relevanten Umgriff eines Parkhausstandortes, die Bewirtschaftungsmodalitäten und die Auslastung sind zu untersuchen und zu bewerten. Dabei wird unterschieden zwischen dem Angebot im öffentlichen Straßenraum (On-Street) und eventuellen Konkurrenzparkierungsanlagen (Off-Street).

2. Planung und Bau

2.1 Dimensionierung von Parkierungsanlagen

Kritische Prüfung erforderlich Da in nahezu 98 % der nachfragerelevanten Zeit in den meisten Parkierungsanlagen freie Kapazitäten verfügbar sind, ist heute die Notwendigkeit der Errichtung neuer solitärer Parkierungsanlagen kaum mehr gegeben und würde meist nur zu Verdrängungs- und Verlagerungseffekten führen. Integrierte Parkierungsanlagen sind aus baurechtlichen Gründen oder zur Sicherung der Marktfähigkeit einer gemischt genutzten Immobilie erforderlich; jedoch muss auch hier zunehmend kritisch geprüft werden, welche Kapazität für den jeweiligen Standort ausreicht. In jedem Fall senkt eine fundierte Kapazitätsplanung die Investitions- und Betriebskosten und sichert die Rendite für Investor und Betreiber.

2.2 Konzeptionelle Planung

In Abhängigkeit von Standort und Genehmigungsfähigkeit sowie Wirtschaftlichkeit muss die Art der baulichen Ausführung geplant werden. Grundstückspreis und städtebauliche Anforderungen terminieren die jeweilige Entscheidung oft vor.

	Parkplatz	Parkhaus	Tiefgarage	Mechan. PA
City/Stadtkern	–	o	+	+
	–	o	+	o
Innenstadt/Stadtrand	o	+	+	+
	o	+	o	o
Peripherie	+	+	o	o
Grüne Wiese	+	o	–	–
Genehmigungsfähigkeit (weiß), Wirtschaftlichkeit (grau)				
Quelle: APCOA Autoparking GmbH, Stuttgart				

Abb. 1: Genehmigungsfähigkeit und Wirtschaftlichkeit

2.3 Rechtliche Vorgaben und Empfehlungen

Neben den Landesbauordnungen, den Stellplatzsatzungen der Kommunen und individuellen städtebaulichen Auflagen regeln die Garagenverordnungen der Länder vor allem die betrieblichen Aspekte bei Parkierungsanlagen. Die Empfehlungen für Anlagen des ruhenden Verkehrs (EAR 2005) erörtern umfassend sämtliche Entwurfsaspekte. Als Messlatte für hohe Parkingqualität gilt nach wie vor der Kriterienkatalog des ADAC zur Auszeichnung „Das benutzerfreundliche Parkhaus", in dem vorrangig die Abwicklung aus Kundensicht bewertet wird.

EAR/ADAC

2.4 Technik und Ausstattung

Neben den Parkabfertigungsanlagen spielen in Abhängigkeit von der baulichen Ausführung Beleuchtung, Belüftung, Brandschutz sowie Ver- und Entsorgung eine große Rolle. Es würde an dieser Stelle zu weit führen, die verschiedenen Technologien und Konzepte auch nur im Überblick darzustellen, was auch für Bodenbeläge, Markierung und Anstrich sowie Beschilderung gilt. Daher gilt zusammenfassend: Technik und Ausstattung müssen den Anforderungen eines kundenfreundlichen aber im gleichen Zuge auch wirtschaftlichen Betriebes folgen. Meist kann mit einfachen Mitteln ein für den Kunden leicht verständlicher Betrieb organisiert werden, der wiederum durch flexible Konzepte an die jeweilige Auslastung angepasst werden kann.

Kundenfreundlich und wirtschaftlich

2.5 Baukosten

Die Kenngröße Kosten pro Stellplatz variiert bei der jeweiligen Art der baulichen Ausführung sehr stark in Abhängigkeit von architektonischen Anforderungen, Emissionsschutz, Grundfläche, Baugrundbeschaffenheit, Erschließungs- und Nutzerfreundlichkeit. Die in Abbildung 2 genannten Werte beziehen sich auf die reinen Baukosten ohne Grunderwerb incl. sämtlicher Betriebstechnik bei einer Kapazität von ca. 300 Stellplätzen.

	€/Platz
Parkplatz	1.000–3.000
Parkhaus	5.000–15.000
Tiefgarage	15.000–25.000
Mechanisches System	15.000–30.000

Erfahrungswerte:
Baukosten ohne Grunderwerb, inkl. sämtlicher Betriebstechnik, kaum Erfahrungswerte mit mechanischen Systemen.
Quelle: APCOA Autoparking GmbH, Stuttgart

Abb. 2: Baukostenvergleich

3. Investition

3.1 Realisierungsmöglichkeiten

Investor teils auch Betreiber

Grundsätzlich muss zwischen Bestandsobjekten und Projektentwicklungen unterschieden werden. Im Folgenden wird vordergründig auf das neue Objekt eingegangen. Ist der Investor gleichzeitig in der Rolle des Betreibers, spricht man von investiven Betreibern, von denen es am deutschen Parking-Markt eine handvoll Unternehmen gibt, die überwiegend in solitäre Garagen investieren. Schließt ein Entwickler zuerst mit einem Betreiber einen langfristigen Pachtvertrag ab und verkauft die Parkierungsanlage danach an einen Endinvestor, finden sich bei integrierten Parkierungsanlagen nahezu alle klassischen Investorenvertreter wie Versicherungen, Pensionsfonds, Immobilienunternehmen und private Investoren. Die öffentliche Hand bzw. deren Unternehmen investieren meist nur in solitäre Anlagen, die in vielen Fällen durch die eigene Betreibergesellschaft bewirtschaftet werden, wie zum Beispiel in Frankfurt, Osnabrück, Mannheim, Mainz oder Ingolstadt.

3.2 Rendite-Optimierung

Komplizierte Kostenstrukturen

Meistens lassen sich Parkierungsanlagen, hier vor allem Tiefgaragen, unter Ansatz einer Vollkostenrechnung (Grundstücks-, Planungs-, Bau- und Betriebskosten) nicht wirtschaftlich darstellen. Ein einfaches Beispiel macht dies deutlich: Die Herstellungskosten für einen Tiefgaragenstellplatz betragen 20.000 Euro und bedingen eine jährliche Mieteinnahme von 1.600 Euro pro Platz bei einer Zielrendite von 8 %. Im gleichen Zuge kann jedoch nur eine Stellplatzmiete von 100 Euro pro Platz und Monat entsprechend 1.200 Euro pro Jahr erzielt werden. Da ein Stellplatz durchschnittlich 25 m² einschließlich anteiliger Verkehrsfläche beansprucht, entspricht dies einer Quadratmetermiete von 5,33 Euro.

Bei integrierten Parkierungsanlagen erfolgt häufig eine Quersubventionierung des Parkens durch angegliederte Nutzungen wie Handel oder Büro, da für diese Nutzungen ohne ausreichende Stellplatzkapazitäten am Markt keine Mieter gefunden werden könnten. Bei solitären Parkierungsanlagen hingegen wird häufig das Grundstück auf Erbbaubasis zur Verfügung gestellt, wobei in vielen Fällen ein sehr niedriger bis sogar nur symbolischer Erbbauzins zum Ansatz kommt. Sind Betreiber bei der Konzeption eines neuen Standortes von Anfang an involviert, werden oft auch veränderte Rahmenbedingungen, z. B. mit der Stadt, vereinbart, die dann die Aufnahme in das städtische Parkleitsystem, den Rückbau eines konkurrierenden Parkraumangebots im Straßenraum oder eine verbesserte Erreichbarkeit zum Ziel haben. Schließlich können in besonderen Fällen Zuschüsse in Form von Stellplatzablösemitteln oder aufgrund des Gemeindeverkehrsfinanzierungsgesetzes fließen, deren Beantragungs- und Bewilligungsverfahren jedoch sehr langwierig sind. So werden integrierte Parkierungsanlagen am häufigsten realisiert, da sich die angegliederten Nutzflächen entweder aufgrund der von den Städten geforderten Nachweispflicht oder der von den künftigen Mietern und Kunden verlangten Parkmöglichkeiten nicht darstellen lassen. Solitäre Parkierungsanlagen sind dagegen Nischenprodukte, bei denen ein hoher Projektentwicklungsaufwand einem geringen Investitionsvolumen aber nur mageren Renditeaussichten in ungünstiger Relation gegenübersteht.

3.3 Vergabe des Betriebs

Investoren bewerten potenzielle Betreiberkandidaten nach Bonitätskriterien und Erfahrungskomponenten gemäß Abbildung 3. In Analogie zur Spezialimmobilie Hotel wird der Betrieb von einem Investor entweder auf der Grundlage eines Pacht-/Mietvertrages oder eines Managementvertrages vergeben. Während vor allem institutionelle Investoren ihr Sicherheits- und Planungsbedürfnis in Form von langfristigen Festpachtverträgen befriedigen, erkennen langfristig erfolgsorientierte Investoren ihre Chance in reinen Umsatzpacht-

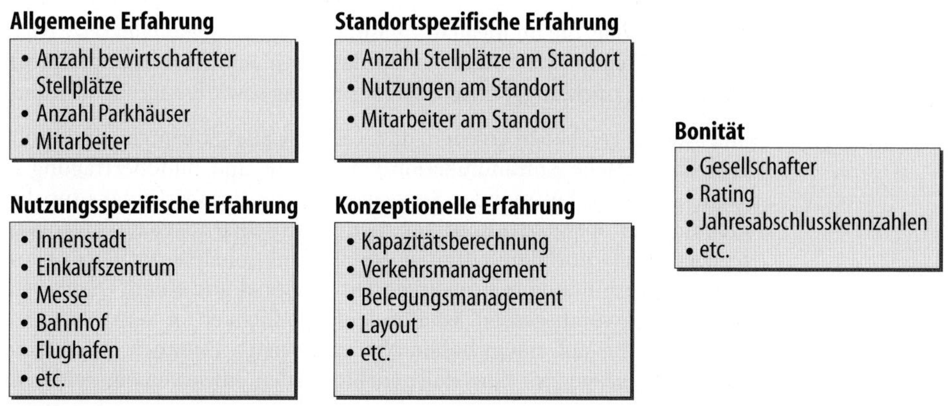

Betreiberkriterien

Allgemeine Erfahrung
- Anzahl bewirtschafteter Stellplätze
- Anzahl Parkhäuser
- Mitarbeiter

Standortspezifische Erfahrung
- Anzahl Stellplätze am Standort
- Nutzungen am Standort
- Mitarbeiter am Standort

Bonität
- Gesellschafter
- Rating
- Jahresabschlusskennzahlen
- etc.

Nutzungsspezifische Erfahrung
- Innenstadt
- Einkaufszentrum
- Messe
- Bahnhof
- Flughafen
- etc.

Konzeptionelle Erfahrung
- Kapazitätsberechnung
- Verkehrsmanagement
- Belegungsmanagement
- Layout
- etc.

Quelle: APCOA Autoparking GmbH, Stuttgart

Abb. 3: Anforderungen an Betreiber

oder Managementverträgen. Hierzu zählen häufig Flughafengesellschaften oder Messegesellschaften, die mit ihrem eigenen Kerngeschäft nachhaltig auf die Umsatzentwicklungen beim Parken Einfluss nehmen können. Der Pachtvertrag hingegen belässt das Einnahmen- und das Kostenrisiko, aber meist auch die entsprechenden Steuerungsmöglichkeiten wie Parktarife oder Personaleinsatz, beim Betreiber.

4. Betrieb

4.1 Betriebskonzepte

Starke Tendenz zur vernetzten Parkleitzentrale

Die operative Abwicklung öffentlich genutzter Parkierungsanlagen war lange Zeit durch permanenten Personaleinsatz während der Öffnungszeiten geprägt. Während bis weit in die 80er Jahre hinein das Personal sämtliche Kassierdienste abwickelte, konnte in den 90er Jahren die zunehmende Verbreitung von automatischen Kassen in Verbindung mit so genannten Parkhaus-Management-Systemen den Wirkungsgrad der Bewirtschaftung erheblich verbessern, da einerseits die moderne Parkabfertigungstechnologie erheblich revisionssicherer arbeitete und andererseits das Personal nicht mehr an das so genannte Kassenhäuschen gebunden war und somit andere Aufgaben in der Parkgarage übernehmen konnte. Auch heute noch wird in großen Objekten und frequenzstarken Anlagen Personal vorgehalten, um einerseits bei Störungen und Problemen Ad-hoc-Problemlösungen bieten zu können. Darüber hinaus dient die Personalpräsenz vor Ort der Erfüllung von Kundenwünschen, wie Informationsbedürfnissen, oder auch der Befriedigung des subjektiven Sicherheitsgefühls der Nutzer. Dank immer zuverlässigerer Parkabfertigungstechnik sowie dem Einsatz von Überwachungskameras und Sprechanlagen, die in personalbesetzte Leitzentralen weitergeschaltet werden, konnten zuerst kleinere Objekte personallos betrieben werden. Zwischenzeitlich werden auch Parkgaragen mit mehr als 200 Plätzen über diese Anbindungsmodelle ferngesteuert. Das Modell der vernetzten Parkleitzentrale (vgl. Abbildung 4) lässt sich jedoch erst ab einer kritischen Größe von mindestens drei Objekten, in denen vormals Personalpräsenz vor Ort gegeben war, wirtschaftlich darstellen. Hier sind in der Parkleitzentrale, die im Idealfall 24 Stunden täglich personalbesetzt ist, sämtliche Satellitenobjekte aufgeschaltet, das heißt Bildübertragung, Sprechverbindung, Störmeldung, Betriebsdatenerfassung sowie Steuerung und Technik.

Untersuchungen haben ergeben, dass ca. 80 % aller Störungen und Probleme über die einfache Kommunikation via Sprach- und Bildübertragung gelöst werden können. Ein mobiles Serviceteam sorgt darüber hinaus für die Abwicklung der operativen Routinen, den technischen Service, Kontrollen und gegebenenfalls Störfallbeseitigung. Stabile Funktionalität der Technikkomponenten in Verbindung mit qualifiziertem Personal und einem Qualitätssicherungssystem vorausgesetzt, ist Kundenfreundlichkeit in dem vorgenannten Betriebsmodus auf einem hohen Niveau geleistet. Dennoch muss standort- und objektbezogen im Einzelfall geprüft werden, inwieweit ein personalloser Betrieb umgesetzt werden kann, da sowohl behördliche als auch vertragliche Auflagen eine Personalpräsenz vor Ort immer noch erfordern. Eine weitere Option für den personallosen Betrieb besteht in der deutlich investitions-

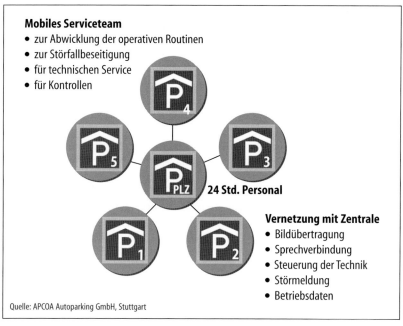

Abb. 4: Vernetzte Parkleitzentrale

reduzierten Betriebsform mit Parkscheinautomat, die sich vor allem für kleinere Einheiten oder wenn keine räumliche Eingrenzung möglich ist, eignet. In diesem Fall muss jedoch eine regelmäßige Überwachung der Bezahlmoral der Kunden gewährleistet sein. Die tradierte Form der Handkassierung schließlich findet nur noch bei Messen und Großveranstaltungen Anwendung, wenn aufgrund der nur zeitweiligen Nutzung einer Parkierungsanlage die Investition in Parkabfertigungstechnologie wirtschaftlich nicht vertretbar ist.

4.2 Aufgaben im Betrieb

Im Rahmen einer Fremdvergabe des Betriebes einer Parkierungsanlage (Outsourcing) kann der Eigentümer in Abhängigkeit von der Vertragsgrundlage (vgl. auch vorstehend Abschnitt 3.3) einzelne Leistungen bis hin zum „Rundum-Sorglos-Paket" dem Betreiber übertragen. Die häufigste Minimalvariante stellt dabei der Personaleinsatz in Form von Kontrollgängen/Sicherheitspatrouillen sowie die Leerung der Kassenautomaten einschließlich Geldverarbeitung und -verbringung dar. Beim typischen Managementvertrag werden die personalgebundenen Aufgaben und Leistungen dem Betreiber übertragen; hierzu zählen Verwaltung und Management, Überwachung und Kontrolle, Erfüllung der Verkehrssicherungspflicht, Reinigung und Winterdienst, technischer Service, Wartung und Reparatur der Parkabfertigungstechnik, Abrechnung der Einnahmen, Geldverarbeitung und -verbringung. Ein definiertes Leistungsverzeichnis zu festgelegten Konditionen wird erfüllt. Beim Pachtvertrag schließlich steht das unternehmerische Handeln des Betreibers aufgrund der übernommenen Umsatzrisiken im Vordergrund; dadurch erhalten Marketing und Akquisition sowie die Vermarktung von Werbeflächen entsprechen-

Minimalvariante oder „Rundum-Sorglos-Paket"

de Bedeutung. Außerdem liegen Kostentragungspflicht und Verantwortlichkeit für Energie, Wasser und Abwasser, technischer Service, Wartung und Reparatur der sonstigen haustechnischen Einrichtungen und auch der Schönheitsreparaturen beim Betreiber. In seltenen Fällen ist der Betreiber bei Pachtverträgen auch noch verantwortlich für die Instandhaltung der Gebäudesubstanz (Dach und Fach).

4.3 Services

Ticketvarianten und Bezahlfunktionen

Die Kontrolle und Abfertigung der Parkvorgänge ist die Kernaufgabe im Betrieb einer Parkierungsanlage. Zur Grundausstattung zählen neben den Einfahrten, Ausfahrten, Kassenautomaten und zentraler Rechnereinheit bestehender Parkabfertigungsanlagen heute auch Videoüberwachungs- und Intercomanlagen, um jederzeit den Kunden an den vorgenannten Geräten sehen zu können und ihm gegebenenfalls auch über Sprachkommunikation helfen zu können. Moderne Parkabfertigungsanlagen akzeptieren neben Münzgeld und Scheinen auch immer häufiger Karten (EC-, Kredit-, Geldkarte). Als zentrales Kontrollmedium hat nach wie vor die Seitenstreifen-Magnetkarte eine herausragende Position. Daneben sind jedoch in den letzten Jahren auch verstärkt Barcode-/Strichcode-Tickets oder Chipkarten bzw. Chipcoins anzutreffen. Grundsätzlich gilt jedoch, dass die Magnetstreifenkarte das vielseitigste Medium ist, da es einerseits beschrieben werden kann und somit ein autarker Betrieb, zum Beispiel bei Stromausfall, möglich ist. Andererseits bietet dieses Medium auch die größtmöglichste Flexibilität, zum Beispiel für Rückerstattungsmodelle durch Lochung, Umcodierung, Zeit- oder Geldwertkarten zum Nachschieben. Schließlich können Magnetstreifentickets aufgrund des minimalen Stückpreises auch im Vorfeld von Veranstaltungen verschickt werden, ohne dass bei Nichtnutzung ein nennenswerter wirtschaftlicher Schaden entsteht, wie dies beispielsweise bei Chipkarten der Fall wäre. Während vorgenannte Aspekte überwiegend für den Betrieb im Kurzparkermodus gelten, hat sich in den letzten Jahren für Dauerparker der aus Kundensicht äußerst komfortable Einsatz von berührungslosen Medien etabliert, der jedoch mit zusätzlichem Hardware-Aufwand und teuren Karten erkauft werden muss. In diesem Fall kann jedoch der Kunde ohne anzuhalten und eine Karte zu „zücken" die Barriere passieren. Ebenfalls sind Kennzeichenerkennungs- und -erfassungssysteme in den letzten Jahren entwickelt worden, die zum Beispiel in Verbindung mit vorbuchbaren Reservierungen an Flughäfen Anwendung finden. Der Einsatz der Kennzeichenerfassung eignet sich darüber hinaus noch zur Erhöhung der Revisionssicherheit, aber auch zur Gewährleistung, dass nur berechtigte Nutzer Fahrzeuge aus den Parkierungsanlagen fahren können.

Sicherheit

Als weiterer entscheidender Aspekt – vor allem aus Kundensicht – zählt die Sicherheit in Parkierungsanlagen. Schon in der Planungs- und Bauphase kann durch eine transparente und lichte Konstruktion, zum Beispiel durch Stützenfreiheit, ein solider Grundstein für die Sicherheit im Betrieb gelegt werden. Gute Belichtung/Beleuchtung und Belüftung, auch in Ecken, Nischen oder Schleusenbereichen, vermitteln in Verbindung mit hohen Reinigungsstandards ein gutes subjektives Sicherheitsgefühl. Die objektive Sicherheit im Betrieb wird dann durch Videoüberwachungs- und Notrufanlagen sowie Kontrollgänge durch Personal gewährleistet.

Die ADAC-Auszeichnung „Das benutzerfreundliche Parkhaus" gilt seit vielen Jahren als hervorragender Leitfaden für eine nutzerfreundliche Parkierungsanlage und umfasst eine Checkliste, die 130 Einzelpunkte umfasst; dabei wird besonderer Wert auf die „3 S" (Sicherheit, Sauberkeit und Service) sowie verkehrliche Erschließung, Betriebsabwicklung und Detaillösungen gelegt.

Immer wieder treten Eigentümer von Parkierungsanlagen, Interessensverbände oder Kunden an Betreiber heran und bringen Vorschläge zur Verbesserung der Servicequalität oder für zusätzliche Dienstleistungen. In der Betreiberbranche ist die Vielfalt von so genannten Sonderservices durchaus bekannt, wird jedoch im Hinblick auf die Kosten-Nutzen-Relation sehr kritisch gesehen. Ein Angebot an Schließfächern, Wartungs-, Inspektions- und Reparaturdienste, Fahrzeugpflege oder gar Valet- und Sicherheitsparken sollen hier exemplarisch für diese Sonderservices genannt werden, die allerdings nur an ausgewählten, meist sehr exponierten, Standorten auf eine wirtschaftlich tragfähige Akzeptanz beim Kunden treffen. Grundsätzlich kann festgehalten werden, dass diese Dienstleistungen in Deutschland bisher nur an so genannten Business-Standorten wie Flughäfen, Fernbahnhöfen, Hotels und Veranstaltungszentren nachgefragt werden, da insbesondere an den vorgenannten Standorten auch die durchschnittliche Verweildauer der Kunden eine Organisation der Services ermöglicht.

Erweiterter Service

4.4 Betriebskosten

Im Rahmen einer repräsentativen Erhebung hat der Bundesverband der „Park- und Garagenhäuser e.V. Köln" 2003 bei seinen Mitgliedern für den Bautyp Parkhaus und Tiefgarage mit einer Referenzgröße von 400 Stellplätzen sowie permanenter Personalpräsenz während der Öffnungszeiten die Betriebskosten ermittelt. In Abbildung 5 sind die Ergebnisse dieser Erhebung zusammengefasst. In Abbildung 6 und 7 sind wiederum die Anteile der verschiedenen Kostenarten auf die Betriebskosten pro Stellplatz und Monat heruntergebrochen.

Parkhaus und Tiefgarage

Kostenart	Parkhaus[1]	Tiefgarage[1]	Parkhaus[2]	Tiefgarage[2]
Energie, Wasser, Abwasser	24.500	30.500	18.500	24.000
Wartung, Reparatur, Instandhaltung	16.000	23.000	15.000	22.000
Personal inkl. Lohnnebenkosten	167.300	167.300	74.550	74.550
Versicherungen, Abgaben, Beiträge, Gebühren	10.800	12.300	10.800	12.300
Verwaltung (allgemein und objektbezogen)	40.000	40.000	40.000	40.000
Betriebsmittel	6.000	6.500	5.500	6.000
Summe	**264.600**	**279.600**	**164.350**	**178.850**

Repräsentative Erhebung der Bundesverbandes der Park- und Garagenhäuser e.V., 2003. PA mit 400 Plätzen und permanenter Personalpräsenz während der Öffnungszeiten (1 = 24 Std., 2 = 15 Std.). Kosten netto p.a.
Quelle: APCOA Autoparking GmbH, Stuttgart

Abb. 5: Betriebskostenvergleich

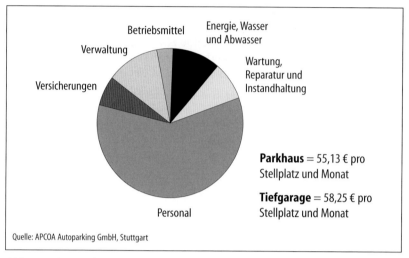

Abb. 6:   Gesamtkosten 24-Stunden-Betrieb

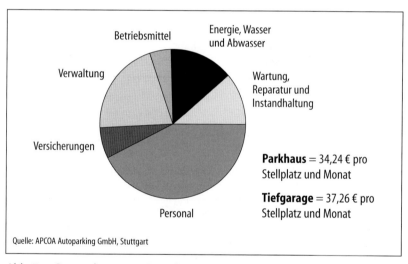

Abb. 7:   Gesamtkosten 15-Stunden-Betrieb

Die Personalkosten haben dabei stets den größten Anteil, gefolgt von Verwaltung, Energie, Wasser und Abwasser sowie Wartung, Reparatur und Instandhaltung. So wird deutlich, dass der Betrieb von Parkierungsanlagen eine personalintensive Dienstleistung ist.

4.5 Einsparpotenziale

Technik und EDV Insbesondere durch Einsatz von Technik, EDV und entsprechender Software können enorme Einsparpotenziale erzielt werden, deren Analyse, Bewertung und Umsetzung jedoch immer standort- und objektbezogen betrachtet werden müssen. Durch standortangepasste Betriebsmodelle (vgl. hierzu Abschnitt 4.1) können die Personalkosten um 20–70 % gesenkt werden. Die hierfür erforderlichen Investitionen amortisieren sich in den meisten Fällen binnen Jahresfrist. Die Energiekosten, die insbesondere bei Tiefgaragen durch künstliche Belichtung und Belüftung einen großen Anteil an den Gesamtkosten ausmachen, können nennenswert nur in der Planungs- und Ausstattungsphase reduziert werden. Nachträgliche Optimierungen sind meist aufgrund der hohen Investitionskosten wirtschaftlich nicht darstellbar. Eine sinnvolle Planung und Konzeption des Licht- und Lüftungsmanagements kann jedoch im Vergleich zu herkömmlichen Systemen eine Verbrauchsreduzierung um 5–30 % bewirken. Bei Wartung, Reparaturen, Instandhaltung der technischen Betriebseinrichtungen können die entsprechenden Kosten einerseits durch Qualifizierung des vor Ort verfügbaren, eigenen Personals sowie durch Degressionsvorteile beim Einkauf von Leistungen um 10–20 % gesenkt werden. Der Einsatz modernster EDV und entsprechender Management-Methoden in der Verwaltung führt schließlich zu Kostenreduktionen um 15–30 % bei den verbleibenden Kostenpositionen. Schließlich können Degressionsvorteile bei der Beschaffung bzw. beim Einkauf von Waren und Leistungen in Höhe von 5–10 % erzielt werden.

4.6 Einnahmen

In Deutschland werden 60–90 % der Einnahmen in Parkierungsanlagen durch Kurzparker generiert, diese sind sehr standort- bzw. objektabhängig. Während Branchenfremde die Einnahmen in Parkierungsanlagen über Auslastungsgrade projektieren wollen, arbeiten professionelle Parkhausbetreiber mit den Parametern Tarifstruktur, Verweildauer und Frequenz. In den meisten Fällen ist die Tarifstruktur durch einen Tarifspiegel im Umfeld eines konkreten Standortes bzw. in einer Stadt definierbar. Abweichungen von dieser vorgefundenen Marktüblichkeit im Rahmen von 10–20 % treffen auf Akzeptanz bzw. sind an B-Standorten erforderlich. Empirische Untersuchungen haben ergeben, dass Erhöhungen von 30 % und mehr oftmals zu erheblichen Frequenzverlusten führen können, wodurch die Umsatzverluste nicht mehr durch die höhere Tarifstruktur aufgefangen werden können. Die Kurzparkerfrequenz an einem Standort, der nicht unmittelbar funktional zugeordnete und baulich angegliederte Nutzungen bedient, kann durch Hinweisbeschilderung, Parkleitsystem, Marketing und Akquise entwickelt werden. Die Anlaufzeit bei solitären Parkierungsanlagen beträgt drei bis fünf Jahre bis ein stabiles Frequenzniveau nachhaltig erreicht ist. Integrierte Objekte, z. B. Parkhäuser von Einkaufszentren, zeigen vom Start weg meist eine deutlich bessere Akzeptanz, die in etwa analog mit der Frequenzganglinie des Einkaufszentrums verläuft. Schließlich bestimmt die Verweildauer je Parkvorgang die Einnahmen aus der Kurzparkerklientel in erheblichem Maße. In Abbildung 8 sind entsprechende Verweildauerkennziffern bei verschiedenen Standorttypen dargestellt.

Kurzparker

Dauerparker werden in den meisten Parkierungsanlagen als Sockeleinnahme bewertet, für welche die realisierbare Monatsmiete und die Anzahl der vermieteten Plätze die jeweiligen Parameter darstellen. In der Regel werden Dauerstellplätze nicht als fest reservierte Plätze, die einem konkreten Nutzer oder einem bestimmten Fahrzeugkennzeichen zugeordnet sind, vergeben; vielmehr werden so genannte garantierte Nutzungsrechte vermarktet, bei denen der

Dauerparker

Standorttyp	Stunden
Hochwertige Einzelhandelslage (Stadt > 500.000 EW)	3–5
Fußgängerzone (Stadt > 500.000 EW)	2–4
Stadtteilzentrum (Stadt > 500.000 EW)	1–2
Fußgängerzone (Stadt 100.000–500.000 EW)	1–3
Zentrum (Stadt < 100.000 EW)	1–2
Einkaufszentrum (> 35.000 m² VK-Fläche)	2–3
Einkaufszentrum (15.000–35.000m² VK-Fläche)	1–2
Einkaufszentrum (< 15.000 m² VK-Fläche)	1
Multiplex-Kino	2–3
Bürozentrum	2–3
Quelle: APCOA Autoparking GmbH, Stuttgart	

Abb. 8:   Verweildauer von Kurzparkern

Betreiber dem Abonnenten gegenüber einen und nicht „seinen" Stellplatz zusichert. In Abhängigkeit von Standorttyp und Dauermietern in einer Parkierungsanlage kann so die zwischen 10 % und 40 % liegende „No Show Rate" genutzt werden, um weitere Kapazität für Kurzparkernutzung zu generieren. Bewährte Tarifdifferenzierungsmodelle sind werktägliche Nutzung tagsüber, reine Nachtnutzung für Anwohner, sieben Tage pro Woche rund um die Uhr Nutzung sowie in Ausnahmefällen der reservierte Stellplatz – vom günstigen zum hochpreisigen Angebot.

Werbeflächen   Schließlich können in Parkierungsanlagen Werbeflächen vermietet werden, bei denen die Art des Werbemediums und die Anzahl der jeweiligen Verträge die mögliche Einnahme definieren und erfahrungsgemäß 1 % bis maximal 5 % der Gesamteinnahmen ausmachen (nur Innenwerbung in Parkierungsanlagen). Dabei haben sich besonders so genannte „Citylights" durch ihre saubere Optik und die zusätzliche Lichtquelle bewährt. Darüber hinaus besteht eine Vielfalt an Werbemöglichkeiten in Parkierungsanlagen, von der Großflächenwerbung, über die im Corporate Design eines Werbepartners gestaltete komplette Parkebene, Ticketwerbung, Schrankenwerbung, Fußbodenwerbung bis hin zu Sonderaktionen.

Weitere Einnahmen aus den in Abschnitt 4.3 genannten Sonderservices können insgesamt als unwesentlich bezeichnet werden.

Durch die Servicefunktion des Parkens sind die möglichen Gesamteinnahmen in solitären Parkierungsanlagen in hohem Maße standortabhängig bzw. bei integrierten Parkierungsanlagen funktionalitätsabhängig. So kann der Betreiber durch die ihm zur Verfügung stehenden Stellhebel Marketing, Akquisition, Service in Verbindung mit Yield Management die Einnahmen im Bereich von 10–30 % beeinflussen.

5. Fazit

5.1 Wirtschaftlichkeit

Generell können nur schwer Aussagen über die Ertragssituation von Parkierungsanlagen allgemeingültig formuliert werden, da jeder Standort, insbesondere auch im Hinblick auf die vorhandene Kapazität, individuell bewertet werden muss. Bei standortgerechter Kapazitätsplanung wird als Richtwert einer möglichen Pachtleistung pro Stellplatz und Monat der am Standort von einem Dauerparker zu entrichtende monatliche Mietpreis projektiert, da die Mischnutzung aus Kurz- und Dauerparkern das Betriebskosten- und Unternehmerlohndelta deckt. Entscheidende Einflussgrößen für den Erfolg einer Parkierungsanlage sind Umfeld, Erreichbarkeit und Zentralität des Standortes.

Hohe Standortabhängigkeit

In ca. 95 % der nachfragerelevanten Zeit sind in Parkierungsanlagen freie Kapazitäten verfügbar; hingegen sind im öffentlichen Straßenraum die Stellplätze meistens deutlich höher ausgelastet, was auf die höhere Akzeptanz durch leichtere Erreichbarkeit, weniger restriktive Bewirtschaftungsmodi und die Sichtbarkeit des Platzes zurückzuführen ist.

Die Schaffung neuer Nutzflächen, z. B. Handel, an erschlossenen Standorten generiert in Relation nur unterdurchschnittlich neue Parkfrequenzen, was zukünftig eine Anpassung der Kapazitätsdimensionierung von Parkierungsanlagen erfordert. Im gleichen Zuge ging die Anzahl der Kurzparkerfrequenzen in Innenstädten in den vergangenen drei Jahren um ca. 10 % zurück, was eine Umfrage des Bundesverbandes der Park- und Garagenhäuser ergab.

Kapazitätsanpassung erforderlich

5.2 Ausblick in die Zukunft

Aufgrund der demographischen und wirtschaftlichen Entwicklungen sowie der erschlossenen Infrastrukturen in Deutschland muss der Bau von Parkierungsanlagen deutlich zurückgefahren werden. Neue Objekte müssen standortgerecht dimensioniert und besonders kundenfreundlich sein, um nach immer länger werdenden Anlaufzeiten Marktanteile sichern zu können. Bestehende Parkierungsanlagen müssen zum Erhalt der Wettbewerbsfähigkeit auf den Stand der Technik gebracht oder durch Neubau ersetzt werden. Im Rahmen der Stellplatznachweispflicht bzw. aus Akzeptanzgründen werden weiterhin integrierte Parkierungsanlagen neu entstehen. An Bahnhöfen, bei Krankenhäusern und Bildungseinrichtungen sowie in städtebaulich sensiblen Bereichen ist zusätzlicher Bedarf für die Schaffung von Parkraum gegeben.

Anlagenbau muss reduziert werden

Der speziell in Deutschland noch stark zersplitterte Betreibermarkt konsolidiert sich zu Lasten kleinerer und kommunaler Betriebe weiter. Durch den Einsatz neuester Technik können vorhandene Kapazitäten immer besser und kundenfreundlicher ausgelastet werden. Neue – parking-nahe – Dienstleistungen erweitern das Serviceangebot der Betreiber für die Kunden. Durch innovatives Parkraummanagement können die vorhandenen Strukturen zukunftsfähig entwickelt werden, ohne dass Investitionsruinen entstehen müssen.

16 Gewerbeparks
– Knotenpunkte einer intelligent vernetzten Wirtschaft –

Dr. Johann Vielberth, Gründer und Beirat
der Unternehmensgruppe Dr. Vielberth, Regensburg

Christian Bretthauer, Sprecher des Zentralmanagements
der Unternehmensgruppe Dr. Vielberth, Regensburg

Inhaltsverzeichnis

1.	**Entwicklungsperspektiven**	416
1.1	Trends vorweggenommen	417
1.2	Zum Begriff geworden	418
1.3	Globaler Siegeszug	418
1.4	Gewerbeparks in Großbritannien und den USA	419
1.5	Nationale und internationale Entwicklung	420
1.6	Werte im Wandel	421
1.7	Ein straffes Timing	422
2.	**Harte Standortfaktoren**	423
2.1	Die Nachhaltigkeit	423
2.2	Die Lage	423
2.3	Die Dimension	424
2.4	Das Verkehrssystem	424
2.5	Die Binnenstruktur	424
2.6	Die Rechtslage	424
2.7	Die Flexibilität	425
3.	**Weiche Standortfaktoren**	425
3.1	Aktives Management	425
3.2.	Buntes Branchenbild	425
3.3	Offensive Imagearbeit	426
3.4	Verdichtete Kompetenz	426
3.5	Differenzierte Profile	427
3.6	Kreative Prozesse	428
4.	**Eckdaten Business Parks**	429
4.1	Gewerbepark Regensburg	429
4.2	Süd-West-Park Nürnberg	429
4.3	Business Park München/Garching	430

„In der neuen Ära schaffen die Märkte Raum für Netzwerke; Eigentum wird zunehmend ersetzt durch Nutzungszugang."

„Wirtschaftswert ist nicht mehr länger an physisches Kapital gebunden, sondern an menschliche Phantasie und Kreativität."

(Jeremy Rifkin, The Age of Access, 2000, S. 5)

1. Entwicklungsperspektiven

Notwendige Anpassungsfähigkeit

Wenn wir die Entwicklungsperspektiven moderner Gewerbeparks richtig einschätzen wollen, dann erscheinen diese Thesen des Bestsellerautors Jeremy Rifkin sehr interessant. Einige der beschriebenen Phänomene können wir sowohl bei der Nutzung eher kurzlebiger als auch langfristiger Güter seit längerem beobachten: Immer mehr Fahrzeuge und Maschinen werden geleast, IT-

Kapazitäten oft extern abgerufen, Geschäftsräume konjunktur- und bedarfskonform angemietet. Dabei geht es nicht nur um Effizienz, also um möglichst kostengünstige Lösungen. Oft spielt auch der Faktor Zeit eine nicht zu unterschätzende Rolle.

Im „Dschungel" des globalisierten Wettbewerbs fressen bekanntlich die Schnellen die Langsamen: Ganze Regionen und Volkswirtschaften müssen eine höhere Anpassungsfähigkeit entwickeln. Denkt man diese Prozesse zu Ende, so kommt „beweglichen" Immobilien zwangsläufig eine wachsende Bedeutung zu. Das einst für Jahrzehnte zementierte Gut verändert seinen Charakter: Entwicklungs-, Fertigungs-, Vertriebs- und Büroflächen müssen innerhalb weniger Monate bereitstehen und eine adäquate Flexibilität garantieren, sollen neue Produkte nicht schon bei ihrer Premiere am Markt überholt sein.

1.1 Trends vorweggenommen

Diesen Anforderungen der Wirtschaft kommen Gewerbeparks – sofern dieser Gattungsbegriff richtig interpretiert wird – in nahezu idealer Weise entgegen, zumal dieser Immobilientypus neben seinem breit gefächerten Flächenangebot Mietern einen vielfältigen Zusatznutzen bietet: keine unnötige Kapitalbindung und damit mehr Liquidität für Innovation und Expansion, keine Fehlplanungsrisiken, optimale Lage, zeitliche und räumliche Flexibilität, schlüssige Verkehrslösungen, interne Synergieeffekte, konsequenter Bauunterhalt, Imagegewinne, integrierte Servicestrukturen ... Und nicht zuletzt eine angenehme Atmosphäre für Kunden und Beschäftigte, die im Idealfall von A wie Autoverleih bis Z wie Zahnarzt vieles auf kurzen Wegen finden. **Tragfähiges Konzept**

Im Zuge der Arbeitsteilung werden Risiken und übergreifende Aufgaben an den professionellen Vermieter delegiert, der seinerseits die wertvolle Ressource Grund und Boden optimal nutzt, sein Know-how permanent vertieft und mit einem qualifizierten Management die Dynamik der Standorte voll zur Entfaltung bringt.

Konsequent entwickelte und geführte Parks prägen heute Mechanismen aus, die noch in den 80er/90er Jahren nicht zwingend absehbar waren. Auf diese positiven Prozesse, die zu einer hohen Konjunkturstabilität, einer stärkeren Bindung der Nutzer und in der Folge zur Werthaltigkeit der Immobilien beitragen, wird an anderer Stelle noch näher eingegangen. Sie setzen allerdings eine langfristige Investitionsstrategie voraus, die sich klar vom spekulativen Agieren mancher Marktteilnehmer abhebt. **Vorreiterrolle**

Als unsere Gruppe in den Jahren 1978 bis 1980 daran ging, ein auf die spezifischen Bedürfnisse der – vom klassischen Mittelstand geprägten – deutschen Wirtschaft zugeschnittenes Modell zu entwickeln, bot sich zwar eine Orientierung an Modellen im angloamerikanischen Raum an, doch konnten diese nicht einfach kopiert werden. Dort hatten sich unterschiedlichste Standorte und Bezeichnungen etabliert: Industrial Estate, Business Park, Office Park, Research and Development Park, Mixed-Use-Park ... Unsere Teams haben eine Vielzahl dieser Anlagen besucht und die Literatur durchgearbeitet. Als gute Adresse für sachkundige Literatur und Vorträge erwies sich dabei übrigens das Urban Land Institute (Washington). **Vorbild USA**

1.2 Zum Begriff geworden

Prägung des Begriffs

1979 wurde schließlich in Regensburg ein im engeren Stadtradius gelegenes, mit 22 ha ausreichend großes Industriegelände für ein „Einkaufs- und Dienstleistungszentrum für die gewerbliche Wirtschaft" erworben. Da es für ein derartiges Projekt im deutschen Sprachraum noch keine gängige Bezeichnung gab, stellte sich die Frage: Wie sollte eine große Gewerbeentwicklung aus einem Guss benannt werden? Eine für unsere Zwecke passende Übersetzung für Business Park lautete Gewerbepark. Wir glaubten, diesen Begriff für unser Vorhaben schützen zu können. Es dauerte jedoch nicht lange und nahezu jede Gemeinde gab ihrem Gewerbegebiet diesen Namen. Mit dem Gewerbepark Regensburg wurde so der zuvor nur vereinzelt in der Fachliteratur genutzte Begriff in der Öffentlichkeit gängig.

Zunächst musste den Mietern der ersten Stunde allerdings vermittelt werden, dass ein Gewerbepark nicht einfach ein besserer Acker ist, der wie ein landläufiges Gewerbegebiet mit Kanalisationsrohren, Wasser-, Strom- und Telefonleitungen, Straßen und Lichtmasten bestückt wird. Ein Gewerbepark in unserem Verständnis ist entschieden mehr:

Definition

„Ein Gewerbepark ist ein als Einheit konzipiertes Gewerbegebiet auf einem ausreichend großen Grundstück, das nach einem umfassenden Konzept verwirklicht wird. Dieses Modell ist abgestellt auf die Nutzung durch ausgewählte Sparten von Gewerbe-, Dienstleistungs- oder Industriebetrieben und sichert optimale Voraussetzungen für deren Geschäftsbetrieb. Nutzer eines Gewerbeparks können sowohl Eigentümer von Parzellen und Immobilien als auch Mieter sein. Entscheidend ist, dass der Gewerbepark ganzheitlich geplant und langfristig von einem Management verwaltet wird. Nur so ist sicherzustellen, dass das Konzept und die einzelnen Immobilien laufend an die sich ändernden Anforderungen angepasst werden. Auf das gemeinsame Konzept werden Nutzer und Eigentümer verpflichtet."

Die Entwicklung und der allmähliche Besatz herkömmlicher Gewerbezonen verlaufen weniger koordiniert. Rund um die Städte wuchern häufig Gewerbegürtel ohne Charakter, innere Versorgungsstruktur und städtebauliche Qualität. Konsequent geplante und gesteuerte Gewerbeparks bringen eine deutliche Aufwertung. Zumal professionelle Entwickler auf einen langen Erfahrungshintergrund bauen können.

1.3 Globaler Siegeszug

Ursprung in England

Der erste Gewerbepark im engeren Sinne wuchs Ende des 19. Jahrhunderts in Großbritannien heran. Dort entstand 1896 in Manchester auf einer Fläche von 500 ha der „Trafford Park". Er blieb bis 1950 der größte geplante, privat verwaltete, überwiegend industriell geprägte Gewerbepark der Welt. 1920 wurde in England ein weiterer großer Gewerbepark auf einem Militärgelände entwickelt – „Slough Estate" auf 250 ha. Daraus wuchs die Stadt Slough heran, die 1997 schon mehr als 100.000 Einwohner zählte. 1902 wurde das Konzept in den Vereinigten Staaten aufgegriffen. In Chicago etablierte sich südlich von Down Town der 120 ha umfassende „Central Manufacturing District" (CMD), entwickelt durch Frederic Prince.

Nach dem ersten Weltkrieg folgte in den USA eine Reihe von Gewerbeparkentwicklungen, initiiert vor allem durch Eisenbahngesellschaften. Dieser Prozess riss erst in der Depression 1930 ab. Der „Los Angeles Central Manufacturing District" war das letzte größere, von den Eisenbahnen betriebene Vorhaben. Erst nach dem Zweiten Weltkrieg setzte im angloamerikanischen Raum wieder eine Welle von Gründungen ein. Heute sind Parks in den Vereinigten Staaten in der Regel die Dreh- und Angelpunkte für größere Gewerbeansiedlungen. **Initiator Eisenbahn**

Nachfolgend ein Überblick über große Entwicklungen in Großbritannien bis 1996.

1.4 Gewerbeparks in Großbritannien und den USA

Nr.	Name	Region	Größe (in ha)	Vermietbare Fläche (in sqft.)	sqft./acre[1]	Bebauungsdichte „BD"[2]
1	Ansells Park	Ansells	10,1	k. A.		
2	Arlington BP	Reading	19,4	720.000	14.829	0,34
3	Auckland BP	Milton Keynes	19,4	k. A.		
4	Aztec West	Bristol	63,5	2.150.538	13.547	0,31
5	Birmingham BP	Birmingham	59,9	2.150.100	14.363	0,33
6	Coventry BP	Coventry	38,4	k. A.		
7	Crossways BP	Dartford	127,5	k. A.		
8	Edinburgh Park	Edinburgh	55,8	k. A.		
9	Frimley BP	Camerelely	9,7	k. A.		
10	Gadbrook Park	Norwich	24,3	k. A.		
11	Gillingham BP	Kent	48,6	1.500.000	12.358	0,28
12	Gloucester BP	Gloucester	93,1	k. A.		
13	Hatfield	Hatfield	39,3			
14	Kings Hill	Maidstone	263,0	3.800.000	12.500	0,29
15	Newbury BP	Newbury	12,1	k. A.		
16	Oxford BP	Oxford	35,6	k. A.		
17	Shire Park	London	22,3	850.000	15.279	0,35
18	Solent Business Park	Southampton	78,9	2.700.000	13.689	0,31
19	St. Andrews	Norwich	10,5	k. A.		
20	Stockley Park	Heathrow	160,0	3.795.699	9.489	0,22
21	Thames Valley	Reading	72,8	1.500.000	12.500	0,29
22	Waterside	Northampton	16,2	k. A.		
Durchschnitt:			58,2			

1 übliche britische Kennzahl für die Bebauungsdichte
2 „BD" = Bebauungsdichte (= Faktor, vermietbare Fläche zur Grundstücksfläche)
Quelle: Alfons Viehbacher: Ein Vergleich deutscher Gewerbeparks mit englischen Business Parks – unter Berücksichtigung bedeutender Kriterien, Diplomarbeit, Fachhochschule Nürtingen, 1996/97, S. 99

Abb. 1: Größe und Bebauungsdichte

Hohe Spezialisierung

In Großbritannien wurden bis 1995 in den 100 größten Gewerbeparks ca. 2,7 Mio. m² Büroflächen erstellt. In den Vereinigten Staaten dürfte es inzwischen mehr als 10.000 Gewerbeparks geben, wobei eine hohe Spezialisierung auffällt. Nicht selten sind Gewerbeparks ein integraler Bestandteil der Landentwicklung, die ganze Stadt- und Wohnviertel umfasst: mit Mietblöcken, Reihen- und Einfamilienhäusern, Shopping-Center, Schulen, Kirchen … Bei den einbezogenen Gewerbeparks wird meist nach Standorten für die Industrie, die Leichtindustrie, für Büros, für Forschungsinstitute etc. differenziert. In der Summe werden riesige Flächen bis zu 12.000 ha überplant.

Arbeitsgruppen unseres Unternehmens haben unter anderem eine derartige Anlage in Texas besucht, um die Trends in der deutschen und amerikanischen Immobilienlandschaft abzugleichen und Anregungen zur Optimierung unserer Flächen- oder Serviceangebote zu sammeln. Dort waren ein kommerzieller Flugplatz – ausgerichtet auf Frachtumschlag und Flugzeugwartung – sowie auf die Luftfahrtindustrie ausgerichtete Betriebe (z. B. Service für Bordküchen, Bordheizung, Sitzreinigung usw.) Teile der Gesamtplanung. Das Gelände nordwestlich von Dallas – entwickelt von Ross Perot – bietet sogar Platz für eine Autorennbahn. Maßnahmen dieser Kategorie sind im Grunde geplanter Städtebau mit allem, was an Funktionen und Aufgaben dazugehört (vgl. hierzu Abbildung 2).

1.5 Nationale und internationale Entwicklung

Nachzügler Deutschland

In Deutschland begann die Entwicklung relativ spät. Der ab 1980 aufgebaute Gewerbepark Regensburg zählte zu den Pionierprojekten. Mittlerweile gibt es bundesweit eine Reihe von Entwicklungen auf Grundstücksflächen von jeweils mehr als zehn ha. Kleinere Parks entsprechen nach den Analysen unserer Firmengruppe meist nicht den Kriterien, die funktionsfähige Parks auszeichnen.

Inzwischen ist die Idee weltweit verbreitet und akzeptiert. Bestätigt und verbreitet wird das Konzept nicht zuletzt durch Unternehmen, die international agieren und Niederlassungen etablieren. Diese expansiven Unternehmen – insbesondere Adressen aus angelsächsischen Ländern – bevorzugen Business Parks, da ihnen diese Art der Flächenbereitstellung aus ihren Herkunftsländern bestens vertraut ist.

Nach der globalen Verbreitung des Modells stellt sich die Frage: Bewegen wir uns als Investoren noch in einem prosperierenden Feld oder ist nichts mehr zu gewinnen?

Immobilienökonomischer Wandel

Zu keiner Zeit hat sich in der Immobilienökonomie ein solcher Wandel vollzogen wie zum Ausklang des 20. Jahrhunderts. Von großen Industriekonzernen und Handelshäusern bis hin zum Mittelstand galt es einst als eherner Geschäftsgrundsatz, jene Immobilien, die man für seine geschäftlichen Zwecke brauchte, selbst zu erwerben. Von den Banken wurden die Bilanzen daraufhin abgeklopft, ob genügend „Substanz" – sprich: Immobilien – vorhanden war. Diese Substanz war lange die Basis der Kreditwürdigkeit der Unternehmen.

Parkbezeichnung	Acres[1]
Port of Brownsville, Brownsville, Texas	44.000
The Woodlands, The Woodlands, Texas	23.000
Las Colinas, Dallas, Texas	12.000
Bayport/Clear Lake City, Houston, Texas	10.500
Hastings Industrial Park, Hastings, Nebraska	8.300
Little Mountain Industrial Property, Ogden, Utah	8.000
West Marion Industrial Park, Marion, Indiana	7.612
Mid America Industrial District, Pryor, Oklahoma	7.000
Research Triangle Park, Research Triangle, North Carolina	6.750
Newport Industrial City, Southhaven, Mississippi	6.600
St. Vrain Industrial Park, Longmont, Colorado	5.738
Treyburn, Durham, North Carolina	5.300
Roswell Industrial Air Center, Roswell, New Mexico	5.029
Northland Park, Kansas City, Missouri	5.000
Kebert Industrial Park, Meadville, Pennsylvania	5.000
Cherry Point Industrial District, Seattle, Washington	5.000

From database of 6.000 active U.S. business parks
[1] 1 acre = 4.047 m²; 1 ha entspricht etwa 2,5 acres.
Quelle: ULI – The Urban Land Institute, Business and Industrial Park Development Handbook, Washington, S.18
Stand: Mitte 1990er Jahre

Abb. 2:   Große Gewerbeparks in den USA

1.6   Werte im Wandel

Inzwischen deuten jedoch viele Studien und Beobachtungen darauf hin, dass die Sachinvestitionen an Gewicht verlieren. Hierbei spielen die Einführung des elektronischen Handels und elektronischer Netze ebenso eine Rolle wie Just-in-time-Prozesse und die Verschlankung der Verwaltungen. Im Gegenzug wird verstärkt in Produktinnovationen, Marktoffensiven und die Kundenakquise investiert.

Neue Ausrichtung

An diesem Punkt sei deshalb an das eingehende Rifkin-Zitat erinnert, das konstatiert:

„*Wealth is no longer vested in physical capital but rather in human imagination and creativity. Concepts, ideas and images – not things – are the real items of value in the new economy*" (Jeremy Rifkin, The Age of Access, 2000, S. 5).

Ideen, Kreativität, vernetzte Strategien und eine stärkere Serviceorientierung scheinen also „Zukunftswerte" der modernen Wirtschaft zu sein. Und zumindest die – trotz der Ernüchterung rund um die so genannte „New Economy" – noch immer hohe Bewertung mancher IT- oder Internet-Unternehmen an den Aktienmärkten scheint Rifkin zu bestätigen. Einige dieser „Newcomer"

„Zukunftswerte"

sind weit über ihren engeren Substanzwert hinaus kapitalisiert. Doch auch etablierte Adressen – von einigen naiven Börsianern voreilig als „Old Economy" abgewertet – orientieren sich neu.

Um die Ertragskraft zu steigern, ist auch in der deutschen Wirtschaft eine Entwicklung in Gang gekommen, die fraglos einen großen Einfluss auf die Immobilienwirtschaft hat.

Entwicklung neuer Strategien

Beispielhaft sei hier die Siemens AG genannt: Nachdem über Jahrzehnte hinweg das Management der genutzten Immobilien nicht auf Vorstandsebene angesiedelt war, entwickelte der Konzern in den 90er Jahren eine neue Strategie. Nun betreute eine eigenständige Gesellschaft den Bestand, um alle Immobilien möglichst profitabel zu nutzen. Dennoch konnten alle Siemens-Bereiche jene Immobilien, die sie für ihre Verwaltung und Produktion brauchten, am Markt preiswert anmieten. Immobilien aus dem eigenen Bestand hatten also keineswegs automatisch Vorrang. Im Zuge dieser Neuorientierung wurden im Gewerbepark Regensburg der Sitz des Bereichsvorstandes für Automobiltechnik – heute Siemens VDO Automotive – sowie viele Entwicklungsteams angesiedelt. Die privat entwickelten Geschäftsflächen standen nicht nur kurzfristig bereit; sie erwiesen sich auch als kostengünstiger. So wurden nicht nur Büros, sondern auch Hochregallager, Parkhäuser usw. angemietet.

Die Überlegung im Hintergrund: Um eine gute Performance an der Börse zu erreichen, sind im internationalen Vergleich Eigenkapitalrenditen von 15–20 % erforderlich. Solche Renditen sind jedoch im Immobiliengeschäft kaum zu erzielen. Das Outsourcing hat also die Rentabilität des Kerngeschäftes wesentlich erhöht.

Immobilien verlangen weit reichende Investitionsstrategien. Die Herstellung nimmt eine längere Zeit in Anspruch und die Nutzungsintervalle sind manchmal schwer abzusehen. Die Entwicklungen in der heutigen Wirtschaft laufen dagegen, wie erwähnt, immer schneller ab.

1.7 Ein straffes Timing

Schnelle Realisation

Unternehmen, die in lukrative Geschäftsfelder vorgestoßen sind, wollen in der Regel rasch expandieren, um ihre Potenziale wirklich auszuschöpfen. Ein Beispiel hierzu: Im ebenfalls von unserer Gruppe konzipierten Süd-West-Park Nürnberg (rund 230 Mietpartner, 7.000 Beschäftigte, 190.000 m² Nutzfläche) baute Ende 2004 die erfolgreiche internationale Finanzgruppe ING DiBa eine neue Direktbank-Niederlassung mit 800 kommunikationstechnisch eng vernetzten Arbeitsplätzen auf 15.000 m² auf. Vom ersten konkreten Kontakt zwischen der ING-Vorstandsebene und unserem Parkmanagement bis zum Hochfahren der IT-Systeme für das praktisch rund um die Uhr laufende Online Banking vergingen nur etwa drei Monate.

Chancen und Risiken

Ein derart straffes Timing eröffnet spezialisierten Entwicklern – die im günstigsten Fall das Bau-Know-how im eigenen Verbund vorhalten – neue Chancen. Der neue Markt stellt allerdings besondere Anforderungen an Developer. Sie benötigen neben möglichst flexiblen Immobilienkonzepten eine engagierte Verwaltung und auch Finanzierungspartner, die auf einen rascheren Mieterwechsel eingestellt und bereit sind, das Risiko dieser kürzeren Zyklen mit zu tragen. Womit kurzfristige Vermietungen zwangsläufig etwas teurer ausfallen als langfristige Bindungen.

Gewerbeparks haben also nicht zuletzt deshalb Zukunftschancen, weil sie im Trend der Spezialisierung liegen. Oder, um es erneut mit Rifkin zu sagen: Sie ermöglichen den „Access", den Zugang zur zeitlich und räumlich flexiblen Nutzung von Flächen – oder besser: hochwertigen Standorten.

Flexible Flächennutzung

Unsere Unternehmensgruppe ist seit jeher darauf ausgerichtet, Immobilien strukturell möglichst flexibel auszulegen, langfristig im Bestand zu halten und immer wieder an die Marktbedürfnisse anzupassen. Dabei achten wir auf folgende Schlüsselkriterien:

- Das Areal muss groß genug sein, um eine eigene Standortqualität auszuprägen.
- Der Aufbau eines Gewerbeparks muss einer Konzeptidee folgen.
- Das Projekt muss in Art und Umfang dem Marktgebiet angepasst sein.
- Der Standort muss unter einer Gesamtregie verwirklicht werden.
- Die Konzepttreue muss langfristig durch ein Management gesichert werden.
- Last but not least: Der Investor muss die Interessen der Allgemeinheit bedenken.

2. Harte Standortfaktoren

2.1 Die Nachhaltigkeit

Ein Kernziel ist und bleibt es natürlich, Immobilien zu schaffen, die nachhaltig rentabel sind. Der Wert soll nicht nur bewahrt werden, sondern aufgrund des Konzepts mittelfristig steigen. Auf Dauer erfolgreich kann ein Gewerbepark aber nur sein, wenn in Übereinstimmung mit den Planungszielen einer Gemeinde und unter angemessener Berücksichtigung der Interessen der Öffentlichkeit gehandelt wird.

Interessenvereinbarkeit

2.2 Die Lage

Je nach Art eines Gewerbeparks und der Nutzer sind an die Lage des Grundstücks verschiedene Anforderungen zu stellen. Ein Forschungspark wird nah an einer Universität oder Fachhochschule liegen. Ein Gewerbepark für Spedition und Lager braucht die Anbindung an Schiene, Straße und Wasser. Ein Büropark sollte mit öffentlichen Verkehrsmitteln gut erreichbar, optimal an das Straßennetz angeschlossen sein und eine gute Annoncen-Wirkung haben. Kompromisse bei der Standortwahl sind zu vermeiden.

Kompromisslose Standortwahl

2.3 Die Dimension

Großzügige Fläche/ Professionelles Management

Zentrale Gewerbeparkcharakteristika – und diese bestimmen den Erfolg – können nur ausgeprägt werden, wenn ein Projekt groß genug ist. Schließlich sind viele Funktionen zu integrieren, um Synergien auszulösen und die interne Dynamik zur Geltung zu bringen. Zudem wirft nur ein ausreichend dimensioniertes Projekt so viel an Erträgen ab, dass es wirtschaftlich vertretbar ist, dem Park langfristig ein eigenes Management zu geben. Nicht etwa eine bessere Hausverwaltung, sondern ein vollwertiges Management, das die Vermietung ebenso wie die Umsetzung von Innovationen oder die kontinuierliche Image- und PR-Arbeit übernehmen kann. Nur dann eröffnet sich die Chance, weitgehend unabhängig von der Umgebung eine eigene Standortqualität zu entwickeln, das Areal optimal zu erschließen, funktionell richtig und kostengünstig zu bauen.

2.4 Das Verkehrssystem

Mit Blick auf die Nutzerstruktur der Parks ist das Verkehrssystem zu entwickeln. Die gute Erreichbarkeit aus dem überörtlichen Straßennetz und eine entsprechende Kapazität mit ausreichend Parkplätzen für Besucher und Belegschaften sind von erheblicher Bedeutung. Nur so kann der Verkehr rasch kanalisiert und beruhigt werden. Mit Ringstraßen zur Anbindung aller Gebäude ohne Stichstraßen oder Sackgassen sowie einer konsequenten Trennung des Besucher- und Lieferverkehrs lassen sich die inneren Abläufe optimieren. An Standorten mit hohen Frequenzen (Beschäftigte, Kunden) ist eine gute Anbindung an die öffentlichen Nahverkehrsnetze zwingend. Eine Erschließung durch Wohngebiete verbietet sich in aller Regel.

2.5 Die Binnenstruktur

Zukunftsorientierte Planung

Bei der Konzeption der internen Straßen, Plätze, Freiflächen, Gebäude, Grün- und Wasserlandschaften sind neben der reinen Funktionalität auch eine gehobene architektonische Qualität und eine angenehme Atmosphäre anzustreben. Straßen, Lieferhöfe und Parkplätze müssen nicht nur dem gegenwärtigen Bedarf gerecht werden, sondern ein Wachstum zulassen. Die Infrastruktur ist also vom Start weg so leistungsfähig auszulegen, dass eine spätere, intensivere Nutzung nicht verbaut ist.

2.6 Die Rechtslage

Alle rechtlichen Aspekte, die das Umfeld betreffen (Nachbarschaft, Kommune), aber auch alle rechtlichen Fragen hinsichtlich der internen Nutzung müssen vorweg abgeklärt und endgültig entschieden sein. Nutzer eines Gewerbeparks dürfen nicht durch ständige Eingriffe von Ämtern oder Klagen von Anrainern verunsichert werden.

2.7 Die Flexibilität

Die Baustrukturen sind mit entscheidend für den Erfolg. Immobilien in einem Gewerbepark sind im Regelfall keine Architekturdenkmäler, sondern Zweckbauten, die unterschiedlichen Nutzern optimale Rahmenbedingungen für die Entwicklung ihrer Geschäfte bieten. Dank der Möglichkeit, innerhalb eines weitläufigen Areals die Grundstücksparzellen nach Bedarf einzuteilen, können die Grundrisse optimiert und die Gestehungs-/Betriebskosten der einzelnen Komplexe minimiert werden.

Vor allem eines darf bei allen Überlegungen nie aus dem Blickfeld geraten: eine möglichst vielseitige Nutzung. Mieterverträge über fünf oder zehn Jahre werden die Regel sein. Ein zweckgerechtes, auf Dauer werthaltiges Gebäude ist nur dann gegeben, wenn die mit einem Mieterwechsel anfallenden Umbauten oder technischen Aktualisierungen mit einem überschaubaren Aufwand darzustellen sind.

Vielseitige Nutzung

3. Weiche Standortfaktoren

Neben diesen und weiteren harten Faktoren, die in der Vergangenheit sicherlich hinreichend analysiert und diskutiert wurden, rücken die „weichen" Qualitäten weit ausgereifter Gewerbeparks zunehmend ins Blickfeld. Ist die Konzeption in sich stimmig und die „kritische Masse" ausreichend, so kann die interne Dynamik gezielt angestoßen und die Mieterschaft über alle Konjunkturzyklen hinweg in ihrer Marktpositionierung unterstützt werden.

Dies setzt voraus, dass der Vermieter nicht eine traditionell-passive, sondern eine aktive Standortphilosophie verfolgt. Sie erfordert zwar einen höheren Einsatz an Manpower und Marketing, kann im Gegenzug aber – gerade in kritischen Phasen am Immobilienmarkt – zu einem höheren Prolongations- bzw. Neuvermietungsvolumen beitragen. Also unter dem Strich zu geringeren Leerstandsquoten und einer stabileren Rendite.

Aktive Standortphilosophie

3.1 Aktives Management

Ein qualifiziertes und engagiertes Management sollte sich nicht darauf beschränken, den Baubestand und die Allgemeinzonen zu pflegen, die Nebenkosten abzurechnen, turnusgemäß Prolongationsverhandlungen mit Mietern zu führen und frei werdende Flächen schlicht zu inserieren, sondern vielmehr die Branchenstrukturen laufend analysieren und durch einen ausgewogenen Mix an großen oder kleinen Nutzern, an etablierten Firmen oder Existenzgründern zu einer Risikominimierung beitragen.

3.2 Buntes Branchenbild

Mit einer bewussten Gestaltung der Vertragslaufzeiten kann verhindert werden, dass sich – womöglich bei ungünstigen Marktszenarien – auslaufende Verträge ballen. Wobei anzumerken ist, dass sich das oft diskutierte „Klumpen-Risiko" (Belegung von Einzelimmobilien durch Großmieter) aufgrund der Gesamtgröße vollwertiger Parks, der vielfältigen Nutzungsmöglichkeiten, eines bunten Branchenbildes und der permanenten „Innovation durch Rotation" in überschau- und tragbaren Grenzen hält.

Hohe Prolongationsquote
Ein regelmäßiger Kontakt zu den Mietpartnern und die Servicebereitschaft des gesamten Verwaltungsteams – ob Gärtner oder Geschäftsführer – tragen im Übrigen dazu bei, dass sich Nutzer in ihren Anliegen ernst genommen und am Standort auf Dauer wohl fühlen, was sich ebenfalls in einer hohen Prolongationsquote ausdrückt.

3.3 Offensive Imagearbeit

Gemeinschaftswerbung
Im Gegensatz zu isolierten Einzelimmobilien eröffnet ein flexibel gestalteter Gewerbepark zudem interessante Spielräume zur Ausprägung von Kompetenzprofilen. Stark präsente Branchenbereiche können durch gezielte Neuansiedlungen sinnvoll abgerundet und im Bewusstsein breiter Verbraucherschichten verankert werden. Beispielsweise durch eine plakative, großräumig wirksame und kostengünstige Gemeinschaftswerbung, die laufend alle ansässigen Adressen transportiert. Hilfreich sind auch Info-Instrumente, die gewerbliche oder private Konsumenten von einem spezialisierten Dienstleister zum nächsten führen, ein Standortmagazin, das regelmäßig über das Geschehen im Park informiert, regionale Messen oder Veranstaltungen und nicht zuletzt eine offensive Presse- und Öffentlichkeitsarbeit in allen geeigneten Medien.

Internet
Überlegenswert ist eine Plattformstrategie im Internet. Ein gemeinsamer Auftritt mit einer integrierten, interaktiven Suchfunktion erleichtert Besuchern die Orientierung, führt Kunden weiter zu den Websites der einzelnen Firmen im Park, vereinfacht die direkte Kontaktaufnahme und kann – sofern das System datenbankgestützt ist – die Produkt- und Leistungsvielfalt eines Standorts transparent machen: von der kompletten Automatisierungstechnik bis hin zur kleinsten Schraube. Mit dieser Unterstützung kann ein Business Park vielen Mietern Vorteile am Markt eröffnen, die bei Einzelimmobilien schlicht nicht machbar sind.

Gewerbepark als „Gründerzentrum"
Natürlich lassen sich mit derlei Instrumenten standortspezifische Qualitäten (optimale Verkehrsanbindung, ausreichende Parkplätze, kurze Wege, integrierte Serviceelemente etc.) ebenso vermitteln wie die Leistungsprofile einzelner Firmen oder ganzer Branchenbereiche. Auch bei Vermietungsgesprächen ist es sicherlich ein Argument, wenn man auf attraktive, kundengerechte Strukturen und eingespielte Netzwerke zur raschen Einbindung neuer Anbieter verweisen kann. Davon können speziell mittelständische Firmen und junge Start-ups sehr profitieren. Bei objektiver Betrachtung sind Business Parks – im Gegensatz zu manchen kommunalen Subventionsprojekten – mit ihren synergetischen Wirkungen ideale „Gründerzentren".

3.4 Verdichtete Kompetenz

Im Gewerbepark Regensburg haben sich – begleitet durch übergreifende Management- und Marketingmaßnahmen – rund 20 Facharztpraxen, Institute, Therapeuten, Fachhändler sowie Dienstleister aus den Bereichen Wellness, Beauty und Sport erfolgreich im MediPark – dem integrierten medizinischen

Gewerbeparks

Zentrum des Standorts – zusammengeschlossen. Mit seiner ambulanten Tagesklinik und insgesamt mehr als 60 qualifizierten Adressen ist der MediPark zum größten privaten Zentrum dieser Art in Ostbayern herangewachsen. Inzwischen entsteht ein weiterer MediPark mit sinnvoll vernetzten Dienstleistungen im Süd-West-Park Nürnberg.

In gewissem Maße lassen sich Erfahrungen aus dem Shopping-Center-Geschäft übertragen: Eine Verdichtung des Angebots führt zur Verdichtung der Nachfrage. Wobei mit zu bedenken ist: Vom Standing des Standorts profitieren keineswegs nur die auf Endverbraucher orientierten Einheiten. Imagegewinne und ein hoher Bekanntheitsgrad sichern Arbeitgebern auch am Stellenmarkt einen Vorsprung.

3.5 Differenzierte Profile

Natürlich ist zu differenzieren: Ein zentrumsnaher, mit einem höheren Anteil an Fachhändlern und Dienstleistungen für den alltäglichen Bedarf stärker auf Endverbraucher ausgerichteter Standort wie etwa der Gewerbepark Regensburg (rund 300 Firmen, 5.000 Beschäftigte, 155.000 m² Nutzfläche) profitiert deutlich von Frequenzgewinnen (um die 15.000 Besucher pro Tag). Deshalb wurden hier publikumswirksame Veranstaltungen wie eine regionale Automobilschau mit zeitgleichem Tag der offenen Tür auf dem Freigelände, eine Kontaktmesse Bayern/Tschechien im Zuge der EU-Osterweiterung, ein Zehn-km-Lauf auf der Ringstraße oder auch der Auftakt des Regensburger Jazz Weekends arrangiert. Seit dem Frühjahr 2005 geht zudem eine Open-Air-Filmreihe auf der zentralen „Piazza" mit Catering- und Gastronomieangeboten über die Bühne. Der Standort setzt sich damit weit von gewöhnlichen Gewerbekonglomeraten und Solitärimmobilien ab. Er wird von breiten Bevölkerungsschichten als lebendiger Teil der Stadt erlebt und verinnerlicht. Eine wichtige Rolle spielt bei alledem natürlich eine großzügige Park- und Grüngestaltung, die mit für einen angenehmen Aufenthalt und die allgemeine Akzeptanz sorgt.

Individuelle Marketingkonzepte erforderlich

Der etwas weiter vom Stadtkern entfernte, mehr durch namhafte Großmieter und weniger durch endkundenorientierte Anbieter geprägte Süd-West-Park Nürnberg (rund 230 Firmen, 7.000 Beschäftigte, 190.000 m² Nutzfläche) hat andere Ansätze entwickelt: Hier diskutieren regelmäßig Entscheider ansässiger Unternehmen mit kompetenten Referenten und ausgewählten externen Gästen Zukunftsfragen bei einem „Executive Breakfast". Diese zwanglosen Treffen bringen potenzielle Geschäftspartner – etwa aus der prominent vertretenen Informations- und Kommunikationstechnik – ins Gespräch und begünstigen weit über den Park hinaus ein engeres Networking in der Metropolregion Nürnberg-Fürth-Erlangen mit seinen mehr als 2 Mio. Bürgern. Die Bevölkerung erlebt außerdem bei einem lockeren „FunRun" und einem Sommerfest, dass sich in einem umfassend ausgestatteten Business Park – gerade bei zunehmend flexiblen Arbeitszeiten – Beruf, Familie und Freizeit weit besser vereinen lassen als in mehr oder minder zufällig strukturierten, beliebigen Gewerbegebieten.

Networking

In Garching vor den Türen Münchens, wo unsere Gruppe einen weiteren Büro- und Dienstleistungspark (geplante Nutzfläche: rund 240.000 m²) entwickelt, bietet es sich wiederum an, bei der Strukturierung und einem übergreifenden Networking das intelligente Umfeld mit der benachbarten TU München, Max-Planck-Instituten oder dem europäischen Research Center von General Electric (USA) in die Überlegungen einzubeziehen. Auch die „AllianzArena" in Blickweite des Parks ist ein Bezugspunkt.

Ausschöpfung der regionalen Potenziale

Auf „halbem Wege" zwischen Marienplatz und Flughafen wird ein städtebauliches „Scharnier" geschaffen, das mit zeitgemäßen Flächen- und Serviceangeboten den Ortskern, das Forschungsgelände sowie das bestehende Wohn- und Gewerbegebiet Garching-Hochbrück vernetzt und es der Universitätsstadt ermöglicht, lange nicht voll genutzte Ansiedlungs-, Entwicklungs- und Steuerpotenziale auszuschöpfen. Zugleich wird ein Signal zur Aufwertung angrenzender Grundstücke gegeben, wo die BMW AG ein Center zur Betreuung von VIP-Kunden und Medienvertretern etabliert und weitere Firmen investieren.

Begünstigt wird die integrierende Funktion des Parks durch eine Direktanbindung an die A 9 (München–Nürnberg, Zubringer Garching-Nord) und die Einbindung in das Nahverkehrsnetz mit einem neuen U-Bahnhof (U 6) in unmittelbarer Nachbarschaft.

Ganzheitlicher Ansatz

Mit seinem ganzheitlichen Ansatz, der natürlich bewährte Infrastrukturelemente (Einkaufspassage, Tagungsmöglichkeiten, Gastronomieangebote, vielfältige Dienstleistungen rund um den Geschäftsbetrieb sowie den alltäglichen Bedarf etc.) und nicht zuletzt eine großzügige Grüngestaltung einschließt, genießt dieser Standort selbst am anspruchsvollen Immobilienmarkt rund um die wachstumsstarke, international relevante EU-Metropole München durchaus eine Sonderstellung.

Gerade in großstädtischen Räumen werden eine qualifizierte Beratung/Betreuung der Mietpartner und durchdachte Servicestrukturen bis hin zur Kinderkrippe – mit denen die Akzeptanz von flexiblen Arbeitszeiten oder Teilzeitjobs deutlich gesteigert werden kann – eher noch an Bedeutung gewinnen. Nur bei optimalen Rahmenbedingungen können sich Unternehmen auf das Wesentliche – ihren Erfolg – konzentrieren und bei der Suche nach klugen Köpfen am nur scheinbar ergiebigen Stellenmarkt von einem guten Standing profitieren.

Professionelle Verwaltung

Eine kompetente Verwaltung kann ansässigen Adressen zudem Routinearbeiten (Nebenkostenkontrolle, Wartung und Aktualisierung der Technik, Pflege von Allgemeinzonen etc.) abnehmen und Sonderkonditionen bieten, etwa beim Einkauf von Energie, von Mobilfunk- oder Werbeleistungen. Geschultes Personal sorgt für rasche Reparaturen, hohe Sicherheitsstandards und einen effizienten Bauunterhalt.

3.6 Kreative Prozesse

Versteht man einen Gewerbepark nicht als eher zufällige, „amorphe" Agglomeration von Dienstleistern, sondern als funktionale Einheit, so lassen sich mit einer bewussten Bündelung von Kräften kreative Prozesse auslösen, die selbst gegen störende Konjunktur- und Branchentendenzen eine eigene Dynamik entfalten.

Gewerbeparks

Das schlichte Vorhalten beliebiger Flächen genügt bei weitem nicht mehr, wie die Selektion am Immobilienmarkt mit der Räumung austauschbarer Objekte oder Standorte zeigt. Kritische Kunden erwarten beratungsintensive Individuallösungen zur Minimierung der Kosten je Arbeitsplatz, integrierte Servicesysteme, innovative Impulse und eine insgesamt kundenorientierte Philosophie rund um ihren Firmensitz.

Komplettlösungen

Im Idealfall denkt die Immobilienwirtschaft für die einzelnen Nutzergruppen voraus. Sie realisiert nicht einfach nur bedarfsgerechte Flächen, sondern Synergieeffekte, Netzwerke, Plattformen und ganze Zentren. Also letztlich „Zukunft – just in time".

4. Eckdaten Business Parks

4.1 Gewerbepark Regensburg

- Grundstücksfläche 22 ha
- Start der Baumaßnahmen 1980
- Verkehrsanbindung an A 3/A 93, ÖPNV
- interne Erschließung über Ringstraße
- 3.500 Parkplätze (Freiflächen, Tiefgaragen, Parkhäuser)
- Hotel, Tagungszentrum, Business Center
- integriertes Servicekonzept mit Einkaufspassage, Gastronomie, Bank, Sport/Fitness/Wellness, alltägliche Dienstleistungen, Kinderkrippe etc.
- derzeitige Nutzfläche 154.000 m²
- flexible Raumlösungen ab 100 m²
- mehr als 300 Mietpartner, darunter Siemens VDO, Amazon, Strabag
- rund 5.000 Arbeitsplätze
- etwa 15.000 Besucher täglich
- Kompetenzschwerpunkte: MediPark, Bauen & Einrichten, Service & Technik, BeraterPark
- ca. 60.000 m² Grün- und Wasserzonen
- Neuvermietungsvolumen 2004 rund 16.500 m²
- Website: www.gewerbepark.de

4.2 Süd-West-Park Nürnberg:

- Grundstücksfläche 14 ha
- Start der Baumaßnahmen 1990
- Verkehrsanbindung über Süd-West-Tangente, ÖPNV
- interne Erschließung über Ringstraße
- rund 4.000 Parkplätze

- Hotel, Tagungscenter, Multimediaräume, Fashion-Forum
- integriertes Servicekonzept mit Einkaufspassage, Gastronomie, Betriebsrestaurant, Fitness/Wellness, Kinderkrippe, Handy Shop etc.
- derzeitige Nutzfläche 190.000 m²
- flexible Raumlösungen ab 150 m²
- etwa 230 Mietpartner, darunter ING DiBa, O2, Telekom, Fujitsu, Infineon, Jaeger LeCoultre
- rund 7.000 Beschäftigte
- Kompetenz-Schwerpunkte: Information/Kommunikation, Call-Center, Banking, MediPark (im Aufbau)
- aufwändige Grüngestaltung, begrünte Parkhäuser
- Neuvermietungsvolumen 2004 rund 26.000 m²
- Website: www.suedwestpark.de

4.3 Business Park München/Garching

- Grundstücksfläche 19 ha
- Start der Baumaßnahmen 2005
- Anbindung über neuen Autobahnzubringer Garching-Nord zur A 9 München–Nürnberg
- interne Erschließung über Ringstraßensystem
- bis zu 5.000 Parkplätze
- U-Bahnhof (U 6 zum Münchener Marienplatz) direkt am Park
- Entwicklungshorizont sieben bis zehn Jahre
- geplante Nutzfläche 230.000 m²
- erster Büro-/Servicekomplex mit 24.000 m² (beliebig teilbar) und Restaurant
- flexible Raumlösungen für insgesamt etwa 7.000 Arbeitsplätze
- integriertes Servicekonzept mit Einkaufspassage, Hotel, Tagungsräumen, Büro-Service, Kinderkrippe, Reinigung etc.
- zentrale Wasser-Landschaft, rund 80.000 m² Grünflächen
- in direkter Nachbarschaft: TU München, Max-Planck-Institute, Forschungszentrum von General Electric

17 Innovations-, Technologie- und Gründerzentren
– Konzepte und Entwicklungstendenzen –

Andrea Glaser, Geschäftsführerin, ADT-Bundesverband Deutscher Innovations-, Technologie- und Gründerzentren e. V., Berlin

Inhaltsverzeichnis

1.	Aufgaben von Innovationszentren	432
1.1	Zu den Erfolgen der letzten Jahre	434
1.2	Das ADT-Qualitätsprädikat	435
1.3	Aus der Arbeit des Bundesverbandes Deutscher Innovations-, Technologie- und Gründerzentren e. V.	437
2.	Entwicklungstendenzen der Innovationszentren in Deutschland	439
3.	Innovationszentren in Deutschland – eine kurze statistische Bestandsaufnahme	440
4.	Innovationszentren in Deutschland – das internationale Gründernetzwerk	444

1. Aufgaben von Innovationszentren

Der Begriff „Innovationszentrum" fasst sowohl Technologie- und Gründerzentren als auch Wissenschafts- und Technologieparks zusammen. Entscheidend sind die Ziele und Aufgaben, die Innovationszentren realisieren. Im Mittelpunkt steht, dass sie günstige Rahmenbedingungen für die Konzept-, Start- und erste Entwicklungsphase junger, insbesondere innovativer, technologieorientierter Unternehmen schaffen und darüber hinaus günstige Bedingungen für ihr weitergehendes Wachstum gestalten. Dies geschieht überwiegend in vier Hauptfeldern:

Unternehmensgründungsauftrag

Der Unternehmensgründungsauftrag umfasst:

- auf Gründer zugeschnittene, untrennbare Beratungs-, Service- und technische Dienstleistungen sowie flexible Bereitstellung von Räumlichkeiten,
- Initiierung von Know-how-Effekten durch Technologiemix und Firmenrotation,
- Freisetzung von Synergien von und mit Kontaktnetzwerken,
- Einbeziehung in Unternehmensgründungsinitiativen (Sensibilisierung und Mobilisierung potenzieller Existenzgründer).

Technologietransferauftrag

Der Technologietransferauftrag umfasst:

- Technologietransfer über Firmen (Umwandlung von Unternehmerideen in marktgängige innovative Produkte, Verfahren und Dienstleistungen im Zuge des direkten Technologietransfers),
- Technologiefokus des Zentrums (Technologieentwicklung, regionales Kompetenzzentrum, Vorhalten spezieller Technologien für die Mieter o. Ä.),
- Technologietransfervorhaben des Zentrums (Initiierung und Begleitung von Verbundvorhaben des nationalen und internationalen Technologietransfers – indirekter Technologietransfer).

Der Wirtschaftsförderungsauftrag umfasst:

- Einbeziehung und Mitwirkung in regionalen Netzwerken und Initiativen für Zentrum und Firmen,
- Gestaltung und Begleitung technologieorientierter regionaler Schwerpunktvorhaben,
- Aufgaben der „klassischen" regionalen Wirtschaftsförderung (Bestandspflege, Ansiedlungsunterstützung, Weiterbildung u. a.),
- Beratungshilfe/Schulungsleistungen beim Aufbau von Innovationszentren im In- und Ausland.

Der Wirtschaftlichkeitsauftrag des Zentrums:

- Die Erfüllung des Wirtschaftlichkeitsauftrages kann vor allem an Kennziffern, die den kostendeckenden Betrieb eines Zentrums nachweisen, gemessen werden.

Wirtschaftsförderung und Wirtschaftlichkeit

Innovationszentren realisieren diese Grundaufgaben im Idealfall aus einer Hand mit hoher Effizienz und unter Einbeziehung eines Netzwerkes von Experten und Partnern.

Neben den Beratungs- und Unterstützungsleistungen für Unternehmensgründer und junge Unternehmen bieten die Innovationszentren Räumlichkeiten für den Start und die erste Entwicklung der Unternehmen in hoher Flexibilität hinsichtlich Zeit, Größe und Konditionen entsprechend deren Entwicklung. Darüber hinaus steht den Unternehmen in den Zentren ein differenziertes Angebot an Infrastruktur in den verschiedensten Bereichen zur Verfügung, z. B. vom temporär anmietbaren Konferenzraum bis hin zur Präsentationstechnik, von Telekommunikation und Internetanbindung bis zu Laborausstattung, von klassischen Dienstleistungen wie Empfang, Postservice bis zu Projektmanagement etc.

Das seit Jahren ungebrochene Interesse von Wirtschaft, Politik, Wissenschaft und Medien an Innovationszentren und den mit ihnen erzielbaren Effekten ist Ausdruck der zahlreichen Erfolge dieser Zentren bei der Unterstützung von Unternehmensgründungen.

Aus Sicht der Wirtschaft sind die Innovationszentren vor allem Instrumente der lokalen und regionalen Wirtschaftsförderung, mit denen es möglich ist, in Gebieten mit notwendig gewordenem wirtschaftlichem Strukturwandel neue, mittelständisch geprägte Wirtschaftsstrukturen aufzubauen.

Regionale Wirtschaftsförderung

Die Politik interessiert sich vorrangig für Möglichkeiten, neue, qualitativ hochwertige Arbeitsplätze zu schaffen und zu sichern. Innovative Technologiefirmen, wie sie in deutschen Innovationszentren vornehmlich betreut werden, wachsen besonders schnell. Ihre innovativen Produkte sind am Markt gut platzierbar. So erarbeiten sie einen beachtlichen Teil des deutschen Bruttosozialprodukts. Deutsche kleine und mittelständische Unternehmen (KMU) beschäftigen die meisten in- und ausländischen Arbeitskräfte in Deutschland. Sie konnten in den letzten Jahren einen Arbeitsplatzzuwachs schaffen, während das Arbeitsplatzangebot der Großindustrie häufig sogar zurückgeht. Deutsche Innovationszentren trugen seit ihrem Bestehen mit der Schaffung von ungefähr

150.000 neuen Arbeitsplätzen in weit über 16.000 Unternehmen zum Erfolg des Mittelstandes bei. Auch die europäische Politik hat den „Gegenstand" Innovationszentrum inzwischen in vielfältiger Weise aufgegriffen und fördert gezielt sowohl den Aufbau neuer Zentren als auch die vergleichende Analyse ihrer Funktionsmechanismen.

Verwertung von Forschungsergebnissen
Für die Wissenschaft in Hochschulen und an außeruniversitären Forschungseinrichtungen ist der personalisierte Technologietransfer über Unternehmensgründer ein wichtiger Weg zur Verwertung von Forschungsergebnissen. Davon zeugen entsprechende Projekte, die Gründungen aus Hochschulen unterstützen und in die Innovationszentren eng einbezogen sind. Diesen Technologietransfer auch für außeruniversitäre Forschungseinrichtungen zu verstärken und damit die Innovationskraft der deutschen Wirtschaft zu befördern, ist ein vordringliches Ziel des ADT.

1.1 Zu den Erfolgen der letzten Jahre

Seit 1983 – dem Gründsjahr des ersten Innovations- und Gründerzentrums in Deutschland – ist die Zahl der Zentren in Deutschland ständig gewachsen. Heute besteht ein flächendeckendes Netzwerk von ca. 400 Infrastruktureinrichtungen, Informations-, Dienstleistungs- und Betreuungszentren für innovative Unternehmensgründer und technologieorientierte Unternehmen. Die Erfolgsquote aller in diesen Zentren gegründeten Unternehmen beträgt über 90 %.

Die Landesregierungen setzen Innovationszentren oft gezielt als Instrumente regionaler Wirtschaftsförderung ein. Innovationszentren sind zu einem integralen Bestandteil technologieorientierter Wirtschaftspolitik geworden. Für Unternehmensgründungen und Innovationen schaffen sie günstige Rahmenbedingungen und bieten so Perspektiven für die Erneuerung und Weiterentwicklung regionaler Wirtschaftsstrukturen auf Basis kleiner und mittelständischer Unternehmen, speziell auch in Regionen mit starken wirtschaftlichen Strukturbrüchen.

Kompetenzzentren
Die letzten Jahre haben gezeigt, dass sich Innovationszentren mehr und mehr zu Kompetenzzentren entwickeln. Damit werden sie auch zukünftigen Anforderungen noch besser gerecht. Die dafür benötigte Qualität bei der Arbeit der Zentren wird durch die Arbeitsweise in den am besten organisierten Zentren vorgegeben und im Rahmen der bereits beschriebenen Qualitätsarbeit allen zugänglich gemacht. Die Zentren erbringen dabei das im vorigen Abschnitt näher beschriebene Spektrum auf Gründer und junge Unternehmen zugeschnittener Leistungen.

Wissensbasierte Gründungen
Der Schwerpunkt der betreuten Unternehmen liegt auf wissensbasierten Unternehmensgründungen, d. h. FuE(Forschung und Entwicklung)-intensiven innovativen (überwiegend technologieorientierten) Unternehmen. Diese Unternehmensgründungen tragen maßgeblich dazu bei, Ergebnisse aus Wissenschaft und Forschung in Markterfolge umzusetzen und zukunftsfähige Arbeitsplätze zu schaffen. Typisch ist dabei auch, dass solche Gründungen von hohem Wachstumspotenzial gekennzeichnet sind.

Der Bestand wissensbasierter Unternehmensgründungen in den deutschen Innovationszentren ist erfreulich hoch geblieben, obwohl die Anzahl dieser

Gründungen insgesamt in Deutschland in den vergangenen Jahren eher rückläufig war. Um ausreichenden Gründer-„Nachwuchs" gerade für solche wissensbasierten Unternehmensgründungen zu bekommen, pflegen fast 80 % unserer Mitglieder regelmäßige Kontakte zu wissenschaftlichen Institutionen.

Abb. 1: Innovationszentren in Deutschland

1.2 Das ADT-Qualitätsprädikat

Durch den Bundesverband Deutscher Innovations-, Technologie- und Gründerzentren wurde in gemeinsamer Entwicklungsarbeit mit bundesweiten Experten vor knapp drei Jahren ein Auditierungsverfahren zur Evaluation von Innovationszentren entwickelt. Ziel war es, vergleichbare Qualitätskriterien und Leitlinien für die Arbeit der Innovationszentren zu erarbeiten und eine entsprechende Methodik für ein einheitlich anwendbares Prüfungs- und Auditierungsverfahren zu entwickeln.

Auditierungsverfahren

Der Anspruch vieler Zentren, die eigene Arbeit bestimmten Kriterien und Maßstäben zu unterstellen und damit bewertbar zu machen, die optimale Erfüllung der Kernaufgaben eines Innovationszentrums und die Bereitschaft, auch über den berühmten Tellerrand zu blicken und Anregungen in die eigene Arbeit zu integrieren, waren dabei wesentliche Aspekte für die Entwicklung des Auditierungsverfahrens.

„Anerkanntes Innovationszentrum"

Die begehrenswerte Auszeichnung hat den Titel „Anerkanntes Innovationszentrum" und wird auf Antrag und im Rahmen eines mehrstufigen Prüfungs- und Auditierungsverfahrens durch den ADT-Bundesverband Deutscher Innovations-, Technologie- und Gründerzentren vergeben. Dabei erfolgt neben der Bewertung nach Kennziffern gemäß oben stehender Systematik auch eine Überprüfung durch eine Auditierungsgruppe vor Ort. Diese Auditierungsgruppe gibt ihre Empfehlung an den Verbandsvorstand, der über die Zuerkennung des Titels entscheidet.

Für das Auditierungsverfahren war es wichtig, eine Methodik zu entwickeln, die geeignet ist, unterschiedlich ausgeprägte Eigenschaften der Zentren einer einheitlichen Beurteilung zugänglich zu machen. Es galt, eine gemeinsame Sprache zu Qualitätsmerkmalen von Innovations- und Gründerzentren zu finden. Ungeachtet der Unterschiede der Zentren hinsichtlich ihrer territorialen Lage, ihres Alters und ihrer regional geprägten Aufgabenstellung sollen Mindestkriterien und Maßstäbe erfüllt werden, die sie von reinen Vermietern von Gewerbeflächen unterscheiden. Hierfür stehen im Wesentlichen die vier vorgenannten Komplexe von Kernaufgaben, die ein Innovationszentrum erfüllen muss, wenn es den gestellten Ansprüchen gerecht werden will.

Vorteile des Zertifikats

Das Qualitätszertifikat „Anerkanntes Innovationszentrum des ADT" bietet für die zertifizierten Zentren und ihre Kunden gleichermaßen erhebliche Vorteile. Zum einen kann das Zentrumsmanagement im Zuge des Zertifizierungsprozesses seine eigene Leistungsfähigkeit und die Qualität der eigenen Produkte sehr gut an den Qualitätsmaßstäben messen und sich dabei selbst beurteilen. Dabei kommt es zu Erkenntnissen über notwendige Veränderungen und Verbesserungen. Für die Kunden und potenzielle Kunden ist das Qualitätszertifikat Ausweis der Leistungsfähigkeit des Zentrums. Es führt so zu mehr Akzeptanz und Zulauf.

Nicht vergessen werden sollte die Wirkung auf Außenstehende wie Politik und Medien. Durch das Qualitätsbewertungssystem ist ein Handwerkszeug entwickelt worden, das die Bewertung der Arbeit der Innovationszentren mit einer transparenten Methode möglich macht. Dies kann für die Leistungseinschätzung der Zentren durch die genannten Interessenten sehr gut genutzt werden und führt zu überregional vergleichbaren Ergebnissen.

Weiterentwicklung

Seit Abschluss der Entwicklungs- und Pilotphase Ende 2002 wurde das Qualitätsprädikat bisher an über 20 Deutsche Innovationszentren durch den ADT vergeben. Von der ADT-Arbeitsgruppe „Qualität" wird das Auditierungsverfahren permanent betreut und entsprechend gewonnener Erfahrungen und aktueller Entwicklungen optimiert und weiterentwickelt.

Der Anspruch, dem sich die Zentren als Mitglieder des deutschen Bundesverbandes ADT e. V. stellen, stößt natürlich auch im Ausland auf großes Interesse. Entsprechend stehen das Qualitätssiegel der deutschen Innovationszentren und der Verband vor der Aufgabe, die deutschen Erfahrungen und das deutsche Auditierungssystem perspektivisch international adaptierbar zu machen.

1.3 Aus der Arbeit des Bundesverbandes Deutscher Innovations-, Technologie- und Gründerzentren e. V.

Der Bundesverband vertritt die Ziele und Interessen der Mitglieder gegenüber Wirtschaft, Wissenschaft, Politik und Öffentlichkeit. Der Verband verfolgt das Ziel, Technologietransfer und Innovationen sowie Unternehmensgründungen und Unternehmensentwicklungen zu unterstützen sowie die Bedeutung und Leistungsfähigkeit der Deutschen Innovations-, Technologie- und Gründerzentren und ihre Kompetenz zur Unterstützung innovativer Unternehmensgründungen weiterzuentwickeln und in der Öffentlichkeit angemessen darzustellen.

Für die weitere Entwicklung des Verbandes wurden auf der Frühjahrstagung 2004 in Leipzig die nachstehenden Leitlinien für die zukünftige Entwicklung des Verbandes verabschiedet: **Leitlinien**

- Die Verbandsarbeit hat das Ziel, die Mitglieder bei der Wahrnehmung ihrer Kernaufgaben – der Initiierung und Betreuung von Unternehmensgründungen, dem Innovationstransfer und der Wirtschaftsförderung –bestmöglich zu unterstützen.

- Zu diesem Zweck wird der Verband unter anderem aufgabenbezogene Arbeitskreise initiieren und führen, mit dem Ziel des Erfahrungsaustausches und der Weiterentwicklung effizienter Managementmethoden.

- Der ADT vertritt die Interessen der deutschen Innovationszentren im öffentlichen Leben, er setzt sich ein für die Schaffung von günstigen Rahmenbedingungen für die Realisierung von Unternehmensgründungen.

- Der ADT moderiert den Prozess der Weiterentwicklung der Zentrenlandschaft hin zu
    - Spezialisierung,
    - Vernetzung der Zentren national und international,
    - Aufbau von Public-Private-Partnership-Projekten.

- Der ADT unterstützt mit seinem Qualitätsbewertungssystem die ständige Kontrolle der Leistungsfähigkeit der Innovationszentren sowie ihre Anpassung an neue Anforderungen. Das Qualitätsbewertungssystem ist Grundlage für Leistungsanalysen und Bewertungsprozesse für die Innovationszentren, beispielsweise durch Landesministerien.

- Die Zusammenarbeit mit Landesorganisationen der Innovationszentren ist geprägt von der Aufgabenteilung zwischen regionalem Wirken und bundesweiter Moderation der vorgenannten Prozesse. Landesorganisationen sollen auf die Arbeit des ADT aufbauen; sie können so die Arbeit des ADT durch ihr Wirken unterstützen und einen wechselseitigen Erfahrungsaustausch sowie die Anwendung von Arbeitsmethoden betreiben.

In seiner Funktion als Lobbyist der Deutschen Innovationszentren vertritt der ADT damit ebenfalls die Interessen der jungen Unternehmen, die in den Zentren ansässig sind, um hier optimale Rahmenbedingungen für Unternehmensgründer und junge Unternehmen zu schaffen.

Politische Arbeit Der Verband wirkt bei der Vorbereitung von Gesetzen, Verordnungen und Programmen mit und setzt sich für die Interessen von Unternehmen und Unternehmensgründern ein. Im Zusammenwirken mit dem Bundesverband der Deutschen Industrie BDI e. V. und anderen Partnern werden derzeit Initiativen entwickelt, wie Innovationen wirksamer in die Wirtschaft transferiert werden können. Zusammen mit Finanzpartnern wurden Vorschläge für verbesserte Finanzierungsinstrumente für Gründungen sowie Anreize zur Gründermobilisierung erarbeitet.

Der ADT moderiert den Erfahrungsaustausch zwischen den Zentren. Dazu dienen Veranstaltungen, wie Frühjahrstagungen, Jahreskonferenzen, Seminare, Workshops und thematische Arbeitsgruppentätigkeit sowie die Herausgabe von Informationen, Arbeitsmitteln und Qualifizierungshilfen für Zentrumsmanager. Der ADT identifiziert Best Practice für die in den Zentren ablaufenden Prozesse und stellt sie zur Nachnutzung zur Verfügung. Die Erarbeitung von Projektstudien dient der Ableitung von Zukunftsstrategien. Dazu analysiert der ADT die nationale und internationale „Zentrumsszene", setzt sich in der Auswertung mit positiven und negativen Argumenten auseinander und leitet außerdem Schlussfolgerungen für weitere Entwicklungsnotwendigkeiten und -möglichkeiten für deutsche Innovationszentren ab.

Netzwerk- Da sich der ADT als Netzwerkorganisation versteht, betreibt er aktiv Aufbau
organisation und Pflege nationaler und internationaler Netzwerke aus Wirtschaft, Wissenschaft und Technologietransfer zum Nutzen der Zentren und ihrer Einliegerfirmen. Er ermöglicht seinen Mitgliedern eine unkomplizierte Einbeziehung in diese Netzwerke. Dazu gehört auch die Unterstützung der Mitglieder bei der Entwicklung internationaler Beziehungen, vornehmlich zu ausländischen Zentren, sowie Hilfe beim Aufbau nationaler und internationaler Firmenkooperationen für die Einliegerfirmen. Der ADT vertritt die Mitgliedsinteressen in internationalen Organisationen.

Mit dem Informationsportal www.adt-online.de verfügt der Verband über eine moderne Kommunikationsplattform und bietet eine umfangreiche Firmendatenbank der in den Innovationszentren ansässigen Unternehmen, mit der branchenspezifische Recherchen möglich sind.

Die Dienstleistungspalette für Mitglieder des ADT und die angeschlossenen Unternehmen in den Zentren wurde in den letzten Jahren zielstrebig erweitert. So werden den Mitgliedern zahlreiche Serviceleistungen von Partnerunternehmen zu interessanten Sonderkonditionen angeboten.

Ziele Zukünftig will sich der Bundesverband der deutschen Innovationszentren vor allem der Festigung der Beziehungen zu Ministerien und Gebietskörperschaften widmen, im Zusammenhang mit der Weiterführung der verbandsinternen Qualitätsarbeit seine Best-Practice-Sammlung fortschreiben, die Zentrumsmanager bei der Wahrnehmung ihrer Kernaufgabe Unternehmensgründerbetreuung durch Weiterbildungsangebote unterstützen, modernere und leistungsfähigere Verbandsstrukturen aufbauen sowie Aktivitäten zur Internationalisierung der Zentrumsarbeit im Hinblick auf Kooperationspotenziale für die Unternehmen verstärken.

2. Entwicklungstendenzen der Innovationszentren in Deutschland

Wie in den vorangegangenen Abschnitten dargestellt, hat sich die Expertise der Innovationszentren bei der Unterstützung wissensbasierter Unternehmensgründungen in den letzten Jahren sehr gut entwickelt. Darauf aufbauend wird die Arbeit der Zentren in Zukunft in folgenden drei Grundrichtungen zu entwickeln sein:

Mit der immer stärkeren Komplexibilität von Gründungsprojekten, insbesondere in den Hightech-Branchen Mikroelektronik, Biotechnologie, Life Science und Nanotechnologie steigen die Anforderungen an die Innovationszentren. Die notwendige Fachkompetenz für die Unterstützung von Gründungsprojekten kann kaum auf allen Technologiefeldern in gleicher Qualität geboten werden.

Ausprägung von Branchenzentren

So werden sich Innovationszentren auf einige Wachstumsbranchen fokussieren und dort ihr spezielles Know-how ausprägen. Dazu gehört neben den genannten branchenspezifischen Kenntnissen von Markt-, Wettbewerb- und Finanzierungsbesonderheiten auch der Betrieb der zugeschnittenen Immobilien. Gerade im Bereich Mikroelektronik und Biotechnologie sind diese Immobilien durch hohe Komplexität der Gebäudetechnik gekennzeichnet, die spezielles Know-how für den Gebäudebetrieb und die angebotenen branchenspezifischen Services benötigen.

Dieser Tendenz folgend wird es zur Ausprägung von Branchenzentren in größerer Zahl als bisher kommen. Die geschilderte Entwicklung lässt sich bereits heute anhand der Entwicklung zahlreicher biotechnologieorientierter Innovationszentren und -Parks erkennen.

Um immer neue Gründungsprojekte frühzeitig zu erkennen und den Gründern bereits in der frühen Konzeptphase fachgerecht Unterstützung anbieten zu können, ist eine gute Kenntnis der Entwicklung der relevanten Wissensgebiete notwendig. Dazu werden die Innovationszentren ihre Kontakte zu den regionalen Forschungseinrichtungen weiter ausbauen. Damit ist eine Betreuung von Gründungsprojekten bereits im frühen Stadium möglich.

Enge Vernetzung mit Forschungseinrichtungen

Darüber hinaus lassen sich Kooperationsbeziehungen der im Zentrum ansässigen Unternehmen zu den Forschungseinrichtungen über die Zentrumsleitung erfolgreich moderieren. Letztendlich geht es auch darum, aus den in den Innovationszentren angesiedelten Unternehmen Impulse für neue Forschungsprojekte in die Forschungseinrichtungen hineinzutragen. Mit der engen Vernetzung von Innovationszentren mit Forschungseinrichtungen entsteht also ein bidirektional wirkendes Kontaktnetzwerk, das zur gegenseitigen Förderung beider Seiten beiträgt.

Mit der zunehmenden Komplexität der betreuten Unternehmensgründungen ist auch der Bedarf an Investitionen für die Innovationszentren und die be-

Wirtschaftlichkeit

treuten Unternehmen als weiter steigend zu prognostizieren. Dieser Kapitalbedarf kann keineswegs nur aus öffentlichen Mitteln gespeist werden. Hier sind neue Modelle der Public Private Partnership notwendig. Damit muss der Wirtschaftlichkeit der Innovationszentren weit höheres Gewicht beigemessen werden. Die Zentren werden daher gemeinsam mit dem Bundesverband neue Methoden der Bewirtschaftung zu entwickeln haben, um auch zukünftig im Wettbewerb der unterschiedlichen Akteure zu bestehen.

Die deutschen Innovationszentren werden bei der Meisterung der skizzierten Entwicklungsprozesse ebenso durch den Verband unterstützt. Die Mitglieder werden in Form von Arbeitskreisen die notwendigen theoretischen und praktischen Grundlagen entwickeln und in der Mitgliedschaft breit diskutieren. Ziel ist es, die Innovationszentren langfristig als stabile Partner bei der Generierung schlagkräftiger innovativer Unternehmen zu etablieren.

3. Innovationszentren in Deutschland – eine kurze statistische Bestandsaufnahme

397 Zentren in Deutschland

Entsprechend den Erhebungen des Bundesverbandes der deutschen Technologie-, Gründer- und Innovationszentren und denen der einzelnen Landesverbände der Innovationszentren existieren derzeit 397 Innovationszentren in Deutschland. Deren territoriale Verteilung illustriert die Karte in Abbildung 1. Bei der Dichte der Innovationszentren in Berlin sind diese nicht gesondert dargestellt.

Außerdem sollte beachtet werden, dass aufgrund der geringeren Bevölkerungsdichte und des trotzdem hohen Anteils an Innovationszentren die Flächenländer Mecklenburg-Vorpommern und Sachsen-Anhalt die Bundesländer mit dem höchsten Besatz an Technologiezentren je Einwohner sind. Weiteren Erhebungen zufolge kann man davon ausgehen, dass in den deutschen Innovationszentren mindestens 12.000 Unternehmen eingemietet sind. Legt man zur Berechnung der Mitarbeiterzahlen einen Wert von sieben Beschäftigten pro Unternehmen zugrunde, ein Wert, der sich in langjährigen Beobachtungen bestätigt hat, kann man auf eine Arbeitsplatzzahl von rund 84.000 Beschäftigten in den Innovationszentren schließen.

Die Anzahl der dem ADT bekannt gewordenen Eröffnungen von Innovationszentren sind für den Zeitraum von November 1983 bis März 2004 in kulminierter Form in Abbildung 2 dargestellt.

Die stärkeren Zugänge ab 1991 erklären sich durch den Aufbau von Innovationszentren in den neuen Bundesländern. Ebenso ist seit den letzten Jahren ein Abflachen des Wachstums von Zentrengründungen zu verzeichnen. Aufgrund der in Deutschland erreichten Flächendichte von Zentren ist eine Fortsetzung dieser Abflachung, das heißt die Eröffnung von weniger Zentren als in den Vorjahren, auch für die nächsten Jahre zu erwarten.

Wie bereits erwähnt, sind seit dem Entstehen der Zentren in den 80er Jahren über 16.000 Unternehmensgründungen erfolgreich realisiert worden, wobei

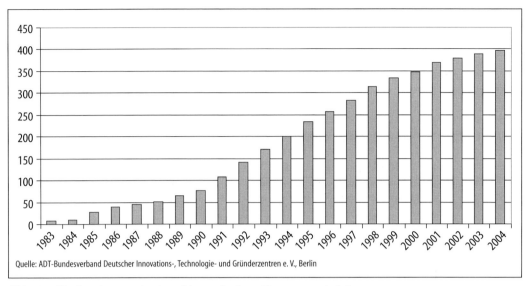

Abb. 2: Hochrechnung der Anzahl gegründeter Zentren nach Jahren

mehr als 150.000 Arbeitsplätze geschaffen wurden. Darüber hinaus beträgt die Überlebensquote der Unternehmensgründungen aus einem Zentrum heraus über 90 %.

Firmenauszüge

Interessant ist auch die Bilanz der Firmenauszüge aus den Zentren. Laut Angabe von 150 Zentren sind mittlerweile 6.723 Unternehmen aus diesen Zentren ausgezogen. Davon haben 3.933 Unternehmen, oder 59 %, aufgrund ihres Wachstums außerhalb des Zentrums, das heißt in der jeweiligen Region, ein neues Domizil gefunden. 319 Firmen, oder 5 % der Firmen, sind von anderen Firmen übernommen worden, 387 (5,8 % der Unternehmen) wurden aus unterschiedlichsten Gründen liquidiert und lediglich 430 Firmen (6,4 %) wurden insolvent.

Technologien

Bundesweit gesehen erfolgten in den letzten Jahren die meisten Neugründungen in den Bereichen Informations- und Kommunikationstechnologie, Biotechnologie und Umweltschutztechnik. Weitere Bereiche sind die Produktions- und Verfahrenstechnik, Mikroelektronik, Maschinenbau und Werkstofftechnik und seit den 90er Jahren der Medienbereich. In Bezug auf die Haupttätigkeitsfelder von Unternehmen in den Zentren ist ein Trend von den Bereichen Vertrieb und Produktion hin zu technologischen Dienstleistungen zu verzeichnen gewesen. Eine Vielzahl von Firmengründungen in Zentren in den vergangenen zwei Jahren ist dem Hightech-Bereich zuzuordnen.

Die Wirkung der Innovationszentren in ihrer Region wird auch nachhaltig durch die die Zentrumstätigkeit prägende Umgebung bestimmt. Als prägende Umgebung kommen vor allem Wissenschaft, Industrie und ländliche Umgebung in Betracht. Die folgende Abbildung zeigt die Verteilung der deutschen Technologie- und Gründerzentren hinsichtlich dieser Merkmale.

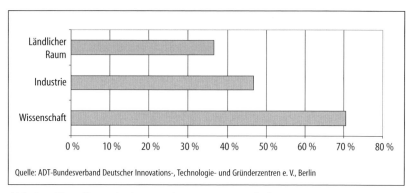

Abb. 3: Verteilung der Innovationszentren nach den prägenden Umgebungen

Prägende Umgebung

Eine Übersicht über die Verteilung der Technologie- und Gründerzentren nach Bundesländern und der ihre Geschäftstätigkeit prägenden Umgebung bietet die sich anschließende Abbildung. Wissenschaftliche Umgebungen finden sich besonders ausgeprägt in den Stadtstaaten, aber in erheblichem Maße auch in einer Reihe von Flächenländern. Zentren im ländlichen bzw. strukturschwachen Raum dominieren jedoch das Geschehen in den Bundesländern Mecklenburg-Vorpommern, Brandenburg, Schleswig-Holstein und Sachsen-Anhalt.

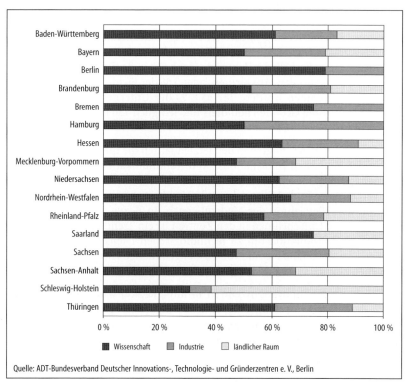

Abb. 4: Zentren nach prägenden Umgebungen nach Bundesländern

Die Schaffung günstiger Start- und Rahmenbedingungen für innovative Unternehmensgründungen ist das Hauptziel der Technologie- und Gründerzentren. Auch die Schaffung dadurch bedingter Kristallisationspunkte für die regionale Wirtschaftsförderung ist Hauptanliegen für die Gründung von Innovationszentren. Stark zugenommen hat auch die Bedeutung der Zentren als Informationsknotenpunkte der Region sowie die Unterstützung von Innovationszentren bei der Gründung und Ansiedlung von Unternehmen außerhalb des Zentrums. In der folgenden Abbildung sind die Technologiefelder genannt, auf die Innovationszentren bei ihrer zukünftige Entwicklung fokussieren möchten:

Ziele der Zentren

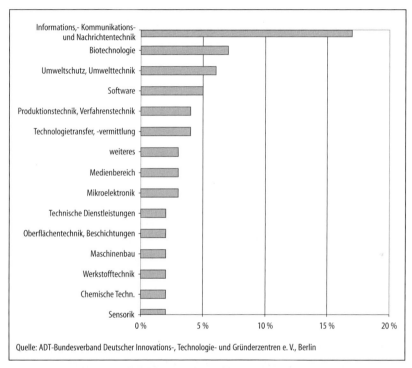

Abb. 5: Fokussierung von Innovationszentren auf spezielle Technologiefelder für die zukünftige Entwicklung

Erfolgreiche Innovationszentren verfügen über ein weitverzweigtes Netzwerk zu wissenschaftlichen Einrichtungen, Wirtschaftsunternehmen, internationalen Institutionen und zu Wirtschaftsförderungsgesellschaften und anderen Beratungsorganisationen. Regelmäßig wird von den Innovationszentren der Kontakt zu Universitäten, Hochschulen und Fachhochschulen gepflegt. Bei der Zusammenarbeit mit Wirtschaftsunternehmen spielen verständlicherweise vor allem die klein- und mittelständischen Unternehmen und Unternehmen in der Region des Zentrums eine große Rolle.

Aufbau von Netzwerken

Weniger stark ist die internationale Zusammenarbeit ausgeprägt. Wichtig für die Innovationszentren ist auch die Zusammenarbeit mit Kammern und Verbänden, Wirtschaftsförderungseinrichtungen, und anderen Innovationszentren, nicht zuletzt durch das Netzwerk des Bundesverbandes der deutschen Innovations-, Technologie- und Gründerzentren.

Die vorgestellten Daten sind Teil eines vom Bundesverband der deutschen Innovations-, Technologie- und Gründerzentren insgesamt erfassten Datenvolumens zu den Innovationszentren, ihren Betreibergesellschaften sowie den in den Zentren ansässigen Unternehmen und Einrichtungen. Auskünfte zu Möglichkeiten der Nutzung dieser Daten durch Externe und zu weitergehenden Fragestellungen erteilt jederzeit gern die ADT-Geschäftsstelle.

4. Innovationszentren in Deutschland – das internationale Gründernetzwerk

internationales Engagement

Mit der fortschreitenden Globalisierung der Wirtschaft ist auch die internationale Ausstrahlung der deutschen Innovationszentren und des Verbandes, aber vor allem und in ganz besonderem Maße die vielfältigen Aktivitäten der jungen Unternehmen in den Zentren wesentlich gewachsen. Die internationalen Engagements der Zentren haben sich in den letzten Jahren noch stärker entwickelt und regelmäßige Kontakte zu internationalen Partnern sind heute nicht mehr wegzudenken.

Kleine und mittelständische Unternehmen prägen nicht nur maßgeblich die Binnenwirtschaft sondern erbringen wichtige Beiträge für den deutschen Außenhandel. KMU sind wichtige Akteure, Innovationen in marktfähige Produkte zu überführen. Besonders erfolgreich sind dabei FuE-intensive innovative Technologieunternehmen. Sie sind jedoch bereits in der Entwicklungsphase ihrer Produkte auf eine erfolgreiche Zusammenarbeit mit in- und vor allem auch mit ausländischen FuE-Partnern angewiesen. FuE-intensive Unternehmen besitzen nicht nur das schnellste und größte Wachstum unter den Jungunternehmen, sondern auch allerbeste Chancen für einen erfolgreichen Einstieg in internationale Märkte. Mit dem Heranreifen der Produkte ergibt sich die Notwendigkeit, auch in der Fertigung und beim Vertrieb zu kooperieren.

Aufbau von Kooperationen

Fast allen KMU ist jedoch gemeinsam, dass sie Unterstützung benötigen, wenn sie langfristig wirksame internationale Kooperationen aufbauen wollen. Das hängt damit zusammen, dass ihnen häufig Know-how und strukturelle Voraussetzungen für die Vorbereitung dieser Zusammenarbeit und – demzufolge – letztendlich auch für den internationalen Markteintritt fehlen. Oft sind sie auch finanziell und personell kaum in der Lage, derartige Strukturen zu schaffen. Daher ist die Moderation der internationalen Tätigkeiten junger Firmen zu einer der wichtigsten Aufgaben der Zentrumsmanager geworden. Ihnen obliegt es maßgeblich, die jungen Unternehmen bei der erfolgreichen Bewältigung der unterschiedlichen und komplexen Anforderungen einer lokalen Leistungserbringung und der globalen Vermarktung dieser Leistung zu unterstützen. Insofern sind die Bemühungen des Bundesverbandes auf diesem Gebiet vor allem als flankierende Maßnahmen für die Zentrumsleitungen bei der Lösung dieser wichtigen Aufgabe zu verstehen.

Auf die internationale Tätigkeit der Innovationszentren entfällt eine ähnliche Aufgabenpalette und nicht immer ist es möglich und sinnvoll, eine klare Trennung zwischen der Tätigkeit des Bundesverbandes und der seiner Mitglieder zu ziehen (auch schon deshalb nicht, weil viele Aktivitäten des Bundesverbandes über die Arbeit von Mitgliedszentren realisiert werden).

Innovationszentren stehen im Zusammenhang mit eigenen internationalen Tätigkeiten in sehr engem Kontakt mit den entsprechenden Ministerien in den jeweiligen Bundesländern. Dadurch werden auf Landesebene ebenfalls vielfältige Möglichkeiten für erfolgreiche Auslandsaktivitäten junger Unternehmen erschlossen. Innovationszentren sind stark in unterschiedlichste internationale Projekte involviert. Die Schwerpunkte für eine konkrete Projektarbeit der Zentren sind relativ breit verteilt. Regional gesehen konzentrieren sich die Zentren im Norden und Nordosten im Wesentlichen um eine Zusammenarbeit im skandinavischen und baltischen Raum, und die Zentren von Südost bis Südwest arbeiten mehr mit den südlichen, südöstlichen, aber natürlich auch westlichen Nachbarländern zusammen. Sehr eng ist auch die Zusammenarbeit der westlich gelegenen Zentren mit Zentren in den Niederlanden, in Belgien und in Frankreich. Nahezu alle Zentren in Grenzlage sind in Tätigkeiten im Nachbarland einbezogen. Sehr enge Verbindungen existieren ebenfalls zu Zentren in Zentral- und Osteuropa sowie zu Zentren in den GUS-Staaten.

Verbindung zu Nachbarländern

Innovationszentren bemühen sich selbst um internationale Kontakte, um die Eintrittsschwelle für ihre Unternehmen so niedrig wie möglich zu halten. Sowohl der weitere Aufbau regionaler grenzüberschreitender Netzwerke als auch die Entwicklung von Möglichkeiten für entferntere Engagements erfordern ein persönliches und ausdauerndes Engagement der entsprechenden Zentrumsleiter.

Neben der Vielzahl der vorgenannten Aktivitäten wächst ständig der Anteil von Informations- und Beratungsleistungen für konkrete Anfragen von ausländischen Innovationszentren, Verbänden, Wirtschaftsförderungseinrichtungen oder politischen Organisationen an den bei der ADT-Geschäftsstelle insgesamt eingehenden Anfragen. Die dabei zur Sprache kommenden Themen zeigen sehr deutlich, dass trotz der teilweise drastisch unterschiedlichen Situationen und Bedingungen in den einzelnen Ländern auch eine Fülle gemeinsamer Probleme und Fragen anstehen, die zum Erfahrungsaustausch über ihre Bewältigung nahezu herausfordern. Dazu gehören z. B. die folgenden Themen: Erhöhung und Aktivierung des vorhandenen Gründerpotenzials, Finanzierung junger Unternehmen sowie Planung, Aufbau und Betrieb von Technologie- und Gründerzentren.

Gemeinsame Probleme und Fragen

Der internationale Aspekt bei der Arbeit deutscher Innovationszentren wird in den nächsten Jahren auch im Zusammenhang mit der fortschreitenden Globalisierung noch weiter an Bedeutung zunehmen. Deshalb spielt er bei allen strategischen Überlegungen zur Weiterentwicklung deutscher Innovationszentren eine entscheidende Rolle.

18 Logistikimmobilien
– Kategorien, Determinanten und Marktteilnehmer –

Dr. Michael Börner-Kleindienst, Geschäftsführer ECE, Hamburg

Inhaltsverzeichnis

1.	**Einführung in die Logistik**	448
1.1	Definition des Begriffes Logistik	448
1.2	Wirtschaftliche Bedeutung der Logistik	449
1.3	Aktuelle Entwicklungen der Logistikbranche	450
2.	**Logistikimmobilien**	453
2.1	Definition des Begriffs Logistikimmobilie	453
2.2	Kategorien von Logistikimmobilien	453
2.2.1	Einzelimmobilien	454
2.2.2	Logistikzentren und Gewerbeparks	456
2.3	Flächenbestand und Eigentumssituation	458
3.	**Determinanten der Entwicklung von Logistikimmobilien**	459
3.1	Standort	459
3.2	Plan- und Baurecht	461
3.3	Funktionale und technische Planungsgrundlagen von Logistikimmobilien	461
3.4	Baukosten	463
3.5	Vermietung	464
3.5.1	Nachfrage nach Logistikflächen	464
3.5.2	Mieten	464
3.5.3	Sonstige Mietvertragskonditionen	465
3.6	Wirtschaftlichkeit	466
3.7	Terminplan	466
4.	**Der Investitionsmarkt für Logistikimmobilien**	467
4.1	Marktteilnehmer	467
4.1.1	Nutzer	467
4.1.2	Investoren	467
4.1.3	Projektentwickler	468
4.2	Marktpotenzial	469
4.3	Renditen und Anlagekriterien von Logistikimmobilien	470
5.	**Zusammenfassende Schlussbetrachtung**	472

1. Einführung in die Logistik

1.1 Definition des Begriffes Logistik

Sprachliche Wurzeln Die sprachlichen Wurzeln des Begriffs Logistik liegen zum einen im griechischen logos (Verstand, Rechenkunst) und zum anderen im germanisch-französischen Wortstamm loger (versorgen, unterstützen). Historisch gesehen entstand der Begriff Logistik zur Beschreibung von militärischen Truppen- und Versorgungsbewegungen. Aufgrund unterschiedlicher Annahmen bezüglich der Aufgaben wird der Begriff der Logistik unterschiedlich weit gefasst. Während in der früheren betriebswirtschaftlichen Literatur die Logistik zumeist auf den Material- und Warenfluss innerhalb von Unternehmen beschränkt war, sind modernere Definitionen wesentlich weiter gefasst. So definiert beispielsweise das Council of Logistic Management (CLM) Logistikmanagement als Teil des Supply Chain Managements, das den effizienten und effektiven Fluss von Gütern, Diensten und den damit verbundenen Informationen zwischen dem Ursprungs- und dem Verbrauchspunkt plant, implementiert und steuert, sodass die Anforderungen der Kunden erfüllt werden. Noch weiter werden die Aufgaben der Logistik sowie die Begrifflichkeit von Univ.-Prof. Ingrid Göpfert, Universität Marburg, gefasst: „Die Logistik ist ein spezieller Führungsansatz zur Entwicklung, Gestaltung, Lenkung und Realisation effektiver und effizienter Flüsse von Objekten (Güter, Informationen, Gelder) in unternehmensweiten und -übergreifenden Wertschöpfungssystemen."

In jedem Fall wird Logistik heute als betriebliche Querschnittsfunktion über die Bereiche Beschaffung, Produktion und Absatz gesehen. Sie umfasst daher Planung, Organisation, Steuerung, Abwicklung und Kontrolle des gesamten inner- und außerbetrieblichen Warenflusses und der damit verbundenen Informationen, beginnend beim Lieferanten, über die eigene betriebliche Wertschöpfung, bis hin zur Auslieferung der Produkte beim Kunden einschließlich der Abfallentsorgung und des Recyclings. Funktional lässt sich die Logistik demnach untergliedern in: Beschaffungslogistik, Produktionslogistik, Distributionslogistik und Entsorgungslogistik.

Begriffserweiterung

Angesichts der zunehmenden Bedeutung der Logistik ist auch ihr Aufgabenumfang in der Vergangenheit deutlich gewachsen. Wesentlichste Aufgabe des Logistikers ist es, die Verfügbarkeit von Produkten sicherzustellen. Der Tätigkeitsbereich des Logistikers umfasst heute jedoch oftmals neben dem eigentlichen Transport, die Warenprüfung, Handhabung, Lagerung und Kommissionierung sowie weitere Leistungen, wie zum Beispiel die Verpackung bis hin zur Steuerung und Planung der Produktionsabläufe und der Koordination der Prozessdurchführung.

Aufgabenerweiterung

1.2 Wirtschaftliche Bedeutung der Logistik

Das Marktvolumen für sämtliche Logistikleistungen in der Europäischen Union wird auf 560–600 Mrd. Euro p. a. geschätzt. Hierin enthalten sind sämtliche, sowohl bei den Logistikern als auch beim Handel, der Industrie und sonstigen Dienstleistern, angefallene Logistikkosten.

Marktvolumen

Die Logistik ist in Deutschland, gemessen am Umsatz, hinter dem Fahrzeugbau, der Elektrotechnik und dem Maschinenbau viertgrößte Branche mit einem prognostizierten Wachstum von 3 % p. a. bis zum Jahr 2010. Gemäß einer Studie der Arbeitsgruppe für Technologien der Logistik-Dienstleistungswirtschaft (ATL) am Fraunhofer Institut in Erlangen betrug das Logistikmarktvolumen in Deutschland 2004 ca. 156 Mrd. Euro, wobei diese Summe sämtliche Transport-, Lager, Umschlags- und Mehrwertleistungen sowie die mit der logistischen Koordination verbundenen Aktivitäten umfasst. Deutschland ist damit Logistikstandort Nummer 1 in Europa vor Frankreich, Großbritannien, Italien und den Niederlanden.

Nicht nur auf die Volkswirtschaft, sondern auch auf die einzelnen Unternehmen bezogen, nehmen Logistikkosten einen erheblichen Anteil an den Ge-

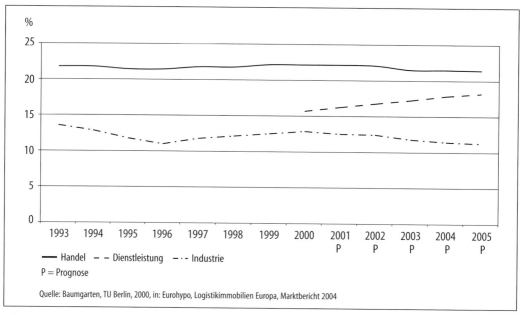

Abb. 1: *Logistikkosten in Prozent an Gesamtkosten*

samtkosten ein. Nach einer Untersuchung von Baumgarten beträgt der Anteil der Logistikaufwendungen an den Gesamtkosten zwischen rund 10–15 % bei Industrie- und 20–25 % bei Handelsunternehmen (vgl. Abbildung 1).

1.3 Aktuelle Entwicklungen der Logistikbranche

Die Logistik wird durch zahlreiche brancheninterne und branchenexterne Entwicklungen tangiert, wobei nachfolgend insbesondere auf die Erweiterung der EU bzw. die Globalisierung, die differenzierte Entwicklung der Verkehrsträger sowie die zunehmende Tendenz zum Outsourcen von logistischen Leistungen eingegangen wird.

Erweiterung der EU/Globalisierung Bedingt durch die Erweiterung der Europäischen Union wurden und werden neue Produktions- und Absatzmärkte erschlossen. Durch den Umstand, dass auf der einen Seite Produktionsunternehmen die Beitrittsländer als kostengünstige Alternative für Produktionsstandorte erkannt haben und zum anderen der Handel daran interessiert ist, ausländische Absatzpotenziale zu erschließen, resultiert eine zusätzliche Nachfrage nach Logistikleistungen. Mit der Verlegung der Produktion in die produktionskostengünstigen Beitrittsländer wächst auch der Bedarf an modernen Logistikimmobilien. So hat sich beispielsweise in Polen, Ungarn und Tschechien bereits eine Reihe von modernen Logistikagglomerationen entwickelt.

Bedingt durch die Osterweiterung der Europäischen Union ist anzunehmen, dass sich Euro-Hubs, die als Tor nach Europa mehrere Länder bedienen und heute oftmals in den Benelux-Staaten angesiedelt sind, weiter nach Osten, insbesondere nach Deutschland als neues geographisches Zentrum der EU verschieben. Deutschland wird demnach, stärker als bisher ohnehin schon, zu einer wichtigen Logistikdrehscheibe im Ost-West-Verkehr. Dies wird durch den Umstand unterstrichen, dass bereits heute die EU-Beitrittsländer einen höheren Anteil am deutschen Außenhandel einnehmen als die asiatischen Staaten.

Neben dem Zusammenwachsen Europas führen auch die weltweiten Globalisierungsprozesse, die mit einer weltweiten Teilung der Arbeitsprozesse einhergehen, zu einem steigenden Bedarf an Logistik mit der Folge, dass immer öfter und immer weiter transportiert wird. Um den weltweiten Waren- und Gütertransport sicherstellen zu können, sind globale Netzwerke, d. h. weltweit operierende Logistikunternehmen, notwendig, die zukünftig weiter an Bedeutung gewinnen werden.

Differenzierte Entwicklung der Verkehrsträger

Im Bereich der Transporte ist die Entwicklung der einzelnen Verkehrsträger – Straße, Bahn, Schifffahrt und Luftfrachtverkehr – sehr unterschiedlich. Die durch das Wirtschaftswachstum in Europa abzuwickelnden Logistiktransportleistungen wurden seit dem Zweiten Weltkrieg zum überwiegenden Teil durch den Güterkraftverkehr geleistet. In Deutschland hat der Straßengüterverkehr, dessen Verkehrsleistung 2003 über 370 Mrd. Tonnenkilometer betrug, kontinuierlich an Marktanteil gewonnen und ist dabei deutlich stärker als das Bruttoinlandsprodukt gewachsen. Es ist davon auszugehen, dass die Dominanz des Straßengüterverkehrs zukünftig, trotz vielfach zumindest lokal überlasteter Straßennetze und der nicht zuletzt durch die Mauteinführung steigenden Kosten, aufgrund des Mangels an leistungsfähigen Alternativen auch zukünftig erhalten bleibt.

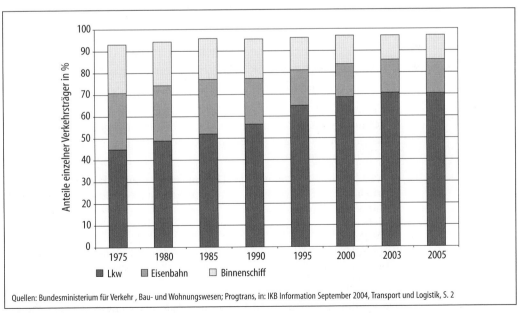

Abb. 2: Verkehrsleistungen im Güterverkehr

See-/Küsten-schifffahrt — Ebenso wie der Transport über die Straße ist auch die See- und Küstenschifffahrt ein bedeutender Verkehrsträger, der in den letzten Jahren sowohl in Europa insgesamt als auch in Deutschland überproportional gewachsen ist. Hierbei ist die Containerschifffahrt mit einem weltweit durchschnittlichen Wachstum von über 10 % p. a. der derzeit am stärksten expandierende Markt. Allein in Deutschland wurden 2003 rund 255 Mio. Tonnen Güter umgeschlagen.

Bahn/Binnen-schifffahrt — Im Gegensatz zum Straßengüterverkehr und der Seeschifffahrt hat sich das über die Bahn und die Binnenschifffahrt abgewickelte Transportaufkommen sowohl in Europa als auch in Deutschland unterproportional zum Wirtschaftswachstum entwickelt. In Deutschland lag in den letzten Jahren der Anteil der Bahn an der gesamten Güterbeförderung bei knapp 15 % und der Binnenschifffahrt bei rund 10 %, jeweils mit sinkenden Tendenzen.

Luftverkehr — Trotz rasanter Steigerungsraten im Luftfrachtverkehr liegt sein Anteil am Gesamtverkehrsaufkommen sowohl europaweit als auch in Deutschland bei unter 1 %. Ungeachtet des zu erwartenden dynamischen Wachstums der grenzüberschreitenden Luftfrachtverkehre wird dieser Verkehrsträger auch zukünftig eher von untergeordneter Bedeutung sein.

Zunehmendes Outsourcing — Bedingt durch die zunehmende Globalisierung, den wachsenden Wettbewerbs- und Kostendruck und den Wunsch, sich auf das Kerngeschäft zu konzentrieren, werden zunehmend mehr logistische Leistungen an Dritte, so genannte Logistikdienstleister, unter Reduktion der eigenen Wertschöpfungstiefe, vergeben. Hierbei wird, in Abhängigkeit vom Umfang der von dem Logistiker angebotenen Dienstleistungen, unterschieden in:

- **2PL** – Bei dem Second-Party-Logistiker handelt es sich um einen Dienstleister, der mit eigenen Assets (Immobilien, Personal, Fuhrpark) Kernlogistikaufgaben eines Dritten übernimmt.

- **3PL** – Der Third-Party-Logistiker ist ein Dienstleister, der über die reine Transport- und Lagerfunktion den kompletten Materialfluss und die Lagerprozesse für einen oder mehrere Kunden übernimmt.

- **4PL** – Der Fourth-Party-Logistiker verfügt in der Regel über keine eigenen Assets, plant, steuert und kontrolliert jedoch sämtliche Supply-Chain-Funktionen.

Derzeit beträgt das Volumen für flächenrelevante Logistikdienstleistungen in Deutschland ca. 80 Mrd. Euro, wovon jedoch erst 25–30 % an externe Dienstleister ausgelagert sind.

Künftig werden sowohl die Fremdvergabe von logistischen Einzelleistungen, wie z. B. Lagerhaltung, Kommissionierung und Verpackung, als auch das Outsourcing sehr komplexer Logistikdienstleistungen stark zunehmen. So werden beispielsweise in der Kontraktlogistik Wachstumsraten von bis zu 15 % p. a. in Deutschland in den nächsten Jahren erwartet. Aufgrund dieser Outsourcing-Trends und des starken Branchenwachstums kann mit einer weiteren Zunahme von Logistikdienstleistern und, hiermit verbunden, einer Nachfrageerhöhung nach zeitgemäßen Logistikimmobilien gerechnet werden.

2. Logistikimmobilien

2.1 Definition des Begriffs Logistikimmobilie

Eine allgemein gültige Definition des Begriffs Logistikimmobilie gibt es weder in der Literatur noch in der Praxis. In Abhängigkeit vom jeweiligen Betrachter umfasst der Begriff eine unterschiedliche Bandbreite von Immobilien, angefangen von Produktionslagern, SB-Lagerhäusern, bis hin zu Güterverkehrszentren.

Keine allgemein gültige Definition

Logistikimmobilien befinden sich häufig an ausgewählten Standorten mit guter Anbindung an die Verkehrsinfrastruktur, insbesondere an das Straßennetz. Der gute Anschluss an das Verkehrsnetz ist jedoch keine zwingende Eigenschaft von Logistikimmobilien, da in direktem Umfeld von historisch gewachsenen Produktionsbetrieben häufig Lager, wie zum Beispiel Zulieferer-, Material- oder Fertigwarenlager, auf verkehrlich vergleichsweise schlecht erschlossenen Grundstücken entstehen.

Im weitesten Sinne sind unter dem Begriff Logistikimmobilien Immobilien zu verstehen, die der Lagerung und dem Umschlag von Waren und Gütern dienen, verbunden mit der hierfür notwendigen Infrastruktur und Technik. Häufig werden, neben den ursprünglichen Kernfunktionen der Lagerung und des Umschlages, weitere Leistungen in den Immobilen erbracht, wie zum Beispiel Kommissionierung, Verpackung, Qualitätskontrolle, bis hin zur Teilmontage. In der Regel steigt mit zunehmendem Umfang der in der Logistikimmobilie zu erbringenden Leistungen der Grad der technischen Gebäudeausstattung.

2.2 Kategorien von Logistikimmobilien

Die Bulwien Gesa AG unterscheidet in Abhängigkeit von den Leistungen, die in den Logistikimmobilien erbracht werden und der Anzahl der Nutzer bzw. Kunden des Dienstleisters, fünf Typen von Logistikimmobilien, die sich im Rahmen der sich ändernden Produktions- und Lieferbeziehungen entwickelt haben:

Fünf Kategorien

- **Hub Center/Distribution Center**
  Umschlagsanlage, die zumeist im Rahmen von flächendeckenden Kooperationen von Logistikdienstleistern betrieben wird.

- **Public Shared Warehouse**
  Neben der eigentlichen Transportleistung werden weitere Dienstleistungen, wie Lagerung, Kommissionierung, Montage für verschiedene Kunden, wie Produktionsunternehmen oder Handelsketten, erbracht.

- **One Customer Warehouse**
  Hier werden Logistikleistungen für jeweils einen Kunden von einem Logistikdienstleister erbracht, der in aller Regel auch die Halle mietet bzw. sie im Eigentum hat.

- **Multi-usage Warehouse**
  Hier werden von Logistikdienstleistern unterschiedliche Leistungen für mehrere Kunden mit unterschiedlichen, zum Teil sehr komplexen

Anforderungen in speziellen Immobilien, wie z. B. Gefahrgut-, Kühl-, Hochregallager, erbracht.

- **Operating Depot**
  Dieses dient der logistischen Steuerung, insbesondere des rollenden Materials, wie Lkw und Schienenfahrzeuge, und kann nur unter sehr weiter Auslegung des Begriffs unter der Kategorie Logistikimmobilie subsumiert werden.

Im Folgenden sollen verschiedene Kategorien von Logistikimmobilien dargestellt werden, wobei hier – trotz unscharfer Trennung aufgrund fließender Übergänge – grob in Einzelimmobilien, wie Lager, und in Logistikzentren und Gewerbeparks, die typischerweise aus mehreren Einzelimmobilien bestehen, unterschieden wird.

2.2.1 Einzelimmobilien

Nachfolgend soll auf die klassische Immobilie der Logistik, die Lagerhalle, im Allgemeinen, sowie auf einige Logistikeinzelimmobilien, wie Güterverteilzentrum, Distributionszentrum und das logistische Dienstleistungszentrum, im Besonderen eingegangen werden.

Lagerhallen Das Lagerhaus dient der Unterbringung von Gütern und ist Bindeglied bzw. Verteilpunkt zwischen Beschaffung und Absatz. Lager sind zumeist eingeschossige, nicht unterkellerte, gut andienbare Immobilien, die in einfacher Bauweise, zumeist in Stahlbeton oder Stahlskelett, errichtet werden. In Abhängigkeit von ihrer räumlichen Anordnung und ihrer Funktion lassen sich folgende Lagertypen unterscheiden:

- Rohstoff- bzw. Eingangswarenlager dienen der zeitlichen Überbrückung zwischen Warenanlieferung und der Weiterverarbeitung im Betrieb und sind daher zumeist in direkter räumlicher Nähe des Unternehmens angesiedelt.

- Produktionslager gleichen Produktionsschwankungen aus und dienen der Zeitüberbrückung zwischen Arbeitsvorgängen. Sie sind durch hohen Warenumschlag und relativ gleichbleibende Zu- und Abgangsfrequenzen gekennzeichnet. Aufgrund des Umstandes, dass sie häufig baulich mit den Produktionsanlagen verbunden sind, fallen sie in der Regel ebenso wie Rohstoff- bzw. Eingangswaren- und Werkslager als Investitionsobjekt für institutionelle Anleger aus.

- Werkslager sind örtlich an die Produktion angebunden und beinhalten nur die vor Ort produzierten Waren. Als Fertigwarenlager dienen sie dem Ausgleich von Bedarfsschwankungen und nehmen Waren für die Distribution auf.

- Zentrallager dienen der Versorgung nachgelagerter Lagerstufen bzw. der Auslieferung an Kunden und enthalten das gesamte Sortiment eines Unternehmens.

- Regionallager sind in der Regel „Puffer" zwischen vor- und nachgelagerten Lagerstufen, wie z. B. zwischen Zentral- und Auslieferungslager.

- Auslieferungs- bzw. Distributionslager sind dezentral im Verkaufsgebiet der Unternehmen angesiedelt. Neben der Zwischenlagerung wird in ihnen die Zusammensetzung von Ladeeinheiten zwischen Zu- und Abgang geändert. Sie stellen den häufigsten Lagertyp dar.

Gemäß Kleiber können folgende Lagerhallentypen in Abhängigkeit von ihrer Traufhöhe unterschieden werden:

Normaltyp	Traufhöhe	6,50–7,50 m
Hochlagerhalle	Traufhöhe	8,00–14,00 m
Hochregallager (Sonderform)	Traufhöhe	15,00–45,00 m
Kühlhalle (Sonderform)	Traufhöhe	6,50–12,00 m

Quelle: Kleiber, W. Simon, J. Weyers, (2002): Verkehrswertermittlung von Grundstücken, Bundesanzeiger Verlagsgesellschaft mbH, 4. Aufl., Köln, 2002, S. 1427

Abb. 3: Lagerhallentypen

Die Ausstattung der Lagerhäuser variiert stark in Abhängigkeit von den Funktionen, die sie zu erfüllen haben, angefangen von einfachen Lagerhallen ohne Heizung, die der alleinigen Zwischenlagerung von Gütern ohne sonstige Leistungen dienen, bis hin zu hochkomplexen, hochtechnisierten Hochregallagern mit automatisierter Warenwirtschaft.

Güterverteilzentrum

Das Güterverteilzentrum ist ein Auflösepunkt zwischen einer Quelle, das heißt dem Entstehungsort des Transportes, zu verschiedenen Senken, das heißt den End- und Zielpunkten der Transportkette. Das Güterverteilzentrum ist als Umschlagknoten zwischen dem Nah- und dem Fernverkehr Teil eines Transportnetzes und übernimmt als ausgegrenzter Teil eines Gesamtunternehmens oder in Form eines Dienstleisters für einen Kunden die Verteilfunktion im Raum.

Im Gegensatz zum Güterverkehrszentrum, bei dem sich verschiedene Verkehrsbetriebe und verkehrsergänzende Dienstleistungsbetriebe unterschiedlicher Ausrichtung an einem Standort bündeln, ist das Güterverteilzentrum zumeist auf ein einzelnes Unternehmen ausgerichtet bzw. auf einen Dienstleister und dessen logistische Serviceangebote für seine jeweiligen Kunden. Die Ausgestaltung der Immobilie variiert stark in Abhängigkeit von den im Güterverteilzentrum angebotenen Leistungen, die von den Anforderungen der Quelle beziehungsweise den gewünschten Service- und Dienstleistungsangeboten des Kunden abhängen. Güterverteilzentren lassen sich noch weiter differenzieren. So handelt es sich beispielsweise bei Güterverteilzentren, deren Fernverkehr über die Schiene bedient wird, um Frachtzentren. Ein weiterer Untertyp des Güterverteilzentrums ist das Transmitterterminal, das Verteilfunktionen in sensiblen Ballungsraumzentren sicherstellen soll und, aufgrund des öffentlichen Interesses, zum Teil von Kommunen betrieben wird.

Distributionszentren

Distributionszentren können als Kombination eines Güterverteilzentrums und eines Lager- und Kommissionierungssystems definiert werden. Das heißt, innerhalb des Güterverteilzentrums, an der Schnittstelle zwischen Fern- und

Nahverkehr, wird ein Verteilerlager integriert. Das Distributionszentrum hat vor allem Versorgungsfunktionen entsprechend den jeweils geschlossenen Verträgen zwischen Lieferanten und Empfänger zu erfüllen.

Logistisches Dienstleistungszentrum
Ähnlich wie bei einem Güterverkehrszentrum sind bei einem logistischen Dienstleistungszentrum an einem Ort mehrere Verkehrsbetriebe bzw. verkehrsergänzende Dienstleistungsbetriebe unterschiedlicher Ausrichtung als selbstständige Unternehmen angesiedelt, ohne jedoch tatsächlich physische Logistikaufgaben wahrzunehmen. Vielmehr geht es um die Planung, Steuerung und Kontrolle von logistischen Dienstleistungen. Aufgrund des Fehlens von physischen Logistikaufgaben entspricht das logistische Dienstleistungszentrum in aller Regel von den Anforderungen her einer normalen Büroimmobilie, die häufig in räumlicher Nähe zu logistischen Umschlagplätzen, wie zum Beispiel Güterverkehrszentren, angesiedelt wird.

2.2.2 Logistikzentren und Gewerbeparks

Nachfolgend wird auf den Begriff Logistikzentrum sowie als Beispiele hierfür auf das Güterverkehrszentrum und das Produktionslogistikzentrum eingegangen. Des Weiteren erfolgt eine Abgrenzung gegenüber Gewerbeparks.

Logistikzentren
Unter Logistikzentren ist die Ansammlung mehrerer Hallen ab in der Regel 10.000 m² Größe an einem Standort zu verstehen. Diese werden von Logistikdienstleistern und/oder eigennutzenden Industrie- oder Handelsunternehmen betrieben, die aufgrund der räumlichen Nähe funktional voneinander profitieren. Der Anteil der Büroflächen in den Logistikzentren liegt zumeist unter 15 %. Eine 24-Stunden-Genehmigung sowie die Nähe zur Autobahn oder zu Autobahnknotenpunkten sind in aller Regel gegeben. Überwiegend handelt es sich bei Logistikzentren um mehrere rechtlich und wirtschaftlich unabhängige Logistikimmobilien, die zum Teil aus einer Hand entwickelt wurden und nicht im alleinigen Eigentum eines Eigentümers, sondern von unterschiedlichen Eigentümern gehalten werden. Nutzer von Logistikzentren können, neben Industrie- und Handelsunternehmen und Logistikdienstleistern, z. B. auch Speditionsunternehmen sowie Kurier- und Expressdienstleister sein. In Abhängigkeit von der Standortorientierung der Logistikzentren lassen sich grob folgende Arten unterscheiden:

- **Netzwerkgebundene Logistikzentren:** Hier wird der Standort des Logistikzentrums durch das Netzwerk des Logistikers und somit auch von den Standorten seiner Kunden bestimmt.

- **Verkehrsinfrastrukturgebundene Logistikzentren:** Die Standortwahl hängt hier vom Transportmedium bzw. von der Verkehrsinfrastruktur ab, wobei hier insbesondere Standorte, die die Nutzung mehrerer Transportwege ermöglichen, wie zum Beispiel Straße und Bahn, von Interesse sind.

- **Produktionsstandortgebundene Logistikzentren:** Die Lage wird hier ausschließlich durch den Produktionsstandort des Kunden mit der Zielsetzung bestimmt, Waren bedarfsgerecht zur Verfügung stellen zu können.

Als Beispiel für Logistikzentren sollen im Folgenden Güterverkehrs- und Produktionslogistikzentren näher beschrieben werden.

Güterverkehrs-/ Produktionslogistikzentren

- **Güterverkehrszentren (GVZ):** Eine sowohl flächenmäßig als auch von der Funktion her sehr komplexe Form der Logistikimmobilie ist das Güterverkehrszentrum. Bei einem Güterverkehrszentrum handelt es sich um eine Konzentration unterschiedlichster, im weitesten Sinn logistisch ausgerichteter Unternehmen an einem verkehrlich möglichst gut erschlossenen Standort, der an mindestens zwei Verkehrsträger angebunden ist. Güterverkehrszentren enthalten eine Umschlaganlage, die mindestens zwei Verkehrsträger verbindet und allgemein, das heißt von allen Unternehmen des GVZ, genutzt werden kann. In aller Regel bleiben die angesiedelten Unternehmen wirtschaftlich eigenständig, Kooperationen oder Fusionen sind jedoch möglich. Zielsetzung dieses – oftmals von einer Gesellschaft initiierten und gemanagten – Güterverkehrszentrums ist die systematische Ausschöpfung von Synergiepotenzialen durch die Umsetzung ergebnis- bzw. zielorientierter Maßnahmen. Zu den Aufgaben der Güterverkehrszentren gehört die Abwicklung der Güterfernverkehre der verschiedenen Verkehrsträger, der Güternahverkehre, Lagerhaltung sowie logistische Zusatzleistungen, wie z. B. Kommissionierung, Barcoding, Montage oder Verpackung. Zur Sicherstellung der Leistungsfähigkeit müssen sowohl Gebäude, Technik als auch Infrastruktur in Hinblick auf die jeweiligen Nutzeranforderungen bereitgestellt werden.

- **Produktionslogistikzentren:** Das Produktionslogistikzentrum ist als Konzentration verschiedener Zuliefer-, Lager- und Transportunternehmen zu verstehen, die versorgungslogistische Leistungen für eine in der Nähe gelegene Produktion erbringen. Demnach ist es Ziel des Produktionslogistikzentrums, die aus verschiedenen Quellen stammenden Ressourcen bedarfsgerecht an eine einzige Senke weiterzuleiten. Teilweise wird auch von einem Produktionslogistikzentrum gesprochen, wenn zwischen einer Quelle und einer Senke ein Speditionslager mit verschiedenen logistischen Dienstleistungsaufgaben platziert wird oder ein Logistikdienstleister für eine Senke Produkte aus mehreren Quellen bezieht und diese bearbeitet. In diesen Fällen wird es sich in aller Regel nicht um ein Logistikzentrum sondern um eine Einzelimmobilie handeln.

Abzugrenzen von den reinen Logistikzentren sind die Gewerbeparks.

Gewerbeparks

Gemäß der Gesellschaft für Immobilienwirtschaftliche Forschung e. V. sind Gewerbeparks durch folgende Aspekte charakterisiert:

- **Grundstück:** Zumeist handelt es sich um sehr gut an das Straßennetz angeschlossene, als Gewerbegebiet ausgewiesene Grundstücksflächen mit einer Größe von zumindest 20.000 m². Das Gesamtkonzept wird zumeist entweder durch die öffentliche Hand oder einen privaten Projektentwickler vorangetrieben.

- **Gebäude:** Die Gebäude unterscheiden sich in Abhängigkeit von den Funktionen, wie Lager-, Service- und Büroflächen. Sie sind zumeist so ausgelegt, dass sowohl eine Teilung als auch eine Flächenexpansion und eine Drittverwertung möglich sind. Im Vergleich zu Logistikzentren sind

Gewerbeparks durch kleinflächigere Hallen von deutlich unter 10.000 m² und sehr stark variierenden Flächenzusammensetzungen gekennzeichnet. Die Bandbreite geht hier von Gewerbeparks mit einem Hallenflächenanteil, der mit Logistikparks vergleichbar ist, bis hin zu Typen mit bis zu 80 % Bürofläche und lediglich 20 % Lagerfläche.

Aufgrund von Mischformen sind die Übergänge zwischen Logistikzentren und Gewerbeparks fließend.

2.3 Flächenbestand und Eigentumssituation

Grobe Schätzung Der Gesamtgebäudeflächenbestand im Bereich Handel und Logistik lässt sich aufgrund mangelnder Statistiken nur grob abschätzen. Auf Grundlage der Anzahl der Beschäftigten und durchschnittlicher Flächeninanspruchnahme leitet Bulwien einen Bestand von 430 Mio. m² Nutzfläche sowie reine Lagerflächen in Höhe von ca. 290 Mio. m² ab (vgl. Abbildung 4).

Hauptsächlich eigengenutzt Nur ein kleiner Teil der ausgewiesenen Flächen wird vermietet bzw. von Dritten als Investoren gehalten. Der Logistikimmobilienmarkt in Deutschland war und ist demnach sehr stark eigennutzergeprägt. Absehbar ist allerdings auch, dass im Zuge der zunehmenden Auslagerung von Logistikdienstleistungen und der Konzentration auf das Kerngeschäft sowie der gewünschten Erhöhung von Flexibilität und Liquidität zukünftig zunehmend mehr Nutzer als Mieter auftreten werden. Sei es, indem sie Logistikimmobilien im Rahmen von „Built-to-suit"-Vereinbarungen durch Dritte realisieren lassen und anmieten oder den Gebäudebestand in Form von Sale-and-lease-back an Dritte veräußern und zurückmieten.

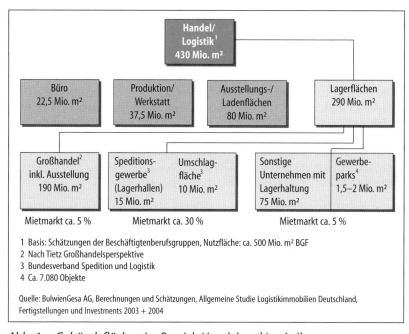

Abb. 4: Gebäudeflächen im Bereich Handel und Logistik

Im Hinblick auf den Anteil der Logistikflächen, der von „Fremdinvestoren" gehalten wird, ergibt sich ein sehr differenziertes Bild. Während derzeit insbesondere bei produzierenden Unternehmen sowie im Bereich des Großhandels ein relativ kleiner Anteil der Gesamtfläche von geschätzt ca. 5 % von den Unternehmen angemietet wird, stellt sich das Bild im Speditionsgewerbe einschließlich Lagerhaltung anders dar. Hier sind von den geschätzten 25 Mio. m² Gesamtnutzfläche rund 7,5 Mio. m², das heißt 30 %, angemietet. Mit einem Mietanteil von bis zu 100 % der verfügbaren Nutzflächen nehmen die Gewerbeparks eine gewisse Vorreiterrolle in dem Trend vom selbstinvestierenden Eigennutzer zum Mieter ein.

3. Determinanten der Entwicklung von Logistikimmobilien

Wesentliche Determinanten der Entwicklung von Logistikimmobilien sind Standort, Plan- und Baurecht, funktionale und technische Planungsgrundlagen, Kriterien der Wirtschaftlichkeit sowie Zeitabläufe. Auf diese Aspekte wird im Folgenden eingegangen.

3.1 Standort

Für die Wahl des Standortes einer Logistikimmobilie kann eine Vielzahl unterschiedlicher Kriterien mit verschiedenen, jeweils sehr individuellen Gewichtungen von Bedeutung sein.

Von Relevanz ist zum einen die Frage, inwieweit am Standort ein ausreichendes Potenzial an Disponiblen zur Verfügung steht und mit welchen Arbeitskosten dies verbunden ist. Die Qualität der benötigten Arbeitskräfte ist hierbei stark von den in der Logistikimmobilie durchzuführenden Arbeiten sowie dem Lagergut abhängig. Darüber hinaus spielt das Arbeitsrecht am Standort mit zunehmender Anzahl der einzusetzenden Arbeitskräfte eine größere Rolle. Letztendlich geht es um die Verfügbarkeit von qualifizierten, preiswerten Arbeitskräften.

Arbeitsfaktoren

Aufgrund der großen Bedeutung des Transportträgers Straße kommt bei der Standortwahl von Logistikimmobilien dem Kriterium einer guten Anbindung an das Autobahnnetz große Bedeutung zu. Wettbewerbsvorteile haben hier Standorte mit unmittelbarer Nähe zu Autobahnauffahrten und einem Verkehrsfluss, der weder durch Ortsdurchfahrten, Ampeln, Staus oder sonstige Verkehrsbehinderungen eingeschränkt ist. Des Weiteren werden die Nähe zu Autobahnkreuzen sowie eine gute Anbindung an das regionale Straßennetz positiv gewertet.

Anbindung an Verkehrsnetz und Infrastruktur

Insgesamt muss sichergestellt sein, dass Zu- und Abflüsse zum bzw. vom Standort unter Berücksichtigung der allgemeinen Verkehrsentwicklung, der standortspezifischen Verkehrsplanungen und der zusätzlichen, aus der Logistikimmobilie resultierenden Verkehre, ohne Störung abgewickelt werden können. Die Erschließung des Logistikstandortes über mehrere Zuwege ist ebenso wie eine Anbindung an weitere Transportträger neben der Straße – wie Schiene, Wasser oder Luftweg – positiv zu werten.

Neben der verkehrlichen Erreichbarkeit können die Verfügbarkeit bestimmter Energien oder Kommunikationsnetze grundlegende Ansiedlungsvoraussetzungen sein. Bereits vorhandene komplementäre Strukturen in der Nachbarschaft, wie z. B. Tankstellen, Hotel oder Gastronomie, sind vorteilhaft zu bewerten.

Immobilienpreise und Erweiterungspotenzial

Eine wichtige Entscheidungsdeterminante für die Standortwahl der Logistikimmobilie sind die Kosten bzw. die Immobilienpreise. Diese werden aufgrund des vergleichsweise hohen Flächenbedarfs maßgeblich durch den Grundstückskaufpreis sowie durch die Baukosten des Gebäudes samt Außenanlagen bestimmt. Die Grundstückspreise liegen in Deutschland für Logistikimmobilien in aller Regel unter 100 Euro je m² Grundstück in erschlossenem Zustand. Die Verfügbarkeit von Erweiterungsflächen, die direkt an das Grundstück angrenzen, ist positiv zu werten.

Rechtliche Bedingungen und Investitionsklima

Voraussetzung für die Ansiedlung von Logistikzentren ist zunächst die planrechtliche Ausweisung von geeigneten Flächen. Infrage kommen hier generell Gewerbegebiete (GE) und Industriegebiete (GI). In Hinblick auf eine möglichst flexible Nutzung der Logistikimmobilie sind insbesondere Gebiete mit einer 24-Stunden-Betriebsgenehmigung vorteilhaft. In Bezug auf einen möglichst reibungslosen Betrieb der Logistikimmobilie sind Standorte mit lärm- und verkehrssensibler Nachbarschaft, insbesondere Wohngebiete, zu vermeiden.

Bei der Schaffung von Plan- und Baurecht kommt der Unternehmerfreundlichkeit von Politik und Verwaltung sowohl in Hinblick auf Art und Maß der Nutzbarkeit der Grundstücke als auch bezüglich der Bewilligung von öffentlichen Förderungen und Subventionen hohe Bedeutung zu. Die Thematik der Besteuerung und der Abgaben ist sowohl für eine Standortentscheidung zwischen mehreren Ländern als auch im Hinblick auf die Standortauswahl innerhalb eines Landes von Bedeutung. Hierbei sind insbesondere unterschiedliche Hebesätze für Grundstücksabgaben und Gewerbesteuer sowie Differenzen in den Gebühren für Wasser, Abwasser oder Müll in die Betrachtung mit einzubeziehen.

Marktumfeld

Positive Standortkriterien sind des Weiteren die räumliche Nähe zu Lieferanten und Kunden sowie die Positionierung zu Mitbewerbern. Darüber hinaus wirken sich eine hohe Bevölkerungsdichte, die Nähe zu Ballungszentren sowie die Wirtschaftskraft der Region positiv auf die Bewertung eines Standortes aus.

Das Bedeutungsgewicht der oben aufgeführten Faktoren für die Standortbestimmung variiert sehr stark in Abhängigkeit von den unternehmensspezifischen Anforderungen. Bei allen Unterschiedlichkeiten in der Gewichtung kann jedoch unterstellt werden, dass folgende Standortfaktoren von übergeordneter Bedeutung sind:

- Verkehrsanbindung, d. h. Nähe zur Autobahn, Autobahnkreuzen und weiteren Transportträgern,
- Kosten für die Logistikimmobilie sowie für deren Betrieb einschließlich der Mitarbeiter,
- Nähe zu Ballungsräumen.

Darüber hinaus fließen die persönlichen Präferenzen des Entscheiders, d. h. das Bauchgefühl, ebenso wie bei anderen unternehmerischen Entscheidungen auch in die Standortwahl von Logistikimmobilien ein.

Eine Studie der Visality Consulting GmbH weist als aufstrebende Logistikstandorte in Deutschland Kassel/Bad Hersfeld, Stuttgart sowie Halle/Leipzig aus. Weiterhin hohen Stellenwert haben das Rhein-Ruhr-Gebiet, Hamburg und München.

3.2 Plan- und Baurecht

Die planrechtliche Voraussetzung für die Genehmigungsfähigkeit von Logistikimmobilien ist die Ausweisung der jeweils zu überbauenden Flächen als Gewerbe- oder Industriegebiet im Bebauungsplan. In der Vergangenheit war die Bereitschaft, großflächige Areale als Logistikflächen auszuweisen aufgrund der vergleichsweise geringen Arbeitsplatzdichte und der hohen Belastung von Nachbarn und Umfeld durch die Verkehrsaufkommen eher gering.

Zunehmende Globalisierung, verbunden mit einem raschen Anstieg von Warenströmen und logistischen Leistungen, sowie die Erkenntnis, dass Logistik notwendiger Teil der Wertschöpfung ist, haben dazu geführt, dass in den vergangenen Jahren Bund, Länder und Gemeinden in zunehmendem Maße bereit waren, Standorte für Logistikbetriebe zu entwickeln bzw. die Entwicklung zu unterstützen.

Wachsende Bereitschaft zur Standortentwicklung

Eine generelle Aussage bezüglich der zeitlichen Dimension der Schaffung von Planrecht für Logistikzentren gibt es nicht. Vielmehr wird der störungsfreie Ablauf etwaig notwendiger Flächennutzungsplanänderungen und einzuleitender Bebauungsplanverfahren von der Zustimmung der Politik und den jeweils beteiligten Behörden und Ämtern sowie dem nachbarschaftlichen Umfeld abhängen. Unter entsprechend günstigen Rahmenbedingungen kann der Stand der Vorweggenehmigungsreife gemäß § 33.1 BauGB nach einem Jahr oder sogar innerhalb eines noch kürzeren Zeitraumes erreicht werden.

Unter der Voraussetzung, dass der Bauantrag nicht gegen die Festsetzungen, Auflagen und Beschränkungen des Bebauungsplanes verstößt und sämtliche für die Prüfung notwendigen Unterlagen eingereicht werden, kann in Abhängigkeit von der Komplexität des Bauvorhabens und von dem Umfang der im Rahmen des Genehmigungsprozesses zu beteiligenden Stellen von, im Vergleich zu anderen Immobilien, kürzeren Bearbeitungszeiträumen ausgegangen werden. So kann bei einfacheren Bauvorhaben mit einer Baugenehmigung innerhalb eines Zeitraumes von knapp zwei Monaten nach Einreichung des Antrages gerechnet werden.

Rasche Genehmigung möglich

3.3 Funktionale und technische Planungsgrundlagen von Logistikimmobilien

Konstruktion und Ausstattung von Logistikimmobilien richten sich nach den Anforderungen der hierin abzubildenden Logistikprozesse und können entsprechend den differenzierten Nutzeranforderungen sehr individuell ausfallen. So hat beispielsweise ein Chemieunternehmen, das Gefahrstoffe einlagert, wesentlich andere Anforderungen an die Logistikimmobilie als ein Unternehmen, das weiße Ware oder kleinteilige, von der Klassifizierung her unproblematische Konsumgüter umschlägt. Im Planungsprozess sind demnach die unternehmens- bzw. kundenspezifischen Anforderungen zu berücksichtigen, die sich aus den Besonderheiten der Ware, der Verpackung, der Umschlagshäufigkeit oder etwaigen Gefahrstoffklassen ergeben. Die Bandbreite reicht hier von einfachen Lagerhallen bis zu hochkomplexen Spezialbauten, wie z. B. vollautomatischen Hochregallagern. In aller Regel handelt es sich bei Logistikimmobilien um Zweckbauten, bei denen gemäß dem Motto „Form follows Function" die Architektur eine eher untergeordnete Rolle spielt.

Nachfolgend werden in einer kurzen Übersicht gängige Planungs-, Konstruktions- und Ausstattungsstandards von Logistikimmobilien dargestellt.

Grundstücksüberbauung
Gemäß einer im Jahr 2000 durchgeführten Studie von CB Richard Ellis, in der mehr als 500 Unternehmen, die Logistikimmobilien nutzen, befragt wurden, beträgt das Verhältnis von Freiflächen zu Grundstücksflächen in Abhängigkeit von der Größe des Logistikgebäudes zwischen 36 % und 55 %. Während bei Immobilien unter 10.000 m² Gebäudenutzfläche lediglich 53 % der Fläche überbaut sind, sind es bei Immobilien in einer Größenordnung zwischen 10.000 m² und 20.000 m² rund 64 %. Aufgrund der – relativ zum Gebäude gesehen – geringeren notwendigen Verkehrsfläche müsste tendenziell der Anteil der Freiflächen an der Grundstücksgröße mit zunehmender Größe des Logistikgebäudes abnehmen. Bei größeren Logistikimmobilien mit Gebäudegrößen von mehr als 2.000 m² nimmt jedoch, gemäß der Erhebung von CB Richard Ellis, der relative Anteil der unbebauten Flächen am Grundstück wieder zu. Dies wird mit der Vorhaltung von Expansionsflächen erklärt. Ebenso wie das Verhältnis der bebauten zur unbebauten Grundstücksfläche sinkt auch der Anteil der befestigten Freiflächen an der Gesamtfreifläche mit zunehmender Nutzfläche des Logistikgebäudes. So beträgt gemäß der oben aufgeführten Studie der Anteil der befestigten Flächen bei Immobilien mit Nutzflächen unter 10.000 m² 82 % und bei Zentren mit einer Größenordnung von 10.000 m² bis 20.000 m² Nutzfläche lediglich 60,5 %. Bei Gebäuden mit Nutzflächen über 20.000 m² ist wiederum ein geringfügiger Anstieg der versiegelten Flächen an der Gesamtfreifläche festzustellen.

Verhältnis Lager- zu Büroflächen
Der Anteil von Büroflächen an der Gesamtnutzfläche von Logistikgebäuden liegt zwischen 5 % und ca. 15 %. Häufig gilt, dass bei zunehmender Objektgröße der Anteil der Büro- und Sozialflächen an der Gesamtnutzfläche sinkt. Bei Gebäuden mit einer Größe von 20.000 m² oder darüber ist ein Büroflächenanteil von 5 % und darunter nichts Ungewöhnliches. Büro- und Sozialräume werden zumeist in einfachem Standard ausgeführt.

Pkw- und Lkw-Stellplätze
Die Stellplatzanzahl richtet sich in erster Linie nach der Anzahl der jeweiligen Mitarbeiter. Als Richtgröße kann hier von einem Pkw-Stellplatz pro 300 m² Lager- und Servicefläche sowie überschlägig von einem Lkw-Stellplatz je 400 m² Lagerfläche ausgegangen werden. Mit zunehmender Größe der Nutzfläche der Logistikimmobilie sinkt in aller Regel die relative Anzahl von Pkw- und Lkw-Stellplätzen, zum Teil in erheblichem Umfang.

Konstruktion und Tragfähigkeit
Logistikzentren werden in aller Regel als Stahlbetonskelett oder Stahlskelettkonstruktion in Fertigteilbauweise errichtet. Die lichte Höhe beträgt übli-

cherweise zwischen 8 m und 12 m. Im Hallenbereich sind große Stützenraster von z. B. 22 m x 15 m vorteilhaft. Außenwände und Eindeckung werden häufig aus Stahl- bzw. Trapezblech, in selteneren Fällen aus Fertigbetonpanelen gefertigt. Die Gründung der Immobilie richtet sich nach der späteren Nutzung. Bei Hochregallagern muss mit einer Belastung von mindestens 1 t je Paletteneinstellplatz kalkuliert werden. Die Bodentragfähigkeit sollte mindestens 5 t/m², besser 7,5 t betragen. Die Konstruktion der Halle sollte sowohl eine Unterteilung in mehrere Mietungen als auch eine spätere Erweiterung mittels Anbau ermöglichen.

Für ca. 1.000 m² Nutzfläche ist im Durchschnitt ein Tor vorzusehen. Die Tore bestehen überwiegend aus Aluminium. Bei den Rampen kommen Festrampen, hydraulische Rampen sowie eine Kombination aus verschiedenen Rampensystemen zum Einsatz. Eine Andienung über mindestens zwei Hallenseiten ist insbesondere für größere Logistikimmobilien vorteilhaft. **Andienungsbereiche**

Nahezu sämtliche Logistikimmobilien sind mit Brandmeldeanlagen, die meisten zusätzlich mit Sprinkleranlagen und Alarmsystem ausgerüstet. Die Brandschutzauflagen variieren sehr stark in Abhängigkeit von den jeweils einzulagernden bzw. umzuschlagenden Gütern. Eine Einzäunung des Grundstücks und die Abschließbarkeit der Anlage sind ebenso wie Außenbeleuchtung Standard. **Sicherheit**

Während in aller Regel eine Beheizung der Lager- und Serviceflächen möglich ist, weist nur ein geringer Teil der Logistikimmobilien die Möglichkeit der Kühlung oder gar eine Klimatisierung der Flächen auf. **Technische Ausstattung**

Der bei weitem größte Teil der Lager- und Servicehallen ist mit Hochregalen ausgestattet. Einige wenige beinhalten Förderbänder, wobei Einbringung und Rückbau zumeist vom Mieter zu erbringen sind. **Einbauten**

Die Befestigung der Verkehrsflächen wird zumeist in Asphalt oder mittels Verbundsteinpflaster durchgeführt. Die Außenflächen sollten für Schwerlastverkehr ausgelegt sein und entsprechende Lkw-Stellplätze in ausreichender Menge vorsehen. Insbesondere größere Logistikzentren verfügen oftmals über eine Kantine. **Außenanlagen**

3.4 Baukosten

Bei den Baukosten von Logistikimmobilien kann grob differenziert werden in Hallen-, Büro- und befestigte Außenflächen. Die marktüblichen Baukosten für Hallenflächen in Deutschland variieren in Abhängigkeit vom Ausstattungsstandard der Halle zwischen ca. 350 und rund 600 Euro/m² BGF, in Einzelfällen liegen sie sogar darüber. Aufgrund des vergleichsweise höheren Ausbaustandards der Büroflächen liegen diese bei den Baukosten höher. Als Richtwert können hier 700–850 Euro/m² BGF angegeben werden. Die Baukosten für befestigte Außenflächen sind im Durchschnitt mit 40–70 Euro/m² anzusetzen. Es sei jedoch darauf hingewiesen, dass sich die Gesamtinvestitionskosten aufgrund nutzerspezifischer Einbauten beträchtlich erhöhen können.

3.5 Vermietung

3.5.1 Nachfrage nach Logistikflächen

Nachfrager von Logistikflächen sind sowohl Industrie- und Handelsunternehmen als auch in jüngerer Zeit zunehmend Dienstleister, die Logistik- und weitere Dienstleistungen für Dritte erbringen.

Keine statistische Erfassung

Die tatsächliche jährliche Nachfrage von Logistikflächen in Deutschland ist statistisch nicht erfasst. Gleichwohl ist aus den angegebenen Flächenumsätzen in den Metropolregionen ersichtlich, dass es sich um einen dynamischen Markt mit zum Teil erheblichen jährlichen Nachfrageschwankungen handelt (vgl. Abbildung 5).

	2003 in m²	2004 in m²
Berlin	80.800	124.000
Düsseldorf	31.300	123.400
Frankfurt	116.500	75.100
Hamburg	132.500	320.500
München	43.300	53.300
Quelle: Jones Lang LaSalle, Der Immobilienmarkt in Gewerbegebieten, Marktberichte 2003 + 2004		

Abb. 5: Umsatz Logistikflächen 2003 und 2004

Es sei darauf hingewiesen, dass obige Flächenangaben lediglich Flächen von über 5.000 m² berücksichtigen, die an Nutzer verkauft oder vermietet wurden. Ein Großteil der Logistikimmobilien wird jedoch nach wie vor von den Nutzern selbst in Form von Eigeninvestitionen durchgeführt, sodass diese Flächen weder in Vermietungs- noch in Verkaufsstatistiken erfasst sind. Die tatsächliche Nachfrage nach Logistikflächen dürfte damit deutlich höher ausfallen. Tendenziell ist festzustellen, dass aufgrund der Kostenstrukturen und der Umfeldbedingungen Logistikansiedlungen und -flächen am Rande und außerhalb von Ballungsräumen mehr an Bedeutung gewonnen haben und zukünftig gewinnen werden.

Leerstandsquoten

Ebenso wie die tatsächliche Flächennachfrage ist auch die Feststellung der Leerstandsquoten im Bereich der Logistikimmobilien aufgrund der mangelnden systematischen Erfassung nicht exakt möglich. Gleichwohl zeigt eine grobe Schätzung von Jones Lang LaSalle, dass in Abhängigkeit vom jeweiligen Teilmarkt die Leerstandsquoten zwischen ca. 5 % in München und bis zu über 20 % in Berlin schwanken. Wie auch im Bereich der Büroimmobilien sind hier in erster Linie ältere, nicht mehr zeitgemäße Immobilien in schlechten Lagen betroffen.

3.5.2 Mieten

Werte zur Berechnung

Die Miethöhe für Logistikimmobilien differiert in Abhängigkeit vom jeweiligen Teilmarkt, der Gebäudeausstattung und den sonstigen Mietvertragskonditionen stark. Als Berechnungsgrundlage für die Miete wird in der Regel die Bruttogeschossfläche herangezogen. Häufig wird in den Mietverträgen ein unterschiedlicher Mietzins für Lager- und Büroflächen anstatt eines Durchschnittswertes angesetzt. Bedingt durch die Charakteristik der Immobilie stellt sich die Frage, ob ein auf den Quadratmeter Nutzfläche bezogener Mietpreis aufgrund der unterschiedlichen Hallenhöhen und der damit verbundenen Lagerkapazitätsdifferenzen tatsächlich eine geeignete Bezugsgröße für den Mietpreis ist oder ob andere Werte, wie z. B. Anzahl der Palettenplätze, geeigneter wären. Teilweise wird dieser Ansatz heute schon angewandt.

Abbildung 6 stellt die Mietpreisspannen dar, die im Jahr 2004 in den fünf größten deutschen Ballungszentren ermittelt wurden.

Als Nebenkosten für Logistikimmobilien sind in Abhängigkeit von der Konstruktion und der technischen Ausstattung des Gebäudes zwischen 50 Cent und 1,50 Euro je m² BGF im Monat anzusetzen.

Nebenkosten

	Lagerflächen ≥ 5.000 m²*	Erstklassige Logistikflächen in der Region*
Berlin	2,00–4,50	4,20–5,60
Düsseldorf	2,50–4,90	4,30–5,50
Frankfurt	4,60–6,20	4,50–5,80
Hamburg	2,75–5,50	4,40–5,50
München	3,50–6,20	4,80–6,00

* Nettokaltmiete in Euro/m²/Monat
Quellen: Jones Lang LaSalle, Der Immobilienmarkt in Gewerbegebieten, Marktberichte 2003 + 2004 und DTZ Research, Der Deutsche Büromarkt, Newsletter 2004

Abb. 6: Mietpreisspanne für Logistikimmobilien Ende 2004

3.5.3 Sonstige Mietvertragskonditionen

Neben dem eigentlichen Mietzins ist in den Mietverträgen für Logistikimmobilien eine Reihe weiterer Aspekte geregelt.

Die Mietvertragslaufzeiten für Standardhallen liegen heute im Bereich von fünf bis maximal zehn Jahren mit der Tendenz zu kürzeren Laufzeiten. Lediglich bei maßangefertigten Immobilien, die auf die spezifischen Bedürfnisse des Nutzers ausgelegt werden und nur eine eingeschränkte Drittverwertbarkeit ermöglichen, sind Mietvertragslaufzeiten von 15 Jahren und länger durchsetzbar.

Vertragslaufzeit

Zur Wertanpassung des Mietzinses wird in aller Regel der Lebenshaltungskostenindex angesetzt, wobei die Bandbreite der Möglichkeiten der Mietanpassung ebenso weit gesteckt ist wie im Bereich der Büroimmobilien.

Indexierung

In der Regel werden sämtliche beim Vermieter anfallenden und rechtlich auf den Mieter umlegbaren Betriebskosten auf den Mieter umgelegt. Sofern mit dem Mieter eine Verwaltungspauschale vereinbart werden kann, liegt diese in aller Regel unter 3 % der Nettokaltmiete.

Betriebs-/Verwaltungskosten

Wartungs-/ Instandhaltungskosten

In der Regel werden Wartungs- und Instandhaltungsaufwendungen, sofern sie nicht Dach und Fach betreffen, auf den Mieter umgelegt, wobei davon auszugehen ist, dass die Instandhaltungskosten in Abhängigkeit von Ausstattung und Alter der Immobilie stark schwanken. Bei neueren Gebäuden liegen diese Kostenpositionen p. a. normalerweise deutlich unter 1 % der Gesamtherstellungskosten.

Rückbau

Bei modernen Logistikimmobilien werden häufig Einbauten, wie z. B. Kommissionier- und Förderanlagen, vom Mieter eingebracht. Sofern diese Anlagen einer Drittverwertung im Wege stehen, sind sie in aller Regel nach Auslauf des Mietvertrages vom Mieter auf eigene Kosten zu entfernen.

3.6 Wirtschaftlichkeit

Die Wirtschaftlichkeit von Logistikimmobilien ergibt sich aus dem Verhältnis der Gesamtinvestitionskosten zu den jeweiligen Mieteinnahmen abzüglich etwaiger beim Investor verbleibender laufender Aufwendung, wie z. B. Wartungs- und Instandhaltungskosten.

Investitionskosten

Die Investitionskosten setzen sich im Wesentlichen aus den Grundstückskosten, den Bau- und Baunebenkosten, Aufwendungen für eine etwaige Zwischenfinanzierung sowie sonstigen Kosten, wie z. B. Makler- oder Vermietungskosten, zusammen.

Grundstückskosten

Die Grundstückskosten liegen in Abhängigkeit von der Lage und der planrechtlichen Ausweisung in Deutschland in der Regel zwischen 40 und 100 Euro/m² Grundstücksfläche, in Einzelfällen auch deutlich darüber.

Unter der Voraussetzung, dass von einer üblichen Bandbreite von Grundstücks- und Baukosten 10 % Baunebenkosten und von sonstigen Aufwendungen in Höhe von rund 10 % der Investition ausgegangen werden kann, liegt die Spanne der Gesamtinvestitionskosten von Logistikimmobilien zwischen ca. 500 und 900 Euro/m² BGF Nutzfläche. In Abhängigkeit vom Standort ergeben sich bei Nettomieten zwischen 4 und 6 Euro pro m² BGF und Monat Renditen für den Endinvestor von 7,5 % bis im Einzelfall über 10 %.

3.7 Terminplan

Realisierung binnen Jahresfrist

Der Terminablaufplan für die Planung und Realisierung einer Logistikimmobilie ist u. a. abhängig von planrechtlichen Voraussetzungen des Standortes, der Gebäudegröße und der Komplexität von Bauwerk und einzubringender Gebäudetechnik. Unter günstigen Bedingungen, d. h. die planrechtliche Situation ermöglicht die Errichtung der geplanten Logistikimmobilie und es handelt sich um eine vergleichsweise einfache kleinere Logistikimmobilie, kann ein Gesamtrealisierungszeitraum von rund einem Jahr erreicht werden. Hierbei wird ein Planungszeitraum von zwei Monaten, eine Genehmigungsphase von ebenfalls zwei bis drei Monaten mit hierzu parallel verlaufenden Ausschreibungs- und Vergabeprozessen sowie eine Bauzeit von mindestens sechs Monaten unterstellt.

4. Der Investitionsmarkt für Logistikimmobilien

4.1 Marktteilnehmer

Die wesentlichen Teilnehmer des Investitionsmarktes für Logistikimmobilien lassen sich grob gliedern in Nutzer der Immobilie, Investoren sowie Projektentwickler.

4.1.1 Nutzer

Nutzer von Logistikimmobilien sind zum einen Industrie und Handel und zum anderen Logistikdienstleister, die diese Bereiche unterstützen. Wesentlich für die Produktion der Industriebetriebe ist die ausreichende Versorgung mit Rohstoffen und Vorprodukten, um einen effizienten, störungsfreien Ablauf sicherzustellen. Hierfür sind in der Regel Beschaffungs- und Produktionslager notwendig. Im Anschluss an die Produktion setzt der Handel in seiner Funktion als Mittler für Güter und Waren zwischen Produzent und Kunde ein. Logistik ist demnach ein wesentlicher Erfolgsfaktor des Handels, der insbesondere zur Wahrnehmung seiner Lager- und Distributionsfunktionen geeignete Logistikimmobilien als Nutzer nachfragt.

Industrie und Handel

Neben Industrie und Handel treten auch Logistikdienstleister als Nutzer, Mieter und Investoren von Logistikimmobilien auf. Der Begriff der Logistikdienstleister beinhaltet hierbei sowohl klassische Speditionen als auch Unternehmen, die neben der reinen Transportleistung vielfältige Dienstleistungen, wie z. B. Kontraktlogistik, im Zuge des Outsourcings ihrer Auftraggeber mit übernehmen und zum Teil über europaweite oder gar globale Netzwerke verfügen. Moderne Logistikdienstleister bieten demnach eine umfassende Produktpalette entlang der logistischen Wertschöpfungskette an und individualisieren diese in Hinblick auf die Befriedigung der Kundenbedürfnisse. Logistikdienstleister mit weltweiter Bedeutung sind United Parcel Service, FedEx, TNT, China Railway. In Deutschland sind beispielsweise DHL, Schenker Deutschland AG, DB Cargo zu nennen.

Dienstleister

4.1.2 Investoren

Von den von der BulwienGesa AG geschätzten rund 290 Mio. m² Lagerflächen in Deutschland ist nur ein geringer Teil am Markt als Investition angeboten worden. In den meisten Fällen werden Logistikimmobilien durch Eigennutzer unter Einschaltung Dritter, wie z. B. Architekten und Bauunternehmen, realisiert und im Eigentum gehalten. Bei den Eigennutzern kann es sich wiederum um die zuvor dargestellten Mieter- und Nutzergruppen aus Industrie und Handel sowie um Logistikdienstleister handeln. Gleichwohl ist davon auszugehen, dass es aufgrund der zunehmenden Dynamisierung in der Logistikbranche, der Outsourcing-Prozesse und unter dem Aspekt Basel II zukünftig mehr Nutzer geben wird, die eine Immobilie nicht als Eigeninvestition errichten, sondern durch Dritte, d. h. Fremdinvestoren errichten lassen, und hiernach anmieten. Insofern wird zukünftig, die Verfügbarkeit entsprechend attraktiver Produkte vorausgesetzt, institutionellen Investoren im Markt für Logistikimmobilien mehr Bedeutungsgewicht zukommen. Zu nennen sind hier zum

Bisher wenig Investitionen

einen offene Immobilienfonds, die das von Anlegern eingezahlte Geld im eigenen Namen und auf gemeinschaftliche Rechnung nach dem Grundsatz der Risikomischung in genau definierte zugelassene Vermögensgegenstände anlegen. Zum anderen sind hier geschlossene Immobilienfonds aufzuführen, die zumeist als Kommanditgesellschaft zur Entwicklung oder zum Erwerb einer oder mehrerer definierter Immobilien gegründet werden.

Spezialfonds Als weitere institutionelle Investoren können Spezialfonds auftreten, die zum Teil ihr gesamtes Portfolio auf eine Immobilienanlageform ausrichten. So hat beispielsweise die Commerz Grundbesitz Spezial Fonds GmbH für einen institutionellen Investorenkreis den, ausschließlich auf den Logistikmarkt ausgerichteten, Eurologistik 1 Fond, gegründet. Als größere Fonds mit Schwerpunkt Logistikimmobilien seien hier ProLogis European Properties Fund und Aareal EuroLogistics Fund genannt. Weitere Anleger, wie zum Beispiel Leasinggesellschaften, Versicherungen, Pensionskassen und Immobilienaktiengesellschaften, kommen prinzipiell ebenso als Investoren für Logistikimmobilien in Betracht. Genannt seien hier beispielsweise Gazeley Properties und die Deutsche Logistik Immobilien AG.

Wachsendes Interesse Prinzipiell scheint, unter der Voraussetzung der Verfügbarkeit der richtigen Projekte, das Interesse von institutionellen Investoren an Logistikimmobilien in den letzten Jahren stark gestiegen zu sein. Dies lässt sich unter anderem mit den im Vergleich zu anderen Immobilien, wie z. B. Bürogebäuden, höheren Renditen und dem Wunsch der Kapitalanleger nach einem unter Risikoaspekten möglichst breit gemischten Immobilienportfolio erklären.

Durch das Zusammenwachsen der Märkte kann unterstellt werden, dass investorentaugliche Logistikimmobilien in den Kernsegmenten zunehmend zu uniformeren, von unternehmens- und landesspezifischen Besonderheiten unabhängigen Anlageprodukten werden.

4.1.3 Projektentwickler

Aufgaben Aufgabe des Projektentwicklers ist es, die Faktoren Standort, Projektidee, Nutzer und Kapital so miteinander zu kombinieren, dass es zur Umsetzung von Immobilien kommt, die langfristig nachhaltig rentabel genutzt werden können. Der Projektentwickler trägt zur Wertschöpfung im Bereich des Logistikimmobilienmarktes bei, indem er, in Abstimmung mit den Nachfragern von Logistikflächen, Projekte entwickelt, plant und realisiert, die, ohne auf den Investitionsmarkt zu gelangen, als mehr oder weniger maßgeschneiderter Auftragsbau von Eigennutzern zumeist als Eigeninvestition gehalten werden.

Zielsetzung Zum anderen zielt die Tätigkeit des Projektentwicklers im Logistikmarkt darauf ab, bedarfsgerechte, flexible und drittverwertbare Logistikflächen zu entwickeln, zu vermieten und zu realisieren und diese Immobilien an Investoren zu veräußern. Gemäß einer internen Marktanalyse der DG Hyp und der Technischen Universität Berlin, in der 400 nach 1985 erstellte Logistikimmobilien untersucht wurden, entspricht der Großteil dieser Objekte nicht mehr den heutigen Anforderungen, so dass in Deutschland von einem höheren Bedarf an neuen, modernen Logistikimmobilien mit drittverwertungsfähigem Baustandard ausgegangen werden kann.

Bei den Projektentwicklern handelt es sich, insbesondere wenn es um kleinere Logistikimmobilien geht, um eine Vielzahl von kleineren regionalen Anbietern, zum Teil auch um Bauunternehmen. Größere Logistikimmobilien, wie zum Beispiel Multi-usage-Logistikparks mit Nutzflächen von 50.000 m² und mehr, werden jedoch in der Regel von überregional bzw. international agierenden Projektentwicklern/Investoren realisiert.

4.2 Marktpotenzial

Das flächen- und wertmäßige Volumen der Logistikimmobilien, die dem Investitionsmarkt potenziell zur Verfügung stehen könnten, lässt sich aufgrund des Mangels an systematischer Erfassung nicht genau bestimmen. Gleichwohl lässt sich unter Ausklammerung von Sale-and-lease-back und dem sonstigen Verkauf von Bestandsimmobilien das mögliche in Quadratmeter Nutzfläche gemessene Projektvolumen per anno in Deutschland durch die jeweils im Betrachtungsjahr fertiggestellten Logistikimmobilien nach oben hin eingrenzen. Gemäß einer Aufstellung der BulwienGesa AG wurden im Jahr 2003 Logistikobjekte mit einer Gesamtfläche von knapp 1,4 Mio. m² fertiggestellt, wobei lediglich Immobilien von mehr als 8.000 m² Nutzfläche Berücksichtigung fanden. Im Jahr 2004 wurde mit einer Nutzfläche von gut 1,2 Mio. m² ein ähnliches Projektvolumen an Logistikobjekten in Deutschland fertiggestellt. Wie bereits oben ausgeführt, wird jedoch die große Anzahl dieser Flächen von Eigennutzern selbst im Bestand gehalten, so dass nur ein geringer Teil der Logistikimmobilien tatsächlich Fremdinvestoren zum Kauf angeboten wird. Die in den nachfolgenden Tabellen – ohne Anspruch auf Vollständigkeit – aufgeführten fertiggestellten und von offenen und geschlossenen Immobilienfonds gekauften Logistikimmobilien unterstreichen diese Aussage.

Keine systematische Erfassung

Gemäß der Erhebung der BulwienGesa AG wurden unter Berücksichtigung der Ankäufe durch offene und geschlossene Immobilienfonds 2003 19 Objekte mit einer Gesamtnutzfläche von 218.000 m² und 2004 21 Objekte mit einer Gesamtnutzfläche von knapp 230.000 m² verkauft. Eurohyp gibt für das Jahr 2003 ein Transaktionsvolumen einschließlich Sale-and-lease-back-Geschäften von über 300.000 m² Nutzfläche an. Das an der Gesamtfläche gemessene, vergleichsweise geringe Volumen der an institutionelle Anleger veräußerten Im-

Stadt	Objektname	Firma	fertig	Gesamt-NF in m²	Log.-Fläche in m²
Hamburg	Gewerbeobjekt	Deka-Immobilien-Fonds	2003	21.420	4.070
Hannover	Bauwo Business Center	SEB-ImmoInvest	2003	26.687	6.900
Dietzenbach	Logistik- und Technologie Center	SEB-ImmoInvest	2003	16.700	16.700
Hamburg	Gewerbepark Neubau	SEB-ImmoInvest	2004	5.800	5.800
Quelle: BulwienGesa AG, Allgemeine Studie Logistikimmobilien Deutschland, Fertigstellungen und Investments 2003 + 2004					

Abb. 7: Fertigstellung von Objekten offener Immobilienfonds

Stadt	Objektname	Firma	fertig	Gesamt-NF in m²	Log.-Fläche in m²
Frankfurt a. M.	Logistikanlage Panalpina	Garbe Logimac LogisFonds GmbH	2003	20.000	20.000
Darmstadt	TZ Rhein-Main	Deinböck DCM Renditefonds 22 KG	2004	71.869	n.n.
Berlin	Logistikzentrallager Tengelmann	Deutsche Structured Finance GmbH	2004	39.573	39.573
München	Logistik- und Produktionsflächen mit Büroanteil	DOBA-Renditefonds M1	2004	17.910	9.290
Köln	Logistikzentrum	BVT Ertragswertfonds 1	2005	18.041	18.041

Quelle: BulwienGesa AG, Allgemeine Studie Logistikimmobilien Deutschland, Fertigstellungen und Investments 2003 + 2004

Abb. 8: Fertigstellung von Objekten offener und geschlossener Immobilienfonds

mobilien im Logistikbereich liegt in erster Linie an den mangelnden attraktiven Angeboten. Gut gelegene, drittverwertbare Logistikimmobilien, die über einen längeren Zeitraum an solvente Nutzer zu interessanten Mietvertragskonditionen vermietet sind und darüber hinaus eine interessante Investitionsgrößenordnung aufweisen, gelangen selten an den Markt.

4.3 Renditen und Anlagekriterien von Logistikimmobilien

Renditefaktoren

Die Spanne der Nettoanfangsrenditen von Logistikimmobilien hängt von einer Vielzahl von Faktoren ab. Zu nennen sind hier vor allem der Standort, die Drittverwertbarkeit der Immobilie sowie die Bonität des Mieters, die Mietvertragslaufzeit und die sonstigen Mietvertragskonditionen. Die Nettoanfangsrendite liegt in aller Regel zwischen 7,5 % und 8,5 %, in Einzelfällen, sofern einzelne Anlagekriterien nur unzureichend erfüllt werden, bei über 10 % (vgl. Abbildung 9).

	Renditen in %
Berlin	7,50–8,25
Düsseldorf	7,50–8,50
Frankfurt	7,50–8,00
Hamburg	7,50–8,50
München	7,25–8,00

Quelle: DTZ Research, Der deutsche Büromarkt, Newsletter 2004

Abb. 9: Rendite bei Lager-/Logistikflächen 2004

In Hinblick auf die investorenseitige Bewertung von Logistikimmobilien sind Mieter und Mietvertrag zum einen sowie die langfristige Werthaltigkeit der Immobilie, d. h. die Drittverwertbarkeit, zum anderen von übergeordneter Bedeutung.

Mieter und Mietvertragskonditionen

Die Nachhaltigkeit des abgeschlossenen Mietvertrages hängt wesentlich von der Zahlungsfähigkeit des Mieters während der Mietvertragslaufzeit ab. Wesentliche weitere Kriterien der Bewertung des Mietvertrages sind die Konditionen, wobei hier zunächst der Mietzins, die Vertragsfestlaufzeit, die Wertsicherung der Miete sowie die Festlegungen in Hinblick auf die Betriebskosten, einschließlich der Aufwendungen für Wartung und Instandhaltung, hervorzuheben sind.

Drittverwertbarkeit

Von herausragender Bedeutung im Rahmen der Bewertung von Immobilieninvestitionen – nicht nur im Logistikbereich – ist die Drittverwertbarkeit der Objekte. Ist diese nicht gegeben, lässt sich ein Investor in aller Regel nur finden, sofern zum Zeitpunkt des Auslaufens des Mietvertrages der Restwert der Immobilie unter Berücksichtigung des bis dahin aufgelaufenen Kapitaldienstes gegen null geht. Nur wenn die Immobilie von ihrer Lage und Flexibilität her auch für etwaige Nachnutzer interessant ist, kann sie nachhaltig Erträge erzielen und erfüllt damit eine wesentliche Investorenanforderung. Zur Bewertung der Drittverwertbarkeit wird von institutionellen Anlegern eine Vielzahl von Bewertungskriterien herangezogen. Diese sind in erster Linie:

- **Standort:** Für die Qualität des Standortes sind Kriterien, wie z. B. eine störungsfreie Zu- und Abfahrt zur Autobahn, Zugang zu Arbeitskräften sowie die Wirtschaftskraft und die Bevölkerungs- und Kaufkraftentwicklung im Umfeld von besonderer Bedeutung.

- **Grundstück:** Im Hinblick auf das jeweilige Grundstück sind bei der Drittverwertbarkeit Aspekte wie die Ausweisungen im Bebauungsplan oder die Möglichkeit des 24-Stunden-Betriebes, keine oder geringe Einschränkung der Emissionen, der Zugriff auf Erweiterungsflächen sowie die Umfahrbarkeit der Immobilie relevant.

- **Gebäude:** Bei der Entwicklung und Planung von Logistikimmobilien, die investorenseitig zu platzieren sind, muss die nachhaltige Vermietbarkeit sichergestellt werden. Bewertungskriterien sind hier die Hallengröße und -höhe, das Stützraster, die Teilbarkeit und Erweiterbarkeit der Nutzflächen, eine möglichst hohe Bodentraglast, eine ausreichende Anzahl von Rampen, die Möglichkeit der ebenerdigen Andienung, Laderampen an zumindest zwei Gebäudeseiten, ausreichende Stellplätze und Rangierflächen und eine möglichst breit nachnutzbare Haustechnik.

Eine auf den jeweiligen Nutzer maßgeschneiderte Immobilie, verbunden mit einem, gemessen an der Investitionssumme, hohen Anteil an nutzerspezifischen Einbauten, wirkt sich in Hinblick auf die Drittverwertbarkeit der Logistikimmobilie und damit auch auf das Investoreninteresse nachteilig aus. So werden beispielsweise in aller Regel technisch komplexe Hochregallager mit automatischen Verteilsystemen sowie Kühlhäuser mit hohem Technikanteil als echte Spezialimmobilien gewertet, deren Restwert nach Ablauf des Mietvertrages aufgrund der schwierigen oder nicht gegebenen Nachnutzbarkeit gegen null gehen muss. Mit zunehmender technischer Komplexität der Einbauten der Logistikimmobilie kann auch eine sinkende Nutzungsdauer unterstellt werden.

Nutzungsdauer Während bei klassischen Lagerhallen von einer Nutzungsdauer von 30 Jahren und mehr ausgegangen wird, sind bei neuen Logistik- und Distributionszentren mit hohem Technikanteil 15 bis maximal 20 Jahre anzunehmen. Generell kann unterstellt werden, dass umfassendere Instandhaltungs- und Modernisierungsmaßnahmen spätestens nach zehn Jahren fällig werden.

5. Zusammenfassende Schlussbetrachtung

Weiteres Wachstum Bedingt durch die zunehmende Globalisierung und die hiermit verbundene Teilung von Arbeitsprozessen, sind die Aufgaben und die Bedeutung der Logistik sowohl volkswirtschaftlich als auch in den Unternehmen selbst in den vergangenen Jahren stark gewachsen und werden dies auch zukünftig weiter tun. Aufgrund der Komplexität der Logistikprozesse sowie des steigenden Kostendrucks werden deutschland- und europaweit zunehmend mehr Leistungen an Logistikdienstleister ausgelagert.

Deutschland als Drehscheibe Diese und weitere Entwicklungen führen dazu, dass insbesondere in Deutschland als Hauptlogistikdrehscheibe der Europäischen Union zusätzliche Logistikflächen nachgefragt werden, die, nicht wie bisher üblich, überwiegend von Industrie- und Handelsbetrieben, sondern zukünftig vermehrt durch Logistikdienstleister betrieben und von Dritten im Eigentum gehalten werden. Das Spektrum der nachgefragten Logistikimmobilien reicht hierbei von der einfachen Lagerhalle bis zu komplexen Immobilien, in denen von Logistikdienstleistern zusätzliche Servicefunktionen, wie z. B. Kommissionierung, Verpackung, Etikettierung, Teilmontage für die Kunden durchgeführt werden können. Die Ausstattung der Immobilie variiert hierbei in Abhängigkeit von den in ihr zu erbringenden Leistungen und von den Anforderungen der in ihr einzulagernden bzw. umzuschlagenden Gütern.

Aufgrund der im Vergleich zu alternativen Immobilienanlagen, wie z.B. Bürogebäuden, höheren Renditen sind Logistikimmobilien prinzipiell für institutionelle Investoren interessant. Voraussetzung hierfür sind jedoch, neben den rein wirtschaftlichen Rahmendaten, die Bonität des Mieters, die Mietvertragskonditionen, die Standortqualität sowie insbesondere auch die Flexibilität und Drittverwertbarkeit der Logistikimmobilie.

Zusammenfassend kann unterstellt werden, dass sich der Logistikimmobilienmarkt in Deutschland sowohl in Hinblick auf die Nachfrage nach Mietflächen als auch bezüglich der Investorennachfrage zukünftig weiter positiv entwickeln wird.

19 Selfstorage – SB-Lagerhäuser
– Ein Geschäftszweig im Aufbruch? –

Dipl.-Kaufm. Martin Brunkhorst, Vorstandssprecher des Verbands Deutscher Selfstorage-Unternehmen, Wiesbaden

Inhaltsverzeichnis

1. Selfstorage – eine Begriffsbestimmung 474
2. Wie die Branche entstand 476
3. Evolution der Branche im Ausland 476
4. Wo steht man in Deutschland? 477
5. Die Branche aus Investorensicht 479
6. Ein Vergleich mit anderen Immobilienarten 480
7. Aussichten einer jungen Branche 481

1. Selfstorage - eine Begriffsbestimmung

„Selfstorage ist das eigenständige Einlagern von allen erlaubten Waren in abschließbare Lagereinheiten unterschiedlichster Größe mit sehr flexiblen Anmietzeiten durch Privatleute oder Gewerbemieter". Mit der englischen Begriffsbestimmung fasst der Wortbestandteil „Self" das selbsttätige, d. h. nicht durch den Lageranbieter oder seinen Erfüllungsgehilfen getätigte Ein- und Auslagern und der Wortbestandteil „Storage" das Lagern von Gütern in einen Lagerraum.

Unterschied zum herkömmlichen Lagern

Der Unterschied zum herkömmlichen Lagern von Gütern ist die rechtliche Lagerhalterposition des Einlagernden selbst. Er lagert seine Waren in einer Lagereinheit (Unit), ohne dass der Selfstorage-Unternehmer Kontrolle über den Zugang seines Kunden zu seiner Unit hat oder die eingelagerten Güter inventarisiert bzw. Kenntnis über diese hat.

Im Unterschied dazu sieht das Einlagern von Gütern bei Spediteuren die Inventarisierung der eingelagerten Güter sowie den gewährten Zugang des Kunden zu seinen Gütern nur während der Geschäftszeiten der Gemeinschaftslagereinrichtung vor, d. h. der Lagerbetreiber und nicht der Einlagernde befindet sich in diesem Fall in der Rechtsposition des Lagerhalters. Es ergibt sich eine grundsätzlich differenzierte Position in Bezug auf die Haftung für die eingelagerten Güter, insbesondere für die Gefahr der Beschädigung, Entwendung sowie alle anderen Arten der Verschlechterung der Güter. Ein besonderes Thema ist in diesem Zusammenhang die Frage über die Nachweispflicht.

Für die Selfstorage-Industrie ist die Anonymität des Einlagerns ein Teil der Angebotsattraktivität, denn welcher Privatkunde mag die Kenntnis um das Einlagern der Biedermeierkommode aus dem Nachlass der Großmutter mit vielen anderen in einer 25.000 m² Speditionshalle teilen? Welcher eBay-Powerseller teilt gern den Abverkaufserfolg seiner Partie Mountainbikes mit den anderen Besuchern und Mitarbeitern in der Großhalle?

Dem Privatkunden eine Lagermöglichkeit in Anlehnung an den häuslichen Abstellraum – oder besser mit den damit verbundenen Attributen – bieten zu können, dem Gewerbekunden alle Eigenschaften seines Firmenlagers oder darüber hinaus die Vertraulichkeit, ist dabei Bestandteil des Angebotskonzepts der Industrie. Die Versicherungswirtschaft in Deutschland sieht bei Privatkunden das Einlagern im Selfstorage-Lager als erweiterten heimischen Abstellraum, denn sie decken regelmäßig mit der normalen Hausratsversicherung die Einlagerung bei Selfstorage für „einen nicht erheblichen Zeitraum …", d. h. für drei bis sechs Monate ab.

Kundenprofil

Die oft gestellten Fragen nach dem typischen Kunden im Selfstorage-Geschäft sind so divers in der Antwort wie die Notwendigkeiten ihrer Nutzer. Typischerweise ist beim Privatkunden ein wie auch immer gearteter, wenig planbarer Wechselfall im Leben aufgetreten: Die Kinder sind aus dem Haus und man hat bereits verkauft, um in ein kleineres Apartment zu ziehen bis der Bauunternehmer etliche Monate Spätfertigstellung ankündigt – wohin mit dem Hausrat in der Übergangszeit?

Modernisierungen, Umzüge, Haushaltsauflösungen, Auslandsentsendungen, die Aufbewahrung von Saisonutensilien und natürlich der Hang zum Sammeln sind Gründe, um Kunde in einem Selfstorage-Zentrum zu werden. In den Städten werden immer mehr Dachspeicher in Szene-Vierteln zu großzügigen Dachgeschossapartments umgewandelt, der ehemalige Bodenspeicher entfällt. Im Wohnungsbau wird bei teurer werdenden Grundstückspreisen immer mehr Nutzfläche nach DIN 277 herausgerechnet und der Platz für einen Einbauschrank oder einen zusätzlichen Abstellraum fällt dadurch weg. Beim Gewerbekunden findet man typischerweise häufig ökonomisch handelnde „Gewinnmitnehmer", die ein Geschäft oder ein zusätzliches Geschäft nur durch die Nutzung von Selfstorage realisieren können, hier sei beispielhaft der eBay-Händler genannt.

Die Kundenstruktur und das Kundenverhalten ändern sich im Zeitablauf der Marktpräsenz des Produkts „Selfstorage" über Jahre hinweg deutlich, ein detailliertes Eingehen hierauf ist an dieser Stelle nicht möglich.

Mieteinheiten und Vertragslaufzeit

Die Mieteinheiten sind regelmäßig ab einem m², teilweise ab einem m³ bis ca. 50 m² im Standardangebot der Selfstorage-Unternehmen. Da die Dienstleistung in Deutschland relativ neu ist und die Kundenerfahrung mit ihr ergo gering ist, wird initial gern zu groß nachgefragt, wegen der Vergleichbarkeit häufig in der „Garagengröße", d. h. ca. 24 m². Tatsächlich abgeschlossen werden Mietverträge im Privatkundenbereich mit Schwerpunkt bei 6–9 m², bei Gewerbeanmietungen sind diese größer, nämlich zwischen 11 und 14 m².

Die Mietvertragslaufzeit ist, wie eingangs angesprochen, den Kundenbedürfnissen angepasst. Sie beginnt üblicherweise bereits bei einer Mietvertragsdauer von einem Monat und streckt sich bis zu einer unbegrenzten Mietdauer. Das flexible Anpassen der Mietvertragslaufzeiten ist von den Selfstorage-Unternehmen ein bewusstes Entgegenkommen an die – häufig unkomfortable – Kundensituation zur Akzeptanzsteigerung der angebotenen Dienstleistung.

2. Wie die Branche entstand

Herkunft aus den USA

Wie vieles andere Gute auch kommt die Selfstorage-Idee aus den Vereinigten Staaten von Nordamerika. In den Jahren nach dem Zweiten Weltkrieg passte nach einem wieder mal schiefgelaufenen Job oder einer in die Brüche gegangenen Beziehung der erhaltenswerte Hausstand eines Mannes, wie in vielen Filmen gezeigt, noch auf die Ladefläche seines Pick-up. Mit dem getreuen Freund, dem Pick-up, folgten viele dem „Go west, young man …", um irgendwo dort ein neues Glück zu suchen. In den Zeiten des wirtschaftlichen Aufschwungs in den 60er und 70er Jahren wurden die Kühlschränke und Fernseher größer und wenn man viel Glück hatte, konnte man eventuell sein ganzes Haus auf dem Tieflader umsiedeln. Das spartanische Pick-up-Trecking war jedoch endgültig passé.

Als der legitime Gründervater der Branche gilt Charles (Chuck) Barbo, eigentlich Lehrer von Beruf, der 1965 mit seiner Frau Linda in Seattle im US Bundesstaat Washington D.C. einen Selfstorage-Standort eröffnete und damit die beispiellose Erfolgsstory von „Shurgard Inc." begründete, welche heute insgesamt 650 Selfstorage-Center besitzt und betreibt.

Der Boden für dieses Geschäft ist überall dort gut bestellt, wo Zeitnot gepaart mit dem Wunsch nach Flexibilität in der Gesellschaft liegt. Diese Kombination war in den Gründerjahren des Selfstorage sicher gegeben. Die ersten Selfstorage-Einheiten an der Westküste der USA waren technisch Quantensprünge von heute entfernt. Waren die ersten Selfstorage-Center inklusive der Innenraumaufteilung buchstäblich aus (der sehr guten) Redwood-Zeder gebaut und fast immer ebenerdig, findet man heute klimatisierte, videoüberwachte Innenstadtlagen mit Lastenfahrstühlen in die Stockwerke vor.

3. Evolution der Branche im Ausland

Wie vorstehend beschrieben, ist Selfstorage eine junge Branche, die sich auch nicht, wie z. B. der Halbleiter, innerhalb kürzester Zeit ins Kernumfeld eines Jeden rund um den Globus vorgeschoben hat – aber: Seit den ersten Anfängen aus Zedernholz sind die Storage-Center heute mit modernsten Baumethoden gefertigt, teilweise in nachgefragten Innenstadtlagen und manchmal gar in hochhausähnlichen Gebäuden untergebracht. Video- und Zugangskontrolle rund um die Uhr gehört zum Ausstattungsstandard, manche sind klimatisiert oder bieten andere Annehmlichkeiten.

„Rundum sorglos"-Servicepaket

Das Serviceangebot Selfstorage wird komplettiert durch fast alle Artikel, die man üblicherweise zum Einlagern und Umziehen braucht, wie z. B. Kartons, Bubble-Wrap, Verschlussmaterialien, Schutzhüllen für Sofas etc., Lagerversicherungen, Transportmittel im Haus u. a. mehr. Die Versorgungsdichte mit Selfstorage-Centern in Nordamerkika ist erheblich und zählt fast 34.000 Selfstorage-Anlagen mit einer Gesamtfläche von 117 Mio. m². Statistisch gesehen, kommt auf jeden US-Bürger 0,5 m² Selfstorage-Fläche. Selbstredend ist auch der Weltmarktführer „Public Storage Inc." (Börsentickerkürzel PSA) mit 1.400 Storage-Centern und 800.000 Lager-Units amerikanisch. Das Geschäft ist attraktiv und gerade erst im Mai 2005 hat „GE Capital" seine Beteiligung „Storage USA" an den Wettbewerber „Extra Space" für 2,3 Mrd. US-Dollar verkauft, die damit 630 Standorte betreiben und zur Nummer zwei in Amerika aufgestiegen sind. Ohne dies erklären zu können, ist das dünnbesiedelte Australien neben den USA das Land mit der höchsten Versorgungsdichte an Selfstorage-Fläche. Vielleicht ist es nur Zufall, dass fast zeitgleich die beiden großen alten Männer des Geschäfts die Kommandobrücke in wohlbestellten, etablierten Großunternehmen verlassen: Harvey Lenkin, langjähriger Präsident von „Public Storage Inc." ging Anfang 2005 in den Ruhestand und Chuck Barbo von „Shurgard Inc." übergab Mitte 2005 das Präsidentenamt an seinen Nachfolger Dave Grant – das Geschäft ist etabliert und die großen Wegbereiter gehen.

Aber auch in anderen Ländern Europas ist die Servicedienstleistung weit akzeptiert und Bestandteil des täglichen Lebens: In England z. B. zählt die Branche aktuell 385 professionelle Selfstorage-Zentren. Der europäische Marktführer „Shurgard" ist allein auf Londoner Stadtgebiet mit 18 Niederlassungen aktiv.

Entwicklung in Europa

Der europäische Selfstorage-Verband FEDESSA (Federation of European Selfstorage Associations) mit Sitz in Brüssel repräsentiert über seine Länderorganisationen ca. 800 Selfstorage-Center. Neben dem Vorreiter England, gefolgt von Frankreich, ist auch in Ländern wie Belgien, Holland und Schweden eine erhebliche Anzahl von Standorten in Betrieb und die Inanspruchnahme der Selfstorage-Leistung gehört dort zum Alltag. In Ländern, die bereits längere Erfahrung mit diesem Service gemacht haben, spielt Selfstorage im sozialen Umfeld der Gesellschaft eine viel größere Rolle, insoweit als Privathaushalte die Abläufe ihrer Lebenszyklen mit diesem Service planen und ebenso Firmen z. B. ihre Vertriebsstruktur auf das Vorhandensein eines Netzes von Selfstorage-Standorten aufbauen. Die Entwicklung in Deutschland hinkt dem erheblich zeitlich hinterher und es mag verwundern, dass in einer leistungskräftigen Volkswirtschaft mit rund 86 Mio. Bevölkerung noch keine institutionellen Investoren den Markteintritt vollzogen haben.

4. Wo steht man in Deutschland?

Tatsächlich gibt es Mitte 2005 in Deutschland gerade 24 klassische Selfstorage-Standorte im Betrieb, hinter denen sieben Unternehmen stehen. Die Standorte verteilen sich auf Berlin, München, Hamburg, Frankfurt, Köln, Düsseldorf, Essen, Bonn, Mönchengladbach, Wuppertal und Krefeld. Diese Standorte sind alle im Zeitraum seit 2001 entstanden, die Branche befindet sich in einer Phase des deutlichen Wachstums. Mit elf Standorten unangefochtener Marktführer in Deutschland ist die „Shurgard Deutschland GmbH" mit Sitz in Essen-Kettwig und derzeit das einzige Unternehmen, welches eine börsennotierte AG („Shurgard Inc.", Seattle, Wallstreet-Tickerkürzel SHU) als Muttergesellschaft hat. „Shurgard" ist seit seinen ersten Inbetriebnahmen 2003 ausschließlich im Rhein-Ruhr-Gebiet zwischen Bonn im Süden und Essen im Norden aktiv. Auch das weitere geplante Wachstum der Firma soll in Nordrhein-Westfalen stattfinden. Die Firma ist ausschließlich im Selfstorage-Geschäft aktiv, ein US-amerikanischer REIT, ist auf straffes Wachstum ausgerichtet und hat die Bevölkerung von 18,7 Mio. Menschen des Ruhrgebiets als seine wichtigste Standortentscheidung beim Markteintritt berücksichtigt. „Shurgard" ist die zur Zeit

Deutliche Wachstumsphase

Einzige, die den Marktauftritt und das Wachstum mit Corporate Background betreibt.

Vorreiter Die Marktbereiter in Deutschland waren die Firmen „Lagerbox Holding GmbH", Frankfurt am Main, mit zwei Standorten in Düsseldorf und einem in Frankfurt/Main sowie die Firma „Devon", die jeweils einen Standort in Köln und Berlin betreibt. In der Expansion ist es um diese Firmen in der letzten Zeit ruhiger, Standorte sind dort in der Prüfung.

Die jüngeren expansiven Firmen sind in Hamburg und in München beheimatet. „Secur GmbH" betreibt einen Standort in der Kieler Straße in Hamburg und ist in der Realisierung von Standorten in Berlin und auf Sylt. Gesellschafter von „Secur" brachten Selfstorage-Erfahrung aus eigenen Standorten in den USA zum Aufbau der deutschen Firma ein.

Standardisierte Geschäftskonzepte In München ist der deutsche Ableger der Firma „Selfstorage – Dein Lagerraum GmbH" zu Hause. Die Firma betreibt in der Landsberger Straße in München ihren ersten deutschen Standort, managt jedoch in Österreich acht Standorte und verfügt damit über erhebliches Know-how. Zwei weitere Standorte in München und in Berlin sind in der Realisierung. „Selfstorage – Dein Lagerraum GmbH" ist mit seiner deutlichen Anzahl von Niederlassungen, betrieben nach einem weitgehend standardisierten Konzept, neben dem amerikanischen Platzhirsch in Nordrhein-Westfalen das einzige Unternehmen, welches ein mit einer Marke vergleichbares Erscheinungsbild präsentiert. Auffällig sind die anspruchsvollen und damit teuren Innenstadtlagen in Städten, die ohnehin für ihren hohen Marktwert im Immobilienmarkt berühmt sind. Von diesem Unternehmen ist darüber hinaus bekannt, dass erhebliche Expansionspläne, weiterhin in den Metropolregionen, in Bearbeitung sind.

Neben den oben beschriebenen Unternehmen sind noch die Firmen „Citilager GmbH" in Hamburg sowie „Zeitlager Selfstorage GmbH" in München im Markt aktiv, von Expansionsplänen dieser Firmen ist hier nichts bekannt.

Es ist im Selfstorage-Geschäft in Deutschland noch nicht erreichbar, dass die Objekte kurz nach Fertigstellung komplett vollvermietet sind, schon allein bedingt durch die hohe Anzahl von etlichen hundert Mieteinheiten. Je nach Größe der Niederlassung beträgt die kalkulierte Anmietdauer zwischen zwei und drei Jahre. Es macht wirtschaftlich Sinn, den Ausbau über alle Stockwerke daher nicht gleich zu Beginn durchzuführen, sondern parallel zum Verlauf der Einmietungen.

Speditionen als Mitbewerber Neben den Selfstorage-Unternehmen haben auch die Speditionen diesen lukrativen Markt identifiziert, sind jedoch mit einem gänzlich anderen Angebotsprofil am Markt. Die Speditionen haben in aller Regel große Umschlaghallen und Betriebshöfe. Der Zugang zu den eingelagerten Waren kann dort nur zu den personell besetzten Betriebszeiten erfolgen und dazu ist der persönliche Einlass, ja manchmal die Begleitung auf dem Betriebsgelände, notwendig. Der Hauptunterschied zu den reinrassigen Selfstorage-Zentren ist jedoch das von den Speditionen normalerweise geforderte Inventarprotokoll über die eingelagerten Güter. Ein solches ist bei dieser Lagerform auch notwendig und empfehlenswert, da es sich hier nicht immer um individuell gesicherte und abschließbare Mieteinheiten handelt.

Zusammenfassend können wir von hier aus eine jährliche Verdoppelung der Bauanträge für Selfstorage-Anlagen in Deutschland wahrnehmen.

5. Die Branche aus Investorensicht

Bedingt durch die grundsätzlich unterschiedliche Marktreife von Selfstorage in Deutschland und anderen Ländern, ergibt sich ein ebenso differenziertes Bild der Investoreneinwertungen: Durch die hohe Marktreife des Produkts, z. B. in den USA, und die Aufstellung von großen Selfstorage-Unternehmen als börsennotierte REITs („Public Storage Inc.", PSI; „Shurgard Inc.", SHU), ist die Branche transparent und sowohl für Privatinvestoren als auch für institutionelle Anleger erreichbar. Die Branche ist etabliert und hat Zugang zum Kapitalmarkt, und z. B. in England ist dies mit Abschlägen vergleichbar. In Deutschland existiert ein gänzlich anderes Bild. Die Eigenkapitalgeber sind in der Sparte der Privatfonds zu finden, die das Geschäft kennen und die Risikopositionierung der Investition einschätzen können. Es handelt sich im Selfstorage-Geschäft auf jeden Fall um Betreiberimmobilien, die neben der Immobilienqualität im Sinne der Wertermittlungsverordnung (Wert-VO) ebenso die Qualität der Betreibung einwertet. Neben der Beurteilung der Prozesse beim Betreiben der Immobilie wird, wie auch hier üblich, ein besonderes Augenmerk auf die Drittverwendungsmöglichkeit gelegt, denn als normale Logistikimmobilie werden sich die meisten Selfstorage-Objekte nicht eignen. Die Forderung nach möglichst einem Anchor-Tenant hoher Bonität mit langer Vertragslaufzeit und Tripple-Net-Konditionen, werden aus der Charakteristik des Geschäfts her nicht erfüllt. Die ebenso häufig zu hörende Zurückhaltung beim Thema Mitarbeiter mit all ihren in Deutschland besonders unverständlichen Eigenheiten ist ein weiteres Argument, mit dem sich der Investor auseinander zu setzen hat. Selfstorage lebt von Menschen, zum erheblichen Teil von den Menschen in den Niederlassungen, welche dem potenziellen Kunden jeden Tag am Schalter gegenüberstehen. Wenn die Investmentprüfung und der Vergabeausschuss in der Bank beschlossen haben, sich mit einer Vielzahl von rollierenden Mietverträgen, einem in Deutschland noch weithin unbekannten Service sowie mit einem Mitarbeiterstamm auseinander zu setzen, wie wird die Vergütung geregelt?

Hohe Marktreife, etablierte Branche

Standard-Logistikimmobilien mit qualitativ hochwertigen Mietverträgen an sehr guten Logistikstandorten, wie zum Beispiel Frankfurt Cargo-City-Süd oder Ginsheim-Gustavsburg, werden mit einer Cap-Rate von ca. 7,5 % gehandelt. Bei Standorten mit weniger Lagequalität, wie z. B. Leipzig, erhöht sich diese auf ca. 9 % und bei nicht ganz ausgelasteten Objekten kann sich der Wert mit Phantasie auf evtl. 10,5 % erhöhen, ist dann aber mit Risiko verbunden. Im Selfstorage-Geschäft erzielen die meisten Anbieter Zielrenditen deutlich oberhalb dieser vorgenannten Werte, die im Selfstorage-Geschäft als untere Basis gelten dürften. Zusammenfassend kann man sagen, dass die Akzeptanz von vielen Einzelkunden, das intensive Arbeiten mit motiviertem Personal und die Arbeit mit einer in Deutschland neuartigen Dienstleistung aus der Sicht der Ertragserwartung und der Perspektive belohnt wird. Die Investoren, die unvermietete Büroflächen der vorletzten Generation in ihren Büchern haben oder im Kinoboom der 90er Jahre intensiv ins „Overscreening" investiert haben, werden dies bestätigen können.

Lohnenswerte Perspektive

Im Bereich der Fremdkapitalfinanzierung haben naturgemäß die angelsächsischen Banken den größten Erfahrungsschatz, da dieses Produkt einschlägig bekannt ist. Eine jüngst erfolgte Platzierung eines Bonds durch eine der börsennotierten Gesellschaften soll nach unseren Kenntnissen auch bei den bayerischen Banken in Deutschland gut angekommen sein.

6. Ein Vergleich mit anderen Immobilienarten

Betreiberimmobilie

Eine Selfstorage-Immobilie ist den gleichen Beurteilungsmaßstäben ausgesetzt wie andere auch. Alle werden auf der Grundlage der Wertermittlungsverordnung (Wert-VO) mit ihren Interpretationsmöglichkeiten, insbesondere der angelsächsischen Betrachtungsweise eingewertet. Die prägnanteste Eigenheit der Selfstorage-Immobilie ist die Einwertung als Betreiberimmobilie und somit von Operator zu Operator unterschiedlich zu betrachten. Je stärker das Unternehmen in der Lage ist, der Immobilie sein eigenes „Coporate Branding" zu übertragen, das Design, die Farbe, Logos etc. in die Immobilie einfließen zu lassen, umso mehr wird das Investment eine Betreiberimmobilie und bewegt sich damit vom klassischen Immobilieninvestment fort. Die standardüblich geforderte Drittverwendungsmöglichkeit, die Lagequalität für ein absolut fungibles Marktprodukt und verschiedene mögliche Nutzer sind bei einer solchen Immobilie nicht mehr gegeben.

Umnutzung ist fraglich

Eine zügige Umnutzung in ein Standardlogistikprodukt ist fraglich, daher sollten Grunddaten fixierbar sein. Die internen Zuwegungen, Flächenaufteilungen, Andocktore, Flächennutzlasten etc. sind nicht vergleichbar. Es ist daher von allergrößter Wichtigkeit, dass insbesondere die Innenraumaufteilung zum Zeitpunkt der Bauantragsplanung bereits dem entsprechen kann, was die Kundenstruktur Jahre später an verschiedenen Produkten an verschiedenen Orten innerhalb des Objekts nachfragen wird. Der Anfang der Einmietungsphase ist üblicherweise mit ausreichend Spielraum jedem Kunden gegenüber versehen, wenn sich der Vermietungsgrad bei zwei Drittel und mehr bewegt, muss das Angebot an Größe und Lage der gesamten Angebotspalette immer noch den Kundennachfragen entsprechen. Stimmen diese nicht überein, sind nachträgliche Umbauten vorzunehmen, die die Renditeberechnung untergraben. Jedweder nachträglich vorzunehmende Umbau ist durch größtmögliche Sorgfalt und unter zu Hilfenahme jedes möglichen Know-hows zu vermeiden.

Kritische Investitionsprüfung erforderlich

Die Investition in eine Selfstorage-Immobilie mit dem Ziel des späteren Eigenmanagements sollte ohne entsprechendes nachvollziehbares Fachwissen überkritisch geprüft werden. Die teilweise überschaubaren Investitionen machen das Geschäft evtl. für erfahrene Immobilienprofis reizvoll, die bereits alle paar Jahre ein Einkaufszentrum oder ein kleines Bürohaus erfolgreich errichtet und vermietet haben. Selfstorage ist hochattraktiv, jedoch genauso anspruchsvoll und daher wird von hier aus eindringlich empfohlen, dergleichen Projekte nur mit entsprechender Erfahrung anzugehen.

7. Aussichten einer jungen Branche

Bis vor ca. drei Jahren hat sich das etablierte Selfstorage-Gewerbe nicht ernsthaft um den deutschen Markt gekümmert, der ansonsten für alle neu erfundenen Produktzweige gern als Sprungbrett für die europäischen Märkte genommen wurde. Die große europäische Marktwirtschaft nach der Wiedervereinigung und alle Märkte um sie herum, wie z. B. England und Frankreich, liefern prosperierende Zahlen ab – wie passte das zusammen?

Sehr richtig haben die Marktteilnehmer diesen großen Wirtschaftsraum mit besonderer Sorgfalt untersucht und von ihren Consultants viele Eigenschaften über das deutsche Wohn- und Sozialverhalten erfahren, die man nicht greifen konnte: Alle deutschen Wohnhäuser haben einen Keller und einen Dachboden, der Deutsche zieht nicht von Hannover nach Hamburg, selbst wenn er in Hannover arbeitslos ist und in Hamburg eine gute Anstellung findet usw. Alles gewichtige Argumente, doch die wirtschaftlichen Rahmendaten und der gesellschaftliche Wandel haben auch hier einen Umdenkprozess ausgelöst. Zum Glück ist man auch hierzulande mittlerweile willens, einer guten Anstellung hinterherzuziehen; zum Glück wird nicht auch im geförderten Wohnungsbau für 100 Jahre gebaut und die Gesellschaft hat in einem manchmal schmerzhaften Lernprozess einen Teil ihres statischen Beharrungsvermögens abgelegt. Seit ca. drei Jahren ist das Selfstorage-Geschäft in Deutschland auf dem Vormarsch.

Umdenkprozess im Wohn- und Sozialverhalten

Wir können von hier aus erkennen, dass neben den bekannten Marktteilnehmern eine ganze Reihe von renommierten Investoren gern an diesem Wachstum partizipieren möchten und detaillierte Untersuchungen erarbeiten lassen, dies jedoch aufgrund spärlich vorhandenen Human-Resource-Knowhows zurzeit noch aufschieben. Andere bereiten derweil der Branche den Weg, führen dabei für alle Nachkommenden eine Marktbereiterfunktion aus, sichern sich für diese geleistete Pionierarbeit auch die lukrativsten Märkte. Zur Marktbereitung gehört in jedem Fall auch die Standortexpansion und dies ist das übliche sensible Kettenglied bei expansiven Geschäften: Da man auf bestehende Standorte im Geschäft nicht zurückgreifen kann, müssen entweder bestehende Firmen gekauft werden oder eigenes Development betrieben werden. „Public Storage Inc." konnte sein stürmisches Wachstum nur durch massive Zukäufe realisieren, während „Shurgard" in Europa nahezu alle 140 Standorte selbst entwickelt hat. Obwohl dies ein zeitaufwändiger Realisierungsweg ist, hat der europäische Marktführer die letzten zehn Jahre diesen Weg beibehalten. Dort ist das Know-how vorhanden. Hieraus resultierend möchten wir die Branche in Deutschland als expansiv und gleichzeitig attraktiv beschreiben, jedoch auch als sehr anspruchsvoll in Bezug auf Anforderungen von Management-Know-how bei der Expansion und beim Betreiben des Geschäfts.

Attraktive und expansive Branche

20 Senioreneinrichtungen als Gewerbeimmobilien
– Entwicklungen, Konzepte, Vertragsgestaltungen –

Abschnitt 1 und 2:
Dr. Marie-Therese Krings-Heckemeier,
Vorstandsvorsitzende der empirica ag, Berlin
Annamaria Schwedt,
Projektleiterin empirica ag, Berlin

Abschnitt 3:
Eckhard Feddersen, Architekt,
Geschäftsführer feddersenarchitekten, Berlin
Insa Lüdtke, Dipl.-Ing.,
Öffentlichkeitsarbeit feddersenarchitekten, Berlin

Abschnitt 4:
Stephan J. Bultmann,
Rechtsanwalt bei SNP Schlawien Naab Partnerschaft, Berlin

Inhaltsverzeichnis

1.	**Neueste Entwicklungen im Marktsegment Seniorenimmobilien**	484
1.1	Zukünftig Schrumpfung und Alterung der Bevölkerung	484
1.2	Konzeptionelle Marktveränderungen im Bereich der Altenhilfe	488
1.2.1	Veränderte Rahmenbedingungen	488
1.2.2	Umbrüche in der Altenhilfe als Folge der Einführung der Pflegeversicherung	489
1.2.3	Zukunftsfähige Konzeption unter den Voraussetzungen der Sozialgesetzbuch (SGB) XI-Reform	492
2.	**Marktüberblick**	493
2.1	Preisspannen bei Service-Wohnprojekten in Deutschland	493
2.2	Innovative Lösungen	493
3.	**Vom „Wohnen für Alte" zum „Wohnen für alle"**	494
3.1	Wohnen im Wandel	494
3.2	Paradigmenwechsel Universal Design	497
3.3	Sicherheit und Schönheit	499
3.4	Umbaumaßnahmen im Bestand als kalkulierbare Kostenbausteine	501
3.5	Vom Wohnen zur Pflege	504
3.6	Generationsübergreifende Ausrichtung als Marktchance	505
3.7	Fazit – Demographischer Wandel als Chance für alle	506
4.	**Vertragsgestaltung rund um das „Wohnen im Alter" unter Berücksichtigung aktueller Rechtsprechung**	506
4.1	Eigentums- und Vermietungslösungen	506
4.2	Rechtsprechungsüberblick zu Projekten des betreuten Wohnens	508
4.3	Gestaltung von Kooperationsverträgen und betreuungsspezifisch modifizierten Mietverträgen	512
4.3.1	Modifizierter Miet- bzw. Dauernutzungsvertrag	513
4.3.2	Kooperationsvereinbarung	515
4.3.3	Betreuungs- oder Dienstleistungsvertrag	517
4.3.4	Leistungsstörungen	518

1. Neueste Entwicklungen im Marktsegment Seniorenimmobilien

1.1 Zukünftig Schrumpfung und Alterung der Bevölkerung

Bevölkerungsprognose

Nicht nur, dass die Bevölkerung in Deutschland in den nächsten Jahren altert (vgl. Abbildung 1), langfristig schrumpft sie auch (vgl. Abbildung 2). Trotz absehbarer Schrumpfung der Zahl der Einwohner (d. h. sofort bzw. ab 2025, je nach Eintreffen der unteren oder oberen Variante der 10. koordinierten Bevölkerungsvorausberechnung) gibt es in den nächsten 15 bis 20 Jahren in Deutschland noch einen Zuwachs bei der Zahl der Haushalte (vgl. Abbildung 3). Der Zuwachs wird sich im Wesentlichen bei den älteren Haushalten abspielen (vgl. Abbildung 4).

Aufgrund der geringen Geburtenrate steigt die Quote allein stehender Rentner ohne Kinder und somit ohne Unterstützung durch die Familie. Hinzu kommt, dass die Lebenserwartung und damit die Hochaltrigkeit weiter steigen. Das Risiko pflegebedürftig zu werden, steigt mit zunehmendem Alter überproportional an.

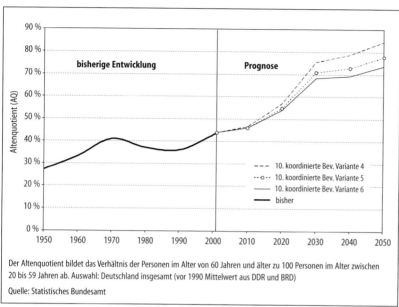

Abb. 1: Zunahme des Altenquotienten

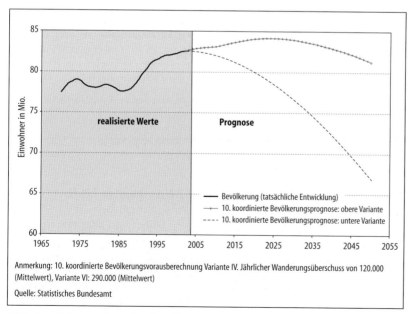

Abb. 2: Schrumpfung der Bevölkerung

Zunahme der Pflege-bedürftigen

Aktuell kommt es im Vergleich zu vergangenen Jahren zu einer überproportionalen Zunahme der Zahl der Pflegebedürftigen und, noch stärker, zu einem Zuwachs von Pflegebedürftigen, die nicht innerhalb von Familien versorgt werden. Der Grund ist die seit 2000 überproportional steigende Zahl der „alten" Alten (über 80-Jährige). Während zwischen 1995 und 2000 diese Gruppe um rund 400.000 Personen kleiner wurde, wächst sie zwischen 2000 und 2005 um eine halbe Million. Dementsprechend weist die amtliche Pflegestatistik (Pflegestatistik 2001, Quelle: Statistisches Bundesamt, Wiesbaden) ein Steigen der Zahl der Pflegebedürftigen aus (zwischen 1999 und 2002: + 24.000), wobei parallel die „professionelle" Betreuung zunimmt: steigende Zahl der in Heimen Betreuten (+ 31.000) sowie bei den ambulant Betreuten ein Zuwachs des Personenkreises, der professionelle Dienstleistungen beansprucht – bei parallelem Rückgang der Zahl der reinen Pflegegeldempfänger (– 27.000).

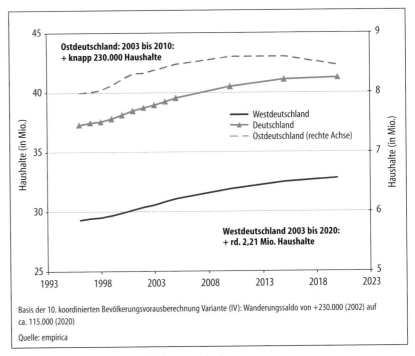

Abb. 3: Zunahme der Zahl der Haushalte

Demenzerkrankte

Nach einer Schätzung von Bickel (s. unter „Weiterführende Literatur") gab es (basierend auf der 9. koordinierten Bevölkerungsvorausberechnung) im Jahr 2000 etwa 950.000 Personen im Alter von 65 Jahren und älter mit einer Demenzerkrankung (ohne leicht Demenzerkrankte). Bei ausbleibendem Durchbruch in der Prävention und Therapie ist bis zum Jahr 2020 mit einem Anstieg der Patientenzahl auf knapp 1,4 Mio., bis zum Jahr 2015 auf mehr als 2 Mio. zu rechnen. Hallauer et al. (s. unter „Weiterführende Literatur") haben ermittelt, dass pro Patient und Jahr Gesamtkosten von rd. 44.000 Euro anfallen, wobei 2,5 % auf die gesetzliche Krankenversicherung, knapp 30 % auf die gesetzliche Pflegeversicherung und rd. 70 % auf die Familie entfallen. Es ist zu vermuten, dass zukünftig, wenn keine entsprechenden neuen Wohn- und Betreuungsformen gefunden werden, zusätzlich finanzielle Belastungen für die Gesellschaft entstehen, weil das familiäre Pflegepotenzial aufgrund niedriger Geburtenraten, erhöhter Mobilität und Berufstätigkeit von Frauen abnimmt.

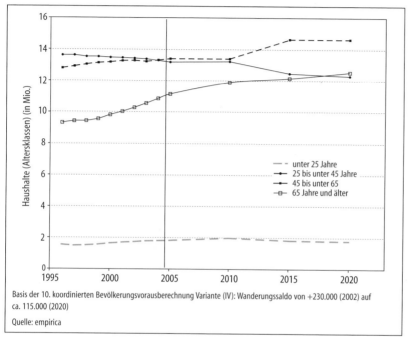

Abb. 4: Zunahme der Zahl der älteren Haushalte

In den letzten Jahren ist laut Aussagen der Pflegeheimbetreiber die Zahl der Demenzerkrankten in Pflegeeinrichtungen stark gestiegen. Aktuell liegt sie i. d. R. bei über 60 % der Bewohner. Aufgrund der sehr hohen Anzahl der Demenzerkrankten und den meist sehr spezifischen Verhaltensauffälligkeiten wird die Betreuung dieser Gruppe in Einrichtungen immer schwieriger (Methoden, Personalkosten). Dies trifft vor allem auf ältere Einrichtungen zu. Entsprechend werden seit einigen Jahren Alternativen zum Pflegeheim gesucht und modellhafte Hausgemeinschaftsprojekte als vollstationäre Einrichtungen finanziell gefördert (BMGS-Förderung). In der Zwischenzeit gibt es auch unabhängig von dieser Förderung verschiedene Hausgemeinschafts-Vorhaben für Demenzerkrankte. Bei der Erprobung neuer Hausgemeinschaftsprojekte spielen auch architektonische Aspekte eine zentrale Rolle. Das betrifft zum einen das Wohlbefinden der Bewohner (z. B. die Wohnanlage so organisieren, dass dem Bewegungsdrang Rechnung getragen wird) wie auch eine möglichst kostengünstige Organisation des Ablaufs (Personal).

**Hausgemein-
schaftsprojekte**

1.2 Konzeptionelle Marktveränderungen im Bereich der Altenhilfe

1.2.1 Veränderte Rahmenbedingungen

Veränderte Wohnkonzeptionen

Die Hilfs- und Pflegeleistungen für ältere und behinderte Menschen werden zukünftig quantitativ und qualitativ Dimensionen der Veränderung erfahren, die heute generell unterschätzt werden. Diese Veränderungen sind bei Konzeptionen im Bereich von Wohnangeboten für Ältere zu berücksichtigen. Die absehbaren Veränderungen werden durch folgende Determinanten bestimmt:

- Wachsende Zahl von Menschen in hohem Alter und zunehmend mehr Menschen im Alter ohne Kinder.

- Steigende Frauenerwerbsquote und damit sinkende Kapazitäten der Familien, Pflegeleistungen zu erbringen.

- Wahrscheinlich zunehmend geringere Altersunterschiede zwischen Ehepartnern und sonstigen partnerschaftlichen Lebensformen mit der Folge, dass das statistisch häufige „Modell", dass Frauen ihre Partner bis in den Tod pflegen, seltener wird.

- Wachsender Jugendmangel nach 2010 und damit Knappheit an qualifiziertem Personal in verschiedenen Sektoren von Schulen bis Krankenhäusern und Pflegeeinrichtungen.

- Wegen Knappheit an Personal und hohen sozialen Abgaben überproportional steigende Marktpreise für Dienstleistungen (vgl. Abbildung 5).

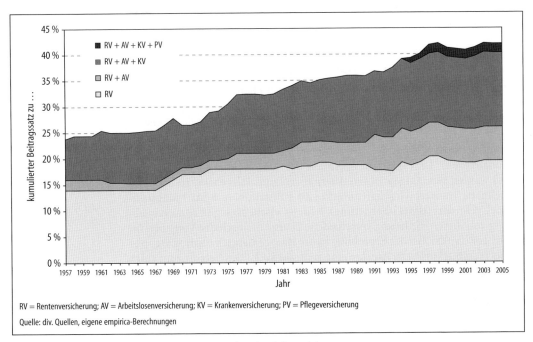

Abb. 5: Entwicklung der Beitragssätze zu den Sozialversicherungen

Als Folge dieser Veränderungen kann es zu massiven qualitativen Verschlechterungen bei der Pflege kommen. Die nahezu unvermeidbare gesellschaftliche Krise wird allerdings Gegenreaktionen auslösen, weil sich sehr große Gruppen persönlich betroffen fühlen. Aufgrund unterschiedlichster Reaktionen wird wahrscheinlich eine Krisenbewältigung eintreten. Denkbar sind z. B. folgende Reaktionen:

Krisenreaktionen

- Differenzierung der Angebotsformen, damit Menschen mit unterschiedlichen Bedürfnissen jeweils die maßgeschneiderte Lösung finden (Selbstständigkeit so lange wie möglich, Pflege und Unterstützung nur dort, wo unbedingt nötig).

- Vor dem Hintergrund der Knappheit und der drohenden Qualitätsverschlechterung wachsende Bereitschaft zu Verhaltensinnovationen und eine allmählich eintretende „Pflegerevolution".

1.2.2 Umbrüche in der Altenhilfe als Folge der Einführung der Pflegeversicherung

Die rechtlichen und finanziellen Rahmenbedingungen im Bereich der Altenhilfe haben sich seit Einführung der Pflegeversicherung grundlegend verändert (vgl. Abschnitt 4). Die Folge sind verschiedene Umstrukturierungsmaßnahmen. Entsprechend der Differenzierung nach dem Sozialgesetzbuch SGB XI wird heute zwischen Pflegeeinrichtungen mit stationärer Pflege (Heimvertrag) und Wohneinrichtungen mit integrierter ambulanter Pflege (Heim- sowie Mietvertrag) unterschieden. Quantitativ gesehen haben die Senioreneinrichtungen mit ambulanter Pflege an Relevanz gewonnen (laut empirica-Datenbank 4.500 solcher Einrichtungen im Vergleich zu etwa 9.000 Einrichtungen mit stationärer Pflege, vgl. Abbildung 6).

Stationäre vs. ambulante Pflege

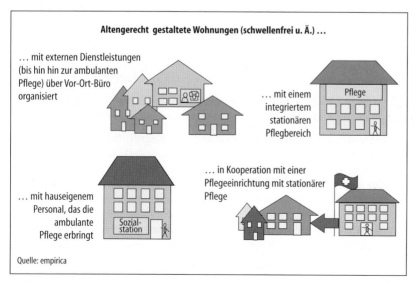

Abb. 6: Unterschiedliche Organisationsformen bei betreutem Wohnen/Service-Wohnen

Bei den Pflegeeinrichtungen gibt es stationäre Pflegeeinrichtungen (voll-/teilstationäre Pflege) bzw. mehrgliedrige Pflegeeinrichtungen, bei denen sowohl ambulante Pflege als auch voll-/teilstationäre Pflege in getrennten Bereichen erbracht wird.

Varianten der Versorgung
Nach Einführung der Pflegeversicherung wird nicht mehr zwischen den verschiedenen Varianten von Heimen einerseits und dem Zuhause-Wohnen andererseits unterschieden. Die Unterscheidung erfolgt jetzt nach der Abrechnungsform (stationäre bzw. ambulante Pflege). Die meisten Hilfs- und Pflegebedürftigen wohnen in „normalen" Wohnungen und werden ambulant gepflegt (rund 70 %). Überwiegend erfolgt diese ambulante Pflege über nicht ausgebildete Pflegekräfte (i. d. R. Angehörige).

Die Versorgung in der angestammten Wohnung erfolgt in verschiedenen Varianten:

a) **Wohnen im Bestand und Organisation der Pflegedienstleistung durch Angehörige und Freunde:** Hierbei handelt es sich um die am weitesten verbreitete Wohnform. Zum Teil wird die Bestandswohnung durch bauliche bzw. gestalterische Veränderungen der verringerten Mobilität der Bewohner angepasst (z. B. Haltegriffe im Bad). In diesem Fall erhalten die Bewohnerinnen und Bewohner Pflegegeld.

b) **Wohnen im Bestand und Organisation der Dienstleistung Pflege durch professionelle Dienstleister:** Auch bei dieser Variante werden in den Wohnungen zum Teil bauliche Anpassungsmaßnahmen durchgeführt. Der Unterschied zu der oben genannten ersten Variante besteht nur darin, dass die Dienstleistungen von professionellen Dienstleistern erbracht werden bzw. in ergänzender Kombination mit informellen Dienstleistungen.

c) **Wohnen im Bestand und Organisation der Pflege im Quartiersbezug:** Verschiedene Wohnungsunternehmen initiieren innovative Entwicklungen, um ihre älteren Bewohner im Bestand zu halten. So gibt es zum Beispiel Ansätze in Quartieren mit einem hohen Anteil älterer Menschen, bei denen ein „Pflegekern" in die Nachbarschaft integriert wird (z. B. in einem Wohnprojekt), der die gesamte Nachbarschaft versorgt.

Bei professionellen Wohneinrichtungen in Kombination mit ambulanter Pflege gibt es eine starke Ausdifferenzierung der Angebote:

a) **Betreutes Wohnen/Service-Wohnen** (Die Begriffe betreutes Wohnen und Service-Wohnen werden synonym verwendet): Es handelt sich um mehr oder weniger große Wohnanlagen, in denen jeder Bewohner über eine eigenständige altengerechte Wohnung verfügt. Es werden Dienstleistungen bis hin zur ambulanten Pflege angeboten und nach Bedarf abgerufen. Je nach Organisation der ambulanten Pflege schließen die Bewohner Miet- bzw. Heimverträge ab. Beim betreuten Wohnen/Service-Wohnen gibt es eine Vielfalt unterschiedlicher Organisationsformen:

- Wohnanlagen, in denen Büros externe Dienstleistungen bis hin zur ambulante Pflege organisieren,

- Wohnanlagen, in denen hauseigenes Personal die ambulante Pflege erbringt,
- Wohnanlagen mit integriertem stationären Pflegebereich,
- Wohnanlagen in Kooperation mit einer Pflegeeinrichtung mit stationärer Pflege.

Der Vorteil der Konzeption betreutes Wohnen/Service-Wohnen besteht darin, dass flankierende Dienstleistungen (Hilfe bei der Wohnungsreinigung, Versorgung mit Essen, Vermittlung häuslicher Pflegeleistungen u. Ä.) nur entsprechend der tatsächlichen Inanspruchnahme bezahlt werden müssen. In der Regel ist eine Grundpauschale für das Vorhalten der Dienstleistungen fällig. Ansonsten können die Bewohner die erforderlichen Dienstleistungen aus einem leicht zugänglichen und professionell unterbreiteten Zusatzangebot abrufen. Unabhängig davon, wie die Dienstleistungen organisiert werden, ist es wichtig, dass eine Tag-und-Nacht-Präsenz gegeben ist.

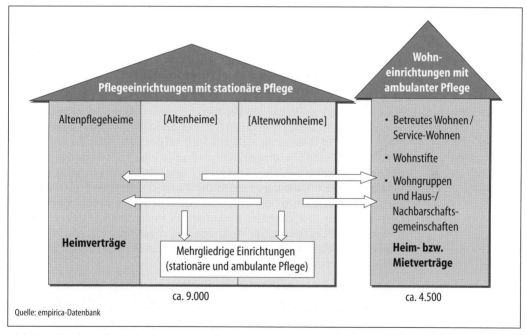

Abb. 7: Strukturelle Veränderungen auf der Angebotsseite nach Einführung der Pflegeversicherung

b) **Wohnstifte** (zum Teil Seniorenresidenzen genannt): Wohnstifte sind frei finanzierte und überdurchschnittlich gut ausgestattete Wohnanlagen, in denen vornehmlich Appartements, aber auch kleinere Wohnungen angeboten werden. Ambulante Pflege in der Wohnung, teils auch vollstationäre Pflegeleistungen in räumlich abgetrennten Bereichen der Anlage, komplettieren das vergleichsweise exklusive Angebotsspektrum.

In Wohnstiften bzw. Seniorenresidenzen können ältere Menschen zwar ein selbstständiges Leben führen, müssen sich aber immer auch pauschal mehr oder weniger intensiv „betreuen" lassen. Es gibt ein verbindliches Dienstleistungspaket, das sie mit dem Wohnen obligatorisch einkaufen müssen, was zu entsprechend hohen Preisen (so genannter Pensionspreis) führt.

c) **Wohngruppen und Haus-/Nachbarschaftsgemeinschaften:** Es ist zu unterscheiden zwischen Gemeinschaften, in denen jeder Bewohner über eine eigenständige Wohnung verfügt und mit anderen in räumlicher Nähe (z. B. in einem gemeinsamen Haus oder benachbart) lebt und solchen, die über einen persönlichen Wohnbereich, jedoch nicht über eine eigene abgeschlossene Wohnung verfügen. Eine gemeinsame Wohnung teilen sich i. d. R. ältere, körperlich oder psychisch stark beeinträchtigte Menschen (z. B. „Seniorenfamilien" als Alternative zur stationären Pflege für Demenzerkrankte). Ziel ist eine möglichst selbstständige Lebensführung, die professionelle Betreuungs- und Pflegepersonen gezielt fördern. Die Bewohner erhalten ambulante Dienstleistungen. Bei Wohngruppen und Haus-/Nachbarschaftsgemeinschaften bestimmen die Bewohner weitestgehend selbst die Wohnform, die Bewirtschaftung und die Betreuungsleistungen.

1.2.3 Zukunftsfähige Konzeption unter den Voraussetzungen der Sozialgesetzbuch (SGB) XI-Reform

„Ambulantisierung" Für die Zukunft ist im Bereich der Altenhilfe mit weiteren Eingriffen auf der Angebotsseite zu rechnen, wenn im Rahmen der SGB XI-Reform die stationäre Pflege weiter an Bedeutung verlieren wird (Reduzierung der Kosten, die die Pflegeversicherung übernimmt). Vorgesehen ist eine Anpassung der stationären und ambulanten Pflege (Kosten) bei den Pflegestufen I und II (voraussichtlich 500 bzw. 1.000 Euro monatlich). Durch die geplante Anpassung wird eine „Ambulantisierung" der Pflegelandschaft in Gang gesetzt, und damit geraten stationäre Einrichtungen wirtschaftlich weiter unter Druck. Zukünftig sind auch für Pflegebedürftige Wohnformen gefragt, bei denen die Pflege ambulant abgerechnet wird (Vermeidung von hohen Personalkosten und bürokratischem Aufwand).

	Künftiger Zuschuss	**Derzeit ambulant**	**Derzeit stationär**
Pflegestufe I	500 €	384 €	1.023 €
Pflegestufe II	1.000 €	921 €	1.279 €
Pflegestufe III	1.500 €	1.432 €	1.432 €

Anmerkung: Inoffizieller Diskussionsstand. Bisher wurden vom Bundesministerium für Gesundheit und Soziale Sicherung (BMGS) keine offiziellen Zahlen veröffentlicht.
Quelle: CareHelix

Abb. 8: Anpassung der Pflegesätze im Zuge der SGB XI-Reform

Aktuell ist im Hinblick auf die absehbare SGB XI-Reform auf der Angebotsseite einiges in Bewegung. Es werden zunehmend verschiedene Alternativen zum stationären Pflegeheim diskutiert und in der Praxis umgesetzt. Im Mittelpunkt dieser Neuorientierung steht eine stärkere Betonung des eigenständigen Wohnens in Kombination mit individuellen und bedarfsgerechten Hilfs- und Pflegeleistungen. Es handelt sich bei den betreffenden Alternativkonzepten nicht nur um „exotische" Beispiele, sondern verschiedene Pflegeheimbetreiber, die einen relativ hohen Anteil am Markt abdecken, planen keine bzw. kaum noch stationäre Pflegeeinrichtungen neu zu bauen (z. B. Kuratorium Wohnen im Alter e.V., Bremer Heimstiftung, Evangelisches Johanneswerk).

Im Hinblick auf die Bezahlbarkeit der Dienstleistungen, die bei zunehmender Hilfs-/Pflegebedürftigkeit notwendig sind, gilt es Konzepte für „Neues Wohnen im Alter" zu entwickeln. Es geht um quartiersbezogene Ansätze, die darauf zielen, Synergieeffekte bei den professionellen Dienstleistungen („Pflegekerne" in einem Wohnumfeld mit einem hohen Anteil älterer Bewohner) und der Mobilisierung von sozialen Netzwerken zu erreichen. **„Pflegekerne"**

2. Marktüberblick

2.1 Preisspannen bei Service-Wohnprojekten in Deutschland

Empirica verfügt über eine Datenbank, in der flächendeckend altengerechte Wohnanlagen in Kombination mit Dienstleistungen erfasst sind. Die folgende Tabelle gibt einen Überblick über das aktuelle Preisniveau in den Einrichtungen.

Preiskategorie	Preisspanne*	25 % der Preise unter ...	50 % der Preise unter ...	75 % der Preise unter ...
Kaufpreise Eigentumswohnungen (€/m²)	1.560–4.340	2.045	2.250	2.556
Nettokaltmieten frei finanzierter Wohnungen (€/m²/mtl.)	4,10–21,50	6,40	7,70	10,00
Nebenkosten (€/m²/mtl.)	rd. 70 % der Projekte im Mittel 2,05 oder darunter			
Servicepauschale für 1 Person (€/mtl.)	16,40–562,00	46	74	110
Servicepauschale für 2 Personen (€/mtl.)	17,90–1.053	59	92	133
Gesamtpensionspreis (€/mtl.)	767–4.480	895	1.640	2.505

* = Bei unterschiedlichen Preisen, mittlere Angabe
Quelle: empirica-Datenbank

Abb. 9: Preisspannen bei Service-Wohnprojekten in Deutschland

2.2 Innovative Lösungen

Man kann in jeder größeren Stadt mehrere Gruppen älterer Menschen finden, die den Wunsch haben, nach der Familienphase oder der Erwerbstätigkeit in eigener Regie Häuser im Bestand zu erwerben und umzubauen oder entsprechende Neubauten zu planen. Sie möchten im Alter nach eigenen Regeln und in gegenseitiger Unterstützung leben, ohne dabei auf Sicherheit im Bedarfsfall **Selbstorganisierte Wohnprojekte** verzichten zu müssen. Gesucht, i. d. R. aber nicht gefunden, werden Angebote für Gruppen, die individuelle Selbstverwirklichung in unterstützenden Milieus zulassen.

Weil es zu wenig geeignete – insbesondere selbstbestimmte – Angebote gibt, versuchen verschiedene Gruppen selbst solche Projekte „auf die Beine zu stellen". Sie scheitern oft, weil es an professionellem Know-how, insbesondere in den Bereichen finanzielle und rechtliche Beratung sowie der Moderation der Gruppenbildung und Begleitung bei der Projektrealisierung, mangelt. Bis jetzt sind Organisationen, die als Sprachrohr und Informationsbüros für die selbst initiierten Wohnprojekte wirken, überwiegend ehrenamtlich organisiert und können i. d. R. nur allgemeine Informationen und Hilfestellung geben, nicht jedoch die so dringend notwendige, konkrete fachliche Unterstützung bei der Projektierung und Umsetzung.

Selbstorganisation von Dienstleistungen

Hierbei geht es um die Selbstorganisation von Dienstleistungen von Älteren für Ältere. Die Altersschichtung bietet ein hohes Potenzial für diese Entwicklung. Die heutigen und zukünftigen Älteren kommen aus einem aktiven und mit Verantwortung verbundenen Erwerbsleben in den Ruhestand und bringen oft Neigung und latente Bereitschaft mit, ihre Energie in neue Aufgaben einzubringen. Die weiter steigende Lebenserwartung, das vergleichsweise niedrige Austrittsalter aus dem Erwerbsleben und der gute Gesundheitszustand der „jungen Alten" bieten über einen recht langen Zeitraum von 10 bis 20 Jahren ein erhebliches Potenzial an freiwilligen Kräften. Dabei sind die jüngeren „Alten" nicht nur Leistungserbringer. Durch die Selbstorganisation wird zugleich ein Netzwerk aufgebaut, das nicht nur für die Gesellschaft insgesamt von hoher Bedeutung ist, sondern auch für sie selbst, z. B. bei Hilfsbedürftigkeit, zu einem Rückhalt werden kann.

3. Vom „Wohnen für Alte" zum „Wohnen für alle"

3.1 Wohnen im Wandel

Wohnungsanpassungen

Der demographische Wandel und dessen Auswirkung auf das Wohnen setzt sich im Bewusstsein der Immobilienwirtschaft immer mehr durch. Vermieter erkennen ihre alte Bewohnerschaft als „gute Mieter" und bieten ihnen Anpassungen, etwa im Bad, an. So können die betagten Bewohner den Zeitpunkt eines Umzugs in ein Altenheim – im eigenen Interesse und des Vermieters – häufig erheblich verzögern bzw. verhindern. Abschnitt 3.4 geht ausführlich auf Wohnungsanpassung im Bestand ein.

Um in Zukunft auf dem Wohnungsmarkt zu bestehen, werden diese Maßnahmen allein jedoch nicht mehr ausreichen. Zu den bisherigen alten Bewohnern wird eine „neue Generation" hinzukommen: Die Biographie der Alt-68er-Generation hat völlig andere Werte geprägt und weckt veränderte Bedürfnisse. Der Markt fordert innovative Produkte und Dienstleistungen in allen Lebensbereichen. Das Wohnen und damit seine Architektur ist Teil davon und fordert adäquate Räume. Wer diese Entwicklung als Potenzial erkennt, kann diese Marktchancen auch als Wohnungsunternehmer oder Planer lukrativ nutzen.

Passivität	>>	Interaktivität
Disziplin	>>	(Lebens-)Genuss
Sparsamkeit	>>	Hedonismus
Bescheidenheit	>>	Selbstverwirklichung
Gemeinschaft vor Ego	>>	Ego und Gemeinschaft
Sicherheit	>>	kalkulierbares Risiko

Quelle: ZTB zukunft und trends

Abb. 10: Wertewandel der Generation 50 Plus

„Silver Consumer"

Die Markenindustrie hat die „Best Ager" bereits als neue, solvente Zielgruppe erkannt. Nach Berechnungen des Deutschen Instituts für Wirtschaftsforschung verfügen die über 60-Jährigen bereits heute über eine Kaufkraft von rund sieben Milliarden Euro pro Monat. Ihr Vermögen ist viermal höher als das der 20-Jährigen. Bundesweit informiert zurzeit die Messe „50 Plus – Aktiv Leben" in Ballungsräumen der Metropolen den Endverbraucher der ehemaligen Babyboomer-Generation in Bezug auf Lifestyle, Wellness und Wohnen. Mit Trendstudien haben die Produktentwickler die Befindlichkeiten, Bedürfnisse, Sehnsüchte und Ängste der „Silver Consumer" untersucht (vgl. z. B. Trendbüro Hamburg: Silver Market – Das Psychogramm einer neuen Stilgruppe). Die Firma Meyer-Hentschel bietet Akteuren der Industrie und Dienstleistungsanbietern eine Expeditions- und Zeitreise ins Alter an. Eine Art Raumanzug simuliert dem Träger „das Feeling 70": Das Visier des Helms schränkt das „vergilbte" Sichtfeld ein, Gewichte im Stoff vermitteln Trägheit und erschweren den Bewegungsablauf. Die Ergebnisse der Trendforscher und die Erlebnisse mit dem Alters-Simulator „Age-Explorer" können besonders für die Entwicklungen in Bezug auf zukünftiges Wohnen im Alter interessante Anknüpfungspunkte bieten.

Lebensentwurf statt Lebensalter

Trotz der sich verändernden körperlichen Wahrnehmung bleibt die Sehnsucht der neuen Alten nach einem normalen Wohnen im Alter. Doch was bedeutet normal? Im Gegensatz zu den Senioren von heute lassen sich die Bedürfnisse kaum noch festmachen. Die heute über 50-Jährigen befinden sich im Übergang von defensiven hin zu erlebnisorientierten Werten. Wie auch der Rest der Gesellschaft zerfällt diese Zielgruppe – die Sandwich-Generation der 55–65-Jährigen – immer mehr in Micro-Segmente. Noch nie waren die Lebensstile derart komplex und widersprüchlich. Außerdem verschiebt sich das Alter durch bessere medizinische Versorgung immer mehr nach hinten, wodurch sich die Zeitspanne des „aktiven Alters" vergrößert. Die Trendforscher sprechen vom Phänomen des „Down Aging": Schon heute fühlen sich ältere Menschen zehn bis 15 Jahre jünger als vor dreißig Jahren. So wird die dritte Lebensphase der „jungen Alten" als eine produktive und erlebnisreiche Zeit empfunden. Zwei Drittel bezeichnen ihren Lebenswandel als aktiv, nur ein Drittel als eher passiv (Umfrage Gallup 2002). Erst ab dem 80. Lebensjahr tritt im Allgemeinen die vierte Lebensphase ein: Sie prägt schwere Krankheit, Demenz, Pflegebedürftigkeit und geht mit Multimorbidität einher.

Das Angebot für das Wohnen, gerade für die dritte Lebensphase, wird sich immer mehr als bunte Angebotspalette ausdifferenzieren müssen, um den heterogenen Bedarf zu befriedigen. Neben flexibleren Grundrisskonzeptionen werden auch Produkte der Gebäude- und Informationstechnologie (Steuerung des Raumklimas, Sicherheitssysteme, Internet/Multimedia) wie auch der Ökologie stärker den Haushalt prägen. Darüber hinaus verlangen die jüngeren der alten Bewohner in Zukunft nach mehr Mitbestimmung und Selbstorganisation bei alternativen Wohnprojekten. Eine erhebliche Vorlaufzeit solcher Konzeptionen muss auch von der Immobilienwirtschaft mit eingerechnet werden. Diese kann der Vermieter als Element der Kundenbindung nutzen.

Markenbewusstsein und Zielgruppenorientierung

Die Konsumgeneration ist es gewohnt, im Alltag zwischen Markenprodukten und Dienstleistungsangeboten auszuwählen und sich an deren Image zu orientieren. Ähnlich der Ausstattung von Hotels (Sterne-Kategorien) legen auch Altenheimträger immer häufiger Standards – vergleichbar der Sterne-Kategorien – für ihre Häuser fest: Grundrisstypen, Ausstattung von Materialien und Technik, Pflege- und Service-Konzept. Auch Wohnungsbauunternehmen könnten sich in Zukunft mit einer in der Architektur, des Wohnumfeldes und der Konzeption ablesbaren Corporate Identity in Form von „gebauten Atmosphären" auf dem Markt positionieren und von ihren Mitbewerbern absetzen. Dem Bewohner vermittelt sich durch die Wiedererkennbarkeit des persönlichen Wertekanons ein Gefühl von Zugehörigkeit und Zuhause. Da sich jede soziale Schicht an der nächsthöheren orientiert, ist es besonders von Interesse, wie sich das Marktsegment im Bereich der Residenzen entwickelt, um hieraus Schlüsse für den Wohnungsmarkt zu ziehen.

Wohnen und Wellness

Ein wellness-orientierter Lebensstil wird für die „Generation 50 Plus" aufgrund der wachsenden Bedeutung der Eigenversorgung immer wichtiger. „Wellbeing" ist somit das Schlüsselwort auch für den Wohnbereich. Schon heute durchdringen Wellness-Angebote immer stärker unsere Alltagswelt. Angebote (in Kooperation mit Wellness-Centern, freien Personal Trainern etc.) im Wohngebiet oder direkt im Haus könnten – nicht nur ältere – Mieter anlocken.

Vorreiter will die Elbschloss Residenz in Hamburg mit dem ersten seniorengerechten Wellness-Center in Deutschland sein. Das Herzstück der 630 Quadratmeter ist ein Pool, in den man mit Hilfe eines Hebelifts ohne fremde Hilfe gelangen kann. Die Architekten Geising und Böker haben zahlreiche Handläufe und Notrufknöpfe integriert, sie sollen dem betagten Sportler in den Gymnastikeinrichtungen mit speziellen Sportgeräten oder der Softsauna mit Massageduschen selbst bei Überanstrengung das nötige Sicherheitsgefühl vermitteln.

Zuhause auf Zeit

Neben der gesteigerten Fitness werden die neuen Alten immer mobiler. Neben persönlichen Erfahrungen von Ferienreisen hat besonders die globalisierte Arbeitswelt das Leben im Transit als Kurzaufenthalt in Hotel oder Boardinghouse bestimmt. Immer mehr Bewohner der „Greying Society" entscheiden sich etwa im Winter für das temporäre Wohnen im südlichen Ausland oder verbringen einen Großteil des Jahres auf Reisen. So wandelt sich auch der Hauptwohnsitz zum temporären Zuhause. Wohnungsunternehmen könnten die Bedürfnisse dieser Zielgruppe als betreutes Wohnen auf Zeit, gekoppelt mit dem

Serviceangebot (auch in Abwesenheit) benachbarter Hotels oder Seniorenresidenzen abdecken.

Das Interesse an selbstbestimmten Wohnprojekte wird steigen. Neben bereits erprobten Mehrgenerationen- oder Frauen-Projekten wird in Zukunft auch die Gruppe der Schwul-Lesbischen Lebensgemeinschaften für den Wohnungsmarkt immer interessanter werden. Wie bereits in der auf sie ausgerichteten Entwicklung von Lifestyle-Produkten schon heute erkennbar, zählen sie mehrheitlich zu einer der solventeren und ästhetisch anspruchsvolleren Bevölkerungsgruppen gegenüber dem „Durchschnitt". **Selbstorganisation und Empowerment**

Neue Technologien (Smart House), Voice Butler etc. erleichtern dem „Silver Server" in Zukunft das Alltags-Management. Sensoren und Sprachsysteme steuern Jalousien oder die Raumtemperatur. Online-Toiletten versenden bereits heute Harnproben und Fettwerte via E-Mail an das Labor des Hausarztes. Neben dem technischen Boom wachsen gleichzeitig das ökologische Bewusstsein der ehemaligen Umweltbewegung und das soziale Gewissen gegenüber nachwachsenden Generationen. **Wohnen und Technik/Ökologie**

Trotz der Flexibilität im Alter gibt es gleichzeitig das Bedürfnis nach Verortung und Zugehörigkeit. Laut einer Studie des Trendbüros Hamburg wächst neben dem Wunsch nach einer flexiblen Doppelbeheimatung auch die Sehnsucht nach dem „trauten Heim". Die Auflösung von Familienstrukturen und ein über den Globus verteilter Freundeskreis erfordern einen Familienersatz in informellen Gemeinschaften in der Nachbarschaft. Auch der Wandel zum „lebenslangen Lernen" bedarf eines wohnungsnahen, differenzierten Weiterbildungs- und Kulturangebotes etwa in Kooperation mit kommunalen, freien oder kirchlichen Trägern. **Nachbarschaft, Service, Kultur**

Der Wandel der Lebensformen kann und wird Motor und Chance für interdisziplinäres Handeln von Architekten, Wohnungsbauträgern wie Bewohnern für das Wohnen in (jedem) Alter sein. Gemeinsam können sie zur Entwicklung innovativer Räume, Technologien und Strategien beitragen. Der Wiener Trendforscher Andreas Reiter fordert in seinem Essay „Silver Living" die Entwicklung bunter, vielfältiger Wohnlandschaften, belebt von Jung und Alt, ganz nach dem Motto „together apart".

3.2 Paradigmenwechsel Universal Design

Der Begriff des Wohnens (gotisch: wunan = zufrieden sein) ist tief verwurzelt im germanischen Ausdruck für verlangen, lieben und verwandt mit den Wörtern „Wonne" und „Wahn". Wohnen ist ein Grundbedürfnis des Menschen in jeder Lebensphase. Es umfasst alle sinnlichen Aspekte: Sehen, Hören, Tasten, Riechen, Schmecken und die Bedürfnisse nach Kommunikation und Zugehörigkeit wie auch nach Schutz und Rückzug. Zwar verschieben sich im Laufe des Lebens die Bedeutung einzelner Räume und Nutzungen – die Sehnsucht nach der Geborgenheit der Ur-Höhle und dem Freiraum des Paradiesgartens bleibt dem Wohnen immanent. Der Bewohner wünscht sich auch in Zukunft – ob Jung oder Alt – sinnliche Räume im komplexen Spannungsfeld von Rückzug/Gemeinschaft, innen/außen, hell/dunkel, eng/weit für die täglichen Bedürfnisse, Essen, Baden, Schlafen. **Begriff „Wohnen"**

Grundlegend für eine Konsolidierung im Bereich Wohnen im Alter muss zunächst das Verständnis vom Wohnen als einem ganzheitlichen Prozess sein. Damit werden künftig die Parameter für die Produktion von alltäglichen Gebrauchsgegenständen bis hin zur Konzeption der Häuser und Städte den Ansprüchen sowohl von Kindern als auch alten Menschen entsprechen müssen. Entstanden zuerst in den USA, propagiert „Universal Design" eine Formgebung von Alltagsgegenständen und der Umweltgestaltung, die für jedermann nutzbar ist. Diese Herangehensweise etabliert einen hohen Qualitätsanspruch an Materialien und Design, Komfortstandard und integriert die Gegenstände wie etwa Haltegriffe, in die Umgebung.

Anpassbarer Wohnungsbau

Universal Design im Wohnungsbau meint eben nicht die standardisierte „endgültige" Lösung bzw. solche „für alle Fälle", sondern eine Abwägung dessen, was für den einzelnen im Detail die beste Lösung ist. In der Schweiz wird seit geraumer Zeit der „anpassbare Wohnungsbau" postuliert. Unsere Nachbarn fassen das Leben als Kontinuum auf, bei dem alle Lebensphasen fließend ineinander übergehen: Man sieht sich, einmal als „Senior", nicht plötzlich aus dem Kreis der „Menschen" ausgeschlossen und gezwungen, nach einer geeigneten Wohnumgebung Ausschau zu halten. Diese Entstigmatisierung bedeutet, keine besonderen Auswahlkriterien zugrunde zu legen, sondern vielfältige Wahlmöglichkeiten und Individualitäten zuzulassen: Nicht Unterordnung diktieren, sondern Prozesse evozieren. Den Pauschaltypus „älterer Mensch" oder Rollstuhlbenutzer gibt es nicht. Regularien und Planungsvorgaben sollten Spielraum für Varianten zulassen, differenzierte Nutzerprofile ermöglichen und vor allem Ausgrenzungen vermeiden. Stattdessen unterstützt die Architektur unterschiedliche Lebensentwürfe – unabhängig vom Alter der Bewohner.

Den Begriff „Universal Design" kann man zudem im Sinne von „universell nutzbar" definieren: Ein Handtuchhalter kann zugleich Haltegriff, die Spiegel können sowohl im Stehen als auch im Sitzen Einblick gewähren – alles Beispiele für das Prinzip „Easy Going". Universal Design meint aber auch die Disposition. Eine geschickte Anordnung der Sanitärobjekte, Raumdispositionierung und -proportionierung. Etwa die Unterfahrbarkeit des Waschtisches erfordert eine Großzügigkeit, die sich in der Schweiz bereits durchgesetzt hat. Mieter setzen diese Qualität bei jeder Wohnungssuche bereits von vorn herein voraus.

Zugang ins Freie

Die Zugänglichkeit ins Freie ist eine andere Form der Großzügigkeit. Knapp ein Drittel von 1.600 Befragten in acht deutschen Städten wählten nach einer aktuellen Umfrage des Potsdamer Instituts für Soziale Stadtentwicklung das „Gartenhofhaus" zur beliebtesten Wohnform. Bei dem ebenerdigen Haustyp, bei dem die Wohnräume einen Garten oder Gartenhof umschließen, sei die Verbindung von naturbezogenem Öffnen der Wohnung und familiärer Abgeschlossenheit entscheidend. Diese Erkenntnisse auf den Geschosswohnungsbau übertragen machen deutlich, wie wichtig ein hochwertiges – grünes – Wohnumfeld bzw. das Bedürfnis nach einem Balkon für Bewohner ist. Auch ein „barrierefreier" Austritt auf den Balkon kann schon solch ein sinnliches Erlebnis sein, wenn man etwa die Temperaturdifferenz spüren kann. „Wohnen" sollte zukünftig noch viel mehr die komplementäre Verbindung von Innen- und Außenraum beinhalten.

Unter dem Arbeitstitel „Seniorenstift Light" setzen wir z. Zt. eine Idee um, die die Grundbedürfnisse des Wohnens (Sicherheit, Geborgenheit, Kommunikation, Qualität, Sinnlichkeit und Handhabbarkeit) im Sinne des Universal Designs verkörpert und auf den gesellschaftlichen Wandel reagiert. Ein eingebautes Möbel (Bank, Regal, Briefkasten, Ablage) lädt im luftigen und hellen Atrium-Wohnflur zum Verweilen und Kommunizieren ein. Die überschaubare Anzahl an Nachbarn gibt dem Bewohner ein Gefühl von Sicherheit und Vertrautheit. In den Wohnungen vermittelt eine individuell gestaltbare „Wohnwand" (Kamin, Regal, Schrank) das Gefühl von Geborgenheit. Gleichzeitig öffnen sich die Räume mit Blickachsen durch große Fenster zum Balkon und Garten. Hochwertige Materialien vermitteln dem Bewohner Sinnlichkeit, Authentizität und Selbstwert.

„Seniorenstift Light"

3.3 Sicherheit und Schönheit

Das Bedürfnis nach subjektiver Sicherheit ist essentiell für jeden Menschen. Im Alter wächst durch die veränderte Körperwahrnehmung der Anspruch nach Halt. Der zentrierte Raum (im Gegensatz zum fließenden Raum) vermittelt mit seiner klaren architektonischen Gestaltung durch überschaubare Räume Geborgenheit (vgl. Abbildung 11).

Der dargestellte Wohnungsgrundriss unterstützt das Gefühl der Geborgenheit durch den Rundlauf über den Balkon. Diese Anordnung vermittelt das Gefühl, wie im eigenen Haus zu wohnen.

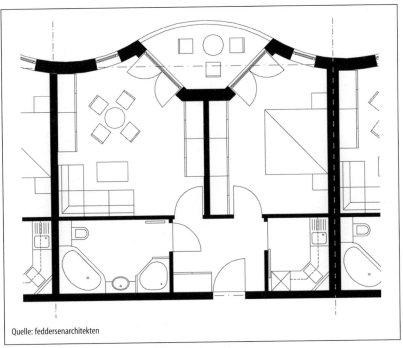

Quelle: feddersenarchitekten

Abb. 11: Die Wohnung als „Haus im Haus": KWA-Stift im Hohenzollernpark Berlin

Eine ausreichende Ausleuchtung von Eingangsbereichen, Fluren und des Wohnumfeldes tragen zur Erhöhung des Sicherheitsgefühls bei. Daher sollte eine Projektplanung stets auch eine Nachtansicht enthalten. Eine weitere Form des Halts können Rituale geben. Sie machen Übergänge (im Alltag und im Laufe des Lebens) erlebbar und intensivieren den Moment. Sie geben außerdem Struktur und Identität. Darüber hinaus haben sie sinnstiftende und kommunikative Funktionen. Rituale bedürfen eines räumlichen Ausdrucks: individuelle, kollektive, alltägliche, feierliche Rituale. Gemeinschaftsbereiche wie Foyer, Flur, Festsaal können Rituale evozieren bzw. in ihrer Gestaltung an biographische rituelle Ereignisse erinnern.

Neben dem Faktor der Sicherheit vermittelt auch Schönheit, d. h. Sinnlichkeit – Haptik des Materials, Licht und Farbe – ein Gefühl von Geborgenheit und Zuhause. Diese „gebauten Atmosphären" können regionale Aspekte oder biographische Ereignisse gestalterisch aufnehmen.

Konzeptionen für Menschen mit Demenz

Menschen mit demenzieller Erkrankung erfahren ihre Umwelt nicht mehr über ihren Intellekt, sondern zunehmend nur noch über ihre sinnlichen Eindrücke. Das Kuratorium Deutsche Altershilfe hat für diese stark wachsende Bevölkerungsgruppe (derzeit über eine Million, 2040 über fünf Millionen) das so genannte Hausgemeinschaftsmodell entwickelt: 8 bis 12 Bewohner haben ihr eigenes Zimmer mit separatem Bad, den Tag verbringen sie gemeinsam in einer Wohnküche unter Aufsicht einer Pflegekraft. Diese räumliche Konstellation bietet dem Bewohner das Gefühl von Schutz und Geborgenheit und permanenter Zuwendung.

Bisher einmalig in Deutschland und zukunftsweisend auch für andere Kommunen realisiert derzeit die Diakonie Neuendettelsau mit dem Kompetenzzentrum Demenz ein innovatives Modell der Vernetzung aller Bereiche, mit denen alte und demenzkranke Menschen, ihre Angehörigen und Fachleute wie Ärzte und Pflegende im Raum Nürnberg zu tun haben. Angeboten wird eine lückenlose Kette vorbeugender, medizinischer, therapeutischer sowie pflegerischer Versorgung und Beratung der Betroffenen und ihrer Angehörigen. Andere Träger, die es für an Demenz erkrankte Menschen in der Stadt bisher schon gibt, werden im Kompetenzzentrum vernetzt, um eine optimale Hilfe bieten zu können. Die Universität Erlangen begleitet das Projekt am Lehrstuhl Gerontologie (Prof. Oswald).

Integriert in ein neues Wohnquartier bildet ein fünfstöckiger Kopfbau zur Straße ein prägnantes städtebauliches Zeichen. Hier befinden sich Räume für Beratung, Pflegeschule und Veranstaltungen. In dessen Schutz liegt der dreigeschossige Komplex für die Wohngruppen für insgesamt 96 Bewohner.

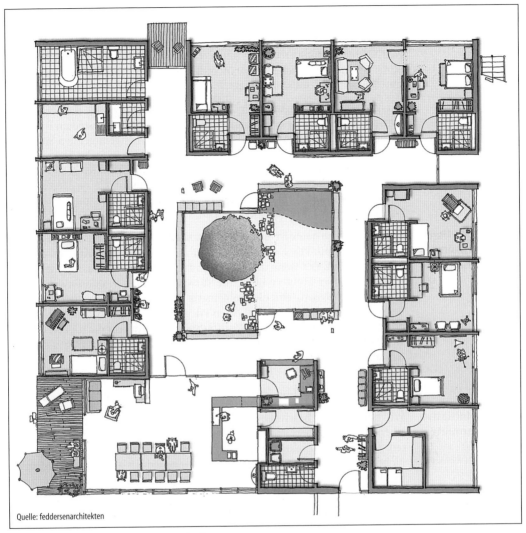

Abb. 12: Grundriss Hausgemeinschaft

3.4 Umbaumaßnahmen im Bestand als kalkulierbare Kostenbausteine

Besonders in seinen eigenen vier Wänden und im alltäglichen Umfeld steigt für den alten Menschen mit zunehmenden körperlichen und geistigen Einschränkungen das Bedürfnis nach Sicherheit. Zuhause hält er sich hier den größten Teil des Tages auf. Gleichzeitig bleibt der Wunsch nach einem so weit wie möglich selbstbestimmten und „normalen" Leben. Häufig bedarf es nur kleiner Eingriffe, um die Lebensqualität des Bewohners enorm zu erhöhen, ohne dass dies der DIN 18025 entsprechend „behindertengerecht" und damit womöglich besonders kostenintensiv sein muss. Um die Investitionen und Pla-

Kleiner Eingriff, große Wirkung

nungen für den spezifischen Gebäudebestand kalkulierbar zu machen, haben wir, aufbauend auf einer zuvor von Fachleuten individuell durchzuführenden Sozial- und Gebäudeanalyse des jeweiligen Bestands, einen praxisorientierten Maßnahmenkatalog erstellt. Er gliedert die Eingriffe in drei Kategorien: Baustufe A – erhöhter Sicherheitsstandard; Baustufe B – behindertenfreundlich und Baustufe C – rollstuhlgerecht.

Die Generation der heute über 70-Jährigen ist noch geprägt von wenig Anspruchsdenken. Sie ist es gewohnt, sich in den von außen gestellten Rahmenbedingungen einzurichten und beklagt weder einen ungenügenden Standard, noch fordert sie einen erhöhten Komfort ein. Dadurch mag die Thematik des „alten Menschen" aus gesellschaftlicher und hier im Besonderen aus Vermietersicht heute noch gar nicht so augenscheinlich zu sein wie sie es in zwanzig Jahren, wenn die 50-Jährigen der Konsum- und Dienstleistungsgesellschaft von heute in die Jahre kommen, sein wird.

Pflegebedürftigkeit erst bei Hochaltrigen

Der alte Mensch heute ist ein „guter" da unauffälliger Mieter: Zuverlässig zahlt er seit Jahren pünktlich seine Miete, hält die Wohnung in Ordnung – er fällt nicht weiter auf. Erst wenn die ersten Knochenbrüche durch Ausrutschen in der Badewanne oder Stolpern über eine Türschwelle ihn veranlassen in ein Pflegeheim umzuziehen, wird die Problematik deutlich. Jedoch handelt es sich dabei nur in seltensten Fällen um einen Pflegefall, die meisten Tätigkeiten kann er noch alleine handhaben. Statistisch steigt die Pflegebedürftigkeit erst bei Hochaltrigen – über 80-Jährigen – stark an. Alle Meinungsumfragen der letzten Jahre zeigen, dass das Verbleiben in den eigenen vier Wänden so lange als möglich erwünscht ist.

Gründe und Maßnahmen der Wohnungsanpassung aus Vermietersicht

Aktive Initiative des Vermieters

Wie bereits oben beschrieben ist es für den Vermieter sehr interessant, das Klientel der heute bereits alten Mieter so lange wie möglich im Bestand zu halten. Da mit dem Einklagen von Verbesserungsmaßnahmen der Mieter eher nicht zu rechnen ist, muss von Vermieterseite jedoch aktiv Initiative gezeigt werden. Dies bedarf einer sensiblen Herangehensweise, da die Bedürfnisse und Bedürftigkeiten sehr persönlicher Art sind und Hilfsbedürftigkeit im Alter in unserer „jugendlichen Gesellschaft" ein sensibles Thema ist. Aus unserer Sicht ist es wichtig, mit dem einzelnen Bewohner, etwa mit einer vom Wohnungsunternehmen zu diesem Zweck angestellten Vertrauensperson, in Kontakt zu treten und sich nach seinem persönlichem Befinden bezüglich der konkreten Benutzung von Bad, Balkon oder des Wohnumfelds zu erkundigen und ihm darauf abgestimmte Verbesserungen anzubieten.

Außerdem können Maßnahmen der Wohnungsanpassung für ein Wohnungsunternehmen mit der Vergrößerung des Mieterklientels für Wohngruppen, Behinderte und auch Familien mit kleinen Kindern durch eine solche Initiative einhergehen. Für den gesamten Gebäudebestand kann das zur Stärkung des sozialen Netzwerks im Haus und in der Nachbarschaft bei allgemein zunehmender gesellschaftlicher Singularisierung führen. Die Vermeidung von Leerstand ermöglicht eine Attraktivitätssteigerung und einen kaum in Zahlen wiederzugebenden Image-Gewinn der Wohnanlage und damit des Unternehmens.

Alte Bewohnerschaft und ihr Gebäudebestand

Die für die Wohnungsanpassung anvisierte Zielgruppe lebt zum größten Teil schon seit Jahrzehnten in ihren Wohnungen, also zum größten Teil im Bestand der 30er, 50er und 60er Jahre. In Ostdeutschland lebt außerdem ein erheblicher Teil der Bevölkerung im Plattenbaubestand der 60er und 70er Jahre.

Häufig verfügen diese „Altbauten" noch heute über den sanitären Stand ihrer Erbauungszeit. Ein auf die Bedürfnisse des alten Menschen angepasstes und modernisiertes Bad mit Haltegriffen, Toilettenaufsatz oder schwellenloser Dusche kann bereits die meisten Gefahrenherde eliminieren und das persönliche Sicherheitsgefühl wieder herstellen. Laut Umfragen besteht hier das größte Gefahrenpotenzial für die Wohnung. Mit dessen Behebung kann das wiedergewonnene Gefühl von Sicherheit für den Bewohner auf die gesamte Wohnung und ihr Umfeld ausstrahlen. Daneben sind Türschwellen zwischen Zimmern oder zum Balkon wie auch ungesicherte Gehwege im Wohnumfeld, schlechte Beleuchtung im Innen- und Außenraum und fehlende Fahrstühle Barrieren im Alltag eines alten Menschen.

Eliminierung von Gefahrenherden

Das „Unauffälligkeitsprinzip" – DIN 18025 Teil 1 und 2 als Leitlinien

Die Prämisse aus unserer langjährigen Praxis als Architekten, sei es für den Bau eines Kindergartens, einer Werkstatt für Menschen mit Behinderungen oder eines Pflegeheimes, unterliegt dem so genannten „Unauffälligkeitsprinzip": Bauliche Sondermaßnahmen wie Rampen oder Haltegriffe passen wir in die Umgebung ein. Denn Hilfsbedürftigkeit wollen wir nicht noch zusätzlich ausstellen. Dem bereits erlittenen Gebrechen wollen wir stattdessen eine angemessene Hilfestellung bzw. sogar einen erhöhten Komfort entgegensetzen.

Angemessene Hilfestellungen

Dabei dienen die in der DIN 18025 Teil 1 (Wohngebäude) und Teil 2 (rollstuhlgerecht) festgelegten Richtwerte für behindertengerechtes Bauen als Orientierungsmarken. Jedoch ist die strenge Einhaltung der DIN im Gebäudebestand häufig nicht oder nur mit erheblichen Umbaumaßnahmen und Kostenaufwendungen realisierbar. Zudem erfordert ein Umbau bei leichten Geheinschränkungen noch keine rollstuhlgerechten Maßnahmen.

Auswahl und Eignung von Wohnobjekten

Der Umgestaltung des Bestands für größere Eingriffe (Fahrstuhlanlage, Wohnungszusammenlegung, Wohnumfeldgestaltung) sollte zunächst eine professionelle Analyse bezüglich der Lage im Stadtraum, Verkehrsanbindung, Verfügbarkeit von Geschäften und Ärzten, sowie des sozialen Umfelds und Freizeitangebots als auch der Vorlieben des spezifischen Klientels der Anlage (z. B. empirica) vorausgehen. Fällt diese positiv aus, sollte eine genaue Gebäudeanalyse mit Hilfe eines in diesem Feld erfahrenen Architekten folgen. Der Einbau eines Fahrstuhls lohnt zum Beispiel nur bei günstiger Lage sowie ausreichender Größe des Treppenhauses und mindestens drei Geschossen. Eine Badvergrößerung oder dessen Verlegung ist abhängig von der Lage der Installationsstränge und der Grundrissstruktur. Kleinere (evtl. auch rückbaubare) Maßnahmen wie Haltegriffe können kurzfristig und unabhängig von der Gesamtheit der Wohnanlage in Absprache mit dem Mieter vorgenommen werden.

Standortanalyse

Der Mieter als Kunde – Dienstleistung am alten Menschen

Alte Mieter als hochwertige Kunden

Wie oben bereits angedeutet, den „alten Menschen" gibt es nicht, seine Bedürfnisse werden im Laufe seines Lebens immer individueller. Das Wohnungsunternehmen sollte den alten Mieter als hochwertigen Kunden begreifen und behandeln. Daneben können Kooperationen und Netzwerke mit dem alltäglichen Umfeld wie dem Apotheker, Arzt, der Gemeinde und Kommune sowie Akteuren privater Dienstleister vom Wohnungsunternehmen initiiert werden und bei der Erkundung der Bedürfnisse behilflich sein. Auch eine Zusammenarbeit mit anderen regionalen Marktanbietern der Wohnungswirtschaft kann wirtschaftlich interessant sein.

Zunächst bedarf es der bewussten Einbeziehung der komplexen und sensiblen Thematik „Wohnen im Alter" in den wohnungswirtschaftlichen Prozess des Unternehmens. Davon ausgehend, kann es die darin liegenden Chancen mit Hilfe eines „Maßnahmenkatalogs" (Baustufen A, B, C – erhöhte Sicherheit, barrierearm, DIN 18025) für sich individuell kalkulieren: Durch eine klare Analyse des Gebäudebestands und der Mieterbedürfnisse können kurz-, mittel- und langfristige Umbaumaßnahmen folgen.

Durch einen auch in Einbeziehung externer Kooperationspartner kontinuierlichen Mieterkontakt kann das Unternehmen neben der Bestandspflege, dem vermiedenen Leerstand auch vom Image-Gewinn bei Neuvermietungen profitieren.

3.5 Vom Wohnen zur Pflege

Flexibilität erforderlich

Zukünftig werden neu erstellte Wohnimmobilien die Voraussetzungen für die ambulante Pflege ermöglichen müssen, um dem Verbleib in der eigenen Wohnung auch im Pflegefall Rechnung zu tragen. So bleibt das Haus für den Eigentümer flexibel vermarktbar und damit wirtschaftlich. Im Pflegefall wird die

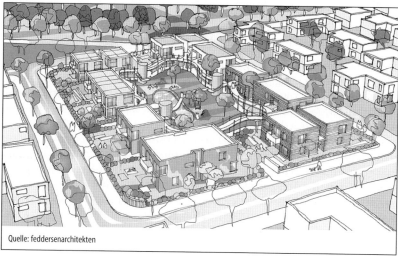

Quelle: feddersenarchitekten

Abb. 13: Prinzip Quartier im Universal Design

Küche demontiert und zum Pflegebad. Eine nichttragende Wand kann verschoben werden, sodass zwei gleichwertige Pflegezimmer entstehen (siehe hierzu auch Abschnitt 3.4).

Auch ein Einfamilienhaus-Quartier sollte zukünftig pflegefähig angelegt sein. Grundrisse können flexibel vom Wohnen zur Pflege angepasst werden, Küchen sind mit Bädern kompatibel. Ein Laubengang kann neben der kommunikativen Funktion für alle Bewohner jeden Alters im Fall der Pflege zur ökonomischen Erschließung des Pflegepersonals dienen. Ein ergänzender Pavillonbau im Zentrum des Quartiers erweitert das Pflegekonzept mit Beratungsangeboten für Angehörige, Therapieräumen, Pflegebad.

3.6 Generationsübergreifende Ausrichtung als Marktchance

Für seine innovativen Ideen belegte der Ratinger Bauträger Interboden innovative Lebenswelten GmbH & Co. KG den zweiten Platz bei der Verleihung des Immobilien-Awards 2003. Das Projekt „Calor Carree" (2001–2004) in Citylage von Düsseldorf überzeugte die Jury in den Punkten Wirtschaftlichkeit, Innovation und Nutzerfreundlichkeit. Das Gebäudeensemble gruppiert sich um die 1.000 Quadratmeter große Teichanlage. Der rechtlich geschützte Markenname „Lebenswelten" soll dem Bewohner ganzheitliche Wohnangebote versprechen. Interboden Geschäftsführer Dr. Reiner Götzen hat nach einer vorangegangenen Marktanalyse neben der großzügigen architektonischen Konzeption, ausgestattet mit hochwertigen, ökologischen Materialien, ein differenziertes Servicekonzept für die Bewohner miteinbezogen.

„Calor Caree"

Das Durchschnittsalter der Bewohner liegt derzeit bei 45 Jahren; die überwiegende Mehrzahl sind 2-Personen-Haushalte. Kaufentscheidend war neben der Toplage und der Ausstattung zu 55 Prozent das Serviceangebot „Wohnen-Plus". Die Servicepauschale, etwa für die Concierge-Lösung, hat der Bauträger bereits in die Nebenkosten von 2 Euro pro Quadratmeter einkalkuliert. Zusatzleistungen, wie Blumen gießen oder Wäscheservice, bietet der Kooperationspartner Pedus Service an. „Die älteren Bewohner haben wir gar nicht direkt angesprochen, sie kommen von ganz allein", berichtet Götzen. Schwellenlos können sich Kinder als auch ältere Bewohner im Quartier bewegen.

Mit seinem neuen Projekt „Quartis – Quartier der Sinne" hat der Initiator 13 Einfamilienhäuser, drei Stadtvillen und mehrere Mehrfamilienhäuser erstellt. Bei Wohnflächen zwischen 130 und 151 Quadratmetern kosten die Einheiten 335.000 Euro bis 370.000 Euro. Auch hier soll die Gestaltung in Anlehnung an die vier Elemente Feuer, Wasser, Erde, Luft und das Servicekonzept eine Einheit bilden. In mediterranem Ambiente entstanden Stadtvillen und Reihenhäuser. Kunst- und Spielpunkte prägen den Außenraum, er macht 65 Prozent der Gesamtfläche aus. Eine großzügige und offene Raumkonzeption mit Galerieebenen soll unterschiedlichen Bedürfnissen wie etwa „Mehrgenerationenwohnen" oder „Wohnen und Arbeiten" Rechnung tragen. Fußbodenheizungen ermöglichen bodentiefe Fenster und damit helle Räume.

„Quartis – Quartier der Sinne"

Abb. 14: „Quartis" – Quartier der Sinne

3.7 Fazit – Demographischer Wandel als Chance für alle

Kooperation erforderlich

Die meisten Menschen möchten in ihrer „gewohnten" Umgebung alt werden. Das bedeutet in Zukunft eine Stärkung der Wohnquartiere mit hochwertigen Angeboten von Räumlichkeiten und Service. Dafür werden zwischen der freien Wohnungswirtschaft Kooperationen mit Trägern in der Altenhilfe entstehen müssen.

Der demographische Wandel erfordert eine neue Betrachtung des Wohnens als Prozess und erfordert damit eine wesentlich komplexere Konzeption der Immobilie als bisher. Dies ist Herausforderung und Chance zugleich: Je flexibler ein Gebäude angelegt ist, umso besser kann der Eigentümer auf die zukünftigen Bedürfnisse seiner Bewohner reagieren und Leerstand entgegen wirken. Die alternde Gesellschaft zwingt Projektentwickler und Architekten, ihren Blick für Sicherheit, Individualität, Komfort und Qualität zu schärfen, aber alle – Jung oder Alt – werden davon profitieren.

4. Vertragsgestaltung rund um das „Wohnen im Alter" unter Berücksichtigung aktueller Rechtsprechung

4.1 Eigentums- und Vermietungslösungen

Projekte des Wohnens im Alter werden in der Praxis auf ganz unterschiedliche Weise realisiert. In juristischer Hinsicht ist für den Anbieter einer Seniorenimmobilie zunächst danach zu unterscheiden, ob die Wohneinheiten mit Dienstleistungen vom Nutzer erworben oder gemietet werden, denn die Rechtsstellung des Nutzers wird hiervon maßgeblich beeinflusst (Eigentums- oder Vermietungslösung).

Eigentumslösung

Bei der Eigentumslösung erwirbt der Investor das Eigentum an der Seniorenimmobilie im Ganzen oder – soweit Wohneigentum nach dem Wohnungseigentumsgesetz (WEG) gebildet wird – einzelne Wohneinheiten. Hier sind in der Praxis verschiedene Realisierungsvarianten denkbar, zum einen der Erwerb einer Seniorenimmobilie durch den Investor oder auch den Betreiber, der die Immobilie in den Eigenbestand übernimmt, zum anderen das Bauträgermodell, bei dem die Wohnanlage durch den Bauträger errichtet und die einzelnen Wohneinheiten nach Parzellierung an den Kapitalanleger verkauft werden. In den meisten Fällen findet anschließend die Vermietung einzelner Einheiten an den Endnutzer, also den älteren Menschen, statt. Bei Bauträgermodellen ist es üblich, dass der Dienstleister durch einen langfristigen Pacht- oder Dienstleistungsvertrag gebunden wird, damit die Betreuungsleistungen für die Endnutzer nachhaltig erbracht werden können, denn namentlich die Einzeleigentümer können selber dieses Erfordernis zum erfolgreichen Betrieb der Seniorenimmobilie nicht erbringen. Die Pacht- oder Dienstleistungsvertragskomponente bildete die notwendige „Klammer" zwischen dem Eigentümer und Endnutzer der Seniorenimmobilie.

Wohnrecht-Modell

Darüber hinaus kommt die Begründung von dinglichen Wohnrechten an einer Service-Wohnung in Betracht, die aus Sicht der Erwerber bzw. Nutzer in der Regel kostengünstiger gestaltet werden kann als der Eigentumserwerb. Gegenstand und Umfang des Service-Wohnens werden zwischen dem Eigentümer der Wohnanlage und dem Betreuungsunternehmen vereinbart, können aber auch unmittelbar zwischen dem Betreuten und dem Betreuungsunternehmen (meist sogar zielgenauer) geregelt werden. Das Wohnrecht-Modell stellt eine Zwischenform des Service-Wohnens zwischen Eigentums- und Vermietungslösung dar: Der Käufer erwirbt ein dingliches Wohnrecht, d. h. eine spezielle Form der beschränkten persönlichen Dienstbarkeit (§ 1093 BGB), welche als Belastung in Abteilung 2 des Grundbuchs eingetragen wird. Dingliche Wohnrechte sind – wie beschränkte persönliche Dienstbarkeiten – nicht vererblich, die Überlassung an Dritte bedarf der besonderen Gestattung (§§ 1090 Abs. 2, 1061, 1092 Abs. 1 Satz 2 BGB); Familienangehörige dürfen ohne besondere Gestattung aufgenommen werden (§ 1093 Abs. 2 BGB); entsprechendes gilt für den nichtehelichen Lebenspartner (BGHZ 84, 36) und für den Partner nach dem Lebenspartnerschaftsgesetz.

Vermietlösung

Für die Wohnungswirtschaft sind zumeist Vermietungslösungen von Interesse, denen hier auch das Hauptaugenmerk gilt. Die erfolgreiche Betreibung einer Seniorenimmobilie durch Vermietung an Endnutzer ist neben einem durchdachten Betriebskonzept abhängig von einer interessengerechten Vertragsgestaltung, um die möglichen (Haftungs-)Risiken zu steuern und eine nachhaltige Rentabilität des Projekts sowohl für das Wohnungsunternehmen als auch für den Dienstleister zu gewährleisten. Dabei spielen die aufeinander abgestimmte Gestaltung von Kooperations-, betreuungsspezifisch modifizierten Miet- bzw. Dauernutzungsverträgen und Serviceverträgen eine wesentliche Rolle.

Die Grundlagen der Vertragsgestaltung in diesem Zusammenhang basieren einerseits auf dem Miet- und Dienstvertragsrecht des Bürgerlichen Gesetzbuchs (BGB), andererseits auf den Regelungen der Pflegeversicherung (SGB XI) sowie der Ausführungsbestimmungen; darüber hinaus müssen aber auch die sich zum Teil ändernden Vorgaben der Rechtsprechung laufend berücksichtigt werden. Die grundsätzlichen Regelungskomponenten der Kooperations-, Miet- und Dienstleistungsverträge, die im Einzelfall bedarfsgerecht modifiziert werden können, sind unter Abschnitt 4.3 kurz dargestellt.

4.2 Rechtsprechungsüberblick zu Projekten des betreuten Wohnens

Wohnen im Alter verbindet „normales" Wohnen mit Dienstleistungen, die je nach dem individuellen Grad der Betreuungs- bzw. Pflegebedürftigkeit bezogen werden können. In der Praxis wird auch dies mit Begriffen wie „betreutes Wohnen" oder „Service-Wohnen" umschrieben. Hierbei handelt es sich bisher nicht um Rechtsbegriffe.

Konflikte mit neuem Heimgesetz

Die Rechtsprechung der vergangenen Jahre hat sich mit Projekten des betreuten Wohnens vornehmlich in Bezug auf „Konfliktzonen" mit dem neuen Heimgesetz (HeimG) beschäftigt, die nicht zuletzt einer der Auslöser für die grundlegende Novellierung des HeimG zum 1. Januar 2002 bildeten. Ende der 90er Jahre gingen einige Oberverwaltungsgerichte mit Projekten des betreuten Wohnens „hart ins Gericht" und unterstellten sie dem HeimG mit den sich hieraus ergebenden Qualitäts-Sicherungsanforderungen und weit reichenden Kostenfolgen (siehe dazu unter „Weiterführende Literatur" Bultmann, S.: „Wohnen im Alter").

Beispielfälle

In einem Fall ging es um eine Seniorenwohnanlage mit 58 Wohneinheiten (WE) in Nordrhein-Westfalen, von denen 51 WE durch den Caritasverband mit Grund- und Wahlservice betreut werden sollten. Im Rahmen des Grundservices sollten neben einer Notrufbereitschaft, der Bereitstellung von Personal zur Förderung kommunikativer Maßnahmen und Beratung im Bereich des Lebensumfeldes, der Hilfestellung im Einzelfall auch die Vermittlung von Hilfsangeboten für hausmeisterliche Tätigkeiten bereitgestellt werden. Darüber hinaus wurden im Rahmen von Wahlleistungen im Bedarfsfall ärztliche Hilfe, ambulante Kranken- und Altershilfe, vorübergehende Hilfen zur Fortführung des Haushaltes und diverse Dienstleistungen eines ebenfalls vom Caritasverband betriebenen Altenpflegeheims angeboten bzw. vermittelt. Die Heimaufsichtsbehörde stufte die Seniorenwohnanlage – vor der HeimG-Novelle – als Heimbetrieb (im Sinne des § 1 Abs. 2 HeimG a. F.) ein, u. a. mit der Konsequenz, dass eine Heimerlaubnis zu beantragen war, bestimmte bauliche Standards eingehalten werden mussten, die Einrichtung von der Heimaufsicht zu überprüfen und die Bildung von Heimbeiräten sowie der Abschluss von Heimverträgen vorgeschrieben war. Der hiergegen gerichtete Widerspruch des Anlageneigentümers, dem nicht abgeholfen worden war, sowie die gegen den Widerspruchsbescheid gerichtete Klage wurde sowohl vom Verwaltungsgericht (VG) Düsseldorf (Urteil vom 2. Dezember 1997 – 3 K 10785/96) als auch vom Oberverwaltungsgericht (OVG) Münster (Beschluss vom 28. Januar 1999 – 4 A 589/98) zurückgewiesen.

Zur Begründung führte das OVG Münster u. a. aus, dass von einem Heimbetrieb nach § 1 Abs. 1 Satz 2 und 3 HeimG a. F. auszugehen sei, wenn bei einer Unterbringung im Sinne des Satzes 2 neben der Überlassung der Unterkunft die Gewährung oder Vorhaltung von Verpflegung und Betreuung vorliegt

(Satz 3). Die Voraussetzungen des Gewährens bzw. Vorhaltens von Betreuungsleistungen lagen hier nach Auffassung des OVG Münster mit Blick auf den zwischen dem Anlageneigentümer und dem Caritasverband geschlossenen Kooperationsvertrag vor, weil sich der Caritasverband darin zur Übernahme bestimmter Betreuungsleistungen für die Mieter verpflichtet hatte und der Eigentümer seinerseits verpflichtet war, seine Mieter in den Mietverträgen zum Abschluss von Einzelbetreuungsverträgen mit dem Caritasverband zu verpflichten. Da sich der Caritasverband darüber hinaus zum Angebot allerdings namentlich nicht näher bezeichneter Wahlleistungen gegenüber den Mietern des Eigentümers verpflichtet habe, läge eine umfassende Versorgung der Mieter im Sinne des § 1 Abs. 1 Satz 3 HeimG a. F. vor, sodass die Vorinstanzen die Anlage zutreffend dem Anwendungsbereich des HeimG a. F. unterstellt hätten.

Ähnlich entschied wenig später das OVG Frankfurt (Oder) in dem Beschluss vom 1. Dezember 1999 – 4 B 127/99 –, in dem es um die Anzeigepflicht von Heimbetrieben gegenüber der Heimaufsichtsbehörde (§§ 1, 7 HeimG a. F.) ging. Das Gericht war auch im Fall eines Seniorenstifts der Ansicht, es läge ein Heimbetrieb im Sinne des § 1 HeimG a. F. vor, denn die Antragstellerin fungiere nicht nur als Vermieterin der Appartements der Wohnanlage, sondern schließe mit den Aufzunehmenden sog. Seniorenstiftsverträge ab, in denen sie den Bewohnern des Stifts Verpflegung in einem stiftseigenen Restaurant oder im Rahmen eines Zimmerservice in der jeweiligen Wohnung und Betreuung durch einen dem Stift angeschlossenen Pflegedienst anbiete.

Herausnahme des betreuten Wohnens aus dem Heimgesetz

Die Entscheidungen der beiden OVG sind durch die neue Rechtslage aufgrund des Dritten Gesetzes zur Änderung des Heimgesetzes vom 5. November 2001 (BGBl. I, S. 2960 ff. i. F. d. Bekanntmachung vom selben Tage, a. a. O., S. 2970 ff. und des OLGVertrÄndG vom 23. Juli 2002, BGBl. I, S. 2850 ff.) weitgehend überholt. Die wesentliche Bedeutung der Entscheidungen liegt aber darin, dass sie einen wichtigen Anstoß für die Rechtsänderung geliefert haben, um Projekte des betreuten Wohnens grundsätzlich aus dem Anwendungsbereich des Heimgesetzes herauszunehmen. Dieses Reformziel ist im Grundsatz auch gelungen. § 1 Abs. 2 HeimG n. F. geht nunmehr davon aus, dass die Tatsache, dass ein Vermieter von Wohnraum durch Verträge mit Dritten oder auf andere Weise sicherstellt, dass den Mietern Betreuung und Verpflegung angeboten werden, allein nicht die Anwendung des HeimG begründet (Satz 1). Dies gilt auch dann, wenn die Mieter vertraglich verpflichtet sind, allgemeine Betreuungsleistungen, wie Notrufdienste oder Vermittlung von Dienst- und Pflegeleistungen von bestimmten Anbietern, anzunehmen und das Entgelt hierfür im Verhältnis zur Miete von untergeordneter Bedeutung ist. Dagegen findet das HeimG Anwendung, wenn die Mieter vertraglich verpflichtet sind, Verpflegung und weitergehende Betreuungsleistungen von bestimmten Anbietern anzunehmen. Damit ist der Bereich des betreuten Wohnens, soweit er sich auf das Angebot eines Grundservices im üblichen Umfang beschränkt, grundsätzlich „heimgesetzfrei" (siehe dazu unter „Weiterführende Literatur" Bultmann, S.: „Wohnen im Alter").

Damit ist der Gestaltungsspielraum für Wohnungsunternehmen gegenüber der früheren Rechtslage deutlich erweitert worden und gestattet, das betreute Wohnen mit Grundservice im üblichen Umfang außerhalb des Anwendungsbereichs des neuen HeimG anzubieten. Eine darüber hinausgehende Verpflichtung des betreuten Wohnens zur Abnahme von Verpflegung und Wahlleistungen (z. B. Pflegeleistungen) ist dagegen „schädlich" und begründet die Annahme eines Heimbetriebs, der unter das HeimG fällt.

Kopplung von Miet- und Betreuungsvertrag

In den vergangenen Jahren sind immer wieder Fälle bekannt geworden, in denen einzelne Betreute/Mieter den Betreuungsvertrag mit dem Betreuungsdienstleister (z. B. Caritas, Diakonie etc.) gekündigt haben, ohne zugleich das Mietverhältnis zu beenden. Soweit es insoweit bei Einzelfällen bleibt, lässt sich das für den Vermieter und den Betreuungsdienstleister in der Regel „verschmerzen". Häufig ist es in der Praxis aber so, dass die Einzelnen immer mehr Nachahmer gefunden haben, die dann ebenfalls kündigten. Dadurch kann ein ganzes Wohnprojekt scheitern, wenn die Einnahmeausfälle des Dienstleisters so groß werden, dass sich das Projekt nicht mehr rechnet. Für diesen Fall haben sich die Dienstleister meist ein außerordentliches Kündigungsrecht in dem Kooperationsvertrag mit dem Vermieter ausbedungen. Sofern dieses Kündigungsrecht ausgeübt wird, muss der Vermieter erst einen neuen Dienstleister finden, damit das Projekt des betreuten Wohnens fortgesetzt werden kann. Die Suche nach einem neuen Dienstleister wird aber alles andere als erleichtert, wenn der Vorgänger durch Ausübung des außerordentlichen Kündigungsrechts „ausgestiegen" sein sollte. Der unfreiwillige „Ausstieg" eines Dienstleisters kann so aus Sicht des Vermieters sogar zum endgültigen Scheitern des gesamten Projekts führen. Insbesondere der Vermieter – aber auch der Betreuungsdienstleister – hat daher ein großes Interesse daran, die Wirtschaftlichkeit des Projekts insgesamt zu erhalten, was nicht nur eine Frage qualitativ guter und angemessen vergüteter Betreuungsleistungen ist, sondern maßgeblich auch von der Art der Vertragsgestaltung abhängt. Darüber hinaus ist zu berücksichtigen, dass es sich bei den Betreuungsverträgen um „Konsumentenverträge" handeln kann, die an den Vorschriften des Verbraucherschutzrechts zu messen sind.

Aktuelle Rechtsprechung

Die zur Beurteilung von Miet- und Betreuungsverträgen bisher vorliegende instanzgerichtliche Judikatur ist noch recht differenziert und uneinheitlich, z. T. sogar divergierend, namentlich was die Anwendbarkeit der Verbraucherschutznormen auf Betreuungsverträge anbetrifft. Es mehren sich jedoch in jüngster Zeit – auch in der Rechtsprechung – die Stimmen, die das berechtigte Interesse der Wohnungsunternehmen anerkennen, Wohnungen in betreuten Wohnprojekten nur solchen Mietern zu überlassen, die auch durch das kooperierende Betreuungsunternehmen versorgt werden können. In dem zu diesem Problemkomplex nach In-Kraft-Treten des neuen HeimG – soweit ersichtlich – ersten Urteil des LG Kiel vom 10. Januar 2002 (8 S 148/01) ist der Mieter einer Wohnanlage zur Weiterzahlung der Betreuungspauschale verurteilt worden, weil die isolierte Kündigung des Mieterbetreuungsvertrags unwirksam gewesen sei. In diesem Fall war der Mieter schon in dem Mietvertrag verpflichtet worden, die Betreuungspauschale direkt an den Betreuungsdienstleister zu zahlen, mit dem der Vermieter kooperierte. Der Vermieter machte die nach der Kündigung des Betreuungsvertrags durch den Mieter/Betreuten aufgelaufenen Pauschalbeträge in Höhe von ca. 3.500 DM aus abgetretenem Recht ebenso geltend wie den Anspruch auf Herausgabe der Wohnung aufgrund zuvor vermieterseitig erklärter Kündigung des Mietvertrags. Das LG Kiel erkannte einen Teilbetrag der Betreuungspauschale zugunsten des

Vermieters auch für den Zeitraum nach der Kündigung des Mieters an, weil die isolierte Kündigung des Betreuungsvertrags unwirksam sei, da der Miet- und der Betreuungsvertrag ein „einheitliches Rechtsgeschäft" bildeten, das nur im Ganzen gekündigt werden könne. Das Gericht hat somit das Interesse des Vermieters anerkannt, dass die Verträge nicht unabhängig voneinander beendet werden können. Daher war der Mieter zur Zahlung der Betreuungspauschale weiter verpflichtet.

Diese feste Verknüpfung von Miet- und Betreuungsvertrag dürfte in der Mehrzahl der Fälle gegeben sein: Das Wohnungsunternehmen verpflichtet den Mieter bereits in den von ihm verwendeten Mietverträgen dahingehend, mit einem bestimmten Betreuungsdienstleister einen Betreuungsvertrag abzuschließen, sodass nach dem Urteil des LG Kiel, a. a. O., eine isolierte Kündigung des Betreuungsvertrags nicht möglich wäre.

Isolierte Kündigung nicht möglich

Es ist darauf hinzuweisen, dass es sich bei diesen Entscheidungen um die ersten instanzgerichtlichen Urteile zu dem Problemkomplex der „isolierten Kündigung" handelt, die noch nicht als gefestigt gelten können. Wenn beide Verträge – Miet- und Betreuungsvertrag – eng miteinander verbunden sind, hat der Bundesgerichtshof (vgl. statt aller: BGH, NJW 1976, 1931, 1932) allerdings anerkannt, dass ein einheitliches Rechtsgeschäft angenommen werden kann mit der Folge, dass es die kündigende Vertragspartei nicht unzumutbar benachteiligt, wenn sie sich gegebenenfalls von beiden Verträgen lösen muss, sofern es den Parteien erkennbar auf die Verknüpfung beider Verträge ankam und der eine ohne den anderen nicht sein sollte. Eine solche Wechselbezüglichkeit wird man in den in der Praxis regelmäßig anzutreffenden Vertragskonstellationen annehmen können, sodass in diesen Fällen – mit dem LG Kiel, a. a. O. – eine isolierte Kündbarkeit des Betreuungsvertrags ausgeschlossen erscheint. Allerdings ist darauf hinzuweisen, dass die Beantwortung der Frage der isolierten Kündbarkeit des Betreuungsvertrags von der konkreten Vertragssituation im Einzelfall abhängt und ein „Restrisiko" bleibt, weil die Rechtsprechung – namentlich nach In-Kraft-Treten der HeimG-Novelle – noch nicht „gefestigt" ist.

Rechtsprechung noch nicht gefestigt

Das Problem der isolierten Kündbarkeit des Betreuungsverhältnisses unter Fortsetzung des Mietvertrags lässt sich hingegen gänzlich umgehen, wenn ein um die „Betreuungskomponente" erweiterter Mietvertrag von dem Wohnungsunternehmen gewählt wird, welcher die Betreuungsleistungen des Grundservices in einem mit dem Betreuungsdienstleister abzuschließenden Kooperationsvertrag regelt. Bei dieser Vertragsgestaltung wird im Außenverhältnis der Betreuungsdienstleister als Erfüllungsgehilfe des Wohnungsunternehmens (§ 278 BGB) gegenüber dem Betreuten/Mieter tätig. Aufgrund der nur begrenzt einzuschränkenden Außenhaftung des Wohnungsunternehmens, namentlich wegen Nicht- oder Schlechtleistungen des Betreuungsunternehmens, empfiehlt sich eine solche Gestaltung aber nur dann, wenn die Geschäftsleitung des Wohnungsunternehmens diejenige des Betreuungsunternehmens qualitativ einschätzen kann und sich vor allem eine substantielle Innenregressmöglichkeit vertraglich ausbedingt, um das Haftungsrisiko wirksam abzusichern (Patronatserklärung, Bürgschaft auf erstes Anfordern oder substantiellen Versicherungsschutz eines involvierten Haftpflichtversicherers).

Betreuungsvertrag mit Dienstleister

Haftungsrisiken Wenn die Parteien einen betreuungsspezifisch erweiterten Mietvertrag gewählt haben und für Nicht- bzw. Schlechtleistungen des Betreuungsdienstleisters das Wohnungsunternehmen im Außenverhältnis gegenüber dem Betreuten/Mieter (oder dessen Erben) haftet, sind die mit der Wahrnehmung der Betreuungsaufgaben verbundenen Haftungsfragen von hohem wohnungswirtschaftlichen Interesse. Denn das potenzielle Haftungsrisiko in (den meisten) Fällen, in denen ein Notrufsystem angeboten wird, ist bei medizinischen Erstdiagnosefehlern durch das vom Betreuungsunternehmen eingesetzte Personal erheblich. Aber auch dann, wenn das Wohnungsunternehmen mit der Leistung des Betreuungsdienstleisters aufgrund einer gesonderten vertraglichen Gestaltung in Miet- und Betreuungsverträgen unmittelbar nichts zu tun hat, dürften Haftungsfragen, die den Dienstleister betreffen, nicht ohne Bedeutung für das Wohnungsunternehmen sein, zumal dann, wenn sich aufgrund von Haftungsvorfällen die Frage der Wirtschaftlichkeit des betreuten Wohnens stellt.

Risikovorsorge erforderlich Die Rechtsprechung hatte sich in der Vergangenheit vereinzelt schon mit Haftungsfragen im Zusammenhang von Projekten des betreuten Wohnens zu befassen. Das LG Hamburg hat mit Urteil vom 26. Oktober 2000 (323 O. 105/00) eine Haftung des Betreibers eines Projektes des betreuten Wohnens zum Zwecke der sozialen Rehabilitation zwar aus tatsächlichen Gründen abgelehnt, jedoch zu erkennen gegeben, dass grundsätzlich eine zu Schadensersatz und Schmerzensgeld verpflichtende deliktsrechtliche Haftung des Betreibers wegen fehlerhafter Betreuung von Bewohnern (hier: angeblich pflichtwidrige Dosierung von Medikamenten) in Betracht kommen kann. Für die Betreuungspraxis ergibt sich daraus die Schlussfolgerung, dass insbesondere die Betreuung von alten und kranken Bewohnern „gefahr- und schadensgeneigt" ist. Haftung und Regressmöglichkeiten z. B. beim Auftreten von medizinisch-pflegerischen Fehlern in der Erstdiagnose, die beim Notrufsystem unter Zeitdruck immerhin denkbar sind, oder hinsichtlich der Medikation der Patienten müssen vertraglich klar geregelt sein und es ist erforderlich, dass die diesbezügliche Risikovorsorge in die Wirtschaftlichkeitsberechnung der beteiligten Unternehmen, insbesondere aber bei dem Betreuungsdienstleister, einbezogen wird. Im Übrigen kann nicht ausgeschlossen werden, dass andere Instanz- oder Obergerichte in vergleichbaren Fällen das Haftungsrecht „schärfer" anwenden als das LG Hamburg. Daher ist Vorsicht bei der vertraglichen Gestaltung der Haftungsregeln geboten.

4.3 Gestaltung von Kooperationsverträgen und betreuungsspezifisch modifizierten Mietverträgen

Abgrenzung von Service-Wohnen und Heimunterbringung Die Abgrenzung zwischen Service-Wohnen und der heimmäßigen Unterbringung mag zwar auch heute noch im Einzelfall eine Prüfung erforderlich machen, im Grundsatz ist sie aber durch § 1 Abs. 2 Satz 1 und 2 HeimG n. F. (BGBl. I 2001, S. 2971) geklärt:

„Die Tatsache, dass ein Vermieter von Wohnraum durch Verträge mit Dritten oder auf andere Weise sicherstellt, dass den Mietern Betreuung und Verpflegung angeboten werden, begründet allein nicht die Anwendung des Heimgesetzes. Dies gilt auch dann, wenn die Mieter vertraglich verpflichtet sind, allgemeine Betreuungsleistungen wie Notrufdienste oder Vermittlung von Dienst- oder Pflegeleistungen von bestimmten Anbietern anzunehmen und das Entgelt hierfür im Verhältnis zur Miete von untergeordneter Bedeutung ist."

Dreiseitige Vertragsbeziehung

Der Gesetzgeber hat damit grundsätzlich anerkannt, dass betreutes Wohnen auch als dreiseitige Vertragsbeziehung regelbar ist. Dabei geht es um das betreuungsspezifisch modifizierte Mietverhältnis zwischen dem Mieter/Betreuten (M) und dem Vermieter (V), der Kooperationsvereinbarung zwischen Vermieter und Betreuungsunternehmen (B) und dem Betreuungsvertrag zwischen diesem und dem Betreuten.

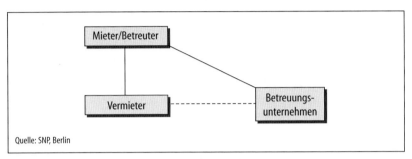

Abb. 15: Schaubild dreiseitige Vertragsbeziehung

Varianten

Wohnungsunternehmen bevorzugen meist die Vermietungslösung, die am Eigentum nichts ändert und dem Mieter die Möglichkeit bietet, eine Service-Wohnung nutzen zu können. Hier sind verschiedene Lösungen denkbar, einmal die Einschaltung des Betreuungsunternehmens als Erfüllungsgehilfe gem. § 278 BGB, sodass die Grundserviceleistung Bestandteil des Miet- bzw. Dauernutzungsvertrags wird. Wesentlich ist bei dieser Variante die Regelung der vertraglichen Beziehungen zwischen dem Wohnungs- und Betreuungsunternehmen im Rahmen eines Kooperationsvertrags, damit die Betreuungsleistungen für beide Seiten dauerhaft und kalkulierbar erbracht werden können. Bei der Einschaltung von Erfüllungsgehilfen ist besondere Sorgfalt auf die Auswahl des Betreuungsunternehmens geboten, insbesondere ist es erforderlich, dass sich das Wohnungsunternehmen wegen seiner Außenhaftung die Möglichkeit zum Regress offen hält und dieser Rückgriffsanspruch möglichst durch selbstschuldnerische (Bank-)Bürgschaft oder (harte) Patronatserklärung der Muttergesellschaft des Betreuungsunternehmens abgesichert wird.

Anders als bei dieser zweiseitigen vertraglichen Bindung des Wohnungsunternehmens kommt ein „Vertragsdreieck" in Betracht, bei dem das Wohnungsunternehmen durch den Miet- bzw. Kooperationsvertrag gebunden ist, darüber hinaus aber auch eine unmittelbare vertragliche Beziehung zwischen dem Mieter/Betreuten und dem Betreuungsunternehmen geknüpft wird.

4.3.1 Modifizierter Miet- bzw. Dauernutzungsvertrag

Bauliche Ausstattung

Nach der räumlichen Beschreibung der Mietsache ist die bauliche Ausstattung der Wohnung detailliert zu beschreiben, die den technischen Anforderungen zur Erbringung von Betreuungsleistungen entspricht, namentlich

- barrierefreie Errichtung nach oder in Anlehnung an DIN 18025 Teil 2 (ggf. mit Ausnahme bestimmter Einrichtungen),
- mittlere Schallschutzstufe 2 nach VDI 4100 (liegt über dem Mindestschallschutz nach DIN 4109),
- Telefonverkabelung für den Anschluss an ein modernes Notrufsystem oder Ausstattung mit Notrufsystem (z. B. von mindestens zwei Orten in der Wohnung aktivierbar).

Sofern kleinere Umbauten, wie z. B. Haltegriffe, Erhöhung von Waschbecken oder Toilettenbecken, nicht ohnehin zu den Ausstattungsmerkmalen der Wohnung bei Vertragsbeginn gehören, sondern nachträglich entsprechend den individuellen Bedürfnissen des Mieters vorgenommen werden, zählen sie zum vertragsgemäßen Gebrauch der Mietsache. Dabei ist der Mieter zu verpflichten, die Ausführung fach- und sachgerecht zu gewährleisten.

Größere Um, An- oder Einbauten sowie Installationen, mit denen die gemieteten Räume wesentlich verändert werden, können nur nach vorheriger Vereinbarung mit dem Vermieter durchgeführt werden.

Technische/ soziale Leistungen

In einem weiteren Abschnitt kann der Vermieter dem Mieter die Erbringung kleinerer technischer und/oder sozialer Leistungen anbieten, namentlich

- Anschluss und (technischer) Betrieb eines Notrufsystems (ggf. tageszeitliche Eingrenzung der Betriebszeit),
- technische Hilfs- und Handwerkerleistungen (z. B. Transport und Aufstellen von Möbeln, Auf-/ Abhängen von Gardinen etc.),
- Durchführung von Kleinreparaturen („tropfender Wasserhahn", Anschluss von Elektrogeräten u. Ä.),
- Beratungs- und Vermittlungsleistungen (z. B. von hauswirtschaftlichen Diensten, Pflegediensten etc.), insbesondere:
  - Raumpflege,
  - Fensterreinigung,
  - Grundreinigung der Wohnung,
  - Blumenpflege,
  - Wäschepflege (Waschen, Bügeln, Nähen)
  - Lieferung von „Essen auf Rädern" in die Wohnung,
  - Beratung und Information im Umgang mit Behörden (z. B. Sozialämtern),
  - Vermittlung kultureller und gesellschaftlicher Aktivitäten für Senioren,
  - Vermittlung von Kommunikations- und Freizeitangeboten („Altennachmittag" u. Ä.).

Die Abrechnung kann pauschaliert im Rahmen eines „Basispakets" oder auf Stundenhonorarbasis erfolgen; der Stundensatz ist bei Vertragsabschluss zu vereinbaren.

Falls eine Notrufeinrichtung betrieben wird und der Mieter an dieses System angeschlossen ist, müssten dem jeweiligen Betreuungsunternehmen Schlüssel übergeben werden, damit der ungehinderte Zutritt zu den Wohnräumen des Betreuten im Notfall sichergestellt ist.

Des Weiteren kann sich der Vermieter zu einer Beratung hinsichtlich des Gegenstands und der Kosten der Betreuungsleistungen verpflichten, aus denen der Mieter/Betreute auswählen kann, insbesondere dann, wenn zwischen Grund- und Sonderdienstleistungen unterschieden wird. Es sollte jedoch sowohl im Verhältnis zwischen Vermieter und Mieter einerseits und Vermieter und Betreuungsunternehmen andererseits der vertragliche Gegenstand auf das sog. „Basispaket" beschränkt werden, damit die Gefahr einer Umgehung des Heimgesetzes, z. B. durch eine Erstreckung des Angebots auf „wählbare Zusatzpakete", vermieden und die aus wohnungswirtschaftlicher Sicht nicht gewollte Unterwerfung unter den Anwendungsbereich des HeimG ausgeschlossen werden kann. **Beratung zur Betreuung**

Des Weiteren ist der Mieter berechtigt, alle gemeinschaftlichen Einrichtungen und Anlagen nach Maßgabe der Hausordnung (die als festverbundene Anlage Bestandteil des Mietvertrags wird) zu nutzen, wobei einzelne Einrichtungen/Anlagen je nach Lage des Wohnungsbestandes angekreuzt werden, z. B. Aufenthaltsräume, Speiseräume/Cafeteria, Therapie- und Gymnastikräume, Sport-, Schwimm- und Pflegebadeinrichtungen, Bibliothek und Fernsehraum, Waschküche (mit Trockenraum), Hof und/oder Garten, Aufzugsanlage (Lift), Abstellräume etc. **Gemeinschaftliche Einrichtungen**

Im Übrigen gelten die allgemeinen Bestimmungen für Mietverträge, insbesondere hinsichtlich

- der Mietzeit und Kündigung (von besonderem Kündigungsschutz wegen Pflegebedürftigkeit ist aus wohnungswirtschaftlicher Sicht eher abzuraten),
- Miete und Betriebskosten sowie Fälligkeit,
- Mieterhöhungen und Modernisierungen,
- Mietkaution,
- Schönheitsreparaturen,
- Instandhaltung und Instandsetzung,
- Benutzung der Mietsache (namentlich Zustimmungserfordernis des Vermieters zur Untervermietung, Haustierhaltung etc.),
- Betreten der Mietsache durch den Vermieter,
- Rückgabe der Mietsache etc.

4.3.2 Kooperationsvereinbarung

Der Kooperationsvertrag zwischen Wohnungs- und Betreuungsunternehmen hat den Zweck, das Betreuungsunternehmen zu verpflichten, bestimmte Betreuungsleistungen des sog. Grundservices in einem Wohnungsbestand vorzuhalten und den Mietern auf Abruf anzubieten. Kooperationsvereinbarungen sind bei zwei- und dreiseitigen Vertragskonstellationen erforderlich und müssen auf die jeweiligen Bedürfnisse im konkreten Fall zugeschnitten werden.

Interessenlagen Das Betreuungsunternehmen hat ein Interesse am Abschluss der Kooperationsvereinbarung, weil auf diese Weise sichergestellt wird, dass es die Gelegenheit zu einem Betreuungsangebot in einem Wohnungsbestand erhält. Die Kooperationsvereinbarung öffnet dem Betreuungsunternehmen sozusagen einen bestimmten lokalen Markt.

Das Wohnungsunternehmen ist daran interessiert, für das dem Mieter vertraglich eingeräumte Recht auf Betreuungsleistungen einen externen Anbieter dauerhaft zu verpflichten (oder als Erfüllungsgehilfen im eigenen Geschäftskreis einzusetzen). Andere Gestaltungen sind freilich erforderlich, wenn das Wohnungsunternehmen die Betreuungsleistungen im Wesentlichen durch eigenes Personal erbringen will, was in der Regel nur teilweise gelingen dürfte.

Selbstständige Ansprüche des Mieters Je nachdem, wie der Kooperationsvertrag gestaltet ist, kann dem Mieter ein selbstständiger Anspruch auf Abschluss eines Betreuungsvertrags mit dem Pflegedienstunternehmen eingeräumt werden, sodass im Wege des Vertrags zugunsten Dritter (§ 328 BGB) eine Art Kontrahierungszwang des Betreuungsunternehmens begründet wird. Will sich das Betreuungsunternehmen jedoch dem Mieter gegenüber nicht unmittelbar binden, etwa weil es im Einzelfall prüfen will, ob der zu Betreuende überhaupt mit den vorgehaltenen Betreuungsleistungen versorgt werden kann, wird er gegenüber dem Vermieter eine solche Bindung ablehnen.

Durch die Kooperationsvereinbarung wird jedenfalls nicht unmittelbar ein Leistungsaustausch zwischen Betreuungsunternehmen und Mieter/Betreutem herbeigeführt; diese Leistungsbeziehung ist dem gesonderten Abschluss des Miet- oder Betreuungsvertrags vorbehalten.

Vertragsgegenstand Gegenstand und Inhalt des Kooperationsvertrags zwischen Wohnungs- und Betreuungsunternehmen hängen besonders von den Umständen des Einzelfalles ab, namentlich davon, ob das Wohnungsunternehmen in einem bestimmten Wohnungsbestand (Gebäudekomplex) z. B. eine Service-Station betreiben lassen möchte, sich auf die Leistungen eines benachbarten Senioren- und Pflegeheims stützt oder lediglich ambulante Pflegedienste zu binden beabsichtigt. Zwischen diesen „Polen" sind verschiedene Zwischenstufen der Gestaltung denkbar und in der Praxis tatsächlich auch anzutreffen.

Ausschreibung Soll die Service-Station durch ein Betreuungsunternehmen betrieben werden, empfiehlt sich bereits aus Gründen des Leistungs- und Kostenvergleichs eine beschränkte Ausschreibung (im untechnischen Sinne, also jedenfalls bei privaten Wohnungsunternehmen, die nicht dem Vergaberecht unterliegen). Bei der Privatisierung von Pflege- und Betreuungseinrichtungen der öffentlichen Hand ist im Einzelfall zu prüfen, ob das Vergaberecht Anwendung findet und eine öffentliche Ausschreibung der Betreibung stattzufinden hat.

Beschränkung auf Grundservice Kernbestandteil der Vereinbarung ist die Regelung über die Verpflichtung des Betreuungsunternehmens zum Betrieb der Service-Station und der Vorhaltung bestimmter Leistungsangebote gegenüber den Mietern des – näher zu bestimmenden – Wohnungsbestandes. Die Leistungen des Betreuungsunternehmens müssen auf die Grunddienstleistungen beschränkt werden. Ein Verstoß gegen die Beschränkung auf die Grundleistungsverpflichtung berechtigt den Vermieter zu einer außerordentlichen fristlosen Kündigung des Kooperationsvertrags (z. B. innerhalb von zwei Wochen ab Kenntnis).

Wird darüber hinaus das Vorhalten von Zusatzleistungen des Betreuungsunternehmens in der Kooperationsvereinbarung sichergestellt, besteht die Gefahr, das diese Vereinbarung von der Gesundheitsverwaltung als Umgehung des HeimG eingestuft und dann doch dessen Geltung unterworfen wird, mit den sich hieraus ergebenden Qualitätssicherungs- und Kostenfolgen namentlich für das Wohnungsunternehmen. Die klare Trennung von Grund- und Zusatzleistungen ist daher unverzichtbar. Weder im Mietvertrag noch in der Kooperationsvereinbarung sollten sich Regelungen über die Sicherstellung von Zusatzleistungen finden. **Keine Regelung von Zusatzleistungen**

Des Weiteren ist eine Kostenregelung für den Betrieb und das Vorhalten der Leistungen durch das Betreuungsunternehmen zu vereinbaren. Die Höhe kann an dem Entgeltanteil, der bei der Mietzinsgestaltung in Höhe der Betreuungspauschale anfällt, orientiert werden, soweit die in dem Mietvertrag angebotenen Leistungen im Betreuungsbereich im Wesentlichen von der Betreuungseinrichtung übernommen werden. In diesem Fall ist die Betreuungspauschale beim Vermieter in wesentlichen Teilen ein „durchlaufender Posten". Etwas anderes kann gelten, wenn die Betreuungseinrichtungen im Kern in baulich-technischen Einrichtungen und Anlagen bestehen und über den Mietzinsanspruch des Vermieters amortisiert werden. **Kostenregelung**

4.3.3 Betreuungs- oder Dienstleistungsvertrag

Der Betreuungs- oder Dienstleistungsvertrag sollte nur Grunddienstleistungen zum Gegenstand haben, die sich mit den Betreuungsleistungen decken, die im Miet- bzw. Kooperationsvertrag genannt sind. Diese Beschränkung beugt dem Risiko einer Gesetzesumgehung und damit einer eventuellen nachträglichen Unterwerfung des „Kooperationsvertragssystems" unter das HeimG mit den für die Wohnungswirtschaft nachteiligen Qualitätssicherungs- und Kostenfolgen vor.

Keine Bedenken bestehen dagegen, dass das Betreuungsunternehmen, das durch den Abschluss des Betreuungsvertrags über Grundleistungen mit dem Mieter/Betreutem bereits in rechtsgeschäftlichem Kontakt steht, je nach Bedarf weitere Zusatzleistungen anbietet. Die Annahme dieser Zusatzleistungen hat dann nichts mit dem Vertragsgeflecht des Service-Wohnens zu tun, sondern stellt eine Leistung unmittelbar und ausschließlich im Verhältnis zwischen Betreuungsunternehmen und Mieter/Betreutem dar, die der „normalen" ambulanten Pflegeleistung entspricht. **Zusatzleistungen direkt mit Mieter vereinbaren**

Bei dem Abschluss des Betreuungsvertrags sollte der Mieter darauf achten, dass die Betreuungseinrichtung über einen Versorgungsvertrag mit den Pflegekassen zur Regelfinanzierung nach SGB XI (Pflegeversicherung) oder über eine Rahmenvereinbarung nach SGB V (Krankenversicherung) verfügt, damit die Finanzierung der Betreuungsleistungen im Rahmen des Sozial- und Pflegeversicherungssystems gewährleistet ist.

Vertrags-gegenstand

Gegenstand des Betreuungsvertrags sind die Erbringung bzw. Vermittlung der Grunddienstleistungen („Basispaket"), auf die an dieser Stelle Bezug genommen wird. Bei diesen Leistungen kann zwischen Beratungs-, Informations-, Vermittlungs- und ambulanten Pflegeleistungen unterschieden werden. Die Vergütung kann monatlich pauschaliert abgerechnet werden, wobei Kostentransparenz dadurch herzustellen ist, dass eine Preisliste als Anlage Bestandteil des Betreuungsvertrags wird.

Laufzeit und Kündigungsfristen

Die Regelungen über die Beendigung des Vertrags sollten berücksichtigen, dass das Betreuungsverhältnis im Regelfall auf besonderem Vertrauen und auf Dauer hin angelegt ist. Eine Vertragslaufzeit von grundsätzlich einem Jahr ist deshalb zu empfehlen, wobei sich der Vertrag um ein weiteres Jahr verlängert, wenn er nicht mit einer Frist von 3 (6) Monaten zum Jahresende schriftlich gekündigt wird. Kündigungsfristen von 12 Monaten oder länger, die in der Praxis durchaus vorgekommen, „überspannen" dagegen den Grundsatz der Vertragskontinuität und sind insbesondere aus der Sicht des Mieters nicht interessengerecht.

4.3.4 Leistungsstörungen

Keine Durchgriffshaftung

Die dargestellten vertraglichen Verhältnisse sind zwar wirtschaftlich aufeinander bezogen, aber juristisch nicht so miteinander verbunden, dass Mängel in dem einen Vertragsverhältnis auf das andere Vertragsverhältnis „durchschlagen". Es findet im Grundsatz also keine Durchgriffshaftung etwa des Vermieters gegenüber dem Mieter statt, wenn das Betreuungsunternehmen schlecht leistet, z. B. weil bei der Inanspruchnahme des Notrufsystems eine medizinisch falsche Erstdiagnose gestellt wird und der Betreute dadurch stirbt oder in seiner Gesundheit nachhaltig beeinträchtigt wird.

Haftungsausschluss

Rein vorsorglich und klarstellend kann sich jedoch in dem Mietvertrag eine Haftungsausschlussregelung zugunsten des Vermieters für Schlechtleistung des Betreuungsunternehmens empfehlen. Das ist jedoch nur möglich, wenn sich das Wohnungsunternehmen nicht des Betreuungsunternehmens als eines Erfüllungsgehilfen im Sinne von § 278 BGB bedient. In diesen Fällen ist eine Haftung des Vermieters gegenüber dem Mieter/Betreuten aus §§ 823, 831 BGB für Verschulden bei der Auswahl oder Überwachung des Betreuungsunternehmens eher zweifelhaft, weil das Wohnungsunternehmen in der Regel auf das Betreuungsunternehmen nicht wie auf einen Verrichtungsgehilfen Einfluss ausüben kann.

Der Mieter/Betreute kann im Fall der Schlechtleistung des Betreuungsunternehmens die Zahlung für vereinbarte Leistungen mindern, sofern ein solches Minderungsrecht vertraglich vereinbart ist. Bei zeitweiliger Nichtleistung trotz Annahmebereitschaft des Mieters kann vereinbart werden, dass die Zahlungspflicht für diesen Zeitraum ganz wegfällt, ohne dass der Mieter sogleich den Betreuungsvertrag kündigen muss. Zahlt der Betreute nicht oder nicht fristgemäß, kann ein Zurückbehaltungsrecht des Betreuungsunternehmens nicht ohne weiteres geltend gemacht werden, vielmehr bedarf es insoweit einer die beiderseitigen Interessen angemessen berücksichtigenden Vertragsgestaltung. Das Recht des Betreuungsunternehmens zur außerordentlichen fristlosen Kündigung des Betreuungsvertrags (z. B. bei Säumigkeit des Betreuten mit zwei Monatsraten) bleibt dagegen unberührt.

Die mietrechtlichen Gewährleistungsbestimmungen werden durch den vorliegenden „Betreuungszusammenhang" nicht wesentlich tangiert. Wenn sich der Vermieter allerdings dazu verpflichtet, bestimmte Grunddienstleistungen anzubieten oder durch Dritte anbieten zu lassen, ohne dass ein solches Angebot durch den Mieter tatsächlich abrufbar ist, kann der Mieter gegen den Vermieter Minderungs- und/oder Schadensersatzansprüche gem. §§ 536, 536 a BGB geltend machen.

Schadensersatzansprüche

C Experten nehmen Stellung
Gewerbeimmobilien: Erfahrungen und Empfehlungen

Einführung zu Teil C

Versucht man die Professionalität der Immobilienwirtschaft zu Beginn der 80er Jahre des letzten Jahrhunderts mit der Gegenwart zu vergleichen, so lassen sich ganz gravierende Unterschiede feststellen.

So war es damals bereits üblich, dass an nahezu jeder zweiten Universität/Hochschule im angloamerikanischen Raum „Real Estate" als Lehrangebot offeriert wurde. Die angehenden deutschen Immobilien-Manager mussten demgegenüber auf eine entsprechende Hochschulausbildung bis zum Jahr 1985 warten. Die Zahl der seither etablierten Hochschulinstitutionen und Lehrstühle erlaubt den künftigen Entscheidungsträgern der Immobilienwirtschaft heute eine solide akademische Ausbildung. Entsprechendes gilt für die Fortbildung im Rahmen diverser Post-graduate-Studiengänge mit dem Abschluss eines Master of Science (Real Estate) oder eines Master of Business Administration (MBA). Art und Umfang nicht-universitärer Aus- und Fortbildungsveranstaltungen, angeboten von diversen in- und ausländischen Kongress- und Seminarveranstaltern, haben mittlerweile eine inflationäre Größenordnung erreicht.

Der Immobilien-Manager musste früher versuchen, bestehende Defizite durch autodidaktische Aktivitäten zu reduzieren. Üblicherweise nutzt man hierzu insbesondere fachspezifische Publikationen. Abgesehen von einigen englischsprachigen Büchern, gelegentlichen Artikeln über Immobilienentwicklungen in deutschen Tageszeitungen und den Verbandsnachrichten zweier Maklerverbände existierten nur wenige weitere Informationsquellen. Heute steht der Entscheidungsträger eher vor der „Qual der Wahl". Handbücher über generelle Entwicklungen wie auch über Spezialthemen, Immobilien-Lexika, wissenschaftliche Reihen veröffentlichter Dissertationen zu diversen, z. T. hochspezialisierten Themen, regelmäßig erscheinende Immobilienseiten deutscher Tageszeitungen, spezialisierte Immobilien-Informationsdienste und -Zeitungen sind nur einige Beispiele für das aktuelle breite Spektrum, das Informationen über die neuesten funktionalen und institutionalen Entwicklungen liefert.

Diese deutlich verbesserte Situation wie auch Immobilien-Stammtische, Expertengespräche und die folgenden Kurzbeiträge von 16 Immobilien-Experten, die über eine mindestens 25-jährige berufliche Erfahrung in verantwortlicher Position verfügen, sind keine Garantie für in Zukunft stets richtige Entscheidungen, aber sicherlich ein Beitrag, bei künftigen zu realisierenden Projekten positive wie auch negative Erfahrungen der Vergangenheit zu berücksichtigen. So nehmen die Autoren insbesondere zur künftigen Marktentwicklung, zum veränderten Anforderungsprofil der Projektentwicklung von Gewerbeimmobilien, zum Strukturwandel in der städtebaulichen Entwicklung sowie zur spezifischen Risikostruktur von Gewerbeimmobilien konstruktiv-kritisch Stellung und sprechen hierzu auch ihre Empfehlungen aus.

Prof. Dr. Bernd Falk,
HonRICS, Inhaber des Institut für Gewerbezentren (IfG), Starnberg

I   Zur Marktentwicklung

1   Professionalisierung der Immobilienwirtschaft

Jens Friedemann, verantwortlicher Redakteur für
den Immobilienteil der Frankfurter Allgemeinen Zeitung,
Frankfurt am Main

Es ist sicher ungewöhnlich, in einem Handbuch einen Beitrag zu verfassen, der die Entwicklung des Immobilienmarktes der vergangenen Jahre aus einer ganz persönlichen beruflichen Sicht schildert. Ich glaube aber, dass diese subjektive Sichtweise deutlich macht, dass der deutsche Immobilienmarkt eine fundamentale Veränderung durchlaufen hat, die an ein kleines Wunder erinnert.

Fehlende Markttransparenz

Als ich 1980 – also vor nunmehr 25 Jahren – in die Wirtschaftsredaktion der Frankfurter Allgemeinen Zeitung eintrat, wurde ich gefragt, ob ich nicht Lust hätte, jede Woche eine Immobilienseite zu schreiben. Damals musste ich ablehnen. Es gab keine Transparenz, keine Städteberichte, keine Bedarfsanalysen. Es bestand nicht eine einzige Ausbildungsstätte für die Immobilienwirtschaft und nicht ein einziges Forschungsinstitut, das sich kontinuierlich und professionell mit immobilienwirtschaftlichen Themen auseinander setzte. Und es gab im Fachhandel nicht ein einziges Buch über Gewerbeimmobilien. Es gab nur ein Fachbuch von Professor Dr. Bernd Falk. Doch das war nicht im Handel greifbar. Er verteilte es auf seinen Center-Tagungen in München, den ersten großen Kommunikations- und Weiterbildungsveranstaltungen der deutschen Gewerbeimmobilien-Branche.

Unser wirtschaftswissenschaftliches Instrumentarium rankte sich traditionell um moderne Strategien für Arbeit und Kapital. Aber der Faktor „Boden" spielte für Fragen der Wettbewerbsfähigkeit und der Markterfolge der Wirtschaft eine untergeordnete Rolle.

Marktentwicklung

Heute gibt es die Immobilienseite in der FAZ und nicht nur sie: Mittlerweile gibt es in Deutschland eine wahre Flut exzellenter Immobilienberichterstattungen in Tages- und Wochenzeitungen, Fachzeitschriften, Verbandsmitteilungen, Informationsdiensten, Internetseiten. Das, was uns die Konsumgüterindustrie schon vor Jahren bescherte, hat nun auch die Immobilienmärkte erfasst: der Weg von der Produktions- in die Absatzwirtschaft mit einer Flut unterschiedlicher Produkte und Produktionsverfahren für differenzierte Märkte und Kundengruppen.

Diese Marktsegmentierung wird begleitet von einer neuen Dienstleistungsbranche mit Beratung, Marketing, Research und Datenbanken zur Leistungsmessung (neudeutsch: „Benchmarking") und einer Vielzahl wissenschaftlicher Publikationen. Selbst den Bildungseinrichtungen erschließen sich neue Betätigungsfelder mit der Immobilienökonomie. 1990 gab es nicht eine einzige Ausbildungsstätte, heute gibt es zwei Dutzend Immobilienakademien und die ersten Lehrstühle an wissenschaftlichen Hochschulen.

Eine ähnliche Professionalisierung erleben wir in der Vermögensdisposition: Die Erkenntnisse aus den Laboratorien der Wertpapierspezialisten werden nun auch für Immobilienanlagen genutzt, mit Asset- und Portfoliomanagementsystemen, mit Diversifizierungsstrategien, Gestaltung von Vermögensübertragungen, Verbriefung von Rechten und dem Handel damit. Aus der privaten Vermögensanlage wird privates Anlagevermögen. Durch systematische Erfassung, Steuerung und Kontrolle von Beständen wird es möglich, Risiken besser zu identifizieren und Ertragspotenziale optimaler zu nutzen.

Heute stehen wir – vor allem durch die neuen Immobilienaktien nach amerikanischem Vorbild – sogar an der Schwelle zur Globalisierung der Immobilienanlagemärkte, ähnlich wie in den 80er Jahren die Wertpapier- und Finanzmärkte. Welche Kräfte und Herausforderungen, aber auch Risiken damit verbunden sind, werden wir vermutlich in den kommenden Jahren erleben. Denn seit der Mangel an modernen Gebäuden überwunden ist, seit die Inflationsschübe der Vergangenheit angehören und die Steuervorteile für Immobilieneigentum gestrichen werden, befinden sich die Immobilienmärkte im

Übergang vom staatlichen Substanzdenken zur dynamischen Ertragswertorientierung, mit der Folge, dass sich Ertragsschwankungen unmittelbar in Wertschwankungen verwandeln und vom automatischen und ständigen Wertzuwachs der Immobilie nur ein Mythos übrig bleibt. Das macht die Märkte anfälliger für Konjunkturschwankungen, aber auch anspruchsvoller und dynamischer.

Gute Perspektiven gibt es auch für Industrieunternehmen: Auf der Suche nach Kosteneinsparungen und neuen Ertragsquellen beginnen sie, ihre eigenen betrieblichen Immobilien zu entdecken, in vielen Unternehmen der größte Posten auf der Aktivseite der Bilanz. Sie binden viel Kapital, bringen aber wenig Ertrag im Vergleich zu den eigentlichen Aktivitäten des Unternehmens. So verwundert es nicht, dass Immobilien aus den Bilanzen herausgenommen werden, um das gebundene Kapital ertragreicher zu nutzen. Es werden Flächen eingespart, nicht Notwendiges wird abgestoßen oder ertragreicher genutzt. Betriebliche Immobilien werden sogar in eigenständige Betriebsformen eingebracht – mit professionellem Management, um Dispositionsfreiheit zu gewinnen. Allein die 30 Dax-Unternehmen weisen in ihren Büchern betriebliche Immobilienbestände von mehr als 100 Mrd. Euro aus, 20–30 % davon Investmentvermögen. Das verdeutlicht die Dimensionen.

Selbst Wirtschaftsprüfungsgesellschaften, Unternehmensberatungen, Investmentbanken drängen seit Mitte der 90er Jahre mit großem Engagement in die einst so verpönte Immobilienbranche.

Ursachen für den Wandel auf den Immobilienmärkten sind auch die politischen Weichenstellungen: Eine der jüngsten erfolgte Anfang der 80er Jahre mit der Tendenz für mehr Markt und weniger Staat. Sie prägt unsere Märkte noch heute. Damals hatten westliche Staatsoberhäupter – zunächst Ronald Reagan in Washington, dann Margret Thatcher in London, Helmut Kohl in Bonn und Felipe Gonzáles in Madrid – als Reaktion auf die schweren Öl- und Konjunkturkrisen der 70er Jahre beschlossen:

- die Binnenmärkte zu deregulieren,
- die staatlichen Monopolbetriebe, wie Bahn, Post, Telekom, zu privatisieren und
- den internationalen Handel zu liberalisieren.

Dann folgten Ende der 80er Jahre die vier Freiheiten für einen Europäischen Binnenmarkt mit dem freien Verkehr von Personen, Waren, Dienstleistungen und Kapital. Seither wird nicht nur exportiert, sondern mehr denn je über Grenzen hinweg investiert. Man brauchte Standortgutachten, Grundstücksbewertungen und Expertisen. Der Abbau nationaler Regulierungen und die Öffnung der Märkte nach der politischen Wende beschleunigten mit Hilfe der neuen Kommunikationssysteme die Tendenz, Produktionen dorthin zu verlagern, wo sie günstiger sind, also aus den Städten hinaus in das Umland oder auch ins Ausland. In unseren Städten bleiben seither Brachflächen zurück, ausrangierte Produktionsanlagen und verwaiste Lagerhallen. Aber auch Güterbahnhöfe und Hafenanlagen veröden. Als Umschlagplätze für Rohstoffe werden sie überflüssig, wenn die Produktionen abwandern, und sie lassen Skelette einer alten Industriegesellschaft zurück, als schweres Erbe, aber auch als Herausforderung für die Städteplaner.

Zugleich musste die Immobilienwirtschaft – vor allem Makler- und Beratungsgesellschaften – ihren Kunden folgen und überregional und zum Teil auch international tätig werden, um sie nicht an die Konkurrenz zu verlieren. Das war die Geburtsstunde der internationalen Immobilienmärkte. Sie ist gerade Mal ein Jahrzehnt her.

Dieser Wandel stellte zwangsläufig auch die Finanzierung von Immobilieninvestitionen vor Herausforderungen. Sie wurde sensibler für die Beleihung und Besicherung. Wir können schon heute erste Konturen des Kapitalmarktes in der professionellen Immobilienlandschaft erkennen. Basel II enthält das Instrumentarium für den professionellen Umgang mit Risiken. Die Bilanzierung nach internationalen Standards für börsennotierte und kapitalmarktnahe Gesellschaften in Europa tut ein Übriges. Das wird vermutlich auf all jene Immobilienunternehmen abfärben, die mit internationaler Kundschaft zu tun haben.

Städtebaupolitik

In diesem Zusammenhang beginnt ein neues Kapital in der Städtebaupolitik. Die Probleme und Lösungsansätze beginnen sich von der bundespolitischen Ebene auf die Länder und die Städte und Kommunen zu verlagern:

- Sie müssen sich etwas einfallen lassen, um wettbewerbsfähig zu bleiben.
- Sie müssen Kapital und Investitionen anlocken.
- Sie müssen mit modernen Verkehrsmitteln und Lebensräumen der besten Art locken: Ideen, Visionen, Perspektiven für kaufkräftige Haushalte.
- Ihnen müssen Angebote gemacht werden. Kaufkräftige Menschen sind das Wertvollste, was eine Stadt besitzt: je mehr Einwohner, desto mehr Steuereinnahmen. Diese bleiben oder kommen nur, wenn eine Auswahl an attraktiven Arbeitsplätzen vorhanden ist und ein vielfältiges Angebot an Wohnimmobilien.

Dabei sind unsere Städte keineswegs ohnmächtig. Oft können sie sich auf eine Vielfalt politisch motivierter und talentierter Gruppen stützen und deren schöpferische Kräfte nutzen. Wenn hier auch noch das richtige Investitionsklima herrscht, können diese Orte wie Gravitationszentren für Innovationen, Wachstum und moderne Arbeitsplätze wirken, denn der öffentlichen Armut steht privater Reichtum gegenüber. Viele Bürger sind bereit zu helfen, über kommunale Beteiligungsfonds und Bürgerstiftungen. Auch viele Unternehmer warten nur auf ihre Chance, ihr Kapital, ihr Know-how und ihre Personalkapazitäten zum eigenen, aber auch zum Wohle der Stadt einzusetzen. Solche Möglichkeiten werden in nennenswertem Umfang vermutlich erst genutzt, wenn der Leidensdruck der öffentlichen Hand zunimmt.

Bevölkerungsentwicklung

Über allem hängt das Damoklesschwert der Bevölkerungsentwicklung. Unsere Statistiker gehen davon aus, dass sich die deutsche Bevölkerung in den kommenden 50 Jahren erheblich verringern wird. Das Gegenteil zeigt ein Blick nach Amerika: Dort kommen Jahr für Jahr durch Zuwanderung und Geburtenüberschuss drei bis vier Millionen Menschen hinzu. Das entspricht einer Stadt, die größer ist als Berlin, die für diese Menschen jedes Jahr neu gebaut werden müsste. In zehn Jahren wären es sämtliche europäischen Metropolen zusammen. Die vielen Menschen brauchen Nahrung, Kleidung, Bildung und Behausung.

In Deutschland dagegen stagniert die Bevölkerung. Schon die Wanderungsbewegungen – vor allem in den 90er Jahren von Ost nach West und von den Städten ins Umland – haben zu schweren Verwerfungen geführt, mit Bildern von leeren Kindergärten, leeren Diskos, leeren Schulen und Wohnungen in der einen Stadt und überfüllten in der anderen. Unter den Städten und Regionen gibt es Gewinner und Verlierer. Verlierer sind die alten Industriestandorte in Ost und West, in die niemand mehr gern investiert und aus denen die Menschen abwandern, wenn sie irgendwo anders einen Arbeitsplatz in Aussicht haben. Gewinner sind große und kleine Dienstleistungszentren mit hohem Lebensstandard und bester Infrastruktur an den Knotenpunkten der Verkehrs- und Kommunikationsadern, dort, wo Arbeitsplätze entstehen, die Orte strategischer Kompetenzen.

Zukunft

Müssen wir zum Schluss einen Trauergesang auf den Standort Deutschland anstimmen? Ich glaube, das ist nicht erforderlich. Deutschland ist in seiner jüngeren Geschichte mit viel Schlimmerem fertig geworden. Heute mangelt es nicht an Professionalität in unserer Immobilienwirtschaft und auch nicht an Ideen, Risikobereitschaft, Kapital und Talenten, dem wichtigsten Rohstoff für den Aufschwung. Alles, was wir brauchten, wäre eine neue Weichenstellung in Wirtschaft und Politik und etwas mehr Mut, neue Wege zu gehen.

2 Der deutsche Immobilienmarkt besteht die Reifeprüfung

Dr. John F. W. Morgan FRICS, Chairman der deutschen Tochtergesellschaft von Cushman & Wakefield Healey & Baker (im Ruhestand)

Am Ende eines mehr als 30-jährigen Berufslebens möchte ich für jüngere Immobilienprofis darstellen, wie ich in dieser Zeit die Veränderungen des deutschen Immobilienmarktes erlebt habe.

Im Jahr 1969 hatte ich das erste Mal mit gewerblichen Immobilien in Deutschland zu tun. Der Markt selbst war in sehr guter Verfassung: Es gab kaum Leerstände und die Preise stiegen. Aber die Marktteilnehmer zeigten wenig Professionalität. Heute ist die Situation umgekehrt: Der Markt ist in schlechter Verfassung, aber die Professionalität der Marktteilnehmer hat ein hohes Niveau, was allerdings nicht bedeutet, dass es keinen Raum für Verbesserungen gäbe!

1969 war ich von England in die Schweiz umgezogen, um in Zürich eine leitende Stelle in der Immobilienabteilung der europäischen Zentrale des US-Konzerns Litton Industries anzutreten Meine Hauptaufgabe war die Betreuung des europäischen Grundbesitzes des Unternehmens. Triumph Adler war zu dieser Zeit eine unserer größten Tochtergesellschaften in Deutschland. Man spielte mit dem Gedanken, das Werk in Frankfurt am Main zu schließen und die Immobilie zu veräußern. Meine Aufgabe war es, den Verkaufswert der Immobilie festzustellen und möglichst alternative und wertvollere Nutzungen für das Grundstück zu finden, z. B. eine Bebauung mit Büros oder Einzelhandelsflächen.

Heute würde man für diese Aufgabe eine „Beauty Parade" mit den größeren internationalen Maklern und Immobilienberatern durchführen, den besten Bewerber aussuchen und einen entsprechenden Auftrag erteilen. Damals gab es keine solchen Firmen in Frankfurt und wir konnten in ganz Deutschland keinen Berater finden, der in der Lage war einen solchen Auftrag professionell auszuführen. Es blieb uns daher nichts anderes übrig als die Untersuchung selbst vorzunehmen

Markttransparenz

Nach drei Jahren in Zürich kam ich 1972 als Geschäftsführer der neu gegründeten deutschen Tochtergesellschaft einer britischen Projektentwicklungsgesellschaft, die vorwiegend Lagerhallen (neudeutsch: „Logistik-Center") zu Vermietungszwecken baute, nach Frankfurt am Main. Makler und Banken drängten uns nach kurzer Zeit, nicht nur Lagerhallen, sondern auch Bürohäuser für Frankfurt zu entwickeln. Ziemlich schnell stellten wir fest, dass sich die Situation auf dem Immobilienmarkt seit 1969 nicht verbessert hatte. Es gab so gut wie keine Markttransparenz. Büromarktdaten, wie Bestand, Leerstände, Vermietungsleistungen usw., standen nicht zur Verfügung. Überall in Frankfurt waren zwar neue, spekulative Bürogebäude im Bau, aber es gab kaum Leerstände und die Mieten stiegen ständig.

Da seit dem Ende des Zweiten Weltkrieges die Immobilienwerte fast überall in Westeuropa stetig gestiegen sind, kannte ich keine Immobilienrezessionen und ging wie viele andere davon aus, dass Immobilienpreise über längere Zeiträume nur steigen konnten. Dies schien ein Naturgesetz zu sein, denn: Land ist von der Menge her begrenzt; gesetzliche Beschränkungen setzten der Bebauung von Grundstücken Grenzen, doch die Nachfrage nach Immobilien war hoch, da die Bevölkerung damals noch stark wuchs.

Trotz dieses Hintergrundes hielten wir die rege Bautätigkeit in Frankfurt für bedenklich und entschieden uns, so lange keine Grundstücke zu kaufen, bis wir uns ein klares Bild über den Markt verschafft hätten. Wir beauftragten die Genfer Niederlassung einer amerikanischen Immobilienberatungsfirma, eine Marktuntersuchung durchzuführen. Deren Ergebnisse waren niederschmetternd: Die gute Verfassung des Marktes der letzten Jahre und die niedrigen Leerstände hatten zu einer Überproduktion von Büroflächen geführt – wir befanden uns in einem typischen „Schweinezyklus". Innerhalb von zwei Jahren – so war die Schätzung – würden mindestens 300.000 m² Büroflächen in Frankfurt leer stehen, bei dem damaligen Bestand von ca. 6 Mio. m². Da mehr als die Hälfte des Bestandes damals von Eigennutzern belegt war, bedeutete dies, bezogen auf vermietete Flächen, eine Leerstandsrate von über 10 %. Für mich und meine Kollegen war klar, dass die Mieten in Frankfurt – entgegen der bisherigen Entwicklung – bald drastisch fallen würden.

Unsere Berater und wir konnten zu diesem Zeitpunkt noch nicht wissen, dass ein Krieg zwischen Israel und den arabischen Nachbarn in den letzten Monaten des Jahres 1973 eine Ölpreiserhöhung von 400 % und damit eine schwere Wirtschaftsrezession auslösen würde. Bis Ende 1974 war der Büroleerstand in Frankfurt mit mehr als 500.000 m² bereits deutlich höher als unser Berater geschätzt hatte und die Mieten gingen innerhalb von 18 Monaten um 30–40 % zurück. Der Markt brauchte gut fünf Jahre, um sich davon einigermaßen zu erholen.

Der Krieg im mittleren Osten und seine Auswirkungen waren nicht vorauszusehen, aber auch ohne Krieg und Ölkrise wäre es wegen der Überproduktion an Flächen zu einem abrupten Abschwung am Frankfurter Büromarkt gekommen. Auch eine höhere Transparenz im Immobilienmarkt hätte dies nicht verhindern können, wie sich später herausstellte. So kam es 1994 und 2002 trotz erheblich besserer Markttransparenz zu weiteren abrupten Einbrüchen an den deutschen Büromärkten. Wenngleich die Konjunktureinbrüche, die diesen Entwicklungen vorausgingen, nicht unbedingt vorhersehbar waren, war es die Überproduktion an Büroflächen schon. Unverständlich ist, dass trotzdem fleißig weiter gebaut wurde. Längere Entwicklungszeiträume für größere Bürogebäude sind dafür kein Argument.

Als ich später als Immobilienmakler und -berater tätig war, haben meine Firmen die wichtigsten Marktdaten gesammelt und Marktberichte für die Kunden verfasst. Im Oktober 1987 habe ich erstmals beim Ersten Gewerbeimmobilien Meeting von Prof. Dr. Bernd Falk in München einen umfassenden Marktbericht über die wichtigsten Büromärkte Deutschlands, einschließlich der Prognosen für die folgenden drei Jahre, öffentlich präsentiert. Dies war eine solche Neuigkeit, dass sich bei mir anschließend die Anfragen häuften. Der Vortrag wurde am 10. Dezember 1987 in der Wirtschaftszeitung „Blick durch die Wirtschaft" fast in voller Länge abgedruckt und erregte auch im Deutschen Bundestag Aufmerksamkeit.

Aus heutiger Sicht war dieser Vortrag jedoch recht einfach und rudimentär. Bald danach begannen alle größeren Maklerfirmen, regelmäßig Marktberichte zu veröffentlichen. Diese sind ständig besser und ausführlicher geworden und stellen meinen ersten Versuch in den Schatten. Diese Berichte werden von Marktteilnehmern zwar gelegentlich kritisiert, weil zu viel Gewicht auf die Höchstmieten gelegt wird oder es Diskrepanzen bei den Vermietungsleistungen gibt, dennoch sind sie sehr wichtig, um Markttendenzen zu erkennen und zu interpretieren.

Zu Beginn der 70er Jahre gab es noch keine Immobilienpresse in Deutschland. Als wir 1975 eine Presseerklärung über den Baubeginn eines großen Lagerhallenprojektes in Dietzenbach bei Frankfurt herausgaben, nahm fast keine Zeitung Kenntnis davon. Einzig die Frankfurter Ausgabe der Bild-Zeitung brachte einen Bericht darüber, mit der Schlagzeile: „Ölscheichs bauen auf der grünen Wiese bei Frankfurt" – unser Joint-Venture-Partner war nämlich die Banque Arabe aus Paris. Und als wir 1976 eine Presseinformation über die Vermietung eines Büroneubaus in der Frankfurter Innenstadt herausgaben, veröffentlichte lediglich die Frankfurter Allgemeine Zeitung einen kleinen Bericht. Darin wurde konstatiert, die Vermietung eines Bürohauses in Frankfurt komme wegen der schlechten Marktlage so selten vor, dass sich eine Maklerfirma dazu berufen gefühlt habe, eine Pressemitteilung herauszugeben. Daraufhin haben sich die Mieter bei uns beschwert: „Vermietungen sind Privatsache und dürfen nicht veröffentlicht werden". Für einige Zeit gaben wir den Versuch auf, die Presse für Immobilien zu interessieren.

Glücklicherweise gibt es heute einige Immobilienzeitschriften. Außerdem hat fast jede Tageszeitung eine Immobilienredaktion, sodass eine Menge Informationen aus dem Immobilienmarkt veröffentlicht werden.

Mit der Gründung der Gesellschaft für immobilienwirtschaftliche Forschung e. V. (gif) im Jahr 1993 erfolgte ein weiterer großer Schritt, mehr Transparenz in den Markt zu bringen und auch die Immobilienforschung in Deutschland generell voranzutreiben. Die gif verfügt heute über mehr als 600 Mitglieder, was für den hohen Stellenwert spricht, den die Immobilienforschung mittlerweile in Deutschland hat.

Vermarktung

Ich komme noch einmal zurück auf die Situation am deutschen Immobilienmarkt 1972, dessen mangelnde Professionalität ich schon erwähnt habe. Damals war ich nicht nur von der fehlenden Markttransparenz enttäuscht, sondern auch von der schlechten Vermarktung der Immobilien, der schlechten Qualität der Wertgutachten, den schlechten Ausbildungsmöglichkeiten und der kaum vorhandenen Fachliteratur.

Anfang der 70er Jahre herrschte in Deutschland die Meinung, dass sich gute Objekte von selbst vermieten. Aus diesem Grunde haben Investoren oft keine Vermietungsschilder angebracht und es auch den Maklern nicht erlaubt, diese anzubringen. Mit Vermietungsbroschüren, Musterbüros, gezielten PR-Maßnahmen usw. verhielt es sich ähnlich. Man wollte den Eindruck vermeiden, eine Immobilie sei schwer zu vermieten. Erst die Aktivitäten ausländischer Investoren, Projektentwickler und Makler in den 70er und 80er Jahren haben diese Einstellung verändert.

Als ich zwischen 1972 und 1975 als Projektentwickler tätig war, habe ich alle möglichen Vermarktungsmaßnahmen eingesetzt, um unsere Projekte zu den besten Konditionen zu vermieten. Da wir aber hauptsächlich Lagerhallen bauten, konnten wir die Aufmerksamkeit des Marktes nicht so erwecken, wie es bei der Vermarktung von innerstädtischen Bürohäusern der Fall gewesen wäre. Während meiner späteren Tätigkeit als Makler und Berater wollten die Kunden oft beim Kostenpunkt „Vermarktung" sparen, obwohl sie uns gelegentlich erlaubten, auf ihre Kosten Broschüren zu produzieren, attraktive Musterbüros einzurichten und den einen oder anderen „Event" zu veranstalten. Erst zwischen 1988 und 1990, mit der Vermarktung des Westend Carrées in Frankfurt, durften wir im Auftrag von Rodamco/Shaftesbury alle Vermarktungsregister ziehen.

Das Projekt und unsere Vermarktungsideen wurden damals weit über die Grenzen von Frankfurt bekannt. Die Tatsache, dass wir beim Richtfest den damaligen Bundesbankpräsidenten für eine Rede über den Bankplatz Frankfurt gewinnen konnten, hat in der Immobilienbranche für Aufsehen gesorgt. Das Timing für das Projekt war fast ideal. Ohne unsere konsequent durchgeführte ausgeklügelte Vermarktungsstrategie hätten wir die Mieten während der Bauzeit wahrscheinlich nicht um 100 % steigern können.

Zwischenzeitlich sind die Vermarktungsideen, die wir für das Westend Carrée hatten, in die Jahre gekommen. Doch das Immobilien-Marketing hat sich zu einer eigenen Fachdisziplin entwickelt, sodass die Vermarktung von Großobjekten in Deutschland heute meist sehr professionell durchgeführt wird.

Sachverständige/Wertgutachten

Erst 1989 habe ich es während einer Tagung der Zeitschrift „Der Langfristige Kredit" erstmals gewagt, deutsche Immobiliensachverständige und ihre damals typisch deutschen Wertgutachten öffentlich zu kritisieren. Ich hatte zwar wenig an den Wertermittlungsmethoden selbst auszusetzen, kritisierte aber, dass viele Sachverständige nicht in der Lage waren, marktbezogene Werte festzustellen. Dies war nicht nur mir, sondern auch vielen anderen Marktteilnehmern seit Jahren ein Dorn im Auge, weil daran immer wieder Geschäfte scheiterten.

Für die von mir vorgeschlagenen Veränderungen, die zu Verbesserungen führen sollten, erntete ich reichlich Kritik – hauptsächlich von den Sachverständigen selbst. Sie sahen in mir den Ausländer, der seine deutschen Kollegen schlecht machte, um ihnen Aufträge abzujagen. Diese Reaktion war zwar verständlich, doch ich wollte mit meinem Vortrag aufzeigen, dass zu diesem Zeitpunkt die meisten Immobiliensachverständigen in Großbritannien besser ausgebildet waren als in Deutschland und dass sie über bessere Marktkenntnisse verfügten als ihre deutschen Kollegen. Allerdings habe ich in vielen Vorträgen und Beiträgen dieser Zeit betont, dass auch in Großbritannien nicht alles zum Besten gestellt sei und es dort auch schwarze Schafe gebe. Trotzdem war ich bald für viele deutsche Sachverständige der Feind Nummer eins.

Mit der zunehmenden Professionalisierung und Internationalisierung des deutschen Immobilienmarktes hat sich viel Positives im Sachverständigenwesen getan, um die damaligen Missstände zu beseitigen. Dennoch, wie die jüngste Krise bei den offenen Immobilienfonds eindrucksvoll dokumentiert, gibt es noch einiges zu verbessern.

Ausbildung

Meine Kritik an der schlechten Ausbildung im Immobilienbereich im Vergleich zu Großbritannien bezog sich auch auf die Tatsache, dass es in Deutschland keinen Hochschulabschluss für Immobilienökonomie gab. 1990 habe ich mich deshalb sehr gefreut, dass die European Business School beschloss, eine Immobilienakademie zu gründen und ein Diplom in Immobilienökonomie zu verleihen. Ich bin stolz darauf, dass ich Prof. Dr. Karl-Werner Schulte damals helfen konnte, die Akkreditierung dieses Abschlusses durch die Royal Institution of Chartered Surveyors (RICS) zu erlangen, wodurch es fortan für Deutsche möglich war, die Qualifikation „Chartered Surveyor" in Deutschland zu erlangen, und zwar sowohl mit Vorlesungen als auch mit der Abschlussprüfung durch die RICS in der Muttersprache.

1993 wurde unter meiner Federführung und meinem Vorsitz der Deutsche Verband Chartered Surveyors (jetzt: RICS Deutschland) gegründet. Eine Priorität des Verbandes bestand darin, weitere Hochschulen in Deutschland zu motivieren, Immobilienökonomie als Studiengang einzuführen, um dadurch die Anzahl der deutschen Chartered Surveyors stetig zu erhöhen. Heute hat RICS Deutschland ca. 1.000 Mitglieder und es gibt nicht weniger als 16 deutsche Hochschulkurse, die durch RICS akkreditiert wurden.

Außerdem gibt es einige Ehemaligenvereinigungen, die helfen, die Professionalität des deutschen Immobilienmarktes voranzutreiben. Allein die immo-ebs e. V. (Ehemaligenvereinigung der Absolventen der Post-Graduate-Studiengänge zur Immobilienökonomie an der European Business School) hat heute über 1.400 Mitglieder.

Ich habe mich bei meiner Arbeit im Education Committee des RICS immer wieder gefreut zu hören, dass die Qualität der deutschen Studenten im Bereich der Immobilienökonomie um einiges besser ist als in Großbritannien. Offensichtlich braucht die nachwachsende Generation von Immobilienprofis in Deutschland den Vergleich mit ihren Kollegen in Großbritannien nicht zu scheuen.

Allgemeine Professionalität

Auf die sich ständig erhöhende Professionalität am deutschen Immobilienmarkt hatten die Aktivitäten der ausländischen Investoren, Projektentwickler und Maklerfirmen einen positiven direkten und indirekten Einfluss: Einen direkten durch die eigenen Aktivitäten, einen indirekten, indem die deutschen Teilnehmer sich anpassen mussten, um trotz ausländischer Konkurrenz erfolgreich zu bleiben.

Später kamen die Impulse eher aus Deutschland, z. B. durch die Berufsverbände, die Hochschulen, die immo-ebs, die gif und auch durch eine gute Auswahl an Fachliteratur.

Nur eines ist am deutschen Immobilienmarkt so ärgerlich wie vor 30 Jahren: das deutsche Maklerrecht, insbesondere die Nachweistätigkeit von Maklern. Darüber beklagen sich die meisten ausländischen Investoren und viele deutsche Investoren sehen es ähnlich. Würden mehr Marktteilnehmer die Nachweisangebote nicht berücksichtigen, würden die Makler vielleicht bald aufhören unaufgeforderte und oft unqualifizierte Exposees über den Markt zu schleusen.

Wie schon gesagt, der Markt im Allgemeinen ist heute zwar in einer schlechteren Verfassung als bei meinen ersten Gehversuchen am deutschen Immobilienmarkt, jedoch gibt es jetzt eine gute Markttransparenz und die allgemeine Professionalität kann sich sehen lassen.

Ich fand es immer erstaunlich, wie ich als Engländer in der Immobilienszene in meiner Wahlheimat Deutschland akzeptiert wurde. Vielleicht war immer zu merken, wie gut mir das Leben in Deutschland gefiel, denn meistens wurde meine Kritik richtig verstanden, nämlich als Anregung für Verbesserungen. Wir sind in den letzten 30 Jahren in Deutschland sehr weit gekommen. Ich hoffe, dazu ein paar Impulse gegeben zu haben.

Empfehlungen

John F. Kennedy hat seine Landsleute einmal aufgefordert, nicht zu fragen, was ihr Land für sie tun könnte, sondern zu fragen, was sie für ihr Land tun könnten. Mein Eindruck ist, dass in Deutschland viel zu viele Menschen erwarten, der Staat solle etwas für sie tun und sich viel zu wenige für die Gemeinschaft einsetzen. Dies spiegelt sich auch in der Immobilienwirtschaft wider. Nicht nur das eigene Tagesgeschäft zählt, sondern auch die Beteiligung an Gemeinschaftsaufgaben für die Branche, sei dies in Verbandsarbeit, in Arbeitsgruppen, durch Vorlesungen usw.

Meine Hauptempfehlung an die jüngeren Immobilienprofis ist daher, Kennedys Aufforderung in ihrer Branche umzusetzen. Meine Erfahrung zeigt, dass sich der Einsatz lohnt, nicht unbedingt in finanziellem Sinne, sondern durch Anregungen, durch neue Kontakte und gelegentlich auch durch das befriedigende Gefühl, gemeinsam mit anderen etwas bewegt zu haben.

3 Die Bedeutung von Zyklen für Entscheidungen im Immobilienmanagement

Dr. Knut Riesmeier, Geschäftsführer
Meag Munich Ergo Asset Management GmbH, München

Erst in den letzten Jahren hat sich die Bewertung der Immobilienanlage als eine von mehreren Asset-Klassen durchgesetzt, die zueinander in Konkurrenz stehen, sich aber auch in der Gesamtanlagestrategie ergänzen. Mit dem Übergang von dem früher weit verbreiteten Verhalten des „Buy and Hold", insbesondere bei institutionellen Anlegern, zu einem aktiven Immobilien-Asset-Management kommt auch der Zyklizität der Immobilienmärkte ein erhöhtes Maß an Bedeutung zu.

Schwankungen im Markt

Wohl jedem Marktteilnehmer ist der Begriff „Schweinezyklus" ebenso geläufig wie die „Immobilienuhr". Seitdem Arthur Hanau in seiner 1926 veröffentlichten Studie die Gesetzmäßigkeit der verzögerten Anpassung des Angebotes von Schweinefleisch an den Marktpreis und damit die Auswirkungen des Timelags von Produktentscheidungen über die Fertigung bis zur Lieferungsreife anschaulich beschrieben hat, ist kaum ein anderer Begriff als der „Schweinezyklus" mehr Synonym und Erklärungsmethode für die Schwankungserscheinungen im Markt. Die Marktteilnehmer, die sich regelmäßig mit Immobilieninvestments beschäftigen, sind sich dieser grundsätzlichen Mechanismen mehr als bewusst. Durch das Auf und Ab auf den Immobilienmärkten wird das Immobilienmanagement immer wieder vor große Herausforderungen gestellt.

Trotz des Wissens um die Grundlagen der zyklischen Entwicklung – insbesondere in der Immobilienwirtschaft – ist die Integration dieser Erkenntnisse und ihre adäquate Berücksichtigung bei den Entscheidungsfindungen in den verschiedenen Managementphasen der Immobilienwirtschaft nicht unproblematisch.

Ungeachtet der Fülle an Größen, die den Immobilienzyklus beeinflussen, wie z. B. Durchschnitts- und Spitzenmieten, Leerstands- und Absorptionsraten, Netto-Anfangs- und Durchschnittsrenditen entstehen in der Immobilienwirtschaft immer wieder Situationen, die zu der selbstkritischen Frage zwingen: „Wie konnte das passieren?"

Führen Sie sich als ein Beispiel die Entwicklung des Münchener Büroimmobilienmarktes vor Augen: Ende der 1990er Jahre bis über den Jahrtausendwechsel hinaus boomte die Stadt und damit die Nachfrage nach Büroflächen, insbesondere aus dem Bereich der so genannten New Economy. Es mangelte an verfügbaren Flächen. Neue, große Entwicklungsgebiete wie die Parkstadt Schwabing, bzw. die Messestadt Riem wurden konzipiert und vorangetrieben. Doch als die Realisierungsphase begann, hatte der Markt bereits gedreht. Mittlerweile schiebt der Großraum München einen Leerstandsbestand von nahezu 2 Mio. m² vor sich her. Viele Projekte sind gestoppt oder zurückgestellt, und es wird Jahre dauern, bis dieser Leerstand wieder abgebaut ist.

Plastischer kann die Folge des Entscheidungs- und Konstruktions-Timelags, wie sie typisch für den Schweinezyklus ist, nicht dargestellt werden. Aber haben sich deshalb alle Immobilienmanager falsch verhalten, als sie die Gesamtlage falsch einschätzten?

Man wird wohl akzeptieren müssen, dass es keine absolut zuverlässige Methode zur Bestimmung der aktuellen Position im Immobilienzyklus gibt, weil dieser immer wieder anders verläuft. Plötzliche Schocks in den Märkten sind kaum prognostizierbar. So wurde z. B. der eklatante Einbruch der New Economy vielfach ebenso wenig in seiner Intensität vorhergesehen, wie das Ereignis am 11. September 2001 in seinen drastischen Auswirkungen kalkulierbar war.

Das zeigt, dass sich trotz der Untermauerung von Investitionsentscheidungen durch Markt-Research, Prognosemodelle und andere wissenschaftliche Ansätze und trotz der Einbringung aller Erfahrungen aus langjährigem Immobilienmanagement die Marktentwicklungen letztlich anders darstellen können, als dies zu erwarten war.

Flexibilität

Hier bedarf es der Flexibilität, schnell zu reagieren und sich auf Marktveränderungen einzustellen. In dieser Situation muss sorgfältig abgewogen werden, ob es sich bei erkennbaren Marktsituationen um kurzfristige Ausschläge oder längerfristige Trends handelt. Auch hier bedarf es des Zusammenspiels von wissenschaftlichen Analysemethoden und Erfahrungswerten, um zu entscheiden, ob ein gewisses Zuwarten angezeigt und vertretbar ist oder ob es eines schnellen Cuts bedarf. Ein zu langes Festhalten an in der Vergangenheit unter anderen Vorzeichen getroffenen Entscheidungen führt möglicherweise zu katastrophalen Folgeschäden. Laufen die Vorhaltekosten, z. B. für bereits erworbene Grundstücke, zu lange auf, ist die Erwartung, diese über einen positiven Exit wieder aufholen zu können, oft völlig unrealistisch. In Extremfällen kann es notwendig werden, von bereits abschlussreif verhandelten Vereinbarungen noch im letzten Moment Abstand zu nehmen.

Führt man sich die vier Phasen des Immobilienzyklus, nämlich Marktbereinigung, Marktstabilisierung, Projektentwicklung und letztlich Überbauung, vor Augen, so wird deutlich, dass – insbesondere im Immobiliensektor – neben allen theoretischen Lehren und methodischen Möglichkeiten, Erkenntnisse über die Zyklusentwicklungen in die Marktbeobachtung und das Research zu integrieren, die subjektive Einschätzung und das Fingerspitzengefühl für den richtigen Zeitpunkt die theoretischen Modelle ergänzen.

Unbestreitbar ist, dass jede Investitions- oder Projektentwicklungsentscheidung soweit wie möglich durch wissenschaftliche und mathematische Modelle, durch Prognosen und Zyklusbetrachtungen abgesichert werden sollte. Man muss sich aber zugleich vor der Gefahr schützen, hierbei quasi automatisch in einem klassisch prozyklischen Verhaltensmuster zu landen.

Natürlich darf auch der Blick auf die anderen Marktteilnehmer nicht fehlen. Stets werden bestimmte Trends und Nachfragen am Markt die Entscheidungen mit beeinflussen. Ein Blick auf die letzten Jahre zeigt aber auch, dass z. B. viele institutionelle Anleger ein ähnliches Verhaltensmuster an den Tag gelegt haben: Die Investitionen konzentrierten sich auf Büro- und Geschäftshäuser, das Segment Wohnen wurde zunehmend vernachlässigt. Die Investitionen konzentrierten sich auf Metropolen und einige Schlüsselstandorte, Sekundärstandorte blieben außer Acht. Hierfür gab es gute Gründe, die zum einen aus den vorhandenen Beständen, zum anderen z. B. aus Erkenntnissen über Wertentwicklungsrenditen resultierten. Dennoch ist nicht zu übersehen, dass dieses gleichgerichtete Verhalten deutliche Spuren bei der Verfügbarkeit von Investments einerseits und der Höhe der zu realisierenden Preise beim Desinvestment andererseits hinterlassen hat.

Antizyklisches Verhalten

Vor diesem Hintergrund sei die Frage nach der Vertretbarkeit antizyklischen Verhaltens gerade aus der Perspektive eines institutionellen Investors erlaubt.

Das eher prozyklische Verhalten, das Ausrichten an bestimmten Trends, bietet dem Manager zunächst ein Sicherheitsgefühl und eine komfortablere Situation, als wenn er sich proaktiv und antizyklisch in eine Außenseiterposition begäbe. Dennoch ermöglicht gerade das Gesamtinvestitionsvolumen großer institutioneller Investoren, durch ein teilweise antizyklisches Verhalten auch einmal die Rolle des Trendsetters zu übernehmen und die sich hieraus ergebenden Chancen für die Optimierung des Ertrags aus der Asset-Klasse zu nutzen. Ist man bereit, noch in der Phase des anhaltenden Leerstandes bzw. des noch nicht weit realisierten Leerstandsabbaus über Projekte oder auch Investments nachzudenken, so hat man die Chance, zum richtigen Zeitpunkt der wieder eintretenden Verknappung lieferbereit zu sein. Genauso ergeben sich Chancen, zum Zeitpunkt kaum mehr existenter Nachfrage auf sehr niedrigem Niveau Investments zu tätigen, vielleicht sogar Leerstandsflächen quasi auf

Vorrat einzukaufen. Wichtig sind hierbei allerdings insgesamt solide und research-basierte Strategien und Entscheidungsfindungen.

Der wesentliche Aspekt bei diesem Verhalten ist, ein Gefühl für das richtige Timing zu entwickeln. Hierbei ist der Einsatz ausgefeilter Prognosemodelle unverzichtbar, damit man nicht in die Situation eines rein spekulativen Investments gerät. Chancen und Risiken müssen intensiv abgewogen werden. Dennoch wird das Bewusstsein bleiben, dass eine absolute Entscheidungssicherheit nicht zu erreichen ist.

Fazit

Lassen Sie mich als Fazit festhalten: Kaum etwas beeinflusst die Entscheidungen eines Immobilienmanagers mehr als die zyklische Prägung der Märkte. In der modernen Immobilienökonomie muss es unser Ziel sein, diese mit wissenschaftlichen Methoden so weit wie möglich zu erfassen. Für den Blick auf die historischen Entwicklungen und die hieraus ableitbaren Gesetzmäßigkeiten und Wahrscheinlichkeiten ist ebenso eine erhebliche Sensibilität erforderlich wie für den Schutz vor dem Risiko, sich vom Herdentrieb anstecken zu lassen und damit in ein absolut prozyklisches Verhaltensmuster zu verfallen.

4 Der Immobilienmakler im Wandel

Dr. Lutz Aengevelt, Geschäftsführender Gesellschafter
Aengevelt Immobilien GmbH & Co. KG, Düsseldorf

Die Immobilienbranche befindet sich in einer marktbedingten Umbruchsituation. Zu den wichtigen Einflussfaktoren gehören dabei u. a.:

- Kapitalanlagen in Immobilien werden immer stärker und kritischer mit anderen Kapitalanlageformen sowohl auf nationaler als auch auf internationaler Ebene verglichen: Der Haupttrend geht dahin, dass kurz- und mittelfristige Renditeerzielung Vorrang erhält gegenüber langfristig gesicherten Wertanlagen (mit Verzicht auf Spitzen-Rendite). Die Immobilie wird immer mehr zum – synthetischen – Finanzprodukt. Das führt nicht nur zu kritischer Auseinandersetzung mit den unterschiedlichen Bewertungsmethoden, sondern auch mit den international unterschiedlichen Rahmenbedingungen für Erwerb, Vermietung und Unterhalt von Immobilien.
- In den Unternehmen steigt im Rahmen eines aktiven Corporate Real Estate Managements (CREM) zunehmend die Bereitschaft bzw. Notwendigkeit zum Verkauf unternehmenseigener – betriebsnotwendiger und nicht betriebsnotwendiger – Liegenschaften.
- Gleichzeitig steigert der Kostendruck in den Unternehmen das Augenmerk auf das Mietbudget: Miethöhe, Nebenkosten und Flächeneffizienz werden ständig kritisch an den Marktmöglichkeiten geprüft.
- Die Verringerung des Flächenverbrauchs traditioneller gewerblicher Nutzungsformen hat das Potenzial für Neu- und Umnutzungen und damit den Angebotsdruck erheblich vergrößert. Die hohen Flächenpotenziale bieten große Chancen nicht nur zum Bau einzelner Gebäude, sondern auch völlig neuer Stadtquartiere. Dieser Themenkreis zwingt z. B. zu ständiger Auseinandersetzung mit neuen nutzungsadäquaten Bebauungs- und Nutzungskonzepten.
- Gleichzeitig vollzieht sich ein immer schnellerer Wandel der Investorenwünsche innerhalb der Asset-Klassen, zurzeit z. B. als Revival der Wohninvestments.
- Zugleich tauchen auch völlig neue Investorengruppen auf dem deutschen Markt auf (z. B. die „Opportunisten") mit bisher ungewohnten Bewertungs-, Kauf- und Finanzierungsprofilen.

Angesichts weiterer Faktoren, wie aktuell großer Büroflächenüberhänge an vielen Standorten und einer konjunkturellen Schwächephase, bedeutet das für die (deutschen) Immobilienmärkte: Knappheit besteht heute nicht hinsichtlich verfügbarer Flächen, sondern hinsichtlich verfügbarer Nutzer und klassischer gewerblicher und wohnwirtschaftlicher Investmentprodukte.

Für den Immobilienmakler bedeutet dies: Das Geschäft wird „härter":

- Die Marktbedingungen ändern sich immer schneller.
- Die Kundenkontakte werden immer schwieriger und unpersönlicher.
- Die Beratungsleistungen werden immer komplexer.
- Die Erwerbsentscheidungen werden immer mehr research-getrieben, dauern länger und sind stärker denn je von exogenen Faktoren (mit-)bestimmt.

Beispiel: Investmentmarkt

Klassische Gewerbe-Investments – insbesondere langfristig voll vermietete Büroobjekte mit Nutzern guter Bonität in den Metropolen – sind gegenwärtig rar. Dafür steigt die Zahl von Anlageobjekten mit erhöhtem Optimierungsbedarf, z. B. durch (Teil-)Umnutzung, Leerstandsbeseitigung usw.

Ein Nachfrageschwerpunkt ist preis- und renditekritisch und verlangt klar aufzeigbare Exit- und Wertschöpfungsmöglichkeiten. Ein anderer verlangt Hochrendite in Verbindung mit langfristigen Mietverträgen, z. B. im Einzelhandel.

Analog hat sich das Spektrum der Investoren erweitert: Vor allem ausländische Investoren (Fondsgesellschaften, Privatanleger, Opportunisten) verstärken ihr Engagement in Deutschland. Auf sie entfielen im Jahre 2004 bereits rd. 40 % des von Aengevelt Immobilien vermittelten Transaktionsvolumens – Tendenz steigend.

Für diese Investoren ist der betont „breit ausgelegte" Makler der ideale „Sparringspartner" – von der Strategieformulierung und -umsetzung über Standortanalysen und die Entwicklung zukunftsfähiger Nutzungskonzepte bis hin zur konkreten Vermittlungsleistung bei Ein- und Verkauf, An- und Vermietung. Ideal, weil er durch seine Marktnähe Trends frühzeitig erkennt und research-basiert umsetzen kann. Dabei wird Research von den Investoren zunehmend nur dann als Beratung ernst genommen, wenn seine Ergebnisse aus seriöser Tagesarbeit abgeleitet und durch nachhaltige Transaktionserfolge belegt werden.

Beispiel: Büromarkt

Gerade am Büromarkt besteht steigender Beratungsbedarf. Das mag auf den ersten Blick überraschen angesichts großer Büroflächenangebote und moderater Mietpreise in nahezu allen Bürozentren. Wozu braucht man da noch einen Makler?

Tatsächlich hat der reine Nachweis-Makler ausgedient. Gefragt ist die ganzheitliche Betreuung. Beispiel Nutzer: Fast alle Unternehmen entwickeln einen Optimierungsbedarf hinsichtlich der von ihnen genutzten Flächen. Dazu gehören z. B. Standortzusammenführungen, oftmals verbunden mit Flächeneinsparungen. Das Problem: Für die erfolgreiche Umsetzung fehlt häufig das immobilienspezifische Know-how, vor allem beim Umgang mit vorfristig aufzugebenden Mietflächen. Einsparungen ergeben sich nur, wenn alle mit Standortoptimierung verbundenen Themen möglichst aus einer Hand durch den Immobilienberater geleistet werden können.

Für eine Großbank erzielte Aengenvelt Immobilien z. B. bei der Standortverdichtung durch erfolgreiches Desinvestment (vorzeitige Mietvertragsauflösungen, Nach- und Untervermietungen) von insgesamt 13 nicht mehr betriebsnotwendigen Standorten binnen 12 Monaten eine Ersparnis in Höhe eines deutlich zweistelligen Millionen-Euro-Betrags. Hinzu kam der Verkauf zweier unternehmenseigener Liegenschaften.

Notwendig ist in solchen Fällen die umfassende Beratung durch interdisziplinär ausgebildete Immobilienprofis für die Analyse hinsichtlich Personal- und Arbeitsstrukturen, technischer Anforderungen, bestehender Mietvertrags- bzw. Eigentumsverhältnisse und hinsichtlich der Ermittlung der Idealkonfiguration in Bezug auf den neuen Flächenbedarf, Raumkonzepte, zukünftige Expansionsmöglichkeiten, Kosten, Mitarbeitererreichbarkeit usw. Optimierung bedeutet dabei vor allem die Anpassung der „Hülle" an den Betrieb: die Immobilie als Produktionsmittel. Das Entscheidungskriterium „Mietpreis" spielt hierbei eine geringere Rolle, als viele vermuten.

Danach gilt es, die objektiv beste Lösung am Markt zu finden. Das Spektrum reicht vom Verbleib am Standort und entsprechender Anpassung über die Umsiedlung in andere verfügbare Bestandsflächen bis hin zu nutzerspezifischen Neubauprojekten. In Letzteren lassen sich spezifische Nutzeranforderungen am besten umsetzen. Gleichzeitig erleichtert ein bereits vorhandener (Groß-)Nutzer die Projektfinanzierung. Auf dieser Basis entstehen attraktive Investmentprodukte. Voraussetzung dafür ist eine enge Verzahnung von Nutzern, Eigentümern, Projektentwicklern und Endinvestoren. Bestes Beispiel dafür ist die von unserem Hause im letzten Jahr vermittelte Ansiedlungsentscheidung des C&A-Konzerns für seine neue Düsseldorfer Hauptverwaltung auf dem Quartier mit rund 33.000 m² BGF, realisiert von der Bauwert Property Group. Letztere hat das nutzerspezifische Neubauprojekt noch im gleichen Jahr im Rahmen eines Paketverkaufs an die Generali Lebensversicherung AG, München, erfolgreich veräußert.

Die Beispiele zeigen – unvollständig – die für die Aufgabenerfüllung notwendige Beratungstiefe und -breite und damit die geänderten Anforderungen an den modernen Makler.

Aber Vorsicht: Wer versucht, anstelle objektiver Markttransparenz ausschließlich die von ihm betreuten Flächenangebote zu vermitteln, wird schnell durchschaut und disqualifiziert sich nachhaltig!

Beispiel: Vermarktung unternehmenseigener Immobilien (im Paket)

Aktives Immobilienmanagement – CREM (Corporate Real Estate Management) – sucht nach Wert- und Ertragsreserven im Immobilienportfolio mittelständischer und großer Unternehmen. Die Gründe sind u. a. verschärfte Anforderungen an Unternehmenstransparenz, Unternehmensrendite, Bilanzierungsmethoden. „Bilanzverkürzung" heißt hier die Devise für Liegenschaftsverkäufe.

Insbesondere bei größeren Beständen kann hierbei die Ausgliederung, z. B. in eine eigene Immobiliengesellschaft, durchaus sinnvoll sein: Dadurch wird die bisher bestehende Einheit zwischen Betrieb und Eigentum aufgehoben und eine klare Funktionstrennung durchgeführt. Hiermit wird das Ziel angestrebt, die Immobilien in ihrem Wert zu optimieren. Bisher dienten die Immobilien dem Betriebsertrag, nunmehr dem Immobilienertrag. Dies ermöglicht eine Optimierung und Sortierung des Immobilienportfolios und erlaubt Verkäufe aus der Gesellschaft oder die Beteiligung Dritter – oder beides.

Bei größeren Immobilienbeständen wird häufig eine Veräußerung im Paket angestrebt. Der Veräußerer will alles auf einen Streich „an den Mann bringen". Seine Preisvorstellung ergibt sich aus der Aufsummierung von Verkehrswerten – oft auch von nicht mit dem Markt abgestimmten Buch- oder Schätzwerten.

Der Käufer hingegen will durch unkomplizierten Großeinkauf Immobilien (alles „en gros") billiger erwerben als die Addition der Einzelwerte ausmacht. Da es sich zumeist nicht um Bestandshalter handelt (vgl. Abschnitt „Beispiel: Investmentmarkt") suchen die marktaktiven Erwerber den zeitlich und finanziell kalkulierbaren „Exit" durch eine plausible und gewinnbringende Abverkaufsstrategie. Deswegen gibt es zwar ein breites Angebot an Unternehmensimmobilien, allerdings bislang nur wenige spektakuläre Verkaufserfolge.

Zu den Gründen gehört auch, dass die angebotenen Portfolios oft nicht zielgruppengerecht (vor-)sortiert, sondern so inhomogen sind, dass die typischen Erwerber große Probleme haben, ihre Gewinn- und Risikopotenziale zu evaluieren. Auch fehlt häufig eine qualifizierte Pre-Due-Diligence der einzelnen Verkaufsobjekte durch den Verkäufer oder seine Berater. Dadurch entstehen den zum großen Teil ausländischen Erwerbern, die hierzulande üblicherweise mit sehr qualifizierten, aber kleinen Mannschaften operieren, im Vergleich mit ausländischen Märkten überdurchschnittlich teure und langwierige Prüfungshandlungen. Das kritisieren diese laut, manche ziehen sich sogar vom deutschen Markt zurück.

Zusammengefasst bedeutet das: Bei Immobilienpaketen resultiert Verkaufserfolg aus der Bekanntgabe und Einhaltung klarer Verfahrensspielregeln – vom verbindlichen Commitment zum Verkauf durch die Anbieter über eine marktgerechte Bewertung, eine Paket- und Objektvorbereitung, die eine professionelle Einschätzung schnell und billig ermöglicht, bis hin zur zielgruppengerechten Aufbereitung und gezielten Interessentenansprache durch den Verkäufer oder den von ihm beauftragten Berater. Und dies alles auf der Basis klar definierter Zeit- und Verfahrensabläufe von der Angebotsvorstellung bis zum Vertragsabschluss.

Der Veräußerer ist dann gut beraten, wenn sein Immobilienpaket zielgruppengerecht aufbereitet ist – z. B. durch entsprechend praxiserfahrene, unabhängige Immobilienberater.

Analog entsteht ein vergleichbar qualifizierter Beratungsbedarf auf der Käuferseite: Die Angebotsabgabe erfordert im Vorfeld schnelle, zuverlässige und marktorientierte Bewertungs- und Strategieempfehlungen, begründete Exit-Einschätzungen, Mitarbeit bei der Due Diligence, Finanzierung und Vertragsgestaltung, das alles vor dem Hintergrund von Transaktions- und Vermittlungsleistungen, die gleichzeitig vom modernen Immobilienmakler erwartet werden.

Beispiel: Umnutzung am Beispiel monogenutzter Warenhäuser

Das „klassische" Warenhaus ist für eine großflächige Mononutzung in der Innenstadt oder in Stadtteilzentren gebaut worden. Diese Form ist an vielen Standorten für den Einzelhandel nicht mehr nutzbar, da sich die Rahmenbedingungen in der Branche verändert haben: Der Einzelhandel ist heute spezialisierter und flexibler strukturiert. Die Marktsegmentierung schafft Vielfalt und Attraktivität und verringert das Angebot des klassischen Warenhauses, wo „alles unter einem Dach" und aus einer Hand angeboten wurde. Gleichzeitig erfolgte eine Bereinigung innerhalb der Branche. Die Anzahl der ehemals an einem Standort konkurrierenden Kauf- und Warenhäuser verringerte sich.

Dieser Wandel schafft entsprechende Raumangebote: Die Immobilie „Warenhaus" ist an den veränderten Mitwettbewerb und das sich wandelnde Konsumentenverhalten anzupassen.

Hinsichtlich der notwendigen (Teil-)Umnutzung und Neuausrichtung sind die Immobilien unterschiedlich gut gerüstet. Ein kritischer Punkt ist z. B. die Objektgröße neu zu positionierender Kaufhäuser. Sie bewegt sich nach Analysen von Aengevelt-Research in der Regel zwischen 3.000 und 10.000 m² Verkaufsfläche, zum Teil liegt die Fläche sogar noch deutlich darüber. Noch entscheidender ist jedoch die Anzahl der Verkaufsgeschosse. Oberhalb des ersten, gegebenenfalls noch des zweiten Obergeschosses sind Handelsnutzungen kaum noch rentabel zu betreiben.

Zudem ist grundsätzlich zu unterscheiden zwischen leergezogenen Warenhäusern, die völlig neu zu konzipieren sind, und Objektoptimierungen, die unter Beibehaltung des Hauptmieters erfolgen. In jedem Fall muss eine individuelle Lösung umgesetzt werden, durch die wieder eine City-Immobilie mit langfristiger Ertragsfähigkeit entsteht. Eine Immobilie, die heutigen Anforderungen des Handels und der Nachfrage gerecht wird, verfügt über hohe Mietsicherheit und fördert die Attraktivität der Innenstädte gegenüber der langweiligen „Standardware" in Form von Fachmarktzentren.

Grundsätzlich gibt es für jedes Objekt funktionierende Konzepte. Größe und Drittverwendungsmöglichkeit, die Qualität der baulichen Ausführung, der Mietermix und das Kaufkraftpotenzial müssen untereinander, auf den Mitbewerb und ganz besonders auf die jeweilige Lage abgestimmt sein, um langfristig bestehen zu können. Diese Abstimmung kann nur durch eine Zusammenarbeit transaktionsorientierter Spezialisten, die interdisziplinär ausgebildet sind, umgesetzt werden.

Nach einer entsprechend sorgfältigen Aufbereitung kann die Liegenschaft dann wieder am Immobilienmarkt platziert werden. Fast alle Warenhäuser verfügen über deutliche Wertsteigerungspotenziale bei entsprechender Umnutzung: Intelligente Konzepte mit entsprechenden Fremdvermietungen und das eigene Warenangebot komplementär ergänzender Warengruppen sind geeignet, Teile des schlummernden Immobilienwertes zu heben.

Ein typisches Beispiel hierfür ist ein ehemaliges Karstadt-Warenhaus mit insgesamt knapp 7.000 m² BGF in Düsseldorf-Garath: Aengevelt Immobilien erstellte hierfür ein neues Nutzungskonzept mit einem Mix aus Einzelhandelsnahversorgung, Dienstleistung, Büronutzung und neuem Parkhaus, führte die Vermietungen durch und vermittelte den Verkauf des Objektes an einen branchenführenden Nutzer.

Eine vergleichbar komplexe Leistung ist die Umwandlung und völlige Neupositionierung der benachbarten C&A- und P&C-Warenhäuser in Berlin, Wilmersdorfer Straße, zum Kant-Center mit neuen Konzepten für die bisherigen Hauptmieter, umfangreichen Neuvermietungen im Einzelhandelsbereich(z. B. an Media Markt) und im Bürobereich sowie Anschluss an die U-Bahnstation, Parkhauserweiterung usw.

Fazit

Die Beispiele zeigen: Der Makler wird mehr gebraucht denn je, denn die Wünsche und Anforderungen der Marktteilnehmer in der globalisierten Immobilienwirtschaft werden immer umfassender und komplexer. Gleichzeitig hat die Fähigkeit der Marktteilnehmer zur neutralen, d. h. konfliktarmen Wahrnehmung ihrer Interessen deutlich ab-, ihr Bedarf an objektiver, zielgenauer Objekt- und Nutzerbeschaffung aber zugenommen – mit steigender Tendenz. Um diesen Ansprüchen gerecht zu werden, müssen sich die Makler neu orientieren hinsichtlich:

- fachlich qualifizierten und flexiblen Personals,
- laufender Aus- und Fortbildung,
- innovativer Tätigkeitsfelder, z. B. Desinvestment, Paket- bzw. Depotaufbereitung und -abwicklung,
- hoher Sozialkompetenz,
- umfassenden Researchs,
- überzeugenden Transaktionsvolumens,
- qualifizierter Partner und funktionierender (internationaler und nationaler) Netzwerke.

5 Strukturwandel auf den Shopping-Center-Märkten

Charles Joye, Gründer und CEO
RDS Retail & Development Services SA, Genthod/Genf

Anlässlich verschiedener Konferenzen des International Council of Shopping Centers (ICSC) Europe haben wir, die CEO RDS Retail & Development Services SA, einige Umfragen und Interviews mit Shopping-Center-Entwicklern über die wichtigsten Probleme in der Zukunft durchgeführt, die u. a. im Folgenden festgehalten sind.

Probleme im Wandel

Bei der Konferenz in Helsinki im Jahr 1990 waren die Hauptsorgen: „Overbuilding", Schwierigkeiten Baugenehmigungen zu erhalten, hohe Zinsen für die Projektfinanzierung, Höhe der Baukosten, Mangel an Magnetmietern, schwache Bevölkerungsentwicklung.

Zehn Jahre später, im Jahr 2000, bei der Konferenz in Wien waren es: politische Schwierigkeiten, Umweltschutzprobleme, Architekturqualität und Kreativität, Anpassung der Einkaufszentren an die effektiven Bedürfnisse der Kunden, Risiken „geklonter" Center vom Atlantik bis zum Ural sowie die Frage, welche Art von Einkaufszentren im dritten Jahrtausend wohl realisiert werden.

Im Jahr 2005 bei der Konferenz in Istanbul machte man sich Sorgen über: schwache Bevölkerungswachstumsraten und Altersstruktur, geringe Wachstumsraten und hohe Arbeitslosigkeit, stagnierende bzw. rückläufige Einzelhandelsumsätze, regelmäßige Verminderung der Anzahl potenzieller Mieter sowie Schwierigkeiten bei den Baugenehmigungen für außerstädtische Projekte, wachsenden Einfluss von Umweltorganisationen, Dominanz der globalen Einzelhandelsunternehmen, kürzere Mietdauern und niedrigere Mietzinsen, Schwierigkeiten bei der Renovierungsfinanzierung sowie Konkurrenz durch E-Commerce-Aktivitäten.

Entwicklung der Verkaufsflächen

In diesem Beitrag soll eine Konzentration auf die demographischen und wirtschaftlichen Aspekte erfolgen, denn historisch gesehen wurde der Boom in der Entwicklung der Shopping-Center von hohen Bevölkerungs- und signifikanten Zuwachsraten des Realeinkommens beschleunigt. Leider sind diese goldenen Zeiten vorbei. Jedoch wurden gemäß den Angaben von Cushman & Wakefield Healey & Baker trotz aller Schwierigkeiten und eines allgemein schlechten Wirtschaftsklimas seit 2003 mehr neue Projekte in Europa gebaut oder geplant als vorher:

- neue Projekte im Jahr 2003: 4,7 Mio. m²,
- neue Projekte im Jahr 2004: 3,9 Mio. m²,
- neue Projekte im Jahr 2005: 5,0 Mio. m²,
- geplante Projekte im Jahr 2006: 6,5 Mio. m².

Entwicklung des Flächenvolumens der Shopping-Center nach Cushman & Wakefield Healey & Baker:

- Flächenvolumen 2004: 85,2 Mio. m²,
- Flächenvolumen 2005: 90,2 Mio. m²,
- geplantes Flächenvolumen 2006: 96,7 Mio. m².

Bis Ende 2006 werden 11,5 Mio. m² in 310 neuen Projekten (im Vergleich zu 2004) erstellt. Davon sind heute rund 42 % in Osteuropa, 53 % in Westeuropa und 5 % in der Türkei im Bau oder in Planung. Im Jahr 1999 gab es lediglich 65,1 Mio. m² in Europa; Ende 2004 waren es 20,1 Mio. mehr. Das ist eine Zuwachsrate von 31 % in nur einer halben Dekade.

Diese Zahlen beweisen die Dynamik der Entwicklung der europäischen Shopping-Center-Szene in den letzten Jahren, trotz aller Schwierigkeiten und Hindernisse. Die Frage, ob alle diese neuen Projekte – speziell in osteuropäischen Ländern – erfolgreich sein werden, bleibt offen.

Bei den 15 alten EU-Mitgliedsländern liegt die Verkaufsfläche pro Einwohner im Jahr 2005 auf einem Niveau von 196 m². Zusammen mit den zehn neuen EU-Ländern wird ein Durchschnitt von 159 m² pro Einwohner erreicht. Infolge strikter Plan- und Bauordnungsreglementierungen liegen Deutschland, Finnland und die Schweiz mit ihren Flächen unter dem Durchschnitt aller EU-Länder. In Tschechien gibt es pro Kopf fast genauso viele Shopping-Center wie in Italien und in Polen, der Slowakei und Ungarn – sogar mehr als in Belgien.

Bevölkerungsentwicklung und Einkommen

Wenn man nur das Flächenkriterium in Betracht zieht, bilden z. B. Länder wie die Türkei, Griechenland, Russland, Rumänien, Bulgarien und die Ukraine unendliche Möglichkeiten für eine zukünftige Shopping-Center-Entwicklung. Für solche Entwicklungsprojekte muss jedoch – zusätzlich zu diesem grundsätzlich positiven Aspekt des Flächenkriteriums – eine detaillierte Analyse vieler anderer wirtschaftlicher Faktoren durchgeführt werden, z. B. Bevölkerungsentwicklung, Bevölkerungsstruktur, Pro-Kopf-Einkommen, Wirtschaftswachstum, Arbeitslosigkeit, internationale, nationale und regionale Einkommensunterschiede sowie soziale Unterschiede. Dies gilt aber nicht nur für die osteuropäischen, sondern auch für die meisten westeuropäischen Länder.

Zwischen 1993 und 2003 hat sich die gesamte Bevölkerung Westeuropas (15 EU-Länder plus Schweiz und Norwegen) nur um 3,1 % vergrößert. Die neuen EU-Mitglieder verzeichneten eine rückläufige Bevölkerungsentwicklung (–1,5 %). Während dieser zehn Jahre hat Russland 5 Mio. Einwohner (–3,4 %) verloren und bei den anderen Ostländern waren es 7 Mio. (–6,6 %). Die gesamte Bevölkerung der kontinentaleuropäischen Länder (ohne Türkei) stagnierte auf einem Niveau von ca. 709 Mio. Alle osteuropäischen Länder zusammen haben in zehn Jahren 12 Mio. Einwohner (–4,8 %) verloren. Im Vergleich mit dem Bevölkerungswachstum in der Türkei (+18,0 %) oder in den Vereinigten Staaten (+12,7 %) ist diese Situation beunruhigend.

In Zukunft – genauer bis zum Jahr 2020 – wird nach unseren Prognosen die gesamte westeuropäische Bevölkerung nur um einen niedrigen 2,7%-Ansatz bzw. um rund 10 Mio. Menschen wachsen. Alle osteuropäischen Länder (inklusive der zehn neuen EU-Mitglieder) werden zusammen fast 26 Mio. Einwohner (–10,5 %) verlieren. Das kontinentale Europa wird bis zu diesem Zeitpunkt fast 18 Mio. Einwohner verlieren. In der gleichen Zeitspanne wird die Türkei im Gegensatz dazu 18,6 Mio. mehr Einwohner (+27,3 %) zählen.

Die von uns ermittelten Einkommensunterschiede sind in Europa extrem hoch. Ausgehend von einer niedrigen Zahl von 6.000 US-Dollar Pro-Kopf-Einkommen im Jahr in den „anderen osteuropäischen Ländern" und von 26.400 US-Dollar in Westeuropa, entspricht diese Differenz einem vierfachen Multiplikator. Auch Russland (Index 37,2), die neuen zehn EU-Mitglieder (Index 52,3) und die Türkei (Index 27,3) sind im Vergleich weit vom EU-Durchschnitt (Index 100) entfernt.

Die internationalen Differenzen sind also beträchtlich. Sie sind jedoch noch wesentlich höher innerhalb der osteuropäischen Länder, in denen der Lebensstandard der wohlhabenden Minoritäten in den größten Agglomerationen ungefähr den westeuropäischen Kriterien entspricht, die Pro-Kopf-Einkommen im Hinterland dagegen nach wie vor auf einem dramatisch tiefen Niveau liegen.

Wirtschaftswachstum

Obwohl sich die wirtschaftlichen Wachstumsraten in den meisten osteuropäischen Ländern zwischen 3 und 6 % bewegen, in einigen Ländern sogar zwischen 6–10 % (Türkei, Albanien, Russland, Ukraine, Lettland und Litauen), werden noch viele Jahre vergehen, bis diese Länder auf einem Niveau stehen werden, das mit den westeuropäischen Ländern vergleichbar ist.

Positive wie negative Aspekte der künftigen Entwicklung sind erkennbar:

- Positive Aspekte: Es gibt außerhalb Westeuropas sehr große „freie" Märkte für die zukünftige Shopping-Center-Entwicklung.
- Im Durchschnitt sollte sich die westeuropäische Bevölkerung stabilisieren.
- Die demographische Entwicklung variiert von Land zu Land.
- Die mittel- und langfristigen Wirtschaftsentwicklungsperspektiven in osteuropäischen Ländern und in der Türkei sind ermutigend.
- Die Wirtschaftsentwicklung in einigen westeuropäischen Ländern bleibt nach wir vor für die Entwicklung der Shopping-Center positiv.
- Negative Aspekte: Schwache demographische Wachstumsraten in westeuropäischen Ländern,
- geringer Anteil an Altersklassen unter 20 Jahren,
- wachsender Anteil der Bevölkerung von über 60 Jahren,
- zukünftige bedeutende Bevölkerungsverluste in osteuropäischen Ländern,
- in vielen europäischen Ländern Mangel an politischen Lösungen, um die hohen Arbeitslosenquoten zu reduzieren,
- sehr niedrige Pro-Kopf-Einkommen außerhalb Westeuropas,
- in den meisten osteuropäischen Ländern markante unterschiedliche wirtschaftliche Situationen von Staat zu Staat, aber auch innerhalb der Länder.

Neue Projekte werden nur erfolgreich sein, wenn die notwendigen Wirtschaftsanalysen mit größter Sorgfalt und das Pro und Contra eines jeden vorgesehenen Standortes seriös geprüft werden. In den letzten Jahren wurde die Bedeutung von Standortanalysen zu oft unterschätzt. Marktanteile gewinnen, eine „Expansion-für-Expansion"-Politik zu betreiben, das sind schlechte Gründe für Entscheidungen und können zu wirtschaftlichen Katastrophen führen, die wir alle sicher vermeiden möchten.

II Zur Projektentwicklung von Gewerbeimmobilien

1 Anforderungsprofil an Projektentwickler von Gewerbeimmobilien

Prof. Dipl. oec. publ. Rolf Kyrein, Honorarprofessor
Fachgebiet Standort- und Projektentwicklung, TU Berlin

Qualifizierte Dienstleister

Konzeption, Realisierung und Betrieb von Spezialimmobilien erfordern hochqualifizierte Dienstleister.

Gesucht werden Akteure, durch die ein hoher Grad an Qualitäts-, Termin- und Kostensicherung erreicht wird. An sie wird die Anforderung gestellt, allen in den Phasen

- Projektprogrammstellung,
- Projektvorbereitung,
- Projektdurchführung und
- Projektnachsorge

Beteiligten hochqualifizierte interdisziplinäre, insbesondere technische, architektonische und wirtschaftliche, rechtlich einklagbare Vorgaben zu machen. Ihre Funktion ist es,

- die Fülle von interdisziplinären Informationen und Daten aus Technik, Wirtschaft und Recht als Programm zu formulieren,
- die Leistungserbringung auf der Basis der dokumentierten Programmstellung zu koordinieren und zu kontrollieren,
- die Fülle der Projektinformationen so zu verdichten, dass die Bauherren ein Höchstmaß an qualitativer, terminlicher und wirtschaftlicher Sicherheit erlangen.

Dienstleister, die solche qualifizierten Projektentwicklungs- und/oder Projektsteuerungsaufgaben übernehmen, können Planer, Architekten, Ökonomen, Juristen sein. Sie können diese Dienstleistungen in funktionalen oder institutionalen Strukturen erbringen.

Die Herausforderung für solche Funktionsträger besteht darin, die Termin-, Qualitäts- und Kostenrisiken zu minimieren und gleichzeitig den Wert dessen zu erhöhen, was die am Bau traditionell Beteiligten zur Wertschöpfung beitragen.

Während der Wettbewerb der Baubetriebe und der Dienstleister im Bau bei allen konventionellen Bauleistungen und Baudienstleistungen auf die Gewinne drückt, haben Projektentwickler und Projektsteuerer gerade bei Spezialimmobilien mit fortschrittlichen vernetzten Konzepten durch nachfragegerechte Dienstleistungen Zugang zum Markt gefunden. Sie haben ein sehr hohes Niveau der Gewinnrealisierung erreicht.

Anforderungsprofil

Solche Dienstleister müssen insbesondere die folgenden Fähigkeiten aufweisen:

Fähigkeit zur interdisziplinären Problemidentifizierung

Diese Fähigkeit besteht darin, dem interdisziplinär besetzten Team den potenziellen Kundennutzen der Spezialimmobilie und die spezifischen, projekttypischen Anforderungen klarzumachen, welcher Art die Bedürfnisse und Anforderungen sind und wie diesen Bedürfnissen und Anforderungen am besten durch vernetzte Beiträge der Beteiligten entsprochen werden kann.

Im Gegensatz zu Verkauf und Vermarktung konventioneller Bauprodukte, bei denen es darauf ankommt, eine Vielzahl von Kunden von den Vorteilen eines einzelnen Produktes zu überzeugen (z. B. Wohnungen, Einfamilienhäuser, Standardbüros), erfordern Konzeption, Realisierung und Betrieb von Spezialimmobilien intime Kenntnis solcher Immobilien. Der Projektentwickler muss genau wissen, welcher Vorteil gerade durch diese Konzeption erwachsen könnte und wie dieser Vorteil zu erreichen ist.

Die Fähigkeit zur Problemidentifizierung besteht also darin, die für die Spezialimmobilie relevanten Parameter jeder beteiligten Disziplin zu kennen und sie im Zusammenhang mit anderen relevanten Parametern in Querschnittskompetenz zu sehen und auch einzufordern.

Fähigkeit zur interdisziplinären Problemlösung
Um Fachwissen auf einzigartige Weise bei Spezialimmobilien im Querschnitt miteinander zu kombinieren, also planerisches, architektonisches, technisches Wissen, Wissen um das Verhalten und die Notwendigkeiten der Finanziers, Wissen um rechtliche, ökologische oder soziologische Fragen, Softwarecodes u. a., müssen Problemlöser – im Gegensatz zu den Problemidentifizierern, bei denen das Wissen um „das Problem an sich" genügt – über ein tiefes, intimes Wissen in ihrer Disziplin verfügen, damit im interdisziplinären Zusammenwirken optimale Lösungen erzielt werden können. Sie müssen in der Lage sein, dieses Wissen dann in anderes Wissen zu integrieren und in vernetzte Konzepte umzusetzen.

Fähigkeit, Problemlöser und Problemidentifizierer zusammenzubringen
Manager, die „Problemidentifizierer" als „Problemlöser" zusammenbringen, haben andere Funktionen wahrzunehmen als die traditionellen Geschäftsführer und Unternehmer. Statt Organisationen zu beaufsichtigen, Unternehmen zu gründen oder Dinge zu erfinden, müssen diese Personen fortwährend damit beschäftigt sein, Ideen zu managen. Sie sind „strategische Mittelsmänner".

Für Projektmanager, die Projektentwicklungs- und Projektsteuerungsfunktionen bei Spezialimmobilien wahrnehmen, bedeutet dies Folgendes: Die bisherige Unterscheidung zwischen dem Bauen im konstruktiven, architektonischen, ingenieurmäßigen, wirtschaftlichen und juristischen Sinn wird immer bedeutungsloser.

Erfolgreiche Projekte werden nicht dadurch erfolgreich, dass sie lediglich konstruktiv, architektonisch und ingenieurmäßig oder nur wirtschaftlich oder nur rechtlich optimiert sind, sondern dadurch, dass

- spezielle Dienstleistungen von professionellen, für diese Aufgabe besonders qualifizierten Projektentwicklern in Anspruch genommen werden(Qualifikation),
- nicht nur die disziplinären, d. h. die architektonisch-technischen, rechtlichen und wirtschaftlichen Aspekte für sich gesehen und behandelt werden (Interdisziplinarität),
- vor allem darüber hinaus auch die Interessen aller Stakeholder, also der Grundstückseigentümer, der Planungshoheit, der Finanziers und der zukünftigen Nutzer angemessen berücksichtigt werden (systemischer Ansatz),
- die Prozesse ganzheitlich und nicht nur sektoral gesteuert werden (Prozessmanagement).

Anders ausgedrückt: Nicht die „klassische" Produktion auf der Baustelle führt zu qualitativ hochwertigen Spezialimmobilien, sondern nur

- interdisziplinäres,
- systemisch angelegtes

Prozessmanagement. Letzteres auch nicht nur für den Bauprozess im engeren Sinn, sondern für den gesamten Wertschöpfungsprozess der Baurechtsschaffung, der Bauvorbereitung und der Baurealisierung. Hierin liegen die größten Wertschöpfungspotenziale und Möglichkeiten einer Effizienzsteigerung.

Erforderliche Ressourcen, Qualitätsunternehmen, strategische Mittelsmänner

Ressourcen

Projektmanager, die als Projektentwickler und Projektsteuerer für Spezialimmobilien agieren, haben es nicht nötig, über mächtige Ressourcen zu verfügen. Sie benötigen keine Produktionsstätten, Bauhöfe oder Zeichensäle. Sie benötigen auch keine Organisationsstruktur in Form hierarchischer Pyramiden, die der Bauwirtschaft klassischer Prägung zu Eigen waren.

In dieser Weise können sie gar nicht organisiert werden, sondern sie müssen in der Lage sein, ohne den Ballast einer möglicherweise ineffizienten eigenen Organisation als Problemidentifizierer und strategische Mittelsmänner zu fungieren und die für das konkrete Problem kompetentesten Problemlöser zusammenzubringen. Die Kommunikation muss schnell und reibungslos vonstatten gehen, wenn die richtigen Lösungen rechtzeitig das richtige Problem erreichen sollen. Da bleibt kein Platz für Bürokratie.

Als Problemidentifizierer und Veranlasser von Problemlösungen hat der Projektmanager in seiner Eigenschaft als Projektentwickler und Projektsteuerer für Spezialimmobilien die Aufgabe, sowohl auf den horizontalen als auch auf den vertikalen Ebenen zwischen den verschiedenen Disziplinen und Systemkreisen (Stakeholdern) integrierend und vermittelnd zu agieren.

Qualitätsunternehmen

Unternehmen, die so agieren, sind „Qualitätsunternehmen". Sie ähneln in ihrer Organisationsstruktur mehr einem Spinnennetz als einer Pyramide. In der Mitte sitzen die strategischen Mittelsmänner, eben die genannten Projektmanager als Projektentwickler und Projektsteuerer für Spezialimmobilien.

Dieses informelle Organisationsschema ist die Quelle des Erfolges im „Qualitätsunternehmen". Der Erfolg hängt nicht von formeller Machtbefugnis oder Stellung ab (wie in den traditionellen Unternehmen der Bauwirtschaft), sondern von der Fähigkeit, dem Projekt einen Wertzuwachs zu bescheren. Problemidentifizierer, Problemlöser oder Mittelsmänner üben eine Führerschaft aus, indem sie Möglichkeiten schaffen, durch die auch andere zur Wertschöpfung beitragen können.

In dem Maße, wie der Ruf des Projektmanagers als Projektentwickler und Projektsteuerer, also als kompetente Institution für Spezialimmobilien durch erfolgreiche Mittlertätigkeit wächst, gewinnen Projektmanager als formelle oder informelle Führer Glaubwürdigkeit und Gefolgschaft.

Der Aktivposten der Projektentwicklungs- und Projektsteuerungsunternehmen ist das intellektuelle Potenzial, das die Mitarbeiter repräsentieren. Ihr Wachstum hängt von der gesammelten Erfahrung der Schlüsselleute ab. Dienstleistungen lassen sich heute ohne Schwierigkeiten in elektronische Impulse verwandeln. Projektentwicklungs- und Projektsteuerungsideen sowie Projektinformationen lassen sich zwischen Problemlösern, Problemidentifizierern und Mittelsmännern, die in verschiedenen Städten, ja Ländern und Kontinenten zusammenarbeiten, in Sekundenschnelle transferieren.

Was in anderen Wirtschaftszweigen längst gang und gäbe ist und – von Dienstleistungsfirmen, wie McKinsey und Roland Berger ganz zu schweigen – von der IT-Branche praktiziert wird, ist im Dienstleistungsbereich um das Bauen stark unterentwickelt.

Strategische Mittelsmänner

In der interdisziplinären Projektentwicklung und Projektsteuerung für Spezialimmobilien fungieren die beschriebenen Funktionsträger unter den Dienstleistenden des Baugewerbes als „strategische Mittelsmänner". Investoren tätigen ihre Investitionen dort, wo Risiko und Ertragschancen in einem günstigen Verhältnis zueinander stehen. Dies gilt insbesondere, seit im globalen Markt weltweit nahezu keine Investitionshemmnisse mehr bestehen. Die Wettbewerbsfähigkeit bei der Erbringung von Bauleistungen hängt zukünftig weniger von der Menge des Geldes ab, das die Investoren bereit sind zu investieren, als von den Kenntnissen und Fähigkeiten, die diese „strategischen Mittelsmänner" in die Maßnahmen einbringen, um zur Nachhaltigkeit, Ertragsoptimierung und Risikominimierung beizutragen.

Die hierfür erforderlichen Schlüsselentscheidungen werden auf einer dezentralisierten Stufe getroffen, die durch den Projektentwickler und Projektsteuerer horizontal vernetzt wird. Hierbei spielt es fast keine Rolle mehr, wer die Verfügungsgewalt über die Planungshoheit, die Produktionsfaktoren Grund und Boden sowie das Kapital hat. Die Schlüsselposition kommt dem interdisziplinär, systemisch und prozessorientiert arbeitenden Projektmanager als Projektentwickler und Projektsteuerer in seiner strategischen Mittlerrolle zu.

Die höchste Wertschöpfung im System entsteht in der Entwicklung von Spezialimmobilien dort, wo die interdisziplinären, systemischen und prozessorientierten Kenntnisse durch die Mittelsmänner vernetzt eingesetzt werden, als Kenntnisse und Fähigkeiten für die Optimierung der gesamten Wertschöpfungskette.

Symbolanalytische Dienste

Die qualifizierte Entwicklung von Spezialimmobilien schließt alle jene Aktivitäten der interdisziplinären Problemlösung, -identifizierung und strategischen Vermittlung ein, die dargestellt wurden. Solche Dienste können als symbolanalytische Dienste bezeichnet werden. Sie können gehandelt werden. Sie fließen jedoch nicht als standardisierte Produkte in den Bauprozess ein.

Bei der Erbringung symbolanalytischer Dienste werden fallweise „manipulierte" Symbole gehandelt: technische Daten (Kubikmeter, Quadratmeter usw.), Worte (Konzepte für Projekte, Verträge, Baubeschreibungen), visuelle Darstellungen (Baupläne, Zeitpläne, Ablaufschemata, Soll-Ist-Vergleiche) – einzeln oder in Kombination.

Aus- und Fortbildung

Theoretisch werden für die Praxis die genannten Fähigkeiten nur selten systematisch vermittelt. Berufsanfänger müssen in jahrelanger praktischer Tätigkeit „learning by doing" und im System „trial and error" ihre Kenntnisse, die sie zumindest für ein im Ansatz interdisziplinäres, systematisches und prozessorientiertes Handeln befähigen, erlernen.

Erst in jüngerer Zeit widmen sich Universitäten in speziellen Studiengängen dieser Problematik. So werden z. B. in von der gemeinnützigen Initiative „agenda 4 e. V." initiierten Studiengängen in Deutschland, z. B. an der TU Berlin im REM-Studiengang, in Wuppertal an der Bergischen Universität, in Ingolstadt an der Universität Eichstätt-Ingolstadt im Studiengang ISP, junge Menschen dafür ausgebildet, solche symbolanalytischen Dienste zu erbringen.

2 Projektentwicklung als Teamaufgabe

Dr. Manfred Probst, Rechtsanwalt und Fachanwalt für Verwaltungsrecht, Seniorpartner in der Kanzlei Glock Liphart Probst, München

Rolle des beratenden Anwalts bei der Entwicklung komplexer Bauprojekte

Als ich am 3. November 1969 in die Sozietät Glock Liphart in München eintrat, beschäftigte sich die Kanzlei mit einem weiten Spektrum zivilrechtlicher Fragen, sowohl auf dem Felde der Prozesse als auch auf dem Gebiet der Rechtsberatung. In den ersten Jahren war ich vornehmlich mit Fragen des zivilen Baurechts mit dem Schwerpunkt Baumängelprozess sowie mit Problemen des Mietrechts und des Architektenvertragsrechts befasst.

Als 1972 die so genannte Freiwilligkeitsphase der bayerischen Gemeindegebietsreform begann, war dies für uns eine große Chance. Binnen weniger Jahre hatte die Kanzlei, die bis dahin so gut wie ausschließlich zivilrechtlich tätig war, über 600 Gemeinden im Freistaat Bayern im Zusammenhang mit der Gemeindegebietsreform zu beraten. In zahlreichen Prozessen vor dem Bayerischen Verfassungsgerichtshof und dem Bayerischen Verwaltungsgerichtshof konnte ich wertvolle Erfahrungen im Zusammenhang mit der Landesplanung, der Ortsplanung und der Entwicklung von Gemeinden und Städten sammeln.

Ab 1981 übertrug die Schörghuber-Unternehmensgruppe unserem Haus die begleitende Rechtsberatung bei der Entwicklung diverser Projekte – auch im Bereich verschiedener Gewerbe- und Spezialimmobilien. Seit diesem Zeitpunkt bin ich ausschließlich auf dem Gebiet der öffentlich-rechtlichen Beratung im Zusammenhang mit der Entwicklung komplexer Bauprojekte tätig. Im Jahr 1983 kam dann Rudolf Häusler hinzu, vor etwa acht Jahren Hans Wagner und seit fünf Jahren ergänzt Dr. Peter Eichhorn unsere „Projektentwicklungsgruppe".

Die Kanzlei ist inzwischen auf knapp 20 Anwälte angewachsen und gehört heute zu einer der wenigen in München, in denen sich vier Anwälte ausschließlich und tagtäglich mit der öffentlich-rechtlichen Beratung bei der Entwicklung komplexer Bauprojekte beschäftigen.

Wenn ich im Folgenden einige Erfahrungen und Empfehlungen aus diesem knappen Vierteljahrhundert wiedergebe, muss ich hierzu bemerken, dass die diesen Erfahrungen zugrunde liegenden Projekte im Bereich der Gewerbe- und Spezialimmobilien alle in München entstanden sind, sodass es nicht ausbleiben kann, auch auf einige Münchner Besonderheiten zu sprechen zu kommen.

Projektentwicklung als Teamaufgabe

Der Mandant darf und muss davon ausgehen, dass der auf das Gebiet des Planungsrechts spezialisierte Anwalt dieses Rechtsgebiet überschaut und – gegebenenfalls zusammen mit seinen ebenfalls auf diesem Gebiet tätigen Kollegen – auch beherrscht. Dies ist nicht immer einfach, zumal zahlreiche Rechtsänderungen, die der Bundesgesetzgeber auf dem Feld des Planungsrechts in den letzten Jahren vorgenommen hat, das vorgegebene Ziel, Planungs- und Genehmigungsverfahren spürbar zu beschleunigen, nicht immer erreichen, die Materie dagegen wesentlich verkomplizieren. Die Einführung der obligatorischen Umweltverträglichkeitsprüfung auch bei der Aufstellung von Bauleitplänen ist dafür nur ein, wenn auch gravierendes, Beispiel.

Unter diesen Umständen ist es nach meinen Erfahrungen unerlässlich, bei der Entwicklung komplexer Projekte gerade auf dem Feld der Gewerbe- und Spezialimmobilien, insbesondere auch der Einzelhandelsimmobilien, ein interdisziplinäres Team für die Projektentwicklung zusammenzustellen. Je nach dem einzelnen Fall sollte dieses Team aus den Vertretern des operativen Geschäfts beim Mandanten, den internen und externen Immobilienberatern des Mandanten, dem Architekten, dem Juristen und, falls im Einzelfall notwendig, auch einem Wirtschaftsprüfer und einem Facility Manager bestehen. Ferner scheint mir die permanente Unterstützung durch die jeweilige Unternehmensführung des Mandanten und die von Fall zu Fall notwendige Hinzunahme weiterer Projektmanagementkompetenz (etwa Beratung durch den späteren Center-Manager bei einem Einzelhandelsprojekt) als absolut notwendig.

Erst die Zusammenarbeit zwischen Vertretern der oben genannten Fachgruppen bietet die Gewähr für marktkonforme, nutzergerechte und wirtschaftlich optimale Lösungen.

Die erste Erfahrung dieser Art konnte ich bei der Entwicklung des Projektes Kaufinger Tor in München machen. Es handelte sich um ein interessantes Grundstück an einer der Münchner Haupteinkaufsstraßen, der Kaufinger Straße. Zuschnitt und Nachbarschaftsverhältnisse waren dagegen außerordentlich schwierig. Die Mandantschaft hatte sehr früh Herrn Professor Falk als externen Immobilienberater hinzugezogen. Mir wurde die Aufgabe übertragen, die Projektsitzungen zu moderieren und, neben der rein rechtlichen Beratung, für eine Integration der am Tisch sitzenden Fachleute (Vertreter der Mandantschaft, die Architekten Hilmer und Sattler, Herr Professor Falk als Immobilienberater sowie zahlreiche Fachingenieure usw.) zu sorgen.

Das Ergebnis wurde von der Fachwelt überwiegend positiv bewertet, wenngleich den an der Projektentwicklung Beteiligten schon damals bewusst war, dass eine gegenüber dem heutigen Zustand noch bessere Passantenfrequenz nur zu erreichen ist, wenn sich auch das südlich davon gelegene Areal des Süddeutschen Verlages öffnet und einer kommerziellen Nutzung zugeführt wird. Wie wir wissen, wird sich diese damals bereits bestehende Hoffnung nach der Veräußerung des Areals durch den Süddeutschen Verlag in einigen Jahren realisieren.

Meine auf dem Gebiet der Projektentwicklung tätigen Kollegen in der Kanzlei und ich haben seither viele interessante Gewerbe- und Spezialimmobilien, insbesondere auch Einzelhandelsimmobilien, in ihrer Entwicklung begleitet. Ich möchte in diesem Zusammenhang an folgende Beispiele erinnern: das Grundstück der Wacker-Chemie an der Prinzregentenstraße, das Projekt der HypoVereinsbank (Fünf Höfe) an der Theatinerstraße, die Entwicklung des Alten Hofs in München, das schwierige Löwenturm-Grundstück am Rindermarkt sowie die nicht ganz einfache Arrondierung des Areals der Feinkostfirma Dallmayr unmittelbar neben dem Alten Hof und – als letztes und vielleicht spektakulärstes Projekt in dieser Kette, die in diesem Falle umfassende, d. h. also auch das Zivilrecht einschließende Beratung unseres Hauses bei der Entwicklung und dem Bau der neuen Allianz-Arena in München-Fröttmaning.

„Säulen" im Team

Sprache der Mandanten

Es versteht sich von selbst, dass die wichtigste und gewissermaßen zentrale Säule im Team der Mandant ist. Es kommt für den Anwalt entscheidend darauf an, die Sprache des Mandanten zu sprechen. Der Anwalt mag noch so versiert in Fragen des Planungsrechts sein und mit den Problemen der Stadtentwicklung noch so vertraut, er wird keinen oder nur wenig Erfolg haben, wenn es ihm nicht gelingt, die – auch und gerade wirtschaftlichen – Wünsche des Mandanten zu erfassen und mitzuhelfen, diese Wünsche in die Realität umzusetzen. Dieses Erfassen der Mandantenwünsche verlangt die Fähigkeit, mit den Vorstellungen eines Einzeleigentümers genauso kooperativ umzugehen wie mit den in zahlreichen Gremien etwa eines Großkonzerns erarbeiteten Vorstellungen zu dem Endprodukt der jeweiligen Projektentwicklung.

Qualität des Architekten

Eine weitere zentrale Rolle nimmt der Architekt ein. In der Regel – und dies ist eine der von mir oben angemerkten Münchner Besonderheiten – geht das mit der Aufgabe betraute Architekturbüro in München aus einem wie immer gearteten Wettbewerb hervor.

Hier ist es auch die Aufgabe des beratenden Anwalts, beim Mandanten die Überzeugung zu wecken, dass die Architektur letztlich auch ein Qualitätsgarant für das jeweilige Projekt ist. Dabei steht natürlich die originäre Leistung des jeweiligen Architekturbüros im Vordergrund. Es darf jedoch nicht übersehen werden, dass dem Rechtsberater manchmal auch die Rolle der Integrationsfigur zwischen dem

Mandanten und dem Architekten zukommt. Dies hängt auch und zu einem nicht geringen Teil damit zusammen, dass sich nicht jede architektonische Vorstellung in das schwierige Geflecht bauplanungsrechtlicher und bauordnungsrechtlicher Vorschriften einpassen lässt. Ist das Projekt dann erfolgreich abgeschlossen und ist die Forderung des Mandanten an die Architektur erfüllt, dass diese neben den ästhetischen Funktionen auch der Garant für den wirtschaftlichen Erfolg ist, so sind all die oft schwierigen Gespräche in dem oben genannten interdisziplinären Projektteam vergessen und für den Betrachter überwiegt die Freude über ein auch architektonisch gelungenes Projekt.

Ich möchte auch hierzu auf einige Beispiele verweisen: das Kaufinger Tor (Architekturbüro Hilmer & Sattler, München), die Fünf Höfe (Architekturbüro Herzog & de Meuron, Basel, und Hilmer & Sattler), die Maximilianshöfe an der Maximilianstraße (Architekturbüro Gevers, Gevers & Kühn, Berlin), das Projekt neben dem Löwenturm am Rindermarkt (Architekturbüro Peter C. von Seidlein & Partner, München), Alter Hof (Architekturbüros Peter Kulka, Dresden und Köln sowie Auer & Weber, München) und – nicht zuletzt – die Allianz-Arena der beiden Vereine FC Bayern München und TSV München von 1860 in München-Fröttmaning (Architekturbüro Herzog & de Meuron).

Integrationsfunktion des Rechtsberaters

Im Folgenden sollen – gewissermaßen zur Abrundung des oben Gesagten – noch einige Punkte aufgezählt werden, die mir für die erfolgreiche Arbeit des Rechtsberaters bei der Entwicklung komplexer Gewerbeimmobilienprojekte besonders wichtig erscheinen.

Konsens

Der Anwalt sollte immer auf den Konsens bedacht sein. Dieser Konsens muss hergestellt werden zwischen den Vorstellungen des Mandanten und den damit gerade am Anfang oft nicht immer in Einklang stehenden Vorstellungen des Architekten, er muss hergestellt werden zwischen den Wünschen des Mandanten und den oft durch Rechtsvorschriften eingeschränkten Möglichkeiten zur Genehmigung, welche die Behörde hat oder zu haben glaubt. Und manchmal muss dieser Konsens auch hergestellt werden zwischen den ästhetischen Vorstellungen sowohl der Architekten als auch der Gremien der Stadt und den kommerziellen Vorstellungen, die der Mandant – und dies meistens zu Recht – hegt.

Interdisziplinarität

Schon oben habe ich darauf hingewiesen, dass die Sprache des Anwalts bei allen Gesprächen eine große Rolle spielt. Die juristische Ausbildung ist hierfür zwar eine unerlässliche Vorbedingung. Konsens und Integration in dem oben beschriebenen Sinne lassen sich jedoch nur herstellen, wenn der Anwalt über die rein fachliche Ausbildung hinaus Interesse und möglichst auch fundierte Kenntnisse auf weiteren Gebieten entwickelt.

Kommunalpolitik

Entscheidend ist auch das Verhältnis zur Kommunalpolitik. Ich selbst hatte das Glück, von 1972 bis 2002 die Komplexität kommunalpolitischer Fragen als Mitglied des Stadtrates der Großen Kreisstadt Dachau, insbesondere auf dem Feld der Stadtentwicklung, über drei Jahrzehnte hinweg kennen zu lernen. Mit diesem Hintergrund fiel es mir naturgemäß leichter, die komplexen und oft nicht einfach zu durchschauenden Zusammenhänge innerhalb der Münchner Kommunalpolitik zu erfassen und mich auf diesem Feld – und dies dezidiert als Vertreter des jeweiligen Mandanten – zu bewegen.

Natürlich gehört zu diesem Aufgabenfeld manchmal auch die nicht immer einfach zu erfüllende Pflicht des Anwalts, die Mandantschaft von der Notwendigkeit bestimmter kommunalpolitischer Entwicklungen und Entscheidungen zu überzeugen.

Ich möchte zu diesem Punkt auf ein Beispiel verweisen: die in München seit vielen Jahren geltende so genannte „sozialgerechte Bodennutzung". Die Stadt München hatte Mitte der 90er Jahre erkannt, dass die für sie unerlässlichen städtebaulichen Planungen in der Regel mit großen wirtschaftlichen Belastungen für den Stadthaushalt verbunden sind. Diese Belastungen hatten die Stadt zu diesem Zeitpunkt an die Grenze ihrer finanziellen Leistungsfähigkeit geführt. Inzwischen hatte sich die Unmöglichkeit, Kosten für Infrastruktur usw. im bisherigen Umfang aus Haushaltsmitteln zu finanzieren, zu einem gravierenden Planungshindernis entwickelt. Damals stand München vor der Alternative, seine Planungstätigkeit weitgehend einzuschränken oder im Zusammenwirken mit den Planungsbegünstigten, denen primär die Vorteile in Form von planungsbedingten Grundstückswertsteigerungen zufließen, die Finanzierung der ausgelösten Kosten sicherzustellen. Die Stadt München hat dies – ebenfalls eine der oben angemerkten Besonderheiten in dieser Stadt – mit den Verfahrensgrundsätzen zur sozialgerechten Bodennutzung in der Neufassung vom 10. Dezember 1997 bewerkstelligt.

Es versteht sich von selbst, dass der beratende Anwalt auch mit der Entwicklung und der Anwendung eines solchen Instrumentariums vertraut sein muss, wenn er für den Mandanten Erfolg haben will.

Ökonomische Zusammenhänge
Ebenso unerlässlich erscheint mir das Interesse des Anwalts für ökonomische Zusammenhänge. Da der Anwalt neben seinem eigentlichen Spezial- und Fachgebiet nicht für alle mit der Projektentwicklung in Zusammenhang stehenden weiteren Gebiete Kenntnisse entwickeln kann, empfiehlt sich hier das Hinzuziehen eines Partners.

So kommt es nicht von ungefähr, dass in unserem Hause ein Partner vor seinem Studium eine abgeschlossene Banklehre absolviert hat und sich auch nach dem Studium, etwa auf dem Gebiet der Grundstücksbewertung, ständig weiterbildet. Ein weiterer Partner ist auch Diplom-Ingenieur im Bauwesen. Ein dritter Anwalt schließlich hat als Zweitstudium ein komplettes Studium der Betriebswirtschaftslehre absolviert.

Nur mit diesem Hintergrund lassen sich die ökonomischen Zusammenhänge und insbesondere die ökonomischen Interessen des Mandanten, aber auch die Interessen der anderen an dem jeweiligen Projekt Beteiligten sachgemäß erfassen und für den vom Mandanten angestrebten Erfolg nutzbar machen.

Stadtentwicklung
So gut wie unerlässlich ist für den Rechtsbegleiter bei schwierigen Bauprojekten zumindest ein sehr starkes Interesse für Stadt und Architektur: Der Anwalt sollte sich mit der Stadtentwicklung beschäftigen. Ich nenne hier z. B. die Münchner Hochhausdebatte einerseits und die Standortsuche für das neue Fußballstadion andererseits.

Aber auch die Stadtplanung sollte von dem die Projekte begleitenden Anwalt mit großem Interesse verfolgt werden. Dabei ist klar, dass sich Stadtentwicklung und Stadtplanung oft überschneiden: Man denke nur an die Rolle des Einzelhandels als Garant für die Aufrechterhaltung liebens- und lebenswerter Innenstädte. Die Revitalisierung unserer Innenstädte ist nur möglich, wenn allen an den jeweiligen Projekten Beteiligten klar ist, dass die Ansiedlung und Stärkung der Einzelhandelsunternehmen in den Innenstädten ein Erfolg versprechendes Instrument für die Stärkung eben dieser Innenstädte ist. Die oben genannten Entwicklungen Kaufinger Tor, Fünf Höfe, Maximilianshöfe, Alter Hof, Dallmayr und Löwenturm sind dafür beredte Beispiele.

Aber auch den eigentlichen Städtebau sollte der beratende Anwalt nicht aus dem Auge verlieren. Ich darf hier als Beispiel an die Entwicklung des im Eigentum der Bayerischen Immobilien AG (Schörghuber-Unternehmensgruppe) stehenden Grundstücks an der Welfenstraße erinnern, das zwischen dem Gelände Paulaner und dem Ostfriedhof, direkt an dem Südring der Bahn liegt. Nur wer den Wettbewerb für dieses schwierig zu bebauende Gelände über die Erfüllung rein rechtlicher Vorschriften hinaus, also auch im städtebaulichen Sinne, im Gespräch mit dem Mandanten und den Architekten sachgerecht mitverfolgen kann, hat die Chance, einem solchen Projekt zum Erfolg zu verhelfen. Dass dies auch und gerade für die Architektur im engeren Sinne gilt, wurde oben schon erwähnt.

Historischer Hintergrund

Schließlich geht es bei manchen besonders schwierigen Projekten auch um die Erfassung des historischen Hintergrundes eines Projektes in einem ganz bestimmten Stadtquartier.

Als Beispiel hierfür möchte ich auf die Entwicklung der Lenbach-Gärten im Geviert zwischen Luisenstraße, Karlstraße, Meiserstraße und Sophienstraße hinweisen. Hier war wichtig, mitzuhelfen, den historischen Hintergrund für alle Projektbeteiligten, besonders aber für den Projektentwickler zu verdeutlichen. München ist heute eine Hochburg der Wissenschaften, der Wissensproduktion und der Wissensverwaltung. Die Stadt beherbergt das Deutsche und das Europäische Patentamt, die Max-Planck-Gesellschaft, die Ludwig-Maximilians-Universität, die Technische Universität, die Akademie der Bildenden Künste und viele Firmensitze der privaten wissensbasierten Wirtschaft. Stadtgestalt, Infrastruktur, Freizeitwert, Bildungsstand, sozialer Friede und eine kooperative Politik haben diese ungewöhnliche Konstellation begründet.

Der Ursprung dieser Entwicklung liegt in der Maxvorstadt, die damit gewissermaßen zu einem geistig wichtigen Hintergrund für die Entwicklung der Lenbach-Gärten wurde. In diesem speziellen Fall kommt noch die gegenüberliegende Basilika St. Bonifaz an der Karlstraße mit dem Kloster hinzu. Hier tat sich für den Projektentwickler gewissermaßen ein ganzer Kosmos geistiger und geschichtlicher Beziehungen auf, die bei der Projektentwicklung zu berücksichtigen und durch die beiden Architekturbüros Steidle & Partner sowie Hilmer & Sattler und Albrecht nach Möglichkeit mit umzusetzen waren.

Vertrauen als Zentralpunkt der Tätigkeit des Rechtsberaters

Die oben stehenden Erkenntnisse, Erfahrungen, Beobachtungen und nicht zuletzt die Empfehlungen münden in die eine unumstößliche Erkenntnis, dass der Rechtsberater bei der Entwicklung komplexer Bauprojekte, insbesondere auch bei der Entwicklung von Gewerbe- und Spezialimmobilien, eine Person sein muss, die das Vertrauen des Mandanten und damit des Eigentümers und/oder Investors, der externen Immobilienberater, der Architekten, der Ingenieure, der Ökonomen und sämtlicher übrigen am Projekt Beteiligten genießt.

Dieses Vertrauen ist nicht nur für die Erreichung des Erfolgs von zentraler Bedeutung. Es ist vielmehr auch unumgänglich notwendig für die Legitimierung unseres Handelns. Alle am Projekt Beteiligten werden in Zukunft mehr als bisher gefragt werden, ob und in welchem Maße sie mit einem bestimmten Projekt die Umwelt und die Gesellschaft nicht nur bereichern, sondern vielleicht auch belasten. Solchen Belastungen darf und muss der Aspekt entgegengestellt werden, dass Projekte Arbeitsplätze schaffen, den Wohlstand nicht nur des Eigentümers oder Investors vermehren sowie zu erwünschten Steuerzahlungen und im einen oder anderen Falle vielleicht auch zu Umweltentlastungen führen.

Das gesellschaftspolitische Erscheinungsbild von Eigentümer, Investor, Projektentwickler und – nicht zuletzt – auch den übrigen an der Entwicklung eines Projektes Beteiligten und somit auch des das Projekt begleitenden Anwalts wird in Zukunft mehr als bisher von diesen Faktoren bestimmt werden.

Mitzuhelfen, diese Faktoren in ein für die Gesamtgesellschaft sinnvolles Gleichgewicht zu bringen, ist die Aufgabe des beratenden Anwalts. Wenn ihm die übrigen an dem Projekt Beteiligten, insbesondere aber sein Mandant dieses Vertrauen schenken, ist seine Mission erfüllbar.

Es ist ein Glücksfall, dass diese Voraussetzung in der Stadt München auch im Verhältnis zu Politik und Verwaltung erfüllt ist; eine – und vielleicht die wichtigste – Münchner Besonderheit.

**3   Thematisiertes Nutzerkonzept – wichtiger Erfolgsfaktor
         für Immobilieninvestitionen**

Dipl.-Ing. Rolf Lechner, Vorstand der immobilien-experten ag, Berlin

In der heutigen Zeit könnte ein Immobilieninvestor, Initiator oder ein allgemein in der Immobilienbranche tätiger Unternehmer eigentlich nur in tiefe Depression verfallen: Gravierende Leerstände bei Wohn- und Gewerbeimmobilien, radikale Streichung von Steuervergünstigungen – das sind nicht gerade rosige Konjunkturaussichten, die durch strukturelle Probleme am Arbeitsmarkt und in den Sozialversicherungssystemen noch verdüstert werden. Hinzu kommen die für Investoren bedeutsamen Langfristprognosen über die Bevölkerungsentwicklung, durch die das Menetekel entvölkerter Landstriche mit einem gigantischen Leerstand an Wohn- und Gewerbeimmobilien, eines Zusammenbruchs der sozialen Sicherungssysteme sowie eines gravierenden Arbeitskräfte-, besonders Facharbeitermangels mit entsprechenden negativen Wachstumsaussichten für Deutschland an die Wand gemalt wird.

Gibt es bei diesen Aussichten zukünftig noch eine nennenswerte Nachfrage nach bzw. einen Bedarf an zusätzlichen oder sanierten Wohn- und Gewerbeimmobilien? Sollte man sich als ein in der Immobilienbranche tätiger Unternehmer nicht ernsthaft über einen Branchenwechsel Gedanken machen? Sind Immobilieninvestitionen, weil wenig renditeträchtig oder gar verlustbringend, heute und in Zukunft nicht „out"?

Ich teile solche Überlegungen aufgrund der Analyse der volkswirtschaftlichen Rahmendaten nicht. Die Perspektiven für ein längerfristiges Engagement in Immobilien sehe ich durchaus positiv, weil das wirtschaftliche Umfeld in der Mittel- bis Langfristbetrachtung sehr viel besser ist, als es häufig von „Berufspessimisten" dargestellt wird. Aber für erfolgreiche Immobilieninvestitionen sind innovative Erfolgsrezepte gefragt. Da sich ein Projektentwickler oft in gesättigten Märkten bewegt oder unfreiwillig durch den Zeitablauf dort landet, sollte er immer besser als der Wettbewerb und bestrebt sein, das eigene Risiko zu begrenzen.

Zielgruppenorientierte Leitidee

Aufgrund meiner fast 40-jährigen Erfahrung habe ich bei der Projektentwicklung eine starke Präferenz für das so genannte „thematisierte Nutzerkonzept", das – auf einen Nenner gebracht – beinhaltet, dass eine zielgruppenorientierte Leitidee für die spätere Nutzung von vornherein den gesamten Planungs-, Realisierungs- und Bewirtschaftungsprozess bestimmt.

Der Lebenszyklus einer wirtschaftlich genutzten Immobilie durchläuft in der Regel sechs Phasen:

- Analyse- und Prüfungsphase,
- Definitionsphase,
- Konzeptionsphase,
- Realisierungsphase,
- Bewirtschaftungsphase und schließlich – hier beginnt der Zyklus neu:
- Aussonderungsphase.

Wichtig und bedeutsam sind alle Phasen. Ich konzentriere mich hier auf die Definitions- und die Konzeptionsphase.

In der Definitionsphase sind grundsätzlich alle möglichen Nutzeranforderungen mit den Gegebenheiten abzugleichen, einschließlich der Erstellung eines Funktions- und Flächenprogramms. Es geht dabei um die Beantwortung der Frage, was mit der vorgegebenen Liegenschaft im Sinne einer profitablen Vermarktung getan werden kann. Das mit dem Projekt befasste Team muss dabei in einem gemeinsamen Brainstorming alle möglichen Ideen vorbringen, die dann gefiltert werden. Nach und nach wird in einem kreativen Prozess eine brauchbare Leitidee konkretisiert, die die Grundlage eines thematisierten Nutzerkonzeptes bildet.

Die Konzeptionsphase ist in meinen Augen die wichtigste. In jedem Fall ist oder sollte sie diejenige sein, für die der höchste Zeitaufwand, viel Phantasie – im Sinne von am Markt orientierten Visionen – sowie Sachverstand und Erfahrung aufzubringen sind, da in diesem Stadium die Entscheidungen über die zukünftige Nutzung(en) getroffen werden. Hier sollte aus meiner Sicht nach dem thematisierten Nutzerkonzept vorgegangen werden. Richtig verstanden und umgesetzt bedeutet dies in Kurzform: eine klare, auf genau abgegrenzte Zielgruppen ausgerichtete konkrete konzeptionelle Spezifizierung des gesamten Projektes. Etwas genauer umfasst dieses Konzept folgende Einzelpunkte:

- Die gewünschte Zielgruppe potenzieller Nutzer ist unbedingt zunächst festzulegen, deren voraussichtliche Anforderungen an das Projekt sind differenziert und detailliert zu dokumentieren sowie deren zukünftige Entwicklungschancen möglichst exakt zu prognostizieren. Hierzu gehört auch die Abgleichung der geplanten wirtschaftlichen Tragfähigkeit des Projektes mit der Zahlungsbereitschaft bzw. Zahlungsfähigkeit der angepeilten Zielgruppe. Absolut erforderlich dafür sind umfangreiche Standort- und Marktanalysen.

- Keine wirtschaftlich interessante Zielgruppe ist völlig homogen. Auch in einem „reinen" Ärztehaus bestehen je nach Fachausrichtung sehr unterschiedliche Anforderungen an Raumausstattung und -gestaltung. Es gilt ganz allgemein, dass mit der Größe der Zielgruppe deren Heterogenität (und potenzielle Kaufkraft bzw. Nachfrage) wächst. Hieraus leitet sich die Forderung ab, nicht nur das Projektvolumen, sondern speziell auch die Projektspezifizierung mit den Zielgruppenanforderungen kompatibel zu gestalten. Dies bedeutet faktisch eine gezielte, auf ein spezielles Nachfragesegment optimal abgestellte Projektorientierung unter bewusster Ausgrenzung der Restmenge des Marktes. Es handelt sich somit um ein klar definiertes, durch Bedarfsanalysen gestütztes Nutzerkonzept bei der Projektgestaltung.

  Konträr dazu steht, wie häufig zu beobachten, eine mehr oder weniger im Unverbindlichen bleibende Angebotsplanung und -durchführung, die allein von der Hoffnung getragen wird, die Vielzahl und Vielfalt der nicht genau bekannten Nachfragewünsche würden allein schon wegen deren großer Bandbreite und unspezifizierter Nutzerprofile eine erfolgreiche Vermarktung garantieren.

  Die in einem solcherart thematisierten Nutzerkonzept implizierte Optimierung zwischen eindeutig definierten und abgegrenzten gruppenspezifischen Nachfrageanforderungen und Potenzialen einerseits sowie Projektgestaltung andererseits ist keineswegs einfach. Doch eine solche gezielte Ausrichtung auf einzelne Nachfragesegmente in Form einer bewussten Nachfrage- oder Nutzerorientierung ist aus meiner Sicht der einzig erfolgversprechende Weg für zukünftige Anbieter im Immobilienbereich. Das Schlagwort von der möglichst großen Flexibilität oder der Multifunktionalität in der Angebotsgestaltung führt auch im Immobilienbereich häufig in die nichtssagende Unverbindlichkeit, die letztlich kein Nachfragesegment bzw. keine Zielgruppe vollständig zufrieden stellt.

- Die Lage bzw. das Umfeld sind je nach angepeilter Zielgruppe besser oder schlechter. Schon bei der Auswahl von Grundstücken oder Gebäuden sollen daher in der konzeptionellen Phase die Zielgruppenanforderungen und -potenziale als Leitlinie dienen und nicht umgekehrt. Sind die Flächen und das Umfeld vorgegeben, z.B. beim Recycling, muss zwangsläufig die Suche nach entsprechenden Zielgruppen intensiviert werden, um eine optimale „Passform" bzw. eine bestmögliche Ausnutzung der Synergiepotenziale zu erreichen. Diesem eventuellen Nachteil steht jedoch häufig ein entscheidender Vorteil gegenüber: Unter ökonomischen Gesichtspunkten sind insbesondere relativ innenstadtnahe Industrie- oder Gewerbegebiete für das Flächen- und Gebäude-Recycling interessant. So sind ehemals periphere Standorte durch die Ausdehnung der Städte häufig in integrierte Lagen hineingewachsen und verfügen neben einer attraktiven Innenstadtnähe oft auch über eine gute Infrastruktur. Damit aber nicht genug: Diese im Grunde statische Betrachtung des Status quo ist durch eine dynamische Sichtweise zu ergänzen. Umfeld- und Standortentwicklung, unter Beachtung des absehbaren technologischen Fortschritts und des Strukturwandels, sind zu antizipieren, um nicht kurz nach Fertigstellung negative „Standortüberraschungen" zu erleben, die eine weitere profitable Vermarktung infrage stellen.

- Ich habe darauf hingewiesen, dass keine völlig homogenen Zielgruppen existieren. Andererseits überschneiden sich die Nachfrageprofile von einigen wenigen ausgewählten Gruppen – mit unterschiedlichen, gleichwohl aber nicht sehr weit auseinander liegenden Schwerpunkten. Erforderlich ist daher, die Projektkonzeption planerisch auf wenige solcher Alternativen (innerhalb oder zwischen Zielgruppen) abzustellen. Dies wiederum erfordert, die eventuell notwendigen Umrüstkosten bzw. Kostenunterschiede aufzuzeigen um – fast noch wichtiger – zu einer den Projektablauf begleitenden ständigen Marktbeobachtung der ausgewählten Marktsegmente zu kommen. Anders formuliert: Von Anfang an ist ein „Risikomanagement" erforderlich.

- Die Festlegung auf ein ganz bestimmtes, nur auf eine einzige Zielgruppe hin orientiertes Anforderungsprofil birgt natürlich die Gefahr der Inflexibilität. Ein schneller, sich in drei bis vier Jahren vollziehender oder auch nur abzeichnender, vielleicht sogar nur erwarteter nachfrageseitiger Strukturwandel kann die beste Strategie kostenträchtig zunichte machen, wenn systemimmanent keine Ausweichmöglichkeiten eingebaut sind.

Das bisher beschriebene thematisierte Nutzerkonzept wäre völlig falsch verstanden – und würde sich am Markt wohl auch nicht oder nur sehr schwer durchsetzen -, wenn es starr oder inflexibel wäre. Flexible Ausweichmöglichkeiten können einmal darin bestehen, dass die Nutzungsausrichtung in gewissen Grenzen variiert werden kann. Ich spreche hier von einer „inhärenten Flexibilität der Nutzung" oder, um es mit einem Schlagwort zu belegen, von einer „Built-in Flexibility". Zum anderen bleibt – naturgemäß in engem Rahmen – die Option einer echten Alternativnutzung oder einer „Outside Flexibility", die allerdings kostenträchtiger ist und aus diesem Grund eher an zweiter Stelle steht. In jedem Falle sollten aber schon in der konzeptionellen Phase beide Alternativen ernsthaft bedacht und in die Planung aufgenommen werden.

Es steht außer Frage, dass das vorstehend beschriebene thematisierte Nutzerkonzept als Leitidee für erfolgreiche Immobilieninvestitionen an den Initiator/Investor, speziell bei Gewerbeimmobilien, sehr hohe fachliche Anforderungen stellt. Eine realistische Einschätzung der zukünftigen Entwicklung zeigt allerdings, dass dies wahrscheinlich die einzig erfolgreiche Strategie in diesem Markt ist, da die Standard-08/15-(Gewerbe-)Immobilie die Bauruine der Zukunft sein wird. Es muss an dieser Stelle nochmals betont werden, dass die Zeitdauer, die die Entwicklung und Umsetzung dieses Konzeptes erfordert, nicht unerheblich ist und von dem Verantwortlichen ein umfangreiches Fachwissen verlangt.

Strategische Allianz

In diesem Zusammenhang möchte ich Ihr Augenmerk auf eine für mich unabdingbare Notwendigkeit einer erfolgreichen Projektentwicklung lenken: Bereits zu Beginn eines Projektes muss ein Team, ein Netzwerk qualifizierter Leistungspartner, eine strategische Allianz, die alle wichtigen Fachgebiete abdeckt, gebildet werden. Nur durch die frühzeitige Einbindung aller wesentlichen Disziplinen werden Fehlentwicklungen und Wissensdefizite vermieden und Produktivität sowie Effizienz gesteigert. Dahinter steht die Idee bzw., wenn man will, die Philosophie, dass sich in unserem Wirtschaftsleben das allgemeine Konzept der projektbezogenen Partnerschaft zwischen Unternehmern, Finanziers, Freiberuflern und allgemeinen Organisationen immer stärker durchsetzt.

Jeder Partner wird sich auf das konzentrieren, was er am besten kann und sich mit Dritten, die etwas Wertvolles, etwas für das am Kundennutzen orientierte Produkt- und Dienstleistungsangebot Unerlässliches und Einzigartiges anzubieten haben, zusammentun. Dies ist letztlich nichts anderes als die konsequente Umsetzung der schon von Adam Smith propagierten Arbeitsteilung auf den großen Bereich der Immobilieninvestitionen. Wir leben in einer spezialisierten Welt: Jeder kann nicht auf allen Gebieten Spitzenleistungen erbringen. Versucht er es, wird er scheitern, da er überall im besten Falle nur Durchschnitt bleibt. Im Immobilienbereich liegen Welten zwischen den Anforderungen an, z. B. eine erfolgreiche Sanierung (Recycling), die Erstellung moderner Bürogebäude, preisgünstige Wohnimmobilien oder solcher des gehobenen Bedarfs. Hier ist Spezialisierung gefragt und überlebensnotwendig.

Klar definierte Nutzerkreise

Das thematisierte Nutzerkonzept beschränkt die zukünftige Nutzung ganz bewusst auf einen oder ganz wenige klar definierte Nutzerkreise. Damit stellt es im Prinzip nichts anderes dar als die Übertragung der in vielen Unternehmen verfolgten Idee der Konzentration auf die Kernkompetenz, die heute als Überlebensstrategie praktiziert wird, in die Sphäre der konzeptionellen Planung. Um es einfacher auszudrücken: Auch bei der Konzeption sollte man nicht auf allen Hochzeiten tanzen wollen, denn wer sich alle Seiten offen hält, bleibt im Unverbindlichen und wird am Ende häufig nur zweiter Sieger.

Hält man das eben beschriebene Konzept für zukunftsträchtig, lässt sich nochmals eine Folgerung ziehen: Für die konkrete Umsetzung eines richtig verstandenen und somit erfolgversprechenden thematisierten Nutzerkonzeptes bedarf es eines fachkundigen Rates. Nur Immobilienexperten sind in der Lage, die vielschichtigen Probleme zu erkennen, entsprechende Vorarbeiten zu leisten, Marktanalysen zu bewerten, konzeptionelle Vorschläge zu erarbeiten sowie Architekten zu beauftragen, zu beurteilen und zu überwachen. Sind diese Experten nicht im eigenen Haus verfügbar, muss und sollte man auf entsprechende Spezialisten mit langjähriger Erfahrung außer Haus zurückgreifen. Erfahrung und Wissen lassen sich kaufen. Das kostet zwar Geld, lohnt sich aber im Ergebnis immer.

Beispiel aus der Praxis

An einem Beispiel aus meiner eigenen Praxis – die Spreespeicher im Berliner Osthafen – möchte ich aufzeigen, wie die Vorgehensweise nach dem thematisierten Nutzerkonzept einen Misserfolg verhindert und die intelligente Umsetzung einer Leitidee zum Erfolg führt.

1995 habe ich ein rund 13.000 m² großes Grundstück im Berliner Osthafen an der Oberbaumbrücke von der Berliner Hafen- und Lagergesellschaft erworben. Direkt am Ufer der Spree mit Blick auf das Kreuzberger Ufer stehen der in klassizistischem Stil erbaute achtgeschossige Getreidespeicher aus dem Jahre 1913 sowie das 1929 in einer strengen Bauhausarchitektur errichtete Eierkühlhaus – die „weiße Box im Bauhausstil". Hier lagerten zu DDR-Zeiten bis zu 60 Mio. Eier. Die beiden unter Denkmalschutz stehenden Gebäude sollten einer neuen wirtschaftlichen Nutzung zugeführt werden.

In der Definitionsphase wurde die Leitidee eines ganzjährig geöffneten Ausstellungs- und Orderzentrums für Hersteller von Produkten, die unter das Thema „Wohnen und Arbeiten" fallen, geboren. Das Projekt erhielt die Bezeichnung „Design- und Expo-Center". Mieterzielgruppe waren vorrangig Hersteller, die in ihren Showrooms zur Unterstützung des Fachhandels ihre neuesten Produkte in einer Art permanenter Messe darstellen sollten. Die Bauplanung sah eine Nutzfläche von insgesamt rund 36.000 m² in den Gebäuden vor, die sich wie folgt aufteilte: Showrooms ca. 29.000 m², Ateliers ca. 6.000 m², Gastronomie ca. 1.000 m². Wir kooperierten mit einem in London angesiedelten Unternehmen, das eine ehemalige Viehmarkthalle im Stadtteil Islington zu einer ähnlichen Nutzung umgebaut hatte und erfolgreich betrieb. Dieses Unternehmen erarbeitete eine Standort- und Marktanalyse mit positivem Ergebnis.

Um für die Investition in Höhe von rund 90 Mio. Euro Sicherheit zu gewinnen, wollten wir in der Konzeptionsphase mit den wichtigsten infrage kommenden Herstellerfirmen Mietvorverträge abschließen. Die Hersteller – zunächst euphorisch auf unser Konzept reagierend – befragten ihre Fachhändler, über die, im Gegensatz zu Großbritannien, fast der gesamte Absatz erfolgt. Die Fachhändler standen dem Vorhaben skeptisch, überwiegend ablehnend gegenüber. Sie werteten die Absicht der Hersteller, Showrooms zu ihrer Unterstützung einzurichten, als ersten Schritt, sie aus der Absatzkette auszuschließen.

Bedingt durch den Widerstand der Fachhändler wurden keine Mietvorverträge abgeschlossen. Wir mussten erkennen, dass das thematisierte Nutzerkonzept einer permanenten Messe für Produkte im Umfeld des Wohnens und Arbeitens gescheitert war. Aufgrund unserer Vorgehensweise haben wir den zu erwartenden Misserfolg der Projektidee rechtzeitig erkannt und vermutlich Millionenverluste vermieden, ein wesentlicher Aspekt, warum ich ein Verfechter des thematisierten Nutzerkonzeptes bin.

Misserfolge sind statistisch viel weiter verbreitet als Erfolge, nur redet im Normalfall keiner darüber. Im Gegensatz zur Erfolgsbesessenheit unserer heutigen Gesellschaft stimmt der Philosoph Sir Karl Popper geradezu ein Loblied auf den Misserfolg an. Lernen, im Sinne von Gewinn an geistiger Reife, kann der Mensch nach Popper nur aus Fehlern und Irrtümern. Deshalb sei der Misserfolg als Chance zu sehen.

So sahen wir das auch bei den Spreespeichern. Ein völlig neues thematisiertes Nutzerkonzept musste gefunden werden. Wir kreierten im Projektteam die Leitidee, die Spreespeicher sollten sich nunmehr als „Zentrum für kreatives Arbeiten" profilieren. Dabei ist dieser Begriff eher weit zu fassen. Er beinhaltet einerseits die klassischen kreativen Branchen aus dem Werbe-, Medien-, Entertainment- und Kulturbereich. Es sind aber auch die innovativen Unternehmen der Computer-, Telekommunikations- und Mikroelektronikindustrie einzubeziehen. Als dritte Zielgruppe sahen wir unternehmensbezogene Dienstleister wie Steuerberater, Rechtsanwälte, Architekten usw.

Das Flächenangebot bestand jetzt aus rund 36.000 m² Bürolofts sowie ca. 1.000 m² Gastronomie und Ladenflächen in den Erdgeschossen. Die Lofts sollten in einem relativ einfachen, kostengünstigen Standard, der eine Fußboden- und Wandsanierung unter weitestgehender Erhaltung der alten Strukturen beinhaltete, ausgebaut werden. Dieses Basisangebot, das Grundlage eines eigenen Ausbaus durch den Mieter sein konnte, wurde durch Zusatzangebote, z. B. leichte Trennwände, Sonnenschutz, abgehängte Decken, Teeküchen usw., ergänzt.

Dieses neu thematisierte Nutzerkonzept wurde ein voller Erfolg. Das gesamte ehemalige Eierkühlhaus mit rund 18.000 m² Nutzfläche wurde von Universal Music, dem weltgrößten Musikkonzern mit Marken wie Polydor und Mercury, angemietet. Dessen Deutschlandzentrale, früher in Hamburg angesiedelt, wurde mit seinen rund 500 Mitarbeitern an die Spree verlegt. Im Getreidespeicher haben sich vorrangig Unternehmen der so genannten TIME-Branchen (Telekommunikation, Informationstechnik, Medien und Entertainment), ergänzt durch Werbeagenturen, Grafiker, Fitness-Center und Gastronomie, angesiedelt, vielfach im Gefolge des im Nachbargebäude residierenden Musikriesen.

Ich hoffe, mit dem thematisierten Nutzerkonzept etwas Brauchbares und in der Praxis Anwendbares vermittelt zu haben. Halten Sie es mit Sir Karl Popper: Der Misserfolg gehört zu unserem täglichen Leben wie der Erfolg. In letzter Konsequenz ist Erfolg kein restloses Kalkül. Man muss an ihn glauben, ohne den Boden der Realität zu verlassen. Erfolgreiche Immobilieninvestoren haben keine Illusionen, sondern setzen ihre Visionen in die Tat um. Hierzu ist das thematisierte Nutzerkonzept bestens geeignet.

III Zur städtebaulichen Entwicklung

1 Gewerbeimmobilien aus der Sicht der Stadtentwicklung

Prof. Dr. Martin Wentz, Stadtplaner/Projektentwickler,
Wentz Concept Projektstrategie GmbH, Frankfurt am Main

Spezialimmobilien - historisch gesehen

Gewerbe- und Spezialimmobilien waren historisch gesehen zumeist etwas mehr als nur einfache Produktions- und Logistikkisten. Im weitesten Sinne ihrer Definition haben sie eine bereits Jahrtausende alte Tradition: von den antiken Foren und Marktplätzen über Regierungsgebäude und Paläste bis hin zu Trutzburgen, über Produktionsstätten, Kult- und Kulturtempel bis hin zu kommerziellen Bauten. Allen diesen Bauwerken gemeinsam war und ist bis in die heutige Zeit, dass sie mehreren Zwecken zugleich dienten und auch heute dienen:

- Natürlich beherbergten sie zuallererst die bei ihrer Errichtung beabsichtigten und benötigten Funktionen. Sie dienten den notwendigen Geschäften im weitesten Sinne, den öffentlichen oder privaten, den kommerziellen oder produktionsorientierten, den kulturellen oder sozialen.

- Darüber hinaus hatten diese Bauwerke stets auch einen repräsentativen Charakter. Sie standen für die Ästhetik und den Anspruch ihrer Bauherren. Sie drückten materielles und ideelles Vermögen, ja auch Stolz und häufig auch Einzigartigkeit aus, unabhängig vom individuellen Reichtum ihrer Eigentümer.

- Diese Immobilien symbolisierten und genügten ihrer jeweiligen Epoche und Funktion über die jeweils unmittelbare Zweckbestimmung hinaus. Zwar dienten sie ihrem Zweck, aber der Zweck war, z. B. gegenüber dem gewöhnlichen Wohnungsbau, der die Städte mit profanen Bauwerken vorrangig bestimmte, „nicht alles"; gerade Spezialimmobilien drückten häufig das entscheidende „Mehr-als-das-Übliche" aus.

- Damit gaben Spezialimmobilien den Städten – neben den orts- und ländertypisch bevorzugten Architektursprachen und Baumaterialien der Gebäude – ihren jeweiligen besonderen Charakter. Die Städte sind aus ihrer historischen Entwicklung heraus eben nicht uniform, sondern unverwechselbar, u. a. gerade wegen der architektonisch unterschiedlichen Ausprägung ihrer Spezialimmobilien.

- Spezialimmobilien wurden zumeist – eben anders als Profanbauten – eher für die „Ewigkeit" gebaut als für Verschleiß, Verbrauch oder schnelle Abnutzung. Vereinfacht argumentiert heißt das: Fabrikgebäude des 19. Jahrhunderts entwickeln häufig auch heute noch einen besonderen Charme und ermöglichen damit – auch wirtschaftlich – Zweit- oder Drittnutzungen mit ausreichender Rentabilität.

Ist dies alles nur Nostalgie? Sind dies nur Gedankenspielereien über vergangene Jahrhunderte unwirtschaftlicher und damit sinnloser Ressourcenverschwendung? Haben sich im besten Fall frühere Generationen noch eine repräsentative Verschwendung wirtschaftlicher Potenziale erlaubt, die in unserer heutigen Ökonomie mit dem Preis des Existenzverlustes bestraft würde?

Standorte und Städte

Standorte und die Herausbildung wirtschaftlich wertvoller Standortvorteile werden von Menschen gemacht, das wussten die „Antiken", wie es die heutigen „Shareholder" wissen. Standorte können – auch in zeitlicher Folge – unterschiedliche Qualitäten entwickeln, erfolgreich konkurrieren oder verlieren. Der jeweilige wirtschaftliche Erfolg der Individuen wie der Wirtschaftsunternehmen hängt zumeist von der strategischen, langfristigen Entwicklung und den besonderen Chancen der in Anspruch genommenen Standorte ab.

Wer aber ist verantwortlich für die strategische Entwicklung der jeweiligen Standorte, für Prosperität, Stagnation oder Verfall? Natürlich sind dies in erster Linie die politisch Verantwortlichen und die Verwaltungen der jeweiligen Kommunen und Länder. Sie steuern den Prozess der grundsätzlichen Entscheidungen und infrastrukturellen Investitionen. Damit werden wichtige und notwendige Entwicklungspotenziale und Grundlagen für die Standortentwicklung geschaffen – oder eben auch versäumt.

Die wirtschaftlichen Folgen der Stadtentwicklungspolitik werden – im Positiven wie im Negativen – häufig erst viele Jahre und Jahrzehnte später sichtbar und wirksam. Dieser Fakt macht jede Planungspolitik mit langfristig angelegten Entscheidungen brisant und leicht angreifbar, vor allem wenn mit den notwendigen Entscheidungen nicht gleichzeitig den unmittelbaren Bedürfnissen der Bevölkerung Rechnung getragen werden kann. Dieses Dilemma führt zumeist zu einer typisch kurzatmigen Politikstruktur.

Private Investitionen

Neben dieser grundsätzlichen politischen Aufgabenstellung gibt es aber auch eine zweite Seite, die der privaten Investitionen. Der räumliche, städtebauliche Charakter der Städte und Standorte wird durch Gebäude erzeugt, die zum überwiegenden Teil als private Investitionen errichtet wurden. Im Spektrum dieser Gebäude übernehmen Spezialimmobilien besondere Aufgaben in der Prägung des Bildes und der Identität der jeweiligen Stadt.

In den letzten Jahrzehnten wurden die Einfahrten in unsere Städte immer langweiliger und austauschbarer. Einfachste Gewerbebauten, Logistikkisten und Fast-Food-Hütten prägen heute das Bild, zeigen Beliebigkeit und Öde. Die Internationalisierung und Standardisierung der Architekturansprüche führt bei den gewerblichen Bauten in den Städten zum analogen Ergebnis. Damit verlieren Städte und Standorte an spezifischer Qualität und Werthaltigkeit.

Anders ausgedrückt: Selbstverständlich werden werthaltige Standorte in Städten mit Standortvorteilen gebraucht, gleichzeitig werden sie aber auch verbraucht - im Sinne einer baulich wenig ansprechenden, die Standortqualität nicht fördernden Architektur. Die historische Symbiose der gestaltenden öffentlichen Hand und der ausgestaltenden privaten Bauherren scheint nur noch eingeschränkt wirksam zu sein.

Sind also im Laufe der Jahre die einen, die Investoren, zu Anspruchsnehmern geworden und die anderen, die Öffentlichen, darauf reduziert diese Ansprüche zu befriedigen? Das kann schon mittelfristig nicht funktionieren. Standortqualität, Adressenbildung, Lagevorteile entstanden schon immer aus der Bündelung aller Kräfte, in den öffentlichen und privaten Räumen, und auch durch öffentliche und private Spezialimmobilien. Dieses Zusammenspiel mit der gegenseitigen Selbstverstärkung hat erst die Qualität der Städte ermöglicht. Findet es nicht statt, wird der von der öffentlichen Hand aufzuwendende Ressourcenaufwand um ein Vielfaches größer oder die Lagequalität sinkt. Mit ihr sinkt dann auch die Werthaltigkeit des Standortes.

Qualität der Bauwerke, Qualität des Standortes

Standorte sind gebaute Substanz, die von Menschen mit Leben und, so sie ein entsprechendes Umfeld erzeugen, auch mit Erfolg genutzt und weiterentwickelt werden können - zu kulturellen, sozialen und auch zu wirtschaftlichen Spitzenleistungen. Dies alles hängt von der Qualität der Bauwerke ab: von Identität und Schaffenskraft, von Heimat und Kreativität, von Verbundenheit und globaler Öffnung.

Alles anachronistisch? Sind Spezial- und Gewerbeimmobilien heute nur noch rationelle Zweckbauten, ausschließlich auf rechenbare Nutzungszeiten ausgelegt, rein wirtschaftliche Erfolgsprodukte möglichst hoher Rentabilität, also eigentlich ein Finanzprodukt? Wenn sich diese ökonomische Realität als vorrangiges gesellschaftliches Leitbild etabliert, wird sie sich längerfristig wichtige Anteile ihrer eigenen Grundlagen berauben. Nur für Abschreibungszeiten errichtete Gebäude nehmen den

Städten ihre städtebauliche Vitalität und Attraktivität und den Unternehmen einen wertvollen Produktionsfaktor, die Qualität des Standortes.

Die nachhaltige Nutzung von Stoffen und Energie beim Bauen, das Erstellen langlebigerer und interessanterer Bauwerke wird immer klarer als ein nicht nur ökologisch, sondern auch ökonomisch sinnvoller Ressourceneinsatz erkannt. In dieselbe Richtung weisen Konzepte, schon bei der Planung von Gebäuden deren spätere Nutzungszyklen zu bedenken, um die Gesamtwirtschaftlichkeit der Investitionen zu erhöhen.

Es sprechen also viele, insbesondere auch wirtschaftliche Gründe dafür, zunehmend wieder Gewerbe- und Spezialimmobilien nicht nur als zweckmäßige Profanbauten zu betrachten, sondern sie verstärkt auch als das Stadtbild besonders prägende Spezialbauwerke zu sehen, wie es in früheren Jahrhunderten der Fall war. Unsere Städte sind mit ihren die wirtschaftliche Wertschöpfung ermöglichenden Strukturen ein hohes Gut, für das wir alle Verantwortung tragen – als Einzelpersonen und als Unternehmen.

2 Stadtentwicklung in der Einzelhandelskrise?

Dipl.-Ing. Hans-Günter Wawrowsky, Architekt BDA,
Geschäftsführender Gesellschafter RKW, Architektur + Städtebau,
Düsseldorf

Dipl.-Ing. Matthias Pfeifer, Architekt BDA,
Geschäftsführender Gesellschafter RKW, Architektur + Städtebau,
Düsseldorf

Veränderung als Chance

„Alles muss sich ändern, damit alles so bleibt wie bisher." Dieser Satz von Tomasi di Lampedusa aus dem Roman „Der Leopard" wird gern benutzt als Slogan für die Notwendigkeit der Veränderung unseres Sozialstaates. Notwendigkeit zur Veränderung gibt es in unserem Land aber nicht nur für den Sozialstaat. Auch die Gestaltung unserer Städte unterliegt einem ständigen Veränderungsbedarf. Wie in jeder Veränderung liegen auch hier Chancen und Risiken dicht beieinander. Niemand kann ernsthaft erwarten, dass die europäische Stadt in ihrer heutigen Form ein abgeschlossenes Endprodukt darstellt, sozusagen als End- und Höhepunkt einer jahrhundertlangen Entwicklung. Anders als vielfach postuliert, findet dieser Veränderungsprozess zur Zeit auch nicht mit besonders hoher Geschwindigkeit statt. In der Zeit der Industrialisierung im 19. Jahrhundert z. B. verdoppelten Städte häufig ihre Einwohnerzahl innerhalb von einem oder zwei Jahrzehnten.

Düsseldorf hat z. B. seine Einwohnerzahl von 1880 bis 1925 von 90.000 Einwohnern auf 450.000 Einwohner gesteigert, also in 45 Jahren verfünffacht. Selbst wenn man berücksichtigt, dass ein Teil dieses Bevölkerungszuwachses durch Eingemeindung entstanden ist, macht es doch deutlich, wie radikal die Veränderungsprozesse in dieser Zeit gewesen sein müssen. Blicken wir dagegen von unserer Gegenwart aus 45 Jahre zurück, so werden wir nur geringe Veränderungen in den Bevölkerungszahlen der Städte feststellen.

Auch andere gesellschaftliche Prozesse im Bereich Politik, Kultur, Verkehr und Industrie haben in der Vergangenheit teilweise eine viel höhere Dynamik gehabt als heute. Vergleicht man z. B. das Jahr 1914 mit dem Jahr 1934, also eine Zeitspanne von nur 20 Jahren, so wird man schnell erkennen, dass in dieser Zeit der Ausklang des wilhelminischen Kaiserreichs, die Roaring Twenties und der Beginn des Nationalsozialismus zu verarbeiten waren, verbunden mit enormen Umwälzungen in Technik, Kultur und Gesellschaft. Verglichen damit waren die Veränderungen von 1985 bis heute, zumindest in den alten Bundesländern, vergleichsweise moderat.

Dies relativiert die Sorge vor Veränderung in unseren Städten, relativiert ihre Quantität, beurteilt aber noch nicht qualitativ. Risiken sind selbstverständlicher Bestandteil von Veränderungen, doch sollte man darüber die Chancen nicht vergessen. Die Chancen zu identifizieren ist der Mühe wert.

Strukturwandel in Stadt und Handel

Im Kontext von Städtebau und Einzelhandel gibt es zwei wesentliche Änderungsprozesse, die zurzeit zur Veränderung unserer Städte führen: Am Rand der Stadtkerne werden Flächen, die vormals durch Industrie, Bahn oder Post genutzt wurden, für andere Nutzungen frei, da der Flächenanspruch der früheren Nutzer geringer wurde und besser in verkehrsgünstigeren Außenbereichen befriedigt werden kann. Der Einzelhandel durchlebt seit Jahren schwierige Zeiten. Insbesondere sind hiervon die kleineren Läden betroffen, gerade wenn sie sich nicht in der 1a-Lage befinden. Die Filialisten streben zur Steigerung ihrer Attraktivität und Effizienz nach größeren Ladenflächen, die in den gewachsenen Strukturen, insbesondere historischer Städte, kaum realisierbar sind. Einige Städte haben erkannt, dass diese beiden Prozesse miteinander zu kombinieren sind, indem sie dem Einzelhandel neue Flächen für großflächigere, moderne Handelskonzepte in akzeptabler Nähe zur Innenstadt als positive Entwicklungschance zur Verfügung stellen.

Neue Handelskonzepte auf umstrukturierten Flächen

Beispiel für eine solche Planung sind die Köln Arkaden in Köln-Kalk (Bauherr mfi, Planung RKW Architektur + Städtebau in Arbeitsgemeinschaft mit HPP). Die Fläche der ehemaligen Chemischen Fabrik Kalk (CFK) grenzt unmittelbar an den Kalker Haupteinkaufsbereich Kalker Hauptstraße, sodass ein optimales Zusammenwirken des traditionellen Einkaufsbereichs und des Einkaufszentrums gegeben ist. Mehr und vor allem großzügig geschnittene Läden und ein zusätzliches Angebot an Parkplätzen haben die Attraktivität des Einzelhandels in Köln-Kalk entscheidend verbessert und damit die Wettbewerbssituation dieses Stadtteils sowohl gegenüber den anderen Kölner Stadtteilen als auch zum Umland wesentlich gestärkt, nicht zuletzt auch durch die für Autofahrer optimale Anbindung in beide Richtungen. Viele neue Einzelhandelsstandorte in anderen Städten weisen die gleiche Charakteristik auf.

Ein weiteres Beispiel, in einer kleineren Stadt, ist das Steinmüller-Areal in Gummersbach. Das Gelände der ehemaligen Kesselfabrik Steinmüller steht zur Umstrukturierung an. Das Investorenauswahlverfahren hat die HBB, Lübeck, Anfang 2004 mit RKW Architektur + Städtebau als Planer für sich entschieden. Auch hier besteht mit unmittelbarer, optimaler Verkehrsanbindung an die Innenstadt die Möglichkeit zu einem Einkaufszentrum mit größeren Ladeneinheiten und zusätzlichen Stellplätzen. Auf dem gleichen Areal entsteht ein Neubau der Fachhochschule Köln, Abteilung Gummersbach. Solche Bauten sind wesentliche Bestandteile bei größeren Entwicklungen dieser Art, bei denen ein ganz neues Stadtquartier in der Nähe der alten City entsteht. Städtische Nutzung kann hier nicht auf den Einzelhandel reduziert werden, sondern öffentliche und kulturelle Nutzungen müssen hinzukommen, damit dauerhaft von den Bürgern angenommene und gut frequentierte Stadtbereiche entstehen. Gerade der Flächenbedarf der Kommunen selbst sollte, wenn man es mit Innenstadtentwicklung ernst meint, nicht als technisches Rathaus an der Umgehungsstraße, sondern z. B. in solchen Entwicklungsbereichen citynah gedeckt werden.

Das Flächenangebot des Steinmüller-Areals in Gummersbach ist so groß, dass es für die Stadt eine echte Herausforderung darstellt. Ein bisher hinter der Bahn gelegener abgeschlossener Fabrikbereich soll lebendiges Stadtquartier werden. Natürlich erfordern die privaten Investments hierzu Vorinvestitionen der öffentlichen Hand in Infrastruktur und Gestaltung des öffentlichen Raumes. Gummersbach kann als Teilnehmer der Regionale 2010 im Oberbergischen Kreis besondere Landesfördermittel für seine Stadtentwicklung generieren. Dies ist auch unbedingt notwendig, denn so große Entwicklungsbereiche können nur in ganz außergewöhnlich guten Lagen sofort ihre Infrastrukturkosten aus Grundstücksverkäufen refinanzieren. Stadtentwicklung hat sich noch nie sofort „gerechnet". Es ist gerade die Aufgabe der öffentlichen Hand, erst ihren Entwicklungsbeitrag zu leisten, um langfristig auch finanziell von gestiegener Prosperität zu profitieren.

In Hagen befanden sich im Innenstadtbereich am Friedrich-Ebert-Platz das historische Rathaus und unmittelbar daneben ein Bürgersaal, im unmittelbaren Umfeld dazu schwach genutzte Flächen. Der nicht mehr zeitgemäße Bürgersaal wurde abgebrochen und der Zugang zum neuen Einkaufszentrum Volme Galerie (Bauherr: AM, Architektur: RKW Architektur + Städtebau) geschaffen. Aus den früher schwach genutzten Flächen entstanden weitere Teile der Volme Galerie, ein neues Ratsaalgebäude und ein Parkhaus. So wurde auf dem Gesamtbereich sowohl die Einzelhandelsnutzung attraktiver gestaltet und intensiviert als auch die öffentliche Nutzung des Rathauses ergänzt Viele Rathausfunktionen, die zuvor im Stadtgebiet verteilt untergebracht waren, können jetzt in diesem Bereich konzentriert werden. Es tragen also sowohl der Handel als auch die öffentliche Verwaltung zur Nutzungsintensivierung in diesem Stadtbereich bei. Hierdurch und durch die neue Gliederung und Ausgestaltung des öffentlichen Raumes wurde ein neuer städtischer Schwerpunkt im östlichen Bereich der Innenstadt geschaffen.

Mutig war die Stadt Pforzheim mit dem Projekt Schlössle Galerie (Bauherr: AM, Architektur RKW Architektur + Städtebau mit T + T Design). Das zum Teil parkartige Grundstück einer im Krieg zerstörten Villa sollte mit einem Einkaufszentrum überbaut werden. Die verlorene Grünfläche wurde unter Ausnutzung der Topographie im schrägen, aus dem Straßenraum erreichbaren Dachgarten neu geschaffen. Insgesamt wurde also eine schwach genutzte Fläche in ihrer Nutzung erheblich intensiviert und damit ein wesentlicher Beitrag zur Stadtbelebung geleistet.

Stufenweise Entscheidungen in der Stadtentwicklung

Bevor städtebauliche oder Nutzungsplanung beginnen können, muss eine Stadt ein klares Bild von ihrem Ist-Zustand und ihrer Positionierung in der interkommunalen Konkurrenz haben. Womit wird die Stadt von außen betrachtet identifiziert? Was sind ihre Stärken und Schwächen? Aus solchen Überlegungen entwickelt sich ein Leitbild, aus dem im nächsten Schritt die Handlungsorte lokalisiert werden können. Wo stehen Flächen zur Verfügung, um die dem Leitbild entsprechenden Nutzungen zu realisieren? Können Nutzungen, die aus der Innenstadt abgewandert sind, wie Einzelhandel und Verwaltung, wieder in innenstadtnahe Bereiche zurückgeholt werden? Die Beantwortung dieser Fragen sind nicht in erster Linie stadtplanerischer Natur. Vor allem ökonomische Fragestellungen definieren sie in gleicher Weise. Es gilt also, zu diesen Bereichen zunächst einen möglichst breiten politischen Konsens herzustellen. Die öffentliche Diskussion kann durch Beiträge von Fachleuten, Workshops usw. unterstützt werden. Ihr Ergebnis fließt letztendlich in Rahmenpläne und die Formulierung der Zielstellung, nicht etwa der Lösungen, für bestimmte Teilbereiche ein.

Mühlheim a. d. Ruhr: Zuerst Leitlinien politisch definieren, dann planen

Ein positives Beispiel für ein solches Vorgehen ist die Stadtentwicklung in Mülheim an der Ruhr. Hier hat man klar erkannt, dass die Innenstadt über Jahre hin an Attraktivität verloren hatte. Angesichts eines bereits recht großen Angebotes an Einzelhandelsflächen war man sich aber auch darüber im Klaren, dass man eine Attraktivitätssteigerung nicht einfach durch Ausweitung des Angebotes an Handelsflächen erreichen könnte. So entdeckte die Stadt ein Kapital, das sie zwar in ihrem Namen trägt, aus dem sie bislang aber noch nichts Rechtes hat machen können, den Fluss Ruhr.

Die Mülheimer Innenstadt grenzt nur scheinbar an den Fluss. In Wahrheit ist sie durch eine vierspurige Straße davon getrennt. Ebenso trennend wirkt ein kleiner Park am Ufer, der angesichts des hervorragenden sonstigen Grünraumangebotes in Mülheim nur wenig Attraktivität aufweist, also alles andere als ein Publikumsmagnet ist. Die Stadt entschied sich, den Verkehr anders zu führen als bisher, um auf die trennende Straße verzichten zu können und sie entschied sich auch, den bestehenden Park aufzugeben und die Fläche attraktiveren Nutzungen zuzuführen.

Mit diesen Definitionen war die Stadt in der Lage, zielführend einen städtebaulichen Wettbewerb durchzuführen. Die Innenstadt sollte an den Fluss herangeführt werden, wozu die Fläche des Parks, der Straße und mehrere öffentlicher Gebäude, die ohnehin ersetzt werden sollten, zur Verfügung standen. Als Nutzungsszenario wurde der Einzelhandel im Wesentlichen ausgeschlossen. Hinsichtlich der Nutzungen Büro oder Wohnen sollte eine hohe Flexibilität für spätere Festlegungen bestehen. RKW Architektur + Städtebau hat diesen Wettbewerb im März 2004 mit einem sehr einfachen Konzept gewonnen: Das vorhandene Straßensystem soll bis an die Ruhr fortgesetzt werden, wo eine relativ schmale, städtisch geprägte Promenade geplant ist. Schließlich galt es, die Stadt an den Fluss zu bringen und nicht die Landschaft in die Stadt. Genau an der Nahstelle zwischen dem bestehendem Innenstadtbereich und neuer Stadtentwicklungsfläche wurde als besonderes Highlight die Anlage eines Hafenbeckens für den individuellen Bootstourismus auf der Ruhr geplant.

Wesentlich ist, dass diese Planung nicht nur das Wohlwollen der Jury fand, sondern bereits wenige Wochen nach der Entscheidung als Rahmenplan vom Rat der Stadt mit breiter, die politischen Lager übergreifender Mehrheit beschlossen wurde. Zwischenzeitlich wurde die Planung auch in Workshops diskutiert, technisch geprüft und durch Investorengespräche auch hinsichtlich ihrer Vermarktbarkeit überprüft. Alle Verfahren haben die Planung bestätigt, erste Förderbewilligungen sind erteilt worden, sodass noch in diesem Jahr mit den Bauarbeiten für die Infrastruktur begonnen werden kann. Aufgrund der großen Komplexität der Aufgabe werden diese sich allerdings über einige Jahre hinziehen.

Eine einfache, klare und selbsterklärende städtebauliche Lösung für diese Aufgabe zu finden war nur möglich, weil die Stadt bereits im Vorfeld des Wettbewerbs definiert hatte, was ihre Ziele sind. Aufgabe eines Wettbewerbs ist es, Lösungen für gesetzte Ziele zu finden und nicht Ziele selbst zu definieren, wie es bisweilen geschieht. Daher war auch nach der Wettbewerbsentscheidung eine Diskussion über die Ziele nicht mehr erforderlich, vielmehr konnte die Diskussion sich ganz darauf beschränken, wie die gesetzten Ziele am besten zu erreichen seien.

Wie in Mülheim, so ist auch andernorts der Verfahrensschritt des Rahmenplans sehr sinnvoll. Er ermöglicht den Beteiligten, Zielvorstellungen und Lösungsansätze zu beschreiben, für jedermann verständlich und für das Verhalten der Verwaltung auch verbindlich zu machen, ohne aber bereits durch die mühseligen Verfahrensschritte verbindlicher Bauleitplanung gehen zu müssen, bei der Detailfragen leicht den Blick auf das große Ganze verstellen.

Unterschiedliche Verfahren für unterschiedliche Ausgangssituationen

Bei größeren städtischen Teilbereichen, die zukünftige öffentliche Investitionen in Gebäude oder in den öffentlichen Raum und das Investment verschiedener privater Investoren ermöglichen werden, muss die Koordination über Bebauungspläne, gegebenenfalls mit vorgeschalteten Stadtplaner-Wettbewerben, organisiert werden. In Bereichen, in denen lediglich die Aktivitäten eines Investors und der öffentlichen Hand zu koordinieren sind, ist ein anderes Verfahren zweckmäßiger: Über ein Investorenauswahlverfahren oder einen Investorenwettbewerb wird zunächst der passende Partner gefunden, mit dem gemeinsam die weiteren Entwicklungsschritte bis zur Realisierung abgestimmt werden. Bei diesem Verfahren ist besonders gewährleistet, dass öffentliche und private Interessen so miteinander abgestimmt sind, dass das Vorhaben zügig realisiert werden kann.

Die europäische Stadt hat Zukunft!

Die europäische Stadt ist also nicht in ihrer Existenz bedroht. Sie wird sich lediglich verändern, wie sie es immer getan hat. Gerade dank ihrer Fähigkeit zur Anpassung, ist ihr Überleben gewährleistet. Das Freiwerden großer Flächen in innenstadtnahen Bereichen ist eine Chance für solche Anpassungsprozesse. Großflächigere Einzelhandelsstrukturen, die vor Jahren nur auf der grünen Wiese möglich waren und dort auch entstanden sind, können jetzt wieder in den unmittelbaren Stadtbereich integriert werden. Das Gleiche sollte, soweit es möglich ist, für die Einrichtungen der öffentlichen Verwaltung und Bildung gelten. Überdimensionierte Flächen für den Autoverkehr können zurückgebaut werden. Mit ihrer bewundernswerten Anpassungsfähigkeit hat das Modell der europäischen Stadt auch im dritten Jahrtausend eine Zukunft.

3 Einzelhandelsgroßprojekte

Univ.-Prof. Dr. Günter Heinritz, Lehrstuhl für Geographie am Department für Geo- und Umweltwissenschaften der Ludwig-Maximilians-Universität, München

Problematische Bemühungen um das Schutzziel Innenstadt

Standort, das ist begriffliches Urgestein meiner Disziplin, der Geographie. Ohne Standorte keine Immobilien! Das gilt auch für die Realisierung von Einzelhandelsgroßprojekten, um deren Standorte nicht selten heftig gerungen wird – eine Problematik, die die geographische Handelsforschung seit langem beschäftigt.

Veränderte Konsumbedürfnisse, hoher Wettbewerbsdruck und innovative Betriebs- und Vertriebsformen halten seit Jahren den Wandel im Handel in Gang, dessen stadtentwicklungspolitische Folgen bekanntlich sehr umstritten sind. In dem Maße, in dem sich das lange Zeit so selbstverständlich erscheinende Verhältnis von (Innen-)Stadt und Handel krisenhaft veränderte und die Ansiedlung großflächiger „Handelsriesen" auf der sprichwörtlichen „grünen Wiese" gar zum „Tod der Innenstädte" zu führen schien, intensivierte sich auch die Diskussion um die Frage, wie die Genehmigung von Standorten für Einzelhandelsgroßprojekte zu regeln sei, sodass sich deren Ausweisungen nicht negativ auf die Innenstädte zentraler Orte auswirken können. Dass bei dem Ringen um eine solche Regelung sehr unterschiedliche Interessen im Spiel sind, bedarf keiner weiteren Ausführungen.

Landesplanerische Beurteilung von Einzelhandelsgroßprojekten in Bayern

So nimmt es auch nicht wunder, dass z. B. die Formulierung des im Rahmen einer Teilfortschreibung des Landesentwicklungsprogramms Bayerns 2002 neu gefassten Fachzieles Einzelhandelsgroßprojekte/FOC nicht nur deutlich länger, sondern auch entsprechend auslegungsbedürftig geworden ist. Die dazu erarbeitete Handlungsanleitung zur landesplanerischen Überprüfung von Einzelhandelsgroßprojekten in Bayern vom 1. August 2002 umfasst nicht weniger als 28 Seiten.

Die Stichworte der Begründung dieser Teilfortschreibung sind nach der historischen Abfolge ihrer Relevanz geordnet, sodass die aktuellsten und wichtigsten Argumente am Ende stehen. Es beginnt mit dem Argument „verbrauchernahe Versorgung", das zu Recht etwas von seinem Stellenwert verloren hat und das, wie der Ausgang entsprechender Bürgerentscheide zeigt, nur auf wenig Unterstützung durch die Bürger zählen kann.

Anders ist dies sowohl beim Argument der Nachhaltigkeit als auch beim Ziel Stärkung der Innenstadt. Nun ist eine Innenstadt keinesfalls nur eine Agglomeration von Einzelhandelsstandorten, ihre Funktion als urbane Mitte, als zentrale Bühne der städtischen Gesellschaft und identitätsstiftendes Symbol wird sie gleichwohl ohne Einzelhandel nur unzulänglich wahrnehmen können. Der mit der Teilfortschreibung des LEP angestrebte Schutz der Innenstädte ist deshalb in der Tat ein wichtiges Ziel. Die zur Erreichung dieses Zieles vorgesehenen Maßnahmen, d. h. die Prüfmaßstäbe für Einzelhandelsgroßprojekte, erscheinen mir aber in mancher Hinsicht problematisch und deshalb will ich im Folgenden einige ihrer Schwachpunkte kritisch beleuchten.

Dabei will ich mich gar nicht mit der Frage aufhalten, was von der Vorgabe zu halten ist, dass grundsätzlich nur Standorte in Unterzentren und zentralen Orten höherer Stufen genehmigungsfähig sind, sofern diese Standorte als „städtebaulich integriert" gelten können. Es ist klar, dass alle Bemühungen, die Begriffe „städtebaulich integrierte Lage" und „städtebauliche Randlage" operational zu definieren, nicht verhindern können, dass Interpretationsspielräume verbleiben, die immer wieder Mal zu Genehmigungen von Standorten führen, die eigentlich ausgeschlossen werden sollten. Sehr viel weniger offensichtlich sind die Konsequenzen, die sich aus dem Grundsatz der sortimentsspezifischen Beurteilung und der Unterscheidung von „nicht innenstadtrelevanten" und „innenstadtrelevanten" Sortimenten ergeben, wobei Letztere noch einmal differenziert werden in Waren des kurzfristigen täglichen Bedarfes (d. h. Nahrungs- und Genussmittel) und Waren des sonstigen Bedarfes (wie Bekleidung, Schuhe und Lederwaren).

Problematik „innenstadtrelevanter Sortimente"

Wenn es um die Förderung der Attraktivität und Vitalität von Innenstädten geht, ist die Ausweisung innenstadtrelevanter Güter zwar sicherlich gerechtfertigt, aber man sollte dabei nicht übersehen, dass dies je nach Zentralität, Größe und Struktur der konkreten Innenstadt notwendigerweise Unterschiedliches bedeutet. Eine bayerische Einheitsliste tut solchen Unterschieden eher Gewalt an. Gerade aber wenn man die Unterscheidung innenstadtrelevante versus nicht innenstadtrelevante Sortimente akzeptiert, leuchtet nicht ein, warum die Verkaufsflächenbegrenzung für großflächige innenstadtrelevante Angebote auch dann greift, wenn deren Standorte in der Innenstadt selbst liegen. Man muss ja die Innenstadt nicht vor der Innenstadt schützen. Ihre Attraktivität wird keineswegs beeinträchtigt, wenn sich dort weitere Anbieter zentrenrelevanter Sortimente mit großflächigen Betrieben niederlassen, im Gegenteil: Gerade in Mittelzentren besteht oft ein Mangel an (Magnet-)Betrieben mit einer ausreichend großen Verkaufsfläche, die es erlauben würde, die vom Konsumenten erwartete Sortimentskompetenz zu realisieren.

Es ist deshalb kontraproduktiv und mit städtebaulichen oder planerischen Argumenten nicht zu rechtfertigen, wenn die Ansiedlung großflächiger Betriebe mit zentrenrelevantem Sortiment auch in der Innenstadt nur dann zulässig sein soll, wenn sie eine sortimentsspezifisch zu berechnende Kaufkraftabschöpfung von 30 % (bzw. 15 und 10 %) nicht überschreiten. Im Übrigen trägt auch die Begrenzung von Verkaufsflächen der Anbieter nicht innenstadtrelevanter Sortimente außerhalb der Innenstadt nichts zu deren Schutz bei. Die hier ebenfalls vorgesehene Flächenbegrenzung (die im Übrigen durch die Angabe eines entsprechend großen Einzugbereiches so leicht zu unterlaufen ist, dass sie wohl ohnedies kaum greifen kann) wird deshalb auch nur mit der Kontrolle des Flächenverbrauches begründet.

Nachvollziehbar dagegen ist zweifellos, dass um der Erhaltung bzw. Förderung der Vitalität und Attraktivität der Innenstadt willen die Ansiedlung von großflächigen Anbietern innenstadtrelevanter Sortimente außerhalb der Innenstadt in Grenzen gehalten werden muss. Die Frage ist also, wie die Verträglichkeit dieser Sortimente an außerhalb der Innenstadt gelegenen Standorten bestimmt werden kann. Dazu liegt der Handlungsanleitung zur landesplanerischen Überprüfung von Einzelhandelsgroßprojekten die grundsätzliche Überlegung zugrunde, dass ein neuer großflächiger Wettbewerber nicht zu viel Kaufkraft abschöpfen darf, um dem vorhandenen Einzelhandel nicht die Existenzgrundlage zu entziehen. Damit sind bei der Überprüfung drei Größen zu berücksichtigen:

- der zugrunde zu legende Einzugsbereich,
- die im Einzugsbereich für die einzelnen Sortimente vorhandene Kaufkraft (als Produkt aus Einwohnerzahl mit sortimentsspezifischen jährlichen Pro-Kopf-Ausgaben),
- die sortimentsspezifischen durchschnittlichen Umsätze pro Quadratmeter Verkaufsfläche.

Um diese Größen empirisch zu ermitteln, hat das Ministerium entsprechende Gutachtenaufträge vergeben.

Problematik der Einzugsbereiche

So sollte ein Gutachter für alle zentralen Orte Bayerns empirisch den jeweiligen „Verflechtungsbereich des innerstädtischen Einzelhandels" ermitteln, der an die Stelle des bis dahin herangezogenen „sozioökonomischen Verflechtungsbereiches" getreten ist. In der Tat hatte Letzterer insofern eher normativen Charakter, als er eben nicht die bestehenden Einkaufsbeziehungen empirisch abgebildet hat, sondern das synthetische Produkt einer landeskundlichen Abwägung aus den späten 60er Jahren war, in die zahlreiche Stadt-/Umlandbeziehungen, insbesondere Pendlerbeziehungen von Arbeitskräften und Schülern, verkehrliche Erreichbarkeit, historische Raumbildungen und anderes eingegangen sind.

So lobenswert die Absicht, den Verflechtungsbereich des innerstädtischen Einzelhandels empirisch zu messen, auch sein mag, so problematisch ist ein solcher Auftrag dennoch. Soweit es die Einzugsbereiche des Einzelhandels angeht, stimmt die wissenschaftliche Literatur darüber überein, dass sie in der Regel

- eine asymmetrische Form haben,
- ein Kernrandgefälle der Intensität der Beziehungen aufweisen, vor allem aber
- keine stabilen Gebilde sind, sondern sowohl
- rhythmisch pulsieren als auch
- sich im Zeitablauf verändern.

Hinzu kommt, dass sie sich in der Regel auch überlappen bzw. sich bei Zentren unterschiedlicher Hierarchiestufen überlagern, ohne dass es möglich wäre, in den Überlagerungsbereichen die Aufteilung der real vorhandenen Kaufkraft auf die beteiligten zentralen Orte auszurechnen. Schon das bedeutet, dass die dem Genehmigungsverfahren zugrunde gelegte Kaufkraft in der Regel deutlich überschätzt wird.

Der Verflechtungsbereich des innerstädtischen Einzelhandels ist also eine Größe, die empirisch nicht nur sehr aufwändig, sondern vor allem nie ohne – prinzipiell stets angreifbare – Bearbeiterentscheidungen gemessen werden kann. Hinzu kommt, dass die für die empirischen Ermittlungen des Verflechtungsbereiches des innerstädtischen Einzelhandels im konkreten Fall gemessenen Werte nicht veröffentlicht und schon deshalb weder nachvollziehbar noch kritisierbar sind, sondern de facto wie eine normative Vorgabe wirken, die den Wettbewerb zwischen Innenstädten und Marktgebieten tendenziell behindern muss.

Kaufkraft und Flächenproduktivität

Auch die beiden anderen Größen, nämlich die „sortimentspezifische Kaufkraft pro Kopf" sowie die „sortimentsspezifische Flächenproduktivität" sind nur auf der Basis umfangreicher Erhebungen zu bestimmen und sind gleichwohl als arithmetische Mittelwerte angesichts der real gegebenen Varianz der zugrunde liegenden Daten im konkreten Fall nur bedingt aussagekräftig und planungstauglich. Der vorgesehene Weg, auf dem die Zulässigkeit einer Ansiedlung von großflächigen Betrieben mit innenstadtrelevanten Sortimenten außerhalb der Innenstadt beurteilt werden soll, ist damit nicht nur sehr teuer, sondern hat auch keine zuverlässige und problemlos überprüfbare Entscheidungsbasis.

Alternativen zur bisherigen Praxis

Eine viel einfachere und praktikablere Alternative bestünde darin, als Maß für die Innenstadtverträglichkeit großflächiger Einzelhandelsprojekte mit innenstadtrelevantem Sortiment, die Standorte außerhalb der Innenstadt anstreben, schlicht und einfach die Relation zwischen innerstädtischen und außerhalb der Innenstadt liegenden Verkaufsflächen innenstadtrelevanter Sortimente zu wählen. Es sollten also nur so viele Verkaufsflächen für innenstadtrelevante Sortimente im Außenbereich zugelassen werden, dass die innerstädtische Struktur dadurch nicht beeinträchtigt wird. Der Anteilswert im Außenbereich gelegener Verkaufsflächen, bei dessen Überschreitung eine negative Innenstadtentwicklung zu erwarten ist, wäre im Licht bisheriger realer Erfahrungen normativ festzulegen und liegt vermutlich zwischen 25 und 35 %.

Für diese Regelung spricht, dass sie nicht nur auf leicht ermittelbaren Daten beruhen, sondern vor allem das Augenmerk der kommunalen Akteure auf die Innenstadt und ihre Attraktivität richten würde, da es von deren Entwicklung abhängt, wie groß der Spielraum für die Ansiedlung großflächiger

Einzelhandelsprojekte außerhalb der Innenstadt ist. Kommunen aber, die aufgrund vorangegangener Entscheidungen zugunsten der grünen Wiese ihre Innenstadt vernachlässigt haben, müssten hinnehmen, dass sie im Außenbereich keine weiteren Ansiedlungen mehr realisieren könnten, da nun eben nicht mehr wie bisher jedes einzelne Ansiedlungsbegehren für sich und ohne Rücksicht auf die Summenwirkung beurteilt würde.

Ein skeptischer Betrachter der gegenwärtigen Praxis mag einwenden, dass hier nur ein Papiertiger den anderen ersetzen würde. In der Tat würde auch die vorgeschlagene Regelung nur greifen, wenn die Einhaltung der festgesetzten Sortimentsbeschränkungen auch wirklich kontrolliert und durchgesetzt wird. Eben daran aber fehlt es allenthalben, und zwar nicht nur am dafür einsetzbaren Personal, sondern vor allem am kommunalpolitischen Willen.

IV Zur Risikobereitschaft bei Gewerbeimmobilien

1 Zum Risiko – im Allgemeinen und Besonderen

Jost Hieronymus, Rechtsanwalt, Partner der Comes Real GmbH, Starnberg

Langjährige berufliche Erfahrung sollte nicht dazu führen, die eigenen Leistungen für den Gipfel der Entwicklung und der Erkenntnisse zu halten. Ebenso sollten die Jüngeren nicht die Leistungen der Generationen vor ihnen unterschätzen. Anzustreben ist, miteinander ins Gespräch zu kommen, sich im besten Sinne auszutauschen und einander zu achten. In der heutigen Zeit scheint dies besonders wichtig zu sein, da vieles, was früher als allgemeiner Wert der Gesellschaft Halt gegeben hat, nicht mehr selbstverständlich ist.

Wirtschaftliches Handeln

Mit der Individualisierung und der ökonomischen Globalisierung wurde der Egoismus als Treibriemen einer das Leben der Gemeinschaft immer stärker prägenden Wirtschaft gefördert und mit der Reduzierung auf den Shareholder Value geradezu „geadelt". Reines Gewinnstreben ist weit verbreitet. Dieses und damit der rein private Nutzen stehen dem Gemeinwohl entgegen.

Aber auch hier ist – wie immer – alles in Bewegung und so ist zu hoffen, dass ein wachsendes, breites Unbehagen darüber das „alte Europa" wieder zu Positionen zurückführen wird, die berücksichtigen, dass jedes wirtschaftliche Handeln den betroffenen Menschen – das sind neben den Aktionären auch die Kunden bzw. Verbraucher und die Mitarbeiter – sowie der Gesellschaft und unserer Umwelt zu dienen hat. Alle Akteure der Wirtschaft müssen die Sensibilität und das Verantwortungsgefühl für Ihr unternehmerisches Tun weiter- bzw. wieder entwickeln.

Fehlentwicklungen

Das Immobiliengeschäft hat leider immer schon – wohl wegen der großen Zahlen – eine überdurchschnittliche Menge von Glücksrittern, Hochstaplern und Dilettanten angezogen. Und das bei einem Produkt, das – hoch investiv mit langer und ungewisser Produktionslaufzeit – in besonderem Maße nüchterne Professionalität und gesichertes Kapital, d. h. auch einen „langen Atem", benötigt. Selbst der Mittelstand, der hier zu Lande das Bauträger- und Projektentwicklungsgeschäft prägt, ist oft kapitalschwach, also eher „kurzatmig". Und nun zieht sich auch noch das herkömmliche Fremdkapital zurück, wird zumindest vor dem Hintergrund von Basel II deutlich anspruchsvoller und wählerischer. Zusammen mit der anhaltenden Konjunktur- und Marktschwäche bedeutet dies ein langes, hartes „Stahlbad" für unsere Branche.

Wer sich – wie ich seit Jahren – mit der Restrukturierung von Immobilienportfolios und Unternehmen beschäftigt, also in einem unserer wenigen Wachstumssegmente tätig ist, nämlich dem Krisen- und Sanierungsmanagement, der sieht viele Ursachen für Fehlentwicklungen und Pleiten.

Ob strategische Fehler gemacht wurden oder zu spät auf die Veränderung des Marktes reagiert wurde, ob die gesellschaftsrechtliche, die organisatorische oder die finanzwirtschaftliche Struktur nicht stimmte, ob die Kosten zu hoch und unflexibel gestiegen oder die Erträge zusammengeschmolzen sind, ob die notwendigen zeitnahen Planungs- und Kontrollinstrumente fehlten, ob die Leistungsträger demotiviert waren oder ob mangelhafte Leistung oder Kommunikation zum Verlust von Kunden und Aufträgen führte, eine gemeinsame Ursache haben fast alle Krisen: den oder die Managementfehler.

Entstehung von Krisen und Krisenprophylaxe

Jede Krisenart – Strategie-, Rentabilitäts- oder Finanzkrise – ist in der Regel auch eine Managementkrise, sodass Sanierungsmaßnahmen meist auch an dieser Stelle ansetzen müssen. Das Management bzw. der Unternehmer kann viele Fehler machen:

- Märkte und Entwicklungen, z. B. der gesetzlichen Rahmenbedingungen, können falsch eingeschätzt werden.
- Die Organisation kann überfordert sein.
- Die Mannschaft ist gegebenenfalls schlecht aufgestellt und unzureichend gerüstet.
- Mitarbeiter werden gegebenenfalls nur als Ressource gesehen und behandelt.
- Vetternwirtschaft wird gepflegt.
- Private Hobbys werden über das Unternehmen subventioniert.
- Vertrauen der Geschäftspartner, insbesondere der Banken, wird verletzt.
- Oder aber in einer der zahlreichen anderen Erscheinungsformen kann das Maß verloren gegangen sein, das Maß der Zeit, des Geldes oder der Menschen und auch das Maß der Selbsteinschätzung.

Müsste ich eine Empfehlung zur Vorbeugung gegen Krisen geben, die nur aus einem Wort bestehen dürfte, so wäre dieses Wort: Maß. Nur das richtige Maß kann Persönlichkeiten in der Balance halten und Unternehmen sichern. Hier gilt es, die unterschiedlichen beteiligten Gruppen angemessen zu berücksichtigen, die Partner und Kontrahenten im geschäftlichen Alltag fair zu behandeln, in Verhandlungen einen Interessenausgleich zu suchen und vor allem stets an einer gesunden Chancen-Risiko-Struktur zu arbeiten. Hier scheint mir die größte Ursache für Unternehmenskrisen in unserer Branche zu liegen und damit auch der größte Nachholbedarf.

Wer sich frühzeitig mit den Risiken seines unternehmerischen Handelns ebenso beschäftigt wie mit dessen Chancen, wird feststellen, dass Erfolg ohne Risiko nicht möglich ist, dass man Risiken jedoch frühzeitig beobachten, erkennen und gegebenenfalls bekämpfen bzw. so steuern kann, dass sie den Fortbestand des Unternehmens nicht gefährden.

In diesem Sinne verpflichtet das Aktiengesetz den Vorstand auch, „geeignete Maßnahmen zu treffen, insbesondere ein Überwachungssystem einzurichten, damit den Fortbestand der Gesellschaft gefährdende Entwicklungen früh erkannt werden" können. Es geht also um Krisenprophylaxe, um das frühzeitige Erkennen und Behandeln von Risiken, die in ihrer Summe die potenzielle Krise ausmachen, in der jedes noch so erfolgreiche Unternehmen lebt.

Es gibt reichliche Risiken in unserer Branche:

- allgemeine Risiken, z. B. Inflations-, Konjunktur- und Länderrisiko, ordnungspolitisches, rechtliches und steuerliches Risiko,
- finanzielle Risiken wie Bewertungs-, Kredit-, Konvertierungs-, Währungs- und Zinsrisiko,
- immobilienspezifische Risiken in großer Zahl, die mit der besonderen Natur unseres Wirtschaftsgutes (jede Immobilie ein Unikat, an einem festen Ort, mit meist feststehender Nutzung, hohen Investitionsmitteln, langer Produktionsdauer – mit Bürgerbegehren leicht viele Jahre – auf der Suche nach dauerhaft solventen Nutzern bei sich immer schneller verändernder Nachfrage) zusammenhängen, wie Altlasten-, Kosten-, Fertigstellungs-, Material-, Standort-, Genehmigungs- und Vermietungsrisiko usw.

Ein Frühwarnsystem, wie es das Gesetz zur Kontrolle und Transparenz im Unternehmensbereich vorsieht, soll dafür sorgen, dass das jeweilige Risiko möglichst bereits in der Phase der Strukturkrise erkannt wird, spätestens jedoch in der manifesten Krise, der Ergebniskrise.

Die Wirklichkeit sieht jedoch anders aus. In der Regel werden Unternehmer, Management und Bank erst in der akuten Krise richtig aktiv, dann nämlich, wenn sich die Symptome in der Liquidität abbilden. Meist liegt es an Betriebsblindheit oder dem Prinzip Hoffnung, dass die Augen so lange vor den unterschiedlichen Warnsignalen verschlossen werden.

Bedauerlicherweise wird der Krisenverlauf durch zunehmenden Handlungsdruck bei abnehmendem Freiraum für unternehmerische Entscheidungen geprägt. Während auf der einen Seite die Problemkomplexität zunimmt, sinkt auf der anderen Seite das Vertrauen der Bezugsgruppen sowie der Öffentlichkeit in das Unternehmen. Je größer das Unternehmen, desto größerer Aufmerksamkeit der Medien darf es sich plötzlich erfreuen.

Professioneller Umgang mit Risiken

Dreh- und Angelpunkt der unternehmerischen Verantwortung bzw. der Managementverantwortung in unseren Immobilienunternehmen ist der verantwortungsvolle und professionelle Umgang mit den Risiken. Hier helfen die ständig steigenden Ausbildungsstandards, hier hilft Basel II. Hier helfen auch die gesetzlichen Pflichten für Organe. Doch hier sind wir noch weit von den internationalen Standards und unseren Möglichkeiten entfernt.

Fast alle von mir beobachteten oder bearbeiteten Unternehmenskrisen wären durch professionelles Risikomanagement weitgehend vermeidbar gewesen. Zu einem solchen Management gehört es, die strategischen, operativen und finanziellen Risiken zu identifizieren, zu bewerten und zu steuern.

Dies kann geschehen durch:

- risikopolitische Grundsätze,
- Risikosystematik,
- Risikomanagementorganisation,
- Risikoberichterstattung,
- Risikovorsorge, -begrenzung, -teilung, -verlagerung, -abwälzung, -abgeltung, -kompensation und -streuung.

Entscheidend ist, dass auf allen Ebenen des Unternehmens Risikobewusstsein und eine entsprechende Risikokultur entwickelt werden. Sie müssen sich bei Immobilienunternehmen auf das Unternehmen in seiner Gesamtheit erstrecken sowie auf jedes einzelne erhebliche Projekt bzw. Anlageobjekt.

Ist auf diese Weise für die weitgehende Beherrschung des unvermeidbaren Risikos gesorgt, so können sich strategische Analyse und Weitblick, gepaart mit motiviertem Fachwissen und gesunder Finanzstruktur frei und erfolgreich entfalten. Dies wünsche ich unserer Branche und jedem Leser dieser Zeilen.

2 Rahmenbedingungen für Gewerbeimmobilien

Dipl. Volkswirt Horst-Alexander Spitzkopf, Bankvorstand a. D.,
Geschäftsführender Gesellschafter AS Projektentwicklung GmbH,
Wiesbaden

Am 11. Mai 2005 schrieb Platow-Immobilien über die Frühjahrstagung des immpresseclub e. V. zu Opportunity Funds und die dort gestellte Frage, warum deutsche Investoren die Chancen nicht selbst nutzen würden. Die Antwort lautete: „Aufgrund fehlender Finanzierungsmöglichkeiten. Das durch Basel II und Eigenkapitalknappheit gebeutelte deutsche Bankensystem ist als Partner ausgefallen."

Warum ist das so? Was geschieht in den nächsten zehn und mehr Jahren? Wohin entwickeln sich Staat und Gesellschaft, die Volkswirtschaft, die Immobilienwirtschaft und die Kreditwirtschaft?

Viel wird darüber diskutiert, nicht nur in politischen Parteien und Seminaren der Hochschulen. Auch die Immobilienwirtschaft selbst diskutiert ihren „Paradigmenwechsel" aufgrund der teilweise dramatischen Veränderungen in ihrem Umfeld.

Strukturelle Wachstums- und Entwicklungsschwächen in Deutschland

Dabei nehmen die Einsichten der Manager, die sich mit zwei fundamentalen Eckpfeilern der deutschen Wachstumskriterien beschäftigen, gerade in der jüngsten Zeit deutlich zu, wie zahlreiche mündliche und schriftliche Beiträge zeigen. Diese Eckpfeiler sind

- die föderale Struktur und
- das Verhältnis von Kapital- und Immobilienmarkt.

Die ImmobilienZeitung aus Wiesbaden ließ in diesem Jahr in ihren redaktionellen Beiträgen anlässlich der MIPIM Ausländer zu Wort kommen, die sich mit der besonderen, nicht zentralistischen Struktur Deutschlands – im Gegensatz zu fast allen anderen europäischen Staaten – positiv wie negativ auseinandersetzten.

Auf der diesjährigen Veranstaltung „Quo Vadis" in Berlin referierte Prof. Wiegard über die externen und internen Gründe der Wachstumslücke in Deutschland und bot zwei Lösungen an: die Föderalismus- und die Unternehmenssteuerreform.

Joachim Plesser von der Eurohypo referierte auf derselben Veranstaltung über das sich deutlich verändernde Verhältnis von Kapital- und Kreditmarkt, genauso wie Oliver Puhl von Morgan Stanley auf einem Immobilienforum in Frankfurt.

Klaus von Dohnany stellte am 1. April 2005 in Frankfurt den historischen Zusammenhang zwischen der Vermögens- und Kapitalvernichtung in Deutschland in der ersten Hälfte des 20. Jahrhunderts, dem Föderalismus und der Schwäche der Wirtschaftsstruktur genauso und mit derselben Begründung dar wie der Platow-Brief vom 21. März 2005 mit der Feststellung: „Deutschland fehlt die Tradition in der Vermögensverwaltung."

Hier soll weder eine allgemeine noch eine ins Einzelne gehende Föderalismuskritik vorgetragen und auch nicht die im internationalen Vergleich schwache Kapitalausstattung und Vermögensbildung der deutschen privaten Haushalte „bejammert" werden. Allerdings möchte ich den Finger in dieselbe Wunde legen, wie es die oben zitierten Autoren bzw. Redner taten und ebenso pointiert Reformen fordern – von allen, die jetzt bereit und in der Lage sind, in Staat und Gesellschaft Verantwortung zu übernehmen.

Die föderale Struktur Deutschlands muss den künftigen internationalen/nationalen Anforderungen genügen und die Verantwortung zwischen EU, Bund und Ländern (oder besser: Regionen) neu definieren. Dabei mache ich selbst vor der Neufassung des Wahlrechts (Mehrheitswahl, um Verantwortung klar zuzuordnen und Entkopplung der Wahlen von Bund, Ländern und Kommunen) nicht halt. Die (Steuer-)Autonomie der Länder/Regionen muss gestärkt werden.

Dies kann nur einhergehen mit umfassenden Reformen im steuer- und arbeitsrechtlichen Regelwerk, einschließlich Kapital- und Kreditmarkt. Allein die Umwälzungen in der Gesundheitsvorsorge und der Altersversorgung durch die Hinwendung zu umfassender privater und nicht mehr staatlicher Regelung wird die Akteure des Kapitalmarktes, private wie institutionelle, vor große Herausforderungen stellen.

Herkunft und Zukunft der deutschen Banken

Ich möchte hier beispielhaft auf die deutsche Bankenstruktur verweisen, die international gesehen vor sehr großen Veränderungsprozessen steht. Es stellt sich dabei u. a. die Frage: Wohin entwickeln sich die öffentlich-rechtlichen und die genossenschaftlichen Banken – mehr in die private Richtung oder verharrend in ihren Strukturen? Wer weiß schon, dass der Anteil an den Krediten mit einer Laufzeit von über einem Jahr Anfang 2005 bei den öffentlich-rechtlichen Instituten bei 36 % lag, davon allein 21 % bei den Sparkassen (genauso viel wie alle Kreditbanken zusammen) und dass dieser mit den Genossenschaftsbanken (12 %) zusammen die Hälfte des Kreditbestandes ausmacht?

Die Rolle der deutschen Banken und ihre derzeitige Entwicklung im internationalen Vergleich sind nur vor dem Hintergrund der historisch-spezifischen Entwicklung Deutschlands zu verstehen.

Eine (kapitalistische) Wettbewerbswirtschaft braucht Banken (und das Privateigentum an Grund und Boden), vor allem in der ersten Aufschwungphase der volkswirtschaftlichen Entwicklung. Vor allem Kreditbanken sind gefragt – als Mediator zwischen (Sparkapital gebenden) Haushalten und (Investitionskapital hungrigen) Unternehmen. In dem international zurückgebliebenen, föderalistischen Deutschland des 19. Jahrhunderts bildeten sich (u. a.) die drei Säulen der Banken heraus, wie sie heute noch bestehen.

Das ohnehin unterkapitalisierte Deutschland vernichtete dann in der ersten Hälfte des 20. Jahrhunderts mühsam aufgebautes Vermögen (Kapital zuzüglich „Human Resources"). Eine bestimmte deutsche Kredit- und Kapitalmarktmentalität bildete sich heraus: kollektive Vermögensbildung (Sozialversicherung, Bausparen, offene Fonds), Kredite über die/von den Banken, Subventionen (insbesondere steuerliche) und Bürgschaften vom Staat.

Nach dem zweiten „30-jährigen Krieg" (1914 bis 1945) steht Deutschland wieder in einer Aufbauphase (s. o.), die seit 1989 noch einmal teilweise wiederholt wird. Die Bankenlandschaft hat sich jedoch nicht verändert. Der Wettbewerb ist intensiv geblieben, insbesondere durch die kostengünstigen Sektoren der öffentlichen und genossenschaftlichen Banken.

Deutschland ist zwar einkommensstark geworden, bleibt aber vermögensschwach. Die Konjunktureffekte überlagern die negativen Struktureffekte. Risiken steigen überproportional. Staat und Banken ziehen sich aus dem Kreditsektor (relativ) früher zurück, als dies der Vermögenssektor über den Kapitalmarkt auszugleichen vermag.

Diese Vielzahl von Verzerrungen auf der Angebots- und Nachfrageseite von Kapital zuzüglich des intensiven Bankenwettbewerbs führen zu klaren Erkenntnissen:

- Die Risikoprämien für das (Kredit-)Kapital sind in Deutschland zu niedrig.
- Das fehlende Eigenkapital führt zu massiven Strukturveränderungen im Bankensektor (u. a. Basel II) und zum Anpassungsdruck innerhalb der drei Säulen.
- Kreditmarkt und Kapitalmarkt müssen zusammenwachsen.
- Die Banken verändern ihre Aufgaben. Sie mutieren vom Bestandshalter in Krediten zu Händlern in Krediten und Surrogaten von Eigenkapital.

Der deutsche Bankenmarkt wird nach 2010 aufweisen:

- regionale, flächendeckende Kreditbanken für den Mittelstand,
- wenige mittlere bis große Spezialfinanzierer,
- wenige mittlere bis große Arrangeure, Platzierer im Erst- und Zweitmarkt,
- neue Finanzintermediäre aus dem In- und Ausland.

Folgen für den Kapitalmarkt

Das Fazit für den Kapitalmarkt lautet:

- Die Banken werden nicht nur über den Vertrieb, sondern preis-, kosten- und organisationsgetrieben zu Wettbewerbern und/oder Partnern auch im (Eigen-)Kapitalmarkt.
- Fremdkapital wird zwar teurer (über die Risikoprämie), aber nur relativ, da das Volumen sinkt und weltweit genügend Liquidität zur Verfügung steht (relativ konstantes Zinsniveau auf Dauer).
- Das notwendige Eigen- und Risikokapital wird in doppelter Hinsicht teurer: Volumen- und Preiseffekt.
- Die durchschnittlichen Renditen (Mieten usw.) müssen mittel- und langfristig steigen.

Ob diese Veränderungen in der Bankenlandschaft mit der teilweisen oder gänzlichen Aufgabe der föderalen (kommunalen) sowie genossenschaftlichen Struktur einhergehen, ist zeitlich schwer einzugrenzen. Wir ahnen, wie standfest die politischen und gesellschaftlichen Netzwerke sein können. Andererseits wird sich die vertikale und horizontale sowie zentrale und produktspezifische Konzentration fortsetzen und auch hier mehr Eigenkapital einfordern. Spätestens dann wird sich die Eignerfrage neu oder anders beantworten lassen.

Am 18. Mai 2004 schrieb H.-J. Knipper im Handelsblatt unter der Überschrift „Staatsaufgabe": „Die künftige Stärke und internationale Wettbewerbsfähigkeit der deutschen Kreditwirtschaft liegt in den Händen des öffentlich-rechtlichen Sektors. Und damit in den Händen der Politik auf Landes- und Kommunalebene: Von den Köpfen und Eigentümern der Sparkassen und Landesbanken hängt es ab, ob Deutschland langfristig über nennenswerte Finanzkonzerne verfügen wird, die international mitreden können und daher größer und mächtiger sein müssen, als die Deutsche Bank heute ist. Höchste Zeit also, dass die Herrschaften die Köpfe aus dem Sand ziehen und handeln. An dieser bitteren, für eine offene Marktwirtschaft wie der deutschen nicht gerade erfreulichen Erkenntnis geht kein Weg mehr vorbei."

Zum Schluss dieser Ausführungen ist sicher die Frage erlaubt: Was hat der Nachfrager nach (Eigen- und/oder Fremd-)Kapital davon? Vielleicht sehnt er sich noch einmal nach dem heute so starken Bankenwettbewerb zurück. Die Erfahrungen in anderen hochindustrialisierten Märkten deuten eher auf eine oligopolitische Prägung des Eigen- und Fremdkapitalmarktes hin – zum Nutzen der Ertragskraft der Anbieter und zu Lasten der Nachfrager, die höhere Margen zahlen.

3   Der geschlossene Immobilienfonds zur Finanzierung von Einkaufszentren

Dr. H. Jürgen Tiemann, Geschäftsführender Gesellschafter,
KapHag Immobilien GmbH, Berlin

Um Chancen richtig zu nutzen, helfen praktische Erfahrungen

Auf der Suche nach guten Anlagemöglichkeiten haben viele Anleger in den vergangenen Jahren erhebliche Mittel in Einkaufszentren investiert. Die wirtschaftliche Entwicklung der Zentren führte zu sehr unterschiedlichen Ergebnissen. Im Folgenden wird dargestellt, welche Kriterien für die (positive) Entwicklung der auf diese Weise finanzierten Shopping-Center von überragender Bedeutung sind.

Betongold existiert nicht

Die Beteiligung an einem geschlossenen Immobilienfonds ist für den jeweiligen Anleger als wirtschaftliches Engagement mit entsprechenden Chancen und Risiken zu qualifizieren.

Bei Einkaufszentren handelt es sich um die Investition in eine als Einheit geplante, errichtete, verwaltete und betriebene Konzentration von Einzelhandels- und sonstigen Dienstleistungsbetrieben, also um eine künstliche, räumlich verdichtete Einrichtung, innerhalb der sich Gewerbetreibende zusammenschließen.

Vergleicht man die Gestaltung und bauliche Ausführung der älteren Zentren mit jenen „Einkaufsverführern", die in jüngerer Zeit gebaut wurden, sind die Unterschiede markant. Es wird überdeutlich, dass sich die Methoden, gute Umsatzerfolge im Einkaufszentrum zu erzielen, im Laufe der Zeit wesentlich gewandelt haben. Dieser Prozess dürfte nie abgeschlossen sein, da heutige optimale Strukturen morgen nicht mehr hinreichend den Bedürfnissen entsprechen werden.

Da Einkaufszentren ihr Gesicht somit ständig wandeln (müssen), sollte ein optimal strukturiertes Zentrum in baulicher Hinsicht so wenig wie möglich massiv ausgebildet werden, um die mit Veränderungen verbundenen Kosten gering zu halten. Einfach ausgedrückt: Das gute Einkaufszentrum stellt kein „Betongold", sondern „besseres Pappmaché" dar. Es kann z. B. im Zeitablauf angemessen sein, Läden zu vergrößern oder zu verkleinern, ihre Warenpräsentation durch räumliche Änderungen zu verbessern oder sonstige bauliche Maßnahmen durchzuführen, die es gestatten, neuere Erkenntnisse zu Einkaufszentren verkaufsfördernd umzusetzen. Je größer also die bauliche Flexibilität ist, umso wahrscheinlicher lässt sich mittel- und langfristig ein guter Ertrag erwirtschaften.

Finanzierungsstrukturen

Die Finanzierungsstrukturen müssen der optimalen Flexibilität des Einkaufszentrums Rechnung tragen d. h., durch einen relativ hohen Eigenkapitalanteil und/oder möglichst hohe Tilgungssätze ist die Finanzierung des notwendigen Refurbishments der Flächen sicherzustellen.

Typisch für geschlossene Immobilienfonds ist, dass die für das Investment geplante Summe des Eigenkapitals im Emissionszeitraum platziert wird. Sofern im Zusammenhang mit Refurbishment-Maßnahmen die Aufnahme zusätzlichen Fremdkapitals nicht möglich ist, weil der vorhandene Finanzierungsauslauf die Beleihungsgrenzen erreicht, gestaltet es sich gewöhnlich äußerst schwierig, zusätzliches Eigenkapital zu generieren. Fonds, in deren Satzung eine Nachschusspflicht definiert wird, sind nur schwer zu platzieren, da kaum jemand bereit ist, eine solche Verpflichtung einzugehen, die ihn in einem für die persönlichen Verhältnisse – möglicherweise – falschen Zeitpunkt verpflichtet, weiteres Eigenkapital zur Verfügung zu stellen. Kapitalerhöhungen, die zunächst von den schon beigetretenen Fondszeichnern übernommen werden können und danach anderen zur Übernahme angeboten werden, lassen sich schwer platzieren. Um die Marktfähigkeit zu erreichen, muss das zusätzliche Eigenkapital mit Vorzügen ausgestaltet werden, z. B. einer höheren und/oder bevorzugten Ausschüttung im Vergleich zur Kapitalbedienung des ursprünglich eingeworbenen Fondskapitals.

Die Fondsfinanzierung bietet also nur eine eingeschränkte Flexibilität, auf die im Zeitablauf gegebenenfalls notwendig werdenden Eigenkapitalerhöhungen zu reagieren.

Die Flexibilität für die Durchführung von Revitalisierungsmaßnahmen lässt sich außerdem nur erreichen, wenn das Fondsmanagement weitgehende Rechte in Bezug auf die Aufnahme zusätzlicher Fremdmittel hat, die im Regelfall durch zusätzliche Mieteinnahmen zu bedienen sein sollten. Sofern die Zustimmung der Zeichner zu wesentlichen Veränderungen notwendig ist, muss das Fondsmanagement durch eine entsprechende vertragliche Ausgestaltung in die Position gebracht werden, Entscheidungen kurzfristig abfordern zu können.

Lebenszyklus

Grundsätzlich ist die technische Lebensdauer einer Immobilie heute länger als die wirtschaftliche. Um die wirtschaftliche Lebensdauer für den Eigentümer optimal zu nutzen, sind die schon beschriebenen Refurbishment-Maßnahmen spätestens nach 10 bis 15 Jahren notwendig.

Basis für den nachhaltigen wirtschaftlichen Erfolg ist ein der Zeit entsprechendes unverwechselbares Profil des jeweiligen Zentrums, zugeschnitten auf die im Einzugsbereich lebende Bevölkerung. Um dieses Profil jeweils zeitgemäß zu erhalten, sind ständig auch bauliche Anpassungen notwendig.

Die Aufwendungen für ein Refurbishment, aber auch für das Senken der Nebenkosten (zweite Miete) usw. sind in vielen Fällen hoch. Hier gilt wieder, dass die vertragliche Ausgestaltung eines geschlossenen Immobilienfonds Spielraum bieten muss, um einerseits angemessene Entscheidungen herbeizuführen und andererseits Um- und Zusatzfinanzierungen vorzunehmen.

Rechtsform

Der geschlossene Immobilienfonds bietet für eine große Zahl von Investoren die Möglichkeit, sich entsprechend ihren finanziellen Ressourcen an einer ertragreichen Immobilie zu beteiligen.

Geschlossene Fonds werden in der Regel in der Rechtsform der Gesellschaft bürgerlichen Rechts (GbR) oder der Kommanditgesellschaft (KG) aufgelegt. Mit beiden Konstruktionen lässt sich erreichen, dass die steuerlich günstige Einkunftsart „Einkünfte aus Vermietung und Verpachtung" gilt.

Eine GbR in ihrer einfachsten Form ist wenig geeignet für den Zusammenschluss vieler Gesellschafter. Deswegen sind Spezialkonstruktionen unter Mitwirkung eines Grundbuchtreuhänders und einer Bank als Anlegertreuhänder entwickelt worden. Da nur die Grundzüge der GbR gesetzlich geregelt sind, ist es möglich, dem Investitionszweck optimal angepasste gesellschaftsrechtliche Bestimmungen festzulegen.

Grundsätzlich haftet der Gesellschafter einer GbR für das Fremdkapital. Professionell konstruierte Fonds beachten, dass die Haftung quotal beschränkt wird. Bei einer Finanzierungsrelation mit sehr viel Eigenkapitalanteil kann die Haftung für Bankverbindlichkeiten ausgeschlossen werden. Das entspricht auch der üblichen Praxis professionell konstruierter Fonds. U. a. ausgelöst durch das Fördergebietsgesetz, das Investitionen in den neuen Bundesländern steuerlich extrem attraktiv werden ließ, sind einige Fonds so konzipiert, dass über einen hohen Leverage-Effekt hohe Steuervorteile erreicht werden können. Wenn aber die Ertragsaussichten zu optimistisch prognostiziert wurden, besteht die Gefahr, dass die Zeichner quotal persönlich von der Bank in Anspruch genommen werden. Die neuesten BGH-Entscheidungen, u. a. aus dem Jahr 2005, bestätigen die Rechte der Bank, sodass Zeichner, die sehr mutig waren und deren Investment sich nicht positiv entwickelt hat, in nicht wenigen Fällen von der fremdfinanzierenden Bank in Anspruch genommen werden. Die Professionalität des Emissionshauses und dessen Seriosität sollten Garanten sein, dass eine solche Situation nicht entsteht.

Als Kommanditgesellschaft konstruierte Fonds sind in aller Regel weniger risikobehaftet, soweit es den Verlust des Eigenkapitals übersteigt. Die Banken haben wegen der fehlenden quotalen persönlichen Haftung für Fremdmittel in aller Regel nur in geringem Umfang Fremdkapital gewährt.

Grenzen der Mitunternehmerschaft

Unabhängig von der Rechtsform ist die Beteiligung an einem geschlossenen Immobilienfonds ein Engagement als Mitunternehmer. Der Fondszeichner wird also wirtschaftlich zum Mitgestalter. Die sich aus dieser Stellung ergebenden Rechte und Gesellschafterpflichten stehen in aller Regel in Konkurrenz zur Motivation des typischen Anlegers, eine rentierliche, risikoarme und mit minimalem Verwaltungsaufwand belastete Kapitalanlage in Immobilienvermögen zu tätigen.

Dieser Zielkonflikt wird zumindest vordergründig durch die Beauftragung eines qualifizierten Treuhänders gelöst, der Gesellschafterrechte ausübt. Es ist jedoch von Relevanz, dass die steuerliche Anerkennung der Einkunftsart „Vermietung und Verpachtung" voraussetzt, dass der Fondszeichner zumindest theoretisch seine vollen Gesellschafterrechte ausüben können muss.

Solange im Fonds die wirtschaftlichen Ergebnisse aus der Sicht der Zeichner befriedigend sind, entsteht selten ein Konflikt. Sobald sich jedoch wirtschaftliche Schwierigkeiten einstellen, die durchaus exogene Ursachen haben können, beginnt häufig der Antagonismus. Gerade in den letzten Jahren haben die Gesellschafter ihre (vermeintlichen) Rechte im Rahmen von Gesellschafterversammlungen oder auch über Mitglieder des Beirats durchgesetzt und erheblichen Einfluss auf das Management genommen. Sofern diese Einflussnahme nicht mit hinreichend umfassendem Wissen über Einkaufszentren verbunden war, hat sich das im Ergebnis zum Teil negativ auf das wirtschaftliche Eigentum der Fondszeichner ausgewirkt.

Als Fazit ist festzuhalten, dass bei der typischen Rechtskonstruktion als Personengesellschaft der Grat zwischen dem Durchsetzen von Eigentümerinteressen und optimalem Management sehr schmal ist. Grundsätzlich sind die Rechte des Managements bei Kapitalgesellschaften weiter gehend als bei Personengesellschaften. Fonds müssten meines Erachtens wie eine Kapitalgesellschaft geführt werden. Innerhalb dieser Diskrepanz optimal zu balancieren ist keine leicht zu lösende Aufgabe.

Teileigentum

Erfahrungsgemäß birgt die Realisierung eines Einkaufszentrums im Teileigentum Probleme, die in den verschiedenen Phasen seines wirtschaftlichen Lebenszyklus deutlich werden können. Zum Beispiel sind die aus dem Teileigentum resultierenden Beschränkungen bei einem notwendig werdenden Refurbishment nur schwer oder gar nicht einzuhalten oder das zeitgerechte Refurbishment ist nicht möglich.

So gilt bei Zentren, in denen über den Verkaufsflächen Eigentumswohnungen errichtet wurden, dass Veränderungen der Außenhaut von Teileigentumsrechten gewöhnlich nur mit Zustimmung aller Miteigentümer möglich sind. Wenn z. B. eine ursprünglich gerade verlaufende Passage verändert werden soll, indem einzelne Läden vorspringen und der Zwangslauf für die Kunden dadurch geändert werden soll, wird dieses erschwert oder gar unmöglich gemacht. Einstimmigkeit für Eingriffe in Teile des Gemeinschaftseigentums ist, sofern die zwischen Teileigentümern üblichen Interessenkollisionen existieren, kaum möglich. Die Teileigentümer des Einzelhandelsbereichs befinden sich in einer Situation, in der sie erpressbar sind und können sich nicht oder nur zum Teil gegen Zahlungen an die übrigen Teileigentumsberechtigten den veränderten Marktbedingungen anpassen.

Probleme besonderer Art gibt es fast immer, wenn die Teileigentumsrechte mit unterschiedlichen Nutzungsinhalten verbunden sind, typischerweise also die schon erwähnten Wohnungen kombiniert werden mit einer Ladenpassage bzw. einem Einkaufszentrum. Aber auch über Teileigentum finanzierte Einkaufszentren, die ausschließlich für Einzelhandel und Dienstleistungen genutzt werden, können Probleme hervorbringen. Die zuvor geschilderte Maßnahme – Vorziehen von einzelnen Läden z. B. in die Fußgängerpassage – ist kaum durchführbar, weil die Eigentümer der benachbarten Läden, sofern unterschiedliche Eigentumsverhältnisse vorliegen, bei einer solchen Maßnahme immer davon ausgehen, dass ihre Läden gegenüber dem herausragenden an Attraktivität verlieren.

Folgen der deutschen Wiedervereinigung

Das Thema Einkaufszentren hat als Folge der Entstehung des neuen Deutschlands im Jahr 1989 eine Entwicklung genommen, die zu einer differenzierten Betrachtung führen muss. In den alten Bundesländern sind und waren die Genehmigungsverfahren für Einkaufszentren langwierig und kompliziert. Aus der Zurückhaltung vieler Städte wegen der Konkurrenzszenarien, der Nachbarschaftseinsprüche und eines eingeschränkten Angebots an guten innerstädtischen Standorten resultiert ein beschränktes Wachstum. Themen wie die Revitalisierung existierender, aber in die Jahre gekommener Zentren, die Umwidmung von Warenhausflächen oder Flächenerweiterungen bei existierenden Zentren haben hier größere Bedeutung als das Errichten weiterer Einkaufszentren.

In den fünf neuen Bundesländern setzte hingegen eine Euphorie im Hinblick auf Einkaufszentren ein, die dazu führte, dass hier bis 2005 über 190 Einkaufszentren – das sind 41,8 % aller Einkaufszentren mit mehr als 8.000 m² Geschäftsfläche in Deutschland – errichtet wurden. Dies entspricht einem Anteil von 43,8 % an der gesamten in Deutschland vorhandenen Geschäftsfläche. Die Überdimensionierung wird besonders deutlich, wenn man berücksichtigt, dass die in den neuen Bundesländern einschließlich Berlin lebende Bevölkerung weniger als 22 % der Gesamtbevölkerung ausmacht. Im gesamten Deutschland entfallen auf je 1.000 Einwohner ca. 138 m² Geschäftsfläche, in den neuen Bundesländern sind es hingegen 284 m², also fast 206 % des Wertes für Gesamtdeutschland.

Besonders im ersten Jahrzehnt nach der Wiedervereinigung haben Investoren vielfach die Grundanforderungen an Standort, äußere Objektgestaltung, Flächenstruktur und Dimensionierung vernachlässigt. In den Innenstadtlagen waren die Eigentumsverhältnisse zum Teil nicht geklärt, sodass die Flächenexpansion im Wesentlichen auf der „grünen Wiese" stattfand. Zunächst verkaufte man erfolgreich in Provisorien, wie in Großzelten, auf Schiffen, in stillgelegten Fabrikhallen usw. Der Nachholbedarf in allen Schichten der Bevölkerung war aufgrund vieler Jahrzehnte des Sozialismus erheblich, sodass über viele Jahre die Zukunftserwartungen mit der heutigen Realität nicht übereinstimmten.

Belastend wirkt sich auch die demoskopische Entwicklung aus. Die agilen, jungen und zumeist auch gut ausgebildeten Menschen wanderten in die alten Bundesländer ab, weil dort leichter Arbeitsplätze zu finden waren. Außerdem verringerte sich die Geburtenrate noch stärker als in den westlichen Bundesländern. Auch der Zusammenbruch der Industrien trug dazu bei, dass sich das für den Konsum zur Verfügung stehende Geldvolumen weniger positiv als von vielen erwartet entwickelte.

In den 90er Jahren des letzten Jahrhunderts wurden viele Zentren als geschlossene Fonds finanziert, da unter anderem auch die Fördergebietsabschreibung ein starker Impulsgeber war. Heute zeigt sich, welche Probleme auf alle Beteiligten zukommen. Viele haben die Folgen des Mangels an Bauleitplanungen unterschätzt. Immer mehr Einkaufszentren und Fachmarktzentren sind nicht mehr in der Lage, sich in einem härteren Wettbewerb zu behaupten. Das führt zu finanziellen Schwierigkeiten bei vielen Eigentümern und auch bei den involvierten Banken.

Als Zwischenergebnis lässt sich festhalten, dass ein Missachten der Gesetze des Marktes zu einer erheblichen Vermögensvernichtung führt. Der Lebenszyklus einer Gewerbeimmobilie ist zu lang, um Entscheidungen aufgrund einer Mangelsituation treffen zu können.

Einkaufszentren – Status quo in Mitteleuropa

Der großflächige Einzelhandel nimmt stetig zu, und immer häufiger kann ein Konsument innerhalb einer Stadt zwischen Nahversorgungs-, Stadtteil-, Fachmarkt- und Megaeinkaufszentren vergleichbarer Sortimentsbreite und Erreichbarkeit wählen. Zentren, die es nicht schaffen, sich den verändernden Kunden- und Konkurrenzbedingungen anzupassen, werden auf der Strecke bleiben.

Wegen der zuvor beschriebenen Inhalte spricht einiges dafür, dass die relative Bedeutung des geschlossenen Immobilienfonds zur Finanzierung dieser Zentren eher sinken wird, obwohl das Instrumentarium für den mittelgroßen Investor äußerst rentabel sein kann.

Es ist jedoch grundsätzlich eine gesicherte Erkenntnis, dass eine symbiotische Beziehung zwischen lebensfähigen, vitalen Städten und funktionsfähigem Handel besteht. Ohne Handel sterben die Innenstädte, wie viele amerikanische Downtowns beweisen. Der Handel ist nicht nur das Schaufenster einer Stadt, sondern auch deren Motor und Impulsgeber. Ohne die Vielfalt von Kultur, Kommunikation und Kommerz gibt es keine lebensfähige Urbanität. Ohne das schillernde Handelsmosaik verliert eine Stadt an Lebensfähigkeit und somit auch einen Großteil ihres öffentlichen Charakters.

4   Architekturqualität zu festen Preisen und Terminen

Prof. Volkwin Marg, Partner der Architektensozietät gmp, Hamburg,
Professor für Stadtbereichsplanung und Werklehre an der
RWTH Aachen

Seit 40 Jahren praktiziere ich als Architekt, dessen Erfolge sich aus Aufträgen infolge gewonnener Architektenwettbewerbe ergeben, an denen unser Büro gmp weltweit teilnimmt. Wir bauen u. a. in Italien, in der Türkei, in den Golfstaaten, in Vietnam und auch in China, wo zurzeit über 20 große Projekte realisiert werden.

Die Tatsache, dass unser Büro an den vordersten Stellen der nationalen und internationalen Ranking-Listen für Architekturbüros steht, beschert uns häufig Einladungen zu Architekturwettbewerben. Dabei ist nicht zu übersehen, dass in jüngerer Zeit – besonders in Deutschland – vermehrt Baufirmen als Generalübernehmer, sowohl für die Planung als auch für die Bauleistungen, zum Wettbewerb aufgefordert werden. Davon erhoffen sich die Auftraggeber Vorteile bei der Einhaltung fester Preise und Termine bei guter Architekturqualität. Inzwischen liegen auch praktische Erfahrungen vor, die wir als Architekten und Generalplaner in einer solchen Kooperation mit Bauunternehmen gemacht haben und machen.

Anhand zweier Beispiele will ich berichten, welche Verfahrensstrategien hierbei zum Erfolg führen können.

Bei der Investition von Sonderimmobilien geht auch die öffentliche Hand als Auftraggeber neue Wege. Dies geschieht in dem Bemühen, das Wettbewerbswesen nicht nur auf die Qualität der Architekturplanung anzuwenden, sondern diese zeitgleich mit einem Wettbewerb um den durch Generalunternehmer verbürgten günstigsten Baupreis zu koppeln.

Wir sind aufgrund unserer oben genannten zahlreichen Auslandsprojekte ohnehin gewohnt, die Planungsverantwortung als Generalplaner zu übernehmen und wenden dieses Verfahren auch in Kombination mit leistungsfähigen Generalunternehmern an, um den Bauherren auf Wunsch nicht nur die Planung, sondern zugleich auch die Bauleistung zum Festpreis aus einer Hand zu liefern. So haben wir z. B. Fußball-Arenen, Sporthallen, Fachhochschulen und Behördenbauten schlüsselfertig zu einem festen Termin und zum Fixpreis im Wettbewerb geplant und geliefert.

Als Beispiel für zwei in Deutschland von öffentlichen Auftraggebern angewandte unterschiedliche Verfahrensweisen stelle ich das Rheinenergie-Stadion in Köln-Müngersdorf und das Polizeipräsidium in Bonn vor.

Beispiel: Rheinenergie-Stadion in Köln-Müngersdorf

Das Kölner Stadion war für die Stadt Köln, vertreten durch die Kölner Sportstätten GmbH, aus Anlass der Weltmeisterschaft 2006 etappenweise als Ersatz für das untaugliche Vorgängerstadion bei laufendem Spielbetrieb zu errichten.

Kombinierter Wettbewerb

Der kombinierte Wettbewerb als ungewöhnliches Verfahren für die Ausschreibung/Vergabe der Planungs- und Bauleistungen wurde nach GRW95 ausgelobt und abgewickelt. Die Wettbewerbsausschreibung und auch das Projektmanagement wurden in enger Kooperation mit der Sportstätten GmbH vorbereitet, durchgeführt und erfolgreich abgeschlossen.

Dr. Hepermann von der Firma Struktur GmbH, der dieses Verfahren vorbereitet und danach auch im Auftrage des Bauherrn betreut hat, charakterisiert dies folgendermaßen:

„Herausragendes Merkmal des kombinierten Wettbewerbs ist es, dass jeder am Wettbewerb teilnehmende Architekt seinen Entwurf in zwei Wettbewerbsphasen in enger Kooperation mit einem oder mehreren Generalunternehmern auszuarbeiten hat. In der zweiten Wettbewerbsphase muss der teilnehmende Architekt dafür sorgen, dass für die Realisierung seines Entwurfs mindestens ein verbindliches Generalunternehmerangebot eingereicht wird. Somit muss bzw. darf der Architekt den von ihm favorisierten Generalunternehmer selbst auswählen. Als Ergebnis des Verfahrens liegen dem Auftraggeber dann nicht nur die Entwürfe des Architekten, sondern auch die zugehörigen Angebote für die komplette Ausführung vor. Dabei läuft der Wettbewerb in beiden Phasen unter notarieller Begleitung vollständig anonym ab. Die Namen der Architekten und der Generalunternehmer erfährt der Auftraggeber erst nach der Preisgerichtsentscheidung."

Klassische Alternativen

Neben dem kombinierten Wettbewerb haben wir im Herbst 2000 gemeinsam mit der Stadt auch die beiden klassischen Alternativen im Hinblick auf alle relevanten Kriterien untersucht und bewertet:

- Normales Wettbewerbsverfahren nach GRW (später dann eventuell mit Generalunternehmerausschreibung) und
- Totalübernehmerausschreibung (inklusive Entwurf) mit Leistungsprogramm nach VOB/A.

Auf dieser Grundlage hat die Stadt dann die Entscheidung zugunsten des kombinierten Wettbewerbs getroffen, mit der Zielsetzung, die spezifischen Hauptvorteile der beiden klassischen Verfahren gemeinsam zu erreichen, nämlich:

- hohe architektonische Qualität analog dem normalen Wettbewerbsverfahren nach GRW,
- Nutzung des Know-hows ausführender Firmen sowie frühe Kosten- und Terminsicherheit analog einer qualifizierten Totalübernehmerausschreibung nach VOB/A.

Dazu waren allerdings zahlreiche Präzisierungen notwendig und auch einige Sonderregelungen, um das gewünschte und gemäß GRW auch beabsichtigte Ergebnis zu erreichen, z. B. findet gemäß GRW der Eröffnungstermin für die Generalunternehmerangebote, der auf Grundlage der VOB/A durchzuführen ist, erst nach der Preisgerichtsentscheidung statt.

Präzisierungen

Im Interesse einer zielgerichteten Preisgerichtsentscheidung müssen deshalb u. a. folgende Punkte beachtet werden:

- Es muss sichergestellt sein, dass die Kosten gemäß Architektenangabe, die dem Preisgericht vorliegen, mit dem zugehörigen – dem Auftraggeber noch nicht bekannten – Generalunternehmerangebot übereinstimmen, z. B. durch eine verbindliche Erklärung des Architekten.
- Die Generalunternehmer müssen ihre Angebote zeitgleich mit den Unterlagen der Architekten zur zweiten Wettbewerbsphase vorlegen, ohne sie danach bis zum Eröffnungstermin wieder zurückziehen zu dürfen, d. h. das Ende der Angebotsfrist und der Beginn der Bindefrist müssen zeitgleich vor dem Eröffnungstermin liegen.

Phasen

Die einzelnen Wettbewerbsphasen verliefen folgendermaßen:

- Nach den internen Vorarbeiten (Klärungen zum Verfahren, Bereitstellung der Unterlagen zur ersten Bearbeitungsphase usw.) und den Veröffentlichungen begann der Versand der Unterlagen. Die Unterlagen umfassten im Wesentlichen zunächst die Verfahrensvorgaben, die Bestandsdaten und die Leistungsvorgaben in Kurzform, u. a. als zusammengefasstes Raum- und Funktionsprogramm.
- Nach einem Kolloquium im Januar haben insgesamt 69 Architekten ihre Ergebnisse zur ersten Phase vorgelegt. Angebote zur Ausführung oder sonstige Bearbeitungen der Generalunternehmer waren in dieser Phase dem Auftraggeber noch nicht einzureichen.

- Auf der Grundlage umfassender Vorprüfungen wurden durch das Preisgericht sieben Entwürfe für die zweite Phase ausgewählt.

Intern wurde die Dauer der ersten Phase zur Ausarbeitung genutzt, die Mitte März 2001 vom Notar an die sieben Teilnehmer verschickt wurden (Versand unter Wahrung der Anonymität an die Architekten). Diese Unterlagen waren die ergänzende Grundlage für alle Bearbeitungen der Architekten und der bietenden Generalunternehmer in der zweiten Wettbewerbsphase:

- Nach separaten Bieter-Ortsterminen und einer Rückfragemöglichkeit mit schriftlicher Beantwortung aller Fragen mussten die Architekten ihre verfeinerten Entwürfe abgeben, und parallel dazu hatten die Generalunternehmer ihre verbindlichen Angebote beim Notar einzureichen.
- Nach genauer Vorprüfung der Architektenbeiträge tagte das Preisgericht zur zweiten Phase und legte für die Architektenentwürfe die Preisträger fest. Den ersten Preis erhielt – nach dem Öffnen der Verfassererklärung – unser Büro gmp mit dem Kooperationspartner Max Bögl GmbH als bietender Generalunternehmer.
- Die Submission der Generalunternehmerangebote bestätigte die Preisangaben, welche die Architekten zu ihren Entwürfen in der zweiten Wettbewerbsphase gemacht hatten.

Ausgenommen von der Beauftragung an Max Bögl war – als weitere Besonderheit des kombinierten Wettbewerbs – lediglich die Gebäudeplanung bis einschließlich Leistungsphase 4 der HOAI (Genehmigungsplanung). Mit dieser wurde ebenfalls im September 2001 das Büro gmp direkt beauftragt.

Kooperation
Die gesamte Planungs- und Bauzeit ab September 2001 war geprägt durch ein zielorientiertes, konstruktives Miteinander. Die infolge unterschiedlicher Interessenlagen der Beteiligten naturgemäß auftretenden Meinungsverschiedenheiten wurden immer kurzfristig und in aller Regel auch konstruktiv ausgeräumt.

- Organisatorisch wurde eine klare Zuordnung von Angaben und Verantwortlichkeiten festgelegt und im Projektverlauf auch konsequent beachtet.
- Die funktionale Qualität und die technischen Ausführungsqualitäten sind insgesamt gut, die gestalterische Qualität – als eher subjektives Kriterium – wird von der Fachwelt und auch von den Stadiongästen überwiegend positiv beurteilt.
- Auf Grundlage der heute vorliegenden Daten, insbesondere der bereits erfolgten Schlussvereinbarung mit Max Bögl, wurden die Kostenvorgaben eingehalten.
- Alle Nutzungsvorgaben während der Bauzeit wurden erfüllt und die vorgegebenen Terminziele wurden erreicht, zum Teil sogar unterschritten.

Ergänzend dazu zeigen auch die bisherigen Vermarktungserfolge und die Betriebsergebnisse, dass die Projektvorgaben seinerzeit von der Stadt Köln und der Kölner Sportstätten GmbH richtig und mit Augenmaß gewählt wurden. Insgesamt war dies ein in jeder Beziehung erfolgreiches Projekt, zu dem alle Partner ihren Teil beigetragen haben:

- Die Projektleitung des Bauherrn, die Kölner Sportstätten GmbH, hat stets schnelle und aus unserer Sicht auch richtige Entscheidungen getroffen.
- Die Aufsichtsgremien der Kölner Sportstätten GmbH, bis hin zu Herrn Oberbürgermeister Schramma, Vorsitzender des Aufsichtsrates, sowie alle beteiligten städtischen Gremien und Ämter haben sich in hohem Maße für den Projekterfolg engagiert.

- Der Nutzer des Stadions, der 1. FC Köln, hat in allen Projektphasen sehr konstruktiv mitgewirkt und auch seine Änderungswünsche in engen Grenzen gehalten.

- Das Büro gmp und die Firma Max Bögl haben termingerecht, gut und zuverlässig gearbeitet.

Nicht nur für den Auftraggeber, sondern auch für uns Architekten, die bis zur Baugenehmigung für den Bauherrn und danach für den Generalunternehmer gearbeitet haben, ist die terminliche und kostengerechte Punktlandung mit einem architektonisch vorbildlichen Stadion zu einer vorteilhaften Referenz geworden.

Beispiel: Neubau des Polizeipräsidiums in Bonn

Das Polizeipräsidium Bonn folgte für die Vergabe von Planungs- und Bauleistungen einer anderen Prozedur als dem kombinierten Wettbewerb um architektonische Qualität, Baukosten, wirtschaftlichen Betrieb und Termineinhaltung. Die offizielle Verfahrensbezeichnung hierfür lautet „Verhandlungsverfahren nach Vergabebekanntmachung zur Vergabe von Planungs- und Bauleistung" (mit vorgeschaltetem Bewerbungsverfahren). Dies ist ein Verfahren als Architektenwettbewerb mit der Abgabe eines verbindlichen Angebots mit vorgeschaltetem Bewerbungsverfahren, um sich die vielversprechendsten Teilnehmer (sechs Bietergemeinschaften gab es in diesem Fall) auszusuchen. Die Wertung des Auswahlgremiums zur Beurteilung besteht zu 50 % in Architektur, Funktion/Städtebau und zu 50 % in Preis/Wirtschaftlichkeit.

Für die Bewerbung zur Teilnahme am Ausschreibungswettbewerb für die Planung und Errichtung eines Polizeipräsidiums in Bonn schlossen wir uns in folgender Konstellation als Bietergemeinschaft zusammen: gmp Generalplanungs-GmbH, Max Bögl Bauunternehmung, Zibell, Willner + Partner Ingenieurgesellschaft mbH. Die Mitglieder der Bietergemeinschaft haften bei der Auftragsabwicklung als Arbeitsgemeinschaft gegenüber dem Bauherrn nach Maßgabe des Anteils der eingebrachten Leistung und werden gegenüber dem Auftraggeber durch das federführende Bauunternehmen rechtsverbindlich vertreten.

Der Auftraggeber ist der Bau- und Liegenschaftsbetrieb (BLB) NRW in Bonn, die Durchführung des Vergabeverfahrens wurde betreut durch die Drees & Sommer GmbH, Köln.

Gegenstand der Ausschreibung war:

- Planung und Errichtung eines Polizeipräsidiums mit ca. 21.000 m² HNF und einer Parkierungsanlage für ca. 400 Kfz unter

- Erbringung des Nachweises einer potenziellen baulichen Erweiterung von 3.500 m² HNF Verwaltung bzw. ca. 7.000 m² BGF sowie einer Erweiterung der Parkierungsanlage zur Unterbringung von ca. 80 Stellplätzen auf dem Grundstück „Dahlienfeld" in Bonn-Oberkassel (Bonn-Beuel, Königswinterer Straße).

Verhandlungsverfahren (nach öffentlicher Vergabebekanntmachung) nach VOB/A „Allgemeine Bestimmungen für die Vergabe von Bauleistungen" Abschnitt 2.

Die Wertungs-/Zuschlagskriterien waren:

- Funktionalität: Anpassungsfähigkeit der Struktur an veränderte Anforderungen/Flexibilität. Möglichkeit baulicher Erweiterungen (z. B. Nachweis, dass ca. 7.000 m² BGF Verwaltungsbau inklusive erforderlicher Stellplatzanzahl auf dem Grundstück unter Einhaltung der Rahmenbedingungen gemäß Teil 2 realisierbar sind),

- Funktionalität der räumlichen Zuordnung von Funktionsgruppen, Abteilungen usw.,

- Architektur: bauliche Standards (z. B. Ausbaustandards),
- Umsetzung/Einhaltung des Raum- und Funktionsprogramms,
- gestalterische Qualität,
- Funktionalität in Bezug auf innere und äußere Erschließung usw.,
- Städtebau: städtebauliche, gestalterische und räumliche Qualität,
- innovative und umweltfreundliche Technik,
- Wirtschaftlichkeit: Flächenwirtschaftlichkeit (auch anhand von Orientierungs-, Kenn- und Planungsdaten, z. B. BGF/HFN),
- Preis: Baukosten (auch anhand von Orientierung, Kenn- und Planungsdaten, z. B. Kosten/m² BGF, Kosten/m² Raumprogrammfläche usw.),
- Betriebs- und Folgekosten.

Termine
Das Verfahren war zeitlich terminiert in Submission, Angebotsprüfung und Zuschlagsfrist. Während der Planung und Angebotsbearbeitung dienten allen Bietern zwei Kolloquien der Klärung von Unklarheiten. Die Angebotsbearbeitung der ausgewählten Bieter wurde in Anbetracht des hohen Planungsaufwandes honoriert.

Gewichtung bei der Wertung
- 50 % Funktionalität, Architektur, Städtebau, innovative und umweltfreundliche Technik sowie Wirtschaftlichkeit (diese spielt natürlich im Gesamtprojekt eine entscheidende Rolle),
- 50 % Wirtschaftlichkeit, Preis, Termine.

Unsere Bietergemeinschaft erhielt den Zuschlag, weil Planung und Preis am günstigsten waren. Vor der endgültigen Beauftragung wurden unter Einbeziehung nachträglicher ministerieller Sparerlasse und der Wünsche der Polizei als Nutzer Modifikationen des Entwurfs planerisch und preislich festgelegt.

Das Polizeipräsidium ist inzwischen im Bau und wird fristgerecht Mitte 2006 zum Festpreis fertig gestellt sein. Unser Ehrgeiz als Architekten und Ingenieure ist es, in preiswerter Bauweise und bei hohem Bautempo vorbildliche Qualität zu liefern, die nur als Ergebnis einer vertrauensvollen Kooperation zwischen Baufirma und Architekt als Bietergemeinschaft möglich ist. Architektur von guter Qualität zu günstigen Festpreisen und fixem Termin wird in dieser Zusammenarbeit möglich, weil ökonomische Wünsche und Gewinnstreben nicht höher bewertet werden als die Verantwortlichkeit für die Gestaltungsqualität.

Auch dieser aus einem kombinierten Wettbewerb hervorgehende Bau wird ein Referenzprojekt für die Kooperation in einer Bieter- und Arbeitsgemeinschaft zwischen freien Architekten und Ingenieuren mit einem Generalunternehmer.

Weiterführende Literatur

Gewerbeimmobilien

Falk, B. (Hrsg.): Das große Handbuch Immobilien-Management, Landsberg/Lech 1997.

Falk, B. (Hrsg.): Das große Handbuch Immobilien-Marketing, Landsberg/Lech 1997.

Falk, B. (Hrsg.): Das große Handbuch Shopping-Center, Landsberg/Lech 1998.

Falk, B. (Hrsg.): Fachlexikon Immobilienwirtschaft, 3. Auflage, Köln 2004.

Falk, B. (Hrsg.): Gewerbe-Immobilien, 6., überarbeitete und erweiterte Auflage, Landsberg/Lech 1994.

Gewerbe-Großimmobilien des Handels

Falk, B. (Hrsg.): Das große Handbuch Shopping-Center, Landsberg/Lech 1998.

Falk, B. (Hrsg.): Fachlexikon Immobilienwirtschaft, 3. Auflage, Köln 2004.

Falk, B. (Hrsg.): Gewerbe-Immobilien, 6., überarbeitete und erweiterte Auflage, Landsberg/Lech 1994.

Falk, B./Wolf, J.: Handelsbetriebslehre, 11., völlig überarbeitete und erweiterte Auflage, Landsberg/Lech 1992.

Institut für Handelsforschung an der Universität zu Köln (IfH): Katalog E, Begriffsdefinitionen aus der Handels- und Absatzwirtschaft, 4. Ausgabe, Köln 1995.

Greipl, E.: Netzwerk Stadt: Schlagwort oder Erfolgsmodell, Jahrestagung 2003, urbanicom Deutscher Verein für Stadtentwicklung und Handel e. V., 26. bis 28. Mai 2003, Berlin.

Shopping-Center

Falk, B. (Hrsg.): Das große Handbuch Shopping-Center, Landsberg/Lech 1998.

Falk, B. (Hrsg.): Fachlexikon Immobilienwirtschaft, 3. Auflage, Köln 2004.

Falk, B. (Hrsg.): Gewerbe-Immobilien, 6., überarbeitete und erweiterte Auflage, Landsberg/Lech 1994.

Institut für Gewerbezentren (Hrsg.): 3. European Factory Outlet Center Report 2005, Starnberg 2005.

Institut für Gewerbezentren (Hrsg.): Shopping-Center Planungen 2004-2010, Starnberg 2004.

Institut für Gewerbezentren (Hrsg.): Shopping Center Report 2003, Starnberg 2003.

Themen-Center – Die Stadtgalerie

Beyme, K. von (Hrsg. u. a.): Neue Städte aus Ruinen, München 1992.

Brune, W.: Die Stadtgalerie – Ein Beitrag zur Wiederbelebung der Innenstädte, Frankfurt a. M./New York 1996.

Geist, F. J.: Passagen, Ein Bautyp des 19. Jahrhunderts, München 1982.

Gruen, V./Smith, L.: Shopping Towns USA, The Planning of Shopping Centers, New York 1960.

Marg, V.: Handel im Wandel, in: Bauwelt, Ausgabe 40/41, 1981, Seite 1766 ff.

Spezial-Center – Das Meilenwerk

Halder-Hass, N./Lorenz, G./Haspel, J. (Hrsg.): Das Denkmal als Immobilie, Wiesbaden 2002.

Lorenz, G./Hass, N.: Industriedenkmäler, in: Heuer, B./Schiller, A. (Hrsg.): Spezialimmobilien, Köln 1998.

Powell, K.: Bauen im Bestand, Stuttgart 2000.

Schneider, U. (Hrsg.): Fabriketagen, Hamburg 1999.

Schulze, G.: Kulissen des Glücks, Frankfurt a. M./New York 2000.

Private Autohöfe

ADAC motorwelt: Wenig Spaß bei der Rast, Heft 7, Juli 2005, S. 25 f.

Autobahn Tank und Rast AG (Hrsg.): Tanken und Rasten 1995, Bonn 1995.

Institut für angewandte Verkehrs- und Tourismusforschung e. V. (IVT): Tanken und Rasten in Baden-Württemberg – Musterkonzeption, Untersuchung im Auftrag des Ministeriums für Umwelt und Verkehr Baden-Württemberg, Heilbronn 1996.

Leu, S.: Standortfragen und Kriterien bei Autohöfen, Erlangen-Nürnberg 1996.

Modeorder-Großhandels-Center

Falk, B. (Hrsg.): Das große Handbuch Shopping-Center, Landsberg am Lech 1998.

Falk, B. (Hrsg.): Gewerbe-Immobilien, 6. Auflage, Landsberg am Lech 1994.

Interessenverbund ModeCentren (IMC) e. V.: Miteinander in die Zukunft, Sindelfingen, www.modecentren.de.

Interessenverbund ModeCentren (IMC) e. V.: Übersicht über die beteiligten Modecentren, Hamburg 2001.

Textilwirtschaft (Online-Portal): Erfolg für IMC-Modezentren, März 2001, www.Twnetwork.de.

Der deutsche Büroimmobilienmarkt; Büroimmobilien

Beyerle, T.: Der Markt für Büroimmobilien, in: Kippes, S./Sailer, E. (Hrsg.), Immobilienmanagement, Stuttgart/München 2005, S. 34–50.

Beyerle, T.: Entwicklung von Büroimmobilien. Auf der Jagd nach einem Phantom, in: Immobilien Manager, Heft 12, 2003, S. 31–33.

Beyerle, T.: Merkmale einer Büroimmobilie der Zukunft, in: Rohmert, W./Böhm, J. (Hrsg.): E-Business in der Immobilienwirtschaft, Wiesbaden 2001, S. 269–276.

Beyerle T.: Real Estate Market Research in Germany: Structures, Methods and Challenges. Paper held on the 10th ERES European Research Society Conference in Helsinki, 13. Juni 2003.

Bullinger H. J./Bauer, W./Kern, P./Zinser, S.: Zukunftsoffensive Office 21: Büroarbeit in der dotcom-Gesellschaft gestalten, Köln 2000.

DEGI mbH: Neue Perspektiven – Immobilienmarktreport 2004, Frankfurt am Main 2004.

Harrison, A./Wheeler, P./Whitehead, C.: The Distributed Workplace, London 2004.

Kolwitz, K.: Research – Alles nur Zahlenzauber?, in: Immobilien Wirtschaft und Recht, Heft 3/4, 2004, S. 12–14.

Kuhne, V./Sommer, H.: Projektsteuerung im Hochbau, Wiesbaden 1977.

Leishman, C.: Real Estate Market Research and Analysis, Houndmills, Basingstoke, Hampshire 2003.

Lipczinsky, M./Boerner, H.: Büro, Mensch und Feng Shui, München 2000.

Myerson, J./Ross, P.: The 21st Century Office, New York 2003.

Schmitz A./Brett, D. L.: Real Estate Market Analysis: A Case Study Approach, Washington, D.C. 2001.

Schneider, R./Gentz, M.: Intelligent Office, Köln 1997.

Spath, D./Kern, P. (Hrsg.): Zukunftsoffensive Office 21 – Mehr Leistung in innovativen Arbeitswelten, Köln/Stuttgart 2000.

Warnecke, H.-J./Bullinger, H.-J. (Hrsg.): Kunststück Innovation: Praxisbeispiele aus der Fraunhofer-Gesellschaft u. a., Berlin 2003.

Hotels, Ferienzentren und Boardinghouses; Hotelimmobilien

Bethge, H.-J. (Hrsg.): Heidelberger Handbuch, Der Erfolgsberater für Hotellerie und Gastronomie, Stuttgart 1997.

Coltman, M.: Hospitality Management Accounting, 6th Edition, New York 1988.

DEHOGA: DEHOGA-Hotelmarktanalyse 2005, www.dehoga.de.

DEHOGA: Kennziffern im Hotel- und Gaststättengewerbe, Gastgewerbliche Schriftreihe Nr. 1.3, überarbeitete Auflage, Bonn 1994.

Gewald, S. (Hrsg.): Handbuch des Touristik- und Hotelmanagement, München, Wien 1999.

Hänssler, K. H.: Management in der Hotellerie und Gastronomie: betriebswirtschaftliche Grundlagen, 5., überarbeitete und erweiterte Auflage, München/Wien 2001.

Henselek, H.: Hotelmanagement: Planung und Kontrolle, München 1999.

Horwarth & Horwarth International: Worldwide Hotel Industry, New York 1996.

IHA-Service GmbH (Hrsg.): Hotelmarkt Deutschland 2005, Berlin 2005.

IHA e. V.: Informationen auf der Homepage unter www.hotelverband.de.

Knirsch, J.: Hotels – Planen und Gestalten, 2. Auflage, Leinfelden-Echterding 1993.

Schaetzing, E.: Management in Hotellerie und Gastronomie, 5. überarbeitete Auflage, Frankfurt a. M. 1996.

Seitz, G.: Hotelmanagement, Berlin, Heidelberg 1997.

Freizeitimmobilien

B.A.T.-Freizeitforschungsinstitut (Hrsg.): Freizeitparks und Erlebniswelten – Daten zur Freizeitforschung, Hamburg 1998.

Bienert, S. (Hrsg.): Bewertung von Spezialimmobilien: Risiken, Benchmarks und Methoden, Wiesbaden 2005.

Deloitte: Kompetenz-Center Health & Fitness, Der Deutsche Fitness & Wellness Markt, Aktualisierung der Marktanalyse 2004, Düsseldorf 2005.

Falk, B. (Hrsg.): Das große Handbuch Shopping-Center, Landsberg Lech 1998.

Hennings, G./Müller, S. (Hrsg.): Kunstwelten – Künstliche Erlebniswelten und Planung, Dortmunder Beiträge zur Raumplanung 85, Dortmund 1998.

Heuer, B./Schiller, A. (Hrsg.): Spezialimmobilien, Köln 1998.

Institut für Mobilitätsforschung – IFMO (Hrsg.): Motive und Handlungsansätze im Freizeitverkehr, Berlin 2003.

Isenberg, W./Sellmann, M. (Hrsg.): Konsum als Religion, Mönchengladbach 2000.

Landessportbund Hessen (Hrsg.): Sportstätten-Management, Neue Wege für vereinseigene und kommunale Sportstätten, Zukunftsorientierte Sportstätten Band 6, Frankfurt am Main 2004.

Mikunda, C.: Der verbotene Ort oder die inszenierte Verführung, Düsseldorf 1996.

Ministerium für Arbeit, Soziales und Stadtentwicklung, Kultur und Sport des Landes Nordrhein-Westfalen (Hrsg.): Stadtplanung als Deal – Urban Entertainment Center und private Stadtplanung, Düsseldorf 1999.

Opaschowski, H. W.: Kathedralen des 21. Jahrhunderts – Erlebniswelten im Zeitalter der Eventkultur, B.A.T.-Freizeitforschungsinstitut, Hamburg 2000.

Opaschowski, H. W.: Deutschland 2010, 2. Auflage, B.A.T.-Freizeitforschungsinstitut, Hamburg 2001.

Opaschowski, H. W.: Das gekaufte Paradies – Tourismus im 21. Jahrhundert, B.A.T.-Freizeitforschungsinstitut, Hamburg 2001.

Popp, H. (Hrsg.): Neuere Trends in Tourismus und Freizeit, Bayreuther Kontaktstudium Geographie, Band 1, Passau 2001.

Schulte, K.-W./Brade, K. H. (Hrsg.): Handbuch Immobilien-Marketing, Köln 2001.

Schulze, G.: Die beste aller Welten, Wohin bewegt sich die Gesellschaft im 21. Jahrhundert?, München 2003.

Steinecke, A.: Erlebnis- und Konsumwelten, München/Wien 2000.

Themata Freizeit- und Erlebniswelten Services GmbH: Freizeit in Deutschland, München 2003.

Thomas Morus Akademie (Hrsg.): Musicals und urbane Entertainmentkonzepte, Bensberger Protokolle 90, Bensberg 1999.

Thomas Morus Akademie (Hrsg.): Kathedralen der Freizeitgesellschaft. Kurzurlaub in Erlebniswelten. Trends, Hintergründe, Auswirkungen, Bensberger Protokolle 83, Bensberg 1998.

Health-Care-Immobilien; Medizinische Versorgungszentren

Bruckenberger, E.: Privatisierung der Krankenhäuser, eine Alternative zum Investitionsstau – Eine ergebnis- nicht ankündigungsorientierte Analyse, Fassung vom 24. März 2005, Hannover [Aktualisierung der Analyse „Investitionsoffensive für Krankenhäuser" vom 1. Oktober 2002].

Buscher, F.: Bericht zur Lage der Krankenhäuser in Deutschland bei der Einführung der Fallpauschalen, Das Krankenhaus, Ausgabe 3/2005, Stuttgart, S. 181–185.

Clausdorff, L.: OP-Konzepte, Funktionsstelle OP, Krankenhaus-Umschau Nr. 29 Special, 06/2005, Kulmbach, S. 10–13.

Degener-Hencke, U.: Integration von ambulanter und stationärer Versorgung – Öffnung der Krankenhäuser für die ambulante Versorgung, in NZS 12/2003, S. 629 f.

Deutsche Krankenhausgesellschaft, Bestandsaufnahme zur Krankenhausplanung und Investitionsfinanzierung in den Bundesländern, Stand: November 2004, Dezernat II, Krankenhausfinanzierung und -planung, Berlin.

Frosch, E./Hartinger G./Renner, G.: Outsourcing und Facility Management im Krankenhaus, 3.Auflage, Wien/Frankfurt 2003.

Hentze, J./Huch, B./Kehres, E. (Hrsg.): Krankenhaus-Controlling, Konzepte, Methode und Erfahrungen aus der Krankenhauspraxis, 3., überarbeitete und aktualisierte Auflage, Stuttgart 2005.

Joedicke, J./Joedicke, J. A./Haid, H. P./Fukerider, H./Geiselbrecht, G.: Krankenhausbau auf neuen Wegen, Klinikum Nürnberg Süd 1996, Stuttgart/Zürich 1996.

Kerres, M./Lohmann, H.: Der Gesundheitssektor: Chance zur Erneuerung, Vom regulierten Krankenhaus zum wettbewerbsfähigen Gesundheitszentrum, 3. Auflage, Wien 2002.

Lönneker, S.: Krankenhausimmobilien als Investitionsobjekte, Masterthesis März 2005.

Marburger Bund (Hrsg): Medizinische Versorgungszentren – Eine Chance für Ärztinnen und Ärzte?, www.marburger-bund.de, Januar 2005.

Medizinische Versorgungszentren, Schwerpunktthema in: Klinik Markt, Ausgabe 15–16/2004 vom 16. August 2004 (www.vincentz-berlin.de).

Nickl-Weller, C.: Unveröffentlichtes Vorlesungsmanuskript, Vorlesungsreihe Sommersemester 04/Wintersemester 04/05, TU Berlin, Fakultät VII, Architektur, Umwelt, Gesellschaft, Institut Entwerfen, Konstruktion, Bauwirtschaft, Baurecht, Fachgebiet Entwerfen von Krankenhäusern und Bauten des Gesundheitswesens.

Nord LB: Krankenhaus im Umbau, Marktanalyse Industrie und Region im Wandel, Hannover, November 2002.

Peikert, P.: Erste Erfahrungen mit Medizinischen Versorgungszentren, in: ZMGR 06/04, S. 211 f.

Rau, S.: Neue gesellschaftsrechtliche Organisationsformen ärztlicher Tätigkeit, in: DStR 15/2004, S. 640 f.

Simon, M.: Das Gesundheitssystem in Deutschland, Eine Einführung in Struktur und Funktionsweise, Lehrbuch Gesundheitswissenschaften, 1. Auflage, Bern 2005.

Specke, H. K.: Der Gesundheitsmarkt in Deutschland, Daten – Fakten – Akteure, 3. Auflage, Bern 2005.

Statistisches Bundesamt: Bevölkerung Deutschlands bis 2050, 10. koordinierte Bevölkerungsvorausberechnung, Wiesbaden 2003.

Statistisches Bundesamt: Fachserie 12/Reihe 6.1, Gesundheitswesen, Grunddaten der Krankenhäuser und Vorsorge- oder Rehabilitationseinrichtungen, Wiesbaden 2003.

Steiner, P./Mörsch, M.: Kritische Bestandaufnahme der Investitionsfinanzierung in den Bundesländern, Das Krankenhaus, 6/2005, S. 473.

Planung von Parkierungsanlagen und Parkraumbewirtschaftung

ADAC, Benutzerfreundliche Parkhäuser, München 2000.

ADAC, Das benutzerfreundliche Parkhaus, München 2003.

ADAC, Erreichbarkeit von Innenstädten, München 2002.

ADAC, Parkraummanagement in Klein- und Mittelstädten, München 2004.

ADAC, Schneller Parken mit Parkleitsystemen, München 1998.

ADAC, Verkehrstelematik in Städten, München 2002.

Baier, R. u. a.: DSSW Leitfaden, Parken in Innenstadt: kundenorientiert, standortgerecht und effizient, Berlin 2000.

Bayer, E. u. a., in: Bundesverband der deutschen Zementindustrie (Hrsg.): Parkhäuser – aber richtig, Düsseldorf 2000.

Baugesetzbuch (BauGB).

Baukultur 3/99, Parken, Wiesbaden 1999.

Baunutzungsverodnung (BauNVO).

Bauordnungen der Länder mit Durchführungsverordnungen (LBO) und Verwaltungsvorschriften.

Bundesverband der Park- und Garagenhäuser e. V.: Das moderne Parkhaus, Köln 1998.

Deutsches Seminar für Städtebau und Wohnungswirtschaft: Parken in der Innenstadt, DSSW Schriften Nr. 33, Berlin 2000.

DIN 18024, Teil 1 Barrierefreies Bauen – Teil 1: Straßen, Plätze, Wege. Öffentliche Verkehrs- und Grünanlagen sowie Spielplätze; Planungsgrundlagen.

Erlasse, Verwaltungsvorschriften zu den Richtlinien zur Ermittlung des Stellplatzbedarfs.

Forschungsgesellschaft für Straßen- und Verkehrswesen Köln: Empfehlungen für Anlagen des ruhenden Verkehrs, EAR 2005.

Forschungsgesellschaft für Straßen- und Verkehrswesen Köln: Handbuch für die Bemessung von Straßenverkehrsanlagen, HBS 2000.

Forschungsgesellschaft für Straßen- und Verkehrswesen Köln: Hinweise zum Einsatz mechanischer Parksysteme.

Forschungsgesellschaft für Straßen- und Verkehrswesen Köln: Hinweise zu Parkleitsystemen – Konzeption und Steuerung.

Forschungsgesellschaft für Straßen- und Verkehrswesen Köln: Leitfaden in der Verkehrsplanung.

Forschungsgesellschaft für Straßen- und Verkehrswesen Köln: Richtlinien für die wegweisende Beschilderung außerhalb von Autobahnen, RWB 2000.

Forschungsgesellschaft für Straßen- und Verkehrswesen Köln: Richtlinien zur Markierung von Straßen, RMS Teil 1, 2.

Forschungsgesellschaft für Straßen- und Verkehrswesen Köln: Verkehrliche Wirkungen von Großeinrichtungen des Handel und der Freizeit.

Garagenverordnungen (GarVO) der Bundesländer.

Hinweise für das Anbringen von Verkehrszeichen und Verkehrseinrichtungen, HAV, 12. Auflage, Bonn 2002.

Lutterbeck, B.: Planung von Parkhäusern in Shoppingcenter, Vortrag German Council of Shopping Center e. V./Forum Centermanagement, München 2005.

Sill, O.: Parkbauten, Hamburg 1981.

Straßenverkehrs-Ordnung (StVO) und Allgemeine Verwaltungsvorschrift zur Straßenverkehrs-Ordnung (VwV-StVO).

Topp, H. (Hrsg.): Verkehr Aktuell: Parken in der Stadt, Fachgebiet Verkehrswesen Universität Kaiserslautern, Grüne Reihe Nr. 34, Kaiserslautern 1996.

Gewerbeparks

Hennicke, M./Tengler, H.: Industrie- und Gewerbeparks als Instrument der kommunalen Wirtschaftsförderung, Schriften zur Mittelstandsforschung, Nr. 4 NF, Stuttgart 1986.

ULI – The Urban Land Institute (Hrsg.): Office Development Handbook, 3. Auflage, Washington, D. C. 1988.

ULI – The Urban Land Institute (Hrsg.): Business and Industrial Park Development Handbook, 2. Auflage, Washington, D. C. 1989.

Vielberth, J.: Das große Handbuch Gewerbeparks, Landsberg am Lech 1999.

Vielberth, J.: Gewerbeparks – Planung, Errichtung, Management, in: Gewerbe-Immobilien, Falk, B. (Hrsg.:), 6. Auflage, Landsberg am Lech 1999.

Innovations-, Technologie- und Gründerzentren

ADT e. V. (Hrsg.): Pioniere und Visionen – Erfolgsgeschichten Deutscher Innovations- und Gründerzentren, Berlin 2003.

Baranowski, G./Dressel, B./Glaser, A. (Hrsg.): Innovationszentren in Deutschland 2005/2006, ADT Bundesverband e. V., 2005.

Heukeroth, U./Konzack, T./Pleschak, F./Stummer, F.: Handbuch für das Management von Innovationszentren, FOCUS, Berlin 2001.

Statistische Erhebungen des ADT-Bundesverbandes e. V., Berlin 2004/2005.

The Boston Consulting Group: Positionierung Deutscher Biotechnologiecluster im internationalen Vergleich, München, Januar 2001.

Logistikimmobilien

Arendt, T.: Logistikzentren, Dortmund 2002.

Bankgesellschaft Berlin: Logistikimmobilien, Berlin 2001.

Baumgarten, H./Walter, S.: Trends und Strategien in der Logistik 2000+, Berlin 2000.

Bobka, G.: Logistikimmobilien im Aufwind, in: Input, Onlinemagazin für die Wirtschaft, Freiburg 2005.

BulwienGesa AG: Allgemeine Studie Logistikimmobilien Deutschland, Fertigstellungen und Investments 2003 + 2004, München 2005.

Bundesministerium für Verkehr, Bau- und Wohnungswesen, in: IKB Deutsche Industriebank, IKB Informationen September 2004, Transport und Logisitik.

CB Richard Ellis GmbH: Logistik- und Distributionszentren in der Bundesrepublik Deutschland, Zusammenfassung, Frankfurt/Main, 20. September 2000.

DTZ Research: Der deutsche Büromarkt, Newsletter 4. Quartal 2004.

Eckstein, W., in: Ökonomische und ökologische Wirkungen von Güterverteilzentren in: Bundesvereinigung Logistik (Hrsg.): Standortfaktor Logistik (11. Deutscher Logistikkongress), Band 1, München 1994, S. 550.

Eurohypo: Logistikimmobilien Europa, Marktbericht 2004.

Göpfert, I.: Logistik Führungskonzeption, Grundlagen, Aufgaben und Instrumente des Logistikmanagements und Controlling, München 2000.

IKB Deutsche Industriebank: Branchenbericht 2002, Düsseldorf 2002.

Jones LangLasalle: Der Immobilienmarkt in Gewerbegebieten, Marktübersichten 2003 + 2004.

Kern, A.: Aareal Asset Management, Geschlossene Fonds als Anlagevehikel für Logistikimmobilien, Frankfurt am Main, 26. Januar 2005.

Kleiber, W./Simon, J./Weyers, G.: Verkehrswertermittlung von Grundstücken, 4. Auflage, Köln 2002.

Logistikimmobilien, Special,12/2003, S. 36 ff.

Niklas, A.: Bewertung von Lager- und Logistikimmobilien, in: Bienert, S.: Bewertung von Spezialimmobilien, Risiken, Benchmarks und Methoden, Wiesbaden 2005, S. 731.

Progtrans AG, in: IKB Deutsche Industriebank, IKB Informationen September 2004, Transport und Logistik.

Rieske, F./Zadek, H./Risse, J.: Zeitgemäß investieren, in: Logistik Heute, 11/2004.

Zadek, H., Visality-Consulting GmbH: Logistikdienstleister auf der Suche nach Wertschöpfung, in: Industriemanagement 20, Berlin 2004, S. 47–50.

Selfstorage – SB-Lagerhäuser

Europäische Komission, Abt. 4: Handbuch über die Entwicklung lokaler Beschäftigungsstrategien in Deutschland, Brüssel 2004.

Minico Inc. (Hrsg): 2005 Selfstorage Almanac, Phoenix 2005 (www.minico.com).

Minico Inc. (Hrsg): Handbook: The cost Structure of Selfstorage, Phoenix 2005 (www.minico.com).

Minico Inc. (Hrsg): Mini Storage Messenger Special Edition May 2005, Phoenix 2005 (www.minico.com).

Self-Storage Association Ltd. (Hrsg): FOCUS on Selfstorage Tamworth, England 2005.

Senioreneinrichtungen als Gewerbeimmobilien

Bickel, H.: Demenzen im höheren Lebensalter: Schätzungen des Vorkommens und der Versorgungskosten, in: Zeitschrift für Gerontologie und Geriatrie, 34, 2001, S. 108–115.

Bultmann, S.: „Wohnen im Alter", in: Die Wohnungswirtschaft, Heft 5/2003, S. 73 ff.

Coleman, R. (Hrsg.): Design für die Zukunft, Wohnen und Leben mit Barrieren, Köln 1997.

Deutsches Architektenblatt, 09/2003, div. Artikel, Stuttgart 2003.

Deutsche Bauzeitschrift, 07/2003, Wohnen im Alter, div. Artikel, Gütersloh 2003.

Guiliani, R. W.: Universal Design New York, New York 2001.

Hallauer, J./Schons, M./Smala, A./Berger, K.: Untersuchung von Krankheitskosten bei Patienten mit Alzheimer-Erkrankung in Deutschland, in: Gesundheitsökonomie und Qualitätsmanagement, 5, 2000, S. 73–79.

Stolarz, H.: 10 Jahre Wohnungsanpassung, in: KDA (Hrsg.), Köln 1997.

LBS (Hrsg.): Wohnen mit Service, Studie der empirica, Bonn 1999.

Ministerium für Arbeit und Soziales NRW (Hrsg.): Sicher und bequem zu Hause wohnen, Düsseldorf 2001.

Rühm, B.: Unbeschwert Wohnen im Alter, Neue Lebensformen und Architekturkonzepte, München 2003.

Selle, G.: Die eigenen vier Wände, Zur verborgenen Geschichte des Wohnens, Frankfurt 1993.

Werk, Bauen und Wohnen: Wohnen im Alter, 1/2 2004, div. Projekte, Zürich 2004.

IMMOBILIEN-WISSEN

AUS EINER HAND

In der Immobilienwirtschaft ändern sich Trends und Märkte heute schneller denn je. Professionalität und Erfolg werden maßgeblich durch Know-how, Aktualität und den daraus erwachsenden Zukunftsvisionen bestimmt.

Berufsnahe und praxisorientierte Fachinformationen mit einem hohen Anwendernutzen sind die Voraussetzungen, damit Sie stets auf dem Laufenden und damit wettbewerbsfähig sind.

Unser Verlagsverzeichnis informiert Sie über das umfangreiche Medienangebot zum Thema Immobilien. Gleich bestellen unter (02 21) 54 97-169 oder service@rudolf-mueller.de

Immobilien Informationsverlag Rudolf Müller GmbH & Co. KG
50933 Köln • Stolberger Str. 84 • Tel: 0221- 5497 144 • Fax : 0221- 5497 134
E-Mail: IIV@rudolf-mueller.de • www.immobilienmanager.de